יְהִי רָצוֹן מִלְּפָנֶיךָ יהוה אֱלֹהֵינוּ וֵאלֹהֵי אֲבוֹתֵינוּ
שֶׁיִּבָּנֶה בֵּית הַמִּקְדָּשׁ בִּמְהֵרָה בְיָמֵינוּ, וְתֵן חֶלְקֵנוּ בְּתוֹרָתֶךָ
וְשָׁם נַעֲבָדְךָ בְּיִרְאָה כִּימֵי עוֹלָם וּכְשָׁנִים קַדְמוֹנִיּוֹת.
וְעָרְבָה לַיהוה מִנְחַת יְהוּדָה וִירוּשָׁלָםִ כִּימֵי עוֹלָם וּכְשָׁנִים קַדְמֹנִיּוֹת: מלאכי ג

On מוצאי שבת *(except when* ערב פסח *or* יום טוב *falls in the following week), the* שליח ציבור *continues with* חצי קדיש *(below, until ▸), then* וִיהִי נֹעַם *on page 317.*

On מוצאי שבת *when* יום טוב *falls in the following week, the service continues on page 323.*

On other evenings the שליח ציבור *says* קדיש שלם:

קדיש שלם

ש״ץ: יִתְגַּדַּל וְיִתְקַדַּשׁ שְׁמֵהּ רַבָּא (קהל: אָמֵן)
בְּעָלְמָא דִּי בְרָא כִרְעוּתֵהּ
וְיַמְלִיךְ מַלְכוּתֵהּ
בְּחַיֵּיכוֹן וּבְיוֹמֵיכוֹן וּבְחַיֵּי דְכָל בֵּית יִשְׂרָאֵל
בַּעֲגָלָא וּבִזְמַן קָרִיב, וְאִמְרוּ אָמֵן. (קהל: אָמֵן)

קהל וש״ץ: יְהֵא שְׁמֵהּ רַבָּא מְבָרַךְ לְעָלַם וּלְעָלְמֵי עָלְמַיָּא.

ש״ץ: יִתְבָּרַךְ וְיִשְׁתַּבַּח וְיִתְפָּאַר וְיִתְרוֹמַם וְיִתְנַשֵּׂא
וְיִתְהַדָּר וְיִתְעַלֶּה וְיִתְהַלָּל
שְׁמֵהּ דְּקֻדְשָׁא בְּרִיךְ הוּא (קהל: בְּרִיךְ הוּא)
לְעֵלָּא מִן כָּל בִּרְכָתָא
/בעשרת ימי תשובה: לְעֵלָּא לְעֵלָּא מִכָּל בִּרְכָתָא/
וְשִׁירָתָא, תֻּשְׁבְּחָתָא וְנֶחֱמָתָא
דַּאֲמִירָן בְּעָלְמָא, וְאִמְרוּ אָמֵן. (קהל: אָמֵן) ▸

תִּתְקַבַּל צְלוֹתְהוֹן וּבָעוּתְהוֹן דְּכָל יִשְׂרָאֵל
קֳדָם אֲבוּהוֹן דִּי בִשְׁמַיָּא, וְאִמְרוּ אָמֵן. (קהל: אָמֵן)

May there be great peace from heaven,
and life for us and all Israel –
and say: Amen.

Bow, take three steps back, as if taking leave of the Divine Presence, then bow, first left, then right, then center, while saying:

May He who makes peace in His high places,
make peace for us and all Israel –
and say: Amen.

On Yom HaAtzma'ut (in Israel and many communities outside Israel) the service continues with "Listen, Israel" on page 424.
From the second night of Pesaḥ until the night before Shavuot, the Omer is counted here (page 304).
On Purim, Megillat Esther is read; on Tisha B'Av, Megillat Eikha is read.

Stand while saying Aleinu. Bow at ▾.

עָלֵינוּ It is our duty to praise the Master of all,
and ascribe greatness to the Author of creation,
who has not made us like the nations of the lands
nor placed us like the families of the earth;
who has not made our portion like theirs,
nor our destiny like all their multitudes.
(For they worship vanity and emptiness,
and pray to a god who cannot save.)
▾But we bow in worship
and thank the Supreme King of kings,
the Holy One, blessed be He,
who extends the heavens and establishes the earth,
whose throne of glory is in the heavens above,
and whose power's Presence is in the highest of heights.
He is our God; there is no other.
Truly He is our King, there is none else,
as it is written in His Torah:
"You shall know and take to heart this day *Deut. 4*
that the Lord is God,
in heaven above and on earth below. There is no other."

יְהֵא שְׁלָמָא רַבָּא מִן שְׁמַיָּא
וְחַיִּים, עָלֵינוּ וְעַל כָּל יִשְׂרָאֵל, וְאִמְרוּ אָמֵן. (קהל: אָמֵן)

Bow, take three steps back, as if taking leave of the Divine Presence, then bow, first left, then right, then center, while saying:

עֹשֶׂה שָׁלוֹם/ בעשרת ימי תשובה: הַשָּׁלוֹם/ בִּמְרוֹמָיו
הוּא יַעֲשֶׂה שָׁלוֹם עָלֵינוּ וְעַל כָּל יִשְׂרָאֵל
וְאִמְרוּ אָמֵן. (קהל: אָמֵן)

On יום העצמאות (*in* ארץ ישראל *and many communities in* חוץ לארץ) *the service continues with* שְׁמַע יִשְׂרָאֵל *on page 425.*

From the second night of פסח *until the night before* שבועות, *the* עומר *is counted here (page 305).*

On פורים, מגילת אסתר *is read; on* תשעה באב, מגילת איכה *is read.*

Stand while saying עָלֵינוּ. *Bow at* ׳.

עָלֵינוּ לְשַׁבֵּחַ לַאֲדוֹן הַכֹּל, לָתֵת גְּדֻלָּה לְיוֹצֵר בְּרֵאשִׁית
שֶׁלֹּא עָשָׂנוּ כְּגוֹיֵי הָאֲרָצוֹת, וְלֹא שָׂמָנוּ כְּמִשְׁפְּחוֹת הָאֲדָמָה
שֶׁלֹּא שָׂם חֶלְקֵנוּ כָּהֶם וְגוֹרָלֵנוּ כְּכָל הֲמוֹנָם.
(שֶׁהֵם מִשְׁתַּחֲוִים לְהֶבֶל וָרִיק וּמִתְפַּלְלִים אֶל אֵל לֹא יוֹשִׁיעַ.)
׳וַאֲנַחְנוּ כּוֹרְעִים וּמִשְׁתַּחֲוִים וּמוֹדִים
לִפְנֵי מֶלֶךְ מַלְכֵי הַמְּלָכִים, הַקָּדוֹשׁ בָּרוּךְ הוּא
שֶׁהוּא נוֹטֶה שָׁמַיִם וְיוֹסֵד אָרֶץ
וּמוֹשַׁב יְקָרוֹ בַּשָּׁמַיִם מִמַּעַל
וּשְׁכִינַת עֻזּוֹ בְּגָבְהֵי מְרוֹמִים.
הוּא אֱלֹהֵינוּ, אֵין עוֹד.
אֱמֶת מַלְכֵּנוּ, אֶפֶס זוּלָתוֹ
כַּכָּתוּב בְּתוֹרָתוֹ
וְיָדַעְתָּ הַיּוֹם וַהֲשֵׁבֹתָ אֶל־לְבָבֶךָ דברים ד
כִּי יהוה הוּא הָאֱלֹהִים בַּשָּׁמַיִם מִמַּעַל וְעַל־הָאָרֶץ מִתָּחַת, אֵין עוֹד:

Therefore, we place our hope in You, LORD our God,
that we may soon see the glory of Your power,
when You will remove abominations from the earth,
and idols will be utterly destroyed,
when the world will be perfected under the sovereignty of the Almighty,
when all humanity will call on Your name,
to turn all the earth's wicked toward You.
All the world's inhabitants will realize and know
that to You every knee must bow and every tongue swear loyalty.
Before You, LORD our God, they will kneel and bow down
and give honor to Your glorious name.
They will all accept the yoke of Your kingdom,
and You will reign over them soon and for ever.
For the kingdom is Yours, and to all eternity You will reign in glory,
as it is written in Your Torah: "The LORD will reign for ever and ever." *Ex. 15*
▸ And it is said: "Then the LORD shall be King over all the earth; *Zech. 14*
on that day the LORD shall be One and His name One."

Some add:

Have no fear of sudden terror or of the ruin when it overtakes the wicked. *Prov. 3*
Devise your strategy, but it will be thwarted; *Is. 8*
propose your plan, but it will not stand, for God is with us.
When you grow old, I will still be the same. *Is. 46*
When your hair turns gray, I will still carry you.
I made you, I will bear you, I will carry you, and I will rescue you.

MOURNER'S KADDISH

The following prayer, said by mourners, requires the presence of a minyan.
A transliteration can be found on page 699.

Mourner: יִתְגַּדַּל Magnified and sanctified may His great name be,
in the world He created by His will.
May He establish His kingdom
in your lifetime and in your days,
and in the lifetime of all the house of Israel,
swiftly and soon – and say: Amen.

All: May His great name be blessed for ever and all time.

עַל כֵּן נְקַוֶּה לְךָ יהוה אֱלֹהֵינוּ, לִרְאוֹת מְהֵרָה בְּתִפְאֶרֶת עֻזֶּךָ
לְהַעֲבִיר גִּלּוּלִים מִן הָאָרֶץ, וְהָאֱלִילִים כָּרוֹת יִכָּרֵתוּן
לְתַקֵּן עוֹלָם בְּמַלְכוּת שַׁדַּי.
וְכָל בְּנֵי בָשָׂר יִקְרְאוּ בִשְׁמֶךָ לְהַפְנוֹת אֵלֶיךָ כָּל רִשְׁעֵי אָרֶץ.
יַכִּירוּ וְיֵדְעוּ כָּל יוֹשְׁבֵי תֵבֵל
כִּי לְךָ תִּכְרַע כָּל בֶּרֶךְ, תִּשָּׁבַע כָּל לָשׁוֹן.
לְפָנֶיךָ יהוה אֱלֹהֵינוּ יִכְרְעוּ וְיִפֹּלוּ, וְלִכְבוֹד שִׁמְךָ יְקָר יִתֵּנוּ
וִיקַבְּלוּ כֻלָּם אֶת עֹל מַלְכוּתֶךָ
וְתִמְלֹךְ עֲלֵיהֶם מְהֵרָה לְעוֹלָם וָעֶד.
כִּי הַמַּלְכוּת שֶׁלְּךָ הִיא וּלְעוֹלְמֵי עַד תִּמְלֹךְ בְּכָבוֹד
שמות טו כַּכָּתוּב בְּתוֹרָתֶךָ, יהוה יִמְלֹךְ לְעֹלָם וָעֶד:
זכריה יד ◄ וְנֶאֱמַר, וְהָיָה יהוה לְמֶלֶךְ עַל־כָּל־הָאָרֶץ
בַּיּוֹם הַהוּא יִהְיֶה יהוה אֶחָד וּשְׁמוֹ אֶחָד:

Some add:

משלי ג אַל־תִּירָא מִפַּחַד פִּתְאֹם וּמִשֹּׁאַת רְשָׁעִים כִּי תָבֹא:
ישעיה ח עֻצוּ עֵצָה וְתֻפָר, דַּבְּרוּ דָבָר וְלֹא יָקוּם, כִּי עִמָּנוּ אֵל:
ישעיה מו וְעַד־זִקְנָה אֲנִי הוּא, וְעַד־שֵׂיבָה אֲנִי אֶסְבֹּל, אֲנִי עָשִׂיתִי וַאֲנִי אֶשָּׂא וַאֲנִי אֶסְבֹּל וַאֲמַלֵּט:

קדיש יתום

The following prayer, said by mourners, requires the presence of a מנין.
A transliteration can be found on page 699.

אבל: יִתְגַּדַּל וְיִתְקַדַּשׁ שְׁמֵהּ רַבָּא (קהל: אָמֵן)
בְּעָלְמָא דִּי בְרָא כִרְעוּתֵהּ
וְיַמְלִיךְ מַלְכוּתֵהּ
בְּחַיֵּיכוֹן וּבְיוֹמֵיכוֹן וּבְחַיֵּי דְכָל בֵּית יִשְׂרָאֵל
בַּעֲגָלָא וּבִזְמַן קָרִיב, וְאִמְרוּ אָמֵן. (קהל: אָמֵן)

קהל ואבל: יְהֵא שְׁמֵהּ רַבָּא מְבָרַךְ לְעָלַם וּלְעָלְמֵי עָלְמַיָּא.

Mourner: Blessed and praised, glorified and exalted,
raised and honored, uplifted and lauded
be the name of the Holy One,
blessed be He, beyond any blessing,
song, praise and consolation
uttered in the world – and say: Amen.

May there be great peace from heaven,
and life for us and all Israel – and say: Amen.

Bow, take three steps back, as if taking leave of the Divine Presence, then bow, first left, then right, then center, while saying:

May He who makes peace in His high places,
make peace for us and all Israel – and say: Amen.

From the second day of Rosh Hodesh Elul through Shemini Atzeret, the following psalm is said:

לְדָוִד By David. The LORD is my light and my salvation – whom then shall *Ps. 27*
I fear? The LORD is the stronghold of my life – of whom shall I be afraid? When evil men close in on me to devour my flesh, it is they, my enemies and foes, who stumble and fall. Should an army besiege me, my heart would not fear. Should war break out against me, still I would be confident. One thing I ask of the LORD, only this do I seek: to live in the House of the LORD all the days of my life, to gaze on the beauty of the LORD and worship in His Temple. For He will keep me safe in His pavilion on the day of trouble. He will hide me under the cover of His tent. He will set me high upon a rock. Now my head is high above my enemies who surround me. I will sacrifice in His tent with shouts of joy. I will sing and chant praises to the LORD. LORD, hear my voice when I call. Be gracious to me and answer me. On Your behalf my heart says, "Seek My face." Your face, LORD, will I seek. Do not hide Your face from me. Do not turn Your servant away in anger. You have been my help. Do not reject or forsake me, God, my Savior. Were my father and my mother to forsake me, the LORD would take me in. Teach me Your way, LORD, and lead me on a level path, because of my oppressors. Do not abandon me to the will of my foes, for false witnesses have risen against me, breathing violence. ▸ Were it not for my faith that I shall see the LORD's goodness in the land of the living. Hope in the LORD. Be strong and of good courage, and hope in the LORD!

Mourner's Kaddish (on previous page)

In a house of mourning the service continues on page 602.

אבל: יִתְבָּרַךְ וְיִשְׁתַּבַּח וְיִתְפָּאַר
וְיִתְרוֹמַם וְיִתְנַשֵּׂא וְיִתְהַדָּר וְיִתְעַלֶּה וְיִתְהַלָּל
שְׁמֵהּ דְּקֻדְשָׁא בְּרִיךְ הוּא (קהל: בְּרִיךְ הוּא)
לְעֵלָּא מִן כָּל בִּרְכָתָא
/ בעשרת ימי תשובה: לְעֵלָּא לְעֵלָּא מִכָּל בִּרְכָתָא/
וְשִׁירָתָא, תֻּשְׁבְּחָתָא וְנֶחֱמָתָא
דַּאֲמִירָן בְּעָלְמָא, וְאִמְרוּ אָמֵן. (קהל: אָמֵן)
יְהֵא שְׁלָמָא רַבָּא מִן שְׁמַיָּא
וְחַיִּים, עָלֵינוּ וְעַל כָּל יִשְׂרָאֵל, וְאִמְרוּ אָמֵן. (קהל: אָמֵן)

Bow, take three steps back, as if taking leave of the Divine Presence, then bow, first left, then right, then center, while saying:

עֹשֶׂה שָׁלוֹם/ בעשרת ימי תשובה: הַשָּׁלוֹם/ בִּמְרוֹמָיו
הוּא יַעֲשֶׂה שָׁלוֹם עָלֵינוּ וְעַל כָּל יִשְׂרָאֵל, וְאִמְרוּ אָמֵן. (קהל: אָמֵן)

From the second day of ראש חודש אלול *through* שמיני עצרת, *the following psalm is said:*

תהלים כז לְדָוִד, יהוה אוֹרִי וְיִשְׁעִי, מִמִּי אִירָא, יהוה מָעוֹז־חַיַּי, מִמִּי אֶפְחָד: בִּקְרֹב עָלַי מְרֵעִים לֶאֱכֹל אֶת־בְּשָׂרִי, צָרַי וְאֹיְבַי לִי, הֵמָּה כָשְׁלוּ וְנָפָלוּ: אִם־תַּחֲנֶה עָלַי מַחֲנֶה, לֹא־יִירָא לִבִּי, אִם־תָּקוּם עָלַי מִלְחָמָה, בְּזֹאת אֲנִי בוֹטֵחַ: אַחַת שָׁאַלְתִּי מֵאֵת־יהוה, אוֹתָהּ אֲבַקֵּשׁ, שִׁבְתִּי בְּבֵית־יהוה כָּל־יְמֵי חַיַּי, לַחֲזוֹת בְּנֹעַם־יהוה, וּלְבַקֵּר בְּהֵיכָלוֹ: כִּי יִצְפְּנֵנִי בְּסֻכֹּה בְּיוֹם רָעָה, יַסְתִּרֵנִי בְּסֵתֶר אָהֳלוֹ, בְּצוּר יְרוֹמְמֵנִי: וְעַתָּה יָרוּם רֹאשִׁי עַל אֹיְבַי סְבִיבוֹתַי, וְאֶזְבְּחָה בְאָהֳלוֹ זִבְחֵי תְרוּעָה, אָשִׁירָה וַאֲזַמְּרָה לַיהוה: שְׁמַע־יהוה קוֹלִי אֶקְרָא, וְחָנֵּנִי וַעֲנֵנִי: לְךָ אָמַר לִבִּי בַּקְּשׁוּ פָנָי, אֶת־פָּנֶיךָ יהוה אֲבַקֵּשׁ: אַל־תַּסְתֵּר פָּנֶיךָ מִמֶּנִּי, אַל תַּט־בְּאַף עַבְדֶּךָ, עֶזְרָתִי הָיִיתָ, אַל־תִּטְּשֵׁנִי וְאַל־תַּעַזְבֵנִי, אֱלֹהֵי יִשְׁעִי: כִּי־אָבִי וְאִמִּי עֲזָבוּנִי, וַיהוה יַאַסְפֵנִי: הוֹרֵנִי יהוה דַּרְכֶּךָ, וּנְחֵנִי בְּאֹרַח מִישׁוֹר, לְמַעַן שׁוֹרְרָי: אַל־תִּתְּנֵנִי בְּנֶפֶשׁ צָרָי, כִּי קָמוּ־בִי עֵדֵי־שֶׁקֶר, וִיפֵחַ חָמָס: ‹ לוּלֵא הֶאֱמַנְתִּי לִרְאוֹת בְּטוּב־יהוה בְּאֶרֶץ חַיִּים: קַוֵּה אֶל־יהוה, חֲזַק וְיַאֲמֵץ לִבֶּךָ, וְקַוֵּה אֶל־יהוה:

קדיש יתום (*on previous page*)

In a house of mourning the service continues on page 603.

COUNTING OF THE OMER

The Omer is counted each night from the second night of Pesaḥ until the night before Shavuot. See laws 98–100.

Some say the following meditation before the blessing:

For the sake of the unification of the Holy One, blessed be He,
and His Divine Presence, in reverence and love,
to unify the name *Yod-Heh* with *Vav-Heh*
in perfect unity in the name of all Israel.

הִנְנִי I am prepared and ready to fulfill the positive commandment of Counting the Omer, as is written in the Torah, "You shall count seven complete weeks from the day following the [Pesaḥ] rest day, when you brought the Omer as a wave-offering. To the day after the seventh week you shall count fifty days. Then you shall present a meal-offering of new grain to the LORD." *Lev. 23*
May the pleasantness of the LORD our God be upon us. Establish for us the work of our hands, O establish the work of our hands. *Ps. 90*

בָּרוּךְ Blessed are You, LORD our God, King of the Universe,
who has made us holy through His commandments,
and has commanded us about counting the Omer.

16 Nisan

1. Today is the first day of the Omer.

17 Nisan

2. Today is the second day of the Omer.

18 Nisan

3. Today is the third day of the Omer.

19 Nisan

4. Today is the fourth day of the Omer.

20 Nisan

5. Today is the fifth day of the Omer.

21 Nisan

6. Today is the sixth day of the Omer.

Egypt with the giving of the Torah at Mount Sinai, are a time of preparation and growth – of leaving a world of slavery and getting ready to enter a world of personal, social and spiritual responsibility. The Jewish mystics attached special significance to this period of the year as one in which the various facets of the soul were cleansed, one by one.

סדר ספירת העומר

The עומר *is counted each night from the second night of* פסח *until the night before* שבועות*. See laws 98–100.*

Some say the following meditation before the blessing:

לְשֵׁם יִחוּד קֻדְשָׁא בְּרִיךְ הוּא וּשְׁכִינְתֵּהּ בִּדְחִילוּ וּרְחִימוּ
לְיַחֵד שֵׁם י״ה בו״ה בְּיִחוּדָא שְׁלִים בְּשֵׁם כָּל יִשְׂרָאֵל.

הִנְנִי מוּכָן וּמְזֻמָּן לְקַיֵּם מִצְוַת עֲשֵׂה שֶׁל סְפִירַת הָעְמֶר. כְּמוֹ שֶׁכָּתוּב בַּתּוֹרָה,
וּסְפַרְתֶּם לָכֶם מִמָּחֳרַת הַשַּׁבָּת, מִיּוֹם הֲבִיאֲכֶם אֶת־עְמֶר הַתְּנוּפָה, שֶׁבַע ויקרא כג
שַׁבָּתוֹת תְּמִימֹת תִּהְיֶינָה: עַד מִמָּחֳרַת הַשַּׁבָּת הַשְּׁבִיעִת תִּסְפְּרוּ חֲמִשִּׁים
יוֹם, וְהִקְרַבְתֶּם מִנְחָה חֲדָשָׁה לַיהוה: וִיהִי נְעַם אֲדֹנָי אֱלֹהֵינוּ עָלֵינוּ, וּמַעֲשֵׂה תהלים צ
יָדֵינוּ כּוֹנְנָה עָלֵינוּ, וּמַעֲשֵׂה יָדֵינוּ כּוֹנְנֵהוּ:

בָּרוּךְ אַתָּה יהוה אֱלֹהֵינוּ מֶלֶךְ הָעוֹלָם
אֲשֶׁר קִדְּשָׁנוּ בְּמִצְוֹתָיו וְצִוָּנוּ עַל סְפִירַת הָעְמֶר.

טז בניסן
1. הַיּוֹם יוֹם אֶחָד בָּעְמֶר.
חסד שבחסד

יז בניסן
2. הַיּוֹם שְׁנֵי יָמִים בָּעְמֶר.
גבורה שבחסד

יח בניסן
3. הַיּוֹם שְׁלֹשָׁה יָמִים בָּעְמֶר.
תפארת שבחסד

יט בניסן
4. הַיּוֹם אַרְבָּעָה יָמִים בָּעְמֶר.
נצח שבחסד

כ בניסן
5. הַיּוֹם חֲמִשָּׁה יָמִים בָּעְמֶר.
הוד שבחסד

כא בניסן
6. הַיּוֹם שִׁשָּׁה יָמִים בָּעְמֶר.
יסוד שבחסד

COUNTING THE OMER

When the Temple stood, on the day after the first day of Pesaḥ an offering was made of an Omer (approximately nine pounds) of new barley grain. There then began a count of forty-nine days – seven complete weeks – and on the fiftieth day, the festival of Shavuot was celebrated. When the Temple was destroyed, the sages ordained that we should continue to count the days as a memory of this practice. The forty-nine days, connecting the exodus from

22 Nisan

7. Today is the seventh day, making one week of the Omer.

23 Nisan

8. Today is the eighth day, making one week and one day of the Omer.

24 Nisan

9. Today is the ninth day, making one week and two days of the Omer.

25 Nisan

10. Today is the tenth day, making one week and three days of the Omer.

26 Nisan

11. Today is the eleventh day, making one week and four days of the Omer.

27 Nisan

12. Today is the twelfth day, making one week and five days of the Omer.

28 Nisan

13. Today is the thirteenth day, making one week and six days of the Omer.

29 Nisan

14. Today is the fourteenth day, making two weeks of the Omer.

30 Nisan, 1st day Rosh Ḥodesh

15. Today is the fifteenth day, making two weeks and one day of the Omer.

1 Iyar, 2nd day Rosh Ḥodesh

16. Today is the sixteenth day, making two weeks and two days of the Omer.

2 Iyar

17. Today is the seventeenth day, making two weeks and three days of the Omer.

3 Iyar

18. Today is the eighteenth day, making two weeks and four days of the Omer.

4 Iyar

19. Today is the nineteenth day, making two weeks and five days of the Omer.

5 Iyar, Yom HaAtzma'ut

20. Today is the twentieth day, making two weeks and six days of the Omer.

כב בניסן

7. הַיּוֹם שִׁבְעָה יָמִים
שֶׁהֵם שָׁבוּעַ אֶחָד בָּעֽוֹמֶר. מלכות שבחסד

כג בניסן

8. הַיּוֹם שְׁמוֹנָה יָמִים
שֶׁהֵם שָׁבוּעַ אֶחָד וְיוֹם אֶחָד
בָּעֽוֹמֶר. חסד שבגבורה

כד בניסן

9. הַיּוֹם תִּשְׁעָה יָמִים
שֶׁהֵם שָׁבוּעַ אֶחָד וּשְׁנֵי יָמִים
בָּעֽוֹמֶר. גבורה שבגבורה

כה בניסן

10. הַיּוֹם עֲשָׂרָה יָמִים
שֶׁהֵם שָׁבוּעַ אֶחָד וּשְׁלֹשָׁה
יָמִים בָּעֽוֹמֶר. תפארת שבגבורה

כו בניסן

11. הַיּוֹם אַחַד עָשָׂר יוֹם
שֶׁהֵם שָׁבוּעַ אֶחָד וְאַרְבָּעָה
יָמִים בָּעֽוֹמֶר. נצח שבגבורה

כז בניסן

12. הַיּוֹם שְׁנֵים עָשָׂר יוֹם
שֶׁהֵם שָׁבוּעַ אֶחָד וַחֲמִשָּׁה
יָמִים בָּעֽוֹמֶר. הוד שבגבורה

כח בניסן

13. הַיּוֹם שְׁלֹשָׁה עָשָׂר יוֹם
שֶׁהֵם שָׁבוּעַ אֶחָד וְשִׁשָּׁה יָמִים
בָּעֽוֹמֶר. יסוד שבגבורה

כט בניסן

14. הַיּוֹם אַרְבָּעָה עָשָׂר יוֹם
שֶׁהֵם שְׁנֵי שָׁבוּעוֹת
בָּעֽוֹמֶר. מלכות שבגבורה

ל בניסן, א׳ דראש חודש

15. הַיּוֹם חֲמִשָּׁה עָשָׂר יוֹם
שֶׁהֵם שְׁנֵי שָׁבוּעוֹת וְיוֹם אֶחָד
בָּעֽוֹמֶר. חסד שבתפארת

א באייר, ב׳ דראש חודש

16. הַיּוֹם שִׁשָּׁה עָשָׂר יוֹם
שֶׁהֵם שְׁנֵי שָׁבוּעוֹת וּשְׁנֵי יָמִים
בָּעֽוֹמֶר. גבורה שבתפארת

ב באייר

17. הַיּוֹם שִׁבְעָה עָשָׂר יוֹם
שֶׁהֵם שְׁנֵי שָׁבוּעוֹת וּשְׁלֹשָׁה
יָמִים בָּעֽוֹמֶר. תפארת שבתפארת

ג באייר

18. הַיּוֹם שְׁמוֹנָה עָשָׂר יוֹם
שֶׁהֵם שְׁנֵי שָׁבוּעוֹת וְאַרְבָּעָה
יָמִים בָּעֽוֹמֶר. נצח שבתפארת

ד באייר

19. הַיּוֹם תִּשְׁעָה עָשָׂר יוֹם
שֶׁהֵם שְׁנֵי שָׁבוּעוֹת וַחֲמִשָּׁה
יָמִים בָּעֽוֹמֶר. הוד שבתפארת

ה באייר, יום העצמאות

20. הַיּוֹם עֶשְׂרִים יוֹם
שֶׁהֵם שְׁנֵי שָׁבוּעוֹת וְשִׁשָּׁה
יָמִים בָּעֽוֹמֶר. יסוד שבתפארת

6 Iyar

21. Today is the twenty-first day, making three weeks of the Omer.

7 Iyar

22. Today is the twenty-second day, making three weeks and one day of the Omer.

8 Iyar

23. Today is the twenty-third day, making three weeks and two days of the Omer.

9 Iyar

24. Today is the twenty-fourth day, making three weeks and three days of the Omer.

10 Iyar

25. Today is the twenty-fifth day, making three weeks and four days of the Omer.

11 Iyar

26. Today is the twenty-sixth day, making three weeks and five days of the Omer.

12 Iyar

27. Today is the twenty-seventh day, making three weeks and six days of the Omer.

13 Iyar

28. Today is the twenty-eighth day, making four weeks of the Omer.

14 Iyar, Pesaḥ Sheni

29. Today is the twenty-ninth day, making four weeks and one day of the Omer.

15 Iyar

30. Today is the thirtieth day, making four weeks and two days of the Omer.

16 Iyar

31. Today is the thirty-first day, making four weeks and three days of the Omer.

17 Iyar

32. Today is the thirty-second day, making four weeks and four days of the Omer.

18 Iyar, Lag BaOmer

33. Today is the thirty-third day, making four weeks and five days of the Omer.

19 Iyar

34. Today is the thirty-fourth day, making four weeks and six days of the Omer.

ו באייר

21. הַיּוֹם אֶחָד וְעֶשְׂרִים יוֹם שֶׁהֵם שְׁלֹשָׁה שָׁבוּעוֹת בָּעֹמֶר.

מלכות שבתפארת

ז באייר

22. הַיּוֹם שְׁנַיִם וְעֶשְׂרִים יוֹם שֶׁהֵם שְׁלֹשָׁה שָׁבוּעוֹת וְיוֹם אֶחָד בָּעֹמֶר. חסד שבנצח

ח באייר

23. הַיּוֹם שְׁלֹשָׁה וְעֶשְׂרִים יוֹם שֶׁהֵם שְׁלֹשָׁה שָׁבוּעוֹת וּשְׁנֵי יָמִים בָּעֹמֶר. גבורה שבנצח

ט באייר

24. הַיּוֹם אַרְבָּעָה וְעֶשְׂרִים יוֹם שֶׁהֵם שְׁלֹשָׁה שָׁבוּעוֹת וּשְׁלֹשָׁה יָמִים בָּעֹמֶר.

תפארת שבנצח

י באייר

25. הַיּוֹם חֲמִשָּׁה וְעֶשְׂרִים יוֹם שֶׁהֵם שְׁלֹשָׁה שָׁבוּעוֹת וְאַרְבָּעָה יָמִים בָּעֹמֶר. נצח שבנצח

יא באייר

26. הַיּוֹם שִׁשָּׁה וְעֶשְׂרִים יוֹם שֶׁהֵם שְׁלֹשָׁה שָׁבוּעוֹת וַחֲמִשָּׁה יָמִים בָּעֹמֶר. הוד שבנצח

יב באייר

27. הַיּוֹם שִׁבְעָה וְעֶשְׂרִים יוֹם שֶׁהֵם שְׁלֹשָׁה שָׁבוּעוֹת וְשִׁשָּׁה יָמִים בָּעֹמֶר. יסוד שבנצח

יג באייר

28. הַיּוֹם שְׁמוֹנָה וְעֶשְׂרִים יוֹם שֶׁהֵם אַרְבָּעָה שָׁבוּעוֹת בָּעֹמֶר. מלכות שבנצח

יד באייר, פסח שני

29. הַיּוֹם תִּשְׁעָה וְעֶשְׂרִים יוֹם שֶׁהֵם אַרְבָּעָה שָׁבוּעוֹת וְיוֹם אֶחָד בָּעֹמֶר. חסד שבהוד

טו באייר

30. הַיּוֹם שְׁלֹשִׁים יוֹם שֶׁהֵם אַרְבָּעָה שָׁבוּעוֹת וּשְׁנֵי יָמִים בָּעֹמֶר. גבורה שבהוד

טז באייר

31. הַיּוֹם אֶחָד וּשְׁלֹשִׁים יוֹם שֶׁהֵם אַרְבָּעָה שָׁבוּעוֹת וּשְׁלֹשָׁה יָמִים בָּעֹמֶר.

תפארת שבהוד

יז באייר

32. הַיּוֹם שְׁנַיִם וּשְׁלֹשִׁים יוֹם שֶׁהֵם אַרְבָּעָה שָׁבוּעוֹת וְאַרְבָּעָה יָמִים בָּעֹמֶר. נצח שבהוד

יח באייר, לג בעומר

33. הַיּוֹם שְׁלֹשָׁה וּשְׁלֹשִׁים יוֹם שֶׁהֵם אַרְבָּעָה שָׁבוּעוֹת וַחֲמִשָּׁה יָמִים בָּעֹמֶר. הוד שבהוד

יט באייר

34. הַיּוֹם אַרְבָּעָה וּשְׁלֹשִׁים יוֹם שֶׁהֵם אַרְבָּעָה שָׁבוּעוֹת וְשִׁשָּׁה יָמִים בָּעֹמֶר. יסוד שבהוד

20 Iyar

35. Today is the thirty-fifth day, making five weeks of the Omer.

21 Iyar

36. Today is the thirty-sixth day, making five weeks and one day of the Omer.

22 Iyar

37. Today is the thirty-seventh day, making five weeks and two days of the Omer.

23 Iyar

38. Today is the thirty-eighth day, making five weeks and three days of the Omer.

24 Iyar

39. Today is the thirty-ninth day, making five weeks and four days of the Omer.

25 Iyar

40. Today is the fortieth day, making five weeks and five days of the Omer.

26 Iyar

41. Today is the forty-first day, making five weeks and six days of the Omer.

27 Iyar

42. Today is the forty-second day, making six weeks of the Omer.

28 Iyar, Yom Yerushalayim

43. Today is the forty-third day, making six weeks and one day of the Omer.

29 Iyar

44. Today is the forty-fourth day, making six weeks and two days of the Omer.

1 Sivan, Rosh Ḥodesh

45. Today is the forty-fifth day, making six weeks and three days of the Omer.

2 Sivan

46. Today is the forty-sixth day, making six weeks and four days of the Omer.

3 Sivan

47. Today is the forty-seventh day, making six weeks and five days of the Omer.

4 Sivan

48. Today is the forty-eighth day, making six weeks and six days of the Omer.

כ באייר

35. הַיּוֹם חֲמִשָּׁה וּשְׁלֹשִׁים יוֹם
שֶׁהֵם חֲמִשָּׁה שָׁבוּעוֹת
בָּעֹמֶר. מלכות שבהוד

כא באייר

36. הַיּוֹם שִׁשָּׁה וּשְׁלֹשִׁים יוֹם
שֶׁהֵם חֲמִשָּׁה שָׁבוּעוֹת
וְיוֹם אֶחָד בָּעֹמֶר. חסד שביסוד

כב באייר

37. הַיּוֹם שִׁבְעָה וּשְׁלֹשִׁים יוֹם
שֶׁהֵם חֲמִשָּׁה שָׁבוּעוֹת
וּשְׁנֵי יָמִים בָּעֹמֶר. גבורה שביסוד

כג באייר

38. הַיּוֹם שְׁמוֹנָה וּשְׁלֹשִׁים יוֹם
שֶׁהֵם חֲמִשָּׁה שָׁבוּעוֹת
וּשְׁלֹשָׁה יָמִים בָּעֹמֶר. תפארת שביסוד

כד באייר

39. הַיּוֹם תִּשְׁעָה וּשְׁלֹשִׁים יוֹם
שֶׁהֵם חֲמִשָּׁה שָׁבוּעוֹת
וְאַרְבָּעָה יָמִים בָּעֹמֶר. נצח שביסוד

כה באייר

40. הַיּוֹם אַרְבָּעִים יוֹם
שֶׁהֵם חֲמִשָּׁה שָׁבוּעוֹת
וַחֲמִשָּׁה יָמִים בָּעֹמֶר. הוד שביסוד

כו באייר

41. הַיּוֹם אֶחָד וְאַרְבָּעִים יוֹם
שֶׁהֵם חֲמִשָּׁה שָׁבוּעוֹת
וְשִׁשָּׁה יָמִים בָּעֹמֶר. יסוד שביסוד

כז באייר

42. הַיּוֹם שְׁנַיִם וְאַרְבָּעִים יוֹם
שֶׁהֵם שִׁשָּׁה שָׁבוּעוֹת
בָּעֹמֶר. מלכות שביסוד

כח באייר, יום ירושלים

43. הַיּוֹם שְׁלֹשָׁה וְאַרְבָּעִים יוֹם
שֶׁהֵם שִׁשָּׁה שָׁבוּעוֹת
וְיוֹם אֶחָד בָּעֹמֶר. חסד שבמלכות

כט באייר

44. הַיּוֹם אַרְבָּעָה וְאַרְבָּעִים יוֹם
שֶׁהֵם שִׁשָּׁה שָׁבוּעוֹת
וּשְׁנֵי יָמִים בָּעֹמֶר. גבורה שבמלכות

א בסיון, ראש חודש

45. הַיּוֹם חֲמִשָּׁה וְאַרְבָּעִים יוֹם
שֶׁהֵם שִׁשָּׁה שָׁבוּעוֹת וּשְׁלֹשָׁה
יָמִים בָּעֹמֶר. תפארת שבמלכות

ב בסיון

46. הַיּוֹם שִׁשָּׁה וְאַרְבָּעִים יוֹם
שֶׁהֵם שִׁשָּׁה שָׁבוּעוֹת וְאַרְבָּעָה
יָמִים בָּעֹמֶר. נצח שבמלכות

ג בסיון

47. הַיּוֹם שִׁבְעָה וְאַרְבָּעִים יוֹם
שֶׁהֵם שִׁשָּׁה שָׁבוּעוֹת וַחֲמִשָּׁה
יָמִים בָּעֹמֶר. הוד שבמלכות

ד בסיון

48. הַיּוֹם שְׁמוֹנָה וְאַרְבָּעִים יוֹם
שֶׁהֵם שִׁשָּׁה שָׁבוּעוֹת וְשִׁשָּׁה
יָמִים בָּעֹמֶר. יסוד שבמלכות

5 Sivan, Erev Shavuot

49. Today is the forty-ninth day,
making seven weeks of the Omer.

הָרַחֲמָן May the Compassionate One restore the Temple service to its place speedily in our days. Amen, Selah.

Some add:

לַמְנַצֵּחַ For the conductor of music. With stringed instruments. A psalm, a song. *Ps. 67*
May God be gracious to us and bless us. May He make His face shine on us, Selah. Then will Your way be known on earth, Your salvation among all the nations. Let the peoples praise You, God; let all peoples praise You. Let nations rejoice and sing for joy, for You judge the peoples with equity, and guide the nations of the earth, Selah. Let the peoples praise You, God; let all peoples praise You. The earth has yielded its harvest. May God, our God, bless us. God will bless us, and all the ends of the earth will fear Him.

אָנָּא Please, by the power of Your great right hand, set the captive nation free. Accept Your people's prayer. Strengthen us, purify us, You who are revered. Please, mighty One, guard like the pupil of the eye those who seek Your unity. Bless them, cleanse them, have compassion on them, grant them Your righteousness always. Mighty One, Holy One, in Your great goodness guide Your congregation. Only One, exalted One, turn to Your people, who proclaim Your holiness. Accept our plea and heed our cry, You who know all secret thoughts. Blessed be the name of His glorious kingdom for ever and all time.

רִבּוֹנוֹ שֶׁל עוֹלָם Master of the Universe, You commanded us through Your servant Moses to count the Omer, to cleanse our carapaces and impurities, as You have
written in Your Torah: "You shall count seven complete weeks from the day *Lev. 23*
following the [Pesaḥ] rest day, when you brought the Omer as a wave-offering. To the day after the seventh week, you shall count fifty days." This is so that the souls of Your people Israel may be purified from their uncleanliness. May it also be Your will, Lord our God and God of our ancestors, that in the merit of the Omer count that I have counted today, there may be rectified any defect on my part in the counting of (*insert the appropriate sefira for each day*). May I be cleansed and sanctified with Your holiness on high, and through this may there flow a rich stream through all worlds, to rectify our lives, spirits and souls from any dross and defect, purifying and sanctifying us with Your sublime holiness. Amen, Selah.

The service continues with Aleinu on page 298.

ה בסיון, ערב שבועות

49. הַיּוֹם תִּשְׁעָה וְאַרְבָּעִים יוֹם

שֶׁהֵם שִׁבְעָה שָׁבוּעוֹת בָּעֹמֶר. מלכות שבמלכות

הָרַחֲמָן הוּא יַחֲזִיר לָנוּ עֲבוֹדַת בֵּית הַמִּקְדָּשׁ לִמְקוֹמָהּ בִּמְהֵרָה בְיָמֵינוּ, אָמֵן סֶלָה.

Some add:

תהלים סז לַמְנַצֵּחַ בִּנְגִינֹת, מִזְמוֹר שִׁיר: אֱלֹהִים יְחָנֵּנוּ וִיבָרְכֵנוּ, יָאֵר פָּנָיו אִתָּנוּ סֶלָה: לָדַעַת בָּאָרֶץ דַּרְכֶּךָ, בְּכָל־גּוֹיִם יְשׁוּעָתֶךָ: יוֹדוּךָ עַמִּים אֱלֹהִים, יוֹדוּךָ עַמִּים כֻּלָּם: יִשְׂמְחוּ וִירַנְּנוּ לְאֻמִּים, כִּי־תִשְׁפֹּט עַמִּים מִישֹׁר, וּלְאֻמִּים בָּאָרֶץ תַּנְחֵם סֶלָה: יוֹדוּךָ עַמִּים אֱלֹהִים, יוֹדוּךָ עַמִּים כֻּלָּם: אֶרֶץ נָתְנָה יְבוּלָהּ, יְבָרְכֵנוּ אֱלֹהִים אֱלֹהֵינוּ: יְבָרְכֵנוּ אֱלֹהִים, וְיִירְאוּ אוֹתוֹ כָּל־אַפְסֵי־אָרֶץ:

אָנָּא, בְּכֹחַ גְּדֻלַּת יְמִינְךָ, תַּתִּיר צְרוּרָה. קַבֵּל רִנַּת עַמְּךָ, שַׂגְּבֵנוּ, טַהֲרֵנוּ, נוֹרָא. נָא גִבּוֹר, דּוֹרְשֵׁי יִחוּדְךָ כְּבָבַת שָׁמְרֵם. בָּרְכֵם, טַהֲרֵם, רַחֲמֵם, צִדְקָתְךָ תָּמִיד גָּמְלֵם. חֲסִין קָדוֹשׁ, בְּרֹב טוּבְךָ נַהֵל עֲדָתֶךָ. יָחִיד גֵּאֶה, לְעַמְּךָ פְּנֵה, זוֹכְרֵי קְדֻשָּׁתֶךָ. שַׁוְעָתֵנוּ קַבֵּל וּשְׁמַע צַעֲקָתֵנוּ, יוֹדֵעַ תַּעֲלוּמוֹת. בָּרוּךְ שֵׁם כְּבוֹד מַלְכוּתוֹ לְעוֹלָם וָעֶד.

רִבּוֹנוֹ שֶׁל עוֹלָם, אַתָּה צִוִּיתָנוּ עַל יְדֵי מֹשֶׁה עַבְדְּךָ לִסְפֹּר סְפִירַת הָעֹמֶר, כְּדֵי לְטַהֲרֵנוּ ויקרא כג מִקְּלִפּוֹתֵינוּ וּמִטֻּמְאוֹתֵינוּ. כְּמוֹ שֶׁכָּתַבְתָּ בְּתוֹרָתֶךָ: וּסְפַרְתֶּם לָכֶם מִמָּחֳרַת הַשַּׁבָּת, מִיּוֹם הֲבִיאֲכֶם אֶת־עֹמֶר הַתְּנוּפָה, שֶׁבַע שַׁבָּתוֹת תְּמִימֹת תִּהְיֶינָה: עַד מִמָּחֳרַת הַשַּׁבָּת הַשְּׁבִיעִת תִּסְפְּרוּ חֲמִשִּׁים יוֹם: כְּדֵי שֶׁיִּטָּהֲרוּ נַפְשׁוֹת עַמְּךָ יִשְׂרָאֵל מִזֻּהֲמָתָם. וּבְכֵן יְהִי רָצוֹן מִלְּפָנֶיךָ יהוה אֱלֹהֵינוּ וֵאלֹהֵי אֲבוֹתֵינוּ, שֶׁבִּזְכוּת סְפִירַת הָעֹמֶר שֶׁסָּפַרְתִּי הַיּוֹם, יְתֻקַּן מַה שֶּׁפָּגַמְתִּי בִּסְפִירָה (*insert appropriate* ספירה *for each day*) וְאֶטָּהֵר וְאֶתְקַדֵּשׁ בִּקְדֻשָּׁה שֶׁל מַעְלָה, וְעַל יְדֵי זֶה יֻשְׁפַּע שֶׁפַע רַב בְּכָל הָעוֹלָמוֹת, לְתַקֵּן אֶת נַפְשׁוֹתֵינוּ וְרוּחוֹתֵינוּ וְנִשְׁמוֹתֵינוּ מִכָּל סִיג וּפְגַם, וּלְטַהֲרֵנוּ וּלְקַדְּשֵׁנוּ בִּקְדֻשָּׁתְךָ הָעֶלְיוֹנָה, אָמֵן סֶלָה.

The service continues with עָלֵינוּ *on page 299.*

לַמְנַצֵּחַ *Psalm 67:* Selected to be said at this time because the psalm (excluding the first verse, which is a superscription and not part of the psalm itself) contains forty-nine words, corresponding to the days of the counting of the Omer.

רִבּוֹנוֹ שֶׁל עוֹלָם *Master of the Universe:* a prayer emphasizing the idea that the counting of the Omer is a time of spiritual purification.

MA'ARIV FOR MOTZA'EI SHABBAT

In many congregations, the following two psalms are sung before Ma'ariv at the end of Shabbat.

לְדָוִד Of David. Blessed is the LORD, my Rock, who trains my hands for war, my fingers for battle. He is my Benefactor, my Fortress, my Stronghold and my Refuge, my Shield in whom I trust, He who subdues nations under me. LORD, what is man that You care for him, what are mortals that You think of them? Man is no more than a breath, his days like a fleeting shadow. LORD, part Your heavens and come down; touch the mountains so that they pour forth smoke. Flash forth lightning and scatter them; shoot Your arrows and panic them. Reach out Your hand from on high; deliver me and rescue me from the mighty waters, from the hands of strangers, whose every word is worthless, whose right hands are raised in falsehood. To You, God, I will sing a new song; to You I will play music on a ten-stringed harp. He who gives salvation to kings, who saved His servant David from the cruel sword: may He deliver me and rescue me from the hands of strangers, whose every word is worthless, whose right hands are raised in falsehood. Then our sons will be like saplings, well nurtured in their youth. Our daughters will be like pillars carved for a palace. Our barns will be filled with every kind of provision. Our sheep will increase by thousands, even tens of thousands in our fields. Our oxen will draw heavy loads. *Ps. 144*

The story is a parable of Jewish spirituality. Shabbat is our weekly return to the harmony and serenity of the Garden of Eden. As the day ends we, like Adam and Eve, prepare to reengage with the world – a world often fraught with dangers. We pray to God to be with us in the days ahead, to protect us from harm, and to bless the work of our hands.

לְדָוִד *Psalm 144:* As the arrival of Shabbat is greeted with psalms, so is its departure. Psalm 144 speaks with confidence about facing the battles that may lie ahead, and the blessings, human and material, that come from hard work. This is the song of a people who, trusting in God, face the future without fear.

מעריב למוצאי שבת

In many congregations, the following two psalms are sung before מעריב *on* מוצאי שבת.

לְדָוִד, בָּרוּךְ יהוה צוּרִי, הַמְלַמֵּד יָדַי לַקְרָב, אֶצְבְּעוֹתַי לַמִּלְחָמָה: תהלים קמד
חַסְדִּי וּמְצוּדָתִי מִשְׂגַּבִּי וּמְפַלְטִי לִי, מָגִנִּי וּבוֹ חָסִיתִי, הָרוֹדֵד
עַמִּי תַחְתָּי: יהוה מָה־אָדָם וַתֵּדָעֵהוּ, בֶּן־אֱנוֹשׁ וַתְּחַשְּׁבֵהוּ:
אָדָם לַהֶבֶל דָּמָה, יָמָיו כְּצֵל עוֹבֵר: יהוה הַט־שָׁמֶיךָ וְתֵרֵד,
גַּע בֶּהָרִים וְיֶעֱשָׁנוּ: בְּרוֹק בָּרָק וּתְפִיצֵם, שְׁלַח חִצֶּיךָ וּתְהֻמֵּם:
שְׁלַח יָדֶיךָ מִמָּרוֹם, פְּצֵנִי וְהַצִּילֵנִי מִמַּיִם רַבִּים, מִיַּד בְּנֵי נֵכָר:
אֲשֶׁר פִּיהֶם דִּבֶּר־שָׁוְא, וִימִינָם יְמִין שָׁקֶר: אֱלֹהִים שִׁיר חָדָשׁ
אָשִׁירָה לָּךְ, בְּנֵבֶל עָשׂוֹר אֲזַמְּרָה־לָּךְ: הַנּוֹתֵן תְּשׁוּעָה לַמְּלָכִים,
הַפּוֹצֶה אֶת־דָּוִד עַבְדּוֹ מֵחֶרֶב רָעָה: פְּצֵנִי וְהַצִּילֵנִי מִיַּד בְּנֵי נֵכָר,
אֲשֶׁר פִּיהֶם דִּבֶּר־שָׁוְא, וִימִינָם יְמִין שָׁקֶר: אֲשֶׁר בָּנֵינוּ כִּנְטִעִים,
מְגֻדָּלִים בִּנְעוּרֵיהֶם, בְּנוֹתֵינוּ כְזָוִיֹּת, מְחֻטָּבוֹת תַּבְנִית הֵיכָל:
מְזָוֵינוּ מְלֵאִים, מְפִיקִים מִזַּן אֶל־זַן, צֹאונֵנוּ מַאֲלִיפוֹת מְרֻבָּבוֹת

CONCLUSION OF SHABBAT

The end of Shabbat is one of the most intense Jewish experiences of time. According to rabbinic tradition (*Pirkei deRabbi Eliezer,* chapter 20), Adam and Eve were created, sinned, and were sentenced to exile from the Garden of Eden, all on the sixth day. God granted them stay of sentence, allowing them to spend one day, Shabbat itself, in the garden. During that day, say the sages, the sun did not set. As Shabbat came to an end, and darkness began to fall, the first human beings prepared to leave paradise and enter the world outside with its conflicts and challenges, hazards and fears. Assuring them that He would be with them, God gave them a gift: the ability to make light. Hence our custom of making a blessing over light in the Havdala service.

There will be no breach in the walls, no going into captivity, no cries of distress in our streets. Happy are the people for whom this is so; happy are the people whose God is the LORD.

לַמְנַצֵּחַ For the conductor of music. With stringed instruments. A psalm, a song. May God be gracious to us and bless us. May He make His face shine on us, Selah. Then will Your way be known on earth, Your salvation among all the nations. Let the peoples praise You, God; let all peoples praise You. Let nations rejoice and sing for joy, for You judge the peoples with equity, and guide the nations of the earth, Selah. Let the peoples praise You, God; let all peoples praise You. The earth has yielded its harvest. May God, our God, bless us. God will bless us, and all the ends of the earth will fear Him. *Ps. 67*

The service continues with Ma'ariv for Weekdays on page 262. After the Amida, the Leader says Half Kaddish and the congregation continues below:

וִיהִי נֹעַם May the pleasantness of the LORD our God be upon us. Establish for us the work of our hands, O establish the work of our hands. *Ps. 90*

יֹשֵׁב He who lives in the shelter of the Most High dwells in the shadow of the Almighty. I say of the LORD, my Refuge and Stronghold, my God in whom I trust, that He will save you from the fowler's snare and the deadly pestilence. With His pinions He *Ps. 91*

---

deliverance from harm. It is said at the end of Shabbat as a prayer for God's protection against the dangers that may lie ahead in the coming week. It is prefaced by the last verse of the previous psalm. According to tradition (Rashi, Ex. 39:43), this was the blessing Moses gave to those who had helped build the Sanctuary, adding: "May the Divine Presence rest in the work of your hands." Said here at the beginning of the workday week, it is a prayer that God may send His blessings for our labors.

This and the following section are not said in a week in which a Festival falls, because we do not then face a full working week, and because the merit of the coming Festival itself is an augury of divine protection.

בְּחוּצוֹתֵינוּ: אַלּוּפֵינוּ מְסֻבָּלִים, אֵין פֶּרֶץ וְאֵין יוֹצֵאת, וְאֵין צְוָחָה בִּרְחֹבֹתֵינוּ: אַשְׁרֵי הָעָם שֶׁכָּכָה לּוֹ, אַשְׁרֵי הָעָם שֶׁיהוה אֱלֹהָיו:

לַמְנַצֵּחַ בִּנְגִינֹת, מִזְמוֹר שִׁיר: אֱלֹהִים יְחָנֵּנוּ וִיבָרְכֵנוּ, יָאֵר פָּנָיו אִתָּנוּ סֶלָה: לָדַעַת בָּאָרֶץ דַּרְכֶּךָ, בְּכָל־גּוֹיִם יְשׁוּעָתֶךָ: יוֹדוּךָ עַמִּים אֱלֹהִים, יוֹדוּךָ עַמִּים כֻּלָּם: יִשְׂמְחוּ וִירַנְּנוּ לְאֻמִּים, כִּי־תִשְׁפֹּט עַמִּים מִישֹׁר, וּלְאֻמִּים בָּאָרֶץ תַּנְחֵם סֶלָה: יוֹדוּךָ עַמִּים אֱלֹהִים, יוֹדוּךָ עַמִּים כֻּלָּם: אֶרֶץ נָתְנָה יְבוּלָהּ, יְבָרְכֵנוּ אֱלֹהִים אֱלֹהֵינוּ: יְבָרְכֵנוּ אֱלֹהִים, וְיִירְאוּ אוֹתוֹ כָּל־אַפְסֵי־אָרֶץ: תהלים סז

The service continues with מעריב לחול *on page 263. After the* עמידה*, the* שליח ציבור *says* חצי קדיש *and the* קהל *continues below:*

וִיהִי נֹעַם אֲדֹנָי אֱלֹהֵינוּ עָלֵינוּ וּמַעֲשֵׂה יָדֵינוּ כּוֹנְנָה עָלֵינוּ וּמַעֲשֵׂה יָדֵינוּ כּוֹנְנֵהוּ: תהלים צ

יֹשֵׁב בְּסֵתֶר עֶלְיוֹן, בְּצֵל שַׁדַּי יִתְלוֹנָן: אֹמַר לַיהוה מַחְסִי וּמְצוּדָתִי, אֱלֹהַי אֶבְטַח־בּוֹ: כִּי הוּא יַצִּילְךָ מִפַּח יָקוּשׁ, מִדֶּבֶר הַוּוֹת: בְּאֶבְרָתוֹ יָסֶךְ לָךְ, וְתַחַת־כְּנָפָיו תֶּחְסֶה, צִנָּה וְסֹחֵרָה אֲמִתּוֹ: לֹא־תִירָא מִפַּחַד לָיְלָה, מֵחֵץ יָעוּף יוֹמָם: מִדֶּבֶר בָּאֹפֶל יַהֲלֹךְ, תהלים צא

לַמְנַצֵּחַ *Psalm 67:* A psalm of thanksgiving whose key phrase is "the earth has yielded its harvest." The second verse uses language reminiscent of the Priestly blessings. The word "earth" appears four times in a variety of senses, suggesting that when we do God's will on earth, the earth yields its blessings with the result that God is recognized by all nations of the earth. As we prepare to meet the time that recalls Adam's exile from Eden, we do so in a spirit directly opposite to the mood that prevailed then. Then it was said: "Cursed be the ground because of you" (Gen. 3:17). Now we pray for it to be blessed.

וִיהִי נֹעַם *May the pleasantness of the Lord:* Psalm 91 which follows immediately is known as the Psalm of Blessing and is the most famous of prayers for

will cover you, and beneath His wings you will find shelter; His faithfulness is an encircling shield. You need not fear terror by night, nor the arrow that flies by day; not the pestilence that stalks in darkness, nor the plague that ravages at noon. A thousand may fall at your side, ten thousand at your right hand, but it will not come near you. You will only look with your eyes and see the punishment of the wicked. Because you said, "The LORD is my Refuge," taking the Most High as your shelter, no harm will befall you, no plague come near your tent, for He will command His angels about you, to guard you in all your ways. They will lift you in their hands, lest your foot stumble on a stone. You will tread on lions and vipers; you will trample on young lions and snakes. [God says:] "Because he loves Me, I will rescue him; I will protect him, because he acknowledges My name. When he calls on Me, I will answer him; I will be with him in distress, I will deliver him and bring him honor.
▸ With long life I will satisfy him and show him My salvation.
With long life I will satisfy him and show him My salvation.

▸ You are the Holy One, enthroned on the praises of Israel. *Ps. 22*
And [the angels] call to one another, saying, "Holy, holy, holy *Is. 6*
is the LORD of hosts; the whole world is filled with His glory."

And they receive permission from one another, saying: *Targum Yonatan Is. 6*
"Holy in the highest heavens, home of His Presence;
holy on earth, the work of His strength;
holy for ever and all time is the LORD of hosts;
the whole earth is full of His radiant glory."

▸ Then a wind lifted me up and I heard behind me the sound of *Ezek. 3*
a great noise, saying, "Blessed is the LORD's glory from His place."

Then a wind lifted me up and I heard behind me *Targum Yonatan Ezek. 3*
the sound of a great tempest of those who uttered praise, saying,
"Blessed is the LORD's glory from the place of the home of His Presence."

The LORD shall reign for ever and all time. *Ex. 15*
The LORD's kingdom is established for ever and all time. *Targum Onkelos Ex. 15*

מִקֶּטֶב יָשׁוּד צָהֳרָיִם: יִפֹּל מִצִּדְּךָ אֶלֶף, וּרְבָבָה מִימִינֶךָ, אֵלֶיךָ לֹא יִגָּשׁ: רַק בְּעֵינֶיךָ תַבִּיט, וְשִׁלֻּמַת רְשָׁעִים תִּרְאֶה: כִּי־אַתָּה יהוה מַחְסִי, עֶלְיוֹן שַׂמְתָּ מְעוֹנֶךָ: לֹא־תְאֻנֶּה אֵלֶיךָ רָעָה, וְנֶגַע לֹא־יִקְרַב בְּאָהֳלֶךָ: כִּי מַלְאָכָיו יְצַוֶּה־לָּךְ, לִשְׁמָרְךָ בְּכָל־דְּרָכֶיךָ: עַל־כַּפַּיִם יִשָּׂאוּנְךָ, פֶּן־תִּגֹּף בָּאֶבֶן רַגְלֶךָ: עַל־שַׁחַל וָפֶתֶן תִּדְרֹךְ, תִּרְמֹס כְּפִיר וְתַנִּין: כִּי בִי חָשַׁק וַאֲפַלְּטֵהוּ, אֲשַׂגְּבֵהוּ כִּי־יָדַע שְׁמִי: יִקְרָאֵנִי וְאֶעֱנֵהוּ, עִמּוֹ אָנֹכִי בְצָרָה, אֲחַלְּצֵהוּ וַאֲכַבְּדֵהוּ:

◂ אֹרֶךְ יָמִים אַשְׂבִּיעֵהוּ, וְאַרְאֵהוּ בִּישׁוּעָתִי:

אֹרֶךְ יָמִים אַשְׂבִּיעֵהוּ, וְאַרְאֵהוּ בִּישׁוּעָתִי:

תהלים כב ◂ וְאַתָּה קָדוֹשׁ יוֹשֵׁב תְּהִלּוֹת יִשְׂרָאֵל: וְקָרָא זֶה אֶל־זֶה וְאָמַר

ישעיה ו קָדוֹשׁ, קָדוֹשׁ, קָדוֹשׁ, יהוה צְבָאוֹת, מְלֹא כָל־הָאָרֶץ כְּבוֹדוֹ:

תרגום יונתן ישעיה ו וּמְקַבְּלִין דֵּין מִן דֵּין וְאָמְרִין, קַדִּישׁ בִּשְׁמֵי מְרוֹמָא עִלָּאָה בֵּית שְׁכִינְתֵהּ קַדִּישׁ עַל אַרְעָא עוֹבַד גְּבוּרְתֵהּ, קַדִּישׁ לְעָלַם וּלְעָלְמֵי עָלְמַיָּא יהוה צְבָאוֹת, מַלְיָא כָל אַרְעָא זִיו יְקָרֵהּ.

יחזקאל ג ◂ וַתִּשָּׂאֵנִי רוּחַ, וָאֶשְׁמַע אַחֲרַי קוֹל רַעַשׁ גָּדוֹל

בָּרוּךְ כְּבוֹד־יהוה מִמְּקוֹמוֹ:

תרגום יונתן יחזקאל ג וּנְטָלַתְנִי רוּחָא, וּשְׁמָעִית בַּתְרַי קָל זִיעַ סַגִּיא, דִּמְשַׁבְּחִין וְאָמְרִין בְּרִיךְ יְקָרָא דַיהוה מֵאֲתַר בֵּית שְׁכִינְתֵהּ.

שמות טו יהוה יִמְלֹךְ לְעֹלָם וָעֶד:

תרגום אונקלוס שמות טו יהוה מַלְכוּתֵהּ קָאֵם לְעָלַם וּלְעָלְמֵי עָלְמַיָּא.

וְאַתָּה קָדוֹשׁ *You are the Holy One:* This prayer, with its parallels in the weekday morning and Shabbat afternoon services, was usually associated with periods of communal study. Its presence here may hark back to a time when it was customary to dedicate time to a period of study at the end of Shabbat.

יהוה LORD, God of Abraham, Isaac and Yisrael, our ancestors, may *1 Chr. 29*
You keep this for ever so that it forms the thoughts in Your people's
heart, and directs their heart toward You. He is compassionate. He *Ps. 78*
forgives iniquity and does not destroy. Repeatedly He suppresses
His anger, not rousing His full wrath. For You, my LORD, are good *Ps. 86*
and forgiving, abundantly kind to all who call on You. Your righ- *Ps. 119*
teousness is eternally righteous, and Your Torah is truth. Grant *Micah 7*
truth to Jacob, loving-kindness to Abraham, as You promised our
ancestors in ancient times. Blessed is my LORD for day after day He *Ps. 68*
burdens us [with His blessings]; God is our salvation, Selah! The *Ps. 46*
LORD of hosts is with us; the God of Jacob is our refuge, Selah!
LORD of hosts, happy is the one who trusts in You. LORD, save! *Ps. 84* *Ps. 20*
May the King answer us on the day we call.

בָּרוּךְ Blessed is He, our God, who created us for His glory, separating us from those who go astray; who gave us the Torah of truth, planting within us eternal life. May He open our heart to His Torah, imbuing our heart with the love and awe of Him, that we may do His will and serve Him with a perfect heart, so that we neither toil in vain nor give birth to confusion.

יְהִי רָצוֹן May it be Your will, O LORD our God and God of our ances-
tors, that we keep Your laws in this world, and thus be worthy to live,
see and inherit goodness and blessing in the Messianic Age and in
the life of the World to Come. So that my soul may sing to You and *Ps. 30*
not be silent. LORD, my God, for ever I will thank You. Blessed is *Jer. 17*
the man who trusts in the LORD, whose trust is in the LORD alone.
Trust in the LORD for evermore, for God, the LORD, is an everlast- *Is. 26*
ing Rock. ▸ Those who know Your name trust in You, for You, LORD, *Ps. 9*
do not forsake those who seek You. The LORD desired, for the sake *Is. 42*
of Israel's merit, to make the Torah great and glorious.

יהוה אֱלֹהֵי אַבְרָהָם יִצְחָק וְיִשְׂרָאֵל אֲבֹתֵינוּ, שָׁמְרָה־זֹּאת לְעוֹלָם דברי הימים א׳ כט
לְיֵצֶר מַחְשְׁבוֹת לְבַב עַמֶּךָ, וְהָכֵן לְבָבָם אֵלֶיךָ: וְהוּא רַחוּם יְכַפֵּר תהלים עח
עָוֹן וְלֹא־יַשְׁחִית, וְהִרְבָּה לְהָשִׁיב אַפּוֹ, וְלֹא־יָעִיר כָּל־חֲמָתוֹ:
כִּי־אַתָּה אֲדֹנָי טוֹב וְסַלָּח, וְרַב־חֶסֶד לְכָל־קֹרְאֶיךָ: צִדְקָתְךָ תהלים פו תהלים קיט
צֶדֶק לְעוֹלָם וְתוֹרָתְךָ אֱמֶת: תִּתֵּן אֱמֶת לְיַעֲקֹב, חֶסֶד לְאַבְרָהָם, מיכה ז
אֲשֶׁר־נִשְׁבַּעְתָּ לַאֲבֹתֵינוּ מִימֵי קֶדֶם: בָּרוּךְ אֲדֹנָי יוֹם יוֹם יַעֲמָס־ תהלים סח
לָנוּ, הָאֵל יְשׁוּעָתֵנוּ סֶלָה: יהוה צְבָאוֹת עִמָּנוּ, מִשְׂגָּב לָנוּ אֱלֹהֵי תהלים מו
יַעֲקֹב סֶלָה: יהוה צְבָאוֹת, אַשְׁרֵי אָדָם בֹּטֵחַ בָּךְ: יהוה הוֹשִׁיעָה, תהלים פד תהלים כ
הַמֶּלֶךְ יַעֲנֵנוּ בְיוֹם־קָרְאֵנוּ:

בָּרוּךְ הוּא אֱלֹהֵינוּ שֶׁבְּרָאָנוּ לִכְבוֹדוֹ, וְהִבְדִּילָנוּ מִן הַתּוֹעִים, וְנָתַן לָנוּ תּוֹרַת אֱמֶת, וְחַיֵּי עוֹלָם נָטַע בְּתוֹכֵנוּ. הוּא יִפְתַּח לִבֵּנוּ בְּתוֹרָתוֹ, וְיָשֵׂם בְּלִבֵּנוּ אַהֲבָתוֹ וְיִרְאָתוֹ וְלַעֲשׂוֹת רְצוֹנוֹ וּלְעָבְדוֹ בְּלֵבָב שָׁלֵם, לְמַעַן לֹא נִיגַע לָרִיק וְלֹא נֵלֵד לַבֶּהָלָה.

יְהִי רָצוֹן מִלְּפָנֶיךָ יהוה אֱלֹהֵינוּ וֵאלֹהֵי אֲבוֹתֵינוּ, שֶׁנִּשְׁמֹר חֻקֶּיךָ
בָּעוֹלָם הַזֶּה, וְנִזְכֶּה וְנִחְיֶה וְנִרְאֶה וְנִירַשׁ טוֹבָה וּבְרָכָה, לִשְׁנֵי
יְמוֹת הַמָּשִׁיחַ וּלְחַיֵּי הָעוֹלָם הַבָּא. לְמַעַן יְזַמֶּרְךָ כָבוֹד וְלֹא יִדֹּם, תהלים ל
יהוה אֱלֹהַי, לְעוֹלָם אוֹדֶךָּ: בָּרוּךְ הַגֶּבֶר אֲשֶׁר יִבְטַח בַּיהוה, ירמיה יז
וְהָיָה יהוה מִבְטַחוֹ: בִּטְחוּ בַיהוה עֲדֵי־עַד, כִּי בְּיָהּ יהוה צוּר ישעיה כו
עוֹלָמִים: ‹ וְיִבְטְחוּ בְךָ יוֹדְעֵי שְׁמֶךָ, כִּי לֹא־עָזַבְתָּ דֹרְשֶׁיךָ, יהוה: תהלים ט
יהוה חָפֵץ לְמַעַן צִדְקוֹ, יַגְדִּיל תּוֹרָה וְיַאְדִּיר: ישעיה מב

FULL KADDISH

Leader: יִתְגַּדַּל Magnified and sanctified may His great name be,
in the world He created by His will.
May He establish His kingdom in your lifetime
and in your days,
and in the lifetime of all the house of Israel,
swiftly and soon –
and say: Amen.

All: May His great name be blessed for ever and all time.

Leader: Blessed and praised,
glorified and exalted,
raised and honored,
uplifted and lauded be
the name of the Holy One,
blessed be He,
beyond any blessing,
song, praise and consolation uttered in the world –
and say: Amen.

On Purim and Tisha B'Av, omit the next verse and continue with "May there be great peace."

May the prayers and pleas of all Israel
be accepted by their Father in heaven –
and say: Amen.

May there be great peace from heaven,
and life for us and all Israel –
and say: Amen.

Bow, take three steps back, as if taking leave of the Divine Presence, then bow, first left, then right, then center, while saying:

May He who makes peace in His high places,
make peace for us and all Israel –
and say: Amen.

קדיש שלם

ש״ץ: יִתְגַּדַּל וְיִתְקַדַּשׁ שְׁמֵהּ רַבָּא (קהל: אָמֵן)
בְּעָלְמָא דִּי בְרָא כִרְעוּתֵהּ
וְיַמְלִיךְ מַלְכוּתֵהּ
בְּחַיֵּיכוֹן וּבְיוֹמֵיכוֹן וּבְחַיֵּי דְכָל בֵּית יִשְׂרָאֵל
בַּעֲגָלָא וּבִזְמַן קָרִיב, וְאִמְרוּ אָמֵן. (קהל: אָמֵן)

קהל וש״ץ: יְהֵא שְׁמֵהּ רַבָּא מְבָרַךְ לְעָלַם וּלְעָלְמֵי עָלְמַיָּא.

ש״ץ: יִתְבָּרַךְ וְיִשְׁתַּבַּח וְיִתְפָּאַר
וְיִתְרוֹמַם וְיִתְנַשֵּׂא וְיִתְהַדָּר וְיִתְעַלֶּה וְיִתְהַלָּל
שְׁמֵהּ דְּקֻדְשָׁא בְּרִיךְ הוּא (קהל: בְּרִיךְ הוּא)
לְעֵלָּא מִן כָּל בִּרְכָתָא
/ בעשרת ימי תשובה: לְעֵלָּא לְעֵלָּא מִכָּל בִּרְכָתָא/
וְשִׁירָתָא, תֻּשְׁבְּחָתָא וְנֶחֱמָתָא
דַּאֲמִירָן בְּעָלְמָא, וְאִמְרוּ אָמֵן. (קהל: אָמֵן)

On תשעה באב *and* פורים*, omit the next verse and continue with* יהא שלמא.

תִּתְקַבַּל צְלוֹתְהוֹן וּבָעוּתְהוֹן דְּכָל יִשְׂרָאֵל
קֳדָם אֲבוּהוֹן דִּי בִשְׁמַיָּא, וְאִמְרוּ אָמֵן. (קהל: אָמֵן)

יְהֵא שְׁלָמָא רַבָּא מִן שְׁמַיָּא
וְחַיִּים, עָלֵינוּ וְעַל כָּל יִשְׂרָאֵל, וְאִמְרוּ אָמֵן. (קהל: אָמֵן)

Bow, take three steps back, as if taking leave of the Divine Presence, then bow, first left, then right, then center, while saying:

עֹשֶׂה שָׁלוֹם/ בעשרת ימי תשובה: הַשָּׁלוֹם/ בִּמְרוֹמָיו
הוּא יַעֲשֶׂה שָׁלוֹם עָלֵינוּ וְעַל כָּל יִשְׂרָאֵל
וְאִמְרוּ אָמֵן. (קהל: אָמֵן)

Between Pesaḥ and Shavuot the Omer is counted at this point on page 304.

On Ḥanukka, the candles are lit at this point, page 404.

On Tisha B'Av, the following prayers are omitted and the service continues with Aleinu on page 332.

BIBLICAL VERSES OF BLESSING

וְיִתֶּן־לְךָ May God give you dew from heaven and the richness of the earth, and corn and wine in plenty. May peoples serve you and nations bow down to you. Be lord over your brothers, and may your mother's sons bow down to you. A curse on those who curse you, but a blessing on those who bless you. *Gen. 27*

וְאֵל שַׁדַּי May God Almighty bless you; may He make you fruitful and numerous until you become an assembly of peoples. May He give you and your descendants the blessing of Abraham, that you may possess the land where you are now staying, the land God gave to Abraham. *Gen. 28* This comes from the God of your father – may He help you – and from the Almighty – may He bless you with blessings of the heaven above and the blessings of the deep that lies below, the blessings of breast and womb. The blessings of your father surpass the blessings of my fathers to the bounds of the endless hills. May they rest on the head of Joseph, on the brow of the prince among his brothers. *Gen. 49* He will love you and bless you and increase your numbers. He will bless the fruit of your womb and the fruit of your land: your corn, your wine and oil, the calves of your herds and the lambs of your flocks, in the land He swore to your fathers to give you. You will be blessed more than any other people. None of your men or women will be childless, nor any of your livestock without young. The Lord will keep you free from any disease. He will not inflict on you the terrible diseases you knew in Egypt, but He will inflict them on those who hate you. *Deut. 7*

הַמַּלְאָךְ May the angel who rescued me from all harm, bless these boys. May they be called by my name and the names of my fathers Abraham and Isaac, and may they increase greatly on the earth. *Gen. 48* The Lord your God has increased your numbers so that today you are as many as the stars in the sky. May the Lord, God of your fathers, increase you a thousand times, and bless you as He promised you. *Deut. 1*

---

to begin the next stage, confident in the knowledge that God is with us. They begin with the blessings of Isaac to Jacob, Jacob to Joseph and his brothers, and Moses' closing addresses to the Israelites in the book of Deuteronomy.

Between פסח *and* שבועות *the* עומר *is counted at this point on page 305.*

On חנוכה*, the candles are lit at this point, page 405.*

On תשעה באב*, the following prayers are omitted*
and the service continues with עָלֵינוּ *on page 333.*

פסוקי ברכה

בראשית כז וְיִתֶּן־לְךָ הָאֱלֹהִים מִטַּל הַשָּׁמַיִם וּמִשְׁמַנֵּי הָאָרֶץ, וְרֹב דָּגָן וְתִירֹשׁ: יַעַבְדוּךָ
עַמִּים וְיִשְׁתַּחֲוֻ לְךָ לְאֻמִּים, הֱוֵה גְבִיר לְאַחֶיךָ וְיִשְׁתַּחֲווּ לְךָ בְּנֵי אִמֶּךָ,
אֹרְרֶיךָ אָרוּר וּמְבָרְכֶיךָ בָּרוּךְ:
בראשית כח וְאֵל שַׁדַּי יְבָרֵךְ אֹתְךָ וְיַפְרְךָ וְיַרְבֶּךָ, וְהָיִיתָ לִקְהַל עַמִּים: וְיִתֶּן־לְךָ אֶת־
בִּרְכַּת אַבְרָהָם, לְךָ וּלְזַרְעֲךָ אִתָּךְ, לְרִשְׁתְּךָ אֶת־אֶרֶץ מְגֻרֶיךָ אֲשֶׁר־נָתַן
בראשית מט אֱלֹהִים לְאַבְרָהָם: מֵאֵל אָבִיךָ וְיַעְזְרֶךָּ וְאֵת שַׁדַּי וִיבָרְכֶךָּ, בִּרְכֹת שָׁמַיִם
מֵעָל, בִּרְכֹת תְּהוֹם רֹבֶצֶת תָּחַת, בִּרְכֹת שָׁדַיִם וָרָחַם: בִּרְכֹת אָבִיךָ גָּבְרוּ
עַל־בִּרְכֹת הוֹרַי עַד־תַּאֲוַת גִּבְעֹת עוֹלָם, תִּהְיֶיןָ לְרֹאשׁ יוֹסֵף וּלְקָדְקֹד
דברים ז נְזִיר אֶחָיו: וַאֲהֵבְךָ וּבֵרַכְךָ וְהִרְבֶּךָ, וּבֵרַךְ פְּרִי־בִטְנְךָ וּפְרִי־אַדְמָתֶךָ, דְּגָנְךָ
וְתִירֹשְׁךָ וְיִצְהָרֶךָ, שְׁגַר־אֲלָפֶיךָ וְעַשְׁתְּרֹת צֹאנֶךָ, עַל הָאֲדָמָה אֲשֶׁר־נִשְׁבַּע
לַאֲבֹתֶיךָ לָתֶת לָךְ: בָּרוּךְ תִּהְיֶה מִכָּל־הָעַמִּים, לֹא־יִהְיֶה בְךָ עָקָר וַעֲקָרָה
וּבִבְהֶמְתֶּךָ: וְהֵסִיר יהוה מִמְּךָ כָּל־חֹלִי, וְכָל־מַדְוֵי מִצְרַיִם הָרָעִים אֲשֶׁר
יָדַעְתָּ, לֹא יְשִׂימָם בָּךְ, וּנְתָנָם בְּכָל־שֹׂנְאֶיךָ:
בראשית מח הַמַּלְאָךְ הַגֹּאֵל אֹתִי מִכָּל־רָע יְבָרֵךְ אֶת־הַנְּעָרִים, וְיִקָּרֵא בָהֶם שְׁמִי וְשֵׁם
דברים א אֲבֹתַי אַבְרָהָם וְיִצְחָק, וְיִדְגּוּ לָרֹב בְּקֶרֶב הָאָרֶץ: יהוה אֱלֹהֵיכֶם הִרְבָּה
אֶתְכֶם, וְהִנְּכֶם הַיּוֹם כְּכוֹכְבֵי הַשָּׁמַיִם לָרֹב: יהוה אֱלֹהֵי אֲבוֹתֵכֶם יֹסֵף
עֲלֵיכֶם כָּכֶם אֶלֶף פְּעָמִים, וִיבָרֵךְ אֶתְכֶם כַּאֲשֶׁר דִּבֶּר לָכֶם:

פסוקי ברכה *Biblical Verses of Blessing.* Setting out on a journey is a time to seek blessing and divine protection through the challenges that lie ahead, hence this long series of verses from Tanakh, including many of the blessings recorded in the Mosaic books. They are clustered around the themes of blessing, redemption and salvation; rescue and transformation; peace and consolation. Together they emphasize that time is a journey and we are about

בָּרוּךְ You will be blessed in the city, and blessed in the field. You will be blessed *Deut. 28*
when you come in, and blessed when you go out. Your basket and your knead-
ing trough will be blessed. The fruit of your womb will be blessed, and the
crops of your land, and the young of your livestock, the calves of your herds
and the lambs of your flocks. The LORD will send a blessing on your barns,
and on everything you put your hand to. The LORD your God will bless you
in the land He is giving you. The LORD will open for you the heavens, the
storehouse of His bounty, to send rain on your land in season, and to bless all
the work of your hands. You will lend to many nations but will borrow from
none. For the LORD your God will bless you as He has promised: you will lend *Deut. 15*
to many nations but will borrow from none. You will rule over many nations,
but none will rule over you. Happy are you, Israel! Who is like you, a people *Deut. 33*
saved by the LORD? He is your Shield and Helper and your glorious Sword.
Your enemies will cower before you, and you will tread on their high places.

מָחִיתִי I have wiped away your transgressions like a cloud, your sins like the *Is. 44*
morning mist. Return to Me for I have redeemed you. Sing for joy, O heav-
ens, for the LORD has done this; shout aloud, you depths of the earth; burst
into song, you mountains, you forests and all your trees, for the LORD has
redeemed Jacob, and will glory in Israel. Our Redeemer, the LORD of hosts is *Is. 47*
His name, the Holy One of Israel.

יִשְׂרָאֵל Israel is saved by the LORD with everlasting salvation. You will never *Is. 45*
be ashamed or disgraced to time everlasting. You will eat your fill and praise *Joel 2*
the name of the LORD your God, who has worked wonders for you. Never
again shall My people be shamed. Then you will know that I am in the midst
of Israel, that I am the LORD your God, and there is no other. Never again
will My people be shamed. You will go out in joy and be led out in peace. The *Is. 55*
mountains and hills will burst into song before you, and all the trees of the
field will clap their hands. Behold, God is my salvation, I will trust and not *Is. 12*
be afraid. The LORD, the LORD, is my strength and my song. He has become
my salvation. With joy you will draw water from the springs of salvation. On
that day you will say, "Thank the LORD, proclaim His name, make His deeds
known among the nations." Declare that His name is exalted. Sing to the LORD,
for He has done glorious things; let this be known throughout the world.
Shout aloud and sing for joy, you who dwell in Zion, for great in your midst
is the Holy One of Israel. On that day they will say, "See, this is our God; we *Is. 25*
set our hope in Him and He saved us. This is the LORD in whom we hoped;
let us rejoice and be glad in His salvation."

דברים כח בָּרוּךְ אַתָּה בָּעִיר, וּבָרוּךְ אַתָּה בַּשָּׂדֶה: בָּרוּךְ אַתָּה בְּבֹאֶךָ, וּבָרוּךְ אַתָּה
בְּצֵאתֶךָ: בָּרוּךְ טַנְאֲךָ וּמִשְׁאַרְתֶּךָ: בָּרוּךְ פְּרִי־בִטְנְךָ וּפְרִי אַדְמָתְךָ וּפְרִי
בְהֶמְתֶּךָ, שְׁגַר אֲלָפֶיךָ וְעַשְׁתְּרוֹת צֹאנֶךָ: יְצַו יהוה אִתְּךָ אֶת־הַבְּרָכָה
בַּאֲסָמֶיךָ וּבְכֹל מִשְׁלַח יָדֶךָ, וּבֵרַכְךָ בָּאָרֶץ אֲשֶׁר־יהוה אֱלֹהֶיךָ נֹתֵן לָךְ:
יִפְתַּח יהוה לְךָ אֶת־אוֹצָרוֹ הַטּוֹב אֶת־הַשָּׁמַיִם, לָתֵת מְטַר־אַרְצְךָ בְּעִתּוֹ,
דברים טו וּלְבָרֵךְ אֵת כָּל־מַעֲשֵׂה יָדֶךָ, וְהִלְוִיתָ גּוֹיִם רַבִּים וְאַתָּה לֹא תִלְוֶה: כִּי־יהוה
אֱלֹהֶיךָ בֵּרַכְךָ כַּאֲשֶׁר דִּבֶּר־לָךְ, וְהַעֲבַטְתָּ גּוֹיִם רַבִּים וְאַתָּה לֹא תַעֲבֹט,
דברים לג וּמָשַׁלְתָּ בְּגוֹיִם רַבִּים וּבְךָ לֹא יִמְשֹׁלוּ: אַשְׁרֶיךָ יִשְׂרָאֵל, מִי כָמוֹךָ, עַם
נוֹשַׁע בַּיהוה, מָגֵן עֶזְרֶךָ וַאֲשֶׁר־חֶרֶב גַּאֲוָתֶךָ, וְיִכָּחֲשׁוּ אֹיְבֶיךָ לָךְ, וְאַתָּה
עַל־בָּמוֹתֵימוֹ תִדְרֹךְ:

ישעיה מד מָחִיתִי כָעָב פְּשָׁעֶיךָ וְכֶעָנָן חַטֹּאותֶיךָ, שׁוּבָה אֵלַי כִּי גְאַלְתִּיךָ: רָנּוּ שָׁמַיִם
כִּי־עָשָׂה יהוה, הָרִיעוּ תַּחְתִּיּוֹת אָרֶץ, פִּצְחוּ הָרִים רִנָּה, יַעַר וְכָל־עֵץ בּוֹ,
ישעיה מז כִּי־גָאַל יהוה יַעֲקֹב וּבְיִשְׂרָאֵל יִתְפָּאָר: גֹּאֲלֵנוּ, יהוה צְבָאוֹת שְׁמוֹ, קְדוֹשׁ
יִשְׂרָאֵל:

ישעיה מה יִשְׂרָאֵל נוֹשַׁע בַּיהוה תְּשׁוּעַת עוֹלָמִים, לֹא־תֵבֹשׁוּ וְלֹא־תִכָּלְמוּ עַד־עוֹלְמֵי
יואל ב עַד: וַאֲכַלְתֶּם אָכוֹל וְשָׂבוֹעַ, וְהִלַּלְתֶּם אֶת־שֵׁם יהוה אֱלֹהֵיכֶם אֲשֶׁר־עָשָׂה
עִמָּכֶם לְהַפְלִיא, וְלֹא־יֵבֹשׁוּ עַמִּי לְעוֹלָם: וִידַעְתֶּם כִּי בְקֶרֶב יִשְׂרָאֵל
ישעיה נה אָנִי, וַאֲנִי יהוה אֱלֹהֵיכֶם וְאֵין עוֹד, וְלֹא־יֵבֹשׁוּ עַמִּי לְעוֹלָם: כִּי־בְשִׂמְחָה
תֵצֵאוּ וּבְשָׁלוֹם תּוּבָלוּן, הֶהָרִים וְהַגְּבָעוֹת יִפְצְחוּ לִפְנֵיכֶם רִנָּה, וְכָל־עֲצֵי
ישעיה יב הַשָּׂדֶה יִמְחֲאוּ־כָף: הִנֵּה אֵל יְשׁוּעָתִי אֶבְטַח, וְלֹא אֶפְחָד, כִּי־עָזִּי וְזִמְרָת
יָהּ יהוה, וַיְהִי־לִי לִישׁוּעָה: וּשְׁאַבְתֶּם־מַיִם בְּשָׂשׂוֹן, מִמַּעַיְנֵי הַיְשׁוּעָה:
וַאֲמַרְתֶּם בַּיּוֹם הַהוּא, הוֹדוּ לַיהוה קִרְאוּ בִשְׁמוֹ, הוֹדִיעוּ בָעַמִּים עֲלִילֹתָיו,
הַזְכִּירוּ כִּי נִשְׂגָּב שְׁמוֹ: זַמְּרוּ יהוה כִּי גֵאוּת עָשָׂה, מוּדַעַת זֹאת בְּכָל־
ישעיה כה הָאָרֶץ: צַהֲלִי וָרֹנִּי יוֹשֶׁבֶת צִיּוֹן, כִּי־גָדוֹל בְּקִרְבֵּךְ קְדוֹשׁ יִשְׂרָאֵל: וְאָמַר
בַּיּוֹם הַהוּא, הִנֵּה אֱלֹהֵינוּ זֶה קִוִּינוּ לוֹ וְיוֹשִׁיעֵנוּ, זֶה יהוה קִוִּינוּ לוֹ, נָגִילָה
וְנִשְׂמְחָה בִּישׁוּעָתוֹ:

בֵּית Come, house of Jacob: let us walk in the light of the Lord. He will be the *Is. 2* *Is. 32*
sure foundation of your times; a rich store of salvation, wisdom and knowl-
edge – the fear of the Lord is a person's treasure. In everything he did, David *1 Sam. 18*
was successful, for the Lord was with him.

פָּדָה He redeemed my soul in peace from the battle waged against me, for the *Ps. 55*
sake of the many who were with me. The people said to Saul, "Shall Jonathan *1 Sam. 14*
die – he who has brought about this great deliverance in Israel? Heaven forbid! As surely as the Lord lives, not a hair of his head shall fall to the ground, for he did this today with God's help." So the people rescued Jonathan and he did not
die. Those redeemed by the Lord shall return; they will enter Zion singing; *Is. 35*
everlasting joy will crown their heads. Gladness and joy will overtake them, and sorrow and sighing will flee away.

הָפַכְתָּ You have turned my sorrow into dancing. You have removed my sackcloth *Ps. 30*
and clothed me with joy. The Lord your God refused to listen to Balaam; in- *Deut. 23*
stead the Lord your God turned the curse into a blessing, for the Lord your
God loves you. Then maidens will dance and be glad; so too will young men and *Jer. 31*
old together; I will turn their mourning into gladness; I will give them comfort and joy instead of sorrow.

בּוֹרֵא I create the speech of lips: Peace, peace to those far and near, says the Lord, *Is. 57*
and I will heal them. Then the spirit came upon Amasai, chief of the captains, *1 Chr. 12*
and he said: "We are yours, David! We are with you, son of Jesse! Peace, peace to you, and peace to those who help you; for your God will help you." Then David
received them and made them leaders of his troop. And you shall say: "To life! *1 Sam. 25*
Peace be to you, peace to your household, and peace to all that is yours!" The *Ps. 29*
Lord will give strength to His people; the Lord will bless His people with peace.

אָמַר Rabbi Yoḥanan said: Wherever you find the greatness of the Holy One, *Megilla 31a*
blessed be He, there you find His humility. This is written in the Torah, repeated in the Prophets, and stated a third time in the Writings. It is written in the
Torah: "For the Lord your God is God of gods and Lord of lords, the great, *Deut. 10*
mighty and awe-inspiring God, who shows no favoritism and accepts no bribe." Immediately afterwards it is written, "He upholds the cause of the orphan and widow, and loves the stranger, giving him food and clothing." It is repeated in the
Prophets, as it says: "So says the High and Exalted One, who lives for ever and *Is. 57*
whose name is Holy: I live in a high and holy place, but also with the contrite and lowly in spirit, to revive the spirit of the lowly, and to revive the heart of the

---

(*Megilla* 31a) telling us to learn from God that greatness is humility, and humility greatness. The Creator of all cares for all; the Power of powers cares for the powerless. The deeper our compassion, the higher we stand.

ישעיה ב ישעיה לב בֵּית יַעֲקֹב לְכוּ וְנֵלְכָה בְּאוֹר יהוה: וְהָיָה אֱמוּנַת עִתֶּיךָ, חֹסֶן יְשׁוּעֹת חָכְמַת
שמואל א׳ יח וָדָעַת, יִרְאַת יהוה הִיא אוֹצָרוֹ: וַיְהִי דָוִד לְכָל־דְּרָכָו מַשְׂכִּיל, וַיהוה עִמּוֹ:

תהלים נה שמואל א׳ יד פָּדָה בְשָׁלוֹם נַפְשִׁי מִקְּרָב־לִי, כִּי־בְרַבִּים הָיוּ עִמָּדִי: וַיֹּאמֶר הָעָם אֶל־
שָׁאוּל, הֲיוֹנָתָן יָמוּת אֲשֶׁר עָשָׂה הַיְשׁוּעָה הַגְּדוֹלָה הַזֹּאת בְּיִשְׂרָאֵל,
חָלִילָה, חַי־יהוה אִם־יִפֹּל מִשַּׂעֲרַת רֹאשׁוֹ אַרְצָה, כִּי־עִם־אֱלֹהִים עָשָׂה
ישעיה לה הַיּוֹם הַזֶּה, וַיִּפְדּוּ הָעָם אֶת־יוֹנָתָן וְלֹא־מֵת: וּפְדוּיֵי יהוה יְשֻׁבוּן וּבָאוּ צִיּוֹן
בְּרִנָּה, וְשִׂמְחַת עוֹלָם עַל־רֹאשָׁם, שָׂשׂוֹן וְשִׂמְחָה יַשִּׂיגוּ, וְנָסוּ יָגוֹן וַאֲנָחָה:

תהלים ל דברים כג הָפַכְתָּ מִסְפְּדִי לְמָחוֹל לִי, פִּתַּחְתָּ שַׂקִּי, וַתְּאַזְּרֵנִי שִׂמְחָה: וְלֹא־אָבָה יהוה
אֱלֹהֶיךָ לִשְׁמֹעַ אֶל־בִּלְעָם, וַיַּהֲפֹךְ יהוה אֱלֹהֶיךָ לְּךָ אֶת־הַקְּלָלָה לִבְרָכָה,
ירמיה לא כִּי אֲהֵבְךָ יהוה אֱלֹהֶיךָ: אָז תִּשְׂמַח בְּתוּלָה בְּמָחוֹל, וּבַחֻרִים וּזְקֵנִים יַחְדָּו,
וְהָפַכְתִּי אֶבְלָם לְשָׂשׂוֹן, וְנִחַמְתִּים, וְשִׂמַּחְתִּים מִיגוֹנָם:

ישעיה נז דברי הימים א׳ יב בּוֹרֵא נִיב שְׂפָתָיִם, שָׁלוֹם שָׁלוֹם לָרָחוֹק וְלַקָּרוֹב אָמַר יהוה, וּרְפָאתִיו: וְרוּחַ
לָבְשָׁה אֶת־עֲמָשַׂי רֹאשׁ הַשָּׁלִישִׁים, לְךָ דָוִיד וְעִמְּךָ בֶן־יִשַׁי, שָׁלוֹם שָׁלוֹם
לְךָ וְשָׁלוֹם לְעֹזְרֶךָ, כִּי עֲזָרְךָ אֱלֹהֶיךָ, וַיְקַבְּלֵם דָּוִיד וַיִּתְּנֵם בְּרָאשֵׁי הַגְּדוּד:
שמואל א׳ כה תהלים כט וַאֲמַרְתֶּם כֹּה לֶחָי, וְאַתָּה שָׁלוֹם וּבֵיתְךָ שָׁלוֹם וְכֹל אֲשֶׁר־לְךָ שָׁלוֹם: יהוה
עֹז לְעַמּוֹ יִתֵּן, יהוה יְבָרֵךְ אֶת־עַמּוֹ בַשָּׁלוֹם:

מגילה לא. אָמַר רַבִּי יוֹחָנָן: בְּכָל מָקוֹם שֶׁאַתָּה מוֹצֵא גְּדֻלָּתוֹ שֶׁל הַקָּדוֹשׁ בָּרוּךְ
הוּא, שָׁם אַתָּה מוֹצֵא עַנְוְתָנוּתוֹ. דָּבָר זֶה כָּתוּב בַּתּוֹרָה, וְשָׁנוּי בַּנְּבִיאִים,
דברים י וּמְשֻׁלָּשׁ בַּכְּתוּבִים. כָּתוּב בַּתּוֹרָה: כִּי יהוה אֱלֹהֵיכֶם הוּא אֱלֹהֵי הָאֱלֹהִים
וַאֲדֹנֵי הָאֲדֹנִים, הָאֵל הַגָּדֹל הַגִּבֹּר וְהַנּוֹרָא, אֲשֶׁר לֹא־יִשָּׂא פָנִים וְלֹא יִקַּח
שֹׁחַד: וּכְתִיב בַּתְרֵהּ: עֹשֶׂה מִשְׁפַּט יָתוֹם וְאַלְמָנָה, וְאֹהֵב גֵּר לָתֶת לוֹ לֶחֶם
ישעיה נז וְשִׂמְלָה: שָׁנוּי בַּנְּבִיאִים, דִּכְתִיב: כִּי כֹה אָמַר רָם וְנִשָּׂא שֹׁכֵן עַד וְקָדוֹשׁ

פָּדָה *He redeemed my soul in peace:* There now follow three verses on the theme of redemption, three on transformation of fortune from bad to good, and three on peace. These three verses, according to the Talmud (*Berakhot* 55b), should be said to banish fear of misfortune.

אָמַר רַבִּי יוֹחָנָן *Rabbi Yoḥanan said:* A magnificent passage from the Talmud

contrite." It is stated a third time in the Writings: "Sing to God, make music for His name, extol Him who rides the clouds – the LORD is His name – and exult before Him." Immediately afterwards it is written: "Father of the orphans and Justice of widows, is God in His holy habitation." *Ps. 68*

יְהִי May the LORD our God be with us, as He was with our ancestors. May He *1 Kings 8*
never abandon us or forsake us. You who cleave to the LORD your God are all *Deut. 4*
alive this day. For the LORD will comfort Zion, He will comfort all her ruins; *Is. 51*
He will make her wilderness like Eden, and her desert like a garden of the LORD.
Joy and gladness will be found there, thanksgiving and the sound of singing. It *Is. 42*
pleased the LORD for the sake of [Israel's] righteousness to make the Torah great and glorious.

שִׁיר הַמַּעֲלוֹת A song of ascents. Happy are all who fear the LORD, who walk in His ways. When you eat the fruit of your labor, happy and fortunate are you. Your wife shall be like a fruitful vine within your house; your sons like olive saplings around your table. So shall the man who fears the LORD be blessed. May the LORD bless you from Zion; may you see the good of Jerusalem all the days of your life; and may you live to see your children's children. Peace be on Israel! *Ps. 128*

HAVDALA IN THE SYNAGOGUE

Some say the full Havdala on page 346.
On Motza'ei Yom Tov that is not a Motza'ei Shabbat, the blessings for the spices and flame are omitted.

The Leader takes the cup of wine in his right hand, and says:

Please pay attention, my masters.
Blessed are You, LORD our God, King of the Universe, who creates the fruit of the vine.

Holding the spice box, the Leader says:

Blessed are You, LORD our God, King of the Universe, who creates the various spices.

The Leader smells the spices and puts the spice box down.
He lifts his hands toward the flame of the Havdala candle, and says:

Blessed are You, LORD our God, King of the Universe, who creates the lights of fire.

He lifts the cup of wine in his right hand, and says:

Blessed are You, LORD our God, King of the Universe, who distinguishes between sacred and secular, between light and darkness, between Israel and the nations, between the seventh day and the six days of work. Blessed are You, LORD, who distinguishes between sacred and secular.

שְׁמוֹ, מָרוֹם וְקָדוֹשׁ אֶשְׁכּוֹן, וְאֶת־דַּכָּא וּשְׁפַל־רוּחַ, לְהַחֲיוֹת רוּחַ שְׁפָלִים
וּלְהַחֲיוֹת לֵב נִדְכָּאִים: מְשֻׁלָּשׁ בַּכְּתוּבִים, דִּכְתִיב: שִׁירוּ לֵאלֹהִים, זַמְּרוּ תהלים סח
שְׁמוֹ, סֹלּוּ לָרֹכֵב בָּעֲרָבוֹת בְּיָהּ שְׁמוֹ, וְעִלְזוּ לְפָנָיו: וּכְתִיב בָּתְרֵהּ: אֲבִי
יְתוֹמִים וְדַיַּן אַלְמָנוֹת, אֱלֹהִים בִּמְעוֹן קָדְשׁוֹ:

יְהִי יהוה אֱלֹהֵינוּ עִמָּנוּ כַּאֲשֶׁר הָיָה עִם־אֲבֹתֵינוּ, אַל־יַעַזְבֵנוּ וְאַל־יִטְּשֵׁנוּ: מלכים א׳ ח
וְאַתֶּם הַדְּבֵקִים בַּיהוה אֱלֹהֵיכֶם, חַיִּים כֻּלְּכֶם הַיּוֹם: כִּי־נִחַם יהוה צִיּוֹן, נִחַם דברים ד ישעיה נא
כָּל־חָרְבֹתֶיהָ, וַיָּשֶׂם מִדְבָּרָהּ כְּעֵדֶן וְעַרְבָתָהּ כְּגַן־יהוה, שָׂשׂוֹן וְשִׂמְחָה יִמָּצֵא
בָהּ, תּוֹדָה וְקוֹל זִמְרָה: יהוה חָפֵץ לְמַעַן צִדְקוֹ, יַגְדִּיל תּוֹרָה וְיַאְדִּיר: ישעיה מב

שִׁיר הַמַּעֲלוֹת, אַשְׁרֵי כָּל־יְרֵא יהוה, הַהֹלֵךְ בִּדְרָכָיו: יְגִיעַ כַּפֶּיךָ כִּי תֹאכֵל, תהלים קכח
אַשְׁרֶיךָ וְטוֹב לָךְ: אֶשְׁתְּךָ כְּגֶפֶן פֹּרִיָּה בְּיַרְכְּתֵי בֵיתֶךָ, בָּנֶיךָ כִּשְׁתִלֵי זֵיתִים,
סָבִיב לְשֻׁלְחָנֶךָ: הִנֵּה כִי־כֵן יְבֹרַךְ גָּבֶר יְרֵא יהוה: יְבָרֶכְךָ יהוה מִצִּיּוֹן, וּרְאֵה
בְּטוּב יְרוּשָׁלָםִ, כֹּל יְמֵי חַיֶּיךָ: וּרְאֵה־בָנִים לְבָנֶיךָ, שָׁלוֹם עַל־יִשְׂרָאֵל:

הבדלה בבית הכנסת

Some say the full הבדלה *on page 347.*

On מוצאי יום טוב *that is not a* מוצאי שבת*, the blessings for the spices and flame are omitted.*

The שליח ציבור *takes the cup of wine in his right hand, and says:*

סַבְרִי מָרָנָן

בָּרוּךְ אַתָּה יהוה אֱלֹהֵינוּ מֶלֶךְ הָעוֹלָם, בּוֹרֵא פְּרִי הַגָּפֶן.

Holding the spice box, the שליח ציבור *says:*

בָּרוּךְ אַתָּה יהוה אֱלֹהֵינוּ מֶלֶךְ הָעוֹלָם, בּוֹרֵא מִינֵי בְשָׂמִים.

The שליח ציבור *smells the spices and puts the spice box down.*
He lifts his hands toward the flame of the הבדלה *candle, and says:*

בָּרוּךְ אַתָּה יהוה אֱלֹהֵינוּ מֶלֶךְ הָעוֹלָם, בּוֹרֵא מְאוֹרֵי הָאֵשׁ.

He lifts the cup of wine in his right hand, and says:

בָּרוּךְ אַתָּה יהוה אֱלֹהֵינוּ מֶלֶךְ הָעוֹלָם, הַמַּבְדִּיל בֵּין קֹדֶשׁ לְחֹל, בֵּין אוֹר לְחֹשֶׁךְ, בֵּין יִשְׂרָאֵל לָעַמִּים, בֵּין יוֹם הַשְּׁבִיעִי לְשֵׁשֶׁת יְמֵי הַמַּעֲשֶׂה. בָּרוּךְ אַתָּה יהוה, הַמַּבְדִּיל בֵּין קֹדֶשׁ לְחֹל.

Stand while saying Aleinu. Bow at ▾.

עָלֵינוּ It is our duty to praise the Master of all,
and ascribe greatness to the Author of creation,
who has not made us like the nations of the lands
nor placed us like the families of the earth;
who has not made our portion like theirs,
nor our destiny like all their multitudes.
(For they worship vanity and emptiness,
and pray to a god who cannot save.)
▾But we bow in worship and thank the Supreme King of kings,
the Holy One, blessed be He,
who extends the heavens and establishes the earth,
whose throne of glory is in the heavens above,
and whose power's Presence is in the highest of heights.
He is our God; there is no other.
Truly He is our King, there is none else, as it is written in His Torah:
"You shall know and take to heart this day that the LORD is God, *Deut. 4*
in heaven above and on earth below. There is no other."

Therefore, we place our hope in You, LORD our God,
that we may soon see the glory of Your power,
when You will remove abominations from the earth,
and idols will be utterly destroyed,
when the world will be perfected under the sovereignty of the Almighty,
when all humanity will call on Your name,
to turn all the earth's wicked toward You.
All the world's inhabitants will realize and know
that to You every knee must bow and every tongue swear loyalty.
Before You, LORD our God, they will kneel and bow down
and give honor to Your glorious name.
They will all accept the yoke of Your kingdom,
and You will reign over them soon and for ever.
For the kingdom is Yours, and to all eternity You will reign in glory,
as it is written in Your Torah:
"The LORD will reign for ever and ever." *Ex. 15*
▸ And it is said: "Then the LORD shall be King over all the earth; *Zech. 14*
on that day the LORD shall be One and His name One."

Stand while saying עָלֵינוּ. *Bow at* ⁺.

עלינו לשבח לאדון הכל, לתת גדלה ליוצר בראשית
שלא עשנו כגויי הארצות, ולא שמנו כמשפחות האדמה
שלא שם חלקנו כהם וגורלנו ככל המונם.
(שהם משתחוים להבל וריק ומתפללים אל אל לא יושיע.)
⁺ואנחנו כורעים ומשתחוים ומודים
לפני מלך מלכי המלכים, הקדוש ברוך הוא
שהוא נוטה שמים ויוסד ארץ
ומושב יקרו בשמים ממעל
ושכינת עזו בגבהי מרומים.
הוא אלהינו, אין עוד.
אמת מלכנו, אפס זולתו, ככתוב בתורתו
וידעת היום והשבת אל־לבבך דברים ד
כי יהוה הוא האלהים בשמים ממעל ועל־הארץ מתחת, אין עוד:

על כן נקוה לך יהוה אלהינו, לראות מהרה בתפארת עזך
להעביר גלולים מן הארץ, והאלילים כרות יכרתון
לתקן עולם במלכות שדי.
וכל בני בשר יקראו בשמך להפנות אליך כל רשעי ארץ.
יכירו וידעו כל יושבי תבל, כי לך תכרע כל ברך, תשבע כל לשון.
לפניך יהוה אלהינו יכרעו ויפלו, ולכבוד שמך יקר יתנו
ויקבלו כלם את על מלכותך ותמלך עליהם מהרה לעולם ועד.
כי המלכות שלך היא ולעולמי עד תמלך בכבוד
ככתוב בתורתך
יהוה ימלך לעלם ועד: שמות טו
◂ ונאמר, והיה יהוה למלך על־כל־הארץ זכריה יד
ביום ההוא יהיה יהוה אחד ושמו אחד:

Some add:

Have no fear of sudden terror or of the ruin when it overtakes the wicked. *Prov. 3*
Devise your strategy, but it will be thwarted; *Is. 8*
propose your plan, but it will not stand, for God is with us.
When you grow old, I will still be the same. *Is. 46*
When your hair turns gray, I will still carry you.
I made you, I will bear you, I will carry you, and I will rescue you.

MOURNER'S KADDISH

The following prayer, said by mourners, requires the presence of a minyan.
A transliteration can be found on page 699.

Mourner: יִתְגַּדַּל Magnified and sanctified may His great name be,
in the world He created by His will.
May He establish His kingdom
in your lifetime and in your days,
and in the lifetime of all the house of Israel,
swiftly and soon –
and say: Amen.

All: May His great name be blessed for ever and all time.

Mourner: Blessed and praised, glorified and exalted,
raised and honored, uplifted and lauded
be the name of the Holy One,
blessed be He,
beyond any blessing,
song, praise and consolation
uttered in the world –
and say: Amen.

May there be great peace from heaven,
and life for us and all Israel – and say: Amen.

Bow, take three steps back, as if taking leave of the Divine Presence,
then bow, first left, then right, then center, while saying:

May He who makes peace in His high places,
make peace for us and all Israel –
and say: Amen.

Some add:

אַל־תִּירָא מִפַּחַד פִּתְאֹם וּמִשֹּׁאַת רְשָׁעִים כִּי תָבֹא: משלי ג
עֻצוּ עֵצָה וְתֻפָר, דַּבְּרוּ דָבָר וְלֹא יָקוּם, כִּי עִמָּנוּ אֵל: ישעיה ח
וְעַד־זִקְנָה אֲנִי הוּא, וְעַד־שֵׂיבָה אֲנִי אֶסְבֹּל ישעיה מו
אֲנִי עָשִׂיתִי וַאֲנִי אֶשָּׂא וַאֲנִי אֶסְבֹּל וַאֲמַלֵּט:

קדיש יתום

The following prayer, said by mourners, requires the presence of a מנין.
A transliteration can be found on page 699.

אבל: יִתְגַּדַּל וְיִתְקַדַּשׁ שְׁמֵהּ רַבָּא (קהל: אָמֵן)
בְּעָלְמָא דִּי בְרָא כִרְעוּתֵהּ
וְיַמְלִיךְ מַלְכוּתֵהּ
בְּחַיֵּיכוֹן וּבְיוֹמֵיכוֹן וּבְחַיֵּי דְכָל בֵּית יִשְׂרָאֵל
בַּעֲגָלָא וּבִזְמַן קָרִיב, וְאִמְרוּ אָמֵן. (קהל: אָמֵן)

קהל ואבל: יְהֵא שְׁמֵהּ רַבָּא מְבָרַךְ לְעָלַם וּלְעָלְמֵי עָלְמַיָּא.

אבל: יִתְבָּרַךְ וְיִשְׁתַּבַּח וְיִתְפָּאַר
וְיִתְרוֹמַם וְיִתְנַשֵּׂא וְיִתְהַדָּר וְיִתְעַלֶּה וְיִתְהַלָּל
שְׁמֵהּ דְּקֻדְשָׁא בְּרִיךְ הוּא (קהל: בְּרִיךְ הוּא)
לְעֵלָּא מִן כָּל בִּרְכָתָא / בעשרת ימי תשובה: לְעֵלָּא לְעֵלָּא מִכָּל בִּרְכָתָא/
וְשִׁירָתָא, תֻּשְׁבְּחָתָא וְנֶחֱמָתָא
דַּאֲמִירָן בְּעָלְמָא, וְאִמְרוּ אָמֵן. (קהל: אָמֵן)

יְהֵא שְׁלָמָא רַבָּא מִן שְׁמַיָּא
וְחַיִּים, עָלֵינוּ וְעַל כָּל יִשְׂרָאֵל, וְאִמְרוּ אָמֵן. (קהל: אָמֵן)

Bow, take three steps back, as if taking leave of the Divine Presence, then bow, first left, then right, then center, while saying:

עֹשֶׂה שָׁלוֹם/ בעשרת ימי תשובה: הַשָּׁלוֹם / בִּמְרוֹמָיו
הוּא יַעֲשֶׂה שָׁלוֹם עָלֵינוּ וְעַל כָּל יִשְׂרָאֵל
וְאִמְרוּ אָמֵן. (קהל: אָמֵן)

From the second day of Rosh Hodesh Elul through Shemini Atzeret, the following psalm is said:

לְדָוִד By David. The LORD is my light and my salvation – whom then shall I fear? The LORD is the stronghold of my life – of whom shall I be afraid? When evil men close in on me to devour my flesh, it is they, my enemies and foes, who stumble and fall. Should an army besiege me, my heart would not fear. Should war break out against me, still I would be confident. One thing I ask of the LORD, only this do I seek: to live in the House of the LORD all the days of my life, to gaze on the beauty of the LORD and worship in His Temple. For He will keep me safe in His pavilion on the day of trouble. He will hide me under the cover of His tent. He will set me high upon a rock. Now my head is high above my enemies who surround me. I will sacrifice in His tent with shouts of joy. I will sing and chant praises to the LORD. LORD, hear my voice when I call. Be gracious to me and answer me. On Your behalf my heart says, "Seek My face." Your face, LORD, will I seek. Do not hide Your face from me. Do not turn Your servant away in anger. You have been my help. Do not reject or forsake me, God, my Savior. Were my father and my mother to forsake me, the LORD would take me in. Teach me Your way, LORD, and lead me on a level path, because of my oppressors. Do not abandon me to the will of my foes, for false witnesses have risen against me, breathing violence. ▸ Were it not for my faith that I shall see the LORD's goodness in the land of the living. Hope in the LORD. Be strong and of good courage, and hope in the LORD! *Ps. 27*

Mourner's Kaddish (previous page)

In a house of mourning the service continues on page 602.

BLESSING OF THE NEW MOON

Kiddush Levana, the Blessing of the New Moon, is said between the third day and the middle day of each month. If possible, it should be said at the end of Shabbat, under the open sky, and in the presence of a minyan. See law 106.

הַלְלוּיָהּ Halleluya! Praise the LORD from the heavens, praise Him in the heights. Praise Him, all His angels; praise Him, all His hosts. Praise Him, sun and moon; praise Him, all shining stars. Praise Him, highest heavens and the waters above the heavens. Let them praise the name of the LORD, for He commanded and they were created. He established them for ever and all time, issuing a decree that will never change. *Ps. 148*

---

a symbol of Jewish people who have seemed at times to face eclipse, yet they too have recovered and given light at dark times. Both themes are present in the Psalms and accompanying blessing. The physical act of stretching out on tiptoe to the moon is a gesture of faith that as the moon is beyond human reach and indestructible, so is the people it symbolizes.

From the second day of ראש חודש אלול *through* שמיני עצרת*,*
the following psalm is said:

תהלים כז

לְדָוִד, יהוה אוֹרִי וְיִשְׁעִי, מִמִּי אִירָא, יהוה מָעוֹז־חַיַּי, מִמִּי אֶפְחָד: בִּקְרֹב עָלַי מְרֵעִים לֶאֱכֹל אֶת־בְּשָׂרִי, צָרַי וְאֹיְבַי לִי, הֵמָּה כָשְׁלוּ וְנָפָלוּ: אִם־תַּחֲנֶה עָלַי מַחֲנֶה, לֹא־יִירָא לִבִּי, אִם־תָּקוּם עָלַי מִלְחָמָה, בְּזֹאת אֲנִי בוֹטֵחַ: אַחַת שָׁאַלְתִּי מֵאֵת־יהוה, אוֹתָהּ אֲבַקֵּשׁ, שִׁבְתִּי בְּבֵית־יהוה כָּל־יְמֵי חַיַּי, לַחֲזוֹת בְּנֹעַם־יהוה, וּלְבַקֵּר בְּהֵיכָלוֹ: כִּי יִצְפְּנֵנִי בְּסֻכֹּה בְּיוֹם רָעָה, יַסְתִּרֵנִי בְּסֵתֶר אָהֳלוֹ, בְּצוּר יְרוֹמְמֵנִי: וְעַתָּה יָרוּם רֹאשִׁי עַל אֹיְבַי סְבִיבוֹתַי, וְאֶזְבְּחָה בְאָהֳלוֹ זִבְחֵי תְרוּעָה, אָשִׁירָה וַאֲזַמְּרָה לַיהוה: שְׁמַע־יהוה קוֹלִי אֶקְרָא, וְחָנֵּנִי וַעֲנֵנִי: לְךָ אָמַר לִבִּי בַּקְּשׁוּ פָנָי, אֶת־פָּנֶיךָ יהוה אֲבַקֵּשׁ: אַל־תַּסְתֵּר פָּנֶיךָ מִמֶּנִּי, אַל תַּט־בְּאַף עַבְדֶּךָ, עֶזְרָתִי הָיִיתָ, אַל־תִּטְּשֵׁנִי וְאַל־תַּעַזְבֵנִי, אֱלֹהֵי יִשְׁעִי: כִּי־אָבִי וְאִמִּי עֲזָבוּנִי, וַיהוה יַאַסְפֵנִי: הוֹרֵנִי יהוה דַּרְכֶּךָ, וּנְחֵנִי בְּאֹרַח מִישׁוֹר, לְמַעַן שׁוֹרְרָי: אַל־תִּתְּנֵנִי בְּנֶפֶשׁ צָרָי, כִּי קָמוּ־בִי עֵדֵי־שֶׁקֶר, וִיפֵחַ חָמָס: ◂ לוּלֵא הֶאֱמַנְתִּי לִרְאוֹת בְּטוּב־יהוה בְּאֶרֶץ חַיִּים: קַוֵּה אֶל־יהוה, חֲזַק וְיַאֲמֵץ לִבֶּךָ, וְקַוֵּה אֶל־יהוה:

קדיש יתום (*previous page*)

In a house of mourning the service continues on page 603.

קידוש לבנה

קידוש לבנה*, the Blessing of the New Moon, is said between the third day and the middle day of each month. If possible, it should be said at the end of* שבת*, under the open sky, and in the presence of a* מנין*. See law 106.*

תהלים קמח

הַלְלוּיָהּ, הַלְלוּ אֶת־יהוה מִן־הַשָּׁמַיִם, הַלְלוּהוּ בַּמְּרוֹמִים: הַלְלוּהוּ כָל־מַלְאָכָיו, הַלְלוּהוּ כָּל־צְבָאָו: הַלְלוּהוּ שֶׁמֶשׁ וְיָרֵחַ, הַלְלוּהוּ כָּל־כּוֹכְבֵי אוֹר: הַלְלוּהוּ שְׁמֵי הַשָּׁמָיִם, וְהַמַּיִם אֲשֶׁר מֵעַל הַשָּׁמָיִם: יְהַלְלוּ אֶת־שֵׁם יהוה, כִּי הוּא צִוָּה וְנִבְרָאוּ: וַיַּעֲמִידֵם לָעַד לְעוֹלָם, חָק־נָתַן וְלֹא יַעֲבוֹר:

These prayers, said on seeing the New Moon, have a dual dimension. First, they testify to the presence of God in creation. The regularity of the moon's waxing and waning are a visible reminder of the law-governed nature of the universe and the presence of an underlying order that surrounds us (Rabbenu Yonah). Second, the moon, endlessly reborn after seeming to decline, is

כִּי־אֶרְאֶה When I see Your heavens, the work of Your fingers, the moon and the stars which You have set in place: What is man that You are mindful of him, the son of man that You care for him? Ps. 8

Look at the moon, then say:

בָּרוּךְ Blessed are You, LORD our God, King of the Universe who by His word created the heavens, and by His breath all their host. He set for them laws and times, so that they should not deviate from their appointed task. They are joyous and glad to perform the will of their Owner, the Worker of truth whose work is truth. To the moon He said that it should renew itself as a crown of beauty for those He carried from the womb [Israel], for they are destined to be renewed like it, and to praise their Creator for the sake of His glorious majesty. Blessed are You, LORD, who renews the months.

The following five verses are each said three times:

Blessed is He who formed you; blessed is He who made you;
blessed is He who owns you; blessed is He who created you.

The following verse is said rising on the toes.

Just as I leap toward you but cannot touch you,
so may none of my enemies be able to touch me to do me harm.

May fear and dread fall upon them; Ex. 15
by the power of Your arm may they be still as stone.
May they be still as stone through the power of Your arm,
when dread and fear fall upon them.

David, King of Israel, lives and endures.

Turn to three people and say to each:

Peace upon you.

They respond:

Upon you, peace.

Say three times:

May it be a good sign and a good omen for us and all Israel. Amen.

קוֹל Hark! My beloved! Here he comes, leaping over the mountains, bounding over the hills. My beloved is like a gazelle, like a young deer. There he stands outside our wall, peering in through the windows, gazing through the lattice. Song. 2

כִּי־אֶרְאֶה שָׁמֶיךָ מַעֲשֵׂה אֶצְבְּעֹתֶיךָ, יָרֵחַ וְכוֹכָבִים אֲשֶׁר כּוֹנָנְתָּה: תהלים ח
מָה־אֱנוֹשׁ כִּי־תִזְכְּרֶנּוּ, וּבֶן־אָדָם כִּי תִפְקְדֶנּוּ:

Look at the moon, then say:

בָּרוּךְ אַתָּה יהוה אֱלֹהֵינוּ מֶלֶךְ הָעוֹלָם, אֲשֶׁר בְּמַאֲמָרוֹ בָּרָא שְׁחָקִים, וּבְרוּחַ פִּיו כָּל צְבָאָם, חֹק וּזְמַן נָתַן לָהֶם שֶׁלֹּא יְשַׁנּוּ אֶת תַּפְקִידָם. שָׂשִׂים וּשְׂמֵחִים לַעֲשׂוֹת רְצוֹן קוֹנָם, פּוֹעֵל אֱמֶת שֶׁפְּעֻלָּתוֹ אֱמֶת. וְלַלְּבָנָה אָמַר שֶׁתִּתְחַדֵּשׁ, עֲטֶרֶת תִּפְאֶרֶת לַעֲמוּסֵי בָטֶן, שֶׁהֵם עֲתִידִים לְהִתְחַדֵּשׁ כְּמוֹתָהּ וּלְפָאֵר לְיוֹצְרָם עַל שֵׁם כְּבוֹד מַלְכוּתוֹ. בָּרוּךְ אַתָּה יהוה, מְחַדֵּשׁ חֳדָשִׁים.

The following five verses are each said three times:

בָּרוּךְ יוֹצְרֵךְ, בָּרוּךְ עוֹשֵׂךְ, בָּרוּךְ קוֹנֵךְ, בָּרוּךְ בּוֹרְאֵךְ.

The following verse is said rising on the toes.

כְּשֵׁם שֶׁאֲנִי רוֹקֵד כְּנֶגְדֵּךְ וְאֵינִי יָכוֹל לִנְגֹּעַ בָּךְ
כָּךְ לֹא יוּכְלוּ כָּל אוֹיְבַי לִנְגֹּעַ בִּי לְרָעָה.

תִּפֹּל עֲלֵיהֶם אֵימָתָה וָפַחַד, בִּגְדֹל זְרוֹעֲךָ יִדְּמוּ כָּאָבֶן: שמות טו
כָּאָבֶן יִדְּמוּ זְרוֹעֲךָ בִּגְדֹל, וָפַחַד אֵימָתָה עֲלֵיהֶם תִּפֹּל.

דָּוִד מֶלֶךְ יִשְׂרָאֵל חַי וְקַיָּם.

Turn to three people and say to each:

שָׁלוֹם עֲלֵיכֶם.

They respond:

עֲלֵיכֶם שָׁלוֹם.

Say three times:

סִימָן טוֹב וּמַזָּל טוֹב יְהֵא לָנוּ וּלְכָל יִשְׂרָאֵל, אָמֵן.

קוֹל דּוֹדִי הִנֵּה־זֶה בָּא, מְדַלֵּג עַל־הֶהָרִים, מְקַפֵּץ עַל־הַגְּבָעוֹת: שיר השירים ב
דּוֹמֶה דוֹדִי לִצְבִי אוֹ לְעֹפֶר הָאַיָּלִים, הִנֵּה־זֶה עוֹמֵד אַחַר כָּתְלֵנוּ, מַשְׁגִּיחַ מִן־הַחַלֹּנוֹת, מֵצִיץ מִן־הַחֲרַכִּים:

שִׁיר לַמַּעֲלוֹת A song of ascents. I lift my eyes up to the hills; from where will my help come? My help comes from the LORD, Maker of heaven and earth. He will not let your foot stumble; He who guards you does not slumber. See: the Guardian of Israel neither slumbers nor sleeps. The LORD is your Guardian; the LORD is your Shade at your right hand. The sun will not strike you by day, nor the moon by night. The LORD will guard you from all harm; He will guard your life. The LORD will guard your going and coming, now and for evermore. *Ps. 121*

הַלְלוּיָהּ Halleluya! Praise God in His holy place; praise Him in the heavens of His power. Praise Him for His mighty deeds; praise Him for His surpassing greatness. Praise Him with blasts of the ram's horn; praise Him with the harp and lyre. Praise Him with timbrel and dance; praise Him with strings and flute. Praise Him with clashing cymbals; praise Him with resounding cymbals. Let all that breathes praise the LORD. Halleluya! *Ps. 150*

תָּנָא In the academy of Rabbi Yishmael it was taught: Were the people of Israel privileged to greet the presence of their heavenly Father only once a month, it would have been sufficient for them. Abaye said: Therefore it [the blessing of the moon] should be said standing. Who is this coming up from the desert, leaning on her beloved? *Sanhedrin 42a* *Song. 8*

וִיהִי May it be Your will, LORD my God and God of my ancestors, to make good the deficiency of the moon, so that it is no longer in its diminished state. May the light of the moon be like the light of the sun and like the light of the seven days of creation as it was before it was diminished, as it says, "The two great luminaries." And may there be fulfilled for us the verse: "They shall seek the LORD their God, and David their king." Amen. *Gen. 1* *Hos. 3*

לַמְנַצֵּחַ For the conductor of music. With stringed instruments, a psalm. A song. May God be gracious to us and bless us. May He make His face shine on us, Selah. Then will Your way be known on earth, Your salvation among all the nations. Let the peoples praise You, God; let all peoples praise You. Let nations rejoice and sing for joy, for You judge the peoples with equity, and guide the nations of the earth, Selah. Let the peoples praise You, God; let all peoples praise You. The earth has yielded its harvest. May God, our God, bless us. God will bless us, and all the ends of the earth will fear Him. *Ps. 67*

שִׁיר לַמַּעֲלוֹת, אֶשָּׂא עֵינַי אֶל־הֶהָרִים, מֵאַיִן יָבֹא עֶזְרִי: עֶזְרִי מֵעִם תהלים קכא
יהוה, עֹשֵׂה שָׁמַיִם וָאָרֶץ: אַל־יִתֵּן לַמּוֹט רַגְלֶךָ, אַל־יָנוּם שֹׁמְרֶךָ:
הִנֵּה לֹא־יָנוּם וְלֹא יִישָׁן, שׁוֹמֵר יִשְׂרָאֵל: יהוה שֹׁמְרֶךָ, יהוה צִלְּךָ
עַל־יַד יְמִינֶךָ: יוֹמָם הַשֶּׁמֶשׁ לֹא־יַכֶּכָּה, וְיָרֵחַ בַּלָּיְלָה: יהוה יִשְׁמָרְךָ
מִכָּל־רָע, יִשְׁמֹר אֶת־נַפְשֶׁךָ: יהוה יִשְׁמָר־צֵאתְךָ וּבוֹאֶךָ, מֵעַתָּה
וְעַד־עוֹלָם:

הַלְלוּיָהּ, הַלְלוּ־אֵל בְּקָדְשׁוֹ, הַלְלוּהוּ בִּרְקִיעַ עֻזּוֹ: הַלְלוּהוּ בִגְבוּרֹתָיו, תהלים קנ
הַלְלוּהוּ כְּרֹב גֻּדְלוֹ: הַלְלוּהוּ בְּתֵקַע שׁוֹפָר, הַלְלוּהוּ בְּנֵבֶל וְכִנּוֹר:
הַלְלוּהוּ בְתֹף וּמָחוֹל, הַלְלוּהוּ בְּמִנִּים וְעֻגָב: הַלְלוּהוּ בְצִלְצְלֵי־שָׁמַע,
הַלְלוּהוּ בְּצִלְצְלֵי תְרוּעָה: כֹּל הַנְּשָׁמָה תְּהַלֵּל יָהּ, הַלְלוּיָהּ:

תָּנָא דְבֵי רַבִּי יִשְׁמָעֵאל: אִלְמָלֵי לֹא זָכוּ יִשְׂרָאֵל אֶלָּא לְהַקְבִּיל פְּנֵי סנהדרין מב.
אֲבִיהֶם שֶׁבַּשָּׁמַיִם פַּעַם אַחַת בַּחֹדֶשׁ, דַּיָּם. אָמַר אַבַּיֵּי: הִלְכָּךְ צָרִיךְ
לְמֵימְרָא מְעֻמָּד. מִי זֹאת עֹלָה מִן־הַמִּדְבָּר, מִתְרַפֶּקֶת עַל־דּוֹדָהּ: שיר השירים ח

וִיהִי רָצוֹן מִלְּפָנֶיךָ יהוה אֱלֹהַי וֵאלֹהֵי אֲבוֹתַי, לְמַלֹּאת פְּגִימַת
הַלְּבָנָה וְלֹא יִהְיֶה בָּהּ שׁוּם מִעוּט. וִיהִי אוֹר הַלְּבָנָה כְּאוֹר הַחַמָּה
וּכְאוֹר שִׁבְעַת יְמֵי בְרֵאשִׁית, כְּמוֹ שֶׁהָיְתָה קֹדֶם מִעוּטָהּ, שֶׁנֶּאֱמַר:
אֶת־שְׁנֵי הַמְּאֹרֹת הַגְּדֹלִים: וְיִתְקַיֵּם בָּנוּ מִקְרָא שֶׁכָּתוּב: וּבִקְשׁוּ בראשית א
אֶת־יהוה אֱלֹהֵיהֶם וְאֵת דָּוִיד מַלְכָּם: אָמֵן. הושע ג

לַמְנַצֵּחַ בִּנְגִינֹת, מִזְמוֹר שִׁיר: אֱלֹהִים יְחָנֵּנוּ וִיבָרְכֵנוּ, יָאֵר פָּנָיו אִתָּנוּ תהלים סז
סֶלָה: לָדַעַת בָּאָרֶץ דַּרְכֶּךָ, בְּכָל־גּוֹיִם יְשׁוּעָתֶךָ: יוֹדוּךָ עַמִּים אֱלֹהִים,
יוֹדוּךָ עַמִּים כֻּלָּם: יִשְׂמְחוּ וִירַנְּנוּ לְאֻמִּים, כִּי־תִשְׁפֹּט עַמִּים מִישֹׁר,
וּלְאֻמִּים בָּאָרֶץ תַּנְחֵם סֶלָה: יוֹדוּךָ עַמִּים אֱלֹהִים, יוֹדוּךָ עַמִּים כֻּלָּם:
אֶרֶץ נָתְנָה יְבוּלָהּ, יְבָרְכֵנוּ אֱלֹהִים אֱלֹהֵינוּ: יְבָרְכֵנוּ אֱלֹהִים, וְיִירְאוּ
אוֹתוֹ כָּל־אַפְסֵי־אָרֶץ:

Stand while saying Aleinu. Bow at ▾.

עָלֵינוּ It is our duty to praise the Master of all, and ascribe greatness to the Author of creation, who has not made us like the nations of the lands nor placed us like the families of the earth; who has not made our portion like theirs, nor our destiny like all their multitudes. (For they worship vanity and emptiness, and pray to a god who cannot save.) ▾But we bow in worship and thank the Supreme King of kings, the Holy One, blessed be He, who extends the heavens and establishes the earth, whose throne of glory is in the heavens above, and whose power's Presence is in the highest of heights. He is our God; there is no other. Truly He is our King, there is none else, as it is written in His Torah: "You shall know and take to heart this day that the LORD is God, in heaven above and on earth below. There is no other." *Deut. 4*

Therefore, we place our hope in You, LORD our God, that we may soon see the glory of Your power, when You will remove abominations from the earth, and idols will be utterly destroyed, when the world will be perfected under the sovereignty of the Almighty, when all humanity will call on Your name, to turn all the earth's wicked toward You. All the world's inhabitants will realize and know that to You every knee must bow and every tongue swear loyalty. Before You, LORD our God, they will kneel and bow down and give honor to Your glorious name. They will all accept the yoke of Your kingdom, and You will reign over them soon and for ever. For the kingdom is Yours, and to all eternity You will reign in glory, as it is written in Your Torah: "The LORD will reign for ever and ever." *Ex. 15* ▸ And it is said: "Then the LORD shall be King over all the earth; on that day the LORD shall be One and His name One." *Zech. 14*

Some add:

Have no fear of sudden terror or of the ruin when it overtakes the wicked. *Prov. 3* Devise your strategy, but it will be thwarted; propose your plan, but it will not stand, for God is with us. *Is. 8* When you grow old, I will still be the same. When your hair turns gray, I will still carry you. I made you, I will bear you, I will carry you, and I will rescue you. *Is. 46*

MOURNER'S KADDISH

The following prayer, said by mourners, requires the presence of a minyan. A transliteration can be found on page 699.

Mourner: יִתְגַּדַּל Magnified and sanctified may His great name be,
in the world He created by His will.
May He establish His kingdom
in your lifetime and in your days,
and in the lifetime of all the house of Israel,
swiftly and soon – and say: Amen.

Stand while saying עָלֵינוּ. *Bow at* ׳.

עָלֵינוּ לְשַׁבֵּחַ לַאֲדוֹן הַכֹּל, לָתֵת גְּדֻלָּה לְיוֹצֵר בְּרֵאשִׁית, שֶׁלֹּא עָשָׂנוּ כְּגוֹיֵי הָאֲרָצוֹת, וְלֹא שָׂמָנוּ כְּמִשְׁפְּחוֹת הָאֲדָמָה, שֶׁלֹּא שָׂם חֶלְקֵנוּ כָּהֶם וְגוֹרָלֵנוּ כְּכָל הֲמוֹנָם. (שֶׁהֵם מִשְׁתַּחֲוִים לְהֶבֶל וָרִיק וּמִתְפַּלְלִים אֶל אֵל לֹא יוֹשִׁיעַ.) ׳וַאֲנַחְנוּ כּוֹרְעִים וּמִשְׁתַּחֲוִים וּמוֹדִים, לִפְנֵי מֶלֶךְ מַלְכֵי הַמְּלָכִים, הַקָּדוֹשׁ בָּרוּךְ הוּא, שֶׁהוּא נוֹטֶה שָׁמַיִם וְיוֹסֵד אָרֶץ, וּמוֹשַׁב יְקָרוֹ בַּשָּׁמַיִם מִמַּעַל, וּשְׁכִינַת עֻזּוֹ בְּגָבְהֵי מְרוֹמִים. הוּא אֱלֹהֵינוּ, אֵין עוֹד. אֱמֶת מַלְכֵּנוּ, אֶפֶס
דברים ד זוּלָתוֹ, כַּכָּתוּב בְּתוֹרָתוֹ, וְיָדַעְתָּ הַיּוֹם וַהֲשֵׁבֹתָ אֶל־לְבָבֶךָ, כִּי יהוה הוּא הָאֱלֹהִים בַּשָּׁמַיִם מִמַּעַל וְעַל־הָאָרֶץ מִתָּחַת, אֵין עוֹד:

עַל כֵּן נְקַוֶּה לְּךָ יהוה אֱלֹהֵינוּ, לִרְאוֹת מְהֵרָה בְּתִפְאֶרֶת עֻזֶּךָ, לְהַעֲבִיר גִּלּוּלִים מִן הָאָרֶץ, וְהָאֱלִילִים כָּרוֹת יִכָּרֵתוּן, לְתַקֵּן עוֹלָם בְּמַלְכוּת שַׁדַּי. וְכָל בְּנֵי בָשָׂר יִקְרְאוּ בִשְׁמֶךָ לְהַפְנוֹת אֵלֶיךָ כָּל רִשְׁעֵי אָרֶץ. יַכִּירוּ וְיֵדְעוּ כָּל יוֹשְׁבֵי תֵבֵל, כִּי לְךָ תִּכְרַע כָּל בֶּרֶךְ, תִּשָּׁבַע כָּל לָשׁוֹן. לְפָנֶיךָ יהוה אֱלֹהֵינוּ יִכְרְעוּ וְיִפֹּלוּ, וְלִכְבוֹד שִׁמְךָ יְקָר יִתֵּנוּ, וִיקַבְּלוּ כֻלָּם אֶת עֹל מַלְכוּתֶךָ וְתִמְלֹךְ עֲלֵיהֶם מְהֵרָה לְעוֹלָם וָעֶד. כִּי הַמַּלְכוּת שֶׁלְּךָ הִיא וּלְעוֹלְמֵי עַד תִּמְלֹךְ
שמות טו בְּכָבוֹד, כַּכָּתוּב בְּתוֹרָתֶךָ, יהוה יִמְלֹךְ לְעֹלָם וָעֶד: ◂ וְנֶאֱמַר, וְהָיָה יהוה
זכריה יד לְמֶלֶךְ עַל־כָּל־הָאָרֶץ, בַּיּוֹם הַהוּא יִהְיֶה יהוה אֶחָד וּשְׁמוֹ אֶחָד:

Some add:

משלי ג אַל־תִּירָא מִפַּחַד פִּתְאֹם וּמִשֹּׁאַת רְשָׁעִים כִּי תָבֹא: עֻצוּ עֵצָה וְתֻפָר, דַּבְּרוּ דָבָר וְלֹא
ישעיה ח יָקוּם, כִּי עִמָּנוּ אֵל: וְעַד־זִקְנָה אֲנִי הוּא, וְעַד־שֵׂיבָה אֲנִי אֶסְבֹּל, אֲנִי עָשִׂיתִי וַאֲנִי אֶשָּׂא
ישעיה מו וַאֲנִי אֶסְבֹּל וַאֲמַלֵּט:

קדיש יתום

The following prayer, said by mourners, requires the presence of a מנין.
A transliteration can be found on page 699.

אבל: יִתְגַּדַּל וְיִתְקַדַּשׁ שְׁמֵהּ רַבָּא (קהל: אָמֵן)
בְּעָלְמָא דִּי בְרָא כִרְעוּתֵהּ
וְיַמְלִיךְ מַלְכוּתֵהּ
בְּחַיֵּיכוֹן וּבְיוֹמֵיכוֹן וּבְחַיֵּי דְכָל בֵּית יִשְׂרָאֵל
בַּעֲגָלָא וּבִזְמַן קָרִיב, וְאִמְרוּ אָמֵן. (קהל: אָמֵן)

All: May His great name be blessed for ever and all time.

Mourner: Blessed and praised,
glorified and exalted,
raised and honored,
uplifted and lauded
be the name of the Holy One,
blessed be He,
beyond any blessing,
song, praise and consolation
uttered in the world –
and say: Amen.

May there be great peace from heaven,
and life for us and all Israel –
and say: Amen.

Bow, take three steps back, as if taking leave of the Divine Presence, then bow, first left, then right, then center, while saying:

May He who makes peace in His high places,
make peace for us and all Israel –
and say: Amen.

All sing:

טוֹבִים Good are the radiant stars our God created;
He formed them with knowledge,
understanding and deliberation.
He gave them strength and might
to rule throughout the world.

Full of splendor, radiating light,
beautiful is their splendor throughout the world.
Glad as they go forth, joyous as they return,
they fulfill with awe their Creator's will.

Glory and honor they give to His name,
jubilation and song at the mention of His majesty.
He called the sun into being and it shone with light.
He looked and fashioned the form of the moon.

קהל ואבל: יְהֵא שְׁמֵהּ רַבָּא מְבָרַךְ לְעָלַם וּלְעָלְמֵי עָלְמַיָּא.

אבל: יִתְבָּרַךְ וְיִשְׁתַּבַּח וְיִתְפָּאַר

וְיִתְרוֹמַם וְיִתְנַשֵּׂא וְיִתְהַדָּר וְיִתְעַלֶּה וְיִתְהַלָּל

שְׁמֵהּ דְּקֻדְשָׁא בְּרִיךְ הוּא (קהל: בְּרִיךְ הוּא)

לְעֵלָּא מִן כָּל בִּרְכָתָא

/ בעשרת ימי תשובה: לְעֵלָּא לְעֵלָּא מִכָּל בִּרְכָתָא/

וְשִׁירָתָא, תֻּשְׁבְּחָתָא וְנֶחֱמָתָא

דַּאֲמִירָן בְּעָלְמָא

וְאִמְרוּ אָמֵן. (קהל: אָמֵן)

יְהֵא שְׁלָמָא רַבָּא מִן שְׁמַיָּא

וְחַיִּים, עָלֵינוּ וְעַל כָּל יִשְׂרָאֵל

וְאִמְרוּ אָמֵן. (קהל: אָמֵן)

Bow, take three steps back, as if taking leave of the Divine Presence, then bow, first left, then right, then center, while saying:

עֹשֶׂה שָׁלוֹם/ בעשרת ימי תשובה: הַשָּׁלוֹם/ בִּמְרוֹמָיו

הוּא יַעֲשֶׂה שָׁלוֹם עָלֵינוּ וְעַל כָּל יִשְׂרָאֵל

וְאִמְרוּ אָמֵן. (קהל: אָמֵן)

All sing:

טוֹבִים מְאוֹרוֹת שֶׁבָּרָא אֱלֹהֵינוּ, יְצָרָם בְּדַעַת בְּבִינָה וּבְהַשְׂכֵּל
כֹּחַ וּגְבוּרָה נָתַן בָּהֶם, לִהְיוֹת מוֹשְׁלִים בְּקֶרֶב תֵּבֵל.

מְלֵאִים זִיו וּמְפִיקִים נֹגַהּ, נָאֶה זִיוָם בְּכָל הָעוֹלָם
שְׂמֵחִים בְּצֵאתָם וְשָׂשִׂים בְּבוֹאָם, עוֹשִׂים בְּאֵימָה רְצוֹן קוֹנָם.

פְּאֵר וְכָבוֹד נוֹתְנִים לִשְׁמוֹ, צׇהֳלָה וְרִנָּה לְזֵכֶר מַלְכוּתוֹ
קָרָא לַשֶּׁמֶשׁ וַיִּזְרַח אוֹר, רָאָה וְהִתְקִין צוּרַת הַלְּבָנָה.

HAVDALA AT HOME

On Motza'ei Yom Tov that is not a Motza'ei Shabbat, the first paragraph and the blessings for the spices and flame are omitted. Taking a cup of wine in the right hand, say:

הִנֵּה Behold, God is my salvation. I will trust and not be afraid. *Is. 12*
The LORD, the LORD, is my strength and my song.
He has become my salvation.
With joy you will draw water from the springs of salvation.
Salvation is the LORD's; on Your people is Your blessing, Selah. *Ps. 3*
The LORD of hosts is with us, the God of Jacob is our stronghold, Selah. *Ps. 46*
LORD of hosts: happy is the one who trusts in You. *Ps. 84*
LORD, save! May the King answer us on the day we call. *Ps. 20*
For the Jews there was light and gladness, joy and honor – so may it be for us. *Esther 8*
I will lift the cup of salvation and call on the name of the LORD. *Ps. 116*

When making Havdala for others, add:
Please pay attention, my masters.
Blessed are You, LORD our God, King of the Universe,
who creates the fruit of the vine.

Hold the spice box and say:

Blessed are You, LORD our God, King of the Universe,
who creates the various spices.

Smell the spices and put the spice box down. Lift the hands toward the flame of the Havdala candle and say:

Blessed are You, LORD our God, King of the Universe,
who creates the lights of fire.

Holding the cup of wine again in the right hand, say:

בָּרוּךְ Blessed are You, LORD our God, King of the Universe,
who distinguishes between sacred and secular,
between light and darkness,
between Israel and the nations,
between the seventh day and the six days of work.
Blessed are You, LORD, who distinguishes between sacred and secular.

HAVDALA

Havdala is to the end of Shabbat what Kiddush is to the beginning: the marking of a transition from secular to holy time and vice versa. It is our way of fulfilling the commandment to "Remember the Sabbath day," understood by

סדר הבדלה בבית

On מוצאי יום טוב that is not a מוצאי שבת, the first paragraph and the blessings for the spices and flame are omitted.

Taking a cup of wine in the right hand, say:

הִנֵּה אֵל יְשׁוּעָתִי אֶבְטַח, וְלֹא אֶפְחָד ישעיה יב
כִּי־עָזִּי וְזִמְרָת יָהּ יהוה, וַיְהִי־לִי לִישׁוּעָה:
וּשְׁאַבְתֶּם־מַיִם בְּשָׂשׂוֹן, מִמַּעַיְנֵי הַיְשׁוּעָה:
לַיהוה הַיְשׁוּעָה, עַל־עַמְּךָ בִרְכָתֶךָ סֶּלָה: תהלים ג
יהוה צְבָאוֹת עִמָּנוּ, מִשְׂגָּב לָנוּ אֱלֹהֵי יַעֲקֹב סֶלָה: תהלים מו
יהוה צְבָאוֹת, אַשְׁרֵי אָדָם בֹּטֵחַ בָּךְ: תהלים פד
יהוה הוֹשִׁיעָה, הַמֶּלֶךְ יַעֲנֵנוּ בְיוֹם־קָרְאֵנוּ: תהלים כ
לַיְּהוּדִים הָיְתָה אוֹרָה וְשִׂמְחָה וְשָׂשֹׂן וִיקָר: כֵּן תִּהְיֶה לָּנוּ. אסתר ח
כּוֹס־יְשׁוּעוֹת אֶשָּׂא, וּבְשֵׁם יהוה אֶקְרָא: תהלים קטז

When making הבדלה for others, add:

סַבְרִי מָרָנָן

בָּרוּךְ אַתָּה יהוה אֱלֹהֵינוּ מֶלֶךְ הָעוֹלָם, בּוֹרֵא פְּרִי הַגָּפֶן.

Hold the spice box and say:

בָּרוּךְ אַתָּה יהוה אֱלֹהֵינוּ מֶלֶךְ הָעוֹלָם, בּוֹרֵא מִינֵי בְשָׂמִים.

Smell the spices and put the spice box down.
Lift the hands toward the flame of the הבדלה candle and say:

בָּרוּךְ אַתָּה יהוה אֱלֹהֵינוּ מֶלֶךְ הָעוֹלָם, בּוֹרֵא מְאוֹרֵי הָאֵשׁ.

Holding the cup of wine again in the right hand, say:

בָּרוּךְ אַתָּה יהוה אֱלֹהֵינוּ מֶלֶךְ הָעוֹלָם
הַמַּבְדִּיל בֵּין קֹדֶשׁ לְחֹל, בֵּין אוֹר לְחֹשֶׁךְ
בֵּין יִשְׂרָאֵל לָעַמִּים
בֵּין יוֹם הַשְּׁבִיעִי לְשֵׁשֶׁת יְמֵי הַמַּעֲשֶׂה.
בָּרוּךְ אַתָּה יהוה, הַמַּבְדִּיל בֵּין קֹדֶשׁ לְחֹל.

הַמַּבְדִּיל He who distinguishes between sacred and secular,
may He forgive our sins.
May He multiply our offspring and wealth like the sand,
and like the stars at night.

The day has passed like a palm tree's shadow;
I call on God to fulfill what the watchman said: *Is. 21*
"Morning comes, though now it is night."

Your righteousness is as high as Mount Tabor. May You pass high over my sins.
[Let them be] like yesterday when it has passed, like a watch in the night. *Ps. 90*

The time of offerings has passed. Would that I might rest.
I am weary with my sighing, every night I drench [with tears]. *Ps. 6*

Hear my voice; let it not be cast aside. Open for me the lofty gate.
My head is filled with the dew of dawn, my hair with raindrops of the night. *Song. 5*

Heed my prayer, revered and awesome God.
When I cry, grant me deliverance at twilight, *Prov. 7*
as the day fades, or in the darkness of the night.

I call to You, LORD: Save me. Make known to me the path of life.
Rescue me from misery before day turns to night.

Cleanse the defilement of my deeds, lest those who torment me say,
"Where is the God who made me, who gives cause for songs in the night?" *Job 35*

We are in Your hands like clay: please forgive our sins, light and grave.
Day to day they pour forth speech,
and night to night [they communicate knowledge].

One of the key verbs in Genesis 1 is *b-d-l*, "to separate, distinguish, divide" – the root of the word *Havdala*. It appears five times in the chapter. By inviting human beings to engage in Havdala at the end of Shabbat, God invites us to create worlds. Creation involves the ability to make distinctions, to rescue order from chaos, to respect the integrity of creation. Havdala is thus not only a human blessing over the end of the day of rest, but as it were a divine blessing over the days of work. The Creator invites us to be creative – but always and only in a way that respects differences and distinctions, the laws of nature and the moral law. The message of Havdala is: if we respect the integrity of boundaries, we can turn chaos into order, darkness into light.

הַמַּבְדִּיל *He who distinguishes:* As we welcomed the arrival of Shabbat in song, so we bid our farewell to it in song. This beautiful hymn, originally part of the *Ne'ila* service on Yom Kippur, was composed by Isaac ibn Giat (1030–1089).

הַמַּבְדִּיל בֵּין קֹדֶשׁ לְחֹל, חַטֹּאתֵינוּ הוּא יִמְחֹל
זַרְעֵנוּ וְכַסְפֵּנוּ יַרְבֶּה כַּחוֹל וְכַכּוֹכָבִים בַּלָּיְלָה.

יוֹם פָּנָה כְּצֵל תֹּמֶר, אֶקְרָא לָאֵל עָלַי גּוֹמֵר
אָמַר שֹׁמֵר, אָתָא בֹקֶר וְגַם־לָיְלָה: ישעיה כא

צִדְקָתְךָ כְּהַר תָּבוֹר, עַל חֲטָאַי עָבוֹר תַּעֲבֹר
כְּיוֹם אֶתְמוֹל כִּי יַעֲבֹר, וְאַשְׁמוּרָה בַלָּיְלָה: תהלים צ

חָלְפָה עוֹנַת מִנְחָתִי, מִי יִתֵּן מְנוּחָתִי
יָגַעְתִּי בְאַנְחָתִי, אַשְׂחֶה בְכָל־לָיְלָה: תהלים ו

קוֹלִי בַּל יֻנְטַל, פְּתַח לִי שַׁעַר הַמְנֻטָּל
שֶׁרֹּאשִׁי נִמְלָא טָל, קְוֻצּוֹתַי רְסִיסֵי לָיְלָה: שיר השירים ה

הֵעָתֵר נוֹרָא וְאָיֹם, אֲשַׁוֵּעַ, תְּנָה פִדְיוֹם
בְּנֶשֶׁף־בְּעֶרֶב יוֹם, בְּאִישׁוֹן לָיְלָה: משלי ז

קְרָאתִיךָ יָהּ, הוֹשִׁיעֵנִי, אֹרַח חַיִּים תּוֹדִיעֵנִי
מִדַּלָּה תְבַצְּעֵנִי, מִיּוֹם עַד לָיְלָה.

טַהֵר טִנּוּף מַעֲשַׂי, פֶּן יֹאמְרוּ מַכְעִיסַי
אַיֵּה אֱלוֹהַּ עֹשָׂי, נֹתֵן זְמִרוֹת בַּלָּיְלָה: איוב לה

נַחְנוּ בְיָדְךָ כַּחֹמֶר, סְלַח נָא עַל קַל וָחֹמֶר
יוֹם לְיוֹם יַבִּיעַ אֹמֶר, וְלַיְלָה לְּלָיְלָה: תהלים יט

---

the sages to mean: "Remember it at the beginning and at the end" (*Pesaḥim* 106a) – in both cases over a cup of wine.

Its deeper meaning recalls the moment at which Adam and Eve, exiled from Eden because of their sin, prepared to enter, for the first time, the world outside, with its darkness and dangers. As a gift, God showed them how to make light. Hence the light of Havdala.

This profound parable is the reverse of the Greek myth of Prometheus – who stole fire from the gods and was sentenced to everlasting torment. Judaism taught that God wants and blesses human creativity. Day 8, for humans, was the counterpart to Day 1 for God. Just as God began creation by making light, so He taught humans how to make light – inviting them to become "His partners in the work of creation."

SHEMA BEFORE SLEEP AT NIGHT

הֲרֵינִי I hereby forgive anyone who has angered or provoked me or sinned against me, physically or financially or by failing to give me due respect, or in any other matter relating to me, involuntarily or willingly, inadvertently or deliberately, whether in word or deed: let no one incur punishment because of me.

בָּרוּךְ Blessed are You, LORD our God, King of the Universe, who makes the bonds of sleep fall on my eyes, and slumber on my eyelids. May it be Your will, LORD my God and God of my fathers, that You make me lie down in peace and arise in peace. Let not my imagination, bad dreams or troubling thoughts disturb me. May my bed be flawless before You. Enlighten my eyes lest I sleep the sleep of death, for it is You who illuminates the pupil of the eye. Blessed are You, LORD, who gives light to the whole world in His glory.

When saying all three paragraphs of Shema, say:

God, faithful King!

The following verse should be said aloud, while covering the eyes with the right hand:

Listen, Israel: the LORD is our God, the LORD is One. *Deut. 6*

Quietly: Blessed be the name of His glorious kingdom for ever and all time.

וְאָהַבְתָּ Love the LORD your God with all your heart, with all your soul, and with all your might. These words which I command you today shall be on your heart. Teach them repeatedly to your children, speaking of them when you sit at home and when you travel on the way, when you lie down and when you rise. Bind them as a sign on your hand, and they shall be an emblem between your eyes. Write them on the doorposts of your house and gates. *Deut. 6*

---

from the evening service; (6) הַמַּלְאָךְ הַגֹּאֵל אֹתִי "May the angel who rescued me from all harm," a series of biblical verses about safety and security; (7) A verse about angels, based on "The LORD's angel encamps around those who fear Him, and He rescues them" (Psalm 34:8) and "He will command His angels about you, to guard you in all your ways" (Psalm 91:11); (8) Psalm 128, about work, recalling the phrase from Ecclesiastes (5:11), "Sweet is the sleep of one who labors"; (9) רִגְזוּ וְאַל־תֶּחֱטָאוּ "Tremble, and do not sin," from Psalm 4:5, mentioned in the Talmud (*Berakhot* 4b) as an appropriate verse before

קריאת שמע על המיטה

הֲרֵינִי מוֹחֵל לְכָל מִי שֶׁהִכְעִיס וְהִקְנִיט אוֹתִי אוֹ שֶׁחָטָא כְּנֶגְדִּי, בֵּין בְּגוּפִי בֵּין בְּמָמוֹנִי בֵּין בִּכְבוֹדִי בֵּין בְּכָל אֲשֶׁר לִי, בֵּין בְּאֹנֶס בֵּין בְּרָצוֹן, בֵּין בְּשׁוֹגֵג בֵּין בְּמֵזִיד, בֵּין בְּדִבּוּר בֵּין בְּמַעֲשֶׂה, וְלֹא יֵעָנֵשׁ שׁוּם אָדָם בְּסִבָּתִי.

בָּרוּךְ אַתָּה יהוה אֱלֹהֵינוּ מֶלֶךְ הָעוֹלָם, הַמַּפִּיל חֶבְלֵי שֵׁנָה עַל עֵינַי וּתְנוּמָה עַל עַפְעַפָּי. וִיהִי רָצוֹן מִלְּפָנֶיךָ, יהוה אֱלֹהַי וֵאלֹהֵי אֲבוֹתַי, שֶׁתַּשְׁכִּיבֵנִי לְשָׁלוֹם וְתַעֲמִידֵנִי לְשָׁלוֹם, וְאַל יְבַהֲלוּנִי רַעְיוֹנַי וַחֲלוֹמוֹת רָעִים וְהִרְהוּרִים רָעִים, וּתְהֵא מִטָּתִי שְׁלֵמָה לְפָנֶיךָ, וְהָאֵר עֵינַי פֶּן אִישַׁן הַמָּוֶת, כִּי אַתָּה הַמֵּאִיר לְאִישׁוֹן בַּת עָיִן. בָּרוּךְ אַתָּה יהוה, הַמֵּאִיר לָעוֹלָם כֻּלּוֹ בִּכְבוֹדוֹ.

When saying all three paragraphs of שמע*, say:*

אֵל מֶלֶךְ נֶאֱמָן

The following verse should be said aloud, while covering the eyes with the right hand:

דברים ו שְׁמַע יִשְׂרָאֵל, יהוה אֱלֹהֵינוּ, יהוה אֶחָד׃

Quietly בָּרוּךְ שֵׁם כְּבוֹד מַלְכוּתוֹ לְעוֹלָם וָעֶד.

דברים ו וְאָהַבְתָּ אֵת יהוה אֱלֹהֶיךָ, בְּכָל־לְבָבְךָ וּבְכָל־נַפְשְׁךָ וּבְכָל־מְאֹדֶךָ׃ וְהָיוּ הַדְּבָרִים הָאֵלֶּה, אֲשֶׁר אָנֹכִי מְצַוְּךָ הַיּוֹם, עַל־לְבָבֶךָ׃ וְשִׁנַּנְתָּם לְבָנֶיךָ וְדִבַּרְתָּ בָּם, בְּשִׁבְתְּךָ בְּבֵיתֶךָ וּבְלֶכְתְּךָ בַדֶּרֶךְ, וּבְשָׁכְבְּךָ וּבְקוּמֶךָ׃ וּקְשַׁרְתָּם לְאוֹת עַל־יָדֶךָ וְהָיוּ לְטֹטָפֹת בֵּין עֵינֶיךָ׃ וּכְתַבְתָּם עַל־מְזֻזוֹת בֵּיתֶךָ וּבִשְׁעָרֶיךָ׃

SHEMA BEFORE SLEEP AT NIGHT

Just as our first words in the morning should be words of prayer, so should our last at night. The night prayers consist of: (1) a prayer for peaceful sleep and a safe awakening, mentioned in the Talmud (*Berakhot* 60b); (2) the first paragraph of the Shema, ensuring these words are with us וּבְשָׁכְבְּךָ "when we lie down"; (3) Psalm 91, a prayer for protection from danger; (4) Psalm 3, chosen because of its reference to night: "I lie down to sleep and I wake again, for the LORD supports me"; (5) הַשְׁכִּיבֵנוּ "Help us lie down" – three paragraphs

וִיהִי May the pleasantness of the LORD our God be upon us. Establish for us the work of our hands, O establish the work of our hands. *Ps. 90*

יֹשֵׁב He who lives in the shelter of the Most High dwells in the shadow of the Almighty. I say of God, my Refuge and Stronghold, my LORD in whom I trust, that He will save you from the fowler's snare and the deadly pestilence. With His pinions He will cover you, and beneath His wings you will find shelter; His faithfulness is an encircling shield. You need not fear terror by night, nor the arrow that flies by day; not the pestilence that stalks in darkness, nor the plague that ravages at noon. A thousand may fall at your side, ten thousand at your right hand, but it will not come near you. You will only look with your eyes and see the punishment of the wicked. Because you said, "The LORD is my Refuge," taking the Most High as your shelter, no harm will befall you, no plague come near your tent, for He will command His angels about you, to guard you in all your ways. They will lift you in their hands, lest your foot stumble on a stone. You will tread on lions and vipers; you will trample on young lions and snakes. [God says:] "Because he loves Me, I will rescue him; I will protect him, because he acknowledges My name. When he calls on Me, I will answer him; I will be with him in distress, I will deliver him and bring him honor. With long life I will satisfy him and show him My salvation. *Ps. 91*

With long life I will satisfy him and show him My salvation.

יהוה LORD, how numerous are my enemies, how many rise against me. Many say of me: "There is no help for him in God," Selah. But You, LORD, are a shield around me. You are my glory; You raise my head high. I cry aloud to the LORD, and He answers me from His holy mountain, Selah. I lie down to sleep and I wake again, for the LORD supports me. I will not fear the myriad forces ranged against me on all sides. Arise, LORD, save me, O my God; strike all my enemies across the cheek; break the teeth of the wicked. From the LORD comes deliverance; may Your blessing rest upon Your people, Selah. *Ps. 3*

הַשְׁכִּיבֵנוּ Help us lie down, O LORD our God, in peace, and rise up, O our King, to life. Spread over us Your canopy of peace. Direct us with Your good counsel, and save us for the sake of Your name. Shield us and remove from us every enemy, plague, sword, famine and sorrow. Remove the adversary from before and behind us. Shelter us in the shadow of Your wings, for You, God, are our Guardian and Deliverer; You, God, are a gracious and compassionate King. Guard our going out and our coming in, for life and peace, from now and for ever.

וִיהִי נֹעַם אֲדֹנָי אֱלֹהֵינוּ עָלֵינוּ וּמַעֲשֵׂה יָדֵינוּ כּוֹנְנָה עָלֵינוּ וּמַעֲשֵׂה יָדֵינוּ כּוֹנְנֵהוּ: תהלים צ

יֹשֵׁב בְּסֵתֶר עֶלְיוֹן, בְּצֵל שַׁדַּי יִתְלוֹנָן: אֹמַר לַיהוה מַחְסִי וּמְצוּדָתִי, אֱלֹהַי אֶבְטַח־בּוֹ: כִּי הוּא יַצִּילְךָ מִפַּח יָקוּשׁ, מִדֶּבֶר הַוּוֹת: בְּאֶבְרָתוֹ יָסֶךְ לָךְ, וְתַחַת־כְּנָפָיו תֶּחְסֶה, צִנָּה וְסֹחֵרָה אֲמִתּוֹ: לֹא־תִירָא מִפַּחַד לָיְלָה, מֵחֵץ יָעוּף יוֹמָם: מִדֶּבֶר בָּאֹפֶל יַהֲלֹךְ, מִקֶּטֶב יָשׁוּד צָהֳרָיִם: יִפֹּל מִצִּדְּךָ אֶלֶף, וּרְבָבָה מִימִינֶךָ, אֵלֶיךָ לֹא יִגָּשׁ: רַק בְּעֵינֶיךָ תַבִּיט, וְשִׁלֻּמַת רְשָׁעִים תִּרְאֶה: כִּי־אַתָּה יהוה מַחְסִי, עֶלְיוֹן שַׂמְתָּ מְעוֹנֶךָ: לֹא־תְאֻנֶּה אֵלֶיךָ רָעָה, וְנֶגַע לֹא־יִקְרַב בְּאָהֳלֶךָ: כִּי מַלְאָכָיו יְצַוֶּה־לָּךְ, לִשְׁמָרְךָ בְּכָל־דְּרָכֶיךָ: עַל־כַּפַּיִם יִשָּׂאוּנְךָ, פֶּן־תִּגֹּף בָּאֶבֶן רַגְלֶךָ: עַל־שַׁחַל וָפֶתֶן תִּדְרֹךְ, תִּרְמֹס כְּפִיר וְתַנִּין: כִּי בִי חָשַׁק וַאֲפַלְּטֵהוּ, אֲשַׂגְּבֵהוּ כִּי־יָדַע שְׁמִי: יִקְרָאֵנִי וְאֶעֱנֵהוּ, עִמּוֹ־אָנֹכִי בְצָרָה, אֲחַלְּצֵהוּ וַאֲכַבְּדֵהוּ: אֹרֶךְ יָמִים אַשְׂבִּיעֵהוּ, וְאַרְאֵהוּ בִּישׁוּעָתִי:
אֹרֶךְ יָמִים אַשְׂבִּיעֵהוּ, וְאַרְאֵהוּ בִּישׁוּעָתִי: תהלים צא

יהוה מָה־רַבּוּ צָרָי, רַבִּים קָמִים עָלָי: רַבִּים אֹמְרִים לְנַפְשִׁי, אֵין יְשׁוּעָתָה לּוֹ בֵאלֹהִים, סֶלָה: וְאַתָּה יהוה מָגֵן בַּעֲדִי, כְּבוֹדִי וּמֵרִים רֹאשִׁי: קוֹלִי אֶל־יהוה אֶקְרָא, וַיַּעֲנֵנִי מֵהַר קָדְשׁוֹ, סֶלָה: אֲנִי שָׁכַבְתִּי וָאִישָׁנָה, הֱקִיצוֹתִי כִּי יהוה יִסְמְכֵנִי: לֹא־אִירָא מֵרִבְבוֹת עָם, אֲשֶׁר סָבִיב שָׁתוּ עָלָי: קוּמָה יהוה, הוֹשִׁיעֵנִי אֱלֹהַי, כִּי־הִכִּיתָ אֶת־כָּל־אֹיְבַי לֶחִי, שִׁנֵּי רְשָׁעִים שִׁבַּרְתָּ: לַיהוה הַיְשׁוּעָה, עַל־עַמְּךָ בִרְכָתֶךָ סֶּלָה: תהלים ג

הַשְׁכִּיבֵנוּ, יהוה אֱלֹהֵינוּ, לְשָׁלוֹם. וְהַעֲמִידֵנוּ, מַלְכֵּנוּ, לְחַיִּים. וּפְרֹשׂ עָלֵינוּ סֻכַּת שְׁלוֹמֶךָ, וְתַקְּנֵנוּ בְּעֵצָה טוֹבָה מִלְּפָנֶיךָ, וְהוֹשִׁיעֵנוּ לְמַעַן שְׁמֶךָ. וְהָגֵן בַּעֲדֵנוּ, וְהָסֵר מֵעָלֵינוּ אוֹיֵב, דֶּבֶר וְחֶרֶב וְרָעָב וְיָגוֹן. וְהָסֵר שָׂטָן מִלְּפָנֵינוּ וּמֵאַחֲרֵינוּ, וּבְצֵל כְּנָפֶיךָ תַּסְתִּירֵנוּ, כִּי אֵל שׁוֹמְרֵנוּ וּמַצִּילֵנוּ אָתָּה, כִּי אֵל מֶלֶךְ חַנּוּן וְרַחוּם אָתָּה. וּשְׁמֹר צֵאתֵנוּ וּבוֹאֵנוּ לְחַיִּים וּלְשָׁלוֹם מֵעַתָּה וְעַד עוֹלָם.

---

sleep; and (10) Adon Olam / "LORD of the Universe," said here because of its closing lines with their reference to entrusting our souls and bodies to God's safekeeping at night.

בָּרוּךְ Blessed is the LORD by day, blessed is the LORD by night. Blessed is the LORD when we lie down; blessed is the LORD when we rise. For in Your hand are the souls of the living and the dead, [as it is written:] "In His hand Job 12
is every living soul, and the breath of all mankind." Into Your hand I entrust Ps. 31
my spirit: You redeemed me, LORD, God of truth. Our God in heaven, bring unity to Your name, establish Your kingdom constantly and reign over us for ever and all time.

יִרְאוּ May our eyes see, our hearts rejoice, and our souls be glad in Your true salvation, when Zion is told, "Your God reigns." The LORD is King, the LORD was King, and the LORD will be King for ever and all time. For sovereignty is Yours, and to all eternity You will reign in glory, for we have no king but You.

הַמַּלְאָךְ May the angel who rescued me from all harm, bless these boys. May Gen. 48
they be called by my name and the names of my fathers Abraham and Isaac, and may they increase greatly on the earth.

וַיֹּאמֶר He said, "If you listen carefully to the voice of the LORD your God and Ex. 15
do what is right in His eyes, if you pay attention to His commandments and keep all His statutes, I will not bring on you any of the diseases I brought
on the Egyptians, for I am the LORD who heals you." The LORD said to the Zech. 3
accuser, "The LORD shall rebuke you, accuser. The LORD who has chosen Jerusalem shall rebuke you! Is not this man a burning stick snatched from
the fire?" Look! It is Solomon's bed, escorted by sixty warriors, the noblest Song. 3
of Israel, all of them wearing the sword, experienced in battle, each with his sword at his side, prepared for the terror of the nights.

Say three times:

יְבָרֶכְךָ May the LORD bless you and protect you. Num. 6
May the LORD make His face shine on you and be gracious to you.
May the LORD turn His face toward you and grant you peace.

Say three times:

הִנֵּה See – the Guardian of Israel neither slumbers nor sleeps. Ps. 121

Say three times:

לִישׁוּעָתְךָ For Your salvation I hope, LORD. Gen. 49
I hope, LORD, for Your salvation.
LORD, for Your salvation I hope.

בָּרוּךְ יהוה בַּיּוֹם, בָּרוּךְ יהוה בַּלָּיְלָה, בָּרוּךְ יהוה בְּשָׁכְבֵנוּ, בָּרוּךְ יהוה
בְּקוּמֵנוּ. כִּי בְיָדְךָ נַפְשׁוֹת הַחַיִּים וְהַמֵּתִים. אֲשֶׁר בְּיָדוֹ נֶפֶשׁ כָּל־חָי, וְרוּחַ איוב יב
כָּל־בְּשַׂר־אִישׁ: בְּיָדְךָ אַפְקִיד רוּחִי, פָּדִיתָה אוֹתִי יהוה אֵל אֱמֶת: אֱלֹהֵינוּ תהלים לא
שֶׁבַּשָּׁמַיִם, יַחֵד שִׁמְךָ וְקַיֵּם מַלְכוּתְךָ תָּמִיד, וּמְלֹךְ עָלֵינוּ לְעוֹלָם וָעֶד.

יִרְאוּ עֵינֵינוּ וְיִשְׂמַח לִבֵּנוּ, וְתָגֵל נַפְשֵׁנוּ בִּישׁוּעָתְךָ בֶּאֱמֶת, בֶּאֱמֹר לְצִיּוֹן מָלַךְ אֱלֹהָיִךְ. יהוה מֶלֶךְ, יהוה מָלָךְ, יהוה יִמְלֹךְ לְעוֹלָם וָעֶד. כִּי הַמַּלְכוּת שֶׁלְּךָ הִיא, וּלְעוֹלְמֵי עַד תִּמְלוֹךְ בְּכָבוֹד, כִּי אֵין לָנוּ מֶלֶךְ אֶלָּא אָתָּה.

הַמַּלְאָךְ הַגֹּאֵל אֹתִי מִכָּל־רָע יְבָרֵךְ אֶת־הַנְּעָרִים, וְיִקָּרֵא בָהֶם שְׁמִי וְשֵׁם בראשית מח
אֲבֹתַי אַבְרָהָם וְיִצְחָק, וְיִדְגּוּ לָרֹב בְּקֶרֶב הָאָרֶץ:

וַיֹּאמֶר אִם־שָׁמוֹעַ תִּשְׁמַע לְקוֹל יהוה אֱלֹהֶיךָ, וְהַיָּשָׁר בְּעֵינָיו תַּעֲשֶׂה, שמות טו
וְהַאֲזַנְתָּ לְמִצְוֹתָיו וְשָׁמַרְתָּ כָּל־חֻקָּיו, כָּל־הַמַּחֲלָה אֲשֶׁר־שַׂמְתִּי בְמִצְרַיִם
לֹא־אָשִׂים עָלֶיךָ, כִּי אֲנִי יהוה רֹפְאֶךָ: וַיֹּאמֶר יהוה אֶל־הַשָּׂטָן, יִגְעַר יהוה זכריה ג
בְּךָ הַשָּׂטָן, וְיִגְעַר יהוה בְּךָ הַבֹּחֵר בִּירוּשָׁלָםִ, הֲלוֹא זֶה אוּד מֻצָּל מֵאֵשׁ:
הִנֵּה מִטָּתוֹ שֶׁלִּשְׁלֹמֹה, שִׁשִּׁים גִּבֹּרִים סָבִיב לָהּ, מִגִּבֹּרֵי יִשְׂרָאֵל: כֻּלָּם שיר השירים ג
אֲחֻזֵי חֶרֶב, מְלֻמְּדֵי מִלְחָמָה, אִישׁ חַרְבּוֹ עַל־יְרֵכוֹ מִפַּחַד בַּלֵּילוֹת:

Say three times:

יְבָרֶכְךָ יהוה וְיִשְׁמְרֶךָ: במדבר ו
יָאֵר יהוה פָּנָיו אֵלֶיךָ וִיחֻנֶּךָּ:
יִשָּׂא יהוה פָּנָיו אֵלֶיךָ וְיָשֵׂם לְךָ שָׁלוֹם:

Say three times:

הִנֵּה לֹא־יָנוּם וְלֹא יִישָׁן שׁוֹמֵר יִשְׂרָאֵל: תהלים קכא

Say three times:

לִישׁוּעָתְךָ קִוִּיתִי יהוה: בראשית מט
קִוִּיתִי יהוה לִישׁוּעָתְךָ
יהוה לִישׁוּעָתְךָ קִוִּיתִי

Say three times:

בְּשֵׁם In the name of the LORD, God of Israel:
may Michael be at my right hand,
Gabriel, at my left;
in front of me, Uriel,
behind me, Raphael;
and above my head the Presence of God.

שִׁיר הַמַּעֲלוֹת A song of ascents. *Ps. 128*
Happy are all who fear the LORD, who walk in His ways.
When you eat the fruit of your labor, happy and fortunate are you.
Your wife shall be like a fruitful vine within your house;
your sons like olive saplings around your table.
So shall the man who fears the LORD be blessed.
May the LORD bless you from Zion;
may you see the good of Jerusalem all the days of your life;
and may you live to see your children's children. Peace be on Israel!

Say three times:

רִגְזוּ Tremble, and do not sin. *Ps. 4*
Search your heart as you lie on your bed, and be silent. Selah.

אֲדוֹן עוֹלָם LORD of the Universe,
who reigned before the birth of any thing;
when by His will all things were made,
then was His name proclaimed King.
And when all things shall cease to be,
He alone will reign in awe.
He was, He is, and He shall be glorious for evermore.
He is One, there is none else, alone, unique, beyond compare;
Without beginning, without end, His might, His rule are everywhere.
He is my God; my Redeemer lives.
He is the Rock on whom I rely –
my banner and my safe retreat, my cup, my portion when I cry.
Into His hand my soul I place, when I awake and when I sleep.
The LORD is with me, I shall not fear;
body and soul from harm will He keep.

Say three times:

בְּשֵׁם יהוה אֱלֹהֵי יִשְׂרָאֵל
מִימִינִי מִיכָאֵל, וּמִשְּׂמֹאלִי גַּבְרִיאֵל
וּמִלְּפָנַי אוּרִיאֵל, וּמֵאֲחוֹרַי רְפָאֵל
וְעַל רֹאשִׁי שְׁכִינַת אֵל.

שִׁיר הַמַּעֲלוֹת, אַשְׁרֵי כָּל־יְרֵא יהוה, הַהֹלֵךְ בִּדְרָכָיו: תהלים קכח
יְגִיעַ כַּפֶּיךָ כִּי תֹאכֵל, אַשְׁרֶיךָ וְטוֹב לָךְ:
אֶשְׁתְּךָ כְּגֶפֶן פֹּרִיָּה בְּיַרְכְּתֵי בֵיתֶךָ
בָּנֶיךָ כִּשְׁתִלֵי זֵיתִים, סָבִיב לְשֻׁלְחָנֶךָ:
הִנֵּה כִי־כֵן יְבֹרַךְ גָּבֶר יְרֵא יהוה:
יְבָרֶכְךָ יהוה מִצִּיּוֹן, וּרְאֵה בְּטוּב יְרוּשָׁלָםִ, כֹּל יְמֵי חַיֶּיךָ:
וּרְאֵה־בָנִים לְבָנֶיךָ, שָׁלוֹם עַל־יִשְׂרָאֵל:

Say three times:

רִגְזוּ וְאַל־תֶּחֱטָאוּ תהלים ד
אִמְרוּ בִלְבַבְכֶם עַל־מִשְׁכַּבְכֶם, וְדֹמּוּ סֶלָה:

אֲדוֹן עוֹלָם אֲשֶׁר מָלַךְ בְּטֶרֶם כָּל־יְצִיר נִבְרָא.
לְעֵת נַעֲשָׂה בְחֶפְצוֹ כֹּל אֲזַי מֶלֶךְ שְׁמוֹ נִקְרָא.
וְאַחֲרֵי כִּכְלוֹת הַכֹּל לְבַדּוֹ יִמְלֹךְ נוֹרָא.
וְהוּא הָיָה וְהוּא הֹוֶה וְהוּא יִהְיֶה בְּתִפְאָרָה.
וְהוּא אֶחָד וְאֵין שֵׁנִי לְהַמְשִׁיל לוֹ לְהַחְבִּירָה.
בְּלִי רֵאשִׁית בְּלִי תַכְלִית וְלוֹ הָעֹז וְהַמִּשְׂרָה.
וְהוּא אֵלִי וְחַי גֹּאֲלִי וְצוּר חֶבְלִי בְּעֵת צָרָה.
וְהוּא נִסִּי וּמָנוֹס לִי מְנָת כּוֹסִי בְּיוֹם אֶקְרָא.
בְּיָדוֹ אַפְקִיד רוּחִי בְּעֵת אִישַׁן וְאָעִירָה.
וְעִם רוּחִי גְּוִיָּתִי יהוה לִי וְלֹא אִירָא.

מועדים
FESTIVALS

Hallel

On Ḥanukka, Yom HaAtzma'ut and Yom Yerushalayim, Full Hallel is said.
On Rosh Ḥodesh Half Hallel is said. See laws 132–133.

בָּרוּךְ Blessed are You, Lord our God, King of the Universe,
who has made us holy through His commandments
and has commanded us to recite the Hallel.

הַלְלוּיָהּ Halleluya! Servants of the Lord, give praise; praise the name of the Lord. Blessed be the name of the Lord now and for evermore. From the rising of the sun to its setting, may the Lord's name be praised. High is the Lord above all nations; His glory is above the heavens. Who is like the Lord our God, who sits enthroned so high, yet turns so low to see the heavens and the earth? ▸ He raises the poor from the dust and the needy from the refuse heap, giving them a place alongside princes, the princes of His people. He makes the woman in a childless house a happy mother of children. Halleluya! *Ps. 113*

---

at every epoch and at every trouble – may it not come to them! – and when they are redeemed, they recite it in thanks for their delivery" (*Pesaḥim* 117a). That is why we say it on Yom HaAtzma'ut and Yom Yerushalayim, the two most transformative events of modern Jewish history, in the faith that it is not human beings alone who shape the destiny of our people, but God working in and through His children.

Because of its association with history, Hallel is not said on Rosh HaShana or Yom Kippur, days dedicated less to national remembrance than to judgment, repentance and forgiveness.

מְקִימִי מֵעָפָר דָּל *He raises the poor from the dust:* A verse reminiscent of Hannah's prayer after the birth of her child (1 Sam. 2:8). The religions of the ancient world were deeply conservative, designed to vindicate and perpetuate hierarchies of power. Judaism, believing that human dignity is the prerogative of everyone, was an ongoing protest against such inequalities. God's greatness is evident in the fact that He can lift the poor and the needy to a place of honor alongside princes.

סדר הלל

On ראש חודש *and* הלל שלם ,יום ירושלים *and* יום העצמאות ,חנוכה *is said. On* הלל בדילוג *is said. See laws 132–133.*

בָּרוּךְ אַתָּה יהוה אֱלֹהֵינוּ מֶלֶךְ הָעוֹלָם
אֲשֶׁר קִדְּשָׁנוּ בְּמִצְוֹתָיו וְצִוָּנוּ לִקְרֹא אֶת הַהַלֵּל.

הַלְלוּיָהּ, הַלְלוּ עַבְדֵי יהוה, הַלְלוּ אֶת־שֵׁם יהוה: יְהִי שֵׁם יהוה תהלים קיג
מְבֹרָךְ, מֵעַתָּה וְעַד־עוֹלָם: מִמִּזְרַח־שֶׁמֶשׁ עַד־מְבוֹאוֹ, מְהֻלָּל שֵׁם
יהוה: רָם עַל־כָּל־גּוֹיִם יהוה, עַל הַשָּׁמַיִם כְּבוֹדוֹ: מִי כַּיהוה אֱלֹהֵינוּ,
הַמַּגְבִּיהִי לָשָׁבֶת: הַמַּשְׁפִּילִי לִרְאוֹת, בַּשָּׁמַיִם וּבָאָרֶץ: ◂ מְקִימִי
מֵעָפָר דָּל, מֵאַשְׁפֹּת יָרִים אֶבְיוֹן: לְהוֹשִׁיבִי עִם־נְדִיבִים, עִם נְדִיבֵי
עַמּוֹ: מוֹשִׁיבִי עֲקֶרֶת הַבַּיִת, אֵם־הַבָּנִים שְׂמֵחָה, הַלְלוּיָהּ:

HALLEL

Psalms 113–118 – known as the Egyptian Hallel because of the reference in the second paragraph to the exodus from Egypt – are among the earliest prayers written to be recited in the Temple on days of national celebration. They were sung as accompaniment to the Pesaḥ sacrifice, and early rabbinic sources suggest that they were said on the pilgrimage festivals: Pesaḥ, Shavuot and Sukkot.

By the Talmudic era, a shortened form (known as "Half Hallel") was in use for Rosh Ḥodesh and the last six days of Pesaḥ. The Full Hallel was not said on Rosh Ḥodesh, because it is not a full festival, and on the last days of Pesaḥ because (a) the main event of the exodus took place on the first day, and (b) the miracle of the seventh day, the division of the Reed Sea, involved suffering for the Egyptians. According to the Talmud (*Megilla* 10b; *Sanhedrin* 39b), when the angels wished to sing the Song at the Sea, God refused, saying: "Shall you sing a song while My creatures are drowning in the sea?"

Hallel is a choral symphony of faith in the presence of God in history. The sages said that the prophets "enacted that the Israelites should recite it

בְּצֵאת When Israel came out of Egypt, the house of Jacob from a people of foreign tongue, Judah became His sanctuary, Israel His dominion. The sea saw and fled; the Jordan turned back. The mountains skipped like rams, the hills like lambs. ▸ Why was it, sea, that you fled? Jordan, why did you turn back? Why, mountains, did you skip like rams, and you, hills, like lambs? It was at the presence of the LORD, Creator of the earth, at the presence of the God of Jacob, who turned the rock into a pool of water, flint into a flowing spring. *Ps. 114*

Omit on Rosh Ḥodesh (except on Ḥanukka):

לֹא לָנוּ Not to us, LORD, not to us, but to Your name give glory, for Your love, for Your faithfulness. Why should the nations say, "Where now is their God?" Our God is in heaven; whatever He wills He does. Their idols are silver and gold, made by human hands. They have mouths but cannot speak; eyes but cannot see. They have ears but cannot hear; noses but cannot smell. They have hands but cannot feel; feet but cannot walk. No sound comes from their throat. Those who make them become like them; so will all who trust in them. ▸ Israel, trust in the LORD – He is their Help and their Shield. House of Aaron, trust in the LORD – He is their Help and their Shield. You who fear the LORD, trust in the LORD – He is their Help and their Shield. *Ps. 115*

יהוה זְכָרָנוּ The LORD remembers us and will bless us. He will bless the house of Israel. He will bless the house of Aaron. He will bless those who fear the LORD, small and great alike. May the LORD give you increase: you and your children. May you be blessed by the LORD, Maker of heaven and earth. ▸ The heavens are the LORD's, but the earth He has given over to mankind. It is not the dead who praise the LORD, nor those who go down to the silent grave. But we will bless the LORD, now and for ever. Halleluya!

---

yet imperfect, ideals. Idolatry is the worship of the part instead of the whole, one aspect of the universe in place of the Creator of all who transcends all.

יִרְאֵי יהוה *You who fear the LORD:* This may refer to converts to Judaism (Rashi), or God-fearers among the nations (Ibn Ezra).

וְהָאָרֶץ נָתַן לִבְנֵי־אָדָם *But the earth He has given over to mankind:* "Given over" rather than "given": placed in the guardianship of mankind. We do not own

בְּצֵאת יִשְׂרָאֵל מִמִּצְרָיִם, בֵּית יַעֲקֹב מֵעַם לֹעֵז: הָיְתָה יְהוּדָה תהלים קיד
לְקׇדְשׁוֹ, יִשְׂרָאֵל מַמְשְׁלוֹתָיו: הַיָּם רָאָה וַיָּנֹס, הַיַּרְדֵּן יִסֹּב לְאָחוֹר:
הֶהָרִים רָקְדוּ כְאֵילִים, גְּבָעוֹת כִּבְנֵי־צֹאן: • מַה־לְּךָ הַיָּם כִּי תָנוּס,
הַיַּרְדֵּן תִּסֹּב לְאָחוֹר: הֶהָרִים תִּרְקְדוּ כְאֵילִים, גְּבָעוֹת כִּבְנֵי־צֹאן:
מִלִּפְנֵי אָדוֹן חוּלִי אָרֶץ, מִלִּפְנֵי אֱלוֹהַּ יַעֲקֹב: הַהֹפְכִי הַצּוּר אֲגַם־
מָיִם, חַלָּמִישׁ לְמַעְיְנוֹ־מָיִם:

Omit on ראש חודש (*except on* חנוכה):

לֹא לָנוּ יהוה לֹא לָנוּ, כִּי־לְשִׁמְךָ תֵּן כָּבוֹד, עַל־חַסְדְּךָ עַל־אֲמִתֶּךָ: לָמָּה תהלים קטו
יֹאמְרוּ הַגּוֹיִם אַיֵּה־נָא אֱלֹהֵיהֶם: וֵאלֹהֵינוּ בַשָּׁמָיִם, כֹּל אֲשֶׁר־חָפֵץ
עָשָׂה: עֲצַבֵּיהֶם כֶּסֶף וְזָהָב, מַעֲשֵׂה יְדֵי אָדָם: פֶּה־לָהֶם וְלֹא יְדַבֵּרוּ,
עֵינַיִם לָהֶם וְלֹא יִרְאוּ: אׇזְנַיִם לָהֶם וְלֹא יִשְׁמָעוּ, אַף לָהֶם וְלֹא יְרִיחוּן:
יְדֵיהֶם וְלֹא יְמִישׁוּן, רַגְלֵיהֶם וְלֹא יְהַלֵּכוּ, לֹא־יֶהְגּוּ בִּגְרוֹנָם: כְּמוֹהֶם יִהְיוּ
עֹשֵׂיהֶם, כֹּל אֲשֶׁר־בֹּטֵחַ בָּהֶם: • יִשְׂרָאֵל בְּטַח בַּיהוה, עֶזְרָם וּמָגִנָּם
הוּא: בֵּית אַהֲרֹן בִּטְחוּ בַיהוה, עֶזְרָם וּמָגִנָּם הוּא: יִרְאֵי יהוה בִּטְחוּ
בַיהוה, עֶזְרָם וּמָגִנָּם הוּא:

יהוה זְכָרָנוּ יְבָרֵךְ, יְבָרֵךְ אֶת־בֵּית יִשְׂרָאֵל, יְבָרֵךְ אֶת־בֵּית אַהֲרֹן:
יְבָרֵךְ יִרְאֵי יהוה, הַקְּטַנִּים עִם־הַגְּדֹלִים: יֹסֵף יהוה עֲלֵיכֶם, עֲלֵיכֶם
וְעַל־בְּנֵיכֶם: בְּרוּכִים אַתֶּם לַיהוה, עֹשֵׂה שָׁמַיִם וָאָרֶץ: • הַשָּׁמַיִם
שָׁמַיִם לַיהוה, וְהָאָרֶץ נָתַן לִבְנֵי־אָדָם: לֹא הַמֵּתִים יְהַלְלוּ־יָהּ, וְלֹא
כׇּל־יֹרְדֵי דוּמָה: וַאֲנַחְנוּ נְבָרֵךְ יָהּ, מֵעַתָּה וְעַד־עוֹלָם, הַלְלוּיָהּ:

בְּצֵאת יִשְׂרָאֵל מִמִּצְרָיִם *When Israel came out of Egypt:* A lyrical account of how nature itself trembled and rejoiced at the exodus, when the supreme Power intervened to rescue the powerless.

כְּמוֹהֶם יִהְיוּ עֹשֵׂיהֶם *Those who make them become like them:* Worshiping impersonal objects or forces eventually dehumanizes a culture and those who are part of it. Whether what is worshiped is an icon, a ruler, a race or a political ideology, the final outcome is the sacrifice of human lives on the altar of high,

Omit on Rosh Ḥodesh (except on Ḥanukka):

אָהַבְתִּי I love the LORD, for He hears my voice, my pleas. He turns His ear to me whenever I call. The bonds of death encompassed me, the anguish of the grave came upon me, I was overcome by trouble and sorrow. Then I called on the name of the LORD: "LORD, I pray, save my life." Gracious is the LORD, and righteous; our God is full of compassion. The LORD protects the simple hearted. When I was brought low, He saved me. My soul, be at peace once more, for the LORD has been good to you. For You have rescued me from death, my eyes from weeping, my feet from stumbling. ▸ I shall walk in the presence of the LORD in the land of the living. I had faith, even when I said, "I am greatly afflicted," even when I said rashly, "All men are liars." *Ps. 116*

מָה־אָשִׁיב How can I repay the LORD for all His goodness to me? I will lift the cup of salvation and call on the name of the LORD. I will fulfill my vows to the LORD in the presence of all His people. Grievous in the LORD's sight is the death of His devoted ones. Truly, LORD, I am Your servant; I am Your servant, the son of Your maidservant. You set me free from my chains. ▸ To You I shall bring a thanksgiving-offering and call on the LORD by name. I will fulfill my vows to the LORD in the presence of all His people, in the courts of the House of the LORD, in your midst, Jerusalem. Halleluya!

מָה־אָשִׁיב *How can I repay?* A rhetorical question: we can never repay God's kindnesses to us. All that we have is His. The very fact that we exist is due to His creative love. All we can do is express our thanks.

כּוֹס־יְשׁוּעוֹת אֶשָּׂא *I will lift the cup of salvation:* A reference to the wine-libation accompanying a thanksgiving-offering (Rashi). Alternatively, I will hold a feast of thanksgiving at which I will raise a glass of wine in thanks to God.

יָקָר בְּעֵינֵי יהוה, הַמָּוְתָה לַחֲסִידָיו *Grievous in the LORD's sight is the death of His devoted ones:* this is Rashi's understanding of the text; others translate it as "Precious in the LORD's sight." God does not wish His devoted ones to die. As the previous two paragraphs have made clear, God is the God of life; only idolatrous cultures worship death.

בֶּן־אֲמָתֶךָ *The son of Your maidservant:* Serving You comes naturally because my mother did likewise (Radak). A father teaches us "the discipline of

Omit on ראש חודש (*except on* חנוכה):

אָהַבְתִּי, כִּי־יִשְׁמַע יהוה, אֶת־קוֹלִי תַּחֲנוּנָי: כִּי־הִטָּה אָזְנוֹ לִי, וּבְיָמַי תהלים קטז
אֶקְרָא: אֲפָפְוּנִי חֶבְלֵי־מָוֶת, וּמְצָרֵי שְׁאוֹל מְצָאְוּנִי, צָרָה וְיָגוֹן אֶמְצָא:
וּבְשֵׁם־יהוה אֶקְרָא, אָנָּה יהוה מַלְּטָה נַפְשִׁי: חַנּוּן יהוה וְצַדִּיק, וֵאלֹהֵינוּ
מְרַחֵם: שֹׁמֵר פְּתָאיִם יהוה, דַּלּוֹתִי וְלִי יְהוֹשִׁיעַ: שׁוּבִי נַפְשִׁי לִמְנוּחָיְכִי,
כִּי־יהוה גָּמַל עָלָיְכִי: כִּי חִלַּצְתָּ נַפְשִׁי מִמָּוֶת, אֶת־עֵינִי מִן־דִּמְעָה,
אֶת־רַגְלִי מִדֶּחִי: ‹ אֶתְהַלֵּךְ לִפְנֵי יהוה, בְּאַרְצוֹת הַחַיִּים: הֶאֱמַנְתִּי כִּי
אֲדַבֵּר, אֲנִי עָנִיתִי מְאֹד: אֲנִי אָמַרְתִּי בְחָפְזִי, כָּל־הָאָדָם כֹּזֵב:

מָה־אָשִׁיב לַיהוה, כָּל־תַּגְמוּלְוֹהִי עָלָי: כּוֹס־יְשׁוּעוֹת אֶשָּׂא, וּבְשֵׁם יהוה אֶקְרָא: נְדָרַי לַיהוה אֲשַׁלֵּם, נֶגְדָה־נָּא לְכָל־עַמּוֹ: יָקָר בְּעֵינֵי יהוה, הַמָּוְתָה לַחֲסִידָיו: אָנָּה יהוה כִּי־אֲנִי עַבְדֶּךָ, אֲנִי־עַבְדְּךָ בֶּן־אֲמָתֶךָ, פִּתַּחְתָּ לְמוֹסֵרָי: ‹ לְךָ־אֶזְבַּח זֶבַח תּוֹדָה, וּבְשֵׁם יהוה אֶקְרָא: נְדָרַי לַיהוה אֲשַׁלֵּם, נֶגְדָה־נָּא לְכָל־עַמּוֹ: בְּחַצְרוֹת בֵּית יהוה, בְּתוֹכֵכִי יְרוּשָׁלָםִ, הַלְלוּיָהּ:

---

the earth; we hold it in trust from God and there are conditions to that trust, namely that we respect the earth's integrity and the dignity of the human person; in short, that we honor God's laws.

אָהַבְתִּי *I love the Lord:* This and the next paragraph form a single psalm. The psalmist turns from the collective to the individual. God has saved him from crisis and he gives public voice to his thanks. This prayer was included in Hallel because it spoke to the many among the pilgrims to Jerusalem who had vowed to bring thanksgiving-offerings, as is clear from the next paragraph. The juxtaposition of the individual and the collective is a significant feature of biblical texts generally. The Hebrew prophets and poets never saw the nation as an abstraction and the people an amorphous mass. The individual never loses his or her significance even in the presence of vast gatherings.

אֲנִי אָמַרְתִּי בְחָפְזִי, כָּל־הָאָדָם כֹּזֵב *Even when I said rashly, "All men are liars":* the commentators relate this to King David who, when forced to flee from Saul, felt betrayed by everyone. Alternatively: "Even when I was fleeing for my life, I knew that those [who preached despair] were false" (Radak).

הַלְלוּ Praise the LORD, all nations; acclaim Him, all you peoples; Ps. 117
for His loving-kindness to us is strong,
and the LORD's faithfulness is everlasting.
Halleluya!

The following verses are chanted by the Leader.
At the end of each verse, the congregation responds, "Thank the LORD for He is good; His loving-kindness is for ever." See law 133.

הודו Thank the LORD for He is good; His loving-kindness is for ever. Ps. 118
Let Israel say His loving-kindness is for ever.
Let the house of Aaron say His loving-kindness is for ever.
Let those who fear the LORD say His loving-kindness is for ever.

מִן־הַמֵּצַר In my distress I called on the LORD. The LORD answered me and set me free. The LORD is with me; I will not be afraid. What can man do to me? The LORD is with me. He is my Helper. I will see the downfall of my enemies. It is better to take refuge in the LORD than to trust in man. It is better to take refuge in the LORD than to trust in princes. The nations all surrounded me, but in the LORD's name I drove them off. They surrounded me on every side, but in the LORD's name I drove them off. They surrounded me like bees, they attacked me as fire attacks brushwood, but in the LORD's name I drove them off. They thrust so hard against me, I nearly fell, but the LORD came to my help. The LORD is my strength and my song; He has become my salvation. Sounds of song and salvation resound in the tents of

---

has been for so long the guardian of prophecy and transmitted it to the rest of the world – such a nation cannot be destroyed. The Jew is everlasting as eternity itself" (Tolstoy).

הודו ליהוה כִּי־טוֹב *Thank the LORD for He is good:* This verse was first recited by King David when he brought the Ark to Jerusalem (1 Chr. 16:34).

מִן־הַמֵּצַר *In my distress... set me free:* The terms mean, respectively, "straits, confined space" and "broad space, expanse." The psalmist writes that he felt hemmed in by enemies; his eventual victory brings a sense of spaciousness and freedom.

הַלְלוּ אֶת־יהוה כָּל־גּוֹיִם, שַׁבְּחוּהוּ כָּל־הָאֻמִּים: תהלים קיז
כִּי גָבַר עָלֵינוּ חַסְדּוֹ, וֶאֱמֶת־יהוה לְעוֹלָם
הַלְלוּיָהּ:

The following verses are chanted by the שליח ציבור.
At the end of each verse, the קהל *responds:* .הודוּ לַיהוה כִּי־טוֹב, כִּי לְעוֹלָם חַסְדּוֹ *See law 133.*

הוֹדוּ לַיהוה כִּי־טוֹב   כִּי לְעוֹלָם חַסְדּוֹ: תהלים קיח
יֹאמַר־נָא יִשְׂרָאֵל   כִּי לְעוֹלָם חַסְדּוֹ:
יֹאמְרוּ־נָא בֵית־אַהֲרֹן   כִּי לְעוֹלָם חַסְדּוֹ:
יֹאמְרוּ־נָא יִרְאֵי יהוה   כִּי לְעוֹלָם חַסְדּוֹ:

מִן־הַמֵּצַר קָרָאתִי יָּהּ, עָנָנִי בַמֶּרְחָב יָהּ: יהוה לִי לֹא אִירָא, מַה־
יַּעֲשֶׂה לִי אָדָם: יהוה לִי בְּעֹזְרָי, וַאֲנִי אֶרְאֶה בְשֹׂנְאָי: טוֹב לַחֲסוֹת
בַּיהוה, מִבְּטֹחַ בָּאָדָם: טוֹב לַחֲסוֹת בַּיהוה, מִבְּטֹחַ בִּנְדִיבִים:
כָּל־גּוֹיִם סְבָבוּנִי, בְּשֵׁם יהוה כִּי אֲמִילַם: סַבּוּנִי גַם־סְבָבוּנִי, בְּשֵׁם
יהוה כִּי אֲמִילַם: סַבּוּנִי כִדְבֹרִים, דֹּעֲכוּ כְּאֵשׁ קוֹצִים, בְּשֵׁם יהוה
כִּי אֲמִילַם: דָּחֹה דְחִיתַנִי לִנְפֹּל, וַיהוה עֲזָרָנִי: עָזִּי וְזִמְרָת יָהּ,

---

thought as well as the discipline of action"; a mother teaches us the "living experience" of the commandments, their "flavor, scent and warmth." From her we learn "to feel the presence of the Almighty." "The fathers knew much about the Shabbat; the mothers lived the Shabbat, experienced her presence, and perceived her beauty and splendor" (Rabbi Joseph Soloveitchik).

הַלְלוּ אֶת־יהוה כָּל־גּוֹיִם *Praise the* Lord, *all nations:* The shortest of all the psalms, a mere two verses. The psalmist speaks of the universal significance of Israel's history. It is not Israel alone, but all the nations, who will see in the story of this people, something beyond mere history. "The Jew is the emblem of eternity. He who neither slaughter nor torture of thousands of years could destroy, he who neither fire nor sword nor inquisition was able to wipe off the face of the earth, he who was the first to produce the oracles of God, who

the righteous: "The LORD's right hand has done mighty deeds. The LORD's right hand is lifted high. The LORD's right hand has done mighty deeds." I will not die but live, and tell what the LORD has done. The LORD has chastened me severely, but He has not given me over to death. ‣ Open for me the gates of righteousness that I may enter them and thank the LORD. This is the gateway to the LORD; through it, the righteous shall enter.

אוֹדְךָ I will thank You, for You answered me, and became my salvation.
I will thank You, for You answered me, and became my salvation.

The stone the builders rejected has become the main cornerstone.
The stone the builders rejected has become the main cornerstone.

This is the LORD's doing; it is wondrous in our eyes.
This is the LORD's doing; it is wondrous in our eyes.

This is the day the LORD has made; let us rejoice and be glad in it.
This is the day the LORD has made; let us rejoice and be glad in it.

Leader followed by congregation:

אָנָּא LORD, please, save us.
LORD, please, save us.
LORD, please, grant us success.
LORD, please, grant us success.

אוֹדְךָ *I will thank You:* This and the next eight verses, the last of Psalm 118, are repeated. Litany – a prayer in which the Leader says a verse or phrase and the congregation responds – was an aspect of worship in the Temple, and is developed most fully in the *hakafot*, processions around the synagogue, on Sukkot.

אֶבֶן מָאֲסוּ הַבּוֹנִים *The stone the builders rejected:* This is a reference to the people of Israel. Two of the first references to Israel in non-Jewish sources – the Merneptah stele (Egypt, thirteenth century BCE) and the Mesha stele (Moab, ninth century BCE) – both declare that Israel has been destroyed. Israel is the people that outlives its obituaries.

וַיְהִי־לִי לִישׁוּעָה: קוֹל רִנָּה וִישׁוּעָה בְּאָהֳלֵי צַדִּיקִים, יְמִין יהוה עֹשָׂה חָיִל: יְמִין יהוה רוֹמֵמָה, יְמִין יהוה עֹשָׂה חָיִל: לֹא־אָמוּת כִּי־אֶחְיֶה, וַאֲסַפֵּר מַעֲשֵׂי יָהּ: יַסֹּר יִסְּרַנִּי יָּהּ, וְלַמָּוֶת לֹא נְתָנָנִי:
› פִּתְחוּ־לִי שַׁעֲרֵי־צֶדֶק, אָבֹא־בָם אוֹדֶה יָהּ: זֶה־הַשַּׁעַר לַיהוה, צַדִּיקִים יָבֹאוּ בוֹ:

אוֹדְךָ כִּי עֲנִיתָנִי, וַתְּהִי־לִי לִישׁוּעָה:
אוֹדְךָ כִּי עֲנִיתָנִי, וַתְּהִי־לִי לִישׁוּעָה:
אֶבֶן מָאֲסוּ הַבּוֹנִים, הָיְתָה לְרֹאשׁ פִּנָּה:
אֶבֶן מָאֲסוּ הַבּוֹנִים, הָיְתָה לְרֹאשׁ פִּנָּה:
מֵאֵת יהוה הָיְתָה זֹּאת, הִיא נִפְלָאת בְּעֵינֵינוּ:
מֵאֵת יהוה הָיְתָה זֹּאת, הִיא נִפְלָאת בְּעֵינֵינוּ:
זֶה־הַיּוֹם עָשָׂה יהוה, נָגִילָה וְנִשְׂמְחָה בוֹ:
זֶה־הַיּוֹם עָשָׂה יהוה, נָגִילָה וְנִשְׂמְחָה בוֹ:

שליח ציבור *followed by* קהל:

אָנָּא יהוה הוֹשִׁיעָה נָּא:
אָנָּא יהוה הוֹשִׁיעָה נָּא:
אָנָּא יהוה הַצְלִיחָה נָא:
אָנָּא יהוה הַצְלִיחָה נָא:

עָזִּי וְזִמְרָת יָהּ *The Lord is my strength and my song:* a quotation from *Shirat HaYam* (Ex. 15:2); it also appears in Isaiah 12:2.

פִּתְחוּ־לִי שַׁעֲרֵי־צֶדֶק *Open for me the gates of righteousness:* A reference to the gates of the Temple.

בָּרוּךְ Blessed is one who comes in the name of the LORD;
we bless you from the House of the LORD.
Blessed is one who comes in the name of the LORD;
we bless you from the House of the LORD.

The LORD is God; He has given us light. Bind the festival offering
with thick cords [and bring it] to the horns of the altar.
The LORD is God; He has given us light. Bind the festival offering
with thick cords [and bring it] to the horns of the altar.

You are my God and I will thank You; You are my God, I will exalt You.
You are my God and I will thank You; You are my God, I will exalt You.

Thank the LORD for He is good; His loving-kindness is for ever.
Thank the LORD for He is good; His loving-kindness is for ever.

יְהַלְלְוּךָ All Your works will praise You, LORD our God, and Your devoted ones – the righteous who do Your will, together with all Your people the house of Israel – will joyously thank, bless, praise, glorify, exalt, revere, sanctify, and proclaim the sovereignty of Your name, our King. ▸ For it is good to thank You and fitting to sing psalms to Your name, for from eternity to eternity You are God. Blessed are You, LORD, King who is extolled with praises.

On Rosh Ḥodesh say Full Kaddish on page 182 and continue the service with the Reading of the Torah on page 158.

On weekday Ḥanukka (except Rosh Ḥodesh Tevet), Yom HaAtzma'ut and Yom Yerushalayim, the service continues with Half Kaddish on page 156.

אֵלִי אַתָּה *You are my God:* The words of one who is bringing the offering. וְאוֹדֶךָּ *And I will thank You:* alternatively, "I will acknowledge You." These are words of dedication, meaning: This offering I bring is an expression of thanks and acknowledgment to God for all His kindnesses to me.

יְהַלְלְוּךָ *All Your works will praise You:* A concluding benediction, as at the end of the Verses of Praise.

בָּרוּךְ הַבָּא בְּשֵׁם יהוה, בֵּרַכְנוּכֶם מִבֵּית יהוה:
בָּרוּךְ הַבָּא בְּשֵׁם יהוה, בֵּרַכְנוּכֶם מִבֵּית יהוה:

אֵל יהוה וַיָּאֶר לָנוּ, אִסְרוּ־חַג בַּעֲבֹתִים עַד־קַרְנוֹת הַמִּזְבֵּחַ:
אֵל יהוה וַיָּאֶר לָנוּ, אִסְרוּ־חַג בַּעֲבֹתִים עַד־קַרְנוֹת הַמִּזְבֵּחַ:

אֵלִי אַתָּה וְאוֹדֶךָּ, אֱלֹהַי אֲרוֹמְמֶךָּ:
אֵלִי אַתָּה וְאוֹדֶךָּ, אֱלֹהַי אֲרוֹמְמֶךָּ:

הוֹדוּ לַיהוה כִּי־טוֹב, כִּי לְעוֹלָם חַסְדּוֹ:
הוֹדוּ לַיהוה כִּי־טוֹב, כִּי לְעוֹלָם חַסְדּוֹ:

יְהַלְלוּךָ יהוה אֱלֹהֵינוּ כָּל מַעֲשֶׂיךָ, וַחֲסִידֶיךָ צַדִּיקִים עוֹשֵׂי רְצוֹנֶךָ, וְכָל עַמְּךָ בֵּית יִשְׂרָאֵל בְּרִנָּה יוֹדוּ וִיבָרְכוּ וִישַׁבְּחוּ וִיפָאֲרוּ וִירוֹמְמוּ וְיַעֲרִיצוּ וְיַקְדִּישׁוּ וְיַמְלִיכוּ אֶת שִׁמְךָ מַלְכֵּנוּ, • כִּי לְךָ טוֹב לְהוֹדוֹת וּלְשִׁמְךָ נָאֶה לְזַמֵּר, כִּי מֵעוֹלָם וְעַד עוֹלָם אַתָּה אֵל. בָּרוּךְ אַתָּה יהוה, מֶלֶךְ מְהֻלָּל בַּתִּשְׁבָּחוֹת.

On ראש חודש *say* קדיש שלם *on page 183 and continue the service with* קריאת התורה *on page 159.*

On weekday חנוכה *(except* ראש חודש טבת*),* יום העצמאות *and* יום ירושלים*, the service continues with* חצי קדיש *on page 157.*

בָּרוּךְ הַבָּא *Blessed is one who comes:* A blessing made by the priests to those who came to worship in the Temple (Rashi, Radak). One of the tasks of the priests was to bless the people who came in pilgrimage to the Temple to make their offerings.

אִסְרוּ־חַג בַּעֲבֹתִים *Bind the festival offering with thick cords:* Alternatively, "Order the festival procession with boughs, up to the horns of the altar," a reference to the procession around the altar, with a lulav, on Sukkot (*Sukka* 45a).

Musaf for Rosh Ḥodesh

THE AMIDA

The following prayer, until "in former years" on page 384, is said silently, standing with feet together. If there is a minyan, the Amida is repeated aloud by the Leader. Take three steps forward and at the points indicated by ▾, bend the knees at the first word, bow at the second, and stand straight before saying God's name.

When I proclaim the LORD's name, give glory to our God. *Deut. 32*
O LORD, open my lips, so that my mouth may declare Your praise. *Ps. 51*

PATRIARCHS

▾בָּרוּךְ▾ Blessed are You, LORD our God and God of our fathers,
God of Abraham, God of Isaac and God of Jacob;
the great, mighty and awesome God, God Most High,
who bestows acts of loving-kindness and creates all,
who remembers the loving-kindness of the fathers and will bring
a Redeemer to their children's children
for the sake of His name, in love.
King, Helper, Savior, Shield:
▾Blessed are You, LORD, Shield of Abraham.

DIVINE MIGHT

אַתָּה גִּבּוֹר You are eternally mighty, LORD.
You give life to the dead and have great power to save.

The phrase "He makes the wind blow and the rain fall" is added from Simḥat Torah until Pesaḥ. In Israel the phrase "He causes the dew to fall" is added from Pesaḥ until Shemini Atzeret. See laws 49–51.

In fall & winter: He makes the wind blow and the rain fall.
In Israel, in spring & summer: He causes the dew to fall.

---

and seek to begin again. In Temple times a special offering was brought, of which the Musaf prayer is a memory. The central blessing of the Amida begins with a brief statement of the nature of the day, followed by a prayer for the restoration of the Temple and its sacrifices, a biblical passage describing the Rosh Ḥodesh offering, and a prayer that the new month be blessed for good.

מוסף לראש חודש

עמידה

The following prayer, until קַדְמֹנִיּוֹת *on page 385, is said silently, standing with feet together. If there is a* מנין*, the* עמידה *is repeated aloud by the* שליח ציבור*. Take three steps forward and at the points indicated by* ˺*, bend the knees at the first word, bow at the second, and stand straight before saying God's name.*

כִּי שֵׁם יהוה אֶקְרָא, הָבוּ גֹדֶל לֵאלֹהֵינוּ: דברים לב
אֲדֹנָי, שְׂפָתַי תִּפְתָּח, וּפִי יַגִּיד תְּהִלָּתֶךָ: תהלים נא

אבות

˺בָּרוּךְ אַתָּה יהוה, אֱלֹהֵינוּ וֵאלֹהֵי אֲבוֹתֵינוּ
אֱלֹהֵי אַבְרָהָם, אֱלֹהֵי יִצְחָק, וֵאלֹהֵי יַעֲקֹב
הָאֵל הַגָּדוֹל הַגִּבּוֹר וְהַנּוֹרָא, אֵל עֶלְיוֹן
גּוֹמֵל חֲסָדִים טוֹבִים, וְקוֹנֵה הַכֹּל
וְזוֹכֵר חַסְדֵי אָבוֹת
וּמֵבִיא גוֹאֵל לִבְנֵי בְנֵיהֶם לְמַעַן שְׁמוֹ בְּאַהֲבָה.
מֶלֶךְ עוֹזֵר וּמוֹשִׁיעַ וּמָגֵן.
˺בָּרוּךְ אַתָּה יהוה, מָגֵן אַבְרָהָם.

גבורות

אַתָּה גִּבּוֹר לְעוֹלָם, אֲדֹנָי
מְחַיֵּה מֵתִים אַתָּה, רַב לְהוֹשִׁיעַ

The phrase מַשִּׁיב הָרְוּחַ *is added from* שמחת תורה *until* פסח*.*
In ארץ ישראל *the phrase* מוֹרִיד הַטָּל *is added from* פסח *until* שמיני עצרת*. See laws 49–51.*

בחורף: מַשִּׁיב הָרְוּחַ וּמוֹרִיד הַגֶּשֶׁם / בארץ ישראל בקיץ: מוֹרִיד הַטָּל

ADDITIONAL SERVICE FOR THE NEW MOON

The New Moon, like the New Year, is understood in Judaism as a time of renewal and rededication, in which we pray for forgiveness and atonement

He sustains the living with loving-kindness,
and with great compassion revives the dead.
He supports the fallen, heals the sick, sets captives free,
and keeps His faith with those who sleep in the dust.
Who is like You, Master of might,
and to whom can You be compared,
O King who brings death and gives life,
and makes salvation grow?
Faithful are You to revive the dead.
Blessed are You, LORD, who revives the dead.

When saying the Amida silently, continue with "You are holy" on the next page.

KEDUSHA

During the Leader's Repetition, the following is said standing with feet together, rising on the toes at the words indicated by ▲.

Cong. then Leader: נְקַדֵּשׁ We will sanctify Your name on earth,
as they sanctify it in the highest heavens,
as is written by Your prophet,
"And they [the angels] call to one another saying: *Is. 6*

Cong. then Leader: ▲Holy, ▲holy, ▲holy is the LORD of hosts
the whole world is filled with His glory."
Those facing them say "Blessed – "

Cong. then Leader: ▲"Blessed is the LORD's glory from His place." *Ezek. 3*
And in Your holy Writings it is written thus:

Cong. then Leader: ▲"The LORD shall reign for ever. He is your God, Zion, *Ps. 146*
from generation to generation, Halleluya!"

Leader: From generation to generation we will declare Your greatness,
and we will proclaim Your holiness for evermore.
Your praise, our God, shall not leave our mouth forever,
for You, God, are a great and holy King.
Blessed are You, LORD, the holy God.

The Leader continues with "You have given New Moons" on the next page.

---

construction of the Tabernacle. From the first month of the second year after the exodus, the day the Tabernacle was dedicated, it became a women's festival (Rashi, *Megilla* 22b; *Shulḥan Arukh* OḤ 417:1).

מְכַלְכֵּל חַיִּים בְּחֶסֶד
מְחַיֵּה מֵתִים בְּרַחֲמִים רַבִּים
סוֹמֵךְ נוֹפְלִים, וְרוֹפֵא חוֹלִים, וּמַתִּיר אֲסוּרִים
וּמְקַיֵּם אֱמוּנָתוֹ לִישֵׁנֵי עָפָר.
מִי כָמְוֹךָ, בַּעַל גְּבוּרוֹת, וּמִי דּוֹמֶה לָּךְ
מֶלֶךְ, מֵמִית וּמְחַיֶּה וּמַצְמִיחַ יְשׁוּעָה.
וְנֶאֱמָן אַתָּה לְהַחֲיוֹת מֵתִים.
בָּרוּךְ אַתָּה יהוה, מְחַיֵּה הַמֵּתִים.

When saying the עמידה *silently, continue with* אַתָּה קָדוֹשׁ *on the next page.*

קדושה

During the חזרת הש״ץ*, the following is said standing with feet together, rising on the toes at the words indicated by* ˄.

then קהל ש״ץ: נְקַדֵּשׁ אֶת שִׁמְךָ בָּעוֹלָם, כְּשֵׁם שֶׁמַּקְדִּישִׁים אוֹתוֹ בִּשְׁמֵי מָרוֹם
כַּכָּתוּב עַל יַד נְבִיאֶךָ: וְקָרָא זֶה אֶל־זֶה וְאָמַר ישעיה ו

then קהל ש״ץ: ˄קָדוֹשׁ, ˄קָדוֹשׁ, ˄קָדוֹשׁ, יהוה צְבָאוֹת, מְלֹא כָל־הָאָרֶץ כְּבוֹדוֹ:
לְעֻמָּתָם בָּרוּךְ יֹאמֵרוּ

then קהל ש״ץ: ˄בָּרוּךְ כְּבוֹד־יהוה מִמְּקוֹמוֹ: יחזקאל ג
וּבְדִבְרֵי קָדְשְׁךָ כָּתוּב לֵאמֹר

then קהל ש״ץ: ˄יִמְלֹךְ יהוה לְעוֹלָם, אֱלֹהַיִךְ צִיּוֹן לְדֹר וָדֹר, הַלְלוּיָהּ: תהלים קמו

ש״ץ: לְדוֹר וָדוֹר נַגִּיד גָּדְלֶךָ, וּלְנֵצַח נְצָחִים קְדֻשָּׁתְךָ נַקְדִּישׁ
וְשִׁבְחֲךָ אֱלֹהֵינוּ מִפִּינוּ לֹא יָמוּשׁ לְעוֹלָם וָעֶד
כִּי אֵל מֶלֶךְ גָּדוֹל וְקָדוֹשׁ אָתָּה.
בָּרוּךְ אַתָּה יהוה הָאֵל הַקָּדוֹשׁ.

The שליח ציבור *continues with* רָאשֵׁי חֳדָשִׁים *on the next page.*

A midrashic tradition associates Rosh Ḥodesh with Jewish women, as a tribute to their faithfulness and to their generosity in providing gifts for the

HOLINESS

אַתָּה קָדוֹשׁ You are holy and Your name is holy,
and holy ones praise You daily, Selah!
Blessed are You, Lord, the holy God.

HOLINESS OF THE DAY

רָאשֵׁי חֳדָשִׁים You have given New Moons to Your people
as a time of atonement for all their offspring.
They would bring You offerings of goodwill,
and goats as sin-offerings for atonement.
May it serve as a remembrance for them all,
and a deliverance of their lives
from the hand of the enemy.
May You establish a new altar in Zion,
and may we offer on it
the New Moon burnt-offering,
and prepare goats in favor.
May we all rejoice in the Temple service,
and may the songs of David Your servant,
be heard in Your city,
chanted before Your altar.
Bestow on them everlasting love,
and remember the covenant of the fathers for their children.

וַהֲבִיאֵנוּ Bring us back, with song,
to Zion Your city,
and to Jerusalem Your Sanctuary with everlasting joy.
There we will prepare for You our obligatory offerings:
the regular daily offerings in their order,
and the additional offerings according to their law.

---

the moon shines with reflected light. So too with Israel: the light with which we shine comes not from ourselves but from God, of whose glory we are but a reflection (Seforno, Num. 28:11).

קדושת השם

אַתָּה קָדוֹשׁ וְשִׁמְךָ קָדוֹשׁ
וּקְדוֹשִׁים בְּכָל יוֹם יְהַלְלוּךָ סֶּלָה.
בָּרוּךְ אַתָּה יהוה, הָאֵל הַקָּדוֹשׁ.

קדושת היום

רָאשֵׁי חֳדָשִׁים לְעַמְּךָ נָתַתָּ
זְמַן כַּפָּרָה לְכָל תּוֹלְדוֹתָם
בִּהְיוֹתָם מַקְרִיבִים לְפָנֶיךָ זִבְחֵי רָצוֹן
וּשְׂעִירֵי חַטָּאת לְכַפֵּר בַּעֲדָם.
זִכָּרוֹן לְכֻלָּם יִהְיוּ, וּתְשׁוּעַת נַפְשָׁם מִיַּד שׂוֹנֵא.
מִזְבֵּחַ חָדָשׁ בְּצִיּוֹן תָּכִין
וְעוֹלַת רֹאשׁ חֹדֶשׁ נַעֲלֶה עָלָיו
וּשְׂעִירֵי עִזִּים נַעֲשֶׂה בְרָצוֹן
וּבַעֲבוֹדַת בֵּית הַמִּקְדָּשׁ נִשְׂמַח כֻּלָּנוּ
וּבְשִׁירֵי דָוִד עַבְדְּךָ הַנִּשְׁמָעִים בְּעִירֶךָ
הָאֲמוּרִים לִפְנֵי מִזְבְּחֶךָ.
אַהֲבַת עוֹלָם תָּבִיא לָהֶם, וּבְרִית אָבוֹת לַבָּנִים תִּזְכֹּר.
וַהֲבִיאֵנוּ לְצִיּוֹן עִירְךָ בְּרִנָּה
וְלִירוּשָׁלַיִם בֵּית מִקְדָּשְׁךָ בְּשִׂמְחַת עוֹלָם
וְשָׁם נַעֲשֶׂה לְפָנֶיךָ אֶת קָרְבְּנוֹת חוֹבוֹתֵינוּ
תְּמִידִים כְּסִדְרָם וּמוּסָפִים כְּהִלְכָתָם.

רָאשֵׁי חֳדָשִׁים *You have given New Moons to Your people:* The Jewish people is compared to the moon because, whereas the sun shines with its own light,

וְאֶת מוּסַף The additional offering of this New Moon day
we will prepare and offer to You
with love according to Your will's commandment,
as You have written for us in Your Torah
by Your own word, through Your servant Moses,
as it is said:

"On your new moons, *Num. 28*
present as a burnt-offering to the LORD,
two young bulls, one ram,
and seven yearling lambs without blemish."

וּמִנְחָתָם And their meal-offerings and wine-libations as ordained:
three-tenths of an ephah for each bull,
two-tenths of an ephah for the ram,
one-tenth of an ephah for each lamb,
wine for the libations, a male goat for atonement,
and two regular daily offerings according to their law.

אֱלֹהֵינוּ O God and God of our ancestors,
renew for us the coming month for good and blessing,
joy and gladness, deliverance and consolation,
sustenance and support,
life and peace,
pardon of sin and forgiveness of iniquity
(*From Marḥeshvan to Adar II in a Jewish leap year* *(see page 692)* and atonement of transgression).
For You have chosen Your people Israel from all nations,
and have instituted for them rules for the New Moon.
Blessed are You, LORD, who sanctifies Israel and the New Moons.

Ex. 12:2), hence the six double expressions of blessing. In a leap year there are seven months before Nisan, hence a seventh expression is added from Marḥeshvan to Adar II.

וְאֶת מוּסַף יוֹם רֹאשׁ הַחֹדֶשׁ הַזֶּה
נַעֲשֶׂה וְנַקְרִיב לְפָנֶיךָ בְּאַהֲבָה כְּמִצְוַת רְצוֹנֶךָ
כְּמוֹ שֶׁכָּתַבְתָּ עָלֵינוּ בְּתוֹרָתֶךָ
עַל יְדֵי מֹשֶׁה עַבְדֶּךָ מִפִּי כְבוֹדֶךָ
כָּאָמוּר
וּבְרָאשֵׁי חָדְשֵׁיכֶם תַּקְרִיבוּ עֹלָה לַיהוה במדבר כח
פָּרִים בְּנֵי־בָקָר שְׁנַיִם וְאַיִל אֶחָד
כְּבָשִׂים בְּנֵי־שָׁנָה שִׁבְעָה, תְּמִימִם:

וּמִנְחָתָם וְנִסְכֵּיהֶם כִּמְדֻבָּר
שְׁלֹשָׁה עֶשְׂרֹנִים לַפָּר, וּשְׁנֵי עֶשְׂרֹנִים לָאָיִל, וְעִשָּׂרוֹן לַכֶּבֶשׂ
וְיַיִן כְּנִסְכּוֹ, וְשָׂעִיר לְכַפֵּר, וּשְׁנֵי תְמִידִים כְּהִלְכָתָם.

אֱלֹהֵינוּ וֵאלֹהֵי אֲבוֹתֵינוּ
חַדֵּשׁ עָלֵינוּ אֶת הַחֹדֶשׁ הַזֶּה לְטוֹבָה וְלִבְרָכָה
לְשָׂשׂוֹן וּלְשִׂמְחָה, לִישׁוּעָה וּלְנֶחָמָה
לְפַרְנָסָה וּלְכַלְכָּלָה, לְחַיִּים וּלְשָׁלוֹם
לִמְחִילַת חֵטְא וְלִסְלִיחַת עָוֹן
(*From* מרחשון *to* אדר שני *in a Jewish leap year (see page 692)* וּלְכַפָּרַת פָּשַׁע)
כִּי בְעַמְּךָ יִשְׂרָאֵל בָּחַרְתָּ מִכָּל הָאֻמּוֹת
וְחֻקֵּי רָאשֵׁי חֳדָשִׁים לָהֶם קָבָעְתָּ.
בָּרוּךְ אַתָּה יהוה, מְקַדֵּשׁ יִשְׂרָאֵל וְרָאשֵׁי חֳדָשִׁים.

וּלְכַפָּרַת פָּשַׁע *And atonement for transgression:* There are six months from Tishrei (Rosh HaShana, the beginning of the year) to Nisan (the first of months:

TEMPLE SERVICE

רְצֵה Find favor, LORD our God,
in Your people Israel and their prayer.
Restore the service to Your most holy House,
and accept in love and favor
the fire-offerings of Israel and their prayer.
May the service of Your people Israel always find favor with You
And may our eyes
witness Your return to Zion in compassion.
Blessed are You, LORD, who restores His Presence to Zion.

THANKSGIVING

Bow at the first nine words.

מוֹדִים We give thanks to You,
for You are the LORD our God
and God of our ancestors
for ever and all time.
You are the Rock of our lives,
Shield of our salvation
from generation to generation.
We will thank You and
declare Your praise for our lives,
which are entrusted into Your hand;
for our souls,
which are placed in Your charge;
for Your miracles
which are with us every day;
and for Your wonders and favors
at all times, evening, morning and midday.
You are good –
for Your compassion never fails.
You are compassionate –
for Your loving-kindnesses never cease.
We have always placed our hope in You.

During the Leader's Repetition, the congregation says quietly:

מוֹדִים We give thanks to You,
for You are the
LORD our God
and God of our ancestors,
God of all flesh,
who formed us
and formed the universe.
Blessings and thanks
are due to Your great
and holy name for giving us
life and sustaining us.
May You continue
to give us life and sustain us;
and may You gather our
exiles to Your holy courts,
to keep Your decrees,
do Your will and serve You
with a perfect heart,
for it is for us
to give You thanks.
Blessed be God to whom
thanksgiving is due.

עבודה

רְצֵה יהוה אֱלֹהֵינוּ בְּעַמְּךָ יִשְׂרָאֵל, וּבִתְפִלָּתָם
וְהָשֵׁב אֶת הָעֲבוֹדָה לִדְבִיר בֵּיתֶךָ
וְאִשֵּׁי יִשְׂרָאֵל וּתְפִלָּתָם בְּאַהֲבָה תְקַבֵּל בְּרָצוֹן
וּתְהִי לְרָצוֹן תָּמִיד עֲבוֹדַת יִשְׂרָאֵל עַמֶּךָ.
וְתֶחֱזֶינָה עֵינֵינוּ בְּשׁוּבְךָ לְצִיּוֹן בְּרַחֲמִים.
בָּרוּךְ אַתָּה יהוה, הַמַּחֲזִיר שְׁכִינָתוֹ לְצִיּוֹן.

הודאה

Bow at the first five words.

מוֹדִים אֲנַחְנוּ לָךְ
שָׁאַתָּה הוּא יהוה אֱלֹהֵינוּ
וֵאלֹהֵי אֲבוֹתֵינוּ לְעוֹלָם וָעֶד.
צוּר חַיֵּינוּ, מָגֵן יִשְׁעֵנוּ
אַתָּה הוּא לְדוֹר וָדוֹר.
נוֹדֶה לְּךָ וּנְסַפֵּר תְּהִלָּתֶךָ
עַל חַיֵּינוּ הַמְּסוּרִים בְּיָדֶךָ
וְעַל נִשְׁמוֹתֵינוּ הַפְּקוּדוֹת לָךְ
וְעַל נִסֶּיךָ שֶׁבְּכָל יוֹם עִמָּנוּ
וְעַל נִפְלְאוֹתֶיךָ וְטוֹבוֹתֶיךָ
שֶׁבְּכָל עֵת, עֶרֶב וָבֹקֶר וְצָהֳרָיִם.
הַטּוֹב, כִּי לֹא כָלוּ רַחֲמֶיךָ
וְהַמְרַחֵם, כִּי לֹא תַמּוּ חֲסָדֶיךָ
מֵעוֹלָם קִוִּינוּ לָךְ.

During the חזרת הש״ץ, *the* קהל *says quietly:*

מוֹדִים אֲנַחְנוּ לָךְ
שָׁאַתָּה הוּא יהוה אֱלֹהֵינוּ
וֵאלֹהֵי אֲבוֹתֵינוּ
אֱלֹהֵי כָל בָּשָׂר
יוֹצְרֵנוּ, יוֹצֵר בְּרֵאשִׁית.
בְּרָכוֹת וְהוֹדָאוֹת
לְשִׁמְךָ הַגָּדוֹל וְהַקָּדוֹשׁ
עַל שֶׁהֶחֱיִיתָנוּ וְקִיַּמְתָּנוּ.
כֵּן תְּחַיֵּנוּ וּתְקַיְּמֵנוּ
וְתֶאֱסֹף גָּלֻיּוֹתֵינוּ
לְחַצְרוֹת קָדְשֶׁךָ
לִשְׁמֹר חֻקֶּיךָ וְלַעֲשׂוֹת רְצוֹנֶךָ
וּלְעָבְדְּךָ בְּלֵבָב שָׁלֵם
עַל שֶׁאֲנַחְנוּ מוֹדִים לָךְ.
בָּרוּךְ אֵל הַהוֹדָאוֹת.

On Ḥanukka:

עַל הַנִּסִּים [We thank You also] for the miracles, the redemption, the mighty deeds, the salvations, and the victories in battle which You performed for our ancestors in those days, at this time.

בִּימֵי מַתִּתְיָהוּ In the days of Mattityahu, son of Yoḥanan, the High Priest, the Hasmonean, and his sons, the wicked Greek kingdom rose up against Your people Israel to make them forget Your Torah and to force them to transgress the statutes of Your will. It was then that You in Your great compassion stood by them in the time of their distress. You championed their cause, judged their claim, and avenged their wrong. You delivered the strong into the hands of the weak, the many into the hands of the few, the impure into the hands of the pure, the wicked into the hands of the righteous, and the arrogant into the hands of those who were engaged in the study of Your Torah. You made for Yourself great and holy renown in Your world, and for Your people Israel You performed a great salvation and redemption as of this very day. Your children then entered the holiest part of Your House, cleansed Your Temple, purified Your Sanctuary, kindled lights in Your holy courts, and designated these eight days of Ḥanukka for giving thanks and praise to Your great name.

Continue with "For all these things."

וְעַל כֻּלָּם For all these things may Your name be blessed and exalted,
our King, continually, for ever and all time.
Let all that lives thank You, Selah! and praise Your name in truth,
God, our Savior and Help, Selah!
▾Blessed are You, LORD, whose name is "the Good"
and to whom thanks are due.

When saying the Amida silently, continue with "Grant peace" on the next page.

The following is said by the Leader during the Repetition of the Amida.
In Israel, if Kohanim bless the congregation, turn to page 386. See laws 62–69.

Our God and God of our fathers, bless us with the threefold blessing in the Torah, written by the hand of Moses Your servant and pronounced by Aaron and his sons the priests, Your holy people, as it is said:

May the LORD bless you and protect you. *Num. 6*
Cong: May it be Your will.
May the LORD make His face shine on you and be gracious to you.
Cong: May it be Your will.
May the LORD turn His face toward you, and grant you peace.
Cong: May it be Your will.

The Leader continues with "Grant peace" on the next page.

בחנוכה:

עַל הַנִּסִּים וְעַל הַפֻּרְקָן וְעַל הַגְּבוּרוֹת וְעַל הַתְּשׁוּעוֹת וְעַל הַמִּלְחָמוֹת שֶׁעָשִׂיתָ לַאֲבוֹתֵינוּ בַּיָּמִים הָהֵם בַּזְּמַן הַזֶּה.

בִּימֵי מַתִּתְיָהוּ בֶּן יוֹחָנָן כֹּהֵן גָּדוֹל חַשְׁמוֹנַאי וּבָנָיו, כְּשֶׁעָמְדָה מַלְכוּת יָוָן הָרְשָׁעָה עַל עַמְּךָ יִשְׂרָאֵל לְהַשְׁכִּיחָם תּוֹרָתֶךָ וּלְהַעֲבִירָם מֵחֻקֵּי רְצוֹנֶךָ, וְאַתָּה בְּרַחֲמֶיךָ הָרַבִּים עָמַדְתָּ לָהֶם בְּעֵת צָרָתָם, רַבְתָּ אֶת רִיבָם, דַּנְתָּ אֶת דִּינָם, נָקַמְתָּ אֶת נִקְמָתָם, מָסַרְתָּ גִבּוֹרִים בְּיַד חַלָּשִׁים, וְרַבִּים בְּיַד מְעַטִּים, וּטְמֵאִים בְּיַד טְהוֹרִים, וּרְשָׁעִים בְּיַד צַדִּיקִים, וְזֵדִים בְּיַד עוֹסְקֵי תוֹרָתֶךָ, וּלְךָ עָשִׂיתָ שֵׁם גָּדוֹל וְקָדוֹשׁ בְּעוֹלָמֶךָ, וּלְעַמְּךָ יִשְׂרָאֵל עָשִׂיתָ תְּשׁוּעָה גְדוֹלָה וּפֻרְקָן כְּהַיּוֹם הַזֶּה. וְאַחַר כֵּן בָּאוּ בָנֶיךָ לִדְבִיר בֵּיתֶךָ, וּפִנּוּ אֶת הֵיכָלֶךָ, וְטִהֲרוּ אֶת מִקְדָּשֶׁךָ, וְהִדְלִיקוּ נֵרוֹת בְּחַצְרוֹת קָדְשֶׁךָ, וְקָבְעוּ שְׁמוֹנַת יְמֵי חֲנֻכָּה אֵלּוּ, לְהוֹדוֹת וּלְהַלֵּל לְשִׁמְךָ הַגָּדוֹל.

Continue with וְעַל כֻּלָּם.

וְעַל כֻּלָּם יִתְבָּרַךְ וְיִתְרוֹמַם שִׁמְךָ מַלְכֵּנוּ תָּמִיד לְעוֹלָם וָעֶד.
וְכֹל הַחַיִּים יוֹדְוּךָ סֶּלָה, וִיהַלְלוּ אֶת שִׁמְךָ בֶּאֱמֶת
הָאֵל יְשׁוּעָתֵנוּ וְעֶזְרָתֵנוּ סֶלָה.
בָּרוּךְ אַתָּה יהוה, הַטּוֹב שִׁמְךָ וּלְךָ נָאֶה לְהוֹדוֹת.

When saying the עמידה *silently, continue with* שִׂים שָׁלוֹם *on the next page.*

The following is said by the שליח ציבור *during the* חזרת הש״ץ.
In ארץ ישראל, *if* כהנים *say* ברכת כהנים, *turn to page 387. See laws 62–69.*

אֱלֹהֵינוּ וֵאלֹהֵי אֲבוֹתֵינוּ, בָּרְכֵנוּ בַּבְּרָכָה הַמְשֻׁלֶּשֶׁת בַּתּוֹרָה, הַכְּתוּבָה עַל יְדֵי מֹשֶׁה עַבְדֶּךָ, הָאֲמוּרָה מִפִּי אַהֲרֹן וּבָנָיו כֹּהֲנִים עַם קְדוֹשֶׁיךָ, כָּאָמוּר

יְבָרֶכְךָ יהוה וְיִשְׁמְרֶךָ: קהל: כֵּן יְהִי רָצוֹן במדבר ו

יָאֵר יהוה פָּנָיו אֵלֶיךָ וִיחֻנֶּךָּ: קהל: כֵּן יְהִי רָצוֹן

יִשָּׂא יהוה פָּנָיו אֵלֶיךָ וְיָשֵׂם לְךָ שָׁלוֹם: קהל: כֵּן יְהִי רָצוֹן

The שליח ציבור *continues with* שִׂים שָׁלוֹם *on the next page.*

PEACE

שִׂים שָׁלוֹם Grant peace, goodness and blessing,
grace, loving-kindness and compassion
to us and all Israel Your people.
Bless us, our Father, all as one, with the light of Your face,
for by the light of Your face You have given us, LORD our God,
the Torah of life and love of kindness,
righteousness, blessing, compassion, life and peace.
May it be good in Your eyes to bless Your people Israel
at every time, in every hour, with Your peace.
Blessed are You, LORD, who blesses His people Israel with peace.

The following verse concludes the Leader's Repetition of the Amida.
Some also say it here as part of the silent Amida. See law 60.

May the words of my mouth and the meditation of my heart *Ps. 19*
find favor before You, LORD, my Rock and Redeemer.

אֱלֹהַי My God, guard my tongue from evil *Berakhot 17a*
and my lips from deceitful speech.
To those who curse me, let my soul be silent;
may my soul be to all like the dust.
Open my heart to Your Torah and let my soul pursue Your commandments.
As for all who plan evil against me,
swiftly thwart their counsel and frustrate their plans.
Act for the sake of Your name; act for the sake of Your right hand;
act for the sake of Your holiness; act for the sake of Your Torah.
That Your beloved ones may be delivered, *Ps. 60*
save with Your right hand and answer me.
May the words of my mouth and the meditation of my heart *Ps. 19*
find favor before You, LORD, my Rock and Redeemer.

Bow, take three steps back, then bow, first left, then right, then center, while saying:

May He who makes peace in His high places,
make peace for us and all Israel – and say: Amen.

יְהִי רָצוֹן May it be Your will, LORD our God and God of our ancestors, that the Temple be rebuilt speedily in our days, and grant us a share in Your Torah. And there we will serve You with reverence, as in the days of old and as in former years. Then the offering *Mal. 3* of Judah and Jerusalem will be pleasing to the LORD as in the days of old and as in former years.

After the Leader's Repetition, the service continues with Full Kaddish (page 182), followed by Aleinu (page 184), the Daily Psalm (page 188) and Barekhi Nafshi (page 194).

ברכת שלום

שִׂים שָׁלוֹם טוֹבָה וּבְרָכָה
חֵן וָחֶסֶד וְרַחֲמִים עָלֵינוּ וְעַל כָּל יִשְׂרָאֵל עַמֶּךָ.
בָּרְכֵנוּ אָבִינוּ כֻּלָּנוּ כְּאֶחָד בְּאוֹר פָּנֶיךָ
כִּי בְאוֹר פָּנֶיךָ נָתַתָּ לָּנוּ יהוה אֱלֹהֵינוּ
תּוֹרַת חַיִּים וְאַהֲבַת חֶסֶד וּצְדָקָה וּבְרָכָה וְרַחֲמִים וְחַיִּים וְשָׁלוֹם.
וְטוֹב בְּעֵינֶיךָ לְבָרֵךְ אֶת עַמְּךָ יִשְׂרָאֵל
בְּכָל עֵת וּבְכָל שָׁעָה בִּשְׁלוֹמֶךָ.
בָּרוּךְ אַתָּה יהוה, הַמְבָרֵךְ אֶת עַמּוֹ יִשְׂרָאֵל בַּשָּׁלוֹם.

The following verse concludes the חזרת הש״ץ.
Some also say it here as part of the silent עמידה. *See law 60.*

תהלים יט יִהְיוּ לְרָצוֹן אִמְרֵי־פִי וְהֶגְיוֹן לִבִּי לְפָנֶיךָ, יהוה צוּרִי וְגֹאֲלִי:

ברכות יז. אֱלֹהַי, נְצֹר לְשׁוֹנִי מֵרָע וּשְׂפָתַי מִדַּבֵּר מִרְמָה
וְלִמְקַלְלַי נַפְשִׁי תִדֹּם, וְנַפְשִׁי כֶּעָפָר לַכֹּל תִּהְיֶה.
פְּתַח לִבִּי בְּתוֹרָתֶךָ, וּבְמִצְוֹתֶיךָ תִּרְדֹּף נַפְשִׁי.
וְכָל הַחוֹשְׁבִים עָלַי רָעָה מְהֵרָה הָפֵר עֲצָתָם וְקַלְקֵל מַחֲשַׁבְתָּם.
עֲשֵׂה לְמַעַן שְׁמֶךָ, עֲשֵׂה לְמַעַן יְמִינֶךָ
עֲשֵׂה לְמַעַן קְדֻשָּׁתֶךָ, עֲשֵׂה לְמַעַן תּוֹרָתֶךָ.
תהלים ס לְמַעַן יֵחָלְצוּן יְדִידֶיךָ, הוֹשִׁיעָה יְמִינְךָ וַעֲנֵנִי:
תהלים יט יִהְיוּ לְרָצוֹן אִמְרֵי־פִי וְהֶגְיוֹן לִבִּי לְפָנֶיךָ, יהוה צוּרִי וְגֹאֲלִי:

Bow, take three steps back, then bow, first left, then right, then center, while saying:

עֹשֶׂה שָׁלוֹם בִּמְרוֹמָיו
הוּא יַעֲשֶׂה שָׁלוֹם עָלֵינוּ וְעַל כָּל יִשְׂרָאֵל, וְאִמְרוּ אָמֵן.

יְהִי רָצוֹן מִלְּפָנֶיךָ יהוה אֱלֹהֵינוּ וֵאלֹהֵי אֲבוֹתֵינוּ, שֶׁיִּבָּנֶה בֵּית הַמִּקְדָּשׁ בִּמְהֵרָה
בְיָמֵינוּ, וְתֵן חֶלְקֵנוּ בְּתוֹרָתֶךָ, וְשָׁם נַעֲבָדְךָ בְּיִרְאָה כִּימֵי עוֹלָם וּכְשָׁנִים קַדְמֹנִיּוֹת.
מלאכי ג וְעָרְבָה לַיהוה מִנְחַת יְהוּדָה וִירוּשָׁלָםִ כִּימֵי עוֹלָם וּכְשָׁנִים קַדְמֹנִיּוֹת:

After the חזרת הש״ץ, *the service continues with* קדיש שלם *(page 183),*
followed by עָלֵינוּ *(page 185),* שיר של יום *(page 189) and* בָּרְכִי נַפְשִׁי *(page 195).*

BIRKAT KOHANIM IN ISRAEL

In Israel, the following is said by the Leader during the Repetition of the Amida when Kohanim bless the congregation. If there is more than one Kohen, a member of the congregation calls: (See laws 62–69.)

Kohanim!

The Kohanim respond:

Blessed are You, Lord our God, King of the Universe, who has made us holy with the holiness of Aaron, and has commanded us to bless His people Israel with love.

The Leader calls word by word, followed by the Kohanim:

יְבָרֶכְךָ May the LORD bless you and protect you. (*Cong:* Amen.) *Num. 6*
May the LORD make His face shine on you
and be gracious to you. (*Cong:* Amen.)
May the LORD turn His face toward you,
and grant you peace. (*Cong:* Amen.)

The Leader continues with "Grant peace" below.

The congregation says:

אַדִּיר Majestic One on high who dwells in power: You are peace and Your name is peace. May it be Your will to bestow on us and on Your people the house of Israel, life and blessing as a safeguard for peace.

The Kohanim say:

רִבּוֹנוֹ Master of the Universe: we have done what You have decreed for us. So too may You deal with us as You have promised us. Look down from Your holy dwelling place, from heaven, and bless Your people Israel and the land You have given us as You promised on oath to our ancestors, a land flowing with milk and honey. *Deut. 26*

The Leader continues:

שִׂים שָׁלוֹם Grant peace, goodness and blessing, grace, loving-kindness and compassion to us and all Israel Your people. Bless us, our Father, all as one, with the light of Your face, for by the light of Your face You have given us, LORD our God, the Torah of life and love of kindness, righteousness, blessing, compassion, life and peace. May it be good in Your eyes to bless Your people Israel at every time, in every hour, with Your peace.

Between Rosh HaShana & Yom Kippur: In the book of life, blessing, peace and prosperity,
may we and all Your people the house of Israel
be remembered and written before You for a good life, and for peace.

Blessed are You, LORD, who blesses His people Israel with peace.

The following verse concludes the Leader's Repetition of the Amida. See law 60.

May the words of my mouth and the meditation of my heart *Ps. 19*
find favor before You, LORD, my Rock and Redeemer.

ברכת כהנים בארץ ישראל

In ארץ ישראל*, the following is said by the* שליח ציבור *during the* חורת הש״ץ *when* כהנים *say* ברכת כהנים*. If there is more than one* כהן*, a member of the* קהל *calls: (See laws 62–69)*

כֹּהֲנִים

The כהנים *respond:*

בָּרוּךְ אַתָּה יהוה אֱלֹהֵינוּ מֶלֶךְ הָעוֹלָם, אֲשֶׁר קִדְּשָׁנוּ בִּקְדֻשָּׁתוֹ שֶׁל אַהֲרֹן
וְצִוָּנוּ לְבָרֵךְ אֶת עַמּוֹ יִשְׂרָאֵל בְּאַהֲבָה.

The שליח ציבור *calls word by word, followed by the* כהנים*:*

במדבר ו יְבָרֶכְךָ יהוה וְיִשְׁמְרֶךָ: קהל: אָמֵן
יָאֵר יהוה פָּנָיו אֵלֶיךָ וִיחֻנֶּךָּ: קהל: אָמֵן
יִשָּׂא יהוה פָּנָיו אֵלֶיךָ וְיָשֵׂם לְךָ שָׁלוֹם: קהל: אָמֵן

The שליח ציבור *continues with* שִׂים שָׁלוֹם *below.*

The קהל *says:*

אַדִּיר בַּמָּרוֹם שׁוֹכֵן בִּגְבוּרָה, אַתָּה שָׁלוֹם וְשִׁמְךָ שָׁלוֹם. יְהִי רָצוֹן שֶׁתָּשִׂים עָלֵינוּ וְעַל כָּל עַמְּךָ בֵּית יִשְׂרָאֵל חַיִּים וּבְרָכָה לְמִשְׁמֶרֶת שָׁלוֹם.

The כהנים *say:*

רִבּוֹנוֹ שֶׁל עוֹלָם, עָשִׂינוּ מַה שֶּׁגָּזַרְתָּ עָלֵינוּ, אַף אַתָּה עֲשֵׂה עִמָּנוּ כְּמוֹ שֶׁהִבְטַחְתָּנוּ. הַשְׁקִיפָה מִמְּעוֹן קָדְשְׁךָ מִן־הַשָּׁמַיִם, וּבָרֵךְ אֶת־עַמְּךָ אֶת־יִשְׂרָאֵל, וְאֵת הָאֲדָמָה אֲשֶׁר נָתַתָּה לָנוּ, כַּאֲשֶׁר נִשְׁבַּעְתָּ לַאֲבֹתֵינוּ, אֶרֶץ זָבַת חָלָב וּדְבָשׁ: דברים כו

The שליח ציבור *continues:*

שִׂים שָׁלוֹם טוֹבָה וּבְרָכָה, חֵן וָחֶסֶד וְרַחֲמִים עָלֵינוּ וְעַל כָּל יִשְׂרָאֵל עַמֶּךָ. בָּרְכֵנוּ אָבִינוּ כֻּלָּנוּ כְּאֶחָד בְּאוֹר פָּנֶיךָ, כִּי בְאוֹר פָּנֶיךָ נָתַתָּ לָּנוּ יהוה אֱלֹהֵינוּ, תּוֹרַת חַיִּים וְאַהֲבַת חֶסֶד, וּצְדָקָה וּבְרָכָה וְרַחֲמִים וְחַיִּים וְשָׁלוֹם. וְטוֹב בְּעֵינֶיךָ לְבָרֵךְ אֶת עַמְּךָ יִשְׂרָאֵל, בְּכָל עֵת וּבְכָל שָׁעָה בִּשְׁלוֹמֶךָ.

בעשרת ימי תשובה: בְּסֵפֶר חַיִּים, בְּרָכָה וְשָׁלוֹם, וּפַרְנָסָה טוֹבָה, נִזָּכֵר וְנִכָּתֵב לְפָנֶיךָ, אֲנַחְנוּ וְכָל עַמְּךָ בֵּית יִשְׂרָאֵל, לְחַיִּים טוֹבִים וּלְשָׁלוֹם.

בָּרוּךְ אַתָּה יהוה, הַמְבָרֵךְ אֶת עַמּוֹ יִשְׂרָאֵל בַּשָּׁלוֹם.

The following verse concludes the חורת הש״ץ*. See law 60.*

תהלים יט יִהְיוּ לְרָצוֹן אִמְרֵי־פִי וְהֶגְיוֹן לִבִּי לְפָנֶיךָ, יהוה צוּרִי וְגֹאֲלִי:

ANNULMENT OF VOWS

On the morning before Rosh HaShana, one should annul vows before three men, who sit as judges, saying:

שִׁמְעוּ נָא Listen, please, my masters (expert judges): every vow or oath or prohibition or restriction or ban that I have vowed or sworn, whether awake or in a dream, or that I swore with one of the holy names that may not be erased, or by the holy four-letter name of God, blessed be He, or any naziriteship that I accepted on myself, even a naziriteship like that of Samson, or any prohibition, even against enjoyment, whether I forbade it to myself or others, by any expression of prohibition, whether using the language of prohibition or restriction or ban, or any positive commitment, even to perform a [non-obligatory] commandment, that I undertook by way of a vow or voluntary undertaking or oath or naziriteship or any other such expression, whether it was done by handshake or vow or voluntary undertaking or commandment-mandated custom I have customarily practiced, or any utterance that I have verbalized, or any non-obligatory commandment or good practice or conduct I have vowed and resolved in my heart to do, and have done three times without specifying that it does not have the force of a vow, whether it relates to myself or others, both those known to me and those I have already forgotten – regarding all of them, I hereby express my retroactive regret, and ask and seek their annulment from you, my eminences. For I fear that I may stumble and be trapped, Heaven forbid, in the sin of vows, oaths, naziriteships, bans, prohibitions, restrictions and agreements. I do not regret, Heaven forbid, the performance of the good deeds I have done. I regret, rather, having accepted them on myself in the language of vow, oath, naziriteship, prohibition, ban, restriction, agreement or acceptance of the heart.

Therefore I request annulment for them all.

Judaism is a religion that stresses the sanctity of language, especially when used to accept or impose obligations on oneself. Deep significance attaches to vows and other verbal undertakings: "If a man makes a vow to God, or makes an oath to obligate himself, he must not break his word. He must do everything he said" (Num. 30:3). In general, it is preferable not to invest voluntary commitments with the sacred status of a vow. "If you refrain from making a vow, you will not be guilty" (Deut. 23:23). "It is better not to vow than to make a vow and not fulfill it" (Eccl. 5:4).

התרת נדרים

On the morning before ראש השנה*, one should annul vows before three men, who sit as judges, saying:*

שִׁמְעוּ נָא רַבּוֹתַי (דַּיָּנִים מֻמְחִים), כָּל נֶדֶר אוֹ שְׁבוּעָה אוֹ אִסָּר אוֹ קוֹנָם אוֹ חֵרֶם שֶׁנָּדַרְתִּי אוֹ נִשְׁבַּעְתִּי בְּהָקִיץ אוֹ בַּחֲלוֹם, אוֹ נִשְׁבַּעְתִּי בְּשֵׁמוֹת הַקְּדוֹשִׁים שֶׁאֵינָם נִמְחָקִים וּבְשֵׁם הוי״ה בָּרוּךְ הוּא, וְכָל מִינֵי נְזִירוּת שֶׁקִּבַּלְתִּי עָלַי וַאֲפִלּוּ נְזִירוּת שִׁמְשׁוֹן, וְכָל שׁוּם אִסּוּר וַאֲפִלּוּ אִסּוּר הֲנָאָה שֶׁאָסַרְתִּי עָלַי אוֹ עַל אֲחֵרִים בְּכָל לָשׁוֹן שֶׁל אִסּוּר בֵּין בִּלְשׁוֹן אִסּוּר אוֹ חֵרֶם אוֹ קוֹנָם, וְכָל שׁוּם קַבָּלָה אֲפִלּוּ שֶׁל מִצְוָה שֶׁקִּבַּלְתִּי עָלַי בֵּין בִּלְשׁוֹן נֶדֶר בֵּין בִּלְשׁוֹן נְדָבָה בֵּין בִּלְשׁוֹן שְׁבוּעָה בֵּין בִּלְשׁוֹן נְזִירוּת בֵּין בְּכָל לָשׁוֹן, וְגַם הַנַּעֲשֶׂה בִּתְקִיעַת כָּף. בֵּין כָּל נֶדֶר וּבֵין כָּל נְדָבָה וּבֵין שׁוּם מִנְהָג שֶׁל מִצְוָה שֶׁנָּהַגְתִּי אֶת עַצְמִי, וְכָל מוֹצָא שְׂפָתַי שֶׁיָּצָא מִפִּי אוֹ שֶׁנָּדַרְתִּי וְגָמַרְתִּי בְּלִבִּי לַעֲשׂוֹת שׁוּם מִצְוָה מֵהַמִּצְוֹת אוֹ אֵיזוֹ הַנְהָגָה טוֹבָה אוֹ אֵיזֶה דָבָר טוֹב שֶׁנָּהַגְתִּי שָׁלֹשׁ פְּעָמִים, וְלֹא הִתְנֵיתִי שֶׁיְּהֵא בְּלִי נֶדֶר. הֵן דָּבָר שֶׁעָשִׂיתִי, הֵן עַל עַצְמִי הֵן עַל אֲחֵרִים, הֵן אוֹתָן הַיְדוּעִים לִי הֵן אוֹתָן שֶׁכְּבָר שָׁכַחְתִּי. בְּכֻלְּהוֹן אִתְחֲרַטְנָא בְהוֹן מֵעִקָּרָא, וְשׁוֹאֵל וּמְבַקֵּשׁ אֲנִי מִמַּעֲלַתְכֶם הַתָּרָה עֲלֵיהֶם, כִּי יָרֵאתִי פֶּן אֶכָּשֵׁל וְנִלְכַּדְתִּי, חַס וְשָׁלוֹם, בַּעֲוֹן נְדָרִים וּשְׁבוּעוֹת וּנְזִירוֹת וַחֲרָמוֹת וְאִסּוּרִין וְקוֹנָמוֹת וְהַסְכָּמוֹת. וְאֵין אֲנִי תוֹהֵא, חַס וְשָׁלוֹם, עַל קִיּוּם הַמַּעֲשִׂים הַטּוֹבִים הָהֵם שֶׁעָשִׂיתִי, רַק אֲנִי מִתְחָרֵט עַל קַבָּלַת הָעִנְיָנִים בִּלְשׁוֹן נֶדֶר אוֹ שְׁבוּעָה אוֹ נְזִירוּת אוֹ אִסּוּר אוֹ חֵרֶם אוֹ קוֹנָם אוֹ הַסְכָּמָה אוֹ קַבָּלָה בְּלֵב, וּמִתְחָרֵט אֲנִי עַל זֶה שֶׁלֹּא אָמַרְתִּי הִנְנִי עוֹשֶׂה דָבָר זֶה בְּלִי נֶדֶר וּשְׁבוּעָה וּנְזִירוּת וְחֵרֶם וְאִסּוּר וְקוֹנָם וְקַבָּלָה בְּלֵב.

לָכֵן אֲנִי שׁוֹאֵל הַתָּרָה בְּכֻלְּהוֹן.

ANNULMENT OF VOWS

To avoid entering the High Holy Days under the pressure of unfulfilled undertakings to God, our custom is to annul or "release" vows on the morning before Rosh HaShana. A similar, though more solemn, ceremony takes place immediately prior to Yom Kippur in the form of *Kol Nidrei*.

I regret all these things I have mentioned, whether they related to monetary matters, or to the body or to the soul.

In relation to them all, I regret the language of vow, oath, naziriteship, prohibition, ban, penalty, and acceptance of the heart.

To be sure, according to the law, one who regrets and seeks annulment must specify the vow [from which he seeks release]. But please know, my masters, that it is impossible to specify them, for they are many. I do not seek release from vows that cannot be annulled. Therefore, may it be in your eyes as if I had specified them.

The judges say the following three times:

May all be permitted to you. May all be forgiven you. May all be allowed to you. There is now no vow, oath, naziriteship, ban, prohibition, penalty, ostracism, excommunication, or curse. There is now pardon, forgiveness and atonement. And just as the earthly court has granted permission, so may the heavenly court grant permission.

The one seeking annulment of vows says:

Behold I make a formal declaration before you that I cancel from now onward all vows and all oaths, naziriteships, prohibitions, penalties, bans, agreements and acceptances of the heart that I may accept upon myself, whether awake or in a dream, except a vow to fast that I undertake at the time of the afternoon prayer. If I forget the conditions of this declaration and make a vow from this day onward, as of now I retroactively regret them and declare them to be null and void, without effect or validity, and they shall have no force whatsoever. Regarding them all, I regret them from now and for ever.

---

a sacrifice. *Nezirut*, the acceptance, usually for a period of thirty days, of the status of a nazirite (Num. 6:1–21), involves abstaining from wine or grapes, cutting one's hair, or contact with a corpse.

The basis of release is regret: had one known what one knows now, one would not have undertaken the vow. The release is performed by three adult men sitting as a court, and its effect is retroactive: it is as if the vow had never been made. The entire process emphasizes the solemnity of verbal commitments. We must be true to our word and never lightly promise to do what we may not be able to fulfill.

אֲנִי מִתְחָרֵט עַל כָּל הַנִּזְכָּר, בֵּין אִם הָיוּ הַמַּעֲשִׂים מִדְּבָרִים הַנּוֹגְעִים בְּמָמוֹן, בֵּין מֵהַדְּבָרִים הַנּוֹגְעִים בְּגוּף, בֵּין מֵהַדְּבָרִים הַנּוֹגְעִים אֶל הַנְּשָׁמָה.

בְּכֻלְּהוֹן אֲנִי מִתְחָרֵט עַל לְשׁוֹן נֶדֶר וּשְׁבוּעָה וּנְזִירוּת וְאִסּוּר וְחֵרֶם וְקוֹנָם וְקַבָּלָה בְלֵב.

וְהִנֵּה מִצַּד הַדִּין הַמִּתְחָרֵט וְהַמְבַקֵּשׁ הַתָּרָה צָרִיךְ לִפְרֹט הַנֶּדֶר, אַךְ דְּעוּ נָא רַבּוֹתַי, כִּי אִי אֶפְשָׁר לְפָרְטָם, כִּי רַבִּים הֵם. וְאֵין אֲנִי מְבַקֵּשׁ הַתָּרָה עַל אוֹתָם הַנְּדָרִים שֶׁאֵין לְהַתִּיר אוֹתָם, עַל כֵּן יִהְיוּ נָא בְעֵינֵיכֶם כְּאִלּוּ הָיִיתִי פוֹרְטָם.

The judges say the following three times:

הַכֹּל יִהְיוּ מֻתָּרִים לָךְ, הַכֹּל מְחוּלִים לָךְ, הַכֹּל שְׁרוּיִים לָךְ. אֵין כָּאן לֹא נֶדֶר וְלֹא שְׁבוּעָה וְלֹא נְזִירוּת וְלֹא חֵרֶם וְלֹא אִסּוּר וְלֹא קוֹנָם וְלֹא נִדּוּי וְלֹא שַׁמְתָּא וְלֹא אָרוּר. אֲבָל יֵשׁ כָּאן מְחִילָה וּסְלִיחָה וְכַפָּרָה. וּכְשֵׁם שֶׁמַּתִּירִים בְּבֵית דִּין שֶׁל מַטָּה, כָּךְ יִהְיוּ מֻתָּרִים מִבֵּית דִּין שֶׁל מַעְלָה.

The one seeking annulment of vows says:

הֲרֵי אֲנִי מוֹסֵר מוֹדָעָה לִפְנֵיכֶם, וַאֲנִי מְבַטֵּל מִכָּאן וּלְהַבָּא כָּל הַנְּדָרִים וְכָל שְׁבוּעוֹת וּנְזִירוּת וְאִסּוּרִין וְקוֹנָמוֹת וַחֲרָמוֹת וְהַסְכָּמוֹת וְקַבָּלָה בְלֵב שֶׁאֲקַבֵּל עָלַי בְּעַצְמִי, הֵן בְּהָקִיץ הֵן בַּחֲלוֹם, חוּץ מִנִּדְרֵי תַעֲנִית בִּשְׁעַת מִנְחָה. וּבְאִם אֶשְׁכַּח לִתְנַאי מוֹדָעָה הַזֹּאת וְאֶדֹּר מֵהַיּוֹם עוֹד, מֵעַתָּה אֲנִי מִתְחָרֵט עֲלֵיהֶם וּמַתְנֶה עֲלֵיהֶם שֶׁיִּהְיוּ כֻלָּן בְּטֵלִין וּמְבֻטָּלִין, לָא שְׁרִירִין וְלָא קַיָּמִין, וְלָא יְהוֹן חָלִין כְּלָל וּכְלָל. בְּכֻלְּהוֹן אִתְחֲרַטְנָא בְּהוֹן מֵעַתָּה וְעַד עוֹלָם.

The undertakings involved here relate to vows made to God in respect of behavior not categorically demanded or forbidden by Jewish law. The declaration covers a range of such commitments. A *neder* is a vow forbidding something to oneself; an *isar* is a more general category of self-imposed prohibition. A *shevu'a* is an oath relating to action rather than an object: a promise to do or not to do a certain act. A *ḥerem* renders an object forbidden by designating it as sacred property; a *konam* designates it as if it were

KAPAROT

Taking a rooster (men), or a hen (women) in the right hand (alternatively one may use money), say the following paragraph three times:

בְּנֵי אָדָם Children of men,
those who sat in darkness and the shadow of death, *Ps. 107*
cruelly bound in iron chains –
He brought them out from darkness
and the shadow of death and broke open their chains.
Some were fools with sinful ways,
and suffered affliction because of their iniquities.
They found all food repulsive, and came close to the gates of death.
Then they cried to the LORD in their trouble,
and He saved them from their distress.
He sent His word and healed them; He rescued them from their destruction.
Let them thank the LORD for his loving-kindness
and His wondrous deeds for humankind.
If there is one angel out of a thousand in his defense, *Job 33*
to declare his righteousness on his behalf, He will be gracious to him
and say, "Spare him from going down to the pit; I have found atonement."

A man revolves the rooster around his head and says:

זֶה חֲלִיפָתִי Let this be my exchange, let this be my substitute,
let this rooster go to death
while I go and enter a good, long life and peace.

A woman revolves the hen around her head and says:

זֹאת חֲלִיפָתִי Let this be my exchange, let this be my substitute,
let this hen go to death
while I go and enter a good, long life and peace.

If money is used, then revolve the money around the head and say:

אֵלּוּ חֲלִיפָתִי Let this be my exchange, let this be my substitute,
let this money go to charity
while I go and enter a good, long life and peace.

Temple). The symbolic transfer of sins recalls the rite of the goat on which the High Priest confessed the sins of Israel on Yom Kippur (Leviticus, chapter 16). Maimonides explains that though sins cannot be transferred, the rite had a powerful psychological effect, signaling the act of distancing ourselves from past wrongs. Many have the custom of donating money to charity instead.

סדר כפרות

Taking a rooster (men), or a hen (women) in the right hand (alternatively one may use money), say the following paragraph three times:

בְּנֵי אָדָם
יֹשְׁבֵי חֹשֶׁךְ וְצַלְמָוֶת, אֲסִירֵי עֳנִי וּבַרְזֶל: תהלים קז
יוֹצִיאֵם מֵחֹשֶׁךְ וְצַלְמָוֶת, וּמוֹסְרוֹתֵיהֶם יְנַתֵּק:
אֱוִלִים מִדֶּרֶךְ פִּשְׁעָם, וּמֵעֲוֹנֹתֵיהֶם יִתְעַנּוּ:
כָּל־אֹכֶל תְּתַעֵב נַפְשָׁם, וַיַּגִּיעוּ עַד־שַׁעֲרֵי מָוֶת:
וַיִּזְעֲקוּ אֶל־יהוה בַּצַּר לָהֶם, מִמְּצֻקוֹתֵיהֶם יוֹשִׁיעֵם:
יִשְׁלַח דְּבָרוֹ וְיִרְפָּאֵם, וִימַלֵּט מִשְּׁחִיתוֹתָם:
יוֹדוּ לַיהוה חַסְדּוֹ, וְנִפְלְאוֹתָיו לִבְנֵי אָדָם:
אִם־יֵשׁ עָלָיו מַלְאָךְ מֵלִיץ אֶחָד מִנִּי־אָלֶף, לְהַגִּיד לְאָדָם יָשְׁרוֹ: איוב לג
וַיְחֻנֶּנּוּ, וַיֹּאמֶר פְּדָעֵהוּ מֵרֶדֶת שַׁחַת, מָצָאתִי כֹפֶר:

A man revolves the rooster around his head and says:

זֶה חֲלִיפָתִי, זֶה תְּמוּרָתִי, זֶה כַּפָּרָתִי.
זֶה הַתַּרְנְגוֹל יֵלֵךְ לְמִיתָה
וַאֲנִי אֵלֵךְ וְאֶכָּנֵס לְחַיִּים טוֹבִים אֲרֻכִּים וּלְשָׁלוֹם.

A woman revolves the hen around her head and says:

זֹאת חֲלִיפָתִי, זֹאת תְּמוּרָתִי, זֹאת כַּפָּרָתִי.
זֹאת הַתַּרְנְגֹלֶת תֵּלֵךְ לְמִיתָה
וַאֲנִי אֵלֵךְ וְאֶכָּנֵס לְחַיִּים טוֹבִים אֲרֻכִּים וּלְשָׁלוֹם.

If money is used, then revolve the money around the head and say:

אֵלּוּ חֲלִיפָתִי, אֵלּוּ תְּמוּרָתִי, אֵלּוּ כַּפָּרָתִי.
אֵלּוּ הַמָּעוֹת יֵלְכוּ לִצְדָקָה
וַאֲנִי אֵלֵךְ וְאֶכָּנֵס לְחַיִּים טוֹבִים אֲרֻכִּים וּלְשָׁלוֹם.

Kapparot: Literally "atonements," this ritual is first mentioned as a custom in the ninth century. Opposed by some authorities, it was endorsed by others, especially Jewish mystics. Traditionally a chicken was used, so that the rite could not be confused with a sacrificial act (chickens were not offered in the

VIDUY FOR MINḤA OF EREV YOM KIPPUR

The following is said on Erev Yom Kippur (and by a bride and groom on the eve of their wedding), in the Amida before "My God, guard":

אֱלֹהֵינוּ Our God and God of our fathers,
let our prayer come before You,
and do not hide Yourself from our plea,
for we are not so arrogant or obstinate as to say before You,
LORD, our God and God of our fathers,
we are righteous and have not sinned,
for in truth, we and our fathers have sinned.

Strike the left side of the chest with the right fist while saying each of the sins:

אָשַׁמְנוּ We have sinned, we have acted treacherously,
we have robbed, we have spoken slander.
We have acted perversely, we have acted wickedly,
we have acted presumptuously, we have been violent, we have framed lies.
We have given bad advice, we have deceived, we have scorned,
we have rebelled, we have provoked, we have turned away,
we have committed iniquity, we have transgressed,
we have persecuted, we have been obstinate.
We have acted wickedly, we have corrupted,
we have acted abominably, we have strayed, we have led others astray.

סַרְנוּ We have turned away from Your commandments and good laws,
to no avail, for You are just in all that has befallen us,
for You have acted faithfully while we have done wickedly.

מַה נֹּאמַר What can we say before You, You who dwell on high?
What can we declare before You, You who abide in heaven?
Do You not know all, the hidden and revealed alike?

אַתָּה יוֹדֵעַ You know every secret since the world began,
and what is hidden deep inside every living thing.
You search each person's inner chambers examining conscience and mind.
Nothing is shrouded from You, and nothing is hidden, before Your eyes.
And so, may it be Your will, LORD our God and God of our ancestors,
that You forgive us all our sins,
pardon all our iniquities
and grant us atonement for all of our transgressions.

וידוי למנחה בערב יום הכיפורים

The following is said on ערב יום הכיפורים *(and by a* חתן *and* כלה *on the eve of their wedding), in the Amida before* אֱלֹהַי, נְצֹר*:*

אֱלֹהֵינוּ וֵאלֹהֵי אֲבוֹתֵינוּ
תָּבוֹא לְפָנֶיךָ תְּפִלָּתֵנוּ, וְאַל תִּתְעַלַּם מִתְּחִנָּתֵנוּ.
שֶׁאֵין אֲנַחְנוּ עַזֵּי פָנִים וּקְשֵׁי עֹרֶף לוֹמַר לְפָנֶיךָ
יהוה אֱלֹהֵינוּ וֵאלֹהֵי אֲבוֹתֵינוּ
צַדִּיקִים אֲנַחְנוּ וְלֹא חָטָאנוּ. אֲבָל אֲנַחְנוּ וַאֲבוֹתֵינוּ חָטָאנוּ.

Strike the left side of the chest with the right fist while saying each of the sins:

אָשַׁמְנוּ, בָּגַדְנוּ, גָּזַלְנוּ, דִּבַּרְנוּ דֹפִי
הֶעֱוִינוּ, וְהִרְשַׁעְנוּ, זַדְנוּ, חָמַסְנוּ, טָפַלְנוּ שֶׁקֶר
יָעַצְנוּ רָע, כִּזַּבְנוּ, לַצְנוּ, מָרַדְנוּ, נִאַצְנוּ, סָרַרְנוּ
עָוִינוּ, פָּשַׁעְנוּ, צָרַרְנוּ, קִשִּׁינוּ עֹרֶף
רָשַׁעְנוּ, שִׁחַתְנוּ, תִּעַבְנוּ, תָּעִינוּ, תִּעְתָּעְנוּ.

סַרְנוּ מִמִּצְוֹתֶיךָ וּמִמִּשְׁפָּטֶיךָ הַטּוֹבִים, וְלֹא שָׁוָה לָנוּ.
וְאַתָּה צַדִּיק עַל כָּל הַבָּא עָלֵינוּ
כִּי אֱמֶת עָשִׂיתָ, וַאֲנַחְנוּ הִרְשָׁעְנוּ.

מַה נֹּאמַר לְפָנֶיךָ יוֹשֵׁב מָרוֹם, וּמַה נְּסַפֵּר לְפָנֶיךָ שׁוֹכֵן שְׁחָקִים
הֲלֹא כָּל הַנִּסְתָּרוֹת וְהַנִּגְלוֹת אַתָּה יוֹדֵעַ.

אַתָּה יוֹדֵעַ רָזֵי עוֹלָם וְתַעֲלוּמוֹת סִתְרֵי כָּל חָי.
אַתָּה חוֹפֵשׂ כָּל חַדְרֵי בָטֶן וּבוֹחֵן כְּלָיוֹת וָלֵב.
אֵין דָּבָר נֶעְלָם מִמָּךְ וְאֵין נִסְתָּר מִנֶּגֶד עֵינֶיךָ.
וּבְכֵן, יְהִי רָצוֹן מִלְּפָנֶיךָ, יהוה אֱלֹהֵינוּ וֵאלֹהֵי אֲבוֹתֵינוּ
שֶׁתִּסְלַח לָנוּ עַל כָּל חַטֹּאתֵינוּ
וְתִמְחַל לָנוּ עַל כָּל עֲוֹנוֹתֵינוּ
וּתְכַפֵּר לָנוּ עַל כָּל פְּשָׁעֵינוּ.

Strike the left side of the chest with the right fist while saying each of the sins.

עַל חֵטְא For the sin we have sinned before You under duress or freewill,
and for the sin we have sinned before You in hardness of heart.

For the sin we have sinned before You unwittingly,
and for the sin we have sinned before You by an utterance of our lips.

For the sin we have sinned before You by unchastity,
and for the sin we have sinned before You openly or secretly.

For the sin we have sinned before You knowingly and deceitfully,
and for the sin we have sinned before You in speech.

For the sin we have sinned before You by wronging a neighbor,
and for the sin we have sinned before You by thoughts of the heart.

For the sin we have sinned before You in a gathering for immorality,
and for the sin we have sinned before You by insincere confession.

For the sin we have sinned before You by contempt for parents and teachers,
and for the sin we have sinned before You willfully or in error.

For the sin we have sinned before You by force,
and for the sin we have sinned before You by desecrating Your name.

For the sin we have sinned before You by impure lips,
and for the sin we have sinned before You by foolish speech.

For the sin we have sinned before You by the evil inclination,
and for the sin we have sinned before You knowingly or unwittingly.

For all these, God of forgiveness,
forgive us, pardon us, grant us atonement.

עַל חֵטְא *For the sin:* It is a custom to confess sins as part of the Afternoon Service before Yom Kippur so as to enter the holy of holies of Jewish time in the appropriate mood of penitence. Confession is an essential element of *teshuva*, "repentance," and according to Maimonides, its biblical source. God forgives our wrongs, but only if we acknowledge them as wrongs. The

Strike the left side of the chest with the right fist while saying each of the sins.

עַל חֵטְא שֶׁחָטָאנוּ לְפָנֶיךָ בְּאֹנֶס וּבְרָצוֹן
וְעַל חֵטְא שֶׁחָטָאנוּ לְפָנֶיךָ בְּאִמּוּץ הַלֵּב

עַל חֵטְא שֶׁחָטָאנוּ לְפָנֶיךָ בִּבְלִי דָעַת
וְעַל חֵטְא שֶׁחָטָאנוּ לְפָנֶיךָ בְּבִטּוּי שְׂפָתָיִם

עַל חֵטְא שֶׁחָטָאנוּ לְפָנֶיךָ בְּגִלּוּי עֲרָיוֹת
וְעַל חֵטְא שֶׁחָטָאנוּ לְפָנֶיךָ בְּגָלוּי וּבַסָּתֶר

עַל חֵטְא שֶׁחָטָאנוּ לְפָנֶיךָ בְּדַעַת וּבְמִרְמָה
וְעַל חֵטְא שֶׁחָטָאנוּ לְפָנֶיךָ בְּדִבּוּר פֶּה

עַל חֵטְא שֶׁחָטָאנוּ לְפָנֶיךָ בְּהוֹנָאַת רֵעַ
וְעַל חֵטְא שֶׁחָטָאנוּ לְפָנֶיךָ בְּהַרְהוֹר הַלֵּב

עַל חֵטְא שֶׁחָטָאנוּ לְפָנֶיךָ בִּוְעִידַת זְנוּת
וְעַל חֵטְא שֶׁחָטָאנוּ לְפָנֶיךָ בְּוִדּוּי פֶּה

עַל חֵטְא שֶׁחָטָאנוּ לְפָנֶיךָ בְּזִלְזוּל הוֹרִים וּמוֹרִים
וְעַל חֵטְא שֶׁחָטָאנוּ לְפָנֶיךָ בְּזָדוֹן וּבִשְׁגָגָה

עַל חֵטְא שֶׁחָטָאנוּ לְפָנֶיךָ בְּחֹזֶק יָד
וְעַל חֵטְא שֶׁחָטָאנוּ לְפָנֶיךָ בְּחִלּוּל הַשֵּׁם

עַל חֵטְא שֶׁחָטָאנוּ לְפָנֶיךָ בְּטֻמְאַת שְׂפָתָיִם
וְעַל חֵטְא שֶׁחָטָאנוּ לְפָנֶיךָ בְּטִפְשׁוּת פֶּה

עַל חֵטְא שֶׁחָטָאנוּ לְפָנֶיךָ בְּיֵצֶר הָרָע
וְעַל חֵטְא שֶׁחָטָאנוּ לְפָנֶיךָ בְּיוֹדְעִים וּבְלֹא יוֹדְעִים

וְעַל כֻּלָּם אֱלוֹהַּ סְלִיחוֹת סְלַח לָנוּ, מְחַל לָנוּ, כַּפֶּר לָנוּ.

For the sin we have sinned before You by deceit and lies,
and for the sin we have sinned before You by bribery.

For the sin we have sinned before You by scorn,
and for the sin we have sinned before You by evil speech.

For the sin we have sinned before You in business,
and for the sin we have sinned before You with food and drink.

For the sin we have sinned before You by interest and extortion,
and for the sin we have sinned before You by being haughty.

For the sin we have sinned before You by the idle chatter of our lips,
and for the sin we have sinned before You by prying eyes.

For the sin we have sinned before You by arrogance,
and for the sin we have sinned before You by insolence.

For all these, God of forgiveness,
forgive us, pardon us, grant us atonement.

For the sin we have sinned before You by casting off the yoke,
and for the sin we have sinned before You by perverting judgment.

For the sin we have sinned before You by entrapping a neighbor,
and for the sin we have sinned before You by envy.

For the sin we have sinned before You by lack of seriousness,
and for the sin we have sinned before You by obstinacy.

For the sin we have sinned before You by running to do evil,
and for the sin we have sinned before You by gossip.

---

two forms of confession, *Ashamnu*, "We have been guilty" and *Al ḥet*, "For the sin," are both arranged as alphabetical acrostics, as if to say, we confess with every letter of the alphabet and for every possible transgression. Divine forgiveness makes it possible for us to admit our failings and engage in moral and spiritual growth, defeating the rationalizations and self-justifications that may otherwise imprison people in their past and their shortcomings.

עַל חֵטְא שֶׁחָטָאנוּ לְפָנֶיךָ בְּכַחַשׁ וּבְכָזָב
וְעַל חֵטְא שֶׁחָטָאנוּ לְפָנֶיךָ בְּכַפַּת שֹׁחַד

עַל חֵטְא שֶׁחָטָאנוּ לְפָנֶיךָ בְּלָצוֹן
וְעַל חֵטְא שֶׁחָטָאנוּ לְפָנֶיךָ בְּלָשׁוֹן הָרָע

עַל חֵטְא שֶׁחָטָאנוּ לְפָנֶיךָ בְּמַשָּׂא וּבְמַתָּן
וְעַל חֵטְא שֶׁחָטָאנוּ לְפָנֶיךָ בְּמַאֲכָל וּבְמִשְׁתֶּה

עַל חֵטְא שֶׁחָטָאנוּ לְפָנֶיךָ בְּנֶשֶׁךְ וּבְמַרְבִּית
וְעַל חֵטְא שֶׁחָטָאנוּ לְפָנֶיךָ בִּנְטִיַּת גָּרוֹן

עַל חֵטְא שֶׁחָטָאנוּ לְפָנֶיךָ בְּשִׂיחַ שִׂפְתוֹתֵינוּ
וְעַל חֵטְא שֶׁחָטָאנוּ לְפָנֶיךָ בְּשִׂקּוּר עָיִן

עַל חֵטְא שֶׁחָטָאנוּ לְפָנֶיךָ בְּעֵינַיִם רָמוֹת
וְעַל חֵטְא שֶׁחָטָאנוּ לְפָנֶיךָ בְּעַזּוּת מֶצַח

וְעַל כֻּלָּם אֱלוֹהַּ סְלִיחוֹת סְלַח לָנוּ, מְחַל לָנוּ, כַּפֶּר לָנוּ.

עַל חֵטְא שֶׁחָטָאנוּ לְפָנֶיךָ בִּפְרִיקַת עֹל
וְעַל חֵטְא שֶׁחָטָאנוּ לְפָנֶיךָ בִּפְלִילוּת

עַל חֵטְא שֶׁחָטָאנוּ לְפָנֶיךָ בִּצְדִיַּת רֵעַ
וְעַל חֵטְא שֶׁחָטָאנוּ לְפָנֶיךָ בְּצָרוּת עָיִן

עַל חֵטְא שֶׁחָטָאנוּ לְפָנֶיךָ בְּקַלּוּת רֹאשׁ
וְעַל חֵטְא שֶׁחָטָאנוּ לְפָנֶיךָ בְּקַשְׁיוּת עֹרֶף

עַל חֵטְא שֶׁחָטָאנוּ לְפָנֶיךָ בְּרִיצַת רַגְלַיִם לְהָרַע
וְעַל חֵטְא שֶׁחָטָאנוּ לְפָנֶיךָ בִּרְכִילוּת

For the sin we have sinned before You by vain oath,
and for the sin we have sinned before You by baseless hatred.

For the sin we have sinned before You by breach of trust,
and for the sin we have sinned before You by confusion of heart.

For all these, God of forgiveness,
forgive us, pardon us, grant us atonement.

וְעַל חֲטָאִים And for the sins for which we are liable to bring a burnt-offering,
and for the sins for which we are liable to bring a sin-offering,
and for the sins for which we are liable to bring an offering according to our means,
and for the sins for which we are liable to bring a guilt-offering for certain or possible sin,
and for the sins for which we are liable to lashes for rebellion,
and for the sins for which we are liable to forty lashes,
and for the sins for which we are liable to death by the hands of Heaven,
and for the sins for which we are liable to be cut off and childless,
and for the sins for which we are liable to the four death penalties inflicted by the court: stoning, burning, beheading and strangling.

For positive and negative commandments,
whether they can be remedied by an act or not,
for sins known to us and for those that are unknown –
for those that are known,
we have already declared them before You
and confessed them to You;
and for those that are unknown,
before You they are revealed and known,
as it is said,
"The secret things belong to the Lord our God, *Deut. 29*
but the things that are revealed are for us and our children for ever,
that we may fulfill all the words of this Torah."
For You are He who forgives Israel
and pardons the tribes of Yeshurun in every generation,
and besides You we have no king who pardons and forgives, only You.

עַל חֵטְא שֶׁחָטָאנוּ לְפָנֶיךָ בִּשְׁבוּעַת שָׁוְא
וְעַל חֵטְא שֶׁחָטָאנוּ לְפָנֶיךָ בְּשִׂנְאַת חִנָּם

עַל חֵטְא שֶׁחָטָאנוּ לְפָנֶיךָ בִּתְשׂוּמֶת יָד
וְעַל חֵטְא שֶׁחָטָאנוּ לְפָנֶיךָ בְּתִמְהוֹן לֵבָב

וְעַל כֻּלָּם אֱלוֹהַּ סְלִיחוֹת סְלַח לָנוּ, מְחַל לָנוּ, כַּפֶּר לָנוּ.

וְעַל חֲטָאִים שֶׁאָנוּ חַיָּבִים עֲלֵיהֶם עוֹלָה
וְעַל חֲטָאִים שֶׁאָנוּ חַיָּבִים עֲלֵיהֶם חַטָּאת
וְעַל חֲטָאִים שֶׁאָנוּ חַיָּבִים עֲלֵיהֶם קָרְבָּן עוֹלֶה וְיוֹרֵד
וְעַל חֲטָאִים שֶׁאָנוּ חַיָּבִים עֲלֵיהֶם אָשָׁם וַדַּאי וְתָלוּי
וְעַל חֲטָאִים שֶׁאָנוּ חַיָּבִים עֲלֵיהֶם מַכַּת מַרְדּוּת
וְעַל חֲטָאִים שֶׁאָנוּ חַיָּבִים עֲלֵיהֶם מַלְקוּת אַרְבָּעִים
וְעַל חֲטָאִים שֶׁאָנוּ חַיָּבִים עֲלֵיהֶם מִיתָה בִּידֵי שָׁמַיִם
וְעַל חֲטָאִים שֶׁאָנוּ חַיָּבִים עֲלֵיהֶם כָּרֵת וַעֲרִירִי
וְעַל חֲטָאִים שֶׁאָנוּ חַיָּבִים עֲלֵיהֶם אַרְבַּע מִיתוֹת בֵּית דִּין
סְקִילָה, שְׂרֵפָה, הֶרֶג, וְחֶנֶק.

עַל מִצְוַת עֲשֵׂה וְעַל מִצְוַת לֹא תַעֲשֶׂה.
בֵּין שֶׁיֵּשׁ בָּהּ קוּם עֲשֵׂה וּבֵין שֶׁאֵין בָּהּ קוּם עֲשֵׂה.
אֶת הַגְּלוּיִים לָנוּ וְאֶת שֶׁאֵינָם גְּלוּיִים לָנוּ
אֶת הַגְּלוּיִים לָנוּ, כְּבָר אֲמַרְנוּם לְפָנֶיךָ, וְהוֹדִינוּ לְךָ עֲלֵיהֶם
וְאֶת שֶׁאֵינָם גְּלוּיִים לָנוּ, לְפָנֶיךָ הֵם גְּלוּיִים וִידוּעִים
כַּדָּבָר שֶׁנֶּאֱמַר
הַנִּסְתָּרֹת לַיהוה אֱלֹהֵינוּ דברים כט
וְהַנִּגְלֹת לָנוּ וּלְבָנֵינוּ עַד־עוֹלָם
לַעֲשׂוֹת אֶת־כָּל־דִּבְרֵי הַתּוֹרָה הַזֹּאת:
כִּי אַתָּה סָלְחָן לְיִשְׂרָאֵל וּמָחֳלָן לְשִׁבְטֵי יְשֻׁרוּן בְּכָל דּוֹר וָדוֹר
וּמִבַּלְעָדֶיךָ אֵין לָנוּ מֶלֶךְ מוֹחֵל וְסוֹלֵחַ אֶלָּא אָתָּה.

אֱלֹהַי My God,
before I was formed I was unworthy,
and now that I have been formed it is as if I had not been formed.
I am dust while alive,
how much more so when I am dead.
See, I am before You like a vessel filled with shame and disgrace.
May it be Your will, Lord my God and God of my fathers,
that I may sin no more,
and as for the sins I have committed before You,
erase them in Your great compassion,
but not by suffering or severe illness.

אֱלֹהַי My God, *Berakhot 17a*
guard my tongue from evil
and my lips from deceitful speech.
To those who curse me, let my soul be silent;
may my soul be to all like the dust.
Open my heart to Your Torah
and let my soul pursue Your commandments.
As for all who plan evil against me,
swiftly thwart their counsel and frustrate their plans.
Act for the sake of Your name; act for the sake of Your right hand;
act for the sake of Your holiness; act for the sake of Your Torah.
That Your beloved ones may be delivered, *Ps. 60*
save with Your right hand and answer me.
May the words of my mouth and the meditation of my heart *Ps. 19*
find favor before You, Lord, my Rock and Redeemer.

Bow, take three steps back, then bow, first left, then right, then center, while saying:

May He who makes peace in His high places,
make peace for us and all Israel – and say: Amen.

יְהִי רָצוֹן May it be Your will, Lord our God and God of our ancestors,
that the Temple be rebuilt speedily in our days,
and grant us a share in Your Torah.
And there we will serve You with reverence,
as in the days of old and as in former years.
Then the offering of Judah and Jerusalem *Mal. 3*
will be pleasing to the Lord as in the days of old and as in former years.

אֱלֹהַי
עַד שֶׁלֹּא נוֹצַרְתִּי אֵינִי כְדַאי
וְעַכְשָׁיו שֶׁנּוֹצַרְתִּי, כְּאִלּוּ לֹא נוֹצַרְתִּי
עָפָר אֲנִי בְּחַיַּי, קַל וָחֹמֶר בְּמִיתָתִי.
הֲרֵי אֲנִי לְפָנֶיךָ כִּכְלִי מָלֵא בוּשָׁה וּכְלִמָּה.
יְהִי רָצוֹן מִלְּפָנֶיךָ, יהוה אֱלֹהַי וֵאלֹהֵי אֲבוֹתַי
שֶׁלֹּא אֶחֱטָא עוֹד.
וּמַה שֶּׁחָטָאתִי לְפָנֶיךָ, מְחֹק בְּרַחֲמֶיךָ הָרַבִּים
אֲבָל לֹא עַל יְדֵי יִסּוּרִים וָחֳלָיִם רָעִים.

ברכות יז. אֱלֹהַי
נְצֹר לְשׁוֹנִי מֵרָע וּשְׂפָתַי מִדַּבֵּר מִרְמָה
וְלִמְקַלְלַי נַפְשִׁי תִדֹּם, וְנַפְשִׁי כֶּעָפָר לַכֹּל תִּהְיֶה.
פְּתַח לִבִּי בְּתוֹרָתֶךָ, וּבְמִצְוֹתֶיךָ תִּרְדֹּף נַפְשִׁי.
וְכָל הַחוֹשְׁבִים עָלַי רָעָה
מְהֵרָה הָפֵר עֲצָתָם וְקַלְקֵל מַחֲשַׁבְתָּם.
עֲשֵׂה לְמַעַן שְׁמֶךָ, עֲשֵׂה לְמַעַן יְמִינֶךָ
עֲשֵׂה לְמַעַן קְדֻשָּׁתֶךָ, עֲשֵׂה לְמַעַן תּוֹרָתֶךָ.
תהלים ס לְמַעַן יֵחָלְצוּן יְדִידֶיךָ, הוֹשִׁיעָה יְמִינְךָ וַעֲנֵנִי:
תהלים יט יִהְיוּ לְרָצוֹן אִמְרֵי פִי וְהֶגְיוֹן לִבִּי לְפָנֶיךָ, יהוה צוּרִי וְגֹאֲלִי:

Bow, take three steps back, then bow, first left, then right, then center, while saying:

עֹשֶׂה שָׁלוֹם / בעשרת ימי תשובה: הַשָּׁלוֹם/ בִּמְרוֹמָיו
הוּא יַעֲשֶׂה שָׁלוֹם עָלֵינוּ וְעַל כָּל יִשְׂרָאֵל וְאִמְרוּ אָמֵן.

יְהִי רָצוֹן מִלְּפָנֶיךָ יהוה אֱלֹהֵינוּ וֵאלֹהֵי אֲבוֹתֵינוּ
שֶׁיִּבָּנֶה בֵּית הַמִּקְדָּשׁ בִּמְהֵרָה בְיָמֵינוּ, וְתֵן חֶלְקֵנוּ בְּתוֹרָתֶךָ
וְשָׁם נַעֲבָדְךָ בְּיִרְאָה כִּימֵי עוֹלָם וּכְשָׁנִים קַדְמֹנִיּוֹת.
מלאכי ג וְעָרְבָה לַיהוה מִנְחַת יְהוּדָה וִירוּשָׁלָיִם כִּימֵי עוֹלָם וּכְשָׁנִים קַדְמֹנִיּוֹת:

SERVICE FOR ḤANUKKA

On each of the eight nights of Ḥanukka, the lights of the menora are lit: one on the first night, two on the second, and so on. On the first night, the rightmost branch of the menora is used; on each subsequent night, an additional light is added to the left. Each night, the new light is lit first, then the others, moving rightwards. If possible, the menora should be displayed near a window so that it is visible from the street.

The lights are lit using a separate flame known as the shamash. The lighting should be carried out as soon as possible after nightfall. On Friday night, it must be done before the beginning of Shabbat. See laws 135–136. Before lighting the Ḥanukka lights, say:

בָּרוּךְ Blessed are You, Lord our God, King of the Universe,
who has made us holy through His commandments,
and has commanded us to light the Ḥanukka lights.

בָּרוּךְ Blessed are You, Lord our God, King of the Universe,
who performed miracles for our ancestors in those days,
at this time.

On the first night, add:

בָּרוּךְ Blessed are You, Lord our God, King of the Universe,
who has given us life, sustained us, and brought us to this time.

---

is the anniversary of that ceremony of rededication, celebrating not only the military victory and the restoration of Jewish self-government, but also the spiritual victory of Jewish faith over enforced assimilation. Shortly afterward, it was decided to hold an annual eight-day celebration in memory of those events, including the recitation of Hallel.

One incident came to hold immense symbolic significance: the fact that among the debris of the Temple, a single cruse of oil was found, its seal intact, with which the menora – the Temple candelabrum – could be lit. The oil that would normally have lasted for one day burned for eight, the full period of the rededication ceremony. Even after the Temple was destroyed more than two centuries later by the Romans, the Ḥanukka lights bore witness to the fact that after the worst desecration, something pure remains, lighting a way to the future. The Ḥanukka lights became one of the great symbols of Jewish hope.

סדר הדלקת נרות חנוכה

On each of the eight nights of חנוכה*, the lights of the* חנוכיה *are lit: one on the first night, two on the second, and so on. On the first night, the rightmost branch of the* חנוכיה *is used; on each subsequent night, an additional light is added to the left. Each night, the new light is lit first, then the others, moving rightwards. If possible, the* חנוכיה *should be displayed near a window so that it is visible from the street.*

The lights are lit using a separate flame known as the שמש*. The lighting should be carried out as soon as possible after nightfall. On Friday night, it must be done before the beginning of* שבת*. See laws 135–136. Before lighting the* חנוכה *lights, say:*

בָּרוּךְ אַתָּה יהוה אֱלֹהֵינוּ מֶלֶךְ הָעוֹלָם
אֲשֶׁר קִדְּשָׁנוּ בְּמִצְוֹתָיו וְצִוָּנוּ לְהַדְלִיק נֵר שֶׁל חֲנֻכָּה.

בָּרוּךְ אַתָּה יהוה אֱלֹהֵינוּ מֶלֶךְ הָעוֹלָם
שֶׁעָשָׂה נִסִּים לַאֲבוֹתֵינוּ בַּיָּמִים הָהֵם בַּזְּמַן הַזֶּה.

On the first night, add:

בָּרוּךְ אַתָּה יהוה אֱלֹהֵינוּ מֶלֶךְ הָעוֹלָם
שֶׁהֶחֱיָנוּ וְקִיְּמָנוּ וְהִגִּיעָנוּ לַזְּמַן הַזֶּה.

ḤANUKKA

After the conquests of Alexander the Great, Israel came under the rule of Greece, in the third century BCE under the Ptolemies, based in Egypt; then in the second century BCE under the Seleucids, based in Syria. Beginning in 175 BCE, one of the Seleucid rulers, Antiochus Epiphanes, decided to embark on a campaign of enforced Hellenization of the Jews in Israel. A gymnasium was built at the foot of the Temple Mount. Temple funds were diverted to Greek athletic and cultural events. Eventually, in 167 BCE, the public practice of Judaism was forbidden and a statue of Zeus erected in the Temple. Many Jews went to their death as martyrs rather than abandon their faith.

A group of pious Jews, led by an elderly priest, Mattityahu, and his sons – including most famously Judah, known as the Maccabee – rose in revolt. Over the next three years they fought a successful campaign, driving the Greek forces out of Jerusalem and rededicating the desecrated Temple. Ḥanukka

After lighting the first light, say:

הַנֵּרוֹת הַלָּלוּ We light these lights
because of the miracles and wonders,
deliverances and victories
You performed for our ancestors in those days, at this time,
through Your holy priests. *Sofrim ch. 3*

Throughout the eight days of Ḥanukka
these lights are holy
and we are not permitted
to make any other use of them,
except to look at them,

that we may give thanks and praise to Your great name
for Your miracles, Your wonders and Your deliverances.

After all the lights are lit:

מָעוֹז צוּר Refuge, Rock of my salvation:
to You it is a delight to give praise.
Restore my House of prayer,
so that there I may offer You thanksgiving.
When You silence the loud-mouthed foe,
Then will I complete, with song and psalm, the altar's dedication.

Shabbat lights, those of Ḥanukka are not lit for the sake of the light they give, but rather are lit in order to "publicize the miracle." A separate light or candle, the *shamash*, is used to light the others, and is placed slightly higher, so that if we benefit from the light, it is from the *shamash*, and not those that form part of the mitzva itself.

מָעוֹז צוּר יְשׁוּעָתִי *Refuge, Rock of my salvation:* Composed in Germany in the thirteenth century. The first letters of the verses spell out the name Mordekhai; other than this we cannot identify the author. The first verse recalls the rededication of the Temple and looks forward to its future restoration.

After lighting the first light, say:

מסכת סופרים פרק ג

הַנֵּרוֹת הַלָּלוּ אֲנוּ מַדְלִיקִים
עַל הַנִּסִּים וְעַל הַנִּפְלָאוֹת וְעַל הַתְּשׁוּעוֹת וְעַל הַמִּלְחָמוֹת
שֶׁעָשִׂיתָ לַאֲבוֹתֵינוּ בַּיָּמִים הָהֵם בַּזְּמַן הַזֶּה
עַל יְדֵי כֹּהֲנֶיךָ הַקְּדוֹשִׁים.

וְכָל שְׁמוֹנַת יְמֵי חֲנֻכָּה
הַנֵּרוֹת הַלָּלוּ קֹדֶשׁ הֵם
וְאֵין לָנוּ רְשׁוּת לְהִשְׁתַּמֵּשׁ בָּהֶם
אֶלָּא לִרְאוֹתָם בִּלְבָד

כְּדֵי לְהוֹדוֹת וּלְהַלֵּל לְשִׁמְךָ הַגָּדוֹל
עַל נִסֶּיךָ וְעַל נִפְלְאוֹתֶיךָ וְעַל יְשׁוּעָתֶךָ.

After all the lights are lit:

מָעוֹז צוּר יְשׁוּעָתִי   לְךָ נָאֶה לְשַׁבֵּחַ
תִּכּוֹן בֵּית תְּפִלָּתִי   וְשָׁם תּוֹדָה נְזַבֵּחַ
לְעֵת תָּכִין מַטְבֵּחַ   מִצָּר הַמְנַבֵּחַ
אָז אֶגְמֹר בְּשִׁיר מִזְמוֹר   חֲנֻכַּת הַמִּזְבֵּחַ.

They are lit at home, at nightfall or soon thereafter, preferably in a position where they can be seen by passersby. Our custom is to light one candle (or olive-oil lamp) on the first night, two on the second, and so on. The first candle is placed at the right of the menora; on each night, the first light to be lit is the leftmost.

הַנֵּרוֹת הַלָּלוּ *We light these lights:* A hymn about the holiness of the lights and why we light them. The text is known from the rabbinic tractate, *Sofrim,* though it has undergone some changes in the intervening centuries. וְאֵין לָנוּ רְשׁוּת לְהִשְׁתַּמֵּשׁ בָּהֶם *We are not permitted to make any other use of them:* Unlike

רָעוֹת Troubles sated my soul; my strength was spent with sorrow.
They embittered my life with hardship,
when I was enslaved under Egyptian rule.
But God with His great power
brought out His treasured people,
While Pharaoh's host and followers sank like a stone into the deep.

דְּבִיר He brought me to His holy abode,
but even there I found no rest.
The oppressor came and exiled me,
because I had served strange gods.
I had drunk poisoned wine. I almost perished.
Then Babylon fell, Zerubbabel came: within seventy years I was saved.

כְּרֹת The Agagite, son of Hammedatha,
sought to cut down the tall fir tree,
But it became a trap to him,
and his arrogance was brought to an end.
You raised the head of the Benjaminite,
and the enemy's name You blotted out.
His many sons and his household You hanged on the gallows.

יְוָנִים Then the Greeks gathered against me,
in the days of the Hasmoneans.
They broke down the walls of my towers,
and defiled all the oils.
But from the last remaining flask
a miracle was wrought for Your beloved.
Therefore the sages ordained these eight days for song and praise.

חֲשֹׂף Bare Your holy arm, and hasten the time of salvation.
Take retribution against the evil nation
on behalf of Your servants,
For the hour [of deliverance] has been too long delayed;
there seems no end to the evil days.
Thrust the enemy into the darkness of death,
and establish for us the seven Shepherds.

רָעוֹת שָׂבְעָה נַפְשִׁי בְּיָגוֹן כֹּחִי כָּלָה
חַיַּי מֵרְרוּ בְקֹשִׁי בְּשִׁעְבּוּד מַלְכוּת עֶגְלָה
וּבְיָדוֹ הַגְּדוֹלָה הוֹצִיא אֶת הַסְּגֻלָּה
חֵיל פַּרְעֹה וְכָל זַרְעוֹ יָרְדוּ כְּאֶבֶן מְצוּלָה.

דְּבִיר קָדְשׁוֹ הֱבִיאַנִי וְגַם שָׁם לֹא שָׁקַטְתִּי
וּבָא נוֹגֵשׂ וְהִגְלַנִי כִּי זָרִים עָבַדְתִּי
וְיֵין רַעַל מָסַכְתִּי כִּמְעַט שֶׁעָבַרְתִּי
קֵץ בָּבֶל זְרֻבָּבֶל לְקֵץ שִׁבְעִים נוֹשַׁעְתִּי.

כְּרֹת קוֹמַת בְּרוֹשׁ בִּקֵּשׁ אֲגָגִי בֶּן הַמְּדָתָא
וְנִהְיְתָה לוֹ לְפַח וּלְמוֹקֵשׁ וְגַאֲוָתוֹ נִשְׁבָּתָה
רֹאשׁ יְמִינִי נִשֵּׂאתָ וְאוֹיֵב שְׁמוֹ מָחִיתָ
רֹב בָּנָיו וְקִנְיָנָיו עַל הָעֵץ תָּלִיתָ.

יְוָנִים נִקְבְּצוּ עָלַי אֲזַי בִּימֵי חַשְׁמַנִּים
וּפָרְצוּ חוֹמוֹת מִגְדָּלַי וְטִמְּאוּ כָּל הַשְּׁמָנִים
וּמִנּוֹתַר קַנְקַנִּים נַעֲשָׂה נֵס לַשּׁוֹשַׁנִּים
בְּנֵי בִינָה יְמֵי שְׁמוֹנָה קָבְעוּ שִׁיר וּרְנָנִים.

חֲשׂף זְרוֹעַ קָדְשֶׁךָ וְקָרֵב קֵץ הַיְשׁוּעָה
נְקֹם נִקְמַת עֲבָדֶיךָ מֵאֻמָּה הָרְשָׁעָה
כִּי אָרְכָה לָנוּ הַשָּׁעָה וְאֵין קֵץ לִימֵי הָרָעָה
דְּחֵה אַדְמוֹן בְּצֵל צַלְמוֹן הָקֵם לָנוּ רוֹעִים שִׁבְעָה.

The next four describe, sequentially, four crises and deliverances of Jewish history – slavery in Egypt, the Babylonian exile, Purim, and Ḥanukka itself. The last verse, missing from some manuscripts, may have been a later addition; alternatively it may have been part of the original text, but was censored by the non-Jewish authorities.

SERVICE FOR PURIM

Before the reading of the Megilla, the congregation stands and the Reader says the following three blessings:

בָּרוּךְ Blessed are You, LORD our God, King of the Universe,
who has made us holy through His commandments,
and has commanded us about reading the Megilla.

בָּרוּךְ Blessed are You, LORD our God, King of the Universe,
who performed miracles for our ancestors
in those days at this time.

בָּרוּךְ Blessed are You, LORD our God, King of the Universe,
who has given us life, sustained us, and brought us to this time.

The Megilla is read. When the reading is completed, the scroll is rolled up and, if a minyan is present, the Reader continues:

בָּרוּךְ Blessed are You, LORD our God, King of the Universe,
who pleads our cause, judges our claim, avenges our wrong,
brings retribution to our enemies, and punishes our foes.
Blessed are You, LORD,
who on behalf of His people Israel,
exacts punishment from all their foes,
the God who brings salvation.

The following is said after the night reading of the Megilla:

אֲשֶׁר הֵנִיא [God] frustrated the plan of the nations,
Thwarted the intentions of the crafty.
An evil man rose up against us,
An arrogant branch of Amalek's tree,
Haughty, rich, he dug his own pit.
His hubris became his own snare.
He was trapped in the trap he set for others.
Seeking to destroy, he was destroyed.
Haman shared his ancestors' hate,
And stirred against children the hostility of brothers.
He did not remember Saul's act of mercy,
his pity for Agag, through which a new enemy was born.
The wicked planned to cut off the righteous,
but the impure were defeated by the pure.

סדר קריאת המגילה בפורים

Before the reading of the מגילה*, the* קהל *stands and the* קורא *says the following three blessings:*

בָּרוּךְ אַתָּה יהוה אֱלֹהֵינוּ מֶלֶךְ הָעוֹלָם
אֲשֶׁר קִדְּשָׁנוּ בְּמִצְוֹתָיו וְצִוָּנוּ עַל מִקְרָא מְגִלָּה.

בָּרוּךְ אַתָּה יהוה אֱלֹהֵינוּ מֶלֶךְ הָעוֹלָם
שֶׁעָשָׂה נִסִּים לַאֲבוֹתֵינוּ בַּיָּמִים הָהֵם בִּזְּמַן הַזֶּה.

בָּרוּךְ אַתָּה יהוה אֱלֹהֵינוּ מֶלֶךְ הָעוֹלָם
שֶׁהֶחֱיָנוּ וְקִיְּמָנוּ וְהִגִּיעָנוּ לַזְּמַן הַזֶּה.

The מגילה *is read. When the reading is completed, the scroll is rolled up and, if a* מנין *is present, the* קורא *continues:*

בָּרוּךְ אַתָּה יהוה אֱלֹהֵינוּ מֶלֶךְ הָעוֹלָם
הָרָב אֶת רִיבֵנוּ, וְהַדָּן אֶת דִּינֵנוּ, וְהַנּוֹקֵם אֶת נִקְמָתֵנוּ
וְהַמְשַׁלֵּם גְּמוּל לְכָל אוֹיְבֵי נַפְשֵׁנוּ, וְהַנִּפְרָע לָנוּ מִצָּרֵינוּ.
בָּרוּךְ אַתָּה יהוה
הַנִּפְרָע לְעַמּוֹ יִשְׂרָאֵל מִכָּל צָרֵיהֶם, הָאֵל הַמּוֹשִׁיעַ.

The following is said after the night reading of the מגילה*:*

אֲשֶׁר הֵנִיא עֲצַת גּוֹיִם, וַיָּפֶר מַחְשְׁבוֹת עֲרוּמִים.
בְּקוּם עָלֵינוּ אָדָם רָשָׁע, נֵצֶר זָדוֹן מִזֶּרַע עֲמָלֵק.
גָּאָה בְעָשְׁרוֹ וְכָרָה לוֹ בּוֹר, וּגְדֻלָּתוֹ יָקְשָׁה לוֹ לָכֶד.
דִּמָּה בְנַפְשׁוֹ לִלְכֹּד וְנִלְכַּד, בִּקֵּשׁ לְהַשְׁמִיד וְנִשְׁמַד מְהֵרָה.
הָמָן הוֹדִיעַ אֵיבַת אֲבוֹתָיו, וְעוֹרֵר שִׂנְאַת אַחִים לַבָּנִים.
וְלֹא זָכַר רַחֲמֵי שָׁאוּל, כִּי בְחֶמְלָתוֹ עַל אֲגָג נוֹלַד אוֹיֵב.
זָמַם רָשָׁע לְהַכְרִית צַדִּיק, וְנִלְכַּד טָמֵא בִּידֵי טָהוֹר.

PURIM

Purim is the annual remembrance and celebration of the events described in the book of Esther. During the reign of Aḥashverosh of Persia, one of his

[Mordekhai's] goodness overcame the father's [Saul's] error,
but the evil [Haman] piled sin upon sin.
He hid in his heart his cunning schemes, intent on his evildoing.
He stretched out his hand against God's holy ones;
he spent his wealth to destroy every memory of them.
When Mordekhai saw the wrath go forth,
and Haman's decrees issued in Shushan,
he put on sackcloth, wrapped himself in mourning,
decreed a fast and sat on ashes.
"Who will arise to atone for error,
and find forgiveness for our ancestors' sins?"
A flower blossomed from the palm tree;
Hadassa arose to wake those who slept.
Her servants hastened Haman to come,
to serve him wine with the venom of serpents.
He had risen by his wealth, but fell by his evil.
He made the very gallows by which he was hanged.
All the inhabitants of the world were amazed
When Haman's ploy (*pur*) became our joy (*Purim*).
The righteous was saved from evil hands,
the perpetrator suffered the fate of his intended victim.
They undertook to celebrate Purim, and to rejoice on it year after year.
You heeded the prayer of Mordekhai and Esther;
and Haman and his sons were hanged on the gallows.

The following is said after both night and morning readings of the Megilla:

שׁוֹשַׁנַּת יַעֲקֹב The lily of Jacob rejoiced and was glad,
When, together, they saw Mordekhai robed in royal blue.
You have been their eternal salvation, their hope in every generation;
To make known that all who hope in You will not be put to shame,
All who trust in You will never be humiliated.
Cursed be Haman who sought to destroy me.
Blessed be Mordekhai the Yehudi.
Cursed be Zeresh, wife of him who terrified me.
Blessed be Esther [whose actions saved] me.
Cursed be all the wicked; blessed be all Israel.
And may Ḥarbona, too, be remembered for good.

After the night reading, Ma'ariv continues with "You are Holy" to "great and glorious" on pages 318–320 (on Motza'ei Shabbat, begin with "May the pleasantness" on page 316). The Leader then continues with Full Kaddish on page 322 (omitting the line "May the prayers and pleas"). (On Motza'ei Shabbat, continue with "May God give you" on page 324.) The service continues with Aleinu on page 332, and Mourner's Kaddish on page 334. In the morning, continue with Ashrei on page 174 and "A redeemer will come" on page 178.

חֶסֶד גָּבַר עַל שִׁגְגַת אָב, וְרָשָׁע הוֹסִיף חֵטְא עַל חֲטָאָיו.
טָמַן בְּלִבּוֹ מַחְשְׁבוֹת עֲרוּמָיו, וַיִּתְמַכֵּר לַעֲשׂוֹת רָעָה.
יָדוֹ שָׁלַח בִּקְדוֹשֵׁי אֵל, כַּסְפּוֹ נָתַן לְהַכְרִית זִכְרָם.
כִּרְאוֹת מָרְדְּכַי כִּי יָצָא קֶצֶף, וְדָתֵי הָמָן נִתְּנוּ בְשׁוּשָׁן.
לָבַשׁ שַׂק וְקָשַׁר מִסְפֵּד וְגָזַר צוֹם וַיֵּשֶׁב עַל הָאֵפֶר.
מִי זֶה יַעֲמֹד לְכַפֵּר שְׁגָגָה, וְלִמְחֹל חַטַּאת עֲוֹן אֲבוֹתֵינוּ.
נֵץ פָּרַח מִלּוּלָב, הֵן הֲדַסָּה עָמְדָה לְעוֹרֵר יְשֵׁנִים.
סָרִיסֶיהָ הִבְהִילוּ לְהָמָן, לְהַשְׁקוֹתוֹ יֵין חֲמַת תַּנִּינִים.
עָמַד בְּעָשְׁרוֹ וְנָפַל בְּרִשְׁעוֹ, עָשָׂה לוֹ עֵץ וְנִתְלָה עָלָיו.
פִּיהֶם פָּתְחוּ כָּל יוֹשְׁבֵי תֵבֵל, כִּי פוּר הָמָן נֶהְפַּךְ לְפוּרֵנוּ.
צַדִּיק נֶחֱלַץ מִיַּד רָשָׁע, אוֹיֵב נִתַּן תַּחַת נַפְשׁוֹ.
קִיְּמוּ עֲלֵיהֶם לַעֲשׂוֹת פּוּרִים וְלִשְׂמֹחַ בְּכָל שָׁנָה וְשָׁנָה.
רָאִיתָ אֶת תְּפִלַּת מָרְדְּכַי וְאֶסְתֵּר, הָמָן וּבָנָיו עַל הָעֵץ תָּלִיתָ.

The following is said after both night and morning readings of the מגילה*:*

שׁוֹשַׁנַּת יַעֲקֹב צָהֲלָה וְשָׂמֵחָה בִּרְאוֹתָם יַחַד תְּכֵלֶת מָרְדְּכָי.
תְּשׁוּעָתָם הָיִיתָ לָנֶצַח, וְתִקְוָתָם בְּכָל דּוֹר וָדוֹר.
לְהוֹדִיעַ שֶׁכָּל קֹוֶיךָ לֹא יֵבֹשׁוּ, וְלֹא יִכָּלְמוּ לָנֶצַח כָּל הַחוֹסִים בָּךְ.
אָרוּר הָמָן אֲשֶׁר בִּקֵּשׁ לְאַבְּדִי, בָּרוּךְ מָרְדְּכַי הַיְּהוּדִי.
אֲרוּרָה זֶרֶשׁ אֵשֶׁת מַפְחִידִי, בְּרוּכָה אֶסְתֵּר בַּעֲדִי.
אֲרוּרִים כָּל הָרְשָׁעִים, בְּרוּכִים כָּל יִשְׂרָאֵל, וְגַם חַרְבוֹנָה זָכוּר לַטּוֹב.

After the night reading, מעריב *continues with* וְאַתָּה קָדוֹשׁ *to* וַאֲדִיר *on pages 319–321 (on* מוצאי שבת*, begin with* וִיהִי נֹעַם *on page 317). The* שליח ציבור *then continues with* קדיש שלם *on page 323 (omitting the line* תִּתְקַבַּל*). (On* מוצאי שבת*, continue with* וְיִתֶּן לְךָ *on page 325.) The service continues with* עָלֵינוּ *on page 333, and* קדיש יתום *on page 335.*

In the morning, continue with אַשְׁרֵי *on page 175 and* וּבָא לְצִיּוֹן *on page 179.*

---

senior officials, Haman, conspired to "destroy, kill and annihilate all the Jews, young and old, women and children, on a single day" (Esther 3:13) – the day chosen by the lottery (*pur*) that gives the festival its name. The Jews were saved by a combination of the defiance of Mordekhai and the plea of his cousin Esther, who had been taken into the royal harem and was a favorite of the king. Haman's plan was thwarted, and he and his sons were hanged on the gallows they had prepared for Mordekhai.

Memorial Day

At the end of Shaḥarit, after Full Kaddish, the Ark is opened and the following is said by some congregations:

לַמְנַצֵּחַ For the conductor of music. Upon the death of Labben. A psalm of David. *Ps. 9*
I will thank You, LORD, with all my heart; I will tell of all Your wonders.
I will rejoice and exult in You; I will sing praise to Your name, Most High.
My enemies retreat; they stumble and perish before You.
For You have upheld my case and my cause; You have sat enthroned as righteous Judge.
You have rebuked nations and destroyed the wicked, blotting out their name for ever and all time.
The enemy are finished, ruined forever; You have overthrown their cities; even the memory of them is lost.
But the LORD abides forever; He has established His throne for judgment.
He will judge the world with righteousness, and try the cause of peoples with justice.
The LORD is a refuge for the oppressed, a stronghold in times of trouble.
Those who know Your name trust in You, for You, LORD, do not forsake those who seek You.
Sing praise to the LORD who dwells in Zion; tell the peoples of His deeds.
For He who avenges blood remembers; He does not forget the cry of the afflicted.
Have mercy on me, LORD, see how my enemies afflict me. Lift me up from the gates of death,
That in the gates of the Daughter of Zion I may tell all Your praises and rejoice in Your deliverance.
The nations have fallen into the pit they dug; their feet are caught in the net they hid.
The LORD is known by His justice; the wicked is ensnared by the work of his own hands. Reflect on this, Selah.
The wicked return to the grave, all the nations that forget God.
The needy will not be forgotten forever, nor the hope of the afflicted ever be lost.
Arise, LORD, let not man have power; let the nations be judged in Your presence.
Strike them with fear, LORD; let the nations know they are only men. Selah.

The Ark is closed.

סדר תפילת שחרית ליום הזיכרון

At the end of שחרית, after קדיש שלם, the ארון קודש is opened and the following is said by some congregations:

לַמְנַצֵּחַ עַל־מוּת לַבֵּן מִזְמוֹר לְדָוִד׃ תהלים ט
אוֹדֶה יהוה בְּכׇל־לִבִּי, אֲסַפְּרָה כׇּל־נִפְלְאוֹתֶיךָ׃
אֶשְׂמְחָה וְאֶעֶלְצָה בָךְ, אֲזַמְּרָה שִׁמְךָ עֶלְיוֹן׃
בְּשׁוּב־אוֹיְבַי אָחוֹר, יִכָּשְׁלוּ וְיֹאבְדוּ מִפָּנֶיךָ׃
כִּי־עָשִׂיתָ מִשְׁפָּטִי וְדִינִי, יָשַׁבְתָּ לְכִסֵּא שׁוֹפֵט צֶדֶק׃
גָּעַרְתָּ גוֹיִם אִבַּדְתָּ רָשָׁע, שְׁמָם מָחִיתָ לְעוֹלָם וָעֶד׃
הָאוֹיֵב תַּמּוּ חֳרָבוֹת לָנֶצַח, וְעָרִים נָתַשְׁתָּ, אָבַד זִכְרָם הֵמָּה׃
וַיהוה לְעוֹלָם יֵשֵׁב, כּוֹנֵן לַמִּשְׁפָּט כִּסְאוֹ׃
וְהוּא יִשְׁפֹּט־תֵּבֵל בְּצֶדֶק, יָדִין לְאֻמִּים בְּמֵישָׁרִים׃
וִיהִי יהוה מִשְׂגָּב לַדָּךְ, מִשְׂגָּב לְעִתּוֹת בַּצָּרָה׃
וְיִבְטְחוּ בְךָ יוֹדְעֵי שְׁמֶךָ, כִּי לֹא־עָזַבְתָּ דֹרְשֶׁיךָ, יהוה׃
זַמְּרוּ לַיהוה יֹשֵׁב צִיּוֹן, הַגִּידוּ בָעַמִּים עֲלִילוֹתָיו׃
כִּי־דֹרֵשׁ דָּמִים אוֹתָם זָכָר, לֹא־שָׁכַח צַעֲקַת עֲנָוִים׃
חָנְנֵנִי יהוה רְאֵה עׇנְיִי מִשֹּׂנְאָי, מְרוֹמְמִי מִשַּׁעֲרֵי־מָוֶת׃
לְמַעַן אֲסַפְּרָה כׇּל־תְּהִלָּתֶיךָ, בְּשַׁעֲרֵי בַת־צִיּוֹן אָגִילָה בִּישׁוּעָתֶךָ׃
טָבְעוּ גוֹיִם בְּשַׁחַת עָשׂוּ, בְּרֶשֶׁת־זוּ טָמָנוּ נִלְכְּדָה רַגְלָם׃
נוֹדַע יהוה מִשְׁפָּט עָשָׂה, בְּפֹעַל כַּפָּיו נוֹקֵשׁ רָשָׁע, הִגָּיוֹן סֶלָה׃
יָשׁוּבוּ רְשָׁעִים לִשְׁאוֹלָה, כׇּל־גּוֹיִם שְׁכֵחֵי אֱלֹהִים׃
כִּי לֹא לָנֶצַח יִשָּׁכַח אֶבְיוֹן, תִּקְוַת עֲנִיִּים תֹּאבַד לָעַד׃
קוּמָה יהוה אַל־יָעֹז אֱנוֹשׁ, יִשָּׁפְטוּ גוֹיִם עַל־פָּנֶיךָ׃
שִׁיתָה יהוה מוֹרָה לָהֶם, יֵדְעוּ גוֹיִם, אֱנוֹשׁ הֵמָּה סֶּלָה׃

The ארון קודש is closed.

Memorial Prayer for Fallen Israeli Soldiers

אָבִינוּ שֶׁבַּשָּׁמַיִם Heavenly Father, God, Source of the spirits of all flesh,
remember, we pray You, the pure souls of our sons and daughters
who heroically gave their lives
in defense of the people and the Land.
Swifter than eagles, stronger than lions,
they fought for the liberation of their people and homeland,
sacrificing their lives for Israel's rebirth in its holy land.
They breathed a spirit of strength and courage
into the whole house of Israel,
in the Land and the Diaspora,
inspiring it to go forward toward its redemption and liberation.
Remember them, our God, for good,
together with the myriad holy ones and heroes of Israel from ancient times.
May their souls be bound in the bonds of everlasting life,
may the Garden of Eden be their resting place,
may they rest in peace
and receive their reward at the End of Days.
Amen.

לְדָוִד Of David. Blessed is the Lord, my Rock, who trains my hands for war, *Ps. 144* my fingers for battle. He is my Benefactor, my Fortress, my Stronghold and my Refuge, my Shield in whom I trust, He who subdues nations under me. Lord, what is man that You care for him, what are mortals that You think of them? Man is no more than a breath, his days like a fleeting shadow. Lord, part Your heavens and come down; touch the mountains so that they pour forth smoke. Flash forth lightning and scatter them; shoot Your arrows and panic them. Reach out Your hand from on high; deliver me and rescue me from the mighty waters, from the hands of strangers, whose every word is worthless, whose right hands are raised in falsehood. To You, God, I will sing a new song; to You I will play music on a ten-stringed harp. He who gives salvation to kings, who saved His servant David from the cruel sword: may He deliver me and rescue me from the hands of strangers, whose every word is worthless, whose right hands are raised in falsehood. Then our sons will be like saplings, well nurtured in their youth. Our daughters will be like pillars carved for a palace. Our barns will be filled with every kind of provision. Our sheep will increase by thousands, even tens of thousands in our fields. Our oxen will draw heavy loads. There will be no breach in the walls, no going into captivity, no cries of distress in our streets. Happy are the people for whom this is so; happy are the people whose God is the Lord.

Memorial Prayer for Fallen Israeli Soldiers

אָבִינוּ שֶׁבַּשָּׁמַיִם, אֵל אֱלֹהֵי הָרוּחוֹת לְכָל בָּשָׂר
זְכֹר נָא אֶת הַנְּשָׁמוֹת הַזַּכּוֹת וְהַטְּהוֹרוֹת שֶׁל בָּנֵינוּ וּבְנוֹתֵינוּ
אֲשֶׁר הֶעֱרוּ אֶת נַפְשָׁם לָמוּת מוֹת גִּבּוֹרִים
בְּהֵחָלְצָם לְעֶזְרַת הָעָם וְהָאָֽרֶץ.
מִנְּשָׁרִים קַלּוּ מֵאֲרָיוֹת גָּבֵֽרוּ
בְּמִלְחַמְתָּם לְמַֽעַן שִׁחְרוּר עַמָּם וּמוֹלַדְתָּם.
בַּעֲלוֹתָם עַל מִזְבַּח תְּקוּמַת יִשְׂרָאֵל בְּאֶֽרֶץ קָדְשׁוֹ
הֵפִֽיחוּ רֽוּחַ עֹז וּגְבוּרָה בְּכָל בֵּית יִשְׂרָאֵל בָּאָֽרֶץ וּבַתְּפוּצוֹת
וַיִּתְעוֹרֵר לִקְרַאת גְּאֻלָּתוֹ וּפְדוּת נַפְשׁוֹ.
יִזְכְּרֵם אֱלֹהֵֽינוּ לְטוֹבָה
עִם רִבְבוֹת אַלְפֵי קְדוֹשֵׁי יִשְׂרָאֵל וְגִבּוֹרָיו מִימֵי עוֹלָם
בִּצְרוֹר הַחַיִּים יִצְרֹר אֶת נִשְׁמָתָם
בְּגַן עֵֽדֶן תְּהֵא מְנוּחָתָם
וְיָנֽוּחוּ בְשָׁלוֹם עַל מִשְׁכָּבָם
וְיַעַמְדוּ לְגוֹרָלָם לְקֵץ הַיָּמִין
אָמֵן.

לְדָוִד בָּרוּךְ יהוה צוּרִי הַמְלַמֵּד יָדַי לַקְרָב, אֶצְבְּעוֹתַי לַמִּלְחָמָה: חַסְדִּי וּמְצוּדָתִי תהלים קמד
מִשְׂגַּבִּי וּמְפַלְטִי לִי מָגִנִּי וּבוֹ חָסִיתִי הָרוֹדֵד עַמִּי תַחְתָּי: יהוה מָה־אָדָם וַתֵּדָעֵהוּ,
בֶּן־אֱנוֹשׁ וַתְּחַשְּׁבֵהוּ: אָדָם לַהֶבֶל דָּמָה יָמָיו כְּצֵל עוֹבֵר: יהוה הַט־שָׁמֶיךָ וְתֵרֵד
גַּע בֶּהָרִים וְיֶעֱשָׁנוּ: בְּרוֹק בָּרָק וּתְפִיצֵם, שְׁלַח חִצֶּיךָ וּתְהֻמֵּם: שְׁלַח יָדֶיךָ מִמָּרוֹם
פְּצֵנִי וְהַצִּילֵנִי מִמַּיִם רַבִּים מִיַּד בְּנֵי נֵכָר: אֲשֶׁר פִּיהֶם דִּבֶּר־שָׁוְא, וִימִינָם יְמִין
שָֽׁקֶר: אֱלֹהִים שִׁיר חָדָשׁ אָשִֽׁירָה לָּךְ, בְּנֵֽבֶל עָשׂוֹר אֲזַמְּרָה־לָּךְ: הַנּוֹתֵן תְּשׁוּעָה
לַמְּלָכִים הַפּוֹצֶה אֶת־דָּוִד עַבְדּוֹ מֵחֶֽרֶב רָעָה: פְּצֵנִי וְהַצִּילֵנִי מִיַּד בְּנֵי־נֵכָר אֲשֶׁר־
פִּיהֶם דִּבֶּר־שָׁוְא וִימִינָם יְמִין שָֽׁקֶר: אֲשֶׁר בָּנֵינוּ כִּנְטִעִים מְגֻדָּלִים בִּנְעוּרֵיהֶם
בְּנוֹתֵינוּ כְזָוִיֹּת מְחֻטָּבוֹת תַּבְנִית הֵיכָל: מְזָוֵינוּ מְלֵאִים מְפִיקִים מִזַּן אֶל־זַן צֹאונֵנוּ
מַאֲלִיפוֹת מְרֻבָּבוֹת בְּחוּצוֹתֵינוּ: אַלּוּפֵינוּ מְסֻבָּלִים אֵין פֶּֽרֶץ וְאֵין יוֹצֵאת וְאֵין
צְוָחָה בִּרְחֹבֹתֵינוּ: אַשְׁרֵי הָעָם שֶׁכָּכָה לּוֹ אַשְׁרֵי הָעָם שֶׁיהוה אֱלֹהָיו:

Ma'ariv for Yom HaAtzma'ut

In Israel and many communities outside Israel the following is said before Ma'ariv:

הודו Thank the LORD for He is good; His loving-kindness is for ever. *Ps. 107*
Let those the LORD redeemed say this – those He redeemed from the enemy's hand, those He gathered from the lands, from east and west, from north and south. Some lost their way in desert wastelands, finding no way to a city where they could live. They were hungry and thirsty, and their spirit grew faint. Then they cried out to the LORD in their trouble, and He rescued them from their distress. He led them by a straight path to a city where they could live. Let them thank the LORD for His loving-kindness and His wondrous deeds for humankind, for He satisfies the thirsty and fills the hungry with good. Some sat in darkness and the shadow of death, cruelly bound in iron chains, for they had rebelled against God's words and despised the counsel of the Most High. He humbled their hearts with hard labor; they stumbled, and there was none to help. Then they cried to the LORD in their trouble, and He saved them from their distress. He brought them out from darkness and the shadow of death and broke open their chains. Let them thank the LORD for His loving-kindness and His wondrous deeds for humankind, for He shattered gates of bronze and broke their iron bars. Some were fools with sinful ways, and suffered affliction because of their iniquities. They found all food repulsive, and came close to the gates of death. Then they cried to the LORD in their trouble, and He saved them from their distress. He sent His word and healed them; He rescued them from their destruction. Let them thank the LORD for His loving-kindness and His wondrous

---

and his descendants were summoned to create a new kind of society, based on the sanctity of human life and the equal dignity of all, where they would be subject to the sovereignty of God alone, constantly conscious of the Divine Presence while striving to be true to the covenant that charged them with being "a kingdom of priests and a holy nation."

Nahmanides (commentary to Lev. 18:25) says that the primary fulfillment of all the commandments, not just those that relate to the land, occurs only

מעריב ליום העצמאות

In ארץ ישראל *and many communities in* חוץ לארץ *the following is said before* מעריב:

הֹדוּ לַיהוה כִּי־טוֹב, כִּי לְעוֹלָם חַסְדּוֹ: יֹאמְרוּ גְּאוּלֵי יהוה, אֲשֶׁר תהלים קז
גְּאָלָם מִיַּד־צָר: וּמֵאֲרָצוֹת קִבְּצָם, מִמִּזְרָח וּמִמַּעֲרָב, מִצָּפוֹן
וּמִיָּם: תָּעוּ בַמִּדְבָּר, בִּישִׁימוֹן דָּרֶךְ, עִיר מוֹשָׁב לֹא מָצָאוּ: רְעֵבִים
גַּם־צְמֵאִים, נַפְשָׁם בָּהֶם תִּתְעַטָּף: וַיִּצְעֲקוּ אֶל־יהוה בַּצַּר לָהֶם,
מִמְּצוּקוֹתֵיהֶם יַצִּילֵם: וַיַּדְרִיכֵם בְּדֶרֶךְ יְשָׁרָה, לָלֶכֶת אֶל־עִיר
מוֹשָׁב: יוֹדוּ לַיהוה חַסְדּוֹ, וְנִפְלְאוֹתָיו לִבְנֵי אָדָם: כִּי־הִשְׂבִּיעַ
נֶפֶשׁ שֹׁקֵקָה, וְנֶפֶשׁ רְעֵבָה מִלֵּא־טוֹב: יֹשְׁבֵי חֹשֶׁךְ וְצַלְמָוֶת,
אֲסִירֵי עֳנִי וּבַרְזֶל: כִּי־הִמְרוּ אִמְרֵי־אֵל, וַעֲצַת עֶלְיוֹן נָאָצוּ:
וַיַּכְנַע בֶּעָמָל לִבָּם, כָּשְׁלוּ וְאֵין עֹזֵר: וַיִּזְעֲקוּ אֶל־יהוה בַּצַּר לָהֶם,
מִמְּצֻקוֹתֵיהֶם יוֹשִׁיעֵם: יוֹצִיאֵם מֵחֹשֶׁךְ וְצַלְמָוֶת, וּמוֹסְרוֹתֵיהֶם
יְנַתֵּק: יוֹדוּ לַיהוה חַסְדּוֹ, וְנִפְלְאוֹתָיו לִבְנֵי אָדָם: כִּי־שִׁבַּר דַּלְתוֹת
נְחֹשֶׁת, וּבְרִיחֵי בַרְזֶל גִּדֵּעַ: אֱוִלִים מִדֶּרֶךְ פִּשְׁעָם, וּמֵעֲוֺנֹתֵיהֶם
יִתְעַנּוּ: כָּל־אֹכֶל תְּתַעֵב נַפְשָׁם, וַיַּגִּיעוּ עַד־שַׁעֲרֵי מָוֶת: וַיִּזְעֲקוּ
אֶל־יהוה בַּצַּר לָהֶם, מִמְּצֻקוֹתֵיהֶם יוֹשִׁיעֵם: יִשְׁלַח דְּבָרוֹ וְיִרְפָּאֵם,

---

YOM HAATZMA'UT

Yom HaAtzma'ut, Israel's Independence Day, 5th Iyar 5708, marks the moment when the Jewish people recovered their independence and sovereignty after a lapse of some two thousand years. The longest exile ever endured by a people was at an end. For the first time in two millennia Jews had a home in the sense given by the poet Robert Frost, a place that, "when you have to go there, they have to take you in." Jews had once again returned to the arena of history as a self-determining nation in the land to which Abraham journeyed in his day, and Moses and the Israelites in theirs.

The significance of Israel to Judaism is more than geographical, historical and political. It is spiritual. Israel was and is the Holy Land to which Abraham

deeds for humankind. Let them sacrifice thanksgiving-offerings and tell His deeds with songs of joy. Those who go to sea in ships, plying their trade in the mighty waters, have seen the works of the LORD, His wondrous deeds in the deep. He spoke and stirred up a tempest that lifted high the waves. They rose to the heavens and plunged down to the depths; their souls melted in misery. They reeled and staggered like drunkards; all their skill was to no avail. Then they cried to the LORD in their trouble, and He brought them out of their distress. He stilled the storm to a whisper, and the waves of the sea grew calm. They rejoiced when all was quiet, then He guided them to their destination. Let them thank the LORD for His loving-kindness and His wondrous deeds for humankind. Let them exalt Him in the assembly of the people and praise Him in the council of the elders. He turns rivers into a desert, springs of water into parched land, fruitful land into a salt marsh, because of the wickedness of its inhabitants. He turns the desert into pools of water, parched land into flowing springs; He brings the hungry to live there, they build themselves a town in which to live. They sow fields and plant vineyards that yield a fruitful harvest; He blesses them, and they increase greatly, their herds do not decrease, though they had been few and brought low by oppression, adversity and sorrow. He pours contempt on nobles and makes them wander in a pathless waste. ▸ He lifts the destitute from poverty and enlarges their families like flocks. The upright see and rejoice, but the mouth of all wrongdoers is stopped. Whoever is wise, let him lay these things to heart, and reflect on the loving-kindness of the LORD.

יהוה מָלָךְ The LORD reigns, let the earth be glad. Let the many islands *Ps. 97*
rejoice. Clouds and thick darkness surround Him; righteousness and justice are the foundation of His throne. Fire goes ahead of Him, consuming His enemies on every side. His lightning lights up the

---

the form of a just, gracious and compassionate social order. It is a code for "societal beatitude" (Rabbi Aharon Lichtenstein), and is predicated on a free, self-governing nation in its own land.

Though Jews, in the long centuries of their dispersion, were scattered over the face of the earth, only in Israel have they formed a majority and

וַיְמַלֵּט מִשְּׁחִיתוֹתָם: יוֹדוּ לַיהוה חַסְדּוֹ, וְנִפְלְאוֹתָיו לִבְנֵי אָדָם:
וְיִזְבְּחוּ זִבְחֵי תוֹדָה וִיסַפְּרוּ מַעֲשָׂיו בְּרִנָּה: יוֹרְדֵי הַיָּם בָּאֳנִיּוֹת,
עֹשֵׂי מְלָאכָה בְּמַיִם רַבִּים: הֵמָּה רָאוּ מַעֲשֵׂי יהוה, וְנִפְלְאוֹתָיו
בִּמְצוּלָה: וַיֹּאמֶר, וַיַּעֲמֵד רוּחַ סְעָרָה, וַתְּרוֹמֵם גַּלָּיו: יַעֲלוּ שָׁמַיִם,
יֵרְדוּ תְהוֹמוֹת, נַפְשָׁם בְּרָעָה תִתְמוֹגָג: יָחוֹגּוּ וְיָנוּעוּ כַּשִּׁכּוֹר, וְכָל־
חָכְמָתָם תִּתְבַּלָּע: וַיִּצְעֲקוּ אֶל־יהוה בַּצַּר לָהֶם, וּמִמְּצוּקֹתֵיהֶם
יוֹצִיאֵם: יָקֵם סְעָרָה לִדְמָמָה, וַיֶּחֱשׁוּ גַּלֵּיהֶם: וַיִּשְׂמְחוּ כִי־יִשְׁתֹּקוּ,
וַיַּנְחֵם אֶל־מְחוֹז חֶפְצָם: יוֹדוּ לַיהוה חַסְדּוֹ, וְנִפְלְאוֹתָיו לִבְנֵי אָדָם:
וִירוֹמְמוּהוּ בִּקְהַל־עָם, וּבְמוֹשַׁב זְקֵנִים יְהַלְלוּהוּ: יָשֵׂם נְהָרוֹת
לְמִדְבָּר, וּמֹצָאֵי מַיִם לְצִמָּאוֹן: אֶרֶץ פְּרִי לִמְלֵחָה, מֵרָעַת יוֹשְׁבֵי
בָהּ: יָשֵׂם מִדְבָּר לַאֲגַם־מַיִם, וְאֶרֶץ צִיָּה לְמֹצָאֵי מָיִם: וַיּוֹשֶׁב שָׁם
רְעֵבִים, וַיְכוֹנְנוּ עִיר מוֹשָׁב: וַיִּזְרְעוּ שָׂדוֹת, וַיִּטְּעוּ כְרָמִים, וַיַּעֲשׂוּ
פְּרִי תְבוּאָה: וַיְבָרְכֵם וַיִּרְבּוּ מְאֹד, וּבְהֶמְתָּם לֹא יַמְעִיט: וַיִּמְעֲטוּ
וַיָּשֹׁחוּ, מֵעֹצֶר רָעָה וְיָגוֹן: שֹׁפֵךְ בּוּז עַל־נְדִיבִים, וַיַּתְעֵם בְּתֹהוּ
לֹא־דָרֶךְ: ◂ וַיְשַׂגֵּב אֶבְיוֹן מֵעוֹנִי, וַיָּשֶׂם כַּצֹּאן מִשְׁפָּחוֹת: יִרְאוּ
יְשָׁרִים וְיִשְׂמָחוּ, וְכָל־עַוְלָה קָפְצָה פִּיהָ: מִי־חָכָם וְיִשְׁמָר־אֵלֶּה,
וְיִתְבּוֹנְנוּ חַסְדֵי יהוה:

יהוה מָלָךְ תָּגֵל הָאָרֶץ, יִשְׂמְחוּ אִיִּים רַבִּים: עָנָן וַעֲרָפֶל סְבִיבָיו, תהלים צז
צֶדֶק וּמִשְׁפָּט מְכוֹן כִּסְאוֹ: אֵשׁ לְפָנָיו תֵּלֵךְ, וּתְלַהֵט סָבִיב צָרָיו:

"when living in the land of God." Interpreted non-mystically, this means that the Torah represents the architecture of a society; it is not just a code for the salvation of the soul. The Torah includes laws relating to welfare, the environment, the administration of justice, employer-employee relationships, and many other matters not normally thought of as religious. It is less about the ascent of the soul to heaven, than about bringing heaven down to earth in

world; the earth sees and trembles. Mountains melt like wax before the LORD, before the LORD of all the earth. The heavens proclaim His righteousness, and all the peoples see His glory. All who worship images and boast in idols are put to shame. Bow down to Him, all you heavenly powers. Zion hears and rejoices, and the towns of Judah are glad because of Your judgments, LORD. For You, LORD, are supreme over all the earth; You are exalted far above all heavenly powers. Let those who love the LORD hate evil, for He protects the lives of His devoted ones, delivering them from the hand of the wicked. ▸ Light is sown for the righteous, and joy for the upright in heart. Rejoice in the LORD, you who are righteous, and give thanks to His holy name.

מִזְמוֹר A Psalm. Sing a new song to the LORD, for He has done wondrous things; He has saved by His right hand and His holy arm. The LORD has made His salvation known; He has displayed His righteousness in the sight of the nations. He remembered His loving-kindness and faithfulness to the house of Israel; all the ends of the earth have seen the victory of our LORD. Shout for joy to the LORD, all the earth; burst into song, sing with joy, play music. Play music to the LORD on the harp – on the harp with the sound of singing. With trumpets and the sound of the shofar, shout for joy before the LORD, the King. ▸ Let the sea and all that is in it thunder, the world and all who live in it. Let the rivers clap their hands, the mountains sing together for joy – before the LORD, for He is coming to judge the earth. He will judge the world with justice, and the peoples with equity. *Ps. 98*

---

millennia recovered it again. Ravaged by the Holocaust a mere three years earlier, the declaration of Israel's independence was a remarkable act of faith, an everlasting symbol of the victory of life over death, hope over despair.

Some thirty-three centuries ago, Moses prophesied: "Even if you have been dispersed to the most distant land under the heavens, from there the LORD your God will gather you and bring you back" (Deut. 30:4), and so it happened. If, as we believe, there are events that bear the signature of Heaven, this surely was one. Therefore we give thanks to God for bringing the land back to the people, and the people back to the land – the land where our people was born in ancient times, and reborn in ours.

הֵאִירוּ בְרָקָיו תֵּבֵל, רָאֲתָה וַתָּחֵל הָאָרֶץ: הָרִים כַּדּוֹנַג נָמַסּוּ מִלִּפְנֵי יהוה, מִלִּפְנֵי אֲדוֹן כָּל־הָאָרֶץ: הִגִּידוּ הַשָּׁמַיִם צִדְקוֹ, וְרָאוּ כָל־הָעַמִּים כְּבוֹדוֹ: יֵבֹשׁוּ כָּל־עֹבְדֵי פֶסֶל הַמִּתְהַלְלִים בָּאֱלִילִים, הִשְׁתַּחֲווּ־לוֹ כָּל־אֱלֹהִים: שָׁמְעָה וַתִּשְׂמַח צִיּוֹן, וַתָּגֵלְנָה בְּנוֹת יְהוּדָה, לְמַעַן מִשְׁפָּטֶיךָ יהוה: כִּי־אַתָּה יהוה עֶלְיוֹן עַל־כָּל־הָאָרֶץ, מְאֹד נַעֲלֵיתָ עַל־כָּל־אֱלֹהִים: אֹהֲבֵי יהוה שִׂנְאוּ רָע, שֹׁמֵר נַפְשׁוֹת חֲסִידָיו, מִיַּד רְשָׁעִים יַצִּילֵם: ‹ אוֹר זָרֻעַ לַצַּדִּיק, וּלְיִשְׁרֵי־לֵב שִׂמְחָה: שִׂמְחוּ צַדִּיקִים בַּיהוה, וְהוֹדוּ לְזֵכֶר קָדְשׁוֹ:

מִזְמוֹר, שִׁירוּ לַיהוה שִׁיר חָדָשׁ כִּי־נִפְלָאוֹת עָשָׂה, הוֹשִׁיעָה־לּוֹ תהלים צח
יְמִינוֹ וּזְרוֹעַ קָדְשׁוֹ: הוֹדִיעַ יהוה יְשׁוּעָתוֹ, לְעֵינֵי הַגּוֹיִם גִּלָּה צִדְקָתוֹ: זָכַר חַסְדּוֹ וֶאֱמוּנָתוֹ לְבֵית יִשְׂרָאֵל, רָאוּ כָל־אַפְסֵי־אָרֶץ אֵת יְשׁוּעַת אֱלֹהֵינוּ: הָרִיעוּ לַיהוה כָּל־הָאָרֶץ, פִּצְחוּ וְרַנְּנוּ וְזַמֵּרוּ: זַמְּרוּ לַיהוה בְּכִנּוֹר, בְּכִנּוֹר וְקוֹל זִמְרָה: בַּחֲצֹצְרוֹת וְקוֹל שׁוֹפָר, הָרִיעוּ לִפְנֵי הַמֶּלֶךְ יהוה: ‹ יִרְעַם הַיָּם וּמְלֹאוֹ, תֵּבֵל וְיֹשְׁבֵי בָהּ: נְהָרוֹת יִמְחֲאוּ־כָף, יַחַד הָרִים יְרַנֵּנוּ: לִפְנֵי־יהוה כִּי בָא לִשְׁפֹּט הָאָרֶץ, יִשְׁפֹּט־תֵּבֵל בְּצֶדֶק, וְעַמִּים בְּמֵישָׁרִים:

---

been able to rule and defend themselves. Only in Israel can a Jew speak a Jewish language, see a Jewish landscape, walk where our ancestors walked and continue the story they began. Only in Israel have Jews been able to live as a nation shaping its own destiny, constructing a society according to its own principles and laws.

Jews were the first to see God in history, to see the unfolding of events as a meaningful narrative, the ongoing story of the covenant between God and His people. The celebration of Yom HaAtzma'ut as a religious festival is part of this faith. Never before had a people survived so long an exile, its identity intact. Never before had a nation that had not known sovereignty for two

It is customary to sing:

הִתְעוֹרְרִי Wake up, wake up,
For your light has come: rise, shine!
Awake, awake, break out in song,
For the LORD's glory is revealed on you.

This is the day the LORD has made; *Ps. 118*
let us rejoice and be glad in it.

לֹא תֵבֹשִׁי Do not be ashamed, do not be confounded.
Why be downcast? Why do you mourn?
In you the needy of My people find shelter,
And the city shall be rebuilt on its hill.

This is the day the LORD has made;
let us rejoice and be glad in it.

יָמִין Right and left you shall spread out,
And God you will revere.
Through the descendant of Peretz,
We shall rejoice and we shall be glad.

This is the day the LORD has made;
let us rejoice and be glad in it.

Ma'ariv for Weekdays (page 262) is said at this point, in the Yom Tov melody. After Full Kaddish, the Ark is opened and the following is said responsively by the Leader and congregation.

Listen, Israel: the LORD is our God, the LORD is One. *Deut. 6*

The following is said three times responsively:

The LORD, He is God.

The Leader says the following which is repeated by the congregation.

מִי שֶׁעָשָׂה May He who performed miracles for our ancestors and for us,
redeeming us from slavery to freedom,
grant us a complete redemption soon,
and gather in our dispersed people
from the four quarters of the earth,
so that all Israel may be united in friendship,
and let us say: Amen.

The Ark is closed.

It is customary to sing:

הִתְעוֹרְרִי הִתְעוֹרְרִי
כִּי בָא אוֹרֵךְ קוּמִי אוֹרִי
עוּרִי עוּרִי, שִׁיר דַּבֵּרִי
כְּבוֹד יהוה עָלַיִךְ נִגְלָה.

תהלים קיח זֶה־הַיּוֹם עָשָׂה יהוה, נָגִילָה וְנִשְׂמְחָה בוֹ:

לֹא תֵבֹשִׁי וְלֹא תִכָּלְמִי
מַה תִּשְׁתּוֹחֲחִי וּמַה תֶּהֱמִי
בָּךְ יֶחֱסוּ עֲנִיֵּי עַמִּי
וְנִבְנְתָה עִיר עַל תִּלָּהּ.

זֶה־הַיּוֹם עָשָׂה יהוה, נָגִילָה וְנִשְׂמְחָה בוֹ:

יָמִין וּשְׂמֹאל תִּפְרֹצִי
וְאֶת יהוה תַּעֲרִיצִי
עַל יַד אִישׁ בֶּן פַּרְצִי
וְנִשְׂמְחָה וְנָגִילָה.

זֶה־הַיּוֹם עָשָׂה יהוה, נָגִילָה וְנִשְׂמְחָה בוֹ:

After קדיש שלם, מעריב לחול *(page 263) is said at this point, in the* יום טוב *melody. After* קדיש שלם, *the* ארון קודש *is opened and the following is said responsively by the* שליח ציבור *and the* קהל.

דברים ו שְׁמַע יִשְׂרָאֵל, יהוה אֱלֹהֵינוּ, יהוה אֶחָד:

The following is said three times responsively:

יהוה הוּא הָאֱלֹהִים.

The שליח ציבור *says the following which is repeated by the* קהל.

מִי שֶׁעָשָׂה נִסִּים לַאֲבוֹתֵינוּ וְלָנוּ
וּגְאָלָנוּ מֵעַבְדוּת לְחֵרוּת
הוּא יִגְאָלֵנוּ גְּאֻלָּה שְׁלֵמָה בְּקָרוֹב
וִיקַבֵּץ נִדָּחֵינוּ מֵאַרְבַּע כַּנְפוֹת הָאָרֶץ
חֲבֵרִים כָּל יִשְׂרָאֵל, וְנֹאמַר אָמֵן.

The ארון קודש *is closed.*

The Leader continues:

וְכִי־תָבֹאוּ When you go into battle in your land against an enemy who is attacking you, sound a staccato blast on the trumpets. Then you will be remembered by the LORD your God and you will be delivered from your enemies. On your days of rejoicing – your festivals and new moon celebrations – you shall sound a note on the trumpets over your burnt- and peace-offerings, and they will be a remembrance for you before your God. I am the LORD your God. *Num. 10*

The shofar is sounded with a Tekia Gedola and the following is said aloud:

Next year in Jerusalem rebuilt.

All:

May it be Your will, LORD our God and God of our fathers,
That as we have merited to witness the beginning of redemption,
So may we merit to hear the sound of the shofar
of our righteous anointed one, swiftly in our days.

All sing:

שִׁיר הַמַּעֲלוֹת A song of ascents. When the LORD brought back the exiles of Zion we were like people who dream. Then were our mouths filled with laughter, and our tongues with songs of joy. Then was it said among the nations, "The LORD has done great things for them." The LORD did do great things for us and we rejoiced. Bring back our exiles, LORD, like streams in a dry land. May those who sowed in tears, reap in joy. May one who goes out weeping, carrying a bag of seed, come back with songs of joy, carrying his sheaves. *Ps. 126*

The Omer is counted (page 304), followed by Aleinu (page 298).

All sing:

אֲנִי מַאֲמִין I believe with perfect faith
in the coming of the Messiah,
and though he may delay,
I wait daily for his coming.

It is customary to greet each other with the following phrase:

Happy festival; to a complete redemption!

The שליח ציבור *continues:*

במדבר י
וְכִי־תָבֹאוּ מִלְחָמָה בְּאַרְצְכֶם עַל־הַצַּר הַצֹּרֵר אֶתְכֶם, וַהֲרֵעֹתֶם בַּחֲצֹצְרֹת, וְנִזְכַּרְתֶּם לִפְנֵי יהוה אֱלֹהֵיכֶם, וְנוֹשַׁעְתֶּם מֵאֹיְבֵיכֶם: וּבְיוֹם שִׂמְחַתְכֶם וּבְמוֹעֲדֵיכֶם וּבְרָאשֵׁי חָדְשֵׁכֶם, וּתְקַעְתֶּם בַּחֲצֹצְרֹת עַל עֹלֹתֵיכֶם וְעַל זִבְחֵי שַׁלְמֵיכֶם, וְהָיוּ לָכֶם לְזִכָּרוֹן לִפְנֵי אֱלֹהֵיכֶם, אֲנִי יהוה אֱלֹהֵיכֶם:

The שופר *is sounded with a* תקיעה גדולה *and the following is said aloud:*

לְשָׁנָה הַבָּאָה בִּירוּשָׁלַיִם הַבְּנוּיָה.

All:

יְהִי רָצוֹן מִלְּפָנֶיךָ יהוה אֱלֹהֵינוּ וֵאלֹהֵי אֲבוֹתֵינוּ
שֶׁכְּשֵׁם שֶׁזָּכִינוּ לְאַתְחַלְתָּא דִגְאֻלָּה
כֵּן נִזְכֶּה לִשְׁמֹעַ קוֹל שׁוֹפָרוֹ שֶׁל מָשִׁיחַ צִדְקֵנוּ בִּמְהֵרָה בְיָמֵינוּ.

All sing:

תהלים קכו
שִׁיר הַמַּעֲלוֹת, בְּשׁוּב יהוה אֶת־שִׁיבַת צִיּוֹן, הָיִינוּ כְּחֹלְמִים: אָז יִמָּלֵא שְׂחוֹק פִּינוּ וּלְשׁוֹנֵנוּ רִנָּה, אָז יֹאמְרוּ בַגּוֹיִם הִגְדִּיל יהוה לַעֲשׂוֹת עִם־אֵלֶּה: הִגְדִּיל יהוה לַעֲשׂוֹת עִמָּנוּ, הָיִינוּ שְׂמֵחִים: שׁוּבָה יהוה אֶת־שְׁבִיתֵנוּ, כַּאֲפִיקִים בַּנֶּגֶב: הַזֹּרְעִים בְּדִמְעָה בְּרִנָּה יִקְצֹרוּ: הָלוֹךְ יֵלֵךְ וּבָכֹה נֹשֵׂא מֶשֶׁךְ־הַזָּרַע, בֹּא־יָבֹא בְרִנָּה נֹשֵׂא אֲלֻמֹּתָיו:

The עומר *is counted (page 305), followed by* עָלֵינוּ *(page 299).*

All sing:

אֲנִי מַאֲמִין בֶּאֱמוּנָה שְׁלֵמָה בְּבִיאַת הַמָּשִׁיחַ
וְאַף עַל פִּי שֶׁיִּתְמַהְמֵהַּ
עִם כָּל זֶה אֲחַכֶּה לּוֹ בְּכָל יוֹם שֶׁיָּבוֹא.

It is customary to greet each other with the following phrase:

מוֹעֲדִים לְשִׂמְחָה לִגְאֻלָּה שְׁלֵמָה

Shaḥarit for Yom HaAtzma'ut

Begin as on weekdays, from pages 4–58.
In Israel and many congregations outside Israel, Pesukei DeZimra of Yom Tov, below, are said.

A PSALM BEFORE VERSES OF PRAISE

מִזְמוֹר שִׁיר A psalm of David. A song for the dedication of the House. *Ps. 30*
I will exalt You, LORD, for You have lifted me up, and not let my enemies rejoice over me. LORD, my God, I cried to You for help and You healed me. LORD, You lifted my soul from the grave; You spared me from going down to the pit. Sing to the LORD, you His devoted ones, and give thanks to His holy name. For His anger is for a moment, but His favor for a lifetime. At night there may be weeping, but in the morning there is joy. When I felt secure, I said, "I shall never be shaken." LORD, when You favored me, You made me stand firm as a mountain, but when You hid Your face, I was terrified. To You, LORD, I called; I pleaded with my LORD: "What gain would there be if I died and went down to the grave? Can dust thank You? Can it declare Your truth? Hear, LORD, and be gracious to me; LORD, be my help." You have turned my sorrow into dancing. ▸ You have removed my sackcloth and clothed me with joy, so that my soul may sing to You and not be silent. LORD my God, for ever will I thank You.

---

hitherto secure, was suddenly in danger. It was then that he prayed to God, "What gain would there be if I died and went down to the grave? ... Can dust thank You?" So we, waking to the life of a new day, express our sense of joy, "so that my soul may sing to You and not be silent."

שחרית ליום העצמאות

Begin as on weekdays, from pages 5–59.
In ארץ ישראל *and many congregations in* חוץ לארץ*,* פסוקי דזמרה *of* יום טוב*, below, are said.*

מזמור לפני פסוקי דזמרה

מִזְמוֹר שִׁיר־חֲנֻכַּת הַבַּיִת לְדָוִד: אֲרוֹמִמְךָ יהוה כִּי דִלִּיתָנִי, תהלים ל
וְלֹא־שִׂמַּחְתָּ אֹיְבַי לִי: יהוה אֱלֹהָי, שִׁוַּעְתִּי אֵלֶיךָ וַתִּרְפָּאֵנִי:
יהוה, הֶעֱלִיתָ מִן־שְׁאוֹל נַפְשִׁי, חִיִּיתַנִי מִיָּרְדִי־בוֹר: זַמְּרוּ לַיהוה
חֲסִידָיו, וְהוֹדוּ לְזֵכֶר קָדְשׁוֹ: כִּי רֶגַע בְּאַפּוֹ, חַיִּים בִּרְצוֹנוֹ, בָּעֶרֶב
יָלִין בֶּכִי וְלַבֹּקֶר רִנָּה: וַאֲנִי אָמַרְתִּי בְשַׁלְוִי, בַּל־אֶמּוֹט לְעוֹלָם:
יהוה, בִּרְצוֹנְךָ הֶעֱמַדְתָּה לְהַרְרִי עֹז, הִסְתַּרְתָּ פָנֶיךָ הָיִיתִי נִבְהָל:
אֵלֶיךָ יהוה אֶקְרָא, וְאֶל־אֲדֹנָי אֶתְחַנָּן: מַה־בֶּצַע בְּדָמִי, בְּרִדְתִּי
אֶל שָׁחַת, הֲיוֹדְךָ עָפָר, הֲיַגִּיד אֲמִתֶּךָ: שְׁמַע־יהוה וְחָנֵּנִי, יהוה
הֱיֵה־עֹזֵר לִי: › הָפַכְתָּ מִסְפְּדִי לְמָחוֹל לִי, פִּתַּחְתָּ שַׂקִּי, וַתְּאַזְּרֵנִי
שִׂמְחָה: לְמַעַן יְזַמֶּרְךָ כָבוֹד וְלֹא יִדֹּם, יהוה אֱלֹהַי, לְעוֹלָם אוֹדֶךָּ:

מִזְמוֹר שִׁיר־חֲנֻכַּת הַבַּיִת *A song for the dedication of the House*: According to Rashi, David wrote this psalm to be sung at the inauguration of the Temple, though he knew it would only take place in the lifetime of his son, Solomon. The psalm first entered the siddur as a prayer to be said on Ḥanukka, and was later adopted as part of the daily prayers.

Its content is beautifully suited to be a bridge between the Morning Blessings and the *Pesukei DeZimra*. The connecting theme is the restoration of life as a reason for giving praise. The Psalmist recounts a crisis when his life,

MOURNER'S KADDISH

The following prayer, said by mourners, requires the presence of a minyan. A transliteration can be found on page 699.

Mourner: יִתְגַּדַּל Magnified and sanctified
may His great name be,
in the world He created by His will.
May He establish His kingdom
in your lifetime and in your days,
and in the lifetime of all the house of Israel,
swiftly and soon – and say: Amen.

All: May His great name be blessed for ever and all time.

Mourner: Blessed and praised, glorified and exalted,
raised and honored, uplifted and lauded
be the name of the Holy One,
blessed be He,
beyond any blessing,
song, praise and consolation
uttered in the world – and say: Amen.

May there be great peace from heaven,
and life for us and all Israel – and say: Amen.

Bow, take three steps back, as if taking leave of the Divine Presence, then bow, first left, then right, then center, while saying:

May He who makes peace in His high places,
make peace for us and all Israel –
and say: Amen.

The most profound gift we can bring to the memory of one we have lost is to be a source of blessing to the deceased by the good deeds we do in his or her name. When we say Kaddish, we are the cause of the congregation saying, in response, "May His great name be blessed for ever and all time." This, according to the Talmud, brings great pleasure to God. By causing the congregation to praise God, we show that the recollection of the person we have lost moves us to good deeds – and thus that their memory continues to be a blessing.

קדיש יתום

The following prayer, said by mourners, requires the presence of a מנין.
A transliteration can be found on page 699.

אבל: יִתְגַּדַּל וְיִתְקַדַּשׁ שְׁמֵהּ רַבָּא (קהל: אָמֵן)
בְּעָלְמָא דִּי בְרָא כִרְעוּתֵהּ
וְיַמְלִיךְ מַלְכוּתֵהּ
בְּחַיֵּיכוֹן וּבְיוֹמֵיכוֹן וּבְחַיֵּי דְכָל בֵּית יִשְׂרָאֵל
בַּעֲגָלָא וּבִזְמַן קָרִיב, וְאִמְרוּ אָמֵן. (קהל: אָמֵן)

קהל ואבל: יְהֵא שְׁמֵהּ רַבָּא מְבָרַךְ לְעָלַם וּלְעָלְמֵי עָלְמַיָּא.

אבל: יִתְבָּרַךְ וְיִשְׁתַּבַּח וְיִתְפָּאַר
וְיִתְרוֹמַם וְיִתְנַשֵּׂא וְיִתְהַדָּר וְיִתְעַלֶּה וְיִתְהַלָּל
שְׁמֵהּ דְּקֻדְשָׁא בְּרִיךְ הוּא (קהל: בְּרִיךְ הוּא)
לְעֵלָּא מִן כָּל בִּרְכָתָא
וְשִׁירָתָא, תֻּשְׁבְּחָתָא וְנֶחֱמָתָא
דַּאֲמִירָן בְּעָלְמָא, וְאִמְרוּ אָמֵן. (קהל: אָמֵן)

יְהֵא שְׁלָמָא רַבָּא מִן שְׁמַיָּא
וְחַיִּים, עָלֵינוּ וְעַל כָּל יִשְׂרָאֵל, וְאִמְרוּ אָמֵן. (קהל: אָמֵן)

Bow, take three steps back, as if taking leave of the Divine Presence,
then bow, first left, then right, then center, while saying:

עֹשֶׂה שָׁלוֹם בִּמְרוֹמָיו
הוּא יַעֲשֶׂה שָׁלוֹם עָלֵינוּ וְעַל כָּל יִשְׂרָאֵל
וְאִמְרוּ אָמֵן. (קהל: אָמֵן)

MOURNER'S KADDISH
The paradox has long been noted that the mourner's Kaddish contains no mention of death, bereavement or grief. In Judaism, we emerge from the pain of loss by re-immersing ourselves in life – and thus in God, the source of all life.

PESUKEI DEZIMRA

The following introductory blessing to the Pesukei DeZimra (Verses of Praise) is said standing, while holding the two front tzitziot of the tallit. They are kissed and released at the end of the blessing at "songs of praise" (on the next page). From the beginning of this prayer to the end of the Amida, conversation is forbidden. See table on pages 695–697 for which congregational responses are permitted.

Some say:
I hereby prepare my mouth to thank, praise and laud my Creator, for the sake of the unification of the Holy One, blessed be He, and His Divine Presence, through that which is hidden and concealed, in the name of all Israel.

BLESSED IS HE WHO SPOKE

and the world came into being, blessed is He.
Blessed is He who creates the universe.
Blessed is He who speaks and acts.
Blessed is He who decrees and fulfills.
Blessed is He who shows compassion to the earth.
Blessed is He who shows compassion to all creatures.
Blessed is He who gives a good reward
to those who fear Him.
Blessed is He who lives for ever and exists to eternity.
Blessed is He who redeems and saves.
Blessed is His name.

---

tal preparation beforehand, as well as a gradual leave-taking afterward. It is impossible to move directly from worldly concerns to the intense concentration required for genuine prayer, and vice versa. The verse cited in support of this practice is "Happy are they that dwell in Your House" (Psalm 84:5), and this verse occupies a prominent place at the heart of the Verses of Praise. In addition to the six psalms said on weekdays, nine extra psalms are added on Shabbat and Yom Tov.

בָּרוּךְ שֶׁאָמַר Blessed is He: An introductory blessing to the *Pesukei DeZimra*, in two parts. The first is a ten-part litany of praise to God as creator, each phrase introduced with the word "Blessed" (the second phrase, "Blessed is He," is

פסוקי דזמרה

The following introductory blessing to the פסוקי דזמרה *is said standing, while holding the two front* ציציות *of the* טלית*. They are kissed and released at the end of the blessing at* בַּתִּשְׁבָּחוֹת *(on the next page). From the beginning of this prayer to the end of the* עמידה*, conversation is forbidden. See table on pages 695–697 for which congregational responses are permitted.*

Some say:

הֲרֵינִי מְזַמֵּן אֶת פִּי לְהוֹדוֹת וּלְהַלֵּל וּלְשַׁבֵּחַ אֶת בּוֹרְאִי, לְשֵׁם יִחוּד קֻדְשָׁא בְּרִיךְ הוּא וּשְׁכִינְתֵּהּ עַל יְדֵי הַהוּא טָמִיר וְנֶעְלָם בְּשֵׁם כָּל יִשְׂרָאֵל.

בָּרוּךְ שֶׁאָמַר

וְהָיָה הָעוֹלָם, בָּרוּךְ הוּא.

בָּרוּךְ עוֹשֶׂה בְרֵאשִׁית\
בָּרוּךְ אוֹמֵר וְעוֹשֶׂה\
בָּרוּךְ גּוֹזֵר וּמְקַיֵּם\
בָּרוּךְ מְרַחֵם עַל הָאָרֶץ\
בָּרוּךְ מְרַחֵם עַל הַבְּרִיּוֹת\
בָּרוּךְ מְשַׁלֵּם שָׂכָר טוֹב לִירֵאָיו\
בָּרוּךְ חַי לָעַד וְקַיָּם לָנֶצַח\
בָּרוּךְ פּוֹדֶה וּמַצִּיל\
בָּרוּךְ שְׁמוֹ

PESUKEI DEZIMRA / VERSES OF PRAISE

This section of the prayers is based on the Talmudic teaching (*Berakhot* 32a) that "The pious men of old used to wait for an hour [before praying], they prayed for an hour, and then waited again for an hour." Prayer requires men-

Blessed are You, Lord our God,
King of the Universe,
God, compassionate Father,
extolled by the mouth of His people,
praised and glorified by the tongue of His devoted ones
and those who serve Him.
With the songs of Your servant David
we will praise You, O Lord our God.
With praises and psalms
we will magnify and praise You, glorify You,
Speak Your name and proclaim Your kingship,
our King, our God, ▸ the only One, Giver of life to the worlds
the King whose great name is praised
and glorified to all eternity.
Blessed are You, Lord,
the King extolled with songs of praise.

הודו Thank the Lord, call on His name, make His acts known *1 Chr. 16* among the peoples. Sing to Him, make music to Him, tell of all His wonders. Glory in His holy name; let the hearts of those who seek the Lord rejoice. Search out the Lord and His strength; seek His presence at all times. Remember the wonders He has done, His miracles, and the judgments He pronounced. Descendants of Yisrael His servant, sons of Jacob His chosen ones: He is the Lord our God. His judgments are throughout the earth. Remember

---

הודו *Thank the Lord*: The Bible gives us a vivid account (1 Chr. 15–16) of the moment when this passage was first recited: when King David brought the Ark of the Covenant to Jerusalem, newly established as the capital of the Jewish state. The Ark, which had been captured by the Philistines, was brought back by David to a temporary resting place. Later it was carried into Jerusalem to scenes of great jubilation. As on other momentous occasions in the life of biblical Israel, the leader (here David) reminds the people of the

בָּרוּךְ אַתָּה יהוה אֱלֹהֵינוּ מֶלֶךְ הָעוֹלָם
הָאֵל הָאָב הָרַחֲמָן הַמְהֻלָּל בְּפִי עַמּוֹ
מְשֻׁבָּח וּמְפֹאָר בִּלְשׁוֹן חֲסִידָיו וַעֲבָדָיו
וּבְשִׁירֵי דָוִד עַבְדֶּךָ
נְהַלֶּלְךָ יהוה אֱלֹהֵינוּ.
בִּשְׁבָחוֹת וּבִזְמִירוֹת
נְגַדֶּלְךָ וּנְשַׁבֵּחֲךָ וּנְפָאֶרְךָ
וְנַזְכִּיר שִׁמְךָ וְנַמְלִיכְךָ
מַלְכֵּנוּ אֱלֹהֵינוּ, ◂ יָחִיד חֵי הָעוֹלָמִים
מֶלֶךְ, מְשֻׁבָּח וּמְפֹאָר עֲדֵי עַד שְׁמוֹ הַגָּדוֹל
בָּרוּךְ אַתָּה יהוה, מֶלֶךְ מְהֻלָּל בַּתִּשְׁבָּחוֹת.

דברי הימים א׳ טז

הוֹדוּ לַיהוה קִרְאוּ בִשְׁמוֹ, הוֹדִיעוּ בָעַמִּים עֲלִילֹתָיו: שִׁירוּ לוֹ, זַמְּרוּ־לוֹ, שִׂיחוּ בְּכָל־נִפְלְאֹתָיו: הִתְהַלְלוּ בְּשֵׁם קָדְשׁוֹ, יִשְׂמַח לֵב מְבַקְשֵׁי יהוה: דִּרְשׁוּ יהוה וְעֻזּוֹ, בַּקְּשׁוּ פָנָיו תָּמִיד: זִכְרוּ נִפְלְאֹתָיו אֲשֶׁר עָשָׂה, מֹפְתָיו וּמִשְׁפְּטֵי־פִיהוּ: זֶרַע יִשְׂרָאֵל עַבְדּוֹ, בְּנֵי יַעֲקֹב בְּחִירָיו: הוּא יהוה אֱלֹהֵינוּ בְּכָל־הָאָרֶץ מִשְׁפָּטָיו: זִכְרוּ לְעוֹלָם

---

not a separate verse but originally a congregational response). The number ten corresponds to the ten times the word *VaYomer*, "And He said," appears in the story of creation in Genesis 1. Hence the rabbinic saying that "With ten utterances the world was created" (Avot 5:1).

Blessed are You: The second half of the blessing is a prelude to the biblical verses that follow, mainly from the Psalms ("With the Psalms of your servant David we will exalt you") but also from the books of Chronicles and Nehemiah ("extolled by the mouth of His people"). To emphasize the significance of this declaration, we recite it standing and, at the end, kiss the two front fringes of the tallit.

His covenant for ever, the word He commanded for a thousand generations. He made it with Abraham, vowed it to Isaac, and confirmed it to Jacob as a statute and to Israel as an everlasting covenant, saying, "To you I will give the land of Canaan as your allotted heritage." You were then small in number, few, strangers there, wandering from nation to nation, from one kingdom to another, but He let no man oppress them, and for their sake He rebuked kings: "Do not touch My anointed ones, and do My prophets no harm." Sing to the LORD, all the earth; proclaim His salvation daily. Declare His glory among the nations, His marvels among all the peoples. For great is the LORD and greatly to be praised; He is awesome beyond all heavenly powers. ▸ For all the gods of the peoples are mere idols; it was the LORD who made the heavens.

Before Him are majesty and splendor; there is strength and beauty in His holy place. Render to the LORD, families of the peoples, render to the LORD honor and might. Render to the LORD the glory due to His name; bring an offering and come before Him; bow down to the LORD in the splendor of holiness. Tremble before Him, all the earth; the world stands firm, it will not be shaken. Let the heavens rejoice and the earth be glad; let them declare among the nations, "The LORD is King." Let the sea roar, and all that is in it; let the fields be jubilant, and all they contain. Then the trees of the forest will sing for joy before the LORD, for He is coming to judge the earth. Thank the LORD for He is good; His loving-kindness is for ever. Say: "Save us, God of our salvation; gather us and rescue us from the nations, to acknowledge Your holy name and glory in Your praise. Blessed is the LORD, God of Israel, from this world to eternity." And let all the people say "Amen" and "Praise the LORD."

---

as an accompaniment to the sacrifices, from that day until the inauguration of the Temple in the time of Solomon.

בְּרִיתוֹ, דָּבָר צִוָּה לְאֶלֶף דּוֹר: אֲשֶׁר כָּרַת אֶת־אַבְרָהָם, וּשְׁבוּעָתוֹ לְיִצְחָק: וַיַּעֲמִידֶהָ לְיַעֲקֹב לְחֹק, לְיִשְׂרָאֵל בְּרִית עוֹלָם: לֵאמֹר, לְךָ אֶתֵּן אֶרֶץ־כְּנָעַן, חֶבֶל נַחֲלַתְכֶם: בִּהְיוֹתְכֶם מְתֵי מִסְפָּר, כִּמְעַט וְגָרִים בָּהּ: וַיִּתְהַלְּכוּ מִגּוֹי אֶל־גּוֹי, וּמִמַּמְלָכָה אֶל־עַם אַחֵר: לֹא־הִנִּיחַ לְאִישׁ לְעָשְׁקָם, וַיּוֹכַח עֲלֵיהֶם מְלָכִים: אַל־תִּגְּעוּ בִּמְשִׁיחָי, וּבִנְבִיאַי אַל־תָּרֵעוּ: שִׁירוּ לַיהוה כָּל־הָאָרֶץ, בַּשְּׂרוּ מִיּוֹם־אֶל־יוֹם יְשׁוּעָתוֹ: סַפְּרוּ בַגּוֹיִם אֶת־כְּבוֹדוֹ, בְּכָל־הָעַמִּים נִפְלְאֹתָיו: כִּי גָדוֹל יהוה וּמְהֻלָּל מְאֹד, וְנוֹרָא הוּא עַל־כָּל־אֱלֹהִים: ◂ כִּי כָּל־אֱלֹהֵי הָעַמִּים אֱלִילִים, וַיהוה שָׁמַיִם עָשָׂה:

הוֹד וְהָדָר לְפָנָיו, עֹז וְחֶדְוָה בִּמְקֹמוֹ: הָבוּ לַיהוה מִשְׁפְּחוֹת עַמִּים, הָבוּ לַיהוה כָּבוֹד וָעֹז: הָבוּ לַיהוה כְּבוֹד שְׁמוֹ, שְׂאוּ מִנְחָה וּבֹאוּ לְפָנָיו, הִשְׁתַּחֲווּ לַיהוה בְּהַדְרַת־קֹדֶשׁ: חִילוּ מִלְּפָנָיו כָּל־הָאָרֶץ, אַף־תִּכּוֹן תֵּבֵל בַּל־תִּמּוֹט: יִשְׂמְחוּ הַשָּׁמַיִם וְתָגֵל הָאָרֶץ, וְיֹאמְרוּ בַגּוֹיִם יהוה מָלָךְ: יִרְעַם הַיָּם וּמְלוֹאוֹ, יַעֲלֹץ הַשָּׂדֶה וְכָל־אֲשֶׁר־בּוֹ: אָז יְרַנְּנוּ עֲצֵי הַיָּעַר, מִלִּפְנֵי יהוה, כִּי־בָא לִשְׁפּוֹט אֶת־הָאָרֶץ: הוֹדוּ לַיהוה כִּי טוֹב, כִּי לְעוֹלָם חַסְדּוֹ: וְאִמְרוּ, הוֹשִׁיעֵנוּ אֱלֹהֵי יִשְׁעֵנוּ, וְקַבְּצֵנוּ וְהַצִּילֵנוּ מִן־הַגּוֹיִם, לְהֹדוֹת לְשֵׁם קָדְשֶׁךָ, לְהִשְׁתַּבֵּחַ בִּתְהִלָּתֶךָ: בָּרוּךְ יהוה אֱלֹהֵי יִשְׂרָאֵל מִן־הָעוֹלָם וְעַד־הָעֹלָם, וַיֹּאמְרוּ כָל־הָעָם אָמֵן, וְהַלֵּל לַיהוה:

---

history of the nation, and its dependence on divine providence. The passage ends with the response of the people: "And all the people said 'Amen' and 'Praise the Lord.'" According to *Seder Olam* (chapter 14), this passage was recited daily (in two halves: one in the morning, the other in the afternoon)

▸ Exalt the LORD our God and bow before His footstool: He is holy. *Ps. 99*
Exalt the LORD our God and bow at His holy mountain; for holy
is the LORD our God.

He is compassionate. He forgives iniquity and does not destroy. *Ps. 78*
Repeatedly He suppresses His anger, not rousing His full wrath.
You, LORD: do not withhold Your compassion from me. May Your *Ps. 40*
loving-kindness and truth always guard me. Remember, LORD, *Ps. 25*
Your acts of compassion and love, for they have existed for ever.
Ascribe power to God, whose majesty is over Israel and whose *Ps. 68*
might is in the skies. You are awesome, God, in Your holy places.
It is the God of Israel who gives might and strength to the people,
may God be blessed. God of retribution, LORD, God of retribution, *Ps. 94*
appear. Arise, Judge of the earth, to repay the arrogant their just
deserts. Salvation belongs to the LORD; may Your blessing rest upon *Ps. 3*
Your people, Selah! ▸ The LORD of hosts is with us, the God of Jacob *Ps. 46*
is our stronghold, Selah! LORD of hosts, happy is the one who trusts *Ps. 84*
in You. LORD, save! May the King answer us on the day we call. *Ps. 20*

Save Your people and bless Your heritage; tend them and carry *Ps. 28*
them for ever. Our soul longs for the LORD; He is our Help and *Ps. 33*
Shield. For in Him our hearts rejoice, for in His holy name we have
trusted. May Your loving-kindness, LORD, be upon us, as we have
put our hope in You. Show us, LORD, Your loving-kindness and *Ps. 85*

---

we have more time to pray, and also because on Shabbat we reflect on God's creation, a theme of many of the psalms. The Ashkenazi custom is to say nine. Together with the six weekday psalms, they make fifteen, the number associated with the fifteen Songs of Ascents (Psalms 120–134), and the fifteen steps in the Temple on which the Levites stood and sang their songs.

There is a striking feature to this sequence of additional psalms. According to one interpretation (Meiri) the phrase "a song of ascents" means one begun softly and continued with ever-increasing volume. The extra psalms begin in Psalm 19 with the universe singing a silent song ("their voice is not heard") and end in Psalm 93 with a magnificent crescendo ("Mightier than the noise of many waters").

◂ רוֹמְמוּ יהוה אֱלֹהֵינוּ וְהִשְׁתַּחֲווּ לַהֲדֹם רַגְלָיו, קָדוֹשׁ הוּא: תהלים צט
רוֹמְמוּ יהוה אֱלֹהֵינוּ וְהִשְׁתַּחֲווּ לְהַר קָדְשׁוֹ, כִּי־קָדוֹשׁ יהוה
אֱלֹהֵינוּ:

וְהוּא רַחוּם, יְכַפֵּר עָוֹן וְלֹא־יַשְׁחִית, וְהִרְבָּה לְהָשִׁיב אַפּוֹ, תהלים עח
וְלֹא־יָעִיר כָּל־חֲמָתוֹ: אַתָּה יהוה לֹא־תִכְלָא רַחֲמֶיךָ מִמֶּנִּי, חַסְדְּךָ תהלים מ
וַאֲמִתְּךָ תָּמִיד יִצְּרוּנִי: זְכֹר־רַחֲמֶיךָ יהוה וַחֲסָדֶיךָ, כִּי מֵעוֹלָם תהלים כה
הֵמָּה: תְּנוּ עֹז לֵאלֹהִים, עַל־יִשְׂרָאֵל גַּאֲוָתוֹ, וְעֻזּוֹ בַּשְּׁחָקִים: תהלים סח
נוֹרָא אֱלֹהִים מִמִּקְדָּשֶׁיךָ, אֵל יִשְׂרָאֵל הוּא נֹתֵן עֹז וְתַעֲצֻמוֹת
לָעָם, בָּרוּךְ אֱלֹהִים: אֵל־נְקָמוֹת יהוה, אֵל נְקָמוֹת הוֹפִיעַ: הִנָּשֵׂא תהלים צד
שֹׁפֵט הָאָרֶץ, הָשֵׁב גְּמוּל עַל־גֵּאִים: לַיהוה הַיְשׁוּעָה, עַל־עַמְּךָ תהלים ג
בִרְכָתֶךָ סֶּלָה: ◂ יהוה צְבָאוֹת עִמָּנוּ, מִשְׂגָּב לָנוּ אֱלֹהֵי יַעֲקֹב תהלים מו
סֶלָה: יהוה צְבָאוֹת, אַשְׁרֵי אָדָם בֹּטֵחַ בָּךְ: יהוה הוֹשִׁיעָה, תהלים פד תהלים כ
הַמֶּלֶךְ יַעֲנֵנוּ בְיוֹם־קָרְאֵנוּ:

הוֹשִׁיעָה אֶת־עַמֶּךָ, וּבָרֵךְ אֶת־נַחֲלָתֶךָ, וּרְעֵם וְנַשְּׂאֵם עַד־ תהלים כח
הָעוֹלָם: נַפְשֵׁנוּ חִכְּתָה לַיהוה, עֶזְרֵנוּ וּמָגִנֵּנוּ הוּא: כִּי־בוֹ יִשְׂמַח תהלים לג
לִבֵּנוּ, כִּי בְשֵׁם קָדְשׁוֹ בָטָחְנוּ: יְהִי־חַסְדְּךָ יהוה עָלֵינוּ, כַּאֲשֶׁר

רוֹמְמוּ *Exalt the Lord our God*: A selection of verses from the book of Psalms, expressing hope and trust in God. The voice in these verses modulates from singular to plural, individual to nation. This frequent shift from public to private and back again is a distinctive feature of Jewish sensibility. We speak to God as individuals, from the depths of our being, yet we are also members of an extended family, a people, a nation, whose fate and destiny we share and on whose behalf we pray.

EXTRA PSALMS FOR SHABBAT AND YOM TOV

In the earliest siddurim, we already find the well-established custom of saying extra psalms on Shabbat and Yom Tov. This is because, work being forbidden,

grant us Your salvation. Arise, help us and redeem us for the sake Ps. 44
of Your love. I am the LORD your God who brought you up from Ps. 81
the land of Egypt: open your mouth wide and I will fill it. Happy Ps. 144
is the people for whom this is so; happy is the people whose God
the LORD. ▸ As for me, I trust in Your loving-kindness; my heart Ps. 13
rejoices in Your salvation. I will sing to the LORD for He has been
good to me.

The custom is to say the following psalm standing.

מִזְמוֹר A psalm of thanksgiving. Shout joyously to the LORD, all Ps. 100
the earth. Serve the LORD with joy. Come before Him with jubilation. Know that the LORD is God. He made us and we are His. We are His people and the flock He tends. Enter His gates with thanksgiving, His courts with praise. Thank Him and bless His name. ▸ For the LORD is good, His loving-kindness is everlasting, and His faithfulness is for every generation.

לַמְנַצֵּחַ For the conductor of music. A psalm of David. The heavens Ps. 19
declare the glory of God; the skies proclaim the work of His hands. Day to day they pour forth speech; night to night they communicate knowledge. There is no speech, there are no words, their voice is not heard. Yet their music carries throughout the earth, their words to the end of the world. In them He has set a tent for the sun. It emerges like a groom from his marriage chamber, rejoicing like a champion about to run a race. It rises at one end of the heaven and makes its circuit to the other: nothing is hidden from its heat. The LORD's Torah is perfect, refreshing the soul. The LORD's testimony is faithful, making the simple wise. The LORD's precepts are just, gladdening the heart. The LORD's commandment is radiant, giving

---

and His revelation of the world-that-ought-to-be. קַוָּם *Yet their music:* literally "their line," perhaps the reverberating string of a musical instrument. Alternatively, it may mean the line marking a boundary – a reference to the order and "fearful symmetry" of the universe.

תהלים פה תהלים מד יִחַלְנוּ לָךְ: הַרְאֵנוּ יהוה חַסְדֶּךָ, וְיֶשְׁעֲךָ תִּתֶּן־לָנוּ: קוּמָה עֶזְרָתָה
תהלים פא לָּנוּ, וּפְדֵנוּ לְמַעַן חַסְדֶּךָ: אָנֹכִי יהוה אֱלֹהֶיךָ הַמַּעַלְךָ מֵאֶרֶץ
תהלים קמד מִצְרָיִם, הַרְחֶב־פִּיךָ וַאֲמַלְאֵהוּ: אַשְׁרֵי הָעָם שֶׁכָּכָה לּוֹ, אַשְׁרֵי
תהלים יג הָעָם שֶׁיהוה אֱלֹהָיו: ‹ וַאֲנִי בְּחַסְדְּךָ בָטַחְתִּי, יָגֵל לִבִּי בִּישׁוּעָתֶךָ,
אָשִׁירָה לַיהוה, כִּי גָמַל עָלָי:

The custom is to say the following psalm standing.

תהלים ק מִזְמוֹר לְתוֹדָה, הָרִיעוּ לַיהוה כָּל־הָאָרֶץ: עִבְדוּ אֶת־יהוה
בְּשִׂמְחָה, בֹּאוּ לְפָנָיו בִּרְנָנָה: דְּעוּ כִּי־יהוה הוּא אֱלֹהִים, הוּא
עָשָׂנוּ וְלוֹ אֲנַחְנוּ, עַמּוֹ וְצֹאן מַרְעִיתוֹ: בֹּאוּ שְׁעָרָיו בְּתוֹדָה,
חֲצֵרֹתָיו בִּתְהִלָּה, הוֹדוּ לוֹ, בָּרְכוּ שְׁמוֹ: ‹ כִּי־טוֹב יהוה, לְעוֹלָם
חַסְדּוֹ, וְעַד־דֹּר וָדֹר אֱמוּנָתוֹ:

תהלים יט לַמְנַצֵּחַ מִזְמוֹר לְדָוִד: הַשָּׁמַיִם מְסַפְּרִים כְּבוֹד־אֵל, וּמַעֲשֵׂה
יָדָיו מַגִּיד הָרָקִיעַ: יוֹם לְיוֹם יַבִּיעַ אֹמֶר, וְלַיְלָה לְּלַיְלָה יְחַוֶּה־
דָּעַת: אֵין־אֹמֶר וְאֵין דְּבָרִים, בְּלִי נִשְׁמָע קוֹלָם: בְּכָל־הָאָרֶץ
יָצָא קַוָּם, וּבִקְצֵה תֵבֵל מִלֵּיהֶם, לַשֶּׁמֶשׁ שָׂם־אֹהֶל בָּהֶם: וְהוּא
כְּחָתָן יֹצֵא מֵחֻפָּתוֹ, יָשִׂישׂ כְּגִבּוֹר לָרוּץ אֹרַח: מִקְצֵה הַשָּׁמַיִם
מוֹצָאוֹ, וּתְקוּפָתוֹ עַל־קְצוֹתָם, וְאֵין נִסְתָּר מֵחַמָּתוֹ: תּוֹרַת יהוה
תְּמִימָה, מְשִׁיבַת נָפֶשׁ, עֵדוּת יהוה נֶאֱמָנָה, מַחְכִּימַת פֶּתִי:

לַמְנַצֵּחַ *Psalm 19. The heavens declare the glory of God:* A hymn of glory to the universe as God's work and the Torah as God's word. In the first half of the poem, the Psalmist speaks metaphorically of creation singing a song of praise to its Creator, a silent song yet one that can be heard by those whose ears are attuned to wonder. But God's word not only gives life to the natural universe: it instructs the human universe, the world we make by our actions and reactions. The Psalmist pours out his praise of God's creation of the world-that-is,

light to the eyes. The fear of the LORD is pure, enduring for ever. The LORD's judgments are true, altogether righteous. More precious than gold, than much fine gold. They are sweeter than honey, than honey from the comb. Your servant, too, is careful of them, for in observing them there is great reward. Yet who can discern his errors? Cleanse me of hidden faults. Keep Your servant also from willful sins; let them not have dominion over me. Then shall I be blameless, and innocent of grave sin. ▸ May the words of my mouth and the meditation of my heart find favor before You, LORD, my Rock and my Redeemer.

לְדָוִד Of David. When he pretended to be insane before Abimelech, *Ps. 34*
who drove him away, and he left.
I will bless the LORD at all times;
His praise will be always on my lips.
My soul will glory in the LORD;
let the lowly hear this and rejoice.
Magnify the LORD with me;
let us exalt His name together.
I sought the LORD, and He answered me;
He saved me from all my fears.
Those who look to Him are radiant;
Their faces are never downcast.
This poor man called, and the LORD heard;
He saved him from all his troubles.
The LORD's angel encamps around those who fear Him,
and He rescues them.
Taste and see that the LORD is good;
happy is the man who takes refuge in Him.
Fear the LORD, you His holy ones,
for those who fear Him lack nothing.

Meals. It is also said on taking the Torah scroll out of the Ark. טַעֲמוּ וּרְאוּ *Taste and see*: religious experience precedes religious understanding. God's good-

פִּקּוּדֵי יהוה יְשָׁרִים, מְשַׂמְּחֵי־לֵב, מִצְוַת יהוה בָּרָה, מְאִירַת
עֵינָיִם: יִרְאַת יהוה טְהוֹרָה, עוֹמֶדֶת לָעַד, מִשְׁפְּטֵי־יהוה אֱמֶת,
צָדְקוּ יַחְדָּו: הַנֶּחֱמָדִים מִזָּהָב וּמִפַּז רָב, וּמְתוּקִים מִדְּבַשׁ וְנֹפֶת
צוּפִים: גַּם־עַבְדְּךָ נִזְהָר בָּהֶם, בְּשָׁמְרָם עֵקֶב רָב: שְׁגִיאוֹת מִי־
יָבִין, מִנִּסְתָּרוֹת נַקֵּנִי: גַּם מִזֵּדִים חֲשֹׂךְ עַבְדֶּךָ, אַל־יִמְשְׁלוּ־בִי
אָז אֵיתָם, וְנִקֵּיתִי מִפֶּשַׁע רָב: • יִהְיוּ לְרָצוֹן אִמְרֵי־פִי וְהֶגְיוֹן לִבִּי
לְפָנֶיךָ, יהוה, צוּרִי וְגֹאֲלִי:

לְדָוִד, בְּשַׁנּוֹתוֹ אֶת־טַעְמוֹ לִפְנֵי אֲבִימֶלֶךְ, וַיְגָרְשֵׁהוּ וַיֵּלַךְ: תהלים לד
אֲבָרְכָה אֶת־יהוה בְּכָל־עֵת, תָּמִיד תְּהִלָּתוֹ בְּפִי:
בַּיהוה תִּתְהַלֵּל נַפְשִׁי, יִשְׁמְעוּ עֲנָוִים וְיִשְׂמָחוּ:
גַּדְּלוּ לַיהוה אִתִּי, וּנְרוֹמְמָה שְׁמוֹ יַחְדָּו:
דָּרַשְׁתִּי אֶת־יהוה וְעָנָנִי, וּמִכָּל־מְגוּרוֹתַי הִצִּילָנִי:
הִבִּיטוּ אֵלָיו וְנָהָרוּ, וּפְנֵיהֶם אַל־יֶחְפָּרוּ:
זֶה עָנִי קָרָא, וַיהוה שָׁמֵעַ, וּמִכָּל־צָרוֹתָיו הוֹשִׁיעוֹ:
חֹנֶה מַלְאַךְ־יהוה סָבִיב לִירֵאָיו, וַיְחַלְּצֵם:
טַעֲמוּ וּרְאוּ כִּי־טוֹב יהוה, אַשְׁרֵי הַגֶּבֶר יֶחֱסֶה־בּוֹ:
יְראוּ אֶת־יהוה קְדֹשָׁיו, כִּי־אֵין מַחְסוֹר לִירֵאָיו:

לְדָוִד *Psalm 34*: During the period that David was fleeing from King Saul, he took refuge in the Philistine city of Gath. There, however, he was recognized and his life was again in danger. Feigning insanity in order to appear harmless, he was dismissed by the king and was able to escape (I Sam. 21:11–16). The psalm of thanksgiving that follows is constructed as an alphabetical acrostic. An extra verse has been added at the end to avoid closing on a negative note. גַּדְּלוּ לַיהוה אִתִּי *Magnify the Lord with me*: this verse is taken by the sages as the source of the institution of summoning to prayer, as in the Grace after

Young lions may grow weak and hungry,
but those who seek the LORD lack no good thing.
Come, my children, listen to me;
I will teach you the fear of the LORD.
Who desires life,
loving each day to see good?
Then guard your tongue from evil
and your lips from speaking deceit.
Turn from evil and do good;
seek peace and pursue it.
The eyes of the LORD are on the righteous
and His ears attentive to their cry;
The LORD's face is set against those who do evil,
to erase their memory from the earth.
The righteous cry out, and the LORD hears them;
delivering them from all their troubles.
The LORD is close to the brokenhearted,
and saves those who are crushed in spirit.
Many troubles may befall the righteous,
but the LORD delivers him from them all;
He protects all his bones,
so that none of them will be broken.
Evil will slay the wicked;
the enemies of the righteous will be condemned.
▸ The LORD redeems his servants;
none who take refuge in Him shall be condemned.

תְּפִלָּה לְמֹשֶׁה A prayer of Moses, the man of God. LORD, You have *Ps. 90*
been our shelter in every generation. Before the mountains were born, before You brought forth the earth and the world, from everlasting to everlasting You are God. You turn men back to dust, saying, "Return, you children of men." For a thousand years in Your sight are like yesterday when it has passed, like a watch in the night. You sweep men away; they sleep. In the morning they are

כְּפִירִים רָשׁוּ וְרָעֵבוּ, וְדֹרְשֵׁי יהוה לֹא־יַחְסְרוּ כָל־טוֹב:
לְכוּ־בָנִים שִׁמְעוּ־לִי, יִרְאַת יהוה אֲלַמֶּדְכֶם:
מִי־הָאִישׁ הֶחָפֵץ חַיִּים, אֹהֵב יָמִים לִרְאוֹת טוֹב:
נְצֹר לְשׁוֹנְךָ מֵרָע, וּשְׂפָתֶיךָ מִדַּבֵּר מִרְמָה:
סוּר מֵרָע וַעֲשֵׂה־טוֹב, בַּקֵּשׁ שָׁלוֹם וְרָדְפֵהוּ:
עֵינֵי יהוה אֶל־צַדִּיקִים, וְאָזְנָיו אֶל־שַׁוְעָתָם:
פְּנֵי יהוה בְּעֹשֵׂי רָע, לְהַכְרִית מֵאֶרֶץ זִכְרָם:
צָעֲקוּ וַיהוה שָׁמֵעַ, וּמִכָּל־צָרוֹתָם הִצִּילָם:
קָרוֹב יהוה לְנִשְׁבְּרֵי־לֵב, וְאֶת־דַּכְּאֵי־רוּחַ יוֹשִׁיעַ:
רַבּוֹת רָעוֹת צַדִּיק, וּמִכֻּלָּם יַצִּילֶנּוּ יהוה:
שֹׁמֵר כָּל־עַצְמוֹתָיו, אַחַת מֵהֵנָּה לֹא נִשְׁבָּרָה:
תְּמוֹתֵת רָשָׁע רָעָה, וְשֹׂנְאֵי צַדִּיק יֶאְשָׁמוּ:
◄ פּוֹדֶה יהוה נֶפֶשׁ עֲבָדָיו, וְלֹא יֶאְשְׁמוּ כָּל־הַחֹסִים בּוֹ:

תְּפִלָּה לְמֹשֶׁה אִישׁ־הָאֱלֹהִים, אֲדֹנָי, מָעוֹן אַתָּה הָיִיתָ לָּנוּ בְּדֹר תהלים צ
וָדֹר: בְּטֶרֶם הָרִים יֻלָּדוּ, וַתְּחוֹלֵל אֶרֶץ וְתֵבֵל, וּמֵעוֹלָם עַד־עוֹלָם
אַתָּה אֵל: תָּשֵׁב אֱנוֹשׁ עַד־דַּכָּא, וַתֹּאמֶר שׁוּבוּ בְנֵי־אָדָם: כִּי
אֶלֶף שָׁנִים בְּעֵינֶיךָ, כְּיוֹם אֶתְמוֹל כִּי יַעֲבֹר, וְאַשְׁמוּרָה בַלָּיְלָה:
זְרַמְתָּם, שֵׁנָה יִהְיוּ, בַּבֹּקֶר כֶּחָצִיר יַחֲלֹף: בַּבֹּקֶר יָצִיץ וְחָלָף,

---

ness has to be felt before it can be thought. נְצֹר לְשׁוֹנְךָ מֵרָע *Then guard your tongue from evil*: the sages said about *lashon hara*, evil speech, that it harms the one who says it, the one it is said about, and the one who gives credence to it. בַּקֵּשׁ שָׁלוֹם וְרָדְפֵהוּ *Seek peace and pursue it*: "Seek peace where you are, and pursue it elsewhere" (Yerushalmi, Pe'ah 1:1).

תְּפִלָּה לְמֹשֶׁה *Psalm 90*: A moving meditation on the eternity of God and the shortness of our lives. זְרַמְתָּם *You sweep men away*: a succession of poetic

like grass newly grown: in the morning it flourishes and is new, but by evening it withers and dries up. For we are consumed by Your anger, terrified by Your fury. You have set our iniquities before You, our secret sins in the light of Your presence. All our days pass away in Your wrath, we spend our years like a sigh. The span of our life is seventy years, or if we are strong, eighty years; but the best of them is trouble and sorrow, for they quickly pass, and we fly away. Who can know the force of Your anger? Your wrath matches the fear due to You. Teach us rightly to number our days, that we may gain a heart of wisdom. Relent, O LORD! How much longer? Be sorry for Your servants. Satisfy us in the morning with Your loving-kindness, that we may sing and rejoice all our days. Grant us joy for as many days as You have afflicted us, for as many years as we saw trouble. Let Your deeds be seen by Your servants, and Your glory by their children. ▸ May the pleasantness of the LORD our God be upon us. Establish for us the work of our hands, O establish the work of our hands.

יֹשֵׁב בְּסֵתֶר He who lives in the shelter of the Most High dwells in the shadow of the Almighty. I say of the LORD, my Refuge and Stronghold, my God in whom I trust, that He will save you from the fowler's snare and the deadly pestilence. With His pinions He will cover you, and beneath His wings you will find shelter; His faithfulness is an encircling shield. You need not fear terror by night, nor the arrow that flies by day; not the pestilence that stalks in darkness, nor the plague that ravages at noon. A thousand may fall at your side, ten thousand at your right hand, but it will not come near you. You will only look with your eyes and see the punishment of *Ps. 91*

---

the Divine Presence rest in the work of your hands" (Bemidbar Raba 12:9; quoted by Rashi on Exodus 39:43).

יֹשֵׁב בְּסֵתֶר *Psalm 91*: A prayer for protection from danger and harm. The psalm uses many images for God's protection. To those who trust in Him, He is shelter, shadow, refuge, stronghold. He protects us beneath His wings, and

לָעֶֽרֶב יְמוֹלֵל וְיָבֵשׁ: כִּי־כָלִֽינוּ בְאַפֶּֽךָ, וּבַחֲמָתְךָ נִבְהָֽלְנוּ: שַׁתָּ
עֲוֹנֹתֵֽינוּ לְנֶגְדֶּֽךָ, עֲלֻמֵֽנוּ לִמְאוֹר פָּנֶֽיךָ: כִּי כָל־יָמֵֽינוּ פָּנוּ בְעֶבְרָתֶֽךָ,
כִּלִּֽינוּ שָׁנֵֽינוּ כְמוֹ־הֶֽגֶה: יְמֵי־שְׁנוֹתֵֽינוּ בָהֶם שִׁבְעִים שָׁנָה, וְאִם
בִּגְבוּרֹת שְׁמוֹנִים שָׁנָה, וְרָהְבָּם עָמָל וָאָֽוֶן, כִּי־גָז חִישׁ וַנָּעֻֽפָה:
מִי־יוֹדֵֽעַ עֹז אַפֶּֽךָ, וּכְיִרְאָתְךָ עֶבְרָתֶֽךָ, לִמְנוֹת יָמֵֽינוּ כֵּן הוֹדַע,
וְנָבִא לְבַב חָכְמָה: שׁוּבָה יהוה עַד־מָתָי, וְהִנָּחֵם עַל־עֲבָדֶֽיךָ:
שַׂבְּעֵֽנוּ בַבֹּֽקֶר חַסְדֶּֽךָ, וּנְרַנְּנָה וְנִשְׂמְחָה בְּכָל־יָמֵֽינוּ: שַׂמְּחֵֽנוּ
כִּימוֹת עִנִּיתָֽנוּ, שְׁנוֹת רָאִֽינוּ רָעָה: יֵרָאֶה אֶל־עֲבָדֶֽיךָ פָעֳלֶֽךָ,
וַהֲדָרְךָ עַל־בְּנֵיהֶם: ‹ וִיהִי נֹֽעַם אֲדֹנָי אֱלֹהֵֽינוּ עָלֵֽינוּ, וּמַעֲשֵׂה
יָדֵֽינוּ כּוֹנְנָה עָלֵֽינוּ, וּמַעֲשֵׂה יָדֵֽינוּ כּוֹנְנֵֽהוּ:

תהלים צא
יֹשֵׁב בְּסֵֽתֶר עֶלְיוֹן, בְּצֵל שַׁדַּי יִתְלוֹנָן: אֹמַר לַיהוה מַחְסִי וּמְצוּדָתִי,
אֱלֹהַי אֶבְטַח־בּוֹ: כִּי הוּא יַצִּילְךָ מִפַּח יָקוּשׁ, מִדֶּֽבֶר הַוּוֹת:
בְּאֶבְרָתוֹ יָֽסֶךְ לָךְ, וְתַֽחַת־כְּנָפָיו תֶּחְסֶה, צִנָּה וְסֹחֵרָה אֲמִתּוֹ:
לֹא־תִירָא מִפַּֽחַד לָֽיְלָה, מֵחֵץ יָעוּף יוֹמָם: מִדֶּֽבֶר בָּאֹֽפֶל יַהֲלֹךְ,
מִקֶּֽטֶב יָשׁוּד צָהֳרָֽיִם: יִפֹּל מִצִּדְּךָ אֶֽלֶף, וּרְבָבָה מִימִינֶֽךָ, אֵלֶֽיךָ
לֹא יִגָּשׁ: רַק בְּעֵינֶֽיךָ תַבִּיט, וְשִׁלֻּמַת רְשָׁעִים תִּרְאֶה: כִּי־אַתָּה

---

images conveying the brevity of human life: it flows as fast as a swollen river; as quickly as a sleep or a dream; it is like grass in a parched land that withers by the end of the day; it is like a sigh, a mere breath, like a bird that briefly lands then flies away. The speed with which these metaphors succeed one another mirrors the rapidity with which the days and years pass. לִמְנוֹת יָמֵינוּ כֵּן הוֹדַע *Teach us rightly to number our days*: the moral at the heart of the psalm: Teach us to remember how short life is, that we may spend our time on the things that endure. וִיהִי נֹעַם אֲדֹנָי אֱלֹהֵינוּ עָלֵינוּ *May the pleasantness of the LORD our God be upon us:* according to the sages, this is the blessing Moses gave the Israelites when they finished constructing the Tabernacle, adding, "May

the wicked. Because you said "The LORD is my Refuge," taking the Most High as your shelter, no harm will befall you, no plague will come near your tent, for He will command His angels about you, to guard you in all your ways. They will lift you in their hands, lest your foot stumble on a stone. You will tread on lions and vipers, you will trample on young lions and snakes. [God says] "Because he loves Me, I will rescue him; I will protect him, because he acknowledges My name. When he calls on Me, I will answer him, I will be with him in distress, I will deliver him and bring him honor. ▸ With long life I will satisfy him, and show him My salvation. With long life I will satisfy him, and show him My salvation."

הַלְלוּיָהּ Halleluya! Praise the name of the LORD. Praise Him, you servants of the LORD who stand in the LORD's House, in the courtyards of the House of our God. Praise the LORD, for the LORD is good; sing praises to His name, for it is lovely. For the LORD has chosen Jacob as His own, Israel as his treasure. For I know that the LORD is great, that our LORD is above all heavenly powers. Whatever pleases the LORD, He does, in heaven and on earth, in the seas and all the depths. He raises clouds from the ends of the earth; He sends lightning with the rain; He brings out the wind from His storehouses. He struck down the firstborn of Egypt, of both man and animals. He sent signs and wonders into your midst, Egypt – against Pharaoh and all his servants. He struck down many nations and slew mighty kings: Siḥon, King of the Amorites, Og, *Ps. 135*

---

series of invocations said by a leader of prayer, together with congregational responses. Psalm 136, with its refrain "His loving-kindness is for ever," is the only psalm in which the congregational responses are set out in full, line by line. In Psalm 135 the responses are likely to have been, for the first section, "Halleluya" (Praise God), and for the last, "Bless the LORD" (*Pesaḥim* 118a). Psalm 135 is structured in three parts: the first and last speak about the truth of God and the falsity of idols, and the second about God's power over nature and history. The first part is five verses long; the second, seven; the third, nine. שֶׁהִכָּה בְּכוֹרֵי מִצְרָיִם *He struck down the firstborn of Egypt*: these lines are paral-

יהוה מַחְסִי, עֶלְיוֹן שַׂמְתָּ מְעוֹנֶךָ: לֹא־תְאֻנֶּה אֵלֶיךָ רָעָה, וְנֶגַע
לֹא־יִקְרַב בְּאָהֳלֶךָ: כִּי מַלְאָכָיו יְצַוֶּה־לָּךְ, לִשְׁמָרְךָ בְּכָל־דְּרָכֶיךָ:
עַל־כַּפַּיִם יִשָּׂאוּנְךָ, פֶּן־תִּגֹּף בָּאֶבֶן רַגְלֶךָ: עַל־שַׁחַל וָפֶתֶן תִּדְרֹךְ,
תִּרְמֹס כְּפִיר וְתַנִּין: כִּי בִי חָשַׁק וַאֲפַלְּטֵהוּ, אֲשַׂגְּבֵהוּ כִּי־יָדַע
שְׁמִי: יִקְרָאֵנִי וְאֶעֱנֵהוּ, עִמּוֹ אָנֹכִי בְצָרָה, אֲחַלְּצֵהוּ וַאֲכַבְּדֵהוּ:
‹ אֹרֶךְ יָמִים אַשְׂבִּיעֵהוּ, וְאַרְאֵהוּ בִּישׁוּעָתִי:
אֹרֶךְ יָמִים אַשְׂבִּיעֵהוּ, וְאַרְאֵהוּ בִּישׁוּעָתִי:

הַלְלוּיָהּ, הַלְלוּ אֶת־שֵׁם יהוה, הַלְלוּ עַבְדֵי יהוה: שֶׁעֹמְדִים תהלים קלה
בְּבֵית יהוה, בְּחַצְרוֹת בֵּית אֱלֹהֵינוּ: הַלְלוּיָהּ כִּי־טוֹב יהוה, זַמְּרוּ
לִשְׁמוֹ כִּי נָעִים: כִּי־יַעֲקֹב בָּחַר לוֹ יָהּ, יִשְׂרָאֵל לִסְגֻלָּתוֹ: כִּי אֲנִי
יָדַעְתִּי כִּי־גָדוֹל יהוה, וַאֲדֹנֵינוּ מִכָּל־אֱלֹהִים: כָּל אֲשֶׁר־חָפֵץ
יהוה עָשָׂה, בַּשָּׁמַיִם וּבָאָרֶץ, בַּיַּמִּים וְכָל־תְּהֹמוֹת: מַעֲלֶה נְשִׂאִים
מִקְצֵה הָאָרֶץ, בְּרָקִים לַמָּטָר עָשָׂה, מוֹצֵא־רוּחַ מֵאוֹצְרוֹתָיו:
שֶׁהִכָּה בְּכוֹרֵי מִצְרָיִם, מֵאָדָם עַד־בְּהֵמָה: שָׁלַח אוֹתֹת וּמֹפְתִים
בְּתוֹכֵכִי מִצְרָיִם, בְּפַרְעֹה וּבְכָל־עֲבָדָיו: שֶׁהִכָּה גּוֹיִם רַבִּים, וְהָרַג

---

encircles us like a shield. When we are in distress, He is with us. When we are in danger, we are not alone. Trust defeats terror, and faith conquers fear. The first speaker in the psalm is human; the second, God Himself (*Sanhedrin* 103a).

הַלְלוּיָהּ *Psalms 135–136*: Two psalms forming a single composite unit, similar in tone, vocabulary and literary structure to the group of Psalms 113–118 known as Hallel. Some sages (Pesaḥim 118a) called these two psalms "The Great Hallel" to distinguish them from Psalms 113–118 which they called "The Egyptian Hallel" since it contains a reference to the exodus from Egypt (others confined the description to Psalm 136 alone). It is likely that both were written for public worship in the Temple, and both are litanies: a

King of Bashan, and all the kingdoms of Canaan, giving their land as a heritage, a heritage for His people Israel. Your name, LORD, endures for ever; Your renown, LORD, for all generations. For the LORD will bring justice to His people, and have compassion on His servants. The idols of the nations are silver and gold, the work of human hands. They have mouths, but cannot speak; eyes, but cannot see; ears, but cannot hear; there is no breath in their mouths. Those who make them will become like them: so will all who trust in them. ▸ House of Israel, bless the LORD. House of Aaron, bless the LORD. House of Levi, bless the LORD. You who fear the LORD, bless the LORD. Blessed is the LORD from Zion, He who dwells in Jerusalem. Halleluya!

The custom is to stand for the following psalm.

הודו Thank the LORD for He is good; His loving-kindness is for ever. *Ps. 136*
Thank the God of gods, His loving-kindness is for ever.
Thank the LORD of lords, His loving-kindness is for ever.
To the One who alone
works great wonders, His loving-kindness is for ever.
Who made the heavens with wisdom, His loving-kindness is for ever.
Who spread the earth upon the waters, His loving-kindness is for ever.
Who made the great lights, His loving-kindness is for ever.
The sun to rule by day, His loving-kindness is for ever.
The moon and the stars to rule by night; His loving-kindness is for ever.
Who struck Egypt
through their firstborn, His loving-kindness is for ever.

---

half of each verse, to which the congregation responded with the second half. As in several other psalms, the poem opens with cosmology and ends with history; it begins with God as Creator, and continues with God as Redeemer. The sages related the twenty-six verses of the psalm to the twenty-six generations between Adam and the Giving of the Torah – from creation to revelation. Because of its summary of the events of the exodus, it forms part of the Haggada on Pesaḥ.

מְלָכִים עֲצוּמִים: לְסִיחוֹן מֶלֶךְ הָאֱמֹרִי, וּלְעוֹג מֶלֶךְ הַבָּשָׁן, וּלְכֹל
מַמְלְכוֹת כְּנָעַן: וְנָתַן אַרְצָם נַחֲלָה, נַחֲלָה לְיִשְׂרָאֵל עַמּוֹ: יהוה
שִׁמְךָ לְעוֹלָם, יהוה זִכְרְךָ לְדֹר־וָדֹר: כִּי־יָדִין יהוה עַמּוֹ, וְעַל־
עֲבָדָיו יִתְנֶחָם: עֲצַבֵּי הַגּוֹיִם כֶּסֶף וְזָהָב, מַעֲשֵׂה יְדֵי אָדָם: פֶּה־
לָהֶם וְלֹא יְדַבֵּרוּ, עֵינַיִם לָהֶם וְלֹא יִרְאוּ: אָזְנַיִם לָהֶם וְלֹא יַאֲזִינוּ,
אַף אֵין־יֶשׁ־רוּחַ בְּפִיהֶם: כְּמוֹהֶם יִהְיוּ עֹשֵׂיהֶם, כֹּל אֲשֶׁר־בֹּטֵחַ
בָּהֶם: ‹ בֵּית יִשְׂרָאֵל בָּרְכוּ אֶת־יהוה, בֵּית אַהֲרֹן בָּרְכוּ אֶת־
יהוה: בֵּית הַלֵּוִי בָּרְכוּ אֶת־יהוה, יִרְאֵי יהוה בָּרְכוּ אֶת־יהוה:
בָּרוּךְ יהוה מִצִּיּוֹן, שֹׁכֵן יְרוּשָׁלָםִ, הַלְלוּיָהּ:

The custom is to stand for the following psalm.

הוֹדוּ לַיהוה כִּי־טוֹב כִּי לְעוֹלָם חַסְדּוֹ: תהלים קלו
הוֹדוּ לֵאלֹהֵי הָאֱלֹהִים כִּי לְעוֹלָם חַסְדּוֹ:
הוֹדוּ לַאֲדֹנֵי הָאֲדֹנִים כִּי לְעוֹלָם חַסְדּוֹ:
לְעֹשֵׂה נִפְלָאוֹת גְּדֹלוֹת לְבַדּוֹ כִּי לְעוֹלָם חַסְדּוֹ:
לְעֹשֵׂה הַשָּׁמַיִם בִּתְבוּנָה כִּי לְעוֹלָם חַסְדּוֹ:
לְרֹקַע הָאָרֶץ עַל־הַמָּיִם כִּי לְעוֹלָם חַסְדּוֹ:
לְעֹשֵׂה אוֹרִים גְּדֹלִים כִּי לְעוֹלָם חַסְדּוֹ:
אֶת־הַשֶּׁמֶשׁ לְמֶמְשֶׁלֶת בַּיּוֹם כִּי לְעוֹלָם חַסְדּוֹ:
אֶת־הַיָּרֵחַ וְכוֹכָבִים לְמֶמְשְׁלוֹת בַּלָּיְלָה כִּי לְעוֹלָם חַסְדּוֹ:
לְמַכֵּה מִצְרַיִם בִּבְכוֹרֵיהֶם כִּי לְעוֹלָם חַסְדּוֹ:

---

leled in the next psalm. עֲצַבֵּי הַגּוֹיִם כֶּסֶף וְזָהָב *The idols of the nations are silver and gold…You who fear the Lord, bless the Lord*: almost exactly paralleled in Hallel (Psalm 115:4–11).

הודו *Psalm 136*: Originally in the Temple, the leader of prayer said the first

And brought out Israel from their midst,	His loving-kindness is for ever.
With a strong hand and outstretched arm,	His loving-kindness is for ever.
Who split the Reed Sea into parts,	His loving-kindness is for ever.
And made Israel pass through it,	His loving-kindness is for ever.
Casting Pharaoh and his army into the Reed Sea;	His loving-kindness is for ever.
Who led His people through the wilderness;	His loving-kindness is for ever.
Who struck down great kings,	His loving-kindness is for ever.
And slew mighty kings,	His loving-kindness is for ever.
Siḥon, King of the Amorites,	His loving-kindness is for ever.
And Og, King of Bashan,	His loving-kindness is for ever.
And gave their land as a heritage,	His loving-kindness is for ever.
A heritage for His servant Israel;	His loving-kindness is for ever.
Who remembered us in our lowly state,	His loving-kindness is for ever.
And rescued us from our tormentors,	His loving-kindness is for ever.
▸ Who gives food to all flesh,	His loving-kindness is for ever.
Give thanks to the God of heaven.	His loving-kindness is for ever.

רַנְּנוּ Sing joyfully to the LORD, you righteous, for praise from the upright is seemly. Give thanks to the LORD with the harp; make music to Him on the ten-stringed lute. Sing Him a new song, play skillfully with shouts of joy. For the LORD's word is right, and all His deeds are done in faith. He loves righteousness and justice; the earth is full of the LORD's loving-kindness. By the LORD's word the heavens were made, and all their starry host by the breath of His mouth. He gathers the sea waters as a heap, and places the deep in storehouses. Let all the earth fear the LORD, and all the world's inhabitants stand in awe of Him. For He spoke, and it was; He commanded, and it stood firm. The LORD foils the plans of nations; He thwarts the intentions of peoples. The LORD's plans stand for ever, His heart's intents for all generations. Happy is the nation whose God is the Ps. 33

וַיּוֹצֵא יִשְׂרָאֵל מִתּוֹכָם כִּי לְעוֹלָם חַסְדּוֹ:
בְּיָד חֲזָקָה וּבִזְרוֹעַ נְטוּיָה כִּי לְעוֹלָם חַסְדּוֹ:
לְגֹזֵר יַם־סוּף לִגְזָרִים כִּי לְעוֹלָם חַסְדּוֹ:
וְהֶעֱבִיר יִשְׂרָאֵל בְּתוֹכוֹ כִּי לְעוֹלָם חַסְדּוֹ:
וְנִעֵר פַּרְעֹה וְחֵילוֹ בְיַם־סוּף כִּי לְעוֹלָם חַסְדּוֹ:
לְמוֹלִיךְ עַמּוֹ בַּמִּדְבָּר כִּי לְעוֹלָם חַסְדּוֹ:
לְמַכֵּה מְלָכִים גְּדֹלִים כִּי לְעוֹלָם חַסְדּוֹ:
וַיַּהֲרֹג מְלָכִים אַדִּירִים כִּי לְעוֹלָם חַסְדּוֹ:
לְסִיחוֹן מֶלֶךְ הָאֱמֹרִי כִּי לְעוֹלָם חַסְדּוֹ:
וּלְעוֹג מֶלֶךְ הַבָּשָׁן כִּי לְעוֹלָם חַסְדּוֹ:
וְנָתַן אַרְצָם לְנַחֲלָה כִּי לְעוֹלָם חַסְדּוֹ:
נַחֲלָה לְיִשְׂרָאֵל עַבְדּוֹ כִּי לְעוֹלָם חַסְדּוֹ:
שֶׁבְּשִׁפְלֵנוּ זָכַר לָנוּ כִּי לְעוֹלָם חַסְדּוֹ:
וַיִּפְרְקֵנוּ מִצָּרֵינוּ כִּי לְעוֹלָם חַסְדּוֹ:
◂ נֹתֵן לֶחֶם לְכָל־בָּשָׂר כִּי לְעוֹלָם חַסְדּוֹ:
הוֹדוּ לְאֵל הַשָּׁמָיִם כִּי לְעוֹלָם חַסְדּוֹ:

רַנְּנוּ צַדִּיקִים בַּיהוה, לַיְשָׁרִים נָאוָה תְהִלָּה: הוֹדוּ לַיהוה בְּכִנּוֹר, תהלים לג
בְּנֵבֶל עָשׂוֹר זַמְּרוּ־לוֹ: שִׁירוּ־לוֹ שִׁיר חָדָשׁ, הֵיטִיבוּ נַגֵּן בִּתְרוּעָה:
כִּי־יָשָׁר דְּבַר־יהוה, וְכָל־מַעֲשֵׂהוּ בֶּאֱמוּנָה: אֹהֵב צְדָקָה וּמִשְׁפָּט,
חֶסֶד יהוה מָלְאָה הָאָרֶץ: בִּדְבַר יהוה שָׁמַיִם נַעֲשׂוּ, וּבְרוּחַ פִּיו
כָּל־צְבָאָם: כֹּנֵס כַּנֵּד מֵי הַיָּם, נֹתֵן בְּאוֹצָרוֹת תְּהוֹמוֹת: יִירְאוּ
מֵיהוה כָּל־הָאָרֶץ, מִמֶּנּוּ יָגוּרוּ כָּל־יֹשְׁבֵי תֵבֵל: כִּי הוּא אָמַר
וַיֶּהִי, הוּא־צִוָּה וַיַּעֲמֹד: יהוה הֵפִיר עֲצַת־גּוֹיִם, הֵנִיא מַחְשְׁבוֹת

Lord, the people He has chosen as His own. From heaven the Lord looks down and sees all mankind; from His dwelling place He oversees all who live on earth. He forms the hearts of all, and discerns all their deeds. No king is saved by the size of his army; no warrior is delivered by great strength. A horse is a vain hope for deliverance; despite its great strength, it cannot save. The eye of the Lord is on those who fear Him, on those who place their hope in His unfailing love, to rescue their soul from death, and keep them alive in famine. Our soul waits for the Lord; He is our Help and Shield. ▸ In Him our hearts rejoice, for we trust in His holy name. Let Your unfailing love be upon us, Lord, as we have put our hope in You.

מִזְמוֹר שִׁיר A psalm. A song for the Sabbath day. It is good to thank Ps. 92
the Lord and sing psalms to Your name, Most High – to tell of Your loving-kindness in the morning and Your faithfulness at night, to the music of the ten-stringed lyre and the melody of the harp. For You have made me rejoice by Your work, O Lord; I sing for joy at the deeds of Your hands. How great are Your deeds, Lord, and how very deep Your thoughts. A boor cannot know, nor can a fool understand, that though the wicked spring up like grass and all evildoers flourish, it is only that they may be destroyed for ever. But You, Lord, are eternally exalted. For behold Your enemies, Lord, behold Your enemies will perish; all evildoers will be scattered. You have raised my pride like that of a wild ox; I am anointed with fresh oil. My eyes shall look in triumph on my adversaries, my ears shall hear the downfall of the wicked who rise against me. ▸ The righteous will flourish like a palm tree and grow tall like a cedar in Lebanon. Planted in the Lord's House, blossoming in our God's courtyards, they will still bear fruit in old age, and stay vigorous and fresh, proclaiming that the Lord is upright: He is my Rock, in whom there is no wrong.

יהוה מָלָךְ The Lord reigns. He is robed in majesty. The Lord is Ps. 93
robed, girded with strength. The world is firmly established; it

עַמִּים: עֲצַת יהוה לְעוֹלָם תַּעֲמֹד, מַחְשְׁבוֹת לִבּוֹ לְדֹר וָדֹר:
אַשְׁרֵי הַגּוֹי אֲשֶׁר־יהוה אֱלֹהָיו, הָעָם בָּחַר לְנַחֲלָה לוֹ: מִשָּׁמַיִם
הִבִּיט יהוה, רָאָה אֶת־כָּל־בְּנֵי הָאָדָם: מִמְּכוֹן־שִׁבְתּוֹ הִשְׁגִּיחַ,
אֶל כָּל־יֹשְׁבֵי הָאָרֶץ: הַיֹּצֵר יַחַד לִבָּם, הַמֵּבִין אֶל־כָּל־מַעֲשֵׂיהֶם:
אֵין־הַמֶּלֶךְ נוֹשָׁע בְּרָב־חָיִל, גִּבּוֹר לֹא־יִנָּצֵל בְּרָב־כֹּחַ: שֶׁקֶר
הַסּוּס לִתְשׁוּעָה, וּבְרֹב חֵילוֹ לֹא יְמַלֵּט: הִנֵּה עֵין יהוה אֶל־
יְרֵאָיו, לַמְיַחֲלִים לְחַסְדּוֹ: לְהַצִּיל מִמָּוֶת נַפְשָׁם, וּלְחַיּוֹתָם בָּרָעָב:
נַפְשֵׁנוּ חִכְּתָה לַיהוה, עֶזְרֵנוּ וּמָגִנֵּנוּ הוּא: › כִּי־בוֹ יִשְׂמַח לִבֵּנוּ, כִּי
בְשֵׁם קָדְשׁוֹ בָטָחְנוּ: יְהִי־חַסְדְּךָ יהוה עָלֵינוּ, כַּאֲשֶׁר יִחַלְנוּ לָךְ:

מִזְמוֹר שִׁיר לְיוֹם הַשַּׁבָּת: טוֹב לְהֹדוֹת לַיהוה, וּלְזַמֵּר לְשִׁמְךָ תהלים צב
עֶלְיוֹן: לְהַגִּיד בַּבֹּקֶר חַסְדֶּךָ, וֶאֱמוּנָתְךָ בַּלֵּילוֹת: עֲלֵי־עָשׂוֹר
וַעֲלֵי־נָבֶל, עֲלֵי הִגָּיוֹן בְּכִנּוֹר: כִּי שִׂמַּחְתַּנִי יהוה בְּפָעֳלֶךָ, בְּמַעֲשֵׂי
יָדֶיךָ אֲרַנֵּן: מַה־גָּדְלוּ מַעֲשֶׂיךָ יהוה, מְאֹד עָמְקוּ מַחְשְׁבֹתֶיךָ:
אִישׁ־בַּעַר לֹא יֵדָע, וּכְסִיל לֹא־יָבִין אֶת־זֹאת: בִּפְרֹחַ רְשָׁעִים
כְּמוֹ עֵשֶׂב, וַיָּצִיצוּ כָּל־פֹּעֲלֵי אָוֶן, לְהִשָּׁמְדָם עֲדֵי־עַד: וְאַתָּה
מָרוֹם לְעֹלָם יהוה: כִּי הִנֵּה אֹיְבֶיךָ יהוה, כִּי־הִנֵּה אֹיְבֶיךָ יֹאבֵדוּ,
יִתְפָּרְדוּ כָּל־פֹּעֲלֵי אָוֶן: וַתָּרֶם כִּרְאֵים קַרְנִי, בַּלֹּתִי בְּשֶׁמֶן רַעֲנָן:
וַתַּבֵּט עֵינִי בְּשׁוּרָי, בַּקָּמִים עָלַי מְרֵעִים תִּשְׁמַעְנָה אָזְנָי: › צַדִּיק
כַּתָּמָר יִפְרָח, כְּאֶרֶז בַּלְּבָנוֹן יִשְׂגֶּה: שְׁתוּלִים בְּבֵית יהוה, בְּחַצְרוֹת
אֱלֹהֵינוּ יַפְרִיחוּ: עוֹד יְנוּבוּן בְּשֵׂיבָה, דְּשֵׁנִים וְרַעֲנַנִּים יִהְיוּ: לְהַגִּיד
כִּי־יָשָׁר יהוה, צוּרִי, וְלֹא־עַוְלָתָה בּוֹ:

יהוה מָלָךְ, גֵּאוּת לָבֵשׁ, לָבֵשׁ יהוה עֹז הִתְאַזָּר, אַף־תִּכּוֹן תֵּבֵל תהלים צג
בַּל־תִּמּוֹט: נָכוֹן כִּסְאֲךָ מֵאָז, מֵעוֹלָם אָתָּה: נָשְׂאוּ נְהָרוֹת יהוה,

cannot be moved. Your throne stands firm as of old; You are eternal. Rivers lift up, LORD, rivers lift up their voice, rivers lift up their Crashing waves. ▸ Mightier than the noise of many waters, than the mighty waves of the sea is the LORD on high. Your testimonies are very sure; holiness adorns Your House, LORD, for evermore.

Continue with "May the LORD's glory" on page 70. Shirat HaYam (page 80) is said verse by verse. After the Leader's Repetition, Full Hallel (page 360) is said followed by Half Kaddish (page 156). On Thursdays the Torah is read (page 158). On all days, the following Haftara is read. See law 146.

עוֹד הַיּוֹם This day he will halt at Nob; he will wave his hand, mountain *Is. 10:32–12:6*
of the daughter of Zion, hill of Jerusalem. See, the sovereign LORD of hosts will lop off the boughs with an axe. The tall trees will be felled, the lofty ones laid low. He will cut down the forest thickets with an axe. Lebanon will fall before the Mighty One. A shoot will grow from the stump of Jesse; from his roots a branch will bear fruit. The spirit of the LORD will rest on him – a spirit of wisdom and understanding, a spirit of counsel and power, a spirit of knowledge and the fear of the LORD, and he will delight in the fear of the LORD. He will not judge by what his eyes see, or decide by what his ears hear; with justice he will judge the poor, and with equity defend humble in the land. He will strike the earth with the rod of his mouth; with the breath of his lips he will slay the wicked. Justice will be his belt and faithfulness the sash around his waist. The wolf will live with the lamb, the leopard will lie down with the kid, the calf and the lion and the yearling together; and a little child will lead them. The cow will graze with the bear, their young will lie down together, and the lion will eat straw like the ox. An infant will play near the cobra's hole, and a young child put his hand into the viper's nest. They will neither harm nor destroy on all My holy mountain, for the earth will be full of the knowledge of the LORD as the waters cover the sea. On that day the stock of Jesse will stand as a banner for the peoples; nations will rally to him, and his place of rest will be glorious. On that day the LORD will reach out His hand a second time to reclaim the remnant that is left of His people from Assyria, Lower Egypt, Pathros, Cush, Elam, Shinar, Hamath and the islands of the sea. He will raise a banner for the nations and gather the exiles of Israel; He will assemble the scattered people of

נָשְׂאוּ נְהָרוֹת קוֹלָם, יִשְׂאוּ נְהָרוֹת דָּכְיָם: · מִקֹּלוֹת מַיִם רַבִּים,
אַדִּירִים מִשְׁבְּרֵי־יָם, אַדִּיר בַּמָּרוֹם יהוה: עֵדֹתֶיךָ נֶאֶמְנוּ מְאֹד
לְבֵיתְךָ נַאֲוָה־קֹּדֶשׁ, יהוה לְאֹרֶךְ יָמִים:

Continue with יְהִי כְבוֹד *on page 71.* שירת הים *(page 81) is said verse by verse. After* חזרת הש״ץ, הלל שלם *(page 361) is said followed by* חצי קדיש *(page 157). On Thursdays the* תורה *is read (page 159). On all days, the following* הפטרה *is read. See law 146.*

עוֹד הַיּוֹם בְּנֹב לַעֲמֹד יְנֹפֵף יָדוֹ הַר בַּת־צִיּוֹן גִּבְעַת ישעיה י:לב–יב:ו
יְרוּשָׁלָ‍ִם: הִנֵּה הָאָדוֹן יהוה צְבָאוֹת מְסָעֵף פֻּארָה
בְּמַעֲרָצָה וְרָמֵי הַקּוֹמָה גְּדֻעִים וְהַגְּבֹהִים יִשְׁפָּלוּ: וְנִקַּף סִבְכֵי
הַיַּעַר בַּבַּרְזֶל וְהַלְּבָנוֹן בְּאַדִּיר יִפּוֹל: וְיָצָא חֹטֶר מִגֵּזַע
יִשָׁי וְנֵצֶר מִשָּׁרָשָׁיו יִפְרֶה: וְנָחָה עָלָיו רוּחַ יהוה רוּחַ חָכְמָה וּבִינָה
רוּחַ עֵצָה וּגְבוּרָה רוּחַ דַּעַת וְיִרְאַת יהוה: וַהֲרִיחוֹ בְּיִרְאַת יהוה
וְלֹא־לְמַרְאֵה עֵינָיו יִשְׁפּוֹט וְלֹא־לְמִשְׁמַע אָזְנָיו יוֹכִיחַ: וְשָׁפַט
בְּצֶדֶק דַּלִּים וְהוֹכִיחַ בְּמִישׁוֹר לְעַנְוֵי־אָרֶץ וְהִכָּה־אֶרֶץ בְּשֵׁבֶט
פִּיו וּבְרוּחַ שְׂפָתָיו יָמִית רָשָׁע: וְהָיָה צֶדֶק אֵזוֹר מָתְנָיו וְהָאֱמוּנָה
אֵזוֹר חֲלָצָיו: וְגָר זְאֵב עִם־כֶּבֶשׂ וְנָמֵר עִם־גְּדִי יִרְבָּץ וְעֵגֶל וּכְפִיר
וּמְרִיא יַחְדָּו וְנַעַר קָטֹן נֹהֵג בָּם: וּפָרָה וָדֹב תִּרְעֶינָה יַחְדָּו יִרְבְּצוּ
יַלְדֵיהֶן וְאַרְיֵה כַּבָּקָר יֹאכַל־תֶּבֶן: וְשִׁעֲשַׁע יוֹנֵק עַל־חֻר פָּתֶן
וְעַל מְאוּרַת צִפְעוֹנִי גָּמוּל יָדוֹ הָדָה: לֹא־יָרֵעוּ וְלֹא־יַשְׁחִיתוּ
בְּכָל־הַר קָדְשִׁי כִּי־מָלְאָה הָאָרֶץ דֵּעָה אֶת־יהוה כַּמַּיִם לַיָּם
מְכַסִּים: וְהָיָה בַּיּוֹם הַהוּא שֹׁרֶשׁ יִשַׁי אֲשֶׁר עֹמֵד לְנֵס
עַמִּים אֵלָיו גּוֹיִם יִדְרֹשׁוּ וְהָיְתָה מְנֻחָתוֹ כָּבוֹד: וְהָיָה ׀
בַּיּוֹם הַהוּא יוֹסִיף אֲדֹנָי ׀ שֵׁנִית יָדוֹ לִקְנוֹת אֶת־שְׁאָר עַמּוֹ אֲשֶׁר
יִשָּׁאֵר מֵאַשּׁוּר וּמִמִּצְרַיִם וּמִפַּתְרוֹס וּמִכּוּשׁ וּמֵעֵילָם וּמִשִּׁנְעָר
וּמֵחֲמָת וּמֵאִיֵּי הַיָּם: וְנָשָׂא נֵס לַגּוֹיִם וְאָסַף נִדְחֵי יִשְׂרָאֵל וּנְפֻצוֹת

Judah from the four quarters of the earth. Ephraim's jealousy will vanish, and Judah's harassment will end. Ephraim will not be jealous of Judah, nor will Judah be hostile toward Ephraim. They will swoop down on the slopes of Philistia to the west; together they will plunder the people to the east. Edom and Moab will be subject to them, and the Ammonites shall obey them. The LORD will dry up the gulf of the Egyptian sea; with a scorching wind He will sweep His hand over the Euphrates River. He will break it up into seven streams so that people can cross over in sandals. There will be a highway for the remnant of His people that is left from Assyria, as there was for Israel when they came up from Egypt. In that day you will say: "I will praise You, O LORD. Although You were angry with me, Your anger has turned away and You have comforted me. Surely God is my salvation; I will trust and not be afraid. The LORD, the LORD, is my strength and my song; He has become my salvation." With joy you will draw water from the wells of salvation. In that day you will say: "Give thanks to the LORD, call on His name; make known among the nations what He has done, and proclaim that His name is exalted. Sing to the LORD, for He has done glorious things; let this be known to all the world. Shout aloud and sing for joy, people of Zion, for great is the Holy One of Israel among you."

The Prayer for the Welfare of the Canadian Goverment is on the next page.

PRAYER FOR THE WELFARE OF THE AMERICAN GOVERNMENT

The Leader says the following:

הַנּוֹתֵן תְּשׁוּעָה May He who gives salvation to kings and dominion to princes, whose kingdom is an everlasting kingdom, who delivers His servant David from the evil sword, who makes a way in the sea and a path through the mighty waters, bless and protect, guard and help, exalt, magnify and uplift the President, Vice President and all officials of this land. May the Supreme King of kings in His mercy put into their hearts and the hearts of all their counselors and officials, to deal kindly with us and all Israel. In their days and in ours, may Judah be saved and Israel dwell in safety, and may the Redeemer come to Zion. May this be His will, and let us say: Amen.

יְהוּדָה יְקַבֵּץ מֵאַרְבַּע כַּנְפוֹת הָאָרֶץ: וְסָרָה קִנְאַת אֶפְרַיִם וְצֹרְרֵי יְהוּדָה יִכָּרֵתוּ אֶפְרַיִם לֹא־יְקַנֵּא אֶת־יְהוּדָה וִיהוּדָה לֹא־יָצֹר אֶת־אֶפְרָיִם: וְעָפוּ בְכָתֵף פְּלִשְׁתִּים יָמָּה יַחְדָּו יָבֹזּוּ אֶת־בְּנֵי־קֶדֶם אֱדוֹם וּמוֹאָב מִשְׁלוֹחַ יָדָם וּבְנֵי עַמּוֹן מִשְׁמַעְתָּם: וְהֶחֱרִים יהוה אֵת לְשׁוֹן יָם־מִצְרַיִם וְהֵנִיף יָדוֹ עַל־הַנָּהָר בַּעְיָם רוּחוֹ וְהִכָּהוּ לְשִׁבְעָה נְחָלִים וְהִדְרִיךְ בַּנְּעָלִים: וְהָיְתָה מְסִלָּה לִשְׁאָר עַמּוֹ אֲשֶׁר יִשָּׁאֵר מֵאַשּׁוּר כַּאֲשֶׁר הָיְתָה לְיִשְׂרָאֵל בְּיוֹם עֲלֹתוֹ מֵאֶרֶץ מִצְרָיִם: וְאָמַרְתָּ בַּיּוֹם הַהוּא אוֹדְךָ יהוה כִּי אָנַפְתָּ בִּי יָשֹׁב אַפְּךָ וּתְנַחֲמֵנִי: הִנֵּה אֵל יְשׁוּעָתִי אֶבְטַח וְלֹא אֶפְחָד כִּי־עָזִּי וְזִמְרָת יָהּ יהוה וַיְהִי־לִי לִישׁוּעָה: וּשְׁאַבְתֶּם־מַיִם בְּשָׂשׂוֹן מִמַּעַיְנֵי הַיְשׁוּעָה: וַאֲמַרְתֶּם בַּיּוֹם הַהוּא הוֹדוּ לַיהוה קִרְאוּ בִשְׁמוֹ הוֹדִיעוּ בָעַמִּים עֲלִילֹתָיו הַזְכִּירוּ כִּי נִשְׂגָּב שְׁמוֹ: זַמְּרוּ יהוה כִּי גֵאוּת עָשָׂה מוּדַעַת זֹאת בְּכָל־הָאָרֶץ: צַהֲלִי וָרֹנִּי יוֹשֶׁבֶת צִיּוֹן כִּי־גָדוֹל בְּקִרְבֵּךְ קְדוֹשׁ יִשְׂרָאֵל:

The Prayer for the Welfare of the Canadian Goverment is on the next page.

תפילה לשלום המלכות

The שליח ציבור *says the following:*

הַנּוֹתֵן תְּשׁוּעָה לַמְּלָכִים וּמֶמְשָׁלָה לַנְּסִיכִים, מַלְכוּתוֹ מַלְכוּת כָּל עוֹלָמִים, הַפּוֹצֶה אֶת דָּוִד עַבְדּוֹ מֵחֶרֶב רָעָה, הַנּוֹתֵן בַּיָּם דֶּרֶךְ וּבְמַיִם עַזִּים נְתִיבָה, הוּא יְבָרֵךְ וְיִשְׁמֹר וְיִנְצֹר וְיַעֲזֹר וִירוֹמֵם וִיגַדֵּל וִינַשֵּׂא לְמַעְלָה אֶת הַנָּשִׂיא וְאֵת מִשְׁנֵהוּ וְאֶת כָּל שָׂרֵי הָאָרֶץ הַזֹּאת. מֶלֶךְ מַלְכֵי הַמְּלָכִים, בְּרַחֲמָיו יִתֵּן בְּלִבָּם וּבְלֵב כָּל יוֹעֲצֵיהֶם וְשָׂרֵיהֶם לַעֲשׂוֹת טוֹבָה עִמָּנוּ וְעִם כָּל יִשְׂרָאֵל. בִּימֵיהֶם וּבְיָמֵינוּ תִּוָּשַׁע יְהוּדָה, וְיִשְׂרָאֵל יִשְׁכֹּן לָבֶטַח, וּבָא לְצִיּוֹן גּוֹאֵל. וְכֵן יְהִי רָצוֹן, וְנֹאמַר אָמֵן.

PRAYER FOR THE SAFETY OF THE AMERICAN MILITARY

The Leader says the following:

אַדִּיר בַּמָּרוֹם God on high who dwells in might, the King to whom peace belongs, look down from Your holy habitation and bless the soldiers of the American military forces who risk their lives for the sake of peace on earth. Be their shelter and stronghold, and let them not falter. Give them the strength and courage to thwart the plans of the enemy and end the rule of evil. May their enemies be scattered and their foes flee before them, and may they rejoice in Your salvation. Bring them back safely to their homes, as is written: "The LORD *Ps. 121*
will guard you from all harm, He will guard your life. The LORD will guard your going and coming, now and for evermore." And may there be fulfilled for us the verse: "Nation shall not lift up sword against *Is. 2*
nation, nor shall they learn war any more." Let all the inhabitants on earth know that sovereignty is Yours and Your name inspires awe over all You have created – and let us say: Amen.

PRAYER FOR THE WELFARE OF THE CANADIAN GOVERNMENT

The Leader says the following:

הַנּוֹתֵן תְּשׁוּעָה May He who gives salvation to kings and dominion to princes, whose kingdom is an everlasting kingdom, who delivers His servant David from the evil sword, who makes a way in the sea and a path through the mighty waters, bless and protect, guard and help, exalt, magnify and uplift the Prime Minister and all the elected and appointed officials of Canada. May the Supreme King of kings in His mercy put into their hearts and the hearts of all their counselors and officials, to deal kindly with us and all Israel. In their days and in ours, may Judah be saved and Israel dwell in safety, and may the Redeemer come to Zion. May this be His will, and let us say: Amen.

PRAYER FOR THE SAFETY OF THE CANADIAN MILITARY FORCES

The Leader says the following:

אַדִּיר בַּמָּרוֹם God on high who dwells in might, the King to whom peace belongs, look down from Your holy habitation and bless the soldiers of the Canadian Forces who risk their lives for the sake of

תפילה לשלום חיילי צבא ארצות הברית

The שליח ציבור *says the following:*

אַדִּיר בַּמָּרוֹם שׁוֹכֵן בִּגְבוּרָה, מֶלֶךְ שֶׁהַשָּׁלוֹם שֶׁלּוֹ, הַשְׁקִיפָה מִמְּעוֹן קָדְשֶׁךָ, וּבָרֵךְ אֶת חַיָּלֵי צְבָא אַרְצוֹת הַבְּרִית, הַמְחָרְפִים נַפְשָׁם בְּלֶכְתָּם לָשִׂים שָׁלוֹם בָּאָרֶץ. הֱיֵה נָא לָהֶם מַחֲסֶה וּמָעוֹז, וְאַל תִּתֵּן לַמּוֹט רַגְלָם, חַזֵּק יְדֵיהֶם וְאַמֵּץ רוּחָם לְהָפֵר עֲצַת אוֹיֵב וּלְהַעֲבִיר מֶמְשֶׁלֶת זָדוֹן, יָפֽוּצוּ אוֹיְבֵיהֶם וְיָנֽוּסוּ מְשַׂנְאֵיהֶם מִפְּנֵיהֶם, וְיִשְׂמְחוּ בִּישׁוּעָתֶךָ. הֲשִׁיבֵם בְּשָׁלוֹם אֶל בֵּיתָם, כַּכָּתוּב בְּדִבְרֵי קָדְשֶׁךָ: יהוה יִשְׁמָרְךָ מִכָּל־רָע, יִשְׁמֹר אֶת־נַפְשֶׁךָ: יהוה יִשְׁמָר־צֵאתְךָ וּבוֹאֶךָ, מֵעַתָּה וְעַד־עוֹלָם: וְקַיֵּם בָּֽנוּ מִקְרָא שֶׁכָּתוּב: לֹא־יִשָּׂא גוֹי אֶל־גּוֹי חֶרֶב, וְלֹא־יִלְמְדוּ עוֹד מִלְחָמָה: וְיֵדְעוּ כָּל יוֹשְׁבֵי תֵבֵל כִּי לְךָ מְלוּכָה יָאֲתָה, וְשִׁמְךָ נוֹרָא עַל כָּל מַה שֶּׁבָּרָאתָ. וְנֹאמַר אָמֵן.

תהלים קכא · ישעיה ב

תפילה לשלום המלכות

The שליח ציבור *says the following:*

הַנּוֹתֵן תְּשׁוּעָה לַמְּלָכִים וּמֶמְשָׁלָה לַנְּסִיכִים, מַלְכוּתוֹ מַלְכוּת כָּל עוֹלָמִים, הַפּוֹצֶה אֶת דָּוִד עַבְדּוֹ מֵחֶרֶב רָעָה, הַנּוֹתֵן בַּיָּם דֶּרֶךְ וּבְמַיִם עַזִּים נְתִיבָה, הוּא יְבָרֵךְ וְיִשְׁמֹר וְיִנְצֹר וְיַעֲזֹר וִירוֹמֵם וִיגַדֵּל וִינַשֵּׂא לְמַעְלָה אֶת רֹאשׁ הַמֶּמְשָׁלָה וְאֶת כָּל שָׂרֵי הָאָרֶץ הַזֹּאת. מֶלֶךְ מַלְכֵי הַמְּלָכִים, בְּרַחֲמָיו יִתֵּן בְּלִבָּם וּבְלֵב כָּל יוֹעֲצֵיהֶם וְשָׂרֵיהֶם לַעֲשׂוֹת טוֹבָה עִמָּנוּ וְעִם כָּל יִשְׂרָאֵל. בִּימֵיהֶם וּבְיָמֵינוּ תִּוָּשַׁע יְהוּדָה, וְיִשְׂרָאֵל יִשְׁכֹּן לָבֶטַח, וּבָא לְצִיּוֹן גּוֹאֵל. וְכֵן יְהִי רָצוֹן, וְנֹאמַר אָמֵן.

תפילה לשלום חיילי צבא קנדה

The שליח ציבור *says the following:*

אַדִּיר בַּמָּרוֹם שׁוֹכֵן בִּגְבוּרָה, מֶלֶךְ שֶׁהַשָּׁלוֹם שֶׁלּוֹ, הַשְׁקִיפָה מִמְּעוֹן קָדְשֶׁךָ, וּבָרֵךְ אֶת חַיָּלֵי צְבָא קָנָדָה, הַמְחָרְפִים נַפְשָׁם בְּלֶכְתָּם לָשִׂים

peace on earth. Be their shelter and stronghold, and let them not falter. Give them the strength and courage to thwart the plans of the enemy and end the rule of evil. May their enemies be scattered and their foes flee before them, and may they rejoice in Your salvation. Bring them back safely to their homes, as is written: "The LORD will guard you from all harm, He will guard your life. The LORD will guard your going and coming, now and for evermore." And may there be fulfilled for us the verse: "Nation shall not lift up sword against nation, nor shall they learn war any more." Let all the inhabitants on earth know that sovereignty is Yours and Your name inspires awe over all You have created – and let us say: Amen.

Ps. 121

Is. 2

PRAYER FOR THE STATE OF ISRAEL

The Leader says the following prayer:

אָבִינוּ שֶׁבַּשָּׁמַיִם Heavenly Father, Israel's Rock and Redeemer, bless the State of Israel, the first flowering of our redemption. Shield it under the wings of Your loving-kindness and spread over it the Tabernacle of Your peace. Send Your light and truth to its leaders, ministers and counselors, and direct them with good counsel before You.

Strengthen the hands of the defenders of our Holy Land; grant them deliverance, our God, and crown them with the crown of victory. Grant peace in the land and everlasting joy to its inhabitants.

As for our brothers, the whole house of Israel, remember them in all the lands of our (*In Israel say:* their) dispersion, and swiftly lead us (*In Israel say:* them) upright to Zion Your city, and Jerusalem Your dwelling place, as is written in the Torah of Moses Your servant: "Even if you are scattered to the furthermost lands under the heavens, from there the LORD your God will gather you and take you back. The LORD your God will bring you to the land your ancestors possessed and you will possess it; and He will make you more prosperous and numerous than your ancestors. Then the LORD your God

Deut. 30

שָׁלוֹם בָּאָֽרֶץ. הֱיֵה נָא לָהֶם מַחֲסֶה וּמָעוֹז, וְאַל תִּתֵּן לַמּוֹט רַגְלָם, חַזֵּק
יְדֵיהֶם וְאַמֵּץ רוּחָם לְהָפֵר עֲצַת אוֹיֵב וּלְהַעֲבִיר מֶמְשֶֽׁלֶת זָדוֹן, יָפֽוּצוּ
אוֹיְבֵיהֶם וְיָנֽוּסוּ מְשַׂנְאֵיהֶם מִפְּנֵיהֶם, וְיִשְׂמְחוּ בִּישׁוּעָתֶֽךָ. הָשִׁיבֵם
בְּשָׁלוֹם אֶל בֵּיתָם, כַּכָּתוּב בְּדִבְרֵי קָדְשֶֽׁךָ: יהוה יִשְׁמָרְךָ מִכָּל־רָע, תהלים קכא
יִשְׁמֹר אֶת־נַפְשֶֽׁךָ: יהוה יִשְׁמָר־צֵאתְךָ וּבוֹאֶֽךָ, מֵעַתָּה וְעַד־עוֹלָם:
וְקַיֵּם בָּֽנוּ מִקְרָא שֶׁכָּתוּב: לֹא־יִשָּׂא גוֹי אֶל־גּוֹי חֶֽרֶב, וְלֹא־יִלְמְדוּ ישעיה ב
עוֹד מִלְחָמָה: וְיֵדְעוּ כָּל יוֹשְׁבֵי תֵבֵל כִּי לְךָ מְלוּכָה יָאֲתָה, וְשִׁמְךָ
נוֹרָא עַל כָּל מַה שֶּׁבָּרָֽאתָ. וְנֹאמַר אָמֵן.

תפילה לשלום מדינת ישראל

The שליח ציבור *says the following prayer:*

אָבִֽינוּ שֶׁבַּשָּׁמַֽיִם, צוּר יִשְׂרָאֵל וְגוֹאֲלוֹ, בָּרֵךְ אֶת מְדִינַת יִשְׂרָאֵל,
רֵאשִׁית צְמִיחַת גְּאֻלָּתֵֽנוּ. הָגֵן עָלֶֽיהָ בְּאֶבְרַת חַסְדֶּֽךָ וּפְרֹשׂ עָלֶֽיהָ
סֻכַּת שְׁלוֹמֶֽךָ, וּשְׁלַח אוֹרְךָ וַאֲמִתְּךָ לְרָאשֶֽׁיהָ, שָׂרֶֽיהָ וְיוֹעֲצֶֽיהָ,
וְתַקְּנֵם בְּעֵצָה טוֹבָה מִלְּפָנֶֽיךָ.

חַזֵּק אֶת יְדֵי מְגִנֵּי אֶֽרֶץ קָדְשֵֽׁנוּ, וְהַנְחִילֵם אֱלֹהֵֽינוּ יְשׁוּעָה וַעֲטֶֽרֶת
נִצָּחוֹן תְּעַטְּרֵם, וְנָתַתָּ שָׁלוֹם בָּאָֽרֶץ וְשִׂמְחַת עוֹלָם לְיוֹשְׁבֶֽיהָ.

וְאֶת אַחֵֽינוּ כָּל בֵּית יִשְׂרָאֵל, פְּקָד נָא בְּכָל אַרְצוֹת פְּזוּרֵֽינוּ,
וְתוֹלִיכֵֽנוּ / בארץ ישראל: פְּזוּרֵיהֶם, וְתוֹלִיכֵם/ מְהֵרָה קוֹמְמִיּוּת לְצִיּוֹן
עִירֶֽךָ וְלִירוּשָׁלַֽיִם מִשְׁכַּן שְׁמֶֽךָ, כַּכָּתוּב בְּתוֹרַת מֹשֶׁה עַבְדֶּֽךָ: אִם־ דברים ל
יִהְיֶה נִדַּחֲךָ בִּקְצֵה הַשָּׁמָֽיִם, מִשָּׁם יְקַבֶּצְךָ יהוה אֱלֹהֶֽיךָ וּמִשָּׁם
יִקָּחֶֽךָ: וֶהֱבִיאֲךָ יהוה אֱלֹהֶֽיךָ אֶל־הָאָֽרֶץ אֲשֶׁר־יָרְשׁוּ אֲבֹתֶֽיךָ
וִירִשְׁתָּהּ, וְהֵיטִבְךָ וְהִרְבְּךָ מֵאֲבֹתֶֽיךָ: וּמָל יהוה אֱלֹהֶֽיךָ אֶת־לְבָבְךָ

will open up your heart and the heart of your descendants, to love the LORD your God with all your heart and with all your soul, that you may live."

Unite our hearts to love and revere Your name and observe all the words of Your Torah, and swiftly send us Your righteous anointed one of the house of David, to redeem those who long for Your salvation.

Appear in Your glorious majesty over all the dwellers on earth, and let all who breathe declare: The LORD God of Israel is King and His kingship has dominion over all. Amen, Selah.

The Prayer for the State of Israel is followed by the Memorial for Fallen Israeli Soldiers (page 416) is said. The service then continues with Ashrei until the end of Shaharit (page 174). At the end of the service, sing:

אֲנִי מַאֲמִין I believe with perfect faith
in the coming of the Messiah,
and though he may delay,
I wait daily for his coming.

YOM YERUSHALAYIM

At Minḥa before Yom Yerushalayim, Taḥanun is omitted. In the evening, Ma'ariv for weekdays is said in the Yom Tov melody. The Omer is counted. Many have the custom to add prayers of thanksgiving at the end of Ma'ariv.

In Shaḥarit, many communities outside Israel and in Israel say the Pesukei DeZimra of Yom Tov (page 428). After the Leader's Repetition, Full Hallel (page 360) is said and the regular service continues.

וְאֶת־לְבַב זַרְעֶךָ, לְאַהֲבָה אֶת־יהוה אֱלֹהֶיךָ בְּכָל־לְבָבְךָ וּבְכָל־נַפְשְׁךָ, לְמַעַן חַיֶּיךָ:

וְיַחֵד לְבָבֵנוּ לְאַהֲבָה וּלְיִרְאָה אֶת שְׁמֶךָ, וְלִשְׁמֹר אֶת כָּל דִּבְרֵי תוֹרָתֶךָ, וּשְׁלַח לָנוּ מְהֵרָה בֶּן דָּוִד מְשִׁיחַ צִדְקֶךָ, לִפְדּוֹת מְחַכֵּי קֵץ יְשׁוּעָתֶךָ.

וְהוֹפַע בַּהֲדַר גְּאוֹן עֻזֶּךָ עַל כָּל יוֹשְׁבֵי תֵבֵל אַרְצֶךָ, וְיֹאמַר כֹּל אֲשֶׁר נְשָׁמָה בְאַפּוֹ, יהוה אֱלֹהֵי יִשְׂרָאֵל מֶלֶךְ וּמַלְכוּתוֹ בַּכֹּל מָשָׁלָה, אָמֵן סֶלָה.

The Prayer for the State of Israel is followed by the אזכרה *for Fallen Israeli Soldiers (page 417) is said. The service then continues with* אַשְׁרֵי *and* וּבָא לְצִיּוֹן *until the end of* שחרית *(page 175). At the end of the service, sing:*

אֲנִי מַאֲמִין בֶּאֱמוּנָה שְׁלֵמָה, בְּבִיאַת הַמָּשִׁיחַ
וְאַף עַל פִּי שֶׁיִּתְמַהְמֵהַּ
עִם כָּל זֶה אֲחַכֶּה לּוֹ בְּכָל יוֹם שֶׁיָּבוֹא.

יום חירות ירושלים

At מנחה *before* יום ירושלים, תחנון *is omitted. In the evening,* מעריב לחול *is said in the* יום טוב *melody. The* עומר *is counted. Many have the custom to add prayers of thanksgiving at the end of* מעריב*.*

In שחרית *many communities in* חוץ לארץ *and in* ארץ ישראל *say the* פסוקי דזמרה *of* יום טוב *(page 429). After* חזרת הש״ץ, הלל שלם *(page 361) is said and the regular service continues.*

Seliḥot

Seliḥot are said on Fast Days. On Tisha B'Av, Kinot are said instead. On the Fast of Gedalya, the Seliḥot for the Ten Days of Repentance are said.

SELIḤOT FOR THE TENTH OF TEVET

סְלַח לָנוּ Forgive us, our Father, for in our great foolishness we have blundered. Pardon us, our King, for our iniquities are many.

אֵל אֶרֶךְ You are a God slow to anger, You are called the Master of Compassion, and You have taught the way of repentance. May You remember today and every day the greatness of Your compassion and kindness, for the sake of the descendants of Your beloved ones. Turn toward us in compassion, for You are the Master of Compassion. We come before You in plea and prayer, as You in ancient times showed the humble one [Moses]. Turn from Your fierce anger, as is written in Your Torah. In the shadow of Your wings may we shelter and abide, as on the day when the LORD descended in the cloud. ▸ Overlook sin and wipe away guilt, as on the day when "He stood beside him there." Give ear to our pleading and listen to our speech, as on the day when "he called upon the name of the LORD," and in that place is said –

Congregation then Leader:

And the LORD passed by before him and proclaimed: *Ex. 34*

All say aloud:

יהוה The LORD, the LORD, compassionate and gracious God, slow to anger, abounding in loving-kindness and truth, extending loving-kindness to a thousand generations, forgiving iniquity, rebellion and sin, and absolving [the guilty who repent]. Forgive us our iniquity and our sin, and take us as Your inheritance.

Continue:

סְלַח לָנוּ Forgive us, our Father, for we have sinned. Pardon us, our King, for we have transgressed. For You, LORD, are good and forgiving, abounding in *Ps. 86* loving-kindness to all who call on You.

For with the LORD there is loving-kindness, and great is His power to redeem. *Ps. 130* LORD, save Israel from all its troubles. It is He who will redeem Israel from *Ps. 25 Ps. 130* all its sins. The LORD redeems His servants; those who take refuge in Him *Ps. 34* shall not be condemned.

סליחות

סליחות are said on Fast Days. On תשעה באב, קינות are said instead.
On צום גדליה, the סליחות for the עשרת ימי תשובה are said.

סליחות לעשרה בטבת

סְלַח לָנוּ, אָבִינוּ, כִּי בְּרֹב אִוַּלְתֵּנוּ שָׁגִינוּ.
מְחַל לָנוּ, מַלְכֵּנוּ, כִּי רַבּוּ עֲוֹנֵינוּ.

אֵל אֶרֶךְ אַפַּיִם אַתָּה, וּבַעַל הָרַחֲמִים נִקְרֵאתָ, וְדֶרֶךְ תְּשׁוּבָה הוֹרֵיתָ. גְּדֻלַּת רַחֲמֶיךָ וַחֲסָדֶיךָ, תִּזְכֹּר הַיּוֹם וּבְכָל יוֹם לְזֶרַע יְדִידֶיךָ. תֵּפֶן אֵלֵינוּ בְּרַחֲמִים, כִּי אַתָּה הוּא בַּעַל הָרַחֲמִים. בְּתַחֲנוּן וּבִתְפִלָּה פָּנֶיךָ נְקַדֵּם, כְּהוֹדַעְתָּ לֶעָנָו מִקֶּדֶם. מֵחֲרוֹן אַפְּךָ שׁוּב, כְּמוֹ בְּתוֹרָתְךָ כָּתוּב. וּבְצֵל כְּנָפֶיךָ נֶחֱסֶה וְנִתְלוֹנָן, כְּיוֹם וַיֵּרֶד יהוה בֶּעָנָן. ◂ תַּעֲבֹר עַל פֶּשַׁע וְתִמְחֶה אָשָׁם, כְּיוֹם וַיִּתְיַצֵּב עִמּוֹ שָׁם. תַּאֲזִין שַׁוְעָתֵנוּ וְתַקְשִׁיב מֶנּוּ מַאֲמָר, כְּיוֹם וַיִּקְרָא בְשֵׁם יהוה, וְשָׁם נֶאֱמַר

קהל then שליח ציבור:

וַיַּעֲבֹר יהוה עַל־פָּנָיו וַיִּקְרָא שמות לד

All say aloud:

יהוה, יהוה, אֵל רַחוּם וְחַנּוּן, אֶרֶךְ אַפַּיִם, וְרַב־חֶסֶד וֶאֱמֶת: נֹצֵר חֶסֶד לָאֲלָפִים, נֹשֵׂא עָוֹן וָפֶשַׁע וְחַטָּאָה, וְנַקֵּה: וְסָלַחְתָּ לַעֲוֹנֵנוּ וּלְחַטָּאתֵנוּ, וּנְחַלְתָּנוּ:

Continue:

סְלַח לָנוּ אָבִינוּ כִּי חָטָאנוּ, מְחַל לָנוּ מַלְכֵּנוּ כִּי פָשָׁעְנוּ. כִּי־אַתָּה אֲדֹנָי טוֹב תהלים פו
וְסַלָּח, וְרַב־חֶסֶד לְכָל־קֹרְאֶיךָ:

כִּי־עִם־יהוה הַחֶסֶד, וְהַרְבֵּה עִמּוֹ פְדוּת: פְּדֵה אֱלֹהִים אֶת־יִשְׂרָאֵל מִכֹּל תהלים קל תהלים כה
צָרוֹתָיו: וְהוּא יִפְדֶּה אֶת־יִשְׂרָאֵל מִכֹּל עֲוֹנֹתָיו: פּוֹדֶה יהוה נֶפֶשׁ עֲבָדָיו, תהלים קל תהלים לד
וְלֹא יֶאְשְׁמוּ כָּל־הַחֹסִים בּוֹ:

כְּרַחֵם As a father has compassion for his children,
so, LORD, have compassion for us.
Salvation is the LORD's; on Your people is Your blessing, Selah! *Ps. 3*
The LORD of hosts is with us, the God of Jacob is our stronghold, Selah! *Ps. 46*
LORD of hosts, happy is the one who trusts in You. *Ps. 84*
LORD, save! May the King answer us on the day we call. *Ps. 20*

▸ Forgive, please, this people's iniquity, in the abundance of Your kindness, and as You have forgiven this people from the time of Egypt until now, and there it is written: *Num. 14*

Congregation then Leader:

And the LORD said, I have forgiven as you asked.

Continue:

הַטֵּה Give ear, my God and hear; open Your eyes and see our desolation, and the city that bears Your name, for it is not on the strength of our righteousness that we throw down our pleadings before You, but on the strength of Your great compassion. LORD, hear me; LORD, forgive; LORD, listen and act and do not delay – for Your sake, my God; for Your city and Your people bear Your name. *Dan. 9*

Our God and God of our fathers:

אֶזְכְּרָה I shall recall the anguish that came to me; He inflicted three blows upon me in this month. He cut me off, He veered me aside, He beat me – but now He has finally drained me out. On the eighth of the month He darkened my right and my left; I marked out all three days for fasting. The king of Greece forced me to write the Torah in his tongue. The ploughmen have ploughed across my back; they made the furrows long. I raged, on the ninth, in shame and disgrace, my mantle of glory and my wreath were taken from me. The man who gave us the words of Heaven was torn from us on that day – that was Ezra the Scribe. On the tenth, Ezekiel the Seer, son of Buzi was commanded, "Write this happening in the scroll, for the remembrance of a people melted away and disgraced; write this very day." The tenth was listed last among the fasts to show the order of the months. My own mouth gapes open with weeping and wailing, and this chronicle of troubles burns within my heart – as the fugitive came to me and said, "The city is crushed." For these things I have scattered dust upon my face. I have spoken now of all four – would that I could shoot an arrow through my heart. For these great torments, I have dug my own grave. "The LORD is righteous; I have rebelled against His word." I have called out Your name as I grieve my troubles. Witness my oppression and hear my voice in its entreaty. Hear my pleading, please, hasten my salvation. Do not block Your ears to my sighing, to my cry. *Job 16* *Ezek. 24* *Lam. 1* *Lam. 3*
▸ In the month of Tevet I was stricken sorely. The world changed its course, from where I stand. I was stubborn, I sinned – yet may He reveal His goodness to me; the One who told the ocean, "Only thus far, come."

כְּרַחֵם אָב עַל בָּנִים, כֵּן תְּרַחֵם יהוה עָלֵינוּ.

לַיהוה הַיְשׁוּעָה, עַל־עַמְּךָ בִרְכָתֶךָ סֶּלָה: תהלים ג

יהוה צְבָאוֹת עִמָּנוּ, מִשְׂגָּב לָנוּ אֱלֹהֵי יַעֲקֹב סֶלָה: תהלים מו

יהוה צְבָאוֹת, אַשְׁרֵי אָדָם בֹּטֵחַ בָּךְ: תהלים פד

יהוה הוֹשִׁיעָה, הַמֶּלֶךְ יַעֲנֵנוּ בְיוֹם־קָרְאֵנוּ: תהלים כ

› סְלַח־נָא לַעֲוֹן הָעָם הַזֶּה כְּגֹדֶל חַסְדֶּךָ במדבר יד

וְכַאֲשֶׁר נָשָׂאתָה לָעָם הַזֶּה מִמִּצְרַיִם וְעַד־הֵנָּה:

וְשָׁם נֶאֱמַר

קהל then שליח ציבור:

וַיֹּאמֶר יהוה, סָלַחְתִּי כִּדְבָרֶךָ:

Continue:

הַטֵּה אֱלֹהַי אָזְנְךָ וּשְׁמָע, פְּקַח עֵינֶיךָ וּרְאֵה שֹׁמְמֹתֵינוּ וְהָעִיר אֲשֶׁר־נִקְרָא שִׁמְךָ עָלֶיהָ, כִּי לֹא עַל־צִדְקֹתֵינוּ אֲנַחְנוּ מַפִּילִים תַּחֲנוּנֵינוּ לְפָנֶיךָ, כִּי עַל־רַחֲמֶיךָ הָרַבִּים: אֲדֹנָי שְׁמָעָה, אֲדֹנָי סְלָחָה, אֲדֹנָי הַקְשִׁיבָה וַעֲשֵׂה אַל־תְּאַחַר, לְמַעַנְךָ אֱלֹהַי, כִּי־שִׁמְךָ נִקְרָא עַל־עִירְךָ וְעַל־עַמֶּךָ: דניאל ט

אֱלֹהֵינוּ וֵאלֹהֵי אֲבוֹתֵינוּ

אֶזְכְּרָה מָצוֹק אֲשֶׁר קְרָאַנִי. בְּשָׁלֹשׁ מַכּוֹת בַּחֹדֶשׁ הַזֶּה הִכַּנִי. גִּדְּעַנִי הֱנִיאַנִי
הִכְאַנִי. אַךְ־עַתָּה הֶלְאָנִי: דְּעָכַנִי בִּשְׁמוֹנָה בוֹ שְׂמָאלִית וִימָנִית. הֲלֹא שְׁלָשְׁתָּן איוב טז
קָבַעְתִּי תַּעֲנִית. וּמֶלֶךְ יָוָן אֲנָסַנִי לִכְתֹּב דָּת, יְוָנִית. עַל גַּבִּי חָרְשׁוּ חוֹרְשִׁים,
הֶאֱרִיכוּ מַעֲנִית. זָעַמְתִּי בְּתִשְׁעָה בוֹ בִּכְלִמָּה וָחֵפֶר. חָשַׁךְ מֵעָלַי מְעִיל הוֹד
וָצֶפֶר. טָרֹף טֹרַף בּוֹ הַנּוֹתֵן אִמְרֵי שֶׁפֶר. הוּא עֶזְרָא הַסּוֹפֵר. יוֹם עֲשִׂירִי, צֻוָּה
בֶּן בּוּזִי הַחוֹזֶה. כְּתָב לְךָ בְּסֵפֶר הַמַּחֲזֶה. לְזִכָּרוֹן לָעָם נָמֵס וְנִבְזֶה. אֶת־עֶצֶם יחזקאל כד
הַיּוֹם הַזֶּה: מִנְיַן סֵדֶר חֳדָשִׁים בַּעֲשָׂרָה בוֹ הָעִיר. נְהִי וִילֵל בְּמוֹ פִי אַפְעִיר.
סֵדֶר פַּרְעָנִיּוֹת בְּתוֹךְ לְבָבִי יַבְעִיר. בְּבֹא אֵלַי הַפָּלִיט לֵאמֹר הֻכְּתָה הָעִיר. עַל
אֵלֶּה, עַל פְּנֵי אָבָק זֵרִיתִי. פַּצְתִּי עַל אַרְבַּעְתָּן, לוֹ חֵץ בְּלִבִּי יָרִיתִי. צָרוֹת עַל
אֵלֶּה, קֶבֶר לִי כָּרִיתִי. צַדִּיק הוּא יהוה, כִּי פִיהוּ מָרִיתִי: קָרָאתִי שִׁמְךָ, מִתְנַחֵם איכה א
עַל רָעָתִי. רְאֵה עָנְיִי וּשְׁמַע קוֹל פְּגִיעָתִי. שְׁמַע תְּחִנָּתִי, חִישׁ נָא יְשׁוּעָתִי.
אַל־תַּעְלֵם אָזְנְךָ לְרַוְחָתִי לְשַׁוְעָתִי: › יֶרַח טֵבֵת, מְאֹד לָקִיתִי בוֹ. וְנִשְׁתַּנּוּ איכה ג
עָלַי סְדָרֵי נְתִיבוֹ. סָרַרְתִּי, פָּשַׁעְתִּי, יְגַלֶּה לִי טוּבוֹ. הָאוֹמֵר לַיָּם עַד פֹּה תָּבוֹא.

אֵל מֶלֶךְ God, King who sits upon a throne of compassion, who acts with loving-kindness, who pardons the iniquities of His people, passing them before Him in order; who forgives sinners and pardons transgressors; who performs righteousness with all flesh and spirit, do not repay their bad actions in kind. ▸ God, You taught us to speak thirteen attributes: recall for us today the covenant of the thirteen attributes, as You in ancient times showed the humble one [Moses], as is written: The LORD descended in the cloud and stood with him there, and proclaimed in the name of the LORD: *Ex. 34*

Congregation then Leader:

And the LORD passed by before him and proclaimed: *Ex. 34*

All say aloud:

יהוה The LORD, the LORD, compassionate and gracious God, slow to anger, abounding in loving-kindness and truth, extending loving-kindness to a thousand generations, forgiving iniquity, rebellion and sin, and absolving [the guilty who repent]. Forgive us our iniquity and our sin, and take us as Your inheritance.

Continue:

סְלַח לָנוּ Forgive us, our Father, for we have sinned. Pardon us, our King, for we have transgressed. For You, LORD, are good and forgiving, abounding in loving-kindness to all who call on You. *Ps. 86*

God, nations came into Your inheritance, they made Your holy Sanctuary impure, they reduced Jerusalem to ruins. God, wanton people came up against us and a gang of oppressors sought out our lives, and did not place You before them. *Ps. 79*

כְּרַחֵם As a father has compassion for his children,
so, LORD, have compassion for us.
Salvation is the LORD's; on Your people is Your blessing, Selah! *Ps. 3*
The LORD of hosts is with us, the God of Jacob is our stronghold, Selah! *Ps. 46*
LORD of hosts, happy is the one who trusts in You. *Ps. 84*
LORD, save! May the King answer us on the day we call. *Ps. 20*

Our God and God of our fathers:

אֶבֶן הָרֹאשָׁה The Temple, Top Stone, is laid to ruin and ploughed over, and the Torah's heirs, Israel, a derision among nations. Within me an aching heart, sickened and pained – we are left as if fatherless, become like orphans. Israel, delicate and refined, fenced by lilies of the Law, has now become mournful, given over to assailants. The faithful city has become like a widow, the countless

אֵל מֶלֶךְ יוֹשֵׁב עַל כִּסֵּא רַחֲמִים, מִתְנַהֵג בַּחֲסִידוּת. מוֹחֵל עֲוֹנוֹת עַמּוֹ,
מַעֲבִיר רִאשׁוֹן רִאשׁוֹן. מַרְבֶּה מְחִילָה לְחַטָּאִים, וּסְלִיחָה לְפוֹשְׁעִים. עֹשֶׂה
צְדָקוֹת עִם כָּל בָּשָׂר וָרְוּחַ, לֹא כְרָעָתָם תִּגְמֹל. › אֵל, הוֹרֵיתָ לָּנוּ לוֹמַר שְׁלֹשׁ
עֶשְׂרֵה, וּזְכָר לָנוּ הַיּוֹם בְּרִית שְׁלֹשׁ עֶשְׂרֵה, כְּמוֹ שֶׁהוֹדַעְתָּ לֶעָנָו מִקֶּדֶם,
כְּמוֹ שֶׁכָּתוּב: וַיֵּרֶד יהוה בֶּעָנָן, וַיִּתְיַצֵּב עִמּוֹ שָׁם, וַיִּקְרָא בְשֵׁם, יהוה: שמות לד

שליח ציבור then קהל:

וַיַּעֲבֹר יהוה עַל־פָּנָיו וַיִּקְרָא שמות לד

All say aloud:

יהוה, יהוה, אֵל רַחוּם וְחַנּוּן, אֶרֶךְ אַפַּיִם, וְרַב־חֶסֶד וֶאֱמֶת: נֹצֵר
חֶסֶד לָאֲלָפִים, נֹשֵׂא עָוֹן וָפֶשַׁע וְחַטָּאָה, וְנַקֵּה: וְסָלַחְתָּ לַעֲוֹנֵנוּ
וּלְחַטָּאתֵנוּ, וּנְחַלְתָּנוּ:

Continue:

סְלַח לָנוּ אָבִינוּ כִּי חָטָאנוּ, מְחַל לָנוּ מַלְכֵּנוּ כִּי פָשָׁעְנוּ. כִּי־אַתָּה אֲדֹנָי טוֹב תהלים פו
וְסַלָּח, וְרַב־חֶסֶד לְכָל־קֹרְאֶיךָ:

אֱלֹהִים בָּאוּ גוֹיִם בְּנַחֲלָתֶךָ, טִמְּאוּ אֶת־הֵיכַל קָדְשֶׁךָ, שָׂמוּ אֶת־יְרוּשָׁלַםִ תהלים עט
לְעִיִּים: אֱלֹהִים, זֵדִים קָמוּ עָלֵינוּ, וַעֲדַת עָרִיצִים בִּקְשׁוּ נַפְשֵׁנוּ, וְלֹא שָׂמוּךָ
לְנֶגְדָּם.

כְּרַחֵם אָב עַל בָּנִים, כֵּן תְּרַחֵם יהוה עָלֵינוּ.
לַיהוה הַיְשׁוּעָה, עַל־עַמְּךָ בִרְכָתֶךָ סֶּלָה: תהלים ג
יהוה צְבָאוֹת עִמָּנוּ, מִשְׂגָּב לָנוּ אֱלֹהֵי יַעֲקֹב סֶלָה: תהלים מו
יהוה צְבָאוֹת, אַשְׁרֵי אָדָם בֹּטֵחַ בָּךְ: תהלים פד
יהוה הוֹשִׁיעָה, הַמֶּלֶךְ יַעֲנֵנוּ בְיוֹם־קָרְאֵנוּ: תהלים כ

אֱלֹהֵינוּ וֵאלֹהֵי אֲבוֹתֵינוּ

אֶבֶן הָרֹאשָׁה, לְעִיִּים וְלַחֲרִישָׁה, וְנוֹחֲלֵי מוֹרָשָׁה, מְנוֹד רֹאשׁ בַּלְאֻמִּים.
בְּקִרְבִּי לֵב נִכְאָב, נָדוּהַ וְנִדְאָב, נִשְׁאַרְנוּ כְּאֵין אָב, וְהָיִינוּ כִּיתוֹמִים.
רַכָּה וַעֲנֻגָּה, בְּשׁוֹשַׁנִּים סוּגָה, וְעַתָּה הִיא נוּגָה, מְסוּרָה בְּיַד קָמִים. הָיְתָה

descendants of Jacob have been sold for no price. Refined and delicate, worthy of royalty, they have been ploughed across in long furrows over many years and days. The house of Jacob is given over to plunder, to jeering and slander, and the joyous city to plantations of vines. Doused in poison by lawless ones, is the people once desired like offerings, like fragrant incense. They have despised and neglected the Torah of Moses Avi-Zanoaḥ, they can find no rest by night or by day. Awesome, highest God, may the desire arise in You to bring a year of recompense for Israel's strife. Renew our days as of old, Dwelling Place who is our God of old. And wash our red guilt white as wool; our stains as snow. ▸ Strengthen us in awe of You, and in the keeping of Your Law. And come to us, in Your salvation, God who is full of compassion.

אֵל מֶלֶךְ God, King who sits upon a throne of compassion, who acts with loving-kindness, who pardons the iniquities of His people, passing them before Him in order; who forgives sinners and pardons transgressors; who performs righteousness with all flesh and spirit, do not repay their bad actions in kind. ▸ God, You taught us to speak thirteen attributes: recall for us today the covenant of the thirteen attributes, as You in ancient times showed the humble one [Moses], as is written: The LORD descended in the cloud and stood with him there, and *Ex. 34*
proclaimed in the name of the LORD:

Congregation then Leader:

And the LORD passed by before him and proclaimed: *Ex. 34*

All say aloud:

יהוה The LORD, the LORD, compassionate and gracious God, slow to anger, abounding in loving-kindness and truth, extending loving-kindness to a thousand generations, forgiving iniquity, rebellion and sin, and absolving [the guilty who repent]. Forgive us our iniquity and our sin, and take us as Your inheritance.

Continue:

סְלַח לָנוּ Forgive us, our Father, for we have sinned. Pardon us, our King, for we have transgressed. For You, LORD, are good and forgiving, abounding in *Ps. 86*
loving-kindness to all who call on You.

The following is said responsively:

אֲבוֹתַי When my forebears trusted in the name of God, my Rock,
they grew and were successful and also gave forth fruit.
And from the time when they were drawn away to walk with Him in enmity,
they diminished and diminished until the tenth month. *Gen. 8*

כְּאַלְמָנָה, קִרְיָה נֶאֱמָנָה, וְזֶרַע מִי מָנָה, נִמְכְּרוּ בְּלֹא דָמִים. מְעֻנָּגָה וְרַכָּה,
צָלְחָה לִמְלוּכָה, וּמְעֻנִּיתָהּ אֲרֻכָּה, זֶה כַּמָּה שָׁנִים וְיָמִים. בֵּית יַעֲקֹב לְבִזָּה,
לְלַעַג וּלְעִזָּה, וְהָעִיר הָעַלִּיזָה, לְמַטְּעֵי כְרָמִים. רְוּיָה תַּרְעֵלָה, בְּיַד בְּנֵי עַוְלָה,
הָרְצוּיָה כְּעוֹלָה, וּכִקְטֹרֶת הַסַּמִּים. מָאֲסָה לִזְנֹחַ, תּוֹרַת אֲבִי זָנוֹחַ, וְלֹא
מָצְאָה מָנוֹחַ, לֵילוֹת וְגַם יָמִים. נוֹרָא אֵל עֶלְיוֹן, מִמְּךָ יְהִי צִבְיוֹן, לְהָשִׁיב
לְרִיב צִיּוֹן, שְׁנַת שִׁלּוּמִים. חַדֵּשׁ יָמֵינוּ כְּקֶדֶם, מְעוֹנָה אֱלֹהֵי קֶדֶם, וְלַבֵּן
כְּצֶמֶר אֹדֶם, וּכְשֶׁלֶג כְּתָמִים. ‹ חַזְּקֵנוּ בְּיִרְאָתֶךָ, וּבְקִיּוּם תּוֹרָתֶךָ, וּפָקְדֵנוּ
בִּישׁוּעָתֶךָ, אֵל מָלֵא רַחֲמִים.

אֵל מֶלֶךְ יוֹשֵׁב עַל כִּסֵּא רַחֲמִים, מִתְנַהֵג בַּחֲסִידוּת. מוֹחֵל עֲוֹנוֹת עַמּוֹ,
מַעֲבִיר רִאשׁוֹן רִאשׁוֹן. מַרְבֶּה מְחִילָה לְחַטָּאִים, וּסְלִיחָה לְפוֹשְׁעִים. עֹשֶׂה
צְדָקוֹת עִם כָּל בָּשָׂר וָרוּחַ, לֹא כְרָעָתָם תִּגְמֹל. ‹ אֵל, הוֹרֵיתָ לָּנוּ לוֹמַר שְׁלֹשׁ
עֶשְׂרֵה, וּזְכָר לָנוּ הַיּוֹם בְּרִית שְׁלֹשׁ עֶשְׂרֵה, כְּמוֹ שֶׁהוֹדַעְתָּ לֶעָנָו מִקֶּדֶם,
שמות לד כְּמוֹ שֶׁכָּתוּב: וַיֵּרֶד יהוה בֶּעָנָן, וַיִּתְיַצֵּב עִמּוֹ שָׁם, וַיִּקְרָא בְשֵׁם, יהוה:

then קהל *:*שליח ציבור

שמות לד וַיַּעֲבֹר יהוה עַל־פָּנָיו וַיִּקְרָא

All say aloud:

יהוה, יהוה, אֵל רַחוּם וְחַנּוּן, אֶרֶךְ אַפַּיִם, וְרַב־חֶסֶד וֶאֱמֶת: נֹצֵר
חֶסֶד לָאֲלָפִים, נֹשֵׂא עָוֹן וָפֶשַׁע וְחַטָּאָה, וְנַקֵּה: וְסָלַחְתָּ לַעֲוֹנֵנוּ
וּלְחַטָּאתֵנוּ, וּנְחַלְתָּנוּ:

Continue:

תהלים פו סְלַח לָנוּ אָבִינוּ כִּי חָטָאנוּ, מְחַל לָנוּ מַלְכֵּנוּ כִּי פָשָׁעְנוּ. כִּי־אַתָּה אֲדֹנָי טוֹב
וְסַלָּח, וְרַב־חֶסֶד לְכָל־קֹרְאֶיךָ:

The following is said responsively:

אֲבוֹתַי כִּי בָטְחוּ בְּשֵׁם אֱלֹהֵי צוּרִי
גָּדְלוּ וְהִצְלִיחוּ וְגַם עָשׂוּ פְרִי
וּמֵעֵת הֻדְּחוּ וְהָלְכוּ עִמּוֹ קֶרִי
בראשית ח הָיוּ הָלוֹךְ וְחָסוֹר עַד הַחֹדֶשׁ הָעֲשִׂירִי.

On the tenth, the king of Babylon laid siege on the city,
and beleaguered it. The chief of the army arrived,
and I was yielded to be trampled,
was tormented in fetters,
and from month to month my harp turned to grief.

Once like the first figs of a new tree,
they were the very first to be destroyed.
They spoke the names of others,
and sin closed their destiny.
They did not recognize God's face and were swept off by the flood –
agony like that of a first childbirth, soars up as high as Heaven.

God brought us a day of evil and siege,
ordered enemies about me to harvest my last fruits.
The day my heart was quelled, no strength to resist,
and He said to the prophet,
"Preach this to the rebellious house."

He took the cloak of authority from the judges at the gate.
His rage burned like fire
and He raised the crown away,
and He cast down the splendor of the Temple, Forest of Lebanon,
and rushing wind and storm make my flesh bristle and shiver.

Once you were called most beautiful;
now you are darkened,
for you have stumbled over iniquity
and your heart has turned back.
You have been attacked from behind,
have been weakened, once, then twice,
and even the slightest dressing or balm not offered you.

The Righteous One, perfect Rock,
who forgives iniquity almost too great to bear,
flew from the cherubs to the threshold,
and from there to a corner of the roof,
because of the iniquity marked out; the scream of it rose up,
their evil as abundant as a fruit-tree's crop.

בָּעֲשִׂירִי לַחֹדֶשׁ סָמַךְ מֶלֶךְ בָּבֶל
וְצָר עַל עִיר הַקֹּדֶשׁ, וְנִקְרַב רַב הַחוֹבֵל
נְתַתִּי הָדֵשׁ וְעִנֵּיתִי בַּכֶּבֶל
וְהָיָה מִדֵּי חֹדֶשׁ לְאֵבֶל כִּנּוֹרִי.

רֵאשִׁית בִּכּוּרָה לְרֵאשִׁית הַחֵרֶם
שֵׁם אֲחֵרִים הִזְכִּירָה, וְהֶעָוֹן גּוֹרֵם
פְּנֵי אֵל לֹא הִכִּירָה, וְשֻׁטְפָה בְּזֶרֶם
צָרָה כְּמַבְכִּירָה כָּעֵת בַּמָּרוֹם תַּמְרִיא.

הָאֱלֹהִים הֵבִיא יוֹם רָעָה וּמָצוֹר
צִוָּה צָרַי סְבִיבַי עוֹלָלַי לִבְצוֹר
יוֹם הֵרַךְ לְבָבִי וְאֵין כֹּחַ לַעֲצוֹר
וְדִבֶּר אֶל נָבִיא, מְשֹׁל אֶל בֵּית הַמֶּרִי.

מִיּוֹשְׁבֵי שַׁעַר הֶעֱבִיר אַדֶּרֶת
חֲמָתוֹ כָּאֵשׁ בָּעַר, וְהֵרִים עֲטֶרֶת
וּמִלְּבָנוֹן יַעַר הִשְׁלִיךְ תִּפְאֶרֶת
וְרוּחַ סוֹעָה וָסַעַר תְּסַמֵּר שַׂעֲרַת בְּשָׂרִי.

יְפֵיפִית נִמְשַׁלְתְּ, וְעַתָּה קְדוֹרַנִּית
בְּעָוֹן כִּי כָשַׁלְתְּ, וְלִבֵּךְ אֲחוֹרַנִּית
זִנְּבוּךְ וְנֶחֱשַׁלְתְּ רִאשׁוֹנָה וְשֵׁנִית
וְהָחְתֵּל לֹא חֻתַּלְתְּ מְעַט צֳרִי.

צַדִּיק הַצּוּר תָּם, נָשָׂא עָוֹן נִלְאָה
מִכְּרוּב לְמִפְתָּן, לְפִנַּת גַּג דָּאָה
מֵעָוֹן הַנִּכְתָּם, וְצַעֲקָתָם בָּאָה
רַבָּה רָעָתָם כְּעֵץ עֹשֶׂה פֶּרִי.

The One who weighs the actions of people,
strengthened all my attackers,
for my days had been filled with malignant deeds,
and in the shamefulness of my youth
I forgot the good granted me,
and the One who gives me my bread and water,
my flax and my wool.

My attackers opened wide their mouths and swallowed up my legacy.
They overcame me utterly, drank my blood and gulped it down.
Strangers became my enemies, they injured my brothers –
strangers who called out, "Destroy, destroy!"
Descendants of Seir the Horite.

They said, "Come, let us finish them off,
and put an end to their memory."
Jealous, vengeful God, grant retribution;
let them load the burden of their own ruin.
Pay them back for their actions
and have their hopes disgrace them,
like the baker who dreamt his dream
of three baskets of white bread.

My wound was not softened, my bruise enough to kill me,
and my eyes have grown dim with watching for my bright-faced Love.
Is His anger even now not forever forgotten?
Why has He done this; why this burning rage?

This God of mine is compassionate; He shall not forever reject.
The days of my grief have grown long and still my heart sighs.
Return, God, to my tent; do not abandon Your place.
Close the days of my grief. Bring my recompense.

Lord who is the portion allotted me,
come to me quickly, help me,
and loosen my sackcloth,
wrap me around in joy,
and dazzle my darkness with Your light – light up
the twilight I once longed for, for it is You who are my lamp.

חִזֵּק כָּל קָמַי, תּוֹכֵן הָעֲלִילוֹת
כִּי מָלְאוּ יָמַי בְּרֹעַ מִפְעָלוֹת
וּמִבֹּשֶׁת עֲלוּמַי שָׁכַחְתִּי גְמוּלוֹת
נוֹתֵן לַחְמִי וּמֵימַי, פִּשְׁתִּי וְצַמְרִי.

קָמַי פִּיהֶם פָּעֲרוּ וְנַחֲלָתִי בִּלֵּעוּ
מְאֹד עָלַי גָּבְרוּ וְדָמִי שָׁתוּ וְלָעוּ
נָכְרִים עָלַי צָרוּ וְאֶת אַחַי הֵרֵעוּ
הָאוֹמְרִים עָרוּ עָרוּ, בְּנֵי שֵׂעִיר הַחֹרִי.

אָמְרוּ לְכוּ נְכַלֵּם, וְנַשְׁבִּיתָה זִכְרָם
אֵל קַנּוֹא וְנוֹקֵם, גָּמְלֵם, יִשְׂאוּ אֶת שִׁבְרָם
כְּמַעֲשֵׂיהֶם שַׁלֵּם וְיֵבוֹשׁוּ מִשִּׁבְרָם
כְּאִישׁ חֲלוֹם חוֹלֵם שְׁלֹשָׁה סַלֵּי חֹרִי.

פִּצְעִי לֹא רֻכְּכָה וַחֲבּוּרוֹתַי רֵצַח
וְעֵינִי הֻכְהֲתָה, צוֹפָה לְדוֹדִי צַח
הַעוֹד לֹא שָׁכְכָה חֲמָתוֹ לָנֶצַח
עַל מֶה עָשָׂה כָּכָה וּמֶה חָרִי.

רַחוּם זֶה אֵלִי, אַל לָעַד תִּזְנַח
אָרְכוּ יְמֵי אֶבְלִי וְעוֹד לִבִּי נֶאֱנָח
שׁוּבָה אֵל לְאָהֳלִי, מְקוֹמְךָ אַל תַּנַּח
שַׁלֵּם יְמֵי אֶבְלִי כִּי תָבוֹא עַל שִׁבְרִי.

יהוה מְנָת חֶלְקִי, חוּשָׁה לִי לְעֶזְרָה
וּפַתַּחְתָּ שַׂקִּי, שִׂמְחָה לִי לְאַזְּרָה
וְתַגִּיהַּ אֶת חָשְׁכִּי בְּאוֹרְךָ לְהָאִירָה
אֶת נֶשֶׁף חִשְׁקִי, כִּי אַתָּה נֵרִי.

Redeem my soul from anguish and sighing,
grant Your people remission, my King and my Holy One.
And turn into relief the fast of Av;
into gladness and joy, the fast of Tammuz and the fast of Tevet.

Continue with "God, King who sits" on page 500.

SELIḤOT FOR THE FAST OF ESTHER

סְלַח לָנוּ Forgive us, our Father, for in our great foolishness we have blundered. Pardon us, our King, for our iniquities are many.

אֵל אֶרֶךְ You are a God slow to anger, You are called the Master of Compassion, and You have taught the way of repentance. May You remember today and every day the greatness of Your compassion and kindness, for the sake of the descendants of Your beloved ones. Turn toward us in compassion, for You are the Master of Compassion. We come before You in plea and prayer, as You in ancient times showed the humble one [Moses]. Turn from Your fierce anger, as is written in Your Torah. In the shadow of Your wings may we shelter and abide, as on the day when the LORD descended in the cloud. ▸ Disregard transgression and erase guilt as on the day You stood with him [Moses] there. Hear our cry and heed our word, as on the day You proclaimed in the name of the LORD, and there it is written:

Congregation then Leader:

And the LORD passed by before him and proclaimed: *Ex. 34*

All say aloud:

יהוה The LORD, the LORD, compassionate and gracious God, slow to anger, abounding in loving-kindness and truth, extending loving-kindness to a thousand generations, forgiving iniquity, rebellion and sin, and absolving [the guilty who repent]. Forgive us our iniquity and our sin, and take us as Your inheritance.

Continue:

סְלַח לָנוּ Forgive us, our Father, for we have sinned. Pardon us, our King, for we have transgressed. For You, LORD, are good and forgiving, abounding in *Ps. 86*
loving-kindness to all who call on You.

מִגּוֹן וַאֲנָחָה, פְּדֵה אֵל אֶת נַפְשִׁי
עֲשֵׂה לְעַמְּךָ הֲנָחָה, מַלְכִּי וּקְדוֹשִׁי
תַּהֲפֹךְ לִרְוָחָה אֶת צוֹם הַחֲמִישִׁי
לְשָׂשׂוֹן וּלְשִׂמְחָה, צוֹם הָרְבִיעִי וְצוֹם הָעֲשִׂירִי.

Continue with אֵל מֶלֶךְ יוֹשֵׁב *on page 501.*

סליחות לתענית אסתר

סְלַח לָנוּ, אָבִינוּ, כִּי בְּרֹב אִוַּלְתֵּנוּ שָׁגִינוּ.
מְחַל לָנוּ, מַלְכֵּנוּ, כִּי רַבּוּ עֲוֹנֵינוּ.

אֵל אֶרֶךְ אַפַּיִם אַתָּה, וּבַעַל הָרַחֲמִים נִקְרֵאתָ, וְדֶרֶךְ תְּשׁוּבָה הוֹרֵיתָ. גְּדֻלַּת רַחֲמֶיךָ וַחֲסָדֶיךָ, תִּזְכֹּר הַיּוֹם וּבְכָל יוֹם לְזֶרַע יְדִידֶיךָ. תֵּפֶן אֵלֵינוּ בְּרַחֲמִים, כִּי אַתָּה הוּא בַּעַל הָרַחֲמִים. בְּתַחֲנוּן וּבִתְפִלָּה פָּנֶיךָ נְקַדֵּם, כְּהוֹדַעְתָּ לֶעָנָו מִקֶּדֶם. מֵחֲרוֹן אַפְּךָ שׁוּב, כְּמוֹ בְּתוֹרָתְךָ כָּתוּב. וּבְצֵל כְּנָפֶיךָ נֶחֱסֶה וְנִתְלוֹנָן, כְּיוֹם וַיֵּרֶד יהוה בֶּעָנָן. ‹ תַּעֲבֹר עַל פֶּשַׁע וְתִמְחֶה אָשָׁם, כְּיוֹם וַיִּתְיַצֵּב עִמּוֹ שָׁם. תַּאֲזִין שַׁוְעָתֵנוּ וְתַקְשִׁיב מֶנּוּ מַאֲמָר, כְּיוֹם וַיִּקְרָא בְשֵׁם יהוה, וְשָׁם נֶאֱמַר

:שליח ציבור then קהל

וַיַּעֲבֹר יהוה עַל־פָּנָיו וַיִּקְרָא שמות לד

All say aloud:

יהוה, יהוה, אֵל רַחוּם וְחַנּוּן, אֶרֶךְ אַפַּיִם, וְרַב־חֶסֶד וֶאֱמֶת: נֹצֵר חֶסֶד לָאֲלָפִים, נֹשֵׂא עָוֹן וָפֶשַׁע וְחַטָּאָה, וְנַקֵּה: וְסָלַחְתָּ לַעֲוֹנֵנוּ וּלְחַטָּאתֵנוּ, וּנְחַלְתָּנוּ:

Continue:

סְלַח לָנוּ אָבִינוּ כִּי חָטָאנוּ, מְחַל לָנוּ מַלְכֵּנוּ כִּי פָשָׁעְנוּ. כִּי־אַתָּה אֲדֹנָי טוֹב תהלים פו
וְסַלָּח, וְרַב־חֶסֶד לְכָל־קֹרְאֶיךָ:

We have waited patiently for the LORD, and He has turned toward us and heard our cry. And on the path of Your laws, LORD, we have waited for You, for it is Your name and Your memory that are our souls' desire. *Is. 26*

כְּרַחֵם As a father has compassion for his children,
so, LORD, have compassion for us.
Salvation is the LORD's; on Your people is Your blessing, Selah! *Ps. 3*
The LORD of hosts is with us, the God of Jacob is our stronghold, Selah! *Ps. 46*
LORD of hosts, happy is the one who trusts in You. *Ps. 84*
LORD, save! May the King answer us on the day we call. *Ps. 20*

▸ Forgive, please, this people's iniquity, in the abundance of Your kindness, *Num. 14*
and as You have forgiven this people from the time of Egypt until now,
and there it is written:

Congregation then Leader:

And the LORD said, I have forgiven as you asked.

Continue:

הַטֵּה Give ear, my God and hear; open Your eyes and see our desolation, and the city that bears Your name, for it is not on the strength of our righteousness that we throw down our pleadings before You, but on the strength of Your great compassion. LORD, hear me; LORD, forgive, LORD, listen and act and do not delay – for Your sake, my God; for Your city and Your people bear Your name. *Dan. 9*

Our God and God of our fathers:

אָדָם When a man rose up against us, convulsions of trembling seized us. When he attached himself to a government of flattery, we almost stumbled and fell. They cheerfully closed an agreement to sell us, as a person with an unwanted mound gives it away quite freely to one with an unwanted pit. There was no defense. They said, "Come, let *Ps. 83* us annihilate them from among nations: the name of Israel shall be recalled no more." My eyes turned heavenward and I called on You to curse my enemies: "Cut off name and remnant; expunge their name, let it rot. And be Enemy to my enemies; bring them down in the very deceptions with which they deceived the people of Jacob." And they said, "The LORD will not see; the God of Jacob will not comprehend." Yet *Ps. 94* God tormented the scattered ones and made them mournful – but did not mean to destroy them utterly. They were guilty on the face of things, and so He terrorized them. By the taking off of a ring, He made them tremble. But God fulfilled the good of His word, raising them up in the view of nations. "In their enemies' land He did *Lev. 26* not reject them, and did not detest them to the point of destruction." He revealed the premonition of events for a nation begrimed and scratched over. He wrote "I shall surely hide (*astir*) Myself" to hint at Esther, and fragrant "pure myrrh," translated "mar-dokh," to hint at Mordekhai; all to put an end to Haman on the morrow, "From (*hamin*) the tree" foreshadowing his gallows. "In place of the thorn bush, shall rise *Is. 55*

קַוֵּה קִוִּינוּ יהוה, וַיֵּט אֵלֵינוּ וַיִּשְׁמַע שַׁוְעָתֵנוּ. אַף אֹרַח מִשְׁפָּטֶיךָ יהוה ישעיה כו
קִוִּינוּךָ, לְשִׁמְךָ וּלְזִכְרְךָ תַּאֲוַת־נָפֶשׁ:

כְּרַחֵם אָב עַל בָּנִים, כֵּן תְּרַחֵם יהוה עָלֵינוּ.
לַיהוה הַיְשׁוּעָה, עַל־עַמְּךָ בִרְכָתֶךָ סֶּלָה: תהלים ג
יהוה צְבָאוֹת עִמָּנוּ, מִשְׂגָּב לָנוּ אֱלֹהֵי יַעֲקֹב סֶלָה: תהלים מו
יהוה צְבָאוֹת, אַשְׁרֵי אָדָם בֹּטֵחַ בָּךְ: תהלים פד
יהוה הוֹשִׁיעָה, הַמֶּלֶךְ יַעֲנֵנוּ בְיוֹם־קָרְאֵנוּ: תהלים כ

· סְלַח־נָא לַעֲוֹן הָעָם הַזֶּה כְּגֹדֶל חַסְדֶּךָ במדבר יד
וְכַאֲשֶׁר נָשָׂאתָה לָעָם הַזֶּה מִמִּצְרַיִם וְעַד־הֵנָּה:
וְשָׁם נֶאֱמַר

then קהל שליח ציבור:

וַיֹּאמֶר יהוה, סָלַחְתִּי כִּדְבָרֶךָ:

Continue:

הַטֵּה אֱלֹהַי אָזְנְךָ וּשְׁמָע, פְּקַח עֵינֶיךָ וּרְאֵה שֹׁמְמֹתֵינוּ וְהָעִיר אֲשֶׁר־נִקְרָא דניאל ט
שִׁמְךָ עָלֶיהָ, כִּי לֹא עַל־צִדְקֹתֵינוּ אֲנַחְנוּ מַפִּילִים תַּחֲנוּנֵינוּ לְפָנֶיךָ, כִּי עַל־
רַחֲמֶיךָ הָרַבִּים: אֲדֹנָי שְׁמָעָה, אֲדֹנָי סְלָחָה, אֲדֹנָי הַקְשִׁיבָה וַעֲשֵׂה אַל־
תְּאַחַר, לְמַעַנְךָ אֱלֹהַי, כִּי־שִׁמְךָ נִקְרָא עַל־עִירְךָ וְעַל־עַמֶּךָ:

אֱלֹהֵינוּ וֵאלֹהֵי אֲבוֹתֵינוּ

אָדָם בְּקוּם עָלֵינוּ, חִיל אֲחָזָתְנוּ לִרְעֹד. בְּהִסְתַּפְּחוֹ לְמַלְכוּת חָנֵף, כִּמְעַט
כָּשַׁלְנוּ לִמְעֹד. גָּמְרוּ לְמַכְרֵנוּ כְּתֵל וְחָרִיץ בְּלִי מִסְעוֹד. אָמְרוּ לְכוּ וְנַכְחִידֵם תהלים פג
מִגּוֹי, וְלֹא־יִזָּכֵר שֵׁם־יִשְׂרָאֵל עוֹד: דַּלּוּ עֵינַי לַמָּרוֹם, קְרָאתִיךָ אוֹיְבַי לָקֹב.
הַכְרֵת שֵׁם וּשְׁאָר, וּמְחֵה שֵׁם לִרְקֹב. וְצֹר צוֹרְרֵי בְּנִכְלֵיהֶם אֲשֶׁר נִכְּלוּ
לַעֲקֹב. וַיֹּאמְרוּ, לֹא יִרְאֶה־יָּהּ, וְלֹא־יָבִין אֱלֹהֵי יַעֲקֹב: זְרוּיִים עֲנָה וַיָּגָה, תהלים צד
וְלֹא מִלֵּב לְכַלּוֹתָם. חֻבּוּ לְפָנִים, וְיִרְדּוּ בַּהֲסָרַת טַבַּעַת לְהַחֲלוֹתָם. טוּב
דְּבָרוֹ הֵקִים לְעֵינֵי הַגּוֹיִם לְהַעֲלוֹתָם. בְּאֶרֶץ אֹיְבֵיהֶם לֹא־מְאַסְתִּים וְלֹא־ ויקרא כו

up a cypress, and in place of the nettle, shall rise up myrtle." The king who listened
to lies, dictated accusation and sorrow. He wrapped himself in priestly clothes, Aha-
suerus, having mistaken his reckoning of the End. He ordered "other vessels" to be
used, from the Quarry from which the world was hewn; and the devil too, came and *Job 2*
placed himself among them. When the people in Shushan ate of their destroyer's
meat, the king opened his mouth wide to accuse them, to give them over into the
hands of the one who was ready to pay their price. The Rock, meanwhile, agreed
to write a letter to destroy their hope; "I said that I would yield them up, would put *Deut. 32*
an end to their memory among mankind." The angels, messengers of peace, wept
bitterly, crying out, "Compassionate One, look to the covenant and do not break it,
pushing it away!" The Torah, too, heard of it and put on clothes of widowhood and
sorrow; and she laid her hands upon her head and walked along, crying as she went. *II Sam. 13*
[Elijah] The Tishbite wrapped a covering of sackcloth around his waist. He hurried
and told the three fathers who sleep in the Cave of Makhpelah, and then hastened to
the Shepherd, [Moses] – "What do you mean by sleeping? Rouse yourself! Get up *Jonah 1*
and call out to your God – perhaps He may change His mind!" He told [Mordekhai]
Bilshan of the pronouncement that had been sealed in clay – but not in blood. They
learnt from the example of Nineveh how to overturn anger after a decree; the son
of Kish knocked at the door of the school, and covered himself in sackcloth and sat *Jonah 3*
down on the earth. For three days he gathered the children before him – thirsty, hid-
den from by God – so that, in the voice of Jacob, they might weaken the hand of the
bold-faced king. His hands raised steadily to God, Mordekhai prayed, "Save us now
from insult; that he should not come and slaughter us, mothers and children together." *Gen. 32*
Those and those, from all sides, the children of my mighty ones and teachers, all cried
out, and their plea rose up to the LORD. And God, when those plaintive calls reached
Him, asked, "And what is this bleating of sheep that meets My ears?" The shepherd *I Sam. 15*
Moses answered Him, "These are the little ones of the holy offspring. LORD, save
ones condemned to die, from the evil enemy." The compassion of the Gracious One
was stirred, and He was moved to weep for what had happened. And so it was that *II Kings 5*
when the King of Israel read the letter, He tore it to pieces. The Jew suspended sons
below and father above. Each man covered three *amot*; the fourth *amah* above was
space exposed. Mordekhai saw a double revenge, was delighted, and spoke praises:
"I was returned to my post and he was hanged!" Esther wrote with emphasis, that *Gen. 41*
a Hallel of thanks should be read on that day; and what the beloved ones accepted
down below was established above. A banner shall be raised by those who bear wit-
ness, to make the wonder known now, as it was then. And at this time – may relief *Esther 4*
and salvation rise up for the Jews.

אֵל מֶלֶךְ God, King who sits upon a throne of compassion, who acts with loving-kindness, who pardons the iniquities of His people, passing them before Him in order; who forgives sinners and pardons transgressors; who performs righteousness with

גְּעַלְתִּים לְכַלּוֹתָם: יָדַע רֶמֶז הַקּוֹרוֹת לְעַם מְעֻפָּר וּמְהֻדָּס. כָּתַב הַסִּתֵּר
אַסְתִּיר וּמָר דְּרוֹר מְפֹרְדָּס. לְשַׁבֹּת הָמָן מִמָּחֳרָת, הָמָן הָעֵץ קֻנְדָּס. תַּחַת ישעיה נה
הַנַּעֲצוּץ יַעֲלֶה בְרוֹשׁ וְתַחַת הַסִּרְפַּד יַעֲלֶה הֲדַס: מַקְשִׁיב דְּבַר שֶׁקֶר כָּתַב
שִׂטְנָה וָעֶצֶב. נִתְעַטֵּף בְּבִגְדֵי שְׂרָד כְּטָעָה בְּמִנְיַן קֶצֶב. סָדַר לְהִשְׁתַּמֵּשׁ
בְּשׁוֹנִים כְּלֵי הַמַּחֲצֵב. וַיָּבוֹא גַם־הַשָּׂטָן בְּתֹכָם לְהִתְיַצֵּב: עִם הַנִּמְצָאִים איוב ב
בְּשׁוּשָׁן, בְּאָכְלָם מִזֶּבַח עוֹכְרָם. פָּעַר פִּיו לְהַשְׂטִינָם, וּלְהַסְגִּירָם בְּיַד
נוֹתֵן מִכְרָם. צוֹר הַסְּכִּים לִכְתֹּב אִגֶּרֶת לְאַבֵּד שִׁבְרָם. אָמַרְתִּי אַפְאֵיהֶם, דברים לב
אַשְׁבִּיתָה מֵאֱנוֹשׁ זִכְרָם: קְדוֹשִׁים מַלְאֲכֵי שָׁלוֹם מַר יִבְכָּיוּן בִּצְעָקָה.
רַחוּם הַבֵּט לַבְּרִית וְאַל תָּפֵר לְהַרְחִיקָה. שָׁמְעָה מוֹרָשָׁה, וַתִּלְבַּשׁ בִּגְדֵי
אַלְמְנוּת וּמוּעָקָה. וַתָּשֶׂם יָדָהּ עַל־רֹאשָׁהּ, וַתֵּלֶךְ הָלוֹךְ וְזָעָקָה: תִּשְׁבִּי שָׂם שמואל ב׳ יג
אֵזוֹר שַׂק בְּמָתְנָיו תַּחְבֹּשֶׁת. מִהֵר וְהוֹדִיעַ יְשֵׁנֵי מַכְפֵּל, אָבוֹת שְׁלֹשֶׁת. נָחַץ
לְרוֹעֶה, מַה לְּךָ נִרְדָּם לְהִתְעַשֵּׁת. קוּם קְרָא אֶל־אֱלֹהֶיךָ, אוּלַי יִתְעַשֵּׁת: יונה א
חוֹתַם טִיט אֲשֶׁר נַעֲשָׂה, לְבִלְשָׁן סִפֵּר. מִנְיָנֵהּ לָמְדוּ לְאַחַר גְּזֵרָה כַּעַס
לְהָפֵר. בֶּן קִישׁ הִקִּישׁ דַּלְתוֹת בֵּית הַסֵּפֶר. וַיְכַס שַׂק, וַיֵּשֶׁב עַל־הָאֵפֶר: יונה ג
רִבֵּץ תִּינוֹקוֹת לְפָנָיו יָמִים שְׁלֹשָׁה, צְמֵאִים וּמְכֻפָּנִים. בְּקוֹל יַעֲקֹב לַחֲלֹשׁ
יְדֵי עַז פָּנִים. יָדָיו אֱמוּנָה לָאֵל, הַצִּילֵנִי נָא מֵעֶלְבּוֹנִים. פֶּן־יָבוֹא וְהִכַּנִי בראשית לב
אֵם עַל־בָּנִים: מִזֶּה אֵלֶּה וּמִזֶּה אֵלֶּה, בְּנֵי אֵיתָנַי וְרַבָּנָי. כֻּלָּם צָעֲקוּ, וַתַּעַל
שַׁוְעָתָם אֶל יהוה. יָהּ, לְקוֹל רִנּוּן כְּבוֹא, שָׁאַל לְפָנָי. וּמֶה קוֹל־הַצֹּאן הַזֶּה שמואל א׳ טו
בְּאָזְנָי: רוֹעֶה הֱשִׁיבוֹ, הֵם קְטַנֵּי קֹדֶשׁ זֶרַע. יָהּ, הַצֵּל לְקוּחִים לַמָּוֶת מֵאוֹיֵב
הָרָע. חַנּוּן נִכְמְרוּ רַחֲמָיו וַיְבַקֵּשׁ לִבְכּוֹת הַמְאֹרָע. וַיְהִי כִּקְרֹא מֶלֶךְ־יִשְׂרָאֵל מלכים ב׳ ה
אֶת־הַסֵּפֶר, וַיִּקְרָע: יְהוּדִי הוֹקִיעַ, יְלָדָיו לְמַטָּה וַאֲבִיהֶם לְמַעְלָה. אִישׁ
אִישׁ בְּשָׁלֹשׁ אַמּוֹת, וְהָרְבִיעִית אֲוִיר מְגֻלָּה. מִשְׁנֶה נָקָם חָזָה, וְשָׂמַח וְשָׂח
תְּהִלָּה. אֹתִי הֵשִׁיב עַל־כַּנִּי וְאֹתוֹ תָלָה: › וַתִּכְתֹּב אֶסְתֵּר תֹּקֶף, לִקְרֹא בראשית מא
כִּבְהַלֵּל מְהוֹדִים. מִלְמַעְלָה קִיְּמוּ מַה שֶּׁקִּבְּלוּ לְמַטָּה דוֹדִים. נֵס יְנוֹסֵס
לְפַרְסֵם כְּאָז פְּלָאוֹ מַסְהִידִים. בָּעֵת הַזֹּאת רֶוַח וְהַצָּלָה יַעֲמוֹד לַיְּהוּדִים: אסתר ד

אֵל מֶלֶךְ יוֹשֵׁב עַל כִּסֵּא רַחֲמִים, מִתְנַהֵג בַּחֲסִידוּת. מוֹחֵל עֲוֹנוֹת עַמּוֹ,
מַעֲבִיר רִאשׁוֹן רִאשׁוֹן. מַרְבֶּה מְחִילָה לְחַטָּאִים, וּסְלִיחָה לְפוֹשְׁעִים. עֹשֶׂה

all flesh and spirit, do not repay their bad actions in kind. God, You taught us to speak thirteen attributes: recall for us today the covenant of the thirteen attributes, as You in ancient times showed the humble one [Moses], as is written: The LORD descended in the cloud and stood with him there, and proclaimed in the name of the LORD:

Congregation then Leader:

And the LORD passed by before him and proclaimed: *Ex. 34*

All say aloud:

יהוה The LORD, the LORD, compassionate and gracious God, slow to anger, abounding in loving-kindness and truth, extending loving-kindness to a thousand generations, forgiving iniquity, rebellion and sin, and absolving [the guilty who repent]. Forgive us our iniquity and our sin, and take us as Your inheritance.

Continue:

סְלַח לָנוּ Forgive us, our Father, for we have sinned. Pardon us, our King, for we have transgressed. For You, LORD, are good and forgiving, abounding in loving- *Ps. 86*
kindness to all who call on You.

כִּי־עִמְּךָ For in You there is a wellspring of life; in Your light shall we see light. As we *Ps. 36*
call You, God of our righteousness, answer us. In a narrow place You have opened out our horizon; be gracious to us and hear our prayer. And now let the strength *Num. 14*
of the LORD be great, as You have said.

כְּרַחֵם As a father has compassion for his children,
so, LORD, have compassion for us.
Salvation is the LORD's; on Your people is Your blessing, Selah! *Ps. 3*
The LORD of hosts is with us, the God of Jacob is our stronghold, Selah! *Ps. 46*
LORD of hosts, happy is the one who trusts in You. *Ps. 84*
LORD, save! May the King answer us on the day we call. *Ps. 20*

Our God and God of our fathers:

אַתָּה הָאֵל It is You who are the God of wonders. You have made known among nations Your terrifying strength. You redeemed Your people by might from torments, suppressed their foes with ignominious death, when the enemy rose to awaken strife, and seemed about to cut down the exquisite flowers, Israel. He plotted to measure out into the masters' treasuries, a hundred times the silver talents of the sockets in the Tabernacle. You warned Your lambs to announce the shekel offering early; You knew what would be. You warned us to be punctual, and to find a way to douse the fire of ones who sought to burn us. And so, those once

צְדָקוֹת עִם כָּל בָּשָׂר וָרוּחַ, לֹא כְרָעָתָם תִּגְמֹל. ‹ אֵל, הוֹרֵיתָ לָּנוּ לוֹמַר שְׁלֹשׁ עֶשְׂרֵה, וּזְכָר לָנוּ הַיּוֹם בְּרִית שְׁלֹשׁ עֶשְׂרֵה, כְּמוֹ שֶׁהוֹדַעְתָּ לֶעָנָו מִקֶּדֶם, כְּמוֹ שֶׁכָּתוּב: וַיֵּרֶד יהוה בֶּעָנָן, וַיִּתְיַצֵּב עִמּוֹ שָׁם, וַיִּקְרָא בְשֵׁם, יהוה:

שליח ציבור then קהל*:*

וַיַּעֲבֹר יהוה עַל־פָּנָיו וַיִּקְרָא שמות לד

All say aloud:

יהוה, יהוה, אֵל רַחוּם וְחַנּוּן, אֶרֶךְ אַפַּיִם, וְרַב־חֶסֶד וֶאֱמֶת: נֹצֵר חֶסֶד לָאֲלָפִים, נֹשֵׂא עָוֺן וָפֶשַׁע וְחַטָּאָה, וְנַקֵּה: וְסָלַחְתָּ לַעֲוֺנֵנוּ וּלְחַטָּאתֵנוּ, וּנְחַלְתָּנוּ:

Continue:

סְלַח לָנוּ אָבִינוּ כִּי חָטָאנוּ, מְחַל לָנוּ מַלְכֵּנוּ כִּי פָשָׁעְנוּ. כִּי־אַתָּה אֲדֹנָי טוֹב תהלים פו
וְסַלָּח, וְרַב־חֶסֶד לְכָל־קֹרְאֶיךָ:

כִּי־עִמְּךָ מְקוֹר חַיִּים, בְּאוֹרְךָ נִרְאֶה־אוֹר: בְּקָרְאֵנוּ עֲנֵנוּ אֱלֹהֵי צִדְקֵנוּ, תהלים לו
בַּצָּר הִרְחַבְתָּ לָּנוּ, חָנֵּנוּ וּשְׁמַע תְּפִלָּתֵנוּ. וְעַתָּה יִגְדַּל־נָא כֹּחַ אֲדֹנָי, כַּאֲשֶׁר במדבר יד
דִּבַּרְתָּ לֵאמֹר:

כְּרַחֵם אָב עַל בָּנִים, כֵּן תְּרַחֵם יהוה עָלֵינוּ.

לַיהוה הַיְשׁוּעָה, עַל־עַמְּךָ בִרְכָתֶךָ סֶּלָה: תהלים ג

יהוה צְבָאוֹת עִמָּנוּ, מִשְׂגָּב לָנוּ אֱלֹהֵי יַעֲקֹב סֶלָה: תהלים מו

יהוה צְבָאוֹת, אַשְׁרֵי אָדָם בֹּטֵחַ בָּךְ: תהלים פד

יהוה הוֹשִׁיעָה, הַמֶּלֶךְ יַעֲנֵנוּ בְיוֹם־קָרְאֵנוּ: תהלים כ

אֱלֹהֵינוּ וֵאלֹהֵי אֲבוֹתֵינוּ

אַתָּה הָאֵל עוֹשֵׂה פְלָאוֹת, בָּעַמִּים הוֹדַעְתָּ עֹז נוֹרָאוֹת, גָּאַלְתָּ בִּזְרוֹעַ עַמְּךָ מִתְּלָאוֹת, דְּכִית צָרֵיהֶם בְּמוֹתֵי תַחֲלוּאוֹת. הָאוֹיֵב בְּקוּמוֹ לְעוֹרֵר מְדָנִים, וְדִמָּה לְהַכְרִית פִּרְחֵי עֲדָנִים, זָמַם לִשְׁקֹל לְגִנְזֵי אֲדוֹנִים, חֲלִיפֵי מֵאַת כִּכְּרֵי

condemned to death – are marked out for resurrection. When (for appearances,) they worshiped a narrow image, they were yielded up to be clipped off: all those offshoots and grapes. Traps surrounded them on all sides; they turned their eyes to You, they were concealed in Your hiddenness. The lots were overturned, they ruled over their enemies, and the gallows was prepared to receive Haman the Agagite. God struck and swallowed the façade of covering that covered, and He entombed His people's enemies in darkness. Peace and truth were written on all sides; power of salvation, steady rock and fortress. The plunderer was plundered, he was caught in his own trap. The one who spoke against me was swept away; destroyed; eyed disdainfully. The people made celebrations, and these were fixed for all generations. Amalek had entered the Scriptures three times – how could there be a fourth? Yet on High it was agreed and here below it was sealed, and the reason for all that had been fixed, was inscribed in the scroll. Your hand is lifted high to forgive sinners. You set Mordekhai the Jew and Hadassah Esther in their place as saviors, and now their righteousness remains forever to delight us, and the study of their honor to recall to You those who were saved. Be zealous for Your name, Awesome and Sanctified One. Witness Your vineyard, destroyed, trampled; gather our scattered ones and their song to You will be renewed. Sustain them and revive them with the building of the Temple. ▸ And as You did awe-inspiring things in those days, so perform with us the wonder of salvation for all time. Find in Your presence our ransom, our appeasement – God, King who sits upon a throne of compassion.

God, King who sits upon a throne of compassion, who acts with loving-kindness, who pardons the iniquities of His people, passing them before Him in order; who forgives sinners and pardons transgressors; who performs righteousness with all flesh and spirit, do not repay their bad actions in kind. ▸ God, You taught us to speak thirteen attributes: recall for us today the covenant of the thirteen attributes, as You in ancient times showed the humble one [Moses], as is written: The LORD descended in the cloud and stood with him there, and proclaimed in the name of the LORD:

Congregation then Leader:

And the LORD passed by before him and proclaimed: *Ex. 34*

All say aloud:

יהוה The LORD, the LORD, compassionate and gracious God, slow to anger, abounding in loving-kindness and truth, extending loving-kindness to a thousand generations, forgiving iniquity, rebellion and sin, and absolving [the guilty who repent]. Forgive us our iniquity and our sin, and take us as Your inheritance.

אֲדָנִים. טְלָאֶיךָ הַזְּהוּרִים שְׁקָלֵיהֶם לְהַקְדִּים, יָדַעְתָּ הָעֲתִידוֹת וְדָרַשְׁתָּ נִשְׁקָדִים, כִּבּוּי לְהַמְצִיא לְלַהַב יוֹקְדִים, לְקוּחִים לַמָּוֶת לְתַחִי נִפְקָדִים. מַסֵּכָה צָרָה בְּעָבְדָם לְפָנִים, נִמְסְרוּ לִהְיוֹת קְנוּקְנוֹת וּגְפָנִים, סְבָבוּם מוֹקְשִׁים בְּכָל דְּפָנִים, עֵינֵיהֶם לְךָ תּוֹלִים וּבְסִתְרְךָ נִצְפָּנִים. פּוּר נֶהְפַּךְ בְּאוֹיְבִים לִשְׁלֹט, צְלִיבָה הוּכַן אֲגָגִי לִקְלֹט, קָלַע וּבִלַּע פְּנֵי הַלּוֹט הַלּוֹט, רִיבִי עָם בְּאַשְׁמַנִּים לְעַלֹּט. שָׁלוֹם וֶאֱמֶת נִכְתַּב מִכָּל צַד, תֹּקֶף יֶשַׁע סֶלַע וּמְצָד, שׁוֹדֵד הַשּׁוֹדֵד וּבְרִשְׁתּוֹ נוֹצָד, מִלְשְׁנִי נִסְחַף נִצְמַת וְנִרְצָד. עָשׂוּ שְׂמָחוֹת וּלְדוֹרוֹת קְבָעוּם, וּמִקְרָאוֹת שְׁלֹשִׁים וְלֹא רִבְּעוּם, נִסְכְּמוּ מִמַּעַל וּלְמַטָּה טְבָעוּם, בְּסֵפֶר נֶחֱקַק עַל מָה קְבָעוּם. רָמָה יָדְךָ לִסְלֹחַ לַפּוֹשְׁעִים, יְהוּדִי וַהֲדַסָּה הֲקָמַתָּ מוֹשִׁיעִים, צִדְקָתָם עוֹמֶדֶת לָעַד לְשַׁעֲשׁוּעִים, חֵקֶר כְּבוֹדָם לְהִזָּכֵר לְנוֹשָׁעִים. קַנֵּא לְשִׁמְךָ נוֹרָא וְנִקְדָּשׁ, חַיֵּה כַּרְמְךָ נֶהֱרַס וְנִדָּשׁ, זְרוּיֵינוּ קַבֵּץ וְשִׁיר לְךָ יְחֻדָּשׁ, קַיֵּם וְהַחֲיֵה בְּבִנְיַן בֵּית הַמִּקְדָּשׁ. › וְכַעֲשׂוֹתְךָ נוֹרָאוֹת בְּאוֹתָן הַיָּמִים, אִתָּנוּ הַפְלֵא תְּשׁוּעַת עוֹלָמִים, מָצוֹא לְפָנֶיךָ כֹּפֶר וְתַנְחוּמִים, אֵל מֶלֶךְ יוֹשֵׁב עַל כִּסֵּא רַחֲמִים.

אֵל מֶלֶךְ יוֹשֵׁב עַל כִּסֵּא רַחֲמִים, מִתְנַהֵג בַּחֲסִידוּת. מוֹחֵל עֲוֹנוֹת עַמּוֹ, מַעֲבִיר רִאשׁוֹן רִאשׁוֹן. מַרְבֶּה מְחִילָה לְחַטָּאִים, וּסְלִיחָה לְפוֹשְׁעִים. עֹשֶׂה צְדָקוֹת עִם כָּל בָּשָׂר וָרוּחַ, לֹא כְרָעָתָם תִּגְמֹל. › אֵל, הוֹרֵיתָ לָּנוּ לוֹמַר שְׁלֹשׁ עֶשְׂרֵה, וּזְכָר לָנוּ הַיּוֹם בְּרִית שְׁלֹשׁ עֶשְׂרֵה, כְּמוֹ שֶׁהוֹדַעְתָּ לֶעָנָו מִקֶּדֶם, כְּמוֹ שֶׁכָּתוּב: וַיֵּרֶד יהוה בֶּעָנָן, וַיִּתְיַצֵּב עִמּוֹ שָׁם, וַיִּקְרָא בְשֵׁם, יהוה:

שליח ציבור then קהל:

שמות לד וַיַּעֲבֹר יהוה עַל־פָּנָיו וַיִּקְרָא

All say aloud:

יהוה, יהוה, אֵל רַחוּם וְחַנּוּן, אֶרֶךְ אַפַּיִם, וְרַב־חֶסֶד וֶאֱמֶת: נֹצֵר חֶסֶד לָאֲלָפִים, נֹשֵׂא עָוֹן וָפֶשַׁע וְחַטָּאָה, וְנַקֵּה: וְסָלַחְתָּ לַעֲוֹנֵנוּ וּלְחַטָּאתֵנוּ, וּנְחַלְתָּנוּ:

Continue:

סְלַח לָנוּ Forgive us, our Father, for we have sinned. Pardon us, our King, for we have transgressed. For You, LORD, are good and forgiving, abounding in loving- *Ps. 86*
kindness to all who call on You.

The following is said responsively:

Small of number we stand pleading before You: do not block Your ears to the cry of people crushed. Listen to their entreaty from the Heaven where You dwell, as You saved Your children in the days of Myrrh and Myrtle [Mordekhai and Esther].

> On Israel's praises You sit enthroned, hearing their cry, listening to their prayer. Bringing healing even before the blow, counting it out to help the ones You have acquired; to settle their homes again.

A foe and enemy fixed his eyes like knives on Israel; he opened wide his mouth to swallow up the humble man. He deliberated within him to destroy Mordekhai's great community; in the letter, he etched his intent to destroy the treasured people.

> You who take revenge upon foes and persist in Your claim against enemies; You measured them out with the very measure they used against Your loved ones. The fighter and his descendants were hanged, suspended; they were strung up together, like fish on a thread.

On the day on which the enemies hoped to lay carnage among the people You harbor, the rule was overturned and bodies fell; they bore the brunt and fury of Your rage – they were trodden underfoot and washed away.

> And so may Your name be raised up, exalted. Your glory covers all the highest heavens. As You lift the downtrodden, those yielded up as plunder, Your praise fills up the valleys to their very ends.

Consider our thoughts, now, and witness our suffering. Rise up, in Your rage, against the bitter enemy. Master, we have called You from a narrow place. Please, take us out into the open, and release us from anguish.

> Bring us much, abundant pardon. Hear our prayer, and what is crude in us – pass over. Bring down those who press us and fill them with horror. And as for us – do not forever withhold Your compassion.

Continue with "God, King who sits" on page 500.

Continue:

סְלַח לָנוּ אָבִינוּ כִּי חָטָאנוּ, מְחַל לָנוּ מַלְכֵּנוּ כִּי פָשָׁעְנוּ.

כִּי־אַתָּה אֲדֹנָי טוֹב וְסַלָּח, וְרַב־חֶסֶד לְכָל־קֹרְאֶיךָ: תהלים פו

The following is said responsively:

בִּמְתֵי מִסְפָּר חִלִּינוּ פָנֶיךָ. לְשַׁוְעַת נְכֵאִים אַל תַּעְלֵם אָזְנֶךָ.
הַקְשֵׁב תְּחִנָּתָם מִשְּׁמֵי מְעוֹנֶךָ. כְּבִימֵי מֹר וַהֲדַס הוֹשַׁעְתָּ בָנֶיךָ.

תְּהִלּוֹת יִשְׂרָאֵל אַתָּה יוֹשֵׁב. שַׁוְעָתָם מַאֲזִין וְרִנָּתָם קוֹשֵׁב.
רְפָאוּת לְמַחַץ מַקְדִּים וּמְחַשֵּׁב. קְנוּיֶיךָ לְהֵיטִיב וּנְוֵיהֶם לְיַשֵּׁב.

צַר וְאוֹיֵב הִלְטִישׁ עֵינָיו. פִּיהוּ פָּעַר לִשְׁאֹף עֲנָוָיו.
עֵשֶׂת בְּשַׁלְוֹ לְהַשְׁמִיד קְהַל הֲמוֹנָיו. סָגַל לְאַבֵּד חָרַת בְּנִשְׁתְּוָנָיו.

נוֹקֵם לְצָרִים וְנוֹטֵר לְאוֹיְבִים. מָדַד מִדָּתָם כְּזָדוּ לַאֲהוּבִים.
לוֹחֵם וְנִינָיו הָתְלוּ מִצְלָבִים. כְּבַחֲרֹזֶת דָּגִים חֹרְזוּ תְחוּבִים.

יוֹם אֲשֶׁר שִׁבְּרוּ צוֹרְרִים. טִבְחָה לָשִׁית בְּעַם נְצוּרִים.
חָלְפָה הַדָּת וְנָפְלוּ פְגָרִים. זָלְעֲפוּ זֹעֲמוּ מוּבָסִים מְגֹרִים.

וּבְכֵן יִתְעַלֶּה שִׁמְךָ וְיִתְנַשָּׂא. הוֹדְךָ שְׁמֵי שָׁמַיִם כִּסָּה.
דַּכִּים בְּרוֹמְמָךְ נְתוּנִים לִמְשִׁסָּה. גֵּיא וְאַפְסֵיהָ תְּהִלָּתְךָ מְכַסָּה.

בִּינָה הֲגִיגֵנוּ עַתָּה, וּרְאֵה בַּצָּר. בְּאַפְּךָ קוּמָה עַל צוֹרֵר הַצָּר.
אָדוֹן, קְרָאנוּךָ מִן הַמֵּצָר. אָנָּא הוֹצִיאֵנוּ לַמֶּרְחָב וְחַלְּצֵנוּ מִצָּר.

מְאֹד תַּרְבֶּה לָּנוּ מְחִילָה. שְׁמַע תְּפִלָּה, וְהַעֲבֵר תִּפְלָה.
לוֹחֲצֵינוּ הַמְעֵד וּמַלְאֵם חַלְחָלָה. מִמֶּנּוּ רַחֲמֶיךָ לָעַד לֹא תִכְלָא.

Continue with אֵל מֶלֶךְ יוֹשֵׁב *on page 501.*

SELIḤOT FOR THE SEVENTEENTH OF TAMMUZ

סְלַח לָנוּ Forgive us, our Father, for in our great foolishness we have blundered. Pardon us, our King, for our iniquities are many.

אֵל אֶרֶךְ You are a God slow to anger, You are called the Master of Compassion, and You have taught the way of repentance. May You remember today and every day the greatness of Your compassion and kindness, for the sake of the descendants of Your beloved ones. Turn toward us in compassion, for You are the Master of Compassion. We come before You in plea and prayer, as You in ancient times showed the humble one [Moses]. Turn from Your fierce anger, as is written in Your Torah. In the shadow of Your wings may we shelter and abide, as on the day when the LORD descended in the cloud. ▸ Disregard transgression and erase guilt as on the day You stood with him [Moses] there. Hear our cry and heed our word, as on the day You proclaimed in the name of the LORD, and there it is written:

Congregation then Leader:

And the LORD passed by before him and proclaimed: *Ex. 34*

All say aloud:

יהוה The LORD, the LORD, compassionate and gracious God, slow to anger, abounding in loving-kindness and truth, extending loving-kindness to a thousand generations, forgiving iniquity, rebellion and sin, and absolving [the guilty who repent]. Forgive us our iniquity and our sin, and take us as Your inheritance.

Continue:

סְלַח לָנוּ Forgive us, our Father, for we have sinned. Pardon us, our King, for we have transgressed. For You, LORD, are good and forgiving, abounding in *Ps. 86*
loving-kindness to all who call on You.

And do not let Him rest, until He establishes, until He makes Jerusalem the *Is. 62*
praise of all the earth. For in You there is a wellspring of life; in Your light shall *Ps. 36*
we see light. Our God, we are ashamed of our actions, distraught at our sins.

כְּרַחֵם As a father has compassion for his children,
so, LORD, have compassion for us.
Salvation is the LORD's; on Your people is Your blessing, Selah! *Ps. 3*
The LORD of hosts is with us, the God of Jacob is our stronghold, Selah! *Ps. 46*

סליחות לשבעה עשר בתמוז

סְלַח לָנוּ, אָבִינוּ, כִּי בְּרֹב אִוַּלְתֵּנוּ שָׁגִינוּ.
מְחַל לָנוּ, מַלְכֵּנוּ, כִּי רַבּוּ עֲוֹנֵינוּ.

אֵל אֶרֶךְ אַפַּיִם אַתָּה, וּבַעַל הָרַחֲמִים נִקְרֵאתָ, וְדֶרֶךְ תְּשׁוּבָה הוֹרֵיתָ. גְּדֻלַּת רַחֲמֶיךָ וַחֲסָדֶיךָ, תִּזְכֹּר הַיּוֹם וּבְכָל יוֹם לְזֶרַע יְדִידֶיךָ. תֵּפֶן אֵלֵינוּ בְּרַחֲמִים, כִּי אַתָּה הוּא בַּעַל הָרַחֲמִים. בְּתַחֲנוּן וּבִתְפִלָּה פָּנֶיךָ נְקַדֵּם, כְּהוֹדַעְתָּ לֶעָנָו מִקֶּדֶם. מֵחֲרוֹן אַפְּךָ שׁוּב, כְּמוֹ בְּתוֹרָתְךָ כָּתוּב. וּבְצֵל כְּנָפֶיךָ נֶחֱסֶה וְנִתְלוֹנָן, כְּיוֹם וַיֵּרֶד יהוה בֶּעָנָן. ◂ תַּעֲבֹר עַל פֶּשַׁע וְתִמְחֶה אָשָׁם, כְּיוֹם וַיִּתְיַצֵּב עִמּוֹ שָׁם. תַּאֲזִין שַׁוְעָתֵנוּ וְתַקְשִׁיב מֶנּוּ מַאֲמָר, כְּיוֹם וַיִּקְרָא בְשֵׁם יהוה, וְשָׁם נֶאֱמַר

:שליח ציבור then קהל

וַיַּעֲבֹר יהוה עַל־פָּנָיו וַיִּקְרָא שמות לד

All say aloud:

יהוה, יהוה, אֵל רַחוּם וְחַנּוּן, אֶרֶךְ אַפַּיִם, וְרַב־חֶסֶד וֶאֱמֶת: נֹצֵר חֶסֶד לָאֲלָפִים, נֹשֵׂא עָוֹן וָפֶשַׁע וְחַטָּאָה, וְנַקֵּה: וְסָלַחְתָּ לַעֲוֹנֵנוּ וּלְחַטָּאתֵנוּ, וּנְחַלְתָּנוּ:

Continue:

סְלַח לָנוּ אָבִינוּ כִּי חָטָאנוּ, מְחַל לָנוּ מַלְכֵּנוּ כִּי פָשָׁעְנוּ. כִּי־אַתָּה אֲדֹנָי טוֹב וְסַלָּח, וְרַב־חֶסֶד לְכָל־קֹרְאֶיךָ: תהלים פו

וְאַל־תִּתְּנוּ דֳמִי לוֹ, עַד־יְכוֹנֵן וְעַד־יָשִׂים אֶת־יְרוּשָׁלַםִ תְּהִלָּה בָּאָרֶץ: כִּי־ ישעיה סב תהלים לו
עִמְּךָ מְקוֹר חַיִּים, בְּאוֹרְךָ נִרְאֶה־אוֹר: אֱלֹהֵינוּ, בֹּשְׁנוּ בְּמַעֲשֵׂינוּ וְנִכְלַמְנוּ בַּעֲוֹנֵינוּ.

כְּרַחֵם אָב עַל בָּנִים, כֵּן תְּרַחֵם יהוה עָלֵינוּ.
לַיהוה הַיְשׁוּעָה, עַל־עַמְּךָ בִרְכָתֶךָ סֶּלָה: תהלים ג
יהוה צְבָאוֹת עִמָּנוּ, מִשְׂגָּב לָנוּ אֱלֹהֵי יַעֲקֹב סֶלָה: תהלים מו

Lord of hosts, happy is the one who trusts in You. *Ps. 84*
Lord, save! May the King answer us on the day we call. *Ps. 20*

▸ Forgive, please, this people's iniquity, *Num. 14*
in the abundance of Your kindness,
and as You have forgiven this people from the time of Egypt until now,
and there it is written:

Congregation then Leader:

And the Lord said, I have forgiven as you asked.

Continue:

הַטֵּה Give ear, my God and hear; open Your eyes and see our desolation, and the city that bears Your name, for it is not on the strength of our righteousness that we throw down our pleadings before You, but on the strength of Your great compassion. Lord, hear me; Lord, forgive; Lord, listen and act and do not delay – for Your sake, my God; for Your city and Your people bear Your name. *Dan. 9*

Our God and God of our fathers:

אָתָנוּ We come before You, Former of the winds. In our many iniquities our sighs have grown heavy; the decrees against us powerful and our screams so many – for on the Seventeenth of Tammuz, the Tablets were smashed. We have been exiled from the House of Your choosing; our judgment was sealed, the decree laid down. And the light has darkened over us – for on the Seventeenth of Tammuz, the Torah scroll was burnt. Our enemies destroyed the Sanctuary, the Divine Presence fled from Its corner, and we were yielded up to the hands of the wanton, to be consumed – for on the Seventeenth of Tammuz, an idol was set up in the Temple. We were scattered from city to city, and old and young of us were seized. The place of our delight was destroyed, and fire raged through her – for on the Seventeenth of Tammuz the city was broken through. The lethal foe took hold of our Temple, and the cherubs, bride and bridegroom were deprived of all their ornament. Because we angered You we were given up to destruction – for on the Seventeenth of Tammuz, the daily offering ceased. All glory and praise there ended. The enemy drew his sword and brandished its point against us; small children and babies were prepared for the slaughter – for on the Seventeenth of Tammuz, the offerings and sacrifices ceased. We rebelled against the One who inhabits the Heavens, and so we were dispersed to all the corners of the world. All our dancing was turned to lament – for on the Seventeenth of Tammuz, the Temple service ended. We acted obstinately with You in the discord of tongues, and so our own tongue has learnt lamentation; we have been abandoned in countless numbers – for on the Seventeenth of Tammuz, sin decided our destiny. We have been dispersed and found no relief, and so our sighs have multiplied within us; Rock, see how

יהוה צְבָאוֹת, אַשְׁרֵי אָדָם בֹּטֵחַ בָּךְ: תהלים פד
יהוה הוֹשִׁיעָה, הַמֶּלֶךְ יַעֲנֵנוּ בְיוֹם־קָרְאֵנוּ: תהלים כ
› סְלַח־נָא לַעֲוֺן הָעָם הַזֶּה כְּגֹדֶל חַסְדֶּךָ במדבר יד
וְכַאֲשֶׁר נָשָׂאתָה לָעָם הַזֶּה מִמִּצְרַיִם וְעַד־הֵנָּה:
וְשָׁם נֶאֱמַר

קהל then שליח ציבור:

וַיֹּאמֶר יהוה, סָלַחְתִּי כִּדְבָרֶךָ:

Continue:

הַטֵּה אֱלֹהַי אָזְנְךָ וּשְׁמָע, פְּקַח עֵינֶיךָ וּרְאֵה שֹׁמְמֹתֵינוּ וְהָעִיר אֲשֶׁר־נִקְרָא שִׁמְךָ עָלֶיהָ, כִּי לֹא עַל־צִדְקֹתֵינוּ אֲנַחְנוּ מַפִּילִים תַּחֲנוּנֵינוּ לְפָנֶיךָ, כִּי עַל־רַחֲמֶיךָ הָרַבִּים: אֲדֹנָי שְׁמָעָה, אֲדֹנָי סְלָחָה, אֲדֹנָי הַקְשִׁיבָה וַעֲשֵׂה אַל־תְּאַחַר, לְמַעַנְךָ אֱלֹהַי, כִּי־שִׁמְךָ נִקְרָא עַל־עִירְךָ וְעַל־עַמֶּךָ: דניאל ט

אֱלֹהֵינוּ וֵאלֹהֵי אֲבוֹתֵינוּ

אֶתְנוּ לְךָ יוֹצֵר רוּחוֹת, בְּרוֹב עוֹנֵנוּ כָּבְדוּ אֲנָחוֹת, גְּזֵרוֹת עָצְמוּ וְרַבּוּ צְרִיחוֹת, כִּי בְּשִׁבְעָה עָשָׂר בְּתַמּוּז נִשְׁתַּבְּרוּ הַלּוּחוֹת. גָּלִינוּ מִבֵּית הַבְּחִירָה, דִּינֵנוּ נֶחְתַּם וְנִגְזְרָה גְּזֵרָה, וְחֹשֶׁךְ בַּעֲדֵנוּ אוֹרָה, כִּי בְּשִׁבְעָה עָשָׂר בְּתַמּוּז נִשְׂרְפָה הַתּוֹרָה. הָרְסוּ אוֹיְבֵינוּ הַהֵיכָל, וּבָרְחָה שְׁכִינָה מִזָּוִית הֵיכָל, וְנִמְסַרְנוּ בִּידֵי זֵדִים לְהִתְאַכֵּל, כִּי בְּשִׁבְעָה עָשָׂר בְּתַמּוּז הָעֳמַד צֶלֶם בַּהֵיכָל. זֹרִינוּ מֵעִיר אֶל עִיר, וְנִלְכַּד מִמֶּנּוּ רַב וְצָעִיר, חָרְבָה מְשׂוֹשֵׂנוּ וְאֵשׁ בָּהּ הִבְעִיר, כִּי בְּשִׁבְעָה עָשָׂר בְּתַמּוּז הֻבְקְעָה הָעִיר. טָפַשׂ מִקְדָּשֵׁנוּ צַר הַמַּשְׁמִיד, וְנָטַל מַחְתָּן וְכִלָּה אֶצְעָדָה וְצָמִיד, יַעַן כְּעַסְנוּךָ נִתַּנּוּ לְהַשְׁמִיד, כִּי בְּשִׁבְעָה עָשָׂר בְּתַמּוּז בָּטַל הַתָּמִיד. כָּלָה מֶנּוּ כָּל הוֹד וָשֶׁבַח, חַרְבּוֹ שָׁלַף אוֹיֵב עָלֵינוּ לְאֶבַח, לִהְיוֹת עוֹלָלִים וְיוֹנְקִים מוּכָנִים לַטֶּבַח, כִּי בְּשִׁבְעָה עָשָׂר בְּתַמּוּז בָּטְלוּ עוֹלָה וָזָבַח. מָרַדְנוּ לְשׁוֹכֵן מְעוֹנוֹת, לָכֵן נִתְפַּזַּרְנוּ בְּכָל פִּנּוֹת, נֶהְפַּךְ מְחוֹלֵנוּ לְקִינוֹת, כִּי בְּשִׁבְעָה עָשָׂר בְּתַמּוּז בָּטְלוּ קָרְבָּנוֹת. סָרַרְנוּ לְפָנֶיךָ מֵרִיב לְשׁוֹנוֹת, לָכֵן לָמְדָה לְשׁוֹנֵנוּ לוֹמַר קִינוֹת, עֻזַּבְנוּ בְּלִי לְהִמָּנוֹת, כִּי בְּשִׁבְעָה עָשָׂר בְּתַמּוּז גָּרְמוּ לָנוּ עֲוֺנוֹת. פֹּזַּרְנוּ בְּלִי מְצוֹא רְוָחָה, לָכֵן רָבְתָה

our souls have been bowed low – and turn our Seventeenth of Tammuz into gladness and joy. We have been obstinate and many calamities have met us; and so we have been yielded up to the plunder, have been pushed into the mud. See, LORD, and release us from disaster – and turn our Seventeenth of Tammuz into joy and gladness. ▸ Turn to us, You who reside on High, and gather in our scattered ones from the very ends of the earth. Say to Zion, "Come, get up," – and turn our Seventeenth of Tammuz to a day of salvation and comfort.

אֵל מֶלֶךְ God, King who sits upon a throne of compassion, who acts with loving-kindness, who pardons the iniquities of His people, passing them before Him in order; who forgives sinners and pardons transgressors; who performs righteousness with all flesh and spirit, do not repay their bad actions in kind. ▸ God, You taught us to speak thirteen attributes: recall for us today the covenant of the thirteen attributes, as You in ancient times showed the humble one [Moses], as is written: The LORD descended in the cloud and stood with him there, and proclaimed in the name of the LORD.

Congregation then Leader:

And the LORD passed by before him and proclaimed: *Ex. 34*

All say aloud:

יהוה The LORD, the LORD, compassionate and gracious God, slow to anger, abounding in loving-kindness and truth, extending loving-kindness to a thousand generations, forgiving iniquity, rebellion and sin, and absolving [the guilty who repent]. Forgive us our iniquity and our sin, and take us as Your inheritance.

Continue:

סְלַח לָנוּ Forgive us, our Father, for we have sinned. Pardon us, our King, for we have transgressed. For You, LORD, are good and forgiving, abounding in loving- *Ps. 86*
kindness to all who call on You.

God, do not rest, do not be silent and do not be still, for Your enemies clamor *Ps. 83*
and those who hate You hold their heads high. God of retribution, *Ps. 94*
LORD; God of retribution, appear

כְּרַחֵם As a father has compassion for his children,
so, LORD, have compassion for us.
Salvation is the LORD's; on Your people is Your blessing, Selah! *Ps. 3*
The LORD of hosts is with us, the God of Jacob is our stronghold, Selah! *Ps. 46*
LORD of hosts: happy is the one who trusts in You. *Ps. 84*
LORD, save! May the King answer us on the day we call. *Ps. 20*

בְּנוּ אֲנָחָה, צוּר רְאֵה נַפְשֵׁנוּ כִּי שָׁחָה, וְשִׁבְעָה עָשָׂר בְּתַמּוּז הֲפָךְ לָנוּ לְשָׂשׂוֹן וּלְשִׂמְחָה. קָשֵׁינוּ עֹרֶף וְרַבְתָה בָּנוּ אָסוֹן, לָכֵן נִתַּנּוּ לִמְשִׁסָּה וְרִפְשׁוֹן, רְאֵה יהוה וְחַלְּצֵנוּ מֵאָסוֹן, וְשִׁבְעָה עָשָׂר בְּתַמּוּז הֲפָךְ לָנוּ לְשִׂמְחָה וּלְשָׂשׂוֹן. ‹ שְׁעֵנוּ שׁוֹכֵן רוּמָה, וְקַבֵּץ נְפוּצוֹתֵינוּ מִקְּצוֹת אֲדָמָה, תֹּאמַר לְצִיּוֹן קוּמָה, וְשִׁבְעָה עָשָׂר בְּתַמּוּז הֲפָךְ לָנוּ לְיוֹם יְשׁוּעָה וְנֶחָמָה.

אֵל מֶלֶךְ יוֹשֵׁב עַל כִּסֵּא רַחֲמִים, מִתְנַהֵג בַּחֲסִידוּת. מוֹחֵל עֲוֹנוֹת עַמּוֹ, מַעֲבִיר רִאשׁוֹן רִאשׁוֹן. מַרְבֶּה מְחִילָה לְחַטָּאִים, וּסְלִיחָה לְפוֹשְׁעִים. עֹשֶׂה צְדָקוֹת עִם כָּל בָּשָׂר וָרוּחַ, לֹא כְרָעָתָם תִּגְמֹל. ‹ אֵל, הוֹרֵיתָ לָּנוּ לוֹמַר שְׁלֹשׁ עֶשְׂרֵה, וּזְכָר לָנוּ הַיּוֹם בְּרִית שְׁלֹשׁ עֶשְׂרֵה, כְּמוֹ שֶׁהוֹדַעְתָּ לֶעָנָו מִקֶּדֶם, כְּמוֹ שֶׁכָּתוּב: וַיֵּרֶד יהוה בֶּעָנָן, וַיִּתְיַצֵּב עִמּוֹ שָׁם, וַיִּקְרָא בְשֵׁם, יהוה:

then שליח ציבור קהל*:*

וַיַּעֲבֹר יהוה עַל־פָּנָיו וַיִּקְרָא שמות לד

All say aloud:

יהוה, יהוה, אֵל רַחוּם וְחַנּוּן, אֶרֶךְ אַפַּיִם, וְרַב־חֶסֶד וֶאֱמֶת: נֹצֵר חֶסֶד לָאֲלָפִים, נֹשֵׂא עָוֹן וָפֶשַׁע וְחַטָּאָה, וְנַקֵּה: וְסָלַחְתָּ לַעֲוֹנֵנוּ וּלְחַטָּאתֵנוּ, וּנְחַלְתָּנוּ:

Continue:

סְלַח לָנוּ אָבִינוּ כִּי חָטָאנוּ, מְחַל לָנוּ מַלְכֵּנוּ כִּי פָשָׁעְנוּ. כִּי־אַתָּה אֲדֹנָי טוֹב וְסַלָּח, וְרַב־חֶסֶד לְכָל־קֹרְאֶיךָ: תהלים פו

אֱלֹהִים אַל־דֳּמִי־לָךְ, אַל־תֶּחֱרַשׁ וְאַל־תִּשְׁקֹט אֵל: כִּי־הִנֵּה אוֹיְבֶיךָ יֶהֱמָיוּן, וּמְשַׂנְאֶיךָ נָשְׂאוּ רֹאשׁ: אֵל־נְקָמוֹת יהוה, אֵל נְקָמוֹת הוֹפִיעַ: תהלים פג / תהלים צד

כְּרַחֵם אָב עַל בָּנִים, כֵּן תְּרַחֵם יהוה עָלֵינוּ.

לַיהוה הַיְשׁוּעָה, עַל־עַמְּךָ בִרְכָתֶךָ סֶּלָה: תהלים ג

יהוה צְבָאוֹת עִמָּנוּ, מִשְׂגָּב לָנוּ אֱלֹהֵי יַעֲקֹב סֶלָה: תהלים מו

יהוה צְבָאוֹת, אַשְׁרֵי אָדָם בֹּטֵחַ בָּךְ: תהלים פד

יהוה הוֹשִׁיעָה, הַמֶּלֶךְ יַעֲנֵנוּ בְיוֹם־קָרְאֵנוּ: תהלים כ

Our God and God of our fathers:

אֲמָרֵר It is bitterly that I weep, over the Hand raised against our ruins. I blasphemed Him in His House, in my unfaithfulness and thieving. The Holy Presence broke out and fled, flew ten stretches and rose up to the seventh Heaven. God cut me off, tormented me, burnt me, in the fourth month. He closed the time set for Him to break those young boys, who were like boughs just sprouting. He shot us with His arrows twice, melted and weakened us, as heedless women wept for Tammuz in the Temple. He condemned me and became Enemy to me, then, in the month of Tammuz. Five traps were laid for me, deep in the Scripture of sufferings sent. Those people overcame me for my impurity on the seventeenth of the month. For I was ensnared like a wretched bride, unfaithful beneath a wedding canopy of peace and success. I did not wait for Moses, my shepherd, until the sixth hour, and the Tablets were smashed. From His hand was I ornamented with jewelry of fine gold, brooch and bracelet. They flowed away on the day of His rage, when I corrupted my way, and denounced my faith. I broke off the order of His service and the constant supplies of the altar – from the Chamber of the Lambs, the daily offering is ended. Israel is crumbled to pieces, scattered, storm battered, oppressed. Likened to a ship without a captain, tossed about like a boat. You have taken her by the head for her sins, exposed her twice over to mourning and moaning. Her enemies waged war on her on this day, and the city was broken through again. She fled out like a chased gazelle to hide, when none sought her. They sharpened their tongues, they made her like a lamb, and left her wool and milk for all takers. She cries out for the cherished thing with which she was crowned: the beloved of her eyes eluded her as Apostomus burnt the Torah. A fool cursed those oppressed and broken to vex them; he taunted abject people: "They shall be consumed;" "God shall hide His face from seeing." When idols were placed in the Temple, God avenged one's hand at the hand of the other, a disgusting item consumed. This, at the time when He gathered anguish over us; for an image was set up in the Sanctuary of God. Miserable and plagued are these children, who were once the very first. Their troubles have come close on one another's heels these many years; stricken as if by the stings of bees and scorpions. They think their hope is gone, that as they sit in this darkness they have no more chance. ▸ Zealous God, in Your restraint towards those who incite You they have flourished fat and succulent. Raise up those who still await You; let them stand firm always, like something planted, or carved out with love. It is on fast days that truth and peace are hewn out. May they become forever times of joy and celebration – festive days.

אֵל מֶלֶךְ God, King who sits upon a throne of compassion, who acts with loving-kindness, who pardons the iniquities of His people, passing them before Him in order; who forgives sinners and pardons transgressors; who performs righteousness with all flesh and spirit, do not repay their bad actions in kind. ▸ God, You taught us to speak thirteen attributes: recall for us today the covenant of the thirteen attributes, as You in ancient times showed the humble one [Moses], as is written: The LORD descended in the cloud and stood with him there, and proclaimed in the name of the LORD:

Congregation then Leader:

And the LORD passed by before him and proclaimed: *Ex. 34*

אֱלֹהֵינוּ וֵאלֹהֵי אֲבוֹתֵינוּ

אֲמָרֵר בִּבְכִי מִפְּנֵי יַד שְׁלוּחָה בִּי. בְּנֶאֱצִי בְּתוֹךְ בֵּיתוֹ בִּבְגָדַי וְקָבְעִי. גַּח וּבָרַח וְנָסַע עָשׂוֹר וְעָלָה לִשְׁבִיעִי. דִּמָּנִי הֱצִיקַנִי הִשִּׂיקַנִי בַּחֹדֶשׁ הָרְבִיעִי. הֵבִיא מוֹעֵד בִּמְלַאכְתּוֹ לִשְׁבֹּר בַּחוּרַי גְּמוּז. וְרָבָה בּוֹ פְּעָמַיִם בִּמְסוֹס וּמִזְמוּז. זְבוּלוֹ כְּשֶׁר שַׁאֲנַנּוֹת מְבַכּוֹת אֶת הַתַּמּוּז. חִיְּבַנִי וְאִיְּבַנִי אֲזַי בְּיֶרַח תַּמּוּז. טָמְנוּ פַּחִים חֲמִשָּׁה בְּמִקְרָא תְּלָאוֹת מְשֻׁלָּחוֹת. יָכְלוּ לִי בְּשִׁבְעָה עָשָׂר בּוֹ בַּאֲלִיחוֹת. כִּי נוֹקַשְׁתִּי כְּכַלָּה עֲלוּבָה בְּחֻפַּת שַׁלְוָה וְהַצְלָחוֹת. לְרוֹעִי לֹא הִמְתַּנְתִּי שֵׁשׁ, וְנִשְׁתַּבְּרוּ הַלֻּחוֹת. מִיָּדוֹ עֶדְיִתִי חֲלִי כֶתֶם, אֶצְעָדָה וְצָמִיד. נִגְּרוֹת בְּיוֹם אַפּוֹ, כְּשִׁחַתִּי דְרָכַי לְהַשְׁמִיד. סֵדֶר עֲבוֹדָתוֹ וְקִיץ מִזְבְּחוֹ קִצַּתִּי לְהַעֲמִיד. עַל כֵּן מִלִּשְׁכַּת הַטְּלָאִים בֻּטַּל הַתָּמִיד. פּוֹר הִתְפּוֹרְרָה וְנִתְפַּזְּרָה סֹעֲרָה עֲנִיָּה. צִי נִמְשְׁלָה מִבְּלִי חוֹבֵל, וְנִטְרְפָה כָּאֳנִיָּה. קָחְתָה בְּחַטָּאתָהּ בְּרֹאשָׁהּ, וּבְכֶפֶל תַּאֲנִיָּה וַאֲנִיָּה. רִיבּוּהָ צָרֶיהָ כְּהַיּוֹם, וְהֻבְקְעָה הָעִיר בְּשֵׁנִיָּה. שִׁלְּחָה כִּצְבִי מֻדָּח מֵאֵין דּוֹרֵשׁ לְהַסְתִּירָה. שָׁנְנוּ לְשׁוֹנָם וּנְתָנוּהָ כְּשֶׂה, צִמְרָהּ וְחֶלְבָּהּ לְהַתִּירָה. תִּצְעַק עַל כְּלִי חֶמְדָּה שֶׁבּוֹ נִכְתָּרָה. תַּחְמוּד עֵינֶיהָ נִצַּל כְּשֶׂרֶף אַפּוֹסְטְמוֹס הַתּוֹרָה. חֵרֵף עֲשׁוּקִים וּרְצוּצִים בַּעֲבוּר הַרְעִימָם סָכָל. יְרוּדִים בּוֹהֶיהָ לֶאֱכֹל וּבְהַסְתֵּר פָּנִים מִלְּהִסְתַּכֵּל. יַד הִשְׁלִים מִכְּנַף שִׁקּוּצִים נֶאֱכָל. עֵת צָרָה כְּהִתְכַּנֵּס וְהֻעֲמַד צֶלֶם בְּהֵיכָל. דְּוּוִים סְגוּפִים בָּנִים הָיוּ מִקֶּדֶם רִאשׁוֹנִים. סְמוּכוֹת צָרוֹתֵיהֶם זוֹ לְזוֹ כַּמָּה שָׁנִים. לוֹקִים כַּאֲשֶׁר תַּעֲשֶׂינָה הַדְּבוֹרִים, וְהָעַקְרַבִּים שׁוֹנִים. הוֹגִים אֵבֶד שִׁבְרָם וּבֶטֶל סִכּוּיָם בְּאִישׁוֹנִים. › אֵל קַנָּא, בְּהִתְאַפֵּק בִּמְקַנְאֶיךָ דְּשֵׁנִים רְטוּבִים. מְחַכִּים תִּקּוּן עוֹמְדִים לְעוֹלָמִים, כִּנְטִיעִים מְחֻטָּבִים בַּאֲהָבִים. הָאֱמֶת וְהַשָּׁלוֹם בְּצוֹמוֹת חֲטוּבִים. נֵצַח הֱיוֹתָם לְשִׂמְחָה וּלְשָׂשׂוֹן וּלְמוֹעֲדִים טוֹבִים.

אֵל מֶלֶךְ יוֹשֵׁב עַל כִּסֵּא רַחֲמִים, מִתְנַהֵג בַּחֲסִידוּת. מוֹחֵל עֲוֹנוֹת עַמּוֹ, מַעֲבִיר רִאשׁוֹן רִאשׁוֹן. מַרְבֶּה מְחִילָה לְחַטָּאִים, וּסְלִיחָה לְפוֹשְׁעִים. עֹשֶׂה צְדָקוֹת עִם כָּל בָּשָׂר וָרוּחַ, לֹא כְרָעָתָם תִּגְמֹל. › אֵל, הוֹרֵיתָ לָּנוּ לוֹמַר שְׁלֹשׁ עֶשְׂרֵה, וּזְכָר לָנוּ הַיּוֹם בְּרִית שְׁלֹשׁ עֶשְׂרֵה, כְּמוֹ שֶׁהוֹדַעְתָּ לֶעָנָו מִקֶּדֶם, כְּמוֹ שֶׁכָּתוּב: וַיֵּרֶד יהוה בֶּעָנָן, וַיִּתְיַצֵּב עִמּוֹ שָׁם, וַיִּקְרָא בְשֵׁם, יהוה:

קהל then שליח ציבור:

וַיַּעֲבֹר יהוה עַל־פָּנָיו וַיִּקְרָא שמות לד

All say aloud:

יהוה The Lord, the Lord, compassionate and gracious God, slow to anger, abounding in loving-kindness and truth, extending loving-kindness to a thousand generations, forgiving iniquity, rebellion and sin, and absolving [the guilty who repent]. Forgive us our iniquity and our sin, and take us as Your inheritance.

Continue:

סְלַח לָנוּ Forgive us, our Father, for we have sinned. Pardon us, our King, for we have transgressed. For You, Lord, are good and forgiving, abounding in loving- *Ps. 86*
kindness to all who call on You.

The following is said responsively:

Turn to this prisoner who has been yielded up,
to the hand of Babylon and then of Seir;
to You he has been calling all these years, and he pleads like a small child,
on the day the enemy prevailed and the city was broken through.

And so I bow myself and strike my hands together,
on this day of five disasters that scattered me about,
for at the time of the golden calf, the Tablets left me.
And the daily offering was annulled, and they brought me away in a cage.
And an idol was placed in the Sanctuary that was my crowning glory,
and I was deprived of His counsel.
The meal-offering was ended, and Your Law – the foe sent it up in flames,
on the day the enemy prevailed and the city was broken through.

I tremble terribly, I stand horrified, on the day the Lord pushed me aside,
And Sennacherib, the Viper of the north, swept me away like a deluge.
My light grew dark, and Sheshakh [Babylon] too, tossed me about like a ball.
And the hunter stretched out his hand, and the goat of Greece,
the hairy one of Rome,
on the day the enemy prevailed and the city was broken through.

The glory of my heart, my Stronghold, will Your rage fume forever?
Will You not see this weary nation, blackened as if by the furnace?
Close, with the descendant of Peretz, the breach in my fence,
and, from among the thorns, pick out the lily.
Build the Temple, and return the borders of the Carmel and of Bashan.
And open Your eyes, exact vengeance from Etzer and Dishan.
Judge a people struck dumb, so that the damages be paid,
by the one who destroys, the one who burns –
on the day the enemy prevailed and the city was broken through.

All say aloud:

יהוה, יהוה, אֵל רַחוּם וְחַנּוּן, אֶרֶךְ אַפַּיִם, וְרַב־חֶסֶד וֶאֱמֶת: נֹצֵר חֶסֶד לָאֲלָפִים, נֹשֵׂא עָוֹן וָפֶשַׁע וְחַטָּאָה, וְנַקֵּה: וְסָלַחְתָּ לַעֲוֹנֵנוּ וּלְחַטָּאתֵנוּ, וּנְחַלְתָּנוּ:

Continue:

סְלַח לָנוּ אָבִינוּ כִּי חָטָאנוּ, מְחַל לָנוּ מַלְכֵּנוּ כִּי פָשָׁעְנוּ. כִּי־אַתָּה אֲדֹנָי טוֹב תהלים פו
וְסַלָּח, וְרַב־חֶסֶד לְכָל־קֹרְאֶיךָ:

The following is said responsively:

שְׁעֵה נֶאֱסַר, אֲשֶׁר נִמְסַר, בְּיַד בָּבֶל וְגַם שֵׂעִיר.
לְךָ יֶהֱמֶה, זֶה כַּמֶּה, וְיִתְחַנֵּן כְּבֶן צָעִיר.
יוֹם גָּבַר הָאוֹיֵב וַתִּבָּקַע הָעִיר.

לְזֹאת אֶכַּף, וְאֶסְפֹּק כַּף, בְּיוֹם חֲמִשָּׁה פִּזְּרוּנִי.
וְעַל רֶגֶל הָעֵגֶל, הַלֻּחוֹת יְצָאוּנִי.
וְגַם הִשְׁמִיד הַתָּמִיד, וּבַסּוּגַר הֱבִיאַנִי.
וְהוּשַׂם אֱלִיל בְּהֵיכַל כְּלִיל, וּמֵעֲצָתוֹ כְּלָאַנִי.
וְהַמִּנְחָה הוּנָחָה, וְדָתְךָ, צָר בָּאֵשׁ הִבְעִיר.
יוֹם גָּבַר הָאוֹיֵב וַתִּבָּקַע הָעִיר.

מְאֹד אֶתְחַל, וְאֶתְחַלְחַל, בְּיוֹם שַׁדַּי דְּחָפַנִי.
וְהַשְּׁפִיפוֹן מִצָּפוֹן, כְּשִׁבֹּלֶת שְׁטָפַנִי.
מְאוֹר חָשַׁךְ, וְגַם שֵׁשַׁךְ, כְּמוֹ כַדּוּר צְנָפַנִי.
וְהַצַּיָּד שָׁלַח יָד, וְהַצָּפִיר וְהַשָּׂעִיר.
יוֹם גָּבַר הָאוֹיֵב וַתִּבָּקַע הָעִיר.

הוֹד לִבִּי וּמִשְׂגַּבִּי, הֲלָעַד אַפְּךָ יֶעְשַׁן.
הֲלֹא תִרְאֶה עַם נִלְאֶה, אֲשֶׁר הָשְׁחַר כְּמוֹ כִבְשָׁן.
גְּדֹר פִּרְצִי בְּבֶן פַּרְצִי, וּמֵחֶדֶק לְקֹט שׁוֹשָׁן.
בְּנֵה בֵּית זְבוּל, וְהָשֵׁב גְּבוּל הַכַּרְמֶל וְהַבָּשָׁן.
וְעַיִן פְּקַח, וְנָקָם קַח מֵאֶצֶר וּמִדִּישָׁן.
שְׁפֹט אִלֵּם, וְאָז יְשַׁלֵּם הַמַּבְעֶה וְהַמַּבְעִיר.
יוֹם גָּבַר הָאוֹיֵב וַתִּבָּקַע הָעִיר.

On all days continue:

אֵל מֶלֶךְ God, King who sits upon a throne of compassion, who acts with loving-kindness, who pardons the iniquities of His people, passing them before Him in order; who forgives sinners and pardons transgressors; who performs righteousness with all flesh and spirit, do not repay their bad actions in kind. God, You taught us to speak thirteen attributes: recall for us today the covenant of the thirteen attributes, as You in ancient times showed the humble one [Moses], as is written: The LORD descended in the cloud and stood with him there, and proclaimed in the name of the LORD:

Congregation then Leader:

And the LORD passed by before him and proclaimed: *Ex. 34*

All say aloud:

יהוה The LORD, the LORD, compassionate and gracious God, slow to anger, abounding in loving-kindness and truth, extending loving-kindness to a thousand generations, forgiving iniquity, rebellion and sin, and absolving [the guilty who repent]. Forgive us our iniquity and our sin, and take us as Your inheritance.

Continue:

סְלַח לָנוּ Forgive us, our Father, for we have sinned. Pardon us, our King, for we have transgressed. For You, LORD, are good and forgiving, abounding in *Ps. 86* loving-kindness to all who call on You.

זְכֹר Remember, LORD, Your compassion and loving-kindness, *Ps. 25*
for they are everlasting. Remember us, LORD, in favoring Your people;
redeem us with Your salvation.

זְכֹר Remember Your congregation, the one that You acquired long ago, *Ps. 74*
the tribe of Your inheritance that You redeemed,
this Mount Zion that You have dwelt in.

זְכֹר Remember, LORD, the fondness of Jerusalem; do not forever forget the
love of Zion. You shall rise up and have compassion for Zion, *Ps. 102*
for now it is right to be gracious, for the time has come.

זְכֹר Remember, LORD, what the Edomites did on the day Jerusalem fell. *Ps. 137*
They said, "Tear it down, tear it down to its very foundations!"

זְכֹר Remember Abraham, Isaac and Jacob, to whom You swore by Your *Ex. 32*
own self, when You said to them, "I shall make Your descendants
as numerous as the stars in the sky, and I shall give all this Land that
I spoke of to your descendants, and they shall inherit it forever."

זְכֹר Remember Your servants, Abraham, Isaac and Jacob; do not attend to *Deut. 9*
the stubbornness of this people, to their wickedness or sinfulness.

On all days continue:

אֵל מֶלֶךְ יוֹשֵׁב עַל כִּסֵּא רַחֲמִים, מִתְנַהֵג בַּחֲסִידוּת. מוֹחֵל עֲוֹנוֹת עַמּוֹ, מַעֲבִיר רִאשׁוֹן רִאשׁוֹן. מַרְבֶּה מְחִילָה לְחַטָּאִים, וּסְלִיחָה לְפוֹשְׁעִים. עֹשֶׂה צְדָקוֹת עִם כָּל בָּשָׂר וָרוּחַ, לֹא כְרָעָתָם תִּגְמֹל. ◦ אֵל, הוֹרֵיתָ לָּנוּ לוֹמַר שְׁלֹשׁ עֶשְׂרֵה, וּזְכָר לָנוּ הַיּוֹם בְּרִית שְׁלֹשׁ עֶשְׂרֵה, כְּמוֹ שֶׁהוֹדַעְתָּ לֶעָנָו מִקֶּדֶם, כְּמוֹ שֶׁכָּתוּב: וַיֵּרֶד יהוה בֶּעָנָן, וַיִּתְיַצֵּב עִמּוֹ שָׁם, וַיִּקְרָא בְשֵׁם, יהוה:

קהל then שליח ציבור:

שמות לד וַיַּעֲבֹר יהוה עַל־פָּנָיו וַיִּקְרָא

All say aloud:

יהוה, יהוה, אֵל רַחוּם וְחַנּוּן, אֶרֶךְ אַפַּיִם, וְרַב־חֶסֶד וֶאֱמֶת: נֹצֵר חֶסֶד לָאֲלָפִים, נֹשֵׂא עָוֹן וָפֶשַׁע וְחַטָּאָה, וְנַקֵּה: וְסָלַחְתָּ לַעֲוֹנֵנוּ וּלְחַטָּאתֵנוּ, וּנְחַלְתָּנוּ:

Continue:

תהלים פו סְלַח לָנוּ אָבִינוּ כִּי חָטָאנוּ, מְחַל לָנוּ מַלְכֵּנוּ כִּי פָשָׁעְנוּ. כִּי־אַתָּה אֲדֹנָי טוֹב וְסַלָּח, וְרַב־חֶסֶד לְכָל־קֹרְאֶיךָ:

תהלים כה זְכֹר־רַחֲמֶיךָ יהוה וַחֲסָדֶיךָ, כִּי מֵעוֹלָם הֵמָּה:

זָכְרֵנוּ יהוה בִּרְצוֹן עַמֶּךָ, פָּקְדֵנוּ בִּישׁוּעָתֶךָ.

תהלים עד זְכֹר עֲדָתְךָ קָנִיתָ קֶּדֶם, גָּאַלְתָּ שֵׁבֶט נַחֲלָתֶךָ

הַר־צִיּוֹן זֶה שָׁכַנְתָּ בּוֹ:

זְכֹר יהוה חִבַּת יְרוּשָׁלַיִם, אַהֲבַת צִיּוֹן אַל תִּשְׁכַּח לָנֶצַח.

תהלים קב אַתָּה תָקוּם תְּרַחֵם צִיּוֹן, כִּי־עֵת לְחֶנְנָהּ, כִּי־בָא מוֹעֵד:

תהלים קלז זְכֹר יהוה לִבְנֵי אֱדוֹם אֵת יוֹם יְרוּשָׁלָיִם

הָאֹמְרִים עָרוּ עָרוּ, עַד הַיְסוֹד בָּהּ:

שמות לב זְכֹר לְאַבְרָהָם לְיִצְחָק וּלְיִשְׂרָאֵל עֲבָדֶיךָ, אֲשֶׁר נִשְׁבַּעְתָּ לָהֶם בָּךְ

וַתְּדַבֵּר אֲלֵהֶם, אַרְבֶּה אֶת־זַרְעֲכֶם כְּכוֹכְבֵי הַשָּׁמָיִם

וְכָל־הָאָרֶץ הַזֹּאת אֲשֶׁר אָמַרְתִּי אֶתֵּן לְזַרְעֲכֶם, וְנָחֲלוּ לְעֹלָם:

דברים ט זְכֹר לַעֲבָדֶיךָ לְאַבְרָהָם לְיִצְחָק וּלְיַעֲקֹב

אַל־תֵּפֶן אֶל־קְשִׁי הָעָם הַזֶּה וְאֶל־רִשְׁעוֹ וְאֶל־חַטָּאתוֹ:

אַל־נָא Please, do not hold against us the sin that we committed so foolishly, that we have sinned. We have sinned, our Rock; forgive us, our Creator. *Num. 12*

Some say responsively (all continue with "Remember the covenant" on the next page):

אֵל נָא God, please, heal please, the diseases of this fruitful vine,
ashamed, disgraced and miserable are her fruits.
Redeem her from destruction and from the seeping wound;
answer us as You answered our father Abraham on Mount Moriah –
We have sinned, our Rock;
forgive us, our Creator.

Let the flags of the people redeemed by Your revealed arm,
be spared from plague; let them not be cut down,
and answer our call, and desire the creations of Your hands.
Answer us as You answered our fathers at the Reed Sea –
We have sinned, our Rock;
forgive us, our Creator.

Reveal now the merit of Abraham and Sarah,
the rock from which we were hewn.
Spare us from rage and lead us on a straight path.
Clear our impurity, and open our eyes to the light of Your Torah.
Answer us as You answered Joshua at Gilgal –
We have sinned, our Rock;
forgive us, our Creator.

Lord, witness the ashes of bound Isaac; make our cure spring up.
Put an end to plunder and brokenness, tempest and storm.
Teach us and make us wise with Your perfect word.
Answer us as You answered Samuel at Mitzpah –
We have sinned, our Rock;
forgive us, our Creator.

Jacob who emerged perfect from the womb – do not let his roots dry up.
Cleanse us of all stain and blemish, and do not have us wither.
Help us and we shall be saved,
and receive of Your ways of kindness.
Answer us as You answered Elijah on Mount Carmel –
We have sinned, our Rock;
forgive us, our Creator.

אַל־נָא תָשֵׁת עָלֵינוּ חַטָּאת אֲשֶׁר נוֹאַלְנוּ וַאֲשֶׁר חָטָאנוּ: במדבר יב

חָטָאנוּ צוּרֵנוּ, סְלַח לָנוּ יוֹצְרֵנוּ.

Some say responsively (all continue with זְכָר לָנוּ בְּרִית *on the next page):*

אֵל נָא, רְפָא נָא תַּחֲלוּאֵי גֶּפֶן פּוֹרִיָּה

בּוֹשָׁה וְחָפְרָה, וְאֻמְלַל פִּרְיָהּ

גְּאָלֶנָּה מִשַּׁחַת וּמִמַּכָּה טְרִיָּה.

עֲנֵנוּ כְּשֶׁעָנִיתָ לְאַבְרָהָם אָבִינוּ בְּהַר הַמּוֹרִיָּה.

חָטָאנוּ צוּרֵנוּ, סְלַח לָנוּ יוֹצְרֵנוּ.

דִּגְלֵי עָם, פְּדוּיֵי בִּזְרוֹעַ חָשׂוּף

הַצֵּל מִנֶּגֶף וְאַל יִהְיוּ לְשִׁסּוּף

וְתַעֲנֶה קְרִיאָתֵנוּ וּלְמַעֲשֵׂה יָדֶיךָ תִּכְסֹף

עֲנֵנוּ כְּשֶׁעָנִיתָ לַאֲבוֹתֵינוּ עַל יַם סוּף.

חָטָאנוּ צוּרֵנוּ, סְלַח לָנוּ יוֹצְרֵנוּ.

זְכוּת צוּר חֻצַּב הַיּוֹם לָנוּ תָגֵל

חָשְׁכֵנוּ מֵאֶנֶף וּנְחֵנוּ בְּיֹשֶׁר מַעְגָּל

טַהֵר טֻמְאָתֵנוּ וְלִמְאוֹר תּוֹרָתְךָ עֵינֵינוּ גַל

עֲנֵנוּ כְּשֶׁעָנִיתָ לִיהוֹשֻׁעַ בַּגִּלְגָּל.

חָטָאנוּ צוּרֵנוּ, סְלַח לָנוּ יוֹצְרֵנוּ.

יָהּ, רְאֵה דֶּשֶׁן עָקוּד, וְהַצְמַח לָנוּ תְּרוּפָה

כַּלֵּה שֹׁד וָשֶׁבֶר, סַעַר וְסוּפָה

לַמְּדֵנוּ וְחַכְּמֵנוּ אִמְרָתְךָ הַצְּרוּפָה

עֲנֵנוּ כְּשֶׁעָנִיתָ לִשְׁמוּאֵל בַּמִּצְפָּה.

חָטָאנוּ צוּרֵנוּ, סְלַח לָנוּ יוֹצְרֵנוּ.

מְתַמֵּם מְרַחֵם, שָׁרָשָׁיו אַל תְּקַמֵּל

נַקֵּנוּ מִכֶּתֶם וְשֶׁמֶץ, וְלֹא נֵאָמֵל

סַעֲדֵנוּ וְנִוָּשֵׁעָה, וְאָרְחוֹת חֲסָדֶיךָ נִגָּמֵל

עֲנֵנוּ כְּשֶׁעָנִיתָ לְאֵלִיָּהוּ בְּהַר הַכַּרְמֶל.

חָטָאנוּ צוּרֵנוּ, סְלַח לָנוּ יוֹצְרֵנוּ.

Strengthen us by the righteousness of Moses, drawn from water,
and atone our crimes, wanton or foolish.
Free us from the terror of death that thrusts us back,
rule for our salvation; do not let us melt away in our sins.
Answer us as You answered Jonah in the belly of the fish –

We have sinned, our Rock;
forgive us, our Creator.

Remember Your devoted Aaron's sanctity,
for the sake of Israel of the pleasing steps.
Awaken Your compassion, for we are doubly stricken.
Return us resolutely to our awe of You, do not expose us.
Answer us as You answered David, and Solomon his son in Jerusalem –

We have sinned, our Rock;
forgive us, our Creator.

On the Fast of Esther add:

Answer those who call You; listen out from Your residence.
Hear the cry of those who call out to You, You who listen to the destitute.
Have compassion for Your children, as a father has for his.
Answer us as You answered Mordekhai and Esther:
and on a fifty-cubit gallows they hanged father and sons –

We have sinned, our Rock.
Forgive us, our Creator.

All continue:

זְכֹר Remember the covenant of our fathers, as You have said,
"I shall remember My covenant with Jacob, and My covenant *Lev. 26*
with Isaac, and I shall remember My covenant with Abraham,
and I shall remember the Land."

זְכֹר Remember the covenant of the early ones, as You have said,
"I shall remember for them the covenant of the early ones, *Lev. 26*
those I took out of the Land of Egypt before the eyes of the nations,
in order to be their God: I am the Lord."

עֲשֵׂה Deal kindly with us as You have promised, "Even so, when they are in the *Lev. 26*
land of their enemies I shall not reject them and shall not detest them to the
point of destruction, to the point of breaking My covenant with them, for I
am the Lord their God." Restore our fortunes, and have compassion for us as
is written, "And God shall restore your fortunes and have compassion for you, *Deut. 30*
and shall return and gather you in from all the nations among whom the Lord

עוֹדְדֵנוּ בְּצֶדֶק מָשׁוּי מִמַּיִם, וְכַפֵּר זָדוֹן וּמִשְׁגָּה
פְּדֵנוּ מִמְּהוּמַת מָוֶת, וְאָחוֹר בַּל נְסוּגָה
צַוֵּה יְשׁוּעָתֵנוּ, וּבַעֲוֹנוֹתֵינוּ אַל נִתְמוֹגְגָה
עֲנֵנוּ כְּשֶׁעָנִיתָ לְיוֹנָה בִּמְעֵי הַדָּגָה.
חָטָאנוּ צוּרֵנוּ, סְלַח לָנוּ יוֹצְרֵנוּ.

קְדֻשַּׁת אִישׁ חֲסִידֶךָ זְכֹר לְיֹפִי פְּעָמִים
רַחֲמֶיךָ תְּעוֹרֵר כִּי לָקִינוּ בְּכִפְלַיִם
שׁוּבֵנוּ תָּקֵף לְיִרְאָתֶךָ וְלֹא נֶחְשַׁף שׁוּלַיִם
עֲנֵנוּ כְּשֶׁעָנִיתָ לְדָוִד וְלִשְׁלֹמֹה בְנוֹ בִּירוּשָׁלַיִם.
חָטָאנוּ צוּרֵנוּ, סְלַח לָנוּ יוֹצְרֵנוּ.

On תענית אסתר *add:*

תַּעֲנֶה לְקוֹרְאֶיךָ, וְהַסְכֵּת מִמְּעוֹנִים
תִּשְׁמַע שַׁוְעַת צוֹעֲקֶיךָ, שׁוֹמֵעַ אֶל אֶבְיוֹנִים
תְּרַחֵם עַל בָּנֶיךָ כְּרַחֵם אָב עַל בָּנִים
עֲנֵנוּ כְּמוֹ שֶׁעָנִיתָ לְמָרְדְּכַי וְאֶסְתֵּר
וְתָלוּ עַל עֵץ־חֲמִשִּׁים הָאָב עִם בָּנִים.
חָטָאנוּ צוּרֵנוּ, סְלַח לָנוּ יוֹצְרֵנוּ.

All continue:

זְכֹר לָנוּ בְּרִית אָבוֹת כַּאֲשֶׁר אָמַרְתָּ: וְזָכַרְתִּי אֶת־בְּרִיתִי יַעֲקוֹב ויקרא כו
וְאַף אֶת־בְּרִיתִי יִצְחָק וְאַף אֶת־בְּרִיתִי אַבְרָהָם אֶזְכֹּר
וְהָאָרֶץ אֶזְכֹּר:

זְכֹר לָנוּ בְּרִית רִאשׁוֹנִים כַּאֲשֶׁר אָמַרְתָּ: וְזָכַרְתִּי לָהֶם בְּרִית רִאשֹׁנִים ויקרא כו
אֲשֶׁר הוֹצֵאתִי־אֹתָם מֵאֶרֶץ מִצְרַיִם לְעֵינֵי הַגּוֹיִם
לִהְיוֹת לָהֶם לֵאלֹהִים, אֲנִי יהוה:

עֲשֵׂה עִמָּנוּ כְּמָה שֶּׁהִבְטַחְתָּנוּ: וְאַף גַּם־זֹאת בִּהְיוֹתָם בְּאֶרֶץ אֹיְבֵיהֶם, ויקרא כו
לֹא־מְאַסְתִּים וְלֹא־גְעַלְתִּים לְכַלֹּתָם, לְהָפֵר בְּרִיתִי אִתָּם, כִּי אֲנִי יהוה
אֱלֹהֵיהֶם: הָשֵׁב שְׁבוּתֵנוּ וְרַחֲמֵנוּ כְּמָה שֶּׁכָּתוּב: וְשָׁב יהוה אֱלֹהֶיךָ אֶת־ דברים ל

has scattered you." Gather those of us who have been distanced, as is written, "If your distanced ones are at the very ends of the heavens, from there shall the LORD your God gather you; from there shall He bring You." Wipe out our crimes as if they were a cloud, as if they were a haze, as is written, "I have wiped out your crimes like a cloud, and as a haze your sins; come back to Me for I have redeemed you." Wipe out our crimes for Your sake, as You have said, "I, I am the one who shall wipe out your crimes for My sake, and I shall not recall your sins." Whiten our sins as snow and as wool, as is written, "Come now, let us reason together, says the LORD; If your sins are like scarlet, they shall be whitened like snow; should they be as red as crimson, they shall become like wool." Throw over us pure waters and purify us, as is written, "I shall throw pure waters over you and you shall be pure. I shall purify you of all your impurities and of all your idolatry." Have compassion for us and do not destroy us, as is written, "For the LORD your God is a compassionate God; He will not cease to hold you and He will not destroy you, and will not forget the covenant of your fathers that He pledged to them." Circumcise our hearts to love Your name, as is written, "And the LORD will circumcise your heart and the heart of your descendants to love the LORD your God with all your heart and with all your soul, so that you shall live." Let us find You when we seek You, as is written, "And if from there you seek the LORD your God, you shall find Him, when you seek Him out with all your heart and with all your soul." Bring us to Your holy mountain, and let us rejoice in Your house of prayer, as is written, "I shall bring them to My holy mountain, and I shall make them rejoice in My house of prayer; their offerings and their sacrifices will be accepted, desired on My altar, for My House will be called a house of prayer for all peoples."

Deut. 30 · *Is. 44* · *Is. 43* · *Is. 1* · *Ezek. 36* · *Deut. 4* · *Deut. 30* · *Deut. 4* · *Is. 56*

The Ark is opened. The following until ◂ is said responsively, verse by verse:

שְׁמַע קוֹלֵנוּ Listen to our voice, LORD our God. Spare us and have compassion on us, and in compassion and favor accept our prayer. Turn us back, O LORD, to You, and we will return. Renew our days as of old. Do not cast us away from You, and do not take Your holy spirit from us. Do not cast us away in our old age; when our strength is gone do not desert us.◂ Do not desert us, LORD; our God, do not be distant from us. Give us a sign of good things, and those who hate us shall see it and be ashamed, for You, LORD, will help us and console us. Hear our speech, LORD, consider our thoughts. May the words of our mouths and the thoughts within our hearts be pleasing to You, LORD, our Rock and our Redeemer. For it is You, LORD, that we have longed for; You shall answer us, LORD our God.

Lam. 5

The Ark is closed.

שְׁבוּתְךָ וְרִחֲמֶךָ, וְשָׁב וְקִבֶּצְךָ מִכָּל־הָעַמִּים אֲשֶׁר הֱפִיצְךָ יהוה אֱלֹהֶיךָ
שָׁמָּה: קַבֵּץ נִדָּחֵינוּ כְּמָה שֶׁכָּתוּב: אִם־יִהְיֶה נִדַּחֲךָ בִּקְצֵה הַשָּׁמָיִם, מִשָּׁם דברים ל
יְקַבֶּצְךָ יהוה אֱלֹהֶיךָ וּמִשָּׁם יִקָּחֶךָ: מְחֵה פְשָׁעֵינוּ כָּעָב וְכֶעָנָן כְּמָה שֶׁכָּתוּב:
מָחִיתִי כָעָב פְּשָׁעֶיךָ וְכֶעָנָן חַטֹּאותֶיךָ, שׁוּבָה אֵלַי כִּי גְאַלְתִּיךָ: מְחֵה פְשָׁעֵינוּ ישעיה מד
לְמַעַנְךָ כַּאֲשֶׁר אָמַרְתָּ: אָנֹכִי אָנֹכִי הוּא מֹחֶה פְשָׁעֶיךָ לְמַעֲנִי, וְחַטֹּאתֶיךָ ישעיה מג
לֹא אֶזְכֹּר: הַלְבֵּן חֲטָאֵינוּ כַּשֶּׁלֶג וְכַצֶּמֶר כְּמָה שֶׁכָּתוּב: לְכוּ־נָא וְנִוָּכְחָה ישעיה א
יֹאמַר יהוה, אִם־יִהְיוּ חֲטָאֵיכֶם כַּשָּׁנִים כַּשֶּׁלֶג יַלְבִּינוּ, אִם־יַאְדִּימוּ כַתּוֹלָע
כַּצֶּמֶר יִהְיוּ: זְרֹק עָלֵינוּ מַיִם טְהוֹרִים וְטַהֲרֵנוּ כְּמָה שֶׁכָּתוּב: וְזָרַקְתִּי עֲלֵיכֶם יחזקאל לו
מַיִם טְהוֹרִים וּטְהַרְתֶּם, מִכֹּל טֻמְאוֹתֵיכֶם וּמִכָּל־גִּלּוּלֵיכֶם אֲטַהֵר אֶתְכֶם:
רַחֵם עָלֵינוּ וְאַל תַּשְׁחִיתֵנוּ כְּמָה שֶׁכָּתוּב: כִּי אֵל רַחוּם יהוה אֱלֹהֶיךָ, לֹא דברים ד
יַרְפְּךָ וְלֹא יַשְׁחִיתֶךָ, וְלֹא יִשְׁכַּח אֶת־בְּרִית אֲבֹתֶיךָ אֲשֶׁר נִשְׁבַּע לָהֶם: מוֹל
אֶת לְבָבֵנוּ לְאַהֲבָה אֶת שְׁמֶךָ כְּמָה שֶׁכָּתוּב: וּמָל יהוה אֱלֹהֶיךָ אֶת־לְבָבְךָ דברים ל
וְאֶת־לְבַב זַרְעֶךָ, לְאַהֲבָה אֶת־יהוה אֱלֹהֶיךָ בְּכָל־לְבָבְךָ וּבְכָל־נַפְשְׁךָ, לְמַעַן
חַיֶּיךָ: הִמָּצֵא לָנוּ בְּבַקָּשָׁתֵנוּ כְּמָה שֶׁכָּתוּב: וּבִקַּשְׁתֶּם מִשָּׁם אֶת־יהוה דברים ד
אֱלֹהֶיךָ וּמָצָאתָ, כִּי תִדְרְשֶׁנּוּ בְּכָל־לְבָבְךָ וּבְכָל־נַפְשֶׁךָ: תְּבִיאֵנוּ אֶל הַר
קָדְשֶׁךָ וְשַׂמְּחֵנוּ בְּבֵית תְּפִלָּתֶךָ כְּמָה שֶׁכָּתוּב: וַהֲבִיאוֹתִים אֶל־הַר קָדְשִׁי ישעיה נו
וְשִׂמַּחְתִּים בְּבֵית תְּפִלָּתִי, עוֹלֹתֵיהֶם וְזִבְחֵיהֶם לְרָצוֹן עַל־מִזְבְּחִי, כִּי בֵיתִי
בֵּית־תְּפִלָּה יִקָּרֵא לְכָל־הָעַמִּים:

The ארון קודש *is opened. The following until* ▸ *is said responsively, verse by verse:*

שְׁמַע קוֹלֵנוּ, יהוה אֱלֹהֵינוּ, חוּס וְרַחֵם עָלֵינוּ וְקַבֵּל בְּרַחֲמִים וּבְרָצוֹן אֶת
תְּפִלָּתֵנוּ. הֲשִׁיבֵנוּ יהוה אֵלֶיךָ וְנָשׁוּבָה, חַדֵּשׁ יָמֵינוּ כְּקֶדֶם: אַל תַּשְׁלִיכֵנוּ איכה ה
מִלְּפָנֶיךָ, וְרוּחַ קָדְשְׁךָ אַל תִּקַּח מִמֶּנּוּ. אַל תַּשְׁלִיכֵנוּ לְעֵת זִקְנָה, כִּכְלוֹת
כֹּחֵנוּ אַל תַּעַזְבֵנוּ. ▸ אַל תַּעַזְבֵנוּ יהוה, אֱלֹהֵינוּ אַל תִּרְחַק מִמֶּנּוּ. עֲשֵׂה
עִמָּנוּ אוֹת לְטוֹבָה, וְיִרְאוּ שׂוֹנְאֵינוּ וְיֵבֹשׁוּ, כִּי אַתָּה יהוה עֲזַרְתָּנוּ וְנִחַמְתָּנוּ.
אֲמָרֵינוּ הַאֲזִינָה יהוה, בִּינָה הֲגִיגֵנוּ. יִהְיוּ לְרָצוֹן אִמְרֵי פִינוּ וְהֶגְיוֹן לִבֵּנוּ
לְפָנֶיךָ, יהוה צוּרֵנוּ וְגוֹאֲלֵנוּ. כִּי לְךָ יהוה הוֹחָלְנוּ, אַתָּה תַעֲנֶה אֲדֹנָי אֱלֹהֵינוּ.

The ארון קודש *is closed.*

CONFESSION

אֱלֹהֵינוּ Our God and God of our fathers,
let our prayer come before You, and do not hide Yourself from our plea,
for we are not so arrogant or obstinate as to say before You,
LORD, our God and God of our fathers,
we are righteous and have not sinned,
for in truth, we and our fathers have sinned.

Strike the left side of the chest with the right fist while saying each of the sins.

אָשַׁמְנוּ We have been guilty, we have acted treacherously, we have robbed, we have spoken slander. We have acted perversely, we have acted wickedly, we have acted presumptuously, we have been violent, we have framed lies. We have given bad advice, we have deceived, we have scorned, we have rebelled, we have provoked, we have turned away, we have committed iniquity, we have transgressed, we have persecuted, we have been obstinate. We have acted wickedly, we have corrupted, we have acted abominably, we have strayed, we have led others astray.

סַרְנוּ We have turned away from Your commandments, and good laws, to no avail, for You are just in all that has befallen us, for You have acted faithfully *Neh. 9*
while we have done wickedly.

הִרְשַׁעְנוּ We have been wicked and we have done wrong, and so we have not been saved. Place it in our hearts to abandon the way of wickedness, and hasten our salvation, as is written by Your prophet, "Let each wicked person *Is. 55*
abandon his ways, each man of iniquity his thoughts, and let him come back to the LORD and He will have compassion for him; back to our God for He will forgive abundantly."

מָשִׁיחַ Your righteous anointed one said to You, "Who can discern his own *Ps. 19*
mistakes? Cleanse me of my hidden faults." Cleanse us, LORD our God, of all our sins, and purify us of all our impurities and throw clear waters over us to purify us, as was written by Your prophet, "I shall throw clear waters over you *Ezek. 36*
and you shall be pure. I shall purify you of all your impurities and of all your idolatry." Your people, Your inheritance, famished of Your good, thirsting for Your loving-kindness, craving Your salvation – they shall recognize and know that compassion and forgiveness belong to the LORD our God.

On days when Taḥanun is not said (such as on the morning of a Brit Mila, or when a bridegroom is present), continue with Avinu Malkenu on page 138 followed by Half Kaddish (page 156).

וידוי

אֱלֹהֵינוּ וֵאלֹהֵי אֲבוֹתֵינוּ
תָּבֹא לְפָנֶיךָ תְּפִלָּתֵנוּ, וְאַל תִּתְעַלַּם מִתְּחִנָּתֵנוּ.
שֶׁאֵין אֲנוּ עַזֵּי פָנִים וּקְשֵׁי עֹרֶף לוֹמַר לְפָנֶיךָ
יהוה אֱלֹהֵינוּ וֵאלֹהֵי אֲבוֹתֵינוּ, צַדִּיקִים אֲנַחְנוּ וְלֹא חָטָאנוּ.
אֲבָל אֲנַחְנוּ וַאֲבוֹתֵינוּ חָטָאנוּ.

Strike the left side of the chest with the right fist while saying each of the sins.

אָשַׁמְנוּ, בָּגַדְנוּ, גָּזַלְנוּ, דִּבַּרְנוּ דֹפִי. הֶעֱוִינוּ, וְהִרְשַׁעְנוּ, זַדְנוּ, חָמַסְנוּ, טָפַלְנוּ שֶׁקֶר. יָעַצְנוּ רָע, כִּזַּבְנוּ, לַצְנוּ, מָרַדְנוּ, נִאַצְנוּ, סָרַרְנוּ, עָוִינוּ, פָּשַׁעְנוּ, צָרַרְנוּ, קִשִּׁינוּ עֹרֶף. רָשַׁעְנוּ, שִׁחַתְנוּ, תִּעַבְנוּ, תָּעִינוּ, תִּעְתָּעְנוּ.

סַרְנוּ מִמִּצְוֹתֶיךָ וּמִמִּשְׁפָּטֶיךָ הַטּוֹבִים, וְלֹא שָׁוָה לָנוּ. וְאַתָּה צַדִּיק עַל נחמיה ט
כָּל־הַבָּא עָלֵינוּ, כִּי־אֱמֶת עָשִׂיתָ וַאֲנַחְנוּ הִרְשָׁעְנוּ.

הִרְשַׁעְנוּ וּפָשַׁעְנוּ לָכֵן לֹא נוֹשָׁעְנוּ. וְתֵן בְּלִבֵּנוּ לַעֲזֹב דֶּרֶךְ רֶשַׁע, וְחִישׁ
לָנוּ יֶשַׁע, כַּכָּתוּב עַל יַד נְבִיאֶךָ: יַעֲזֹב רָשָׁע דַּרְכּוֹ וְאִישׁ אָוֶן מַחְשְׁבֹתָיו, ישעיה נה
וְיָשֹׁב אֶל־יהוה וִירַחֲמֵהוּ וְאֶל־אֱלֹהֵינוּ כִּי־יַרְבֶּה לִסְלוֹחַ:

מְשִׁיחַ צִדְקֶךָ אָמַר לְפָנֶיךָ: שְׁגִיאוֹת מִי־יָבִין, מִנִּסְתָּרוֹת נַקֵּנִי: נַקֵּנוּ יהוה תהלים יט
אֱלֹהֵינוּ מִכָּל פְּשָׁעֵינוּ וְטַהֲרֵנוּ מִכָּל טֻמְאוֹתֵינוּ וּזְרֹק עָלֵינוּ מַיִם טְהוֹרִים
וְטַהֲרֵנוּ, כַּכָּתוּב עַל יַד נְבִיאֶךָ: וְזָרַקְתִּי עֲלֵיכֶם מַיִם טְהוֹרִים וּטְהַרְתֶּם, יחזקאל לו
מִכֹּל טֻמְאוֹתֵיכֶם וּמִכָּל־גִּלּוּלֵיכֶם אֲטַהֵר אֶתְכֶם: עַמְּךָ וְנַחֲלָתְךָ רְעֵבֵי
טוּבְךָ, צְמֵאֵי חַסְדֶּךָ, תְּאֵבֵי יִשְׁעֶךָ. יַכִּירוּ וְיֵדְעוּ, כִּי לַיהוה אֱלֹהֵינוּ
הָרַחֲמִים וְהַסְּלִיחוֹת.

On days when תחנון *is not said (such as on the morning of a* ברית מילה*, or when a* חתן *is present), continue with* אבינו מלכנו *on page 139 followed by* חצי קדיש *(page 157).*

אֵל רַחוּם Compassionate God is Your name; Gracious God is Your name. We are called by Your name; LORD, act for the sake of Your name. Act for the sake of Your truth. Act for the sake of Your covenant. Act for the sake of Your greatness and glory. Act for the sake of Your Law. Act for the sake of Your majesty. Act for the sake of Your promise. Act for the sake of Your remembrance. Act for the sake of Your loving-kindness. Act for the sake of Your goodness. Act for the sake of Your oneness. Act for the sake of Your honor. Act for the sake of Your wisdom. Act for the sake of Your kingship. Act for the sake of Your eternity. Act for the sake of Your mystery. Act for the sake of Your might. Act for the sake of Your splendor. Act for the sake of Your righteousness. Act for the sake of Your holiness. Act for the sake of Your great compassion. Act for the sake of Your Presence. Act for the sake of Your praise. Act for the sake of those who loved You, who now dwell in the dust. Act for the sake of Abraham, Isaac and Jacob. Act for the sake of Moses and Aaron. Act for the sake of David and Solomon. Act for the sake of Jerusalem, Your holy city. Act for the sake of Zion, the dwelling place of Your glory. Act for the sake of the desolate site of Your Temple. Act for the sake of the ruins of Your altar. Act for the sake of those killed in sanctification of Your name. Act for the sake of those slaughtered over Your unity. Act for the sake of those who have gone through fire and water in sanctification of Your name. Act for the sake of suckling infants who have not sinned. Act for the sake of little ones just weaned who have done no wrong. Act for the sake of schoolchildren. Act for Your own sake if not for ours. Act for Your own sake, and save us.

עֲנֵנוּ Answer us, LORD, answer us. Answer us, our God, answer us. Answer us, our Father, answer us. Answer us, our Creator, answer us. Answer us, our Redeemer, answer us. Answer us, You who seek us, answer us. Answer us, God who is faithful, answer us. Answer us, You who are ancient and kind, answer us. Answer us, You who are pure and upright, answer us. Answer us, You who are alive and remain, answer us. Answer us, You who are good and do good, answer us. Answer us, You who know our impulses, answer us. Answer us, You who conquer rage, answer us. Answer us, You who clothe Yourself in righteousness, answer us. Answer us, Supreme King of kings, answer us. Answer us, You who are awesome and elevated, answer us. Answer us, You who forgive and pardon, answer us. Answer us, You who answer in times of trouble, answer us. Answer us, You who redeem and save, answer us. Answer us, You who are righteous and straightforward, answer us. Answer us, You who are close to those who call, answer us. Answer us, You who are compassionate and gracious, answer us. Answer us, You who listen to the destitute, answer us. Answer us, You who support the innocent, answer us. Answer us, God of our fathers, answer us. Answer us, God of Abraham, answer us. Answer us, Terror of Isaac, answer us. Answer us, Champion of Jacob, answer us. Answer us, Help of the tribes, answer us. Answer us, Stronghold of the mothers, answer us. Answer us, You who are slow to anger, answer us. Answer us, You who are lightly appeased, answer us. Answer us, You who answer at times of favor, answer us. Answer us, Father of orphans, answer us. Answer us, Justice of widows, answer us.

אֵל רַחוּם שְׁמֶךָ. אֵל חַנּוּן שְׁמֶךָ. בָּנוּ נִקְרָא שְׁמֶךָ. יהוה עֲשֵׂה לְמַעַן שְׁמֶךָ. עֲשֵׂה לְמַעַן אֲמִתָּךְ. עֲשֵׂה לְמַעַן בְּרִיתָךְ. עֲשֵׂה לְמַעַן גָּדְלָךְ וְתִפְאַרְתָּךְ. עֲשֵׂה לְמַעַן דָּתָךְ. עֲשֵׂה לְמַעַן הוֹדָךְ. עֲשֵׂה לְמַעַן וִעוּדָךְ. עֲשֵׂה לְמַעַן זִכְרָךְ. עֲשֵׂה לְמַעַן חַסְדָּךְ. עֲשֵׂה לְמַעַן טוּבָךְ. עֲשֵׂה לְמַעַן יִחוּדָךְ. עֲשֵׂה לְמַעַן כְּבוֹדָךְ. עֲשֵׂה לְמַעַן לִמּוּדָךְ. עֲשֵׂה לְמַעַן מַלְכוּתָךְ. עֲשֵׂה לְמַעַן נִצְחָךְ. עֲשֵׂה לְמַעַן סוֹדָךְ. עֲשֵׂה לְמַעַן עֻזָּךְ. עֲשֵׂה לְמַעַן פְּאֵרָךְ. עֲשֵׂה לְמַעַן צִדְקָתָךְ. עֲשֵׂה לְמַעַן קְדֻשָּׁתָךְ. עֲשֵׂה לְמַעַן רַחֲמֶיךָ הָרַבִּים. עֲשֵׂה לְמַעַן שְׁכִינָתָךְ. עֲשֵׂה לְמַעַן תְּהִלָּתָךְ. עֲשֵׂה לְמַעַן אוֹהֲבֶיךָ שׁוֹכְנֵי עָפָר. עֲשֵׂה לְמַעַן אַבְרָהָם יִצְחָק וְיַעֲקֹב. עֲשֵׂה לְמַעַן מֹשֶׁה וְאַהֲרֹן. עֲשֵׂה לְמַעַן דָּוִד וּשְׁלֹמֹה. עֲשֵׂה לְמַעַן יְרוּשָׁלַיִם עִיר קָדְשֶׁךָ. עֲשֵׂה לְמַעַן צִיּוֹן מִשְׁכַּן כְּבוֹדֶךָ. עֲשֵׂה לְמַעַן שִׁמְמוֹת הֵיכָלֶךָ. עֲשֵׂה לְמַעַן הֲרִיסוּת מִזְבְּחֶךָ. עֲשֵׂה לְמַעַן הֲרוּגִים עַל שֵׁם קָדְשֶׁךָ. עֲשֵׂה לְמַעַן טְבוּחִים עַל יִחוּדָךְ. עֲשֵׂה לְמַעַן בָּאֵי בָאֵשׁ וּבַמַּיִם עַל קִדּוּשׁ שְׁמֶךָ. עֲשֵׂה לְמַעַן יוֹנְקֵי שָׁדַיִם שֶׁלֹּא חָטְאוּ. עֲשֵׂה לְמַעַן גְּמוּלֵי חָלָב שֶׁלֹּא פָשְׁעוּ. עֲשֵׂה לְמַעַן תִּינוֹקוֹת שֶׁל בֵּית רַבָּן. עֲשֵׂה לְמַעַנְךָ אִם לֹא לְמַעֲנֵנוּ. עֲשֵׂה לְמַעַנְךָ וְהוֹשִׁיעֵנוּ.

עֲנֵנוּ יהוה עֲנֵנוּ. עֲנֵנוּ אֱלֹהֵינוּ עֲנֵנוּ. עֲנֵנוּ אָבִינוּ עֲנֵנוּ. עֲנֵנוּ בּוֹרְאֵנוּ עֲנֵנוּ. עֲנֵנוּ גּוֹאֲלֵנוּ עֲנֵנוּ. עֲנֵנוּ דּוֹרְשֵׁנוּ עֲנֵנוּ. עֲנֵנוּ הָאֵל הַנֶּאֱמָן עֲנֵנוּ. עֲנֵנוּ וָתִיק וְחָסִיד עֲנֵנוּ. עֲנֵנוּ זַךְ וְיָשָׁר עֲנֵנוּ. עֲנֵנוּ חַי וְקַיָּם עֲנֵנוּ. עֲנֵנוּ טוֹב וּמֵטִיב עֲנֵנוּ. עֲנֵנוּ יוֹדֵעַ יֵצֶר עֲנֵנוּ. עֲנֵנוּ כּוֹבֵשׁ כְּעָסִים עֲנֵנוּ. עֲנֵנוּ לוֹבֵשׁ צְדָקוֹת עֲנֵנוּ. עֲנֵנוּ מֶלֶךְ מַלְכֵי הַמְּלָכִים עֲנֵנוּ. עֲנֵנוּ נוֹרָא וְנִשְׂגָּב עֲנֵנוּ. עֲנֵנוּ סוֹלֵחַ וּמוֹחֵל עֲנֵנוּ. עֲנֵנוּ עוֹנֶה בְּעֵת צָרָה עֲנֵנוּ. עֲנֵנוּ פּוֹדֶה וּמַצִּיל עֲנֵנוּ. עֲנֵנוּ צַדִּיק וְיָשָׁר עֲנֵנוּ. עֲנֵנוּ קָרוֹב לְקוֹרְאָיו עֲנֵנוּ. עֲנֵנוּ רַחוּם וְחַנּוּן עֲנֵנוּ. עֲנֵנוּ שׁוֹמֵעַ אֶל אֶבְיוֹנִים עֲנֵנוּ. עֲנֵנוּ תּוֹמֵךְ תְּמִימִים עֲנֵנוּ. עֲנֵנוּ אֱלֹהֵי אֲבוֹתֵינוּ עֲנֵנוּ. עֲנֵנוּ אֱלֹהֵי אַבְרָהָם עֲנֵנוּ. עֲנֵנוּ פַּחַד יִצְחָק עֲנֵנוּ. עֲנֵנוּ אֲבִיר יַעֲקֹב עֲנֵנוּ. עֲנֵנוּ עֶזְרַת הַשְּׁבָטִים עֲנֵנוּ. עֲנֵנוּ מִשְׂגַּב אִמָּהוֹת עֲנֵנוּ. עֲנֵנוּ קָשֶׁה לִכְעֹס עֲנֵנוּ. עֲנֵנוּ רַךְ לִרְצוֹת עֲנֵנוּ. עֲנֵנוּ עוֹנֶה בְּעֵת רָצוֹן עֲנֵנוּ. עֲנֵנוּ אֲבִי יְתוֹמִים עֲנֵנוּ. עֲנֵנוּ דַּיַּן אַלְמָנוֹת עֲנֵנוּ.

מִי שֶׁעָנָה The One who answered Abraham our father on Mount Moriah – answer us.

The One who answered Isaac his son, when he was bound upon the altar – answer us.

The One who answered Jacob in Beth-El – answer us.

The One who answered Joseph in prison – answer us.

The One who answered our fathers at the Reed Sea – answer us.

The One who answered Moses at Horeb – answer us.

The One who answered Aaron over his firepan – answer us.

The One who answered Pinehas when he stood up from among the congregation – answer us.

The One who answered Joshua at Gilgal – answer us.

The One who answered Samuel at Mitzpah – answer us.

The One who answered David and Solomon his son in Jerusalem – answer us.

The One who answered Elijah on Mount Carmel – answer us.

The One who answered Elisha at Jericho – answer us.

The One who answered Jonah in the belly of the fish – answer us.

The One who answered Hezekiah the king of Judah in his illness – answer us.

The One who answered Hananiah, Mishael and Azariah in the furnace of fire – answer us.

The One who answered Daniel in the lions' den – answer us.

The One who answered Mordekhai and Esther in Shushan the capital city – answer us.

The One who answered Ezra in his exile – answer us.

The One who answered so many righteous, devoted, innocent and upright people – answer us.

רַחֲמָנָא Loving God, who answers the oppressed: answer us.

Loving God, who answers the broken hearted: answer us.

Loving God, who answers those of humbled spirit: answer us.

Loving God, answer us.

Loving God, spare; Loving God, release; Loving God, save us.

Loving God, have compassion for us now, swiftly, at a time soon coming.

Continue with "Avinu Malkenu" on page 138.

מִי שֶׁעָנָה לְאַבְרָהָם אָבִינוּ בְּהַר הַמּוֹרִיָּה, הוּא יַעֲנֵנוּ.
מִי שֶׁעָנָה לְיִצְחָק בְּנוֹ כְּשֶׁנֶּעֱקַד עַל גַּבֵּי הַמִּזְבֵּחַ, הוּא יַעֲנֵנוּ.
מִי שֶׁעָנָה לְיַעֲקֹב בְּבֵית אֵל, הוּא יַעֲנֵנוּ.
מִי שֶׁעָנָה לְיוֹסֵף בְּבֵית הָאֲסוּרִים, הוּא יַעֲנֵנוּ.
מִי שֶׁעָנָה לַאֲבוֹתֵינוּ עַל יַם סוּף, הוּא יַעֲנֵנוּ.
מִי שֶׁעָנָה לְמֹשֶׁה בְּחוֹרֵב, הוּא יַעֲנֵנוּ.
מִי שֶׁעָנָה לְאַהֲרֹן בַּמַּחְתָּה, הוּא יַעֲנֵנוּ.
מִי שֶׁעָנָה לְפִינְחָס בְּקוּמוֹ מִתּוֹךְ הָעֵדָה, הוּא יַעֲנֵנוּ.
מִי שֶׁעָנָה לִיהוֹשֻׁעַ בַּגִּלְגָּל, הוּא יַעֲנֵנוּ.
מִי שֶׁעָנָה לִשְׁמוּאֵל בַּמִּצְפָּה, הוּא יַעֲנֵנוּ.
מִי שֶׁעָנָה לְדָוִד וּשְׁלֹמֹה בְנוֹ בִּירוּשָׁלָיִם, הוּא יַעֲנֵנוּ.
מִי שֶׁעָנָה לְאֵלִיָּהוּ בְּהַר הַכַּרְמֶל, הוּא יַעֲנֵנוּ.
מִי שֶׁעָנָה לֶאֱלִישָׁע בִּירִיחוֹ, הוּא יַעֲנֵנוּ.
מִי שֶׁעָנָה לְיוֹנָה בִּמְעֵי הַדָּגָה, הוּא יַעֲנֵנוּ.
מִי שֶׁעָנָה לְחִזְקִיָּהוּ מֶלֶךְ יְהוּדָה בְּחָלְיוֹ, הוּא יַעֲנֵנוּ.
מִי שֶׁעָנָה לַחֲנַנְיָה מִישָׁאֵל וַעֲזַרְיָה בְּתוֹךְ כִּבְשַׁן הָאֵשׁ, הוּא יַעֲנֵנוּ.
מִי שֶׁעָנָה לְדָנִיֵּאל בְּגוֹב הָאֲרָיוֹת, הוּא יַעֲנֵנוּ.
מִי שֶׁעָנָה לְמָרְדְּכַי וְאֶסְתֵּר בְּשׁוּשַׁן הַבִּירָה, הוּא יַעֲנֵנוּ.
מִי שֶׁעָנָה לְעֶזְרָא בַּגּוֹלָה, הוּא יַעֲנֵנוּ.
מִי שֶׁעָנָה לְכָל הַצַּדִּיקִים וְהַחֲסִידִים וְהַתְּמִימִים וְהַיְשָׁרִים, הוּא יַעֲנֵנוּ.

רַחֲמָנָא דְּעָנֵי לַעֲנִיֵּי עֲנֵינָן.
רַחֲמָנָא דְּעָנֵי לִתְבִירֵי לִבָּא עֲנֵינָן.
רַחֲמָנָא דְּעָנֵי לְמַכִּיכֵי רוּחָא עֲנֵינָן.
רַחֲמָנָא עֲנֵינָן.
רַחֲמָנָא חוּס, רַחֲמָנָא פְּרֹק, רַחֲמָנָא שֵׁיזִב.
רַחֲמָנָא רַחֵם עֲלָן, הַשְׁתָּא בַּעֲגָלָא וּבִזְמַן קָרִיב.

Continue with אבינו מלכנו *on page 139.*

ברכות
GIVING THANKS

THE MEAL AND ITS BLESSINGS

On washing hands before eating bread (see laws 148–152):

Blessed are You, Lord our God, King of the Universe,
who has made us holy through His commandments,
and has commanded us about washing hands.

Before eating bread:

Blessed are You, Lord our God, King of the Universe,
who brings forth bread from the earth.

BIRKAT HAMAZON / GRACE AFTER MEALS

On days when Taḥanun is said:

עַל־נַהֲרוֹת By the rivers of Babylon we sat and wept as we remembered Zion. There on the willow trees we hung up our harps, for there our captors asked us for songs, our tormentors, for amusement, said: "Sing us one of the songs of Zion!" How can we sing the Lord's song on foreign soil? If I forget you, Jerusalem, may my right hand forget its skill. May my tongue cling to the roof of my mouth if I do not remember you, if I do not set Jerusalem above my highest joy. Remember, Lord, what the Edomites did on the day Jerusalem fell. They said, "Tear it down, tear it down to its very foundations!" Daughter of Babylon, doomed to destruction, happy is he who repays you for what you have done to us, who seizes your infants and dashes them against the rocks. *Ps. 137*

On days when Taḥanun is omitted (see full list on page 144):

שִׁיר הַמַּעֲלוֹת A song of ascents. When the Lord brought back the exiles of Zion we were like people who dream. Then were our mouths filled with laughter, and our tongues with songs of joy. Then was it said among the nations, "The Lord has done great things for them." The Lord did do great things for us and we rejoiced. Bring back our exiles, Lord, like streams in a dry land. May those who sowed in tears, reap in joy. May one who goes out weeping, carrying a bag of seed, come back with songs of joy, carrying his sheaves. *Ps. 126*

The original form of Grace consisted of three blessings, which move sequentially from the universal to the particular. In the first, we thank God for sustaining the world and all that lives. The second is national: we thank God for the land of Israel as well as for the other blessings of Jewish life: the covenant and its sign, circumcision, and the Torah. The third turns to Jerusalem. The fourth paragraph is a later addition: according to the Talmud (*Berakhot* 48b), it was added after the Bar Kokhba rebellion, c. 135 CE. Over the course of time, it has expanded considerably.

סדר סעודה וברכותיה

On washing hands before eating bread (see laws 148–152):

בָּרוּךְ אַתָּה יהוה אֱלֹהֵינוּ מֶלֶךְ הָעוֹלָם
אֲשֶׁר קִדְּשָׁנוּ בְּמִצְוֺתָיו וְצִוָּנוּ עַל נְטִילַת יָדָיִם.

Before eating bread:

בָּרוּךְ אַתָּה יהוה אֱלֹהֵינוּ מֶלֶךְ הָעוֹלָם, הַמּוֹצִיא לֶחֶם מִן הָאָרֶץ.

ברכת המזון

On days when תחנון is said:

תהלים קלז
עַל־נַהֲרוֹת בָּבֶל, שָׁם יָשַׁבְנוּ גַּם־בָּכִינוּ, בְּזָכְרֵנוּ אֶת־צִיּוֹן: עַל־עֲרָבִים בְּתוֹכָהּ תָּלִינוּ כִּנֹּרוֹתֵינוּ: כִּי שָׁם שְׁאֵלוּנוּ שׁוֹבֵינוּ דִּבְרֵי־שִׁיר וְתוֹלָלֵינוּ שִׂמְחָה, שִׁירוּ לָנוּ מִשִּׁיר צִיּוֹן: אֵיךְ נָשִׁיר אֶת־שִׁיר־יהוה עַל אַדְמַת נֵכָר: אִם־אֶשְׁכָּחֵךְ יְרוּשָׁלָםִ, תִּשְׁכַּח יְמִינִי: תִּדְבַּק לְשׁוֹנִי לְחִכִּי אִם־לֹא אֶזְכְּרֵכִי, אִם־לֹא אַעֲלֶה אֶת־יְרוּשָׁלַםִ עַל רֹאשׁ שִׂמְחָתִי: זְכֹר יהוה לִבְנֵי אֱדוֹם אֵת יוֹם יְרוּשָׁלָםִ, הָאֹמְרִים עָרוּ עָרוּ עַד הַיְסוֹד בָּהּ: בַּת־בָּבֶל הַשְּׁדוּדָה, אַשְׁרֵי שֶׁיְשַׁלֶּם־לָךְ אֶת־גְּמוּלֵךְ שֶׁגָּמַלְתְּ לָנוּ: אַשְׁרֵי שֶׁיֹּאחֵז, וְנִפֵּץ אֶת־עֹלָלַיִךְ אֶל־הַסָּלַע:

On days when תחנון is omitted (see full list on page 145):

תהלים קכו
שִׁיר הַמַּעֲלוֹת, בְּשׁוּב יהוה אֶת־שִׁיבַת צִיּוֹן, הָיִינוּ כְּחֹלְמִים: אָז יִמָּלֵא שְׂחוֹק פִּינוּ וּלְשׁוֹנֵנוּ רִנָּה, אָז יֹאמְרוּ בַגּוֹיִם הִגְדִּיל יהוה לַעֲשׂוֹת עִם־אֵלֶּה: הִגְדִּיל יהוה לַעֲשׂוֹת עִמָּנוּ, הָיִינוּ שְׂמֵחִים: שׁוּבָה יהוה אֶת־שְׁבִיתֵנוּ, כַּאֲפִיקִים בַּנֶּגֶב: הַזֹּרְעִים בְּדִמְעָה בְּרִנָּה יִקְצֹרוּ: הָלוֹךְ יֵלֵךְ וּבָכֹה נֹשֵׂא מֶשֶׁךְ־הַזָּרַע, בֹּא־יָבֹא בְרִנָּה נֹשֵׂא אֲלֻמֹּתָיו:

BIRKAT HAMAZON / GRACE AFTER MEALS

Grace after Meals is specifically mandated by the Torah itself: "You shall eat and be satisfied and bless the Lord your God" (Deut. 8:10). Thanksgiving, Moses taught the Israelites, is central to Jewish life, "lest your heart grow haughty and you forget the Lord your God… and you say to yourselves, 'My own power and the might of my own hand have won this wealth for me'" (ibid, vv. 14–17). Bereft of a sense of gratitude and of a power higher than humans, nations, like individuals, eventually decay.

Some say:

תְּהִלַּת My mouth shall speak the praise of God, and all creatures shall bless Ps. 145
His holy name for ever and all time. We will bless God now and for ever. Ps. 115
Halleluya! Thank the LORD for He is good; His loving-kindness is for ever. Ps. 136
Who can tell of the LORD's mighty acts and make all His praise be heard? Ps. 106

ZIMMUN / INVITATION

For the zimmun said at a wedding or during the week of Sheva Berakhot, *see page 584.* *At a Brit,* *see page 562.* *In the house of a mourner when there are three or more men,* *see page 610.*

When three or more men say Birkat HaMazon together, the following zimmun is said.
When three or more women say Birkat HaMazon, substitute "Friends" for "Gentlemen."
The leader should ask permission from those with precedence to lead the Birkat HaMazon.

Leader Gentlemen, let us say grace.

Others May the name of the LORD be blessed from now and for ever. Ps. 113

Leader May the name of the LORD be blessed from now and for ever.
With your permission, (my father and teacher / my mother and teacher / the Kohanim present / our teacher the Rabbi / the master of this house / the mistress of this house)
my masters and teachers,
let us bless (*in a minyan:* our God,) the One
from whose food we have eaten.

Others Blessed be (*in a minyan:* our God,) the One
from whose food we have eaten, and by whose goodness we live.

**People present who have not taken part in the meal say:*
*Blessed be (*in a minyan:* our God,) the One
whose name is continually blessed for ever and all time.

Leader Blessed be (*in a minyan:* our God,) the One
from whose food we have eaten, and by whose goodness we live.
Blessed be He, and blessed be His name.

---

to join in the act of praise is similar to the recitation of *Barekhu*, "Bless the LORD," with which morning and evening services begin. It emphasizes the essentially communal nature of prayer in Judaism. In addition to the regular *zimmun* here, there are special forms of *zimmun* for (1) a wedding meal, (2) a meal after a circumcision, and (3) a meal in a house of mourning.

Some say:

תהלים קמה תהלים קטו תְּהִלַּת יהוה יְדַבֶּר פִּי, וִיבָרֵךְ כָּל־בָּשָׂר שֵׁם קָדְשׁוֹ לְעוֹלָם וָעֶד: וַאֲנַחְנוּ
תהלים קלו נְבָרֵךְ יָהּ מֵעַתָּה וְעַד־עוֹלָם, הַלְלוּיָהּ: הוֹדוּ לַיהוה כִּי־טוֹב, כִּי לְעוֹלָם
תהלים קו חַסְדּוֹ: מִי יְמַלֵּל גְּבוּרוֹת יהוה, יַשְׁמִיעַ כָּל־תְּהִלָּתוֹ:

סדר הזימון

For the זימון *said at a wedding or during the week of* שבע ברכות*, see page 585.*
At a ברית*, see page 563. In a* בית אבל *when there are three or more men, see page 611.*

When three or more men say ברכת המזון *together, the following* זימון *is said.*
When three or more women say ברכת המזון*, substitute* חֲבֵרוֹתַי *for* רַבּוֹתַי*.*
The leader should ask permission from those with precedence to lead the ברכת המזון*.*

Leader רַבּוֹתַי, נְבָרֵךְ.

תהלים קיג *Others* יְהִי שֵׁם יהוה מְבֹרָךְ מֵעַתָּה וְעַד־עוֹלָם:

Leader יְהִי שֵׁם יהוה מְבֹרָךְ מֵעַתָּה וְעַד־עוֹלָם:
בִּרְשׁוּת (אָבִי מוֹרִי / אִמִּי מוֹרָתִי / כֹּהֲנִים / מוֹרֵנוּ הָרַב /
בַּעַל הַבַּיִת הַזֶּה / בַּעֲלַת הַבַּיִת הַזֶּה)
מָרָנָן וְרַבָּנָן וְרַבּוֹתַי
נְבָרֵךְ (במנין: אֱלֹהֵינוּ) שֶׁאָכַלְנוּ מִשֶּׁלּוֹ.

Others בָּרוּךְ (במנין: אֱלֹהֵינוּ) שֶׁאָכַלְנוּ מִשֶּׁלּוֹ וּבְטוּבוֹ חָיִינוּ.

**People present who have not taken part in the meal say:*
*בָּרוּךְ (במנין: אֱלֹהֵינוּ) וּמְבֹרָךְ שְׁמוֹ תָּמִיד לְעוֹלָם וָעֶד.

Leader בָּרוּךְ (במנין: אֱלֹהֵינוּ) שֶׁאָכַלְנוּ מִשֶּׁלּוֹ וּבְטוּבוֹ חָיִינוּ.
בָּרוּךְ הוּא וּבָרוּךְ שְׁמוֹ.

ZIMMUN

A meal at which there are three adult males requires a formal invitation, *zimmun*, to say Grace. The Talmud derives this from the verse, "Magnify the LORD with me; let us exalt His name together" (Psalm 34:4). A slightly longer version is used when at least ten are present. The act of inviting those present

BLESSING OF NOURISHMENT

בָּרוּךְ Blessed are You, Lord our God, King of the Universe,
who in His goodness feeds the whole world
with grace, kindness and compassion.
He gives food to all living things,
for His kindness is for ever.
Because of His continual great goodness,
we have never lacked food,
nor may we ever lack it, for the sake of His great name.
For He is God who feeds and sustains all,
does good to all,
and prepares food for all creatures He has created.
Blessed are You, Lord, who feeds all.

BLESSING OF LAND

נוֹדֶה We thank You, Lord our God,
for having granted as a heritage to our ancestors
a desirable, good and spacious land;
for bringing us out, Lord our God, from the land of Egypt,
freeing us from the house of slavery;
for Your covenant which You sealed in our flesh;
for Your Torah which You taught us;
for Your laws which You made known to us;
for the life, grace and kindness You have bestowed on us;
and for the food by which You continually feed and sustain us,
every day, every season, every hour.

נוֹדֶה *We thank:* After thanking God for the land, the paragraph goes on to add thanks for God's other kindnesses to Israel: the exodus from Egypt, the covenant and its sign, circumcision, the giving of the Torah and the commandments. On Ḥanukka and Purim, *Al HaNissim* ("[We thank You also] for the miracles") is said here, as it is in the Amida in the parallel paragraph of "Thanks" (*Modim*).

ברכת הזן

בָּרוּךְ אַתָּה יהוה אֱלֹהֵינוּ מֶלֶךְ הָעוֹלָם
הַזָּן אֶת הָעוֹלָם כֻּלּוֹ בְּטוּבוֹ
בְּחֵן בְּחֶסֶד וּבְרַחֲמִים
הוּא נוֹתֵן לֶחֶם לְכָל בָּשָׂר
כִּי לְעוֹלָם חַסְדּוֹ.
וּבְטוּבוֹ הַגָּדוֹל, תָּמִיד לֹא חָסַר לָנוּ
וְאַל יֶחְסַר לָנוּ מָזוֹן לְעוֹלָם וָעֶד
בַּעֲבוּר שְׁמוֹ הַגָּדוֹל
כִּי הוּא אֵל זָן וּמְפַרְנֵס לַכֹּל
וּמֵטִיב לַכֹּל
וּמֵכִין מָזוֹן לְכָל בְּרִיּוֹתָיו אֲשֶׁר בָּרָא.
בָּרוּךְ אַתָּה יהוה, הַזָּן אֶת הַכֹּל.

ברכת הארץ

נוֹדֶה לְּךָ, יהוה אֱלֹהֵינוּ
עַל שֶׁהִנְחַלְתָּ לַאֲבוֹתֵינוּ אֶרֶץ חֶמְדָּה טוֹבָה וּרְחָבָה
וְעַל שֶׁהוֹצֵאתָנוּ יהוה אֱלֹהֵינוּ מֵאֶרֶץ מִצְרַיִם
וּפְדִיתָנוּ מִבֵּית עֲבָדִים
וְעַל בְּרִיתְךָ שֶׁחָתַמְתָּ בִּבְשָׂרֵנוּ
וְעַל תּוֹרָתְךָ שֶׁלִּמַּדְתָּנוּ
וְעַל חֻקֶּיךָ שֶׁהוֹדַעְתָּנוּ
וְעַל חַיִּים חֵן וָחֶסֶד שֶׁחוֹנַנְתָּנוּ
וְעַל אֲכִילַת מָזוֹן שָׁאַתָּה זָן וּמְפַרְנֵס אוֹתָנוּ תָּמִיד
בְּכָל יוֹם וּבְכָל עֵת וּבְכָל שָׁעָה.

On Ḥanukka:

עַל הַנִּסִּים [We thank You also] for the miracles, the redemption, the mighty deeds, the salvations, and the victories in battle which You performed for our ancestors in those days, at this time.

בִּימֵי מַתִּתְיָהוּ In the days of Mattityahu, son of Yoḥanan, the High Priest, the Hasmonean, and his sons, the wicked Greek kingdom rose up against Your people Israel to make them forget Your Torah and to force them to transgress the statutes of Your will. It was then that You in Your great compassion stood by them in the time of their distress. You championed their cause, judged their claim, and avenged their wrong. You delivered the strong into the hands of the weak, the many into the hands of the few, the impure into the hands of the pure, the wicked into the hands of the righteous, and the arrogant into the hands of those who were engaged in the study of Your Torah. You made for Yourself great and holy renown in Your world, and for Your people Israel You performed a great salvation and redemption as of this very day. Your children then entered the holiest part of Your House, cleansed Your Temple, purified Your Sanctuary, kindled lights in Your holy courts, and designated these eight days of Ḥanukka for giving thanks and praise to Your great name.

Continue with "For all this."

On Purim:

עַל הַנִּסִּים [We thank You also] for the miracles, the redemption, the mighty deeds, the salvations, and the victories in battle which You performed for our ancestors in those days, at this time.

בִּימֵי מָרְדְּכַי In the days of Mordekhai and Esther, in Shushan the capital, the wicked Haman rose up against them and sought to destroy, slay and *Esther 3* exterminate all the Jews, young and old, children and women, on one day, the thirteenth day of the twelfth month, which is the month of Adar, and to plunder their possessions. Then You in Your great compassion thwarted his counsel, frustrated his plans, and caused his scheme to recoil on his own head, so that they hanged him and his sons on the gallows.

Continue with "For all this."

וְעַל הַכֹּל For all this, Lord our God, we thank and bless You.
May Your name be blessed continually
by the mouth of all that lives, for ever and all time –
for so it is written: "You will eat and be satisfied, then you shall *Deut. 8*
bless the Lord your God for the good land He has given you."
Blessed are You, Lord, for the land and for the food.

בחנוכה:

עַל הַנִּסִּים וְעַל הַפֻּרְקָן וְעַל הַגְּבוּרוֹת וְעַל הַתְּשׁוּעוֹת וְעַל הַמִּלְחָמוֹת שֶׁעָשִׂיתָ לַאֲבוֹתֵינוּ בַּיָּמִים הָהֵם בַּזְּמַן הַזֶּה.

בִּימֵי מַתִּתְיָהוּ בֶּן יוֹחָנָן כֹּהֵן גָּדוֹל חַשְׁמוֹנַאי וּבָנָיו, כְּשֶׁעָמְדָה מַלְכוּת יָוָן הָרְשָׁעָה עַל עַמְּךָ יִשְׂרָאֵל לְהַשְׁכִּיחָם תּוֹרָתֶךָ וּלְהַעֲבִירָם מֵחֻקֵּי רְצוֹנֶךָ, וְאַתָּה בְּרַחֲמֶיךָ הָרַבִּים עָמַדְתָּ לָהֶם בְּעֵת צָרָתָם, רַבְתָּ אֶת רִיבָם, דַּנְתָּ אֶת דִּינָם, נָקַמְתָּ אֶת נִקְמָתָם, מָסַרְתָּ גִבּוֹרִים בְּיַד חַלָּשִׁים, וְרַבִּים בְּיַד מְעַטִּים, וּטְמֵאִים בְּיַד טְהוֹרִים, וּרְשָׁעִים בְּיַד צַדִּיקִים, וְזֵדִים בְּיַד עוֹסְקֵי תוֹרָתֶךָ, וּלְךָ עָשִׂיתָ שֵׁם גָּדוֹל וְקָדוֹשׁ בְּעוֹלָמֶךָ, וּלְעַמְּךָ יִשְׂרָאֵל עָשִׂיתָ תְּשׁוּעָה גְדוֹלָה וּפֻרְקָן כְּהַיּוֹם הַזֶּה. וְאַחַר כֵּן בָּאוּ בָנֶיךָ לִדְבִיר בֵּיתֶךָ, וּפִנּוּ אֶת הֵיכָלֶךָ, וְטִהֲרוּ אֶת מִקְדָּשֶׁךָ, וְהִדְלִיקוּ נֵרוֹת בְּחַצְרוֹת קָדְשֶׁךָ, וְקָבְעוּ שְׁמוֹנַת יְמֵי חֲנֻכָּה אֵלּוּ, לְהוֹדוֹת וּלְהַלֵּל לְשִׁמְךָ הַגָּדוֹל.

Continue with וְעַל הַכֹּל.

בפורים:

עַל הַנִּסִּים וְעַל הַפֻּרְקָן וְעַל הַגְּבוּרוֹת וְעַל הַתְּשׁוּעוֹת וְעַל הַמִּלְחָמוֹת שֶׁעָשִׂיתָ לַאֲבוֹתֵינוּ בַּיָּמִים הָהֵם בַּזְּמַן הַזֶּה.

בִּימֵי מָרְדְּכַי וְאֶסְתֵּר בְּשׁוּשַׁן הַבִּירָה, כְּשֶׁעָמַד עֲלֵיהֶם הָמָן הָרָשָׁע, בִּקֵּשׁ
לְהַשְׁמִיד לַהֲרֹג וּלְאַבֵּד אֶת־כָּל־הַיְּהוּדִים מִנַּעַר וְעַד־זָקֵן טַף וְנָשִׁים בְּיוֹם אסתר ג
אֶחָד, בִּשְׁלוֹשָׁה עָשָׂר לְחֹדֶשׁ שְׁנֵים־עָשָׂר, הוּא־חֹדֶשׁ אֲדָר, וּשְׁלָלָם
לָבוֹז: וְאַתָּה בְּרַחֲמֶיךָ הָרַבִּים הֵפַרְתָּ אֶת עֲצָתוֹ, וְקִלְקַלְתָּ אֶת מַחֲשַׁבְתּוֹ, וַהֲשֵׁבוֹתָ לּוֹ גְּמוּלוֹ בְּרֹאשׁוֹ, וְתָלוּ אוֹתוֹ וְאֶת בָּנָיו עַל הָעֵץ.

Continue with וְעַל הַכֹּל.

וְעַל הַכֹּל, יהוה אֱלֹהֵינוּ
אֲנַחְנוּ מוֹדִים לָךְ וּמְבָרְכִים אוֹתָךְ
יִתְבָּרַךְ שִׁמְךָ בְּפִי כָּל חַי תָּמִיד לְעוֹלָם וָעֶד
כַּכָּתוּב: וְאָכַלְתָּ וְשָׂבָעְתָּ, וּבֵרַכְתָּ אֶת־יהוה אֱלֹהֶיךָ דברים ח
עַל־הָאָרֶץ הַטֹּבָה אֲשֶׁר נָתַן־לָךְ:
בָּרוּךְ אַתָּה יהוה, עַל הָאָרֶץ וְעַל הַמָּזוֹן.

BLESSING FOR JERUSALEM

רַחֶם נָא Have compassion, please, LORD our God,
on Israel Your people,
on Jerusalem Your city,
on Zion the dwelling place of Your glory,
on the royal house of David Your anointed,
and on the great and holy House that bears Your name.
Our God, our Father,
tend us, feed us,
sustain us and support us,
relieve us and send us relief,
LORD our God,
swiftly from all our troubles.
Please, LORD our God, do not make us dependent
on the gifts or loans of other people,
but only on Your full, open, holy and generous hand
so that we may suffer neither shame nor humiliation
for ever and all time.

On Rosh Ḥodesh, say:

אֱלֹהֵינוּ Our God and God of our ancestors,
may there rise, come, reach, appear, be favored, heard, regarded
and remembered before You, our recollection and remembrance,
as well as the remembrance of our ancestors,
and of the Messiah son of David Your servant,
and of Jerusalem Your holy city,
and of all Your people the house of Israel –
for deliverance and well-being, grace,
loving-kindness and compassion, life and peace,
on this day of Rosh Ḥodesh.
On it remember us, LORD our God, for good;
recollect us for blessing, and deliver us for life.
In accord with Your promise of salvation and compassion,
spare us and be gracious to us;
have compassion on us and deliver us,
for our eyes are turned to You because You are God,
gracious and compassionate.

ברכת ירושלים

רַחֶם נָא, יהוה אֱלֹהֵינוּ
עַל יִשְׂרָאֵל עַמֶּךָ
וְעַל יְרוּשָׁלַיִם עִירֶךָ
וְעַל צִיּוֹן מִשְׁכַּן כְּבוֹדֶךָ
וְעַל מַלְכוּת בֵּית דָּוִד מְשִׁיחֶךָ
וְעַל הַבַּיִת הַגָּדוֹל וְהַקָּדוֹשׁ שֶׁנִּקְרָא שִׁמְךָ עָלָיו.
אֱלֹהֵינוּ, אָבִינוּ, רְעֵנוּ, זוּנֵנוּ, פַּרְנְסֵנוּ וְכַלְכְּלֵנוּ
וְהַרְוִיחֵנוּ, וְהַרְוַח לָנוּ יהוה אֱלֹהֵינוּ מְהֵרָה מִכָּל צָרוֹתֵינוּ.
וְנָא אַל תַּצְרִיכֵנוּ, יהוה אֱלֹהֵינוּ
לֹא לִידֵי מַתְּנַת בָּשָׂר וָדָם
וְלֹא לִידֵי הַלְוָאָתָם
כִּי אִם לְיָדְךָ הַמְּלֵאָה, הַפְּתוּחָה, הַקְּדוֹשָׁה וְהָרְחָבָה
שֶׁלֹּא נֵבוֹשׁ וְלֹא נִכָּלֵם לְעוֹלָם וָעֶד.

On ראש חודש*, say:*

אֱלֹהֵינוּ וֵאלֹהֵי אֲבוֹתֵינוּ
יַעֲלֶה וְיָבוֹא וְיַגִּיעַ, וְיֵרָאֶה וְיֵרָצֶה וְיִשָּׁמַע
וְיִפָּקֵד וְיִזָּכֵר זִכְרוֹנֵנוּ וּפִקְדוֹנֵנוּ, וְזִכְרוֹן אֲבוֹתֵינוּ
וְזִכְרוֹן מָשִׁיחַ בֶּן דָּוִד עַבְדֶּךָ
וְזִכְרוֹן יְרוּשָׁלַיִם עִיר קָדְשֶׁךָ
וְזִכְרוֹן כָּל עַמְּךָ בֵּית יִשְׂרָאֵל
לְפָנֶיךָ, לִפְלֵיטָה לְטוֹבָה, לְחֵן וּלְחֶסֶד וּלְרַחֲמִים
לְחַיִּים וּלְשָׁלוֹם בְּיוֹם רֹאשׁ הַחֹדֶשׁ הַזֶּה.
זָכְרֵנוּ יהוה אֱלֹהֵינוּ בּוֹ לְטוֹבָה
וּפָקְדֵנוּ בוֹ לִבְרָכָה, וְהוֹשִׁיעֵנוּ בוֹ לְחַיִּים.
וּבִדְבַר יְשׁוּעָה וְרַחֲמִים, חוּס וְחָנֵּנוּ וְרַחֵם עָלֵינוּ, וְהוֹשִׁיעֵנוּ
כִּי אֵלֶיךָ עֵינֵינוּ, כִּי אֵל חַנּוּן וְרַחוּם אָתָּה.

In the house of a mourner, "Comfort" on page 610 is substituted for the next two paragraphs.

וּבְנֵה And may Jerusalem the holy city
be rebuilt soon, in our time.
Blessed are You, LORD, who in His compassion
will rebuild Jerusalem. Amen.

BLESSING OF GOD'S GOODNESS

בָּרוּךְ Blessed are You, LORD our God, King of the Universe –
God our Father, our King, our Sovereign,
our Creator, our Redeemer, our Maker,
our Holy One, the Holy One of Jacob.
He is our Shepherd, Israel's Shepherd,
the good King who does good to all.
Every day He has done, is doing, and will do good to us.
He has acted, is acting, and will always act
kindly toward us for ever,
granting us grace, kindness and compassion, relief and rescue,
prosperity, blessing, redemption and comfort,
sustenance and support, compassion,
life, peace and all good things,
and of all good things may He never let us lack.

---

the Romans gave permission to the Jews to bury their dead. The failure of the Bar Kokhba rebellion was one of the low points of Jewish history. According to the Roman historian Dio, 580,000 Jews died in the fighting and many others by starvation. Nine hundred and eighty-five towns, villages and settlements were destroyed. Jerusalem was leveled to the ground and rebuilt as a Roman city, Aelia Capitolina. The fact that the sages were able to salvage a fragment of consolation from the fact that the dead were not denied the dignity of burial is testimony to an extraordinary ability to survive catastrophe and preserve the lineaments of hope. The passage is built around threefold references to God's kingship, goodness and bestowal of kindness.

In the house of a mourner, נַחֵם *on page 611 is substituted for the next two paragraphs.*

וּבְנֵה יְרוּשָׁלַיִם עִיר הַקֹּדֶשׁ בִּמְהֵרָה בְיָמֵינוּ.
בָּרוּךְ אַתָּה יהוה, בּוֹנֵה בְרַחֲמָיו יְרוּשָׁלָיִם, אָמֵן.

ברכת הטוב והמטיב

בָּרוּךְ אַתָּה יהוה אֱלֹהֵינוּ מֶלֶךְ הָעוֹלָם
הָאֵל אָבִינוּ, מַלְכֵּנוּ, אַדִּירֵנוּ
בּוֹרְאֵנוּ, גּוֹאֲלֵנוּ, יוֹצְרֵנוּ, קְדוֹשֵׁנוּ, קְדוֹשׁ יַעֲקֹב
רוֹעֵנוּ, רוֹעֵה יִשְׂרָאֵל, הַמֶּלֶךְ הַטּוֹב וְהַמֵּיטִיב לַכֹּל
שֶׁבְּכָל יוֹם וָיוֹם
הוּא הֵיטִיב, הוּא מֵיטִיב, הוּא יֵיטִיב לָנוּ
הוּא גְמָלָנוּ, הוּא גוֹמְלֵנוּ, הוּא יִגְמְלֵנוּ לָעַד
לְחֵן וּלְחֶסֶד וּלְרַחֲמִים, וּלְרֶוַח, הַצָּלָה וְהַצְלָחָה
בְּרָכָה וִישׁוּעָה, נֶחָמָה, פַּרְנָסָה וְכַלְכָּלָה
וְרַחֲמִים וְחַיִּים וְשָׁלוֹם וְכָל טוֹב, וּמִכָּל טוּב לְעוֹלָם אַל יְחַסְּרֵנוּ.

וּבְנֵה יְרוּשָׁלַיִם *And may Jerusalem.* The third blessing speaks of Jerusalem, home of God's glory, as well as the Davidic monarchy and the Temple, for the restoration of which we pray. As is often the case in the siddur, Jerusalem is associated with the divine attribute of compassion, reflecting the words of Zechariah: "Therefore, this is what the Lord says: I will return to Jerusalem with compassion, and there My House will be rebuilt" (1:16). According to tradition, the Divine Presence never left Jerusalem, even when the city lay in ruins. בּוֹנֵה בְרַחֲמָיו יְרוּשָׁלָיִם, אָמֵן *Who in His compassion will rebuild Jerusalem. Amen:* the unusual appearance of the word *Amen* in this passage (normally we do not say it after our own blessings) signals that this was originally the end of Grace.

בָּרוּךְ *Blessed:* A later addition, dated by the Talmud (*Berakhot* 48b) to the period following the Bar Kokhba rebellion when, after a long delay,

ADDITIONAL REQUESTS

הָרַחֲמָן May the Compassionate One reign over us
for ever and all time.
May the Compassionate One be blessed
in heaven and on earth.
May the Compassionate One be praised
from generation to generation,
be glorified by us to all eternity,
and honored among us for ever and all time.
May the Compassionate One
grant us an honorable livelihood.
May the Compassionate One break the yoke from our neck
and lead us upright to our land.
May the Compassionate One send us many blessings to this house
and this table at which we have eaten.
May the Compassionate One send us Elijah the prophet –
may he be remembered for good –
to bring us good tidings of salvation and consolation.
May the Compassionate One bless the state of Israel,
first flowering of our redemption.
May the Compassionate One bless
the members of Israel's Defense Forces,
who stand guard over our land.

A guest says:

יְהִי רָצוֹן May it be Your will that the master of this house shall not suffer shame in this world, nor humiliation in the World to Come. May all he owns prosper greatly, and may his and our possessions be successful and close to hand. Let not the Accuser hold sway over his deeds or ours, and may no thought of sin, iniquity or transgression enter him or us from now and for evermore.

---

sages, is how Abraham and Sarah brought monotheism to the world. They would provide hospitality to strangers. When the meal was over, and the guests would begin to thank them, Abraham would reply, "Thank the One from whom all we have enjoyed has come."

בקשות נוספות

הָרַחֲמָן הוּא יִמְלֹךְ עָלֵינוּ לְעוֹלָם וָעֶד.

הָרַחֲמָן הוּא יִתְבָּרַךְ בַּשָּׁמַיִם וּבָאָרֶץ.

הָרַחֲמָן הוּא יִשְׁתַּבַּח לְדוֹר דּוֹרִים, וְיִתְפָּאַר בָּנוּ לָעַד וּלְנֵצַח נְצָחִים
וְיִתְהַדַּר בָּנוּ לָעַד וּלְעוֹלְמֵי עוֹלָמִים.

הָרַחֲמָן הוּא יְפַרְנְסֵנוּ בְּכָבוֹד.

הָרַחֲמָן הוּא יִשְׁבֹּר עֻלֵּנוּ מֵעַל צַוָּארֵנוּ
וְהוּא יוֹלִיכֵנוּ קוֹמְמִיּוּת לְאַרְצֵנוּ.

הָרַחֲמָן הוּא יִשְׁלַח לָנוּ בְּרָכָה מְרֻבָּה בַּבַּיִת הַזֶּה
וְעַל שֻׁלְחָן זֶה שֶׁאָכַלְנוּ עָלָיו.

הָרַחֲמָן הוּא יִשְׁלַח לָנוּ אֶת אֵלִיָּהוּ הַנָּבִיא זָכוּר לַטּוֹב
וִיבַשֶּׂר לָנוּ בְּשׂוֹרוֹת טוֹבוֹת יְשׁוּעוֹת וְנֶחָמוֹת.

הָרַחֲמָן הוּא יְבָרֵךְ אֶת מְדִינַת יִשְׂרָאֵל, רֵאשִׁית צְמִיחַת גְּאֻלָּתֵנוּ.

הָרַחֲמָן הוּא יְבָרֵךְ אֶת חַיָּלֵי צְבָא הַהֲגָנָה לְיִשְׂרָאֵל
הָעוֹמְדִים עַל מִשְׁמַר אַרְצֵנוּ.

A guest says:

יְהִי רָצוֹן שֶׁלֹּא יֵבוֹשׁ בַּעַל הַבַּיִת בָּעוֹלָם הַזֶּה, וְלֹא יִכָּלֵם לָעוֹלָם
הַבָּא, וְיִצְלַח מְאֹד בְּכָל נְכָסָיו, וְיִהְיוּ נְכָסָיו וּנְכָסֵינוּ מֻצְלָחִים
וּקְרוֹבִים לָעִיר, וְאַל יִשְׁלֹט שָׂטָן לֹא בְּמַעֲשֵׂה יָדָיו וְלֹא בְּמַעֲשֵׂה
יָדֵינוּ. וְאַל יִזְדַּקֵּר לֹא לְפָנָיו וְלֹא לְפָנֵינוּ שׁוּם דְּבַר הִרְהוּר חֵטְא,
עֲבֵירָה וְעָוֹן, מֵעַתָּה וְעַד עוֹלָם.

הָרַחֲמָן *May the Compassionate One:* A series of additional prayers, dating from the Geonic period. The oldest is the one in which a guest invokes blessings on the hosts and their family. This is immediately preceded by a prayer that Elijah may come and announce the coming of the Messiah. The juxtaposition is striking: we bring redemption by acts of hospitality. This, according to the

הָרַחֲמָן May the Compassionate One bless –

When eating at one's own table, say (include the words in parentheses that apply):
me, (my wife/husband, / my father, my teacher / my mother, my teacher/ my children,) and all that is mine,

A guest at someone else's table says (include the words in parentheses that apply):
the master of this house, him (and his wife, the mistress of this house / and his children,) and all that is his,

Children at their parents' table say (include the words in parentheses that apply):
my father, my teacher, (master of this house,) and my mother, my teacher, (mistress of this house,) them, their household, their children, and all that is theirs.

For all other guests, add:
and all the diners here,

אוֹתָנוּ – together with us and all that is ours.
Just as our forefathers
Abraham, Isaac and Jacob were blessed in all, from all, with all,
so may He bless all of us together with a complete blessing,
and let us say: Amen.

בַּמָּרוֹם On high, may grace be invoked for them and for us,
as a safeguard of peace.
May we receive a blessing from the Lord
and a just reward from the God of our salvation,
and may we find grace and good favor in the eyes of God and man.

At a circumcision feast add here "May the Compassionate One bless the father" on page 564.

On Rosh Ḥodesh: May the Compassionate One renew this month for us, for good and blessing.

הָרַחֲמָן May the Compassionate One make us worthy
of the Messianic Age and life in the World to Come.
He gives great / *On Rosh Ḥodesh:* He is a tower of / salvation to His king, *II Sam. 22*
showing kindness to His anointed,
to David and his descendants for ever.

הָרַחֲמָן הוּא יְבָרֵךְ

When eating at one's own table, say (include the words in parentheses that apply):

אוֹתִי (וְאֶת אִשְׁתִּי / וְאֶת בַּעְלִי / וְאֶת אָבִי מוֹרִי /
וְאֶת אִמִּי מוֹרָתִי / וְאֶת זַרְעִי) וְאֶת כָּל אֲשֶׁר לִי.

A guest at someone else's table says (include the words in parentheses that apply):

אֶת בַּעַל הַבַּיִת הַזֶּה, אוֹתוֹ (וְאֶת אִשְׁתּוֹ בַּעֲלַת הַבַּיִת הַזֶּה /
וְאֶת זַרְעוֹ) וְאֶת כָּל אֲשֶׁר לוֹ.

Children at their parents' table say (include the words in parentheses that apply):

אֶת אָבִי מוֹרִי (בַּעַל הַבַּיִת הַזֶּה), וְאֶת אִמִּי מוֹרָתִי (בַּעֲלַת הַבַּיִת הַזֶּה), אוֹתָם וְאֶת בֵּיתָם וְאֶת זַרְעָם וְאֶת כָּל אֲשֶׁר לָהֶם

For all other guests, add:

וְאֶת כָּל הַמְּסֻבִּין כָּאן

אוֹתָנוּ וְאֶת כָּל אֲשֶׁר לָנוּ
כְּמוֹ שֶׁנִּתְבָּרְכוּ אֲבוֹתֵינוּ, אַבְרָהָם יִצְחָק וְיַעֲקֹב, בַּכֹּל, מִכֹּל, כֹּל
כֵּן יְבָרֵךְ אוֹתָנוּ כֻּלָּנוּ יַחַד בִּבְרָכָה שְׁלֵמָה, וְנֹאמַר אָמֵן.

בַּמָּרוֹם יְלַמְּדוּ עֲלֵיהֶם וְעָלֵינוּ זְכוּת שֶׁתְּהֵא לְמִשְׁמֶרֶת שָׁלוֹם
וְנִשָּׂא בְרָכָה מֵאֵת יהוה וּצְדָקָה מֵאֱלֹהֵי יִשְׁעֵנוּ
וְנִמְצָא חֵן וְשֵׂכֶל טוֹב בְּעֵינֵי אֱלֹהִים וְאָדָם.

At a meal after a ברית *add here* הָרַחֲמָן הוּא יְבָרֵךְ אֲבִי הַיֶּלֶד *on page 565.*

בראש חודש: הָרַחֲמָן הוּא יְחַדֵּשׁ עָלֵינוּ
אֶת הַחֹדֶשׁ הַזֶּה לְטוֹבָה וְלִבְרָכָה.

הָרַחֲמָן הוּא יְזַכֵּנוּ לִימוֹת הַמָּשִׁיחַ וּלְחַיֵּי הָעוֹלָם הַבָּא
מַגְדִּל / *On* ראש חודש מִגְדּוֹל / יְשׁוּעוֹת מַלְכּוֹ שמואל ב׳ כב
וְעֹשֶׂה־חֶסֶד לִמְשִׁיחוֹ, לְדָוִד וּלְזַרְעוֹ עַד־עוֹלָם:

He who makes peace in His high places,
may He make peace for us and all Israel,
and let us say: Amen.

יִרְאוּ Fear the Lord, you His holy ones; *Ps. 34*
those who fear Him lack nothing.
Young lions may grow weak and hungry,
but those who seek the Lord
lack no good thing.
Thank the Lord for He is good; *Ps. 118*
His loving-kindness is for ever.
You open Your hand, *Ps. 145*
and satisfy every living thing with favor.
Blessed is the person *Jer. 17*
who trusts in the Lord,
whose trust is in the Lord alone.
Once I was young, and now I am old, *Ps. 37*
yet I have never watched
a righteous man forsaken
or his children begging for bread.
The Lord will give His people strength. *Ps. 29*
The Lord will bless His people with peace.

If Birkat HaMazon was made on a cup of wine, then the blessing over wine is made and the majority of the cup is drunk, after which Al HaMiḥya, on the next page, is said.

At a wedding or Sheva Berakhot, turn to page 582.

---

evil that shall come unto my people? Or how can I watch the destruction of my kindred?" (8:6). The verb there means "stand as a passive witness to." Taken in this sense, Psalm 37:25 should be understood as, "When the righteous was forsaken or his children forced to search for bread, I never merely stood and watched." Understood thus, it is a warning against being a mere bystander while other people suffer. It thus brings the Grace to a symmetrical close: It began by speaking of God's goodness in feeding the hungry and ends with an injunction for us to do likewise. This too is part of "walking in God's ways."

עֹשֶׂה שָׁלוֹם בִּמְרוֹמָיו
הוּא יַעֲשֶׂה שָׁלוֹם עָלֵינוּ וְעַל כָּל יִשְׂרָאֵל
וְאִמְרוּ אָמֵן.

תהלים לד
יְראוּ אֶת־יהוה קְדֹשָׁיו
כִּי־אֵין מַחְסוֹר לִירֵאָיו:
כְּפִירִים רָשׁוּ וְרָעֵבוּ
וְדֹרְשֵׁי יהוה לֹא־יַחְסְרוּ כָל־טוֹב:

תהלים קיח
הוֹדוּ לַיהוה כִּי־טוֹב
כִּי לְעוֹלָם חַסְדּוֹ:

תהלים קמה
פּוֹתֵחַ אֶת־יָדֶךָ
וּמַשְׂבִּיעַ לְכָל־חַי רָצוֹן:

ירמיה יז
בָּרוּךְ הַגֶּבֶר אֲשֶׁר יִבְטַח בַּיהוה
וְהָיָה יהוה מִבְטַחוֹ:

תהלים לז
נַעַר הָיִיתִי גַּם־זָקַנְתִּי
וְלֹא־רָאִיתִי צַדִּיק נֶעֱזָב וְזַרְעוֹ מְבַקֶּשׁ־לָחֶם:

תהלים כט
יהוה עֹז לְעַמּוֹ יִתֵּן
יהוה יְבָרֵךְ אֶת־עַמּוֹ בַשָּׁלוֹם:

If ברכת המזון *was made on a cup of wine, then* בּוֹרֵא פְּרִי הַגָּפֶן *is said and the majority of the cup is drunk, after which* ברכה מעין שלוש*, on the next page, is said.*

At a wedding or שבע ברכות*,* *turn to page 583.*

נַעַר הָיִיתִי *Once I was young:* The standard translation of this verse (Psalm 37:25) is "I was young and now am old and I have not seen the righteous forsaken or his children searching for bread." I have translated it here according to a fine insight, author unknown, suggesting that the verb *ra'iti* should be understood in the sense in which it appears in the book of Esther, when Esther, pleading on behalf of Jewry, says: "For how can I watch the

Before eating food, other than bread or matza,
made from the five species of grain (wheat, barley, rye, oats and spelt), or rice:

Blessed are You, the LORD our God, King of the Universe,
who creates the various kinds of nourishment.

Before drinking wine or grape juice:

Blessed are You, LORD our God, King of the Universe,
who creates the fruit of the vine.

Before eating fruit that grows on trees:

Blessed are You, LORD our God, King of the Universe,
who creates the fruit of the tree.

Before eating vegetables, or fruit that does not grow on trees:

Blessed are You, LORD our God, King of the Universe,
who creates the fruit of the ground.

Before eating other food or drinking other liquids:

Blessed are You, LORD our God, King of the Universe,
by whose word all things came to be.

Before eating fruit for the first time in a season, the following is said.
This blessing is also said when buying or wearing a new garment of significant value (e.g. a dress or suit); entering a new home for the first time; or hearing personal good news.

Blessed are You, LORD our God, King of the Universe,
who has given us life, sustained us, and brought us to this time.

BLESSING AFTER FOOD – AL HAMIḤYA

Grace after eating from the "seven species" of produce with which Israel is blessed: food made from the five grains (but not bread); wine or grape juice; grapes, figs, pomegranates, olives, or dates.

בָּרוּךְ Blessed are You, LORD our God, King of the Universe,

After grain products (but not bread or matza):
for the nourishment and sustenance,

After wine or grape juice:
for the vine and the fruit of the vine,

After grapes, figs, olives, pomegranates or dates:
for the tree and the fruit of the tree,

After grain products (but not bread or matza), and wine or grape juice:
for the nourishment and sustenance
and for the vine and the fruit of the vine,

(1) food made from wheat, barley, rye, oats or spelt; (2) grape wine or juice; or (3) grapes, figs, pomegranates, olives or dates.

Before eating food, other than bread or מצה,
made from the five species of grain (wheat, barley, rye, oats and spelt), or rice:

בָּרוּךְ אַתָּה יהוה אֱלֹהֵינוּ מֶלֶךְ הָעוֹלָם, בּוֹרֵא מִינֵי מְזוֹנוֹת.

Before drinking wine or grape juice:

בָּרוּךְ אַתָּה יהוה אֱלֹהֵינוּ מֶלֶךְ הָעוֹלָם, בּוֹרֵא פְּרִי הַגָּפֶן.

Before eating fruit that grows on trees:

בָּרוּךְ אַתָּה יהוה אֱלֹהֵינוּ מֶלֶךְ הָעוֹלָם, בּוֹרֵא פְּרִי הָעֵץ.

Before eating vegetables, or fruit that does not grow on trees:

בָּרוּךְ אַתָּה יהוה אֱלֹהֵינוּ מֶלֶךְ הָעוֹלָם, בּוֹרֵא פְּרִי הָאֲדָמָה.

Before eating other food or drinking other liquids:

בָּרוּךְ אַתָּה יהוה אֱלֹהֵינוּ מֶלֶךְ הָעוֹלָם, שֶׁהַכֹּל נִהְיָה בִּדְבָרוֹ.

Before eating fruit for the first time in a season, the following שֶׁהֶחֱיָנוּ *is said. This blessing is also said when buying or wearing a new garment of significant value (e.g. a dress or suit); entering a new home for the first time; or hearing personal good news.*

בָּרוּךְ אַתָּה יהוה אֱלֹהֵינוּ מֶלֶךְ הָעוֹלָם
שֶׁהֶחֱיָנוּ וְקִיְּמָנוּ וְהִגִּיעָנוּ לַזְּמַן הַזֶּה.

ברכה מעין שלוש

Grace after eating from the "seven species" of produce with which Israel is blessed: food made from the five grains (but not bread); wine or grape juice; grapes, figs, pomegranates, olives, or dates.

בָּרוּךְ אַתָּה יהוה אֱלֹהֵינוּ מֶלֶךְ הָעוֹלָם, עַל

After grain products (but not bread or מצה):
הַמִּחְיָה וְעַל הַכַּלְכָּלָה

After wine or grape juice:
הַגֶּפֶן וְעַל פְּרִי הַגֶּפֶן

After grapes, figs, olives, pomegranates or dates:
הָעֵץ וְעַל פְּרִי הָעֵץ

After grain products (but not bread or מצה), and wine or grape juice:

הַמִּחְיָה וְעַל הַכַּלְכָּלָה וְעַל הַגֶּפֶן וְעַל פְּרִי הַגֶּפֶן

עַל הַמִּחְיָה *A blessing after other food or drink:* Known as the "three-in-one" blessing, this prayer summarizes the first three paragraphs of the Grace after Meals. It is said after consuming any of the "seven kinds" of produce for which Israel is praised in the Torah (Deut. 8:8) other than bread or matza, namely:

and for the produce of the field; for the desirable, good and spacious land that You willingly gave as heritage to our ancestors, that they might eat of its fruit and be satisfied with its goodness. Have compassion, please, LORD our God, on Israel Your people, on Jerusalem, Your city, on Zion the home of Your glory, on Your altar and Your Temple. May You rebuild Jerusalem, the holy city swiftly in our time, and may You bring us back there, rejoicing in its rebuilding, eating from its fruit, satisfied by its goodness, and blessing You for it in holiness and purity.

On Rosh Ḥodesh: Remember us for good
on this day of the New Moon.

For You, God, are good and do good to all and we thank You for the land

After grain products (but not bread or matza):	*After wine or grape juice:*	*After grapes, figs, olives, pomegranates or dates:*
and for the nourishment. Blessed are You, LORD, for the land and for the nourishment.	and for the fruit of the vine. Blessed are You, LORD, for the land and for the fruit of the vine.	and for the fruit. Blessed are You, LORD, for the land and for the fruit.

After grain products (but not bread or matza), and wine or grape juice:
and for the nourishment and for the fruit of the vine.
Blessed are You, LORD,
for the land and for the nourishment
and the fruit of the vine.

BLESSING AFTER FOOD – BOREH NEFASHOT

After food or drink that does not require Birkat HaMazon or Al HaMiḥya – such as meat, fish, dairy products, vegetables, beverages, or fruit other than grapes, figs, pomegranates, olives or dates – say:

בָּרוּךְ Blessed are You, LORD our God, King of the Universe,
who creates the many forms of life and their needs.
For all You have created
to sustain the life of all that lives,
blessed be He, Giver of life to the worlds.

וְעַל תְּנוּבַת הַשָּׂדֶה וְעַל אֶרֶץ חֶמְדָּה טוֹבָה וּרְחָבָה, שֶׁרָצִיתָ וְהִנְחַלְתָּ לַאֲבוֹתֵינוּ לֶאֱכֹל מִפִּרְיָהּ וְלִשְׂבֹּעַ מִטּוּבָהּ. רַחֶם נָא יהוה אֱלֹהֵינוּ עַל יִשְׂרָאֵל עַמֶּךָ וְעַל יְרוּשָׁלַיִם עִירֶךָ וְעַל צִיּוֹן מִשְׁכַּן כְּבוֹדֶךָ וְעַל מִזְבְּחֶךָ וְעַל הֵיכָלֶךָ. וּבְנֵה יְרוּשָׁלַיִם עִיר הַקֹּדֶשׁ בִּמְהֵרָה בְיָמֵינוּ, וְהַעֲלֵנוּ לְתוֹכָהּ וְשַׂמְּחֵנוּ בְּבִנְיָנָהּ וְנֹאכַל מִפִּרְיָהּ וְנִשְׂבַּע מִטּוּבָהּ, וּנְבָרֶכְךָ עָלֶיהָ בִּקְדֻשָּׁה וּבְטָהֳרָה.

בראש חודש: וְזָכְרֵנוּ לְטוֹבָה בְּיוֹם רֹאשׁ הַחֹדֶשׁ הַזֶּה

כִּי אַתָּה יהוה טוֹב וּמֵטִיב לַכֹּל, וְנוֹדֶה לְּךָ עַל הָאָרֶץ

After grain products (but not bread or מצה):

וְעַל הַמִּחְיָה.

בָּרוּךְ אַתָּה יהוה עַל הָאָרֶץ וְעַל הַמִּחְיָה.

After wine or grape juice:

וְעַל פְּרִי הַגָּפֶן.*

בָּרוּךְ אַתָּה יהוה עַל הָאָרֶץ וְעַל פְּרִי הַגָּפֶן.*

After grapes, figs, olives, pomegranates or dates:

וְעַל הַפֵּרוֹת.**

בָּרוּךְ אַתָּה יהוה עַל הָאָרֶץ וְעַל הַפֵּרוֹת.**

After grain products (but not bread or מצה), and wine or grape juice:

וְעַל הַמִּחְיָה וְעַל פְּרִי הַגָּפֶן.*

בָּרוּךְ אַתָּה יהוה, עַל הָאָרֶץ וְעַל הַמִּחְיָה וְעַל פְּרִי הַגָּפֶן.*

**If the wine is from ארץ ישראל, then substitute גַּפְנָהּ for הַגָּפֶן.*

***If the fruit is from ארץ ישראל, then substitute פֵּרוֹתֶיהָ for הַפֵּרוֹת.*

בורא נפשות

After food or drink that does not require ברכת המזון or מעין שלוש – such as meat, fish, dairy products, vegetables, beverages, or fruit other than grapes, figs, pomegranates, olives or dates – say:

בָּרוּךְ אַתָּה יהוה אֱלֹהֵינוּ מֶלֶךְ הָעוֹלָם
בּוֹרֵא נְפָשׁוֹת רַבּוֹת וְחֶסְרוֹנָן
עַל כָּל מַה שֶּׁבָּרָאתָ לְהַחֲיוֹת בָּהֶם נֶפֶשׁ כָּל חָי.
בָּרוּךְ חֵי הָעוֹלָמִים.

BLESSINGS

BLESSINGS ON MITZVOT

In Israel on separating teruma and first tithe (if there is doubt as to whether the teruma and first tithe have been taken, the following blessing is not said, but the subsequent declaration is):

Blessed are You, LORD our God, King of the Universe,
who has made us holy through His commandments,
and has commanded us to separate *terumot* and tithes.

Whatever [of the allocated portion] is more than one in a hundred of everything here, is hereby declared to be *teruma gedola* [the priestly portion] and is the northern portion. The one in a hundred that remains here, together with nine equal portions on the upper side of this produce are declared to be the first [levitical] tithe. The one in a hundred I have made first tithe is hereby declared to be *terumat maaser* [the tithe-of-the-tithe set aside for the priests]. Nine other equal portions on the lower side of the produce are declared to be second tithe, but if this produce must have the tithe of the poor separated from it, let them be the tithe of the poor.

In Israel on separating and redeeming the second tithe (if there is doubt as to whether the second tithe has been taken, the following blessing is not said, but the subsequent declaration is):

Blessed are You, LORD our God, King of the Universe,
who has made us holy through His commandments,
and has commanded us about the redemption of the second tithe.

This second tithe, together with its additional fifth,
is hereby redeemed by one *peruta* of the coins I have set aside
for the redemption of the second tithe.

On taking ḥalla:

Blessed are You, LORD our God, King of the Universe,
who has made us holy through His commandments,
and has commanded us to set aside ḥalla from the dough.

On redeeming fourth-year fruit:

Blessed are You, LORD our God, King of the Universe,
who has made us holy through His commandments,
and has commanded us about the redemption of fruit of the fourth year.

---

commanded us about…" The most common explanation – though there are exceptions – is that the former is used when fulfilling a commandment which I personally am obligated to do, while the latter relates to fulfilling a commandment on behalf of others (as when a *mohel* circumcises a child on behalf of its parents).

ברכות

ברכות המצוות

In ארץ ישראל *on separating* מעשר ראשון *and* תרומה (*if there is doubt as to whether the* תרומה *and* מעשר ראשון *have been taken, the following blessing is not said, but the subsequent declaration is*):

בָּרוּךְ אַתָּה יהוה אֱלֹהֵינוּ מֶלֶךְ הָעוֹלָם, אֲשֶׁר קִדְּשָׁנוּ בְּמִצְוֹתָיו
וְצִוָּנוּ לְהַפְרִישׁ תְּרוּמוֹת וּמַעַשְׂרוֹת.

מַה שֶּׁהוּא יוֹתֵר מֵאֶחָד מִמֵּאָה מִן הַכֹּל שֶׁיֵּשׁ כָּאן, הֲרֵי הוּא תְּרוּמָה גְדוֹלָה בִּצְפוֹנוֹ, וְהָאֶחָד מִמֵּאָה שֶׁנִּשְׁאַר כָּאן עִם תִּשְׁעָה חֲלָקִים כָּמוֹהוּ בְּצַד הָעֶלְיוֹן שֶׁל הַפֵּרוֹת הַלָּלוּ, הֲרֵי הֵם מַעֲשֵׂר רִאשׁוֹן. אוֹתוֹ הָאֶחָד מִמֵּאָה שֶׁעֲשִׂיתִיו מַעֲשֵׂר רִאשׁוֹן הֲרֵי הוּא תְּרוּמַת מַעֲשֵׂר. עוֹד תִּשְׁעָה חֲלָקִים כָּאֵלֶּה בְּצַד הַתַּחְתּוֹן שֶׁל הַפֵּרוֹת הֲרֵי הֵם מַעֲשֵׂר שֵׁנִי, וְאִם הֵם חַיָּבִים בְּמַעֲשַׂר עָנִי, הֲרֵי הֵם מַעֲשַׂר עָנִי.

In ארץ ישראל *on separating and redeeming the* מעשר שני (*if there is doubt as to whether the* מעשר שני *has been taken, the following blessing is not said, but the subsequent declaration is*):

בָּרוּךְ אַתָּה יהוה אֱלֹהֵינוּ מֶלֶךְ הָעוֹלָם, אֲשֶׁר קִדְּשָׁנוּ בְּמִצְוֹתָיו
וְצִוָּנוּ עַל פִּדְיוֹן מַעֲשֵׂר שֵׁנִי.

מַעֲשֵׂר שֵׁנִי זֶה, הוּא וְחֻמְשׁוֹ, הֲרֵי הוּא מְחֻלָּל עַל פְּרוּטָה אַחַת מִן הַמַּטְבֵּעַ שֶׁיִּחַדְתִּי לְפִדְיוֹן מַעֲשֵׂר שֵׁנִי.

On taking חלה:

בָּרוּךְ אַתָּה יהוה אֱלֹהֵינוּ מֶלֶךְ הָעוֹלָם, אֲשֶׁר קִדְּשָׁנוּ בְּמִצְוֹתָיו
וְצִוָּנוּ לְהַפְרִישׁ חַלָּה מִן הָעִסָּה.

On redeeming נטע רבעי:

בָּרוּךְ אַתָּה יהוה אֱלֹהֵינוּ מֶלֶךְ הָעוֹלָם, אֲשֶׁר קִדְּשָׁנוּ בְּמִצְוֹתָיו
וְצִוָּנוּ עַל פִּדְיוֹן נֶטַע רְבָעִי.

BLESSINGS ON MITZVOT

Most mitzvot, except those "between man and man," require a blessing prior to their performance. The blessing is, in effect, the declaration of an intention to fulfill the commandment, an expression of *kavana,* sacred intent. There are two basic formulae, "Who has commanded us to…" and "Who has

On fixing a mezuza to the doorpost:

Blessed are You, LORD our God, King of the Universe,
who has made us holy through His commandments,
and has commanded us to affix the mezuza.

On making a protective railing around one's roof, or a fence around a pit:

Blessed are You, LORD our God, King of the Universe,
who has made us holy through His commandments,
and has commanded us to to affix a guard-rail.

A woman on ritual immersion:

Blessed are You, LORD our God, King of the Universe,
who has made us holy through His commandments,
and has commanded us about ritual immersion.

On immersing utensils made by or bought from a gentile:

Blessed are You, LORD our God, King of the Universe,
who has made us holy through His commandments,
and has commanded us about immersing a vessel (vessels).

BLESSINGS ON PLEASURES, SIGHTS AND SOUNDS

On wearing new clothes:

Blessed are You, LORD our God, King of the Universe, who clothes the naked.

On smelling fragrant shrubs or trees:

Blessed are You, LORD our God, King of the Universe,
who creates fragrant trees.

On smelling fragrant herbs, grasses or flowers:

Blessed are You, LORD our God, King of the Universe,
who creates fragrant plants.

On smelling fragrant fruit:

Blessed are You, LORD our God, King of the Universe,
who gives pleasant fragrance to fruits.

On smelling persimmon oil:

Blessed are You, LORD our God, King of the Universe,
who creates pleasing perfume.

On all other scents:

Blessed are You, LORD our God, King of the Universe,
who creates the various spices.

On seeing the wonders of nature, such as lightning, and on the 28-year solar cycle:

Blessed are You, LORD our God, King of the Universe, Author of creation.

On fixing a מזוזה to the doorpost:

בָּרוּךְ אַתָּה יהוה אֱלֹהֵינוּ מֶלֶךְ הָעוֹלָם, אֲשֶׁר קִדְּשָׁנוּ בְּמִצְוֹתָיו וְצִוָּנוּ לִקְבֹּעַ מְזוּזָה.

On making a protective railing around one's roof, or a fence around a pit:

בָּרוּךְ אַתָּה יהוה אֱלֹהֵינוּ מֶלֶךְ הָעוֹלָם, אֲשֶׁר קִדְּשָׁנוּ בְּמִצְוֹתָיו וְצִוָּנוּ לַעֲשׂוֹת מַעֲקֶה.

A woman on ritual immersion:

בָּרוּךְ אַתָּה יהוה אֱלֹהֵינוּ מֶלֶךְ הָעוֹלָם, אֲשֶׁר קִדְּשָׁנוּ בְּמִצְוֹתָיו וְצִוָּנוּ עַל הַטְּבִילָה.

On immersing utensils made by or bought from a gentile:

בָּרוּךְ אַתָּה יהוה אֱלֹהֵינוּ מֶלֶךְ הָעוֹלָם, אֲשֶׁר קִדְּשָׁנוּ בְּמִצְוֹתָיו וְצִוָּנוּ עַל טְבִילַת כְּלִי (כֵּלִים).

ברכות הנהנין, הראייה והשמיעה

On wearing new clothes:

בָּרוּךְ אַתָּה יהוה אֱלֹהֵינוּ מֶלֶךְ הָעוֹלָם, מַלְבִּישׁ עֲרֻמִּים.

On smelling fragrant shrubs or trees:

בָּרוּךְ אַתָּה יהוה אֱלֹהֵינוּ מֶלֶךְ הָעוֹלָם, בּוֹרֵא עֲצֵי בְשָׂמִים.

On smelling fragrant herbs, grasses or flowers:

בָּרוּךְ אַתָּה יהוה אֱלֹהֵינוּ מֶלֶךְ הָעוֹלָם, בּוֹרֵא עִשְׂבֵי בְשָׂמִים.

On smelling fragrant fruit:

בָּרוּךְ אַתָּה יהוה אֱלֹהֵינוּ מֶלֶךְ הָעוֹלָם, הַנּוֹתֵן רֵיחַ טוֹב בַּפֵּרוֹת.

On smelling persimmon oil:

בָּרוּךְ אַתָּה יהוה אֱלֹהֵינוּ מֶלֶךְ הָעוֹלָם, בּוֹרֵא שֶׁמֶן עָרֵב.

On all other scents:

בָּרוּךְ אַתָּה יהוה אֱלֹהֵינוּ מֶלֶךְ הָעוֹלָם, בּוֹרֵא מִינֵי בְשָׂמִים.

On seeing the wonders of nature, such as lightning, and ברכת החמה:

בָּרוּךְ אַתָּה יהוה אֱלֹהֵינוּ מֶלֶךְ הָעוֹלָם, עוֹשֶׂה מַעֲשֵׂה בְרֵאשִׁית.

On hearing thunder or experiencing a hurricane:
Blessed are You, LORD our God, King of the Universe,
whose power and might fill the world.

On seeing a rainbow:
Blessed are You, LORD our God, King of the Universe,
who remembers the covenant, is faithful to the covenant, and fulfills His word.

On seeing the ocean or the Mediterranean Sea for the first time in thirty days:
Blessed are You, LORD our God, King of the Universe,
who has made the great sea.

On seeing trees blossoming for the first time in the year:
Blessed are You, LORD our God, King of the Universe,
who has withheld nothing from His world,
but has created in it beautiful creatures and trees for human beings to enjoy.

On seeing beautiful scenes of nature:
Blessed are You, LORD our God, King of the Universe,
who has [created] such things in His world.

On seeing unusual people or animals:
Blessed are You, LORD our God, King of the Universe,
who makes [all] creatures different.

On hearing good news from which others as well as oneself will benefit:
Blessed are You, LORD our God, King of the Universe,
who is good and does good.

On hearing bad news, and said by a mourner before the ritual tearing of the garment:
Blessed are You, LORD our God, King of the Universe, the true Judge.

On seeing an outstanding Torah scholar:
Blessed are You, LORD our God, King of the Universe,
who has shared of His wisdom with those who revere Him.

On seeing an outstanding secular scholar:
Blessed are You, LORD our God, King of the Universe,
who has given of His wisdom with human beings.

On seeing a Monarch or Head of State:
Blessed are You, LORD our God, King of the Universe,
who has given of His glory to human beings.

---

sensibility. The Judaic mind moves instinctively from nature to its Creator, a movement that is evident throughout the book of Psalms and many of the prophetic and wisdom texts.

On hearing thunder or experiencing a hurricane:

בָּרוּךְ אַתָּה יהוה אֱלֹהֵינוּ מֶלֶךְ הָעוֹלָם, שֶׁכֹּחוֹ וּגְבוּרָתוֹ מָלֵא עוֹלָם.

On seeing a rainbow:

בָּרוּךְ אַתָּה יהוה אֱלֹהֵינוּ מֶלֶךְ הָעוֹלָם
זוֹכֵר הַבְּרִית וְנֶאֱמָן בִּבְרִיתוֹ וְקַיָּם בְּמַאֲמָרוֹ.

On seeing the ocean or the Mediterranean Sea for the first time in thirty days:

בָּרוּךְ אַתָּה יהוה אֱלֹהֵינוּ מֶלֶךְ הָעוֹלָם, שֶׁעָשָׂה אֶת הַיָּם הַגָּדוֹל.

On seeing trees blossoming for the first time in the year:

בָּרוּךְ אַתָּה יהוה אֱלֹהֵינוּ מֶלֶךְ הָעוֹלָם
שֶׁלֹּא חִסַּר בְּעוֹלָמוֹ כְּלוּם
וּבָרָא בוֹ בְּרִיּוֹת טוֹבוֹת וְאִילָנוֹת טוֹבִים לְהַנּוֹת בָּהֶם בְּנֵי אָדָם.

On seeing beautiful scenes of nature:

בָּרוּךְ אַתָּה יהוה אֱלֹהֵינוּ מֶלֶךְ הָעוֹלָם, שֶׁכָּכָה לּוֹ בְּעוֹלָמוֹ.

On seeing unusual people or animals:

בָּרוּךְ אַתָּה יהוה אֱלֹהֵינוּ מֶלֶךְ הָעוֹלָם, מְשַׁנֶּה הַבְּרִיּוֹת.

On hearing good news from which others as well as oneself will benefit:

בָּרוּךְ אַתָּה יהוה אֱלֹהֵינוּ מֶלֶךְ הָעוֹלָם, הַטּוֹב וְהַמֵּטִיב.

On hearing bad news, and said by a mourner before the ritual tearing of the garment:

בָּרוּךְ אַתָּה יהוה אֱלֹהֵינוּ מֶלֶךְ הָעוֹלָם, דַּיַּן הָאֱמֶת.

On seeing an outstanding Torah scholar:

בָּרוּךְ אַתָּה יהוה אֱלֹהֵינוּ מֶלֶךְ הָעוֹלָם, שֶׁחָלַק מֵחָכְמָתוֹ לִירֵאָיו.

On seeing an outstanding secular scholar:

בָּרוּךְ אַתָּה יהוה אֱלֹהֵינוּ מֶלֶךְ הָעוֹלָם, שֶׁנָּתַן מֵחָכְמָתוֹ לְבָשָׂר וָדָם.

On seeing a Monarch or Head of State:

בָּרוּךְ אַתָּה יהוה אֱלֹהֵינוּ מֶלֶךְ הָעוֹלָם, שֶׁנָּתַן מִכְּבוֹדוֹ לְבָשָׂר וָדָם.

BLESSINGS ON VARIOUS OCCASIONS

These blessings, many of which are to be said on encountering dramatic or sublime phenomena of nature, synthesize aesthetic sense with spiritual

On seeing 600,000 Jews together in Israel:
Blessed are You, LORD our God, King of the Universe,
who knows all secrets.

On seeing Jewish settlements in Israel:
Blessed are You, LORD our God, King of the Universe,
who establishes the border of the widow.

On seeing the place where miracles occurred to the Jewish people:
Blessed are You, LORD our God, King of the Universe,
who performed miracles for our ancestors in this place.

On seeing the place where miracles occurred to oneself or one's family (insert the relevant words):
Blessed are You, LORD our God, King of the Universe,
who performed a miracle
for me (my father / my mother / my ancestors)
in this place.

ADDITIONAL BLESSINGS

After relieving oneself and washing one's hands, say:
Blessed are You, LORD our God, King of the Universe, who formed man in wisdom and created in him many orifices and cavities. It is revealed and known before the throne of Your glory that were one of them to be ruptured or blocked, it would be impossible to survive and stand before You. Blessed are You, LORD, Healer of all flesh who does wondrous deeds.

On visiting a cemetery, or seeing a Jewish grave, for the first time in thirty days:
Blessed are You, LORD our God, King of the Universe, who formed you in judgment, who nourished and sustained you in judgment, who brought death on you in judgment, who knows the number of you all in judgment, and who in the future will restore you to life in judgment. Blessed are You, LORD, who revives the dead.

You are eternally mighty, LORD. You give life to the dead and have great power to save. He sustains the living with loving-kindness, and with great compassion revives the dead. He supports the fallen, heals the sick, sets captives free, and keeps His faith with those who sleep in the dust. Who is like You, Master of might, and to whom can You be compared, O King who brings death and gives life, and makes salvation grow? Faithful are You to revive the dead.

On seeing 600,000 Jews together in ארץ ישראל:

בָּרוּךְ אַתָּה יהוה אֱלֹהֵינוּ מֶלֶךְ הָעוֹלָם
חֲכַם הָרָזִים.

On seeing Jewish settlements in ארץ ישראל:

בָּרוּךְ אַתָּה יהוה אֱלֹהֵינוּ מֶלֶךְ הָעוֹלָם
מַצִּיב גְּבוּל אַלְמָנָה.

On seeing the place where miracles occurred to the Jewish people:

בָּרוּךְ אַתָּה יהוה אֱלֹהֵינוּ מֶלֶךְ הָעוֹלָם
שֶׁעָשָׂה נִסִּים לַאֲבוֹתֵינוּ בַּמָּקוֹם הַזֶּה.

On seeing the place where miracles occurred to oneself or one's family (insert the relevant words):

בָּרוּךְ אַתָּה יהוה אֱלֹהֵינוּ מֶלֶךְ הָעוֹלָם
שֶׁעָשָׂה לִי (לְאָבִי/לְאִמִּי/לַאֲבוֹתַי) נֵס בַּמָּקוֹם הַזֶּה.

ברכות נוספות

After relieving oneself and washing one's hands, say:

בָּרוּךְ אַתָּה יהוה אֱלֹהֵינוּ מֶלֶךְ הָעוֹלָם, אֲשֶׁר יָצַר אֶת הָאָדָם בְּחָכְמָה, וּבָרָא בוֹ נְקָבִים נְקָבִים, חֲלוּלִים חֲלוּלִים. גָּלוּי וְיָדוּעַ לִפְנֵי כִסֵּא כְבוֹדֶךָ, שֶׁאִם יִפָּתֵחַ אֶחָד מֵהֶם אוֹ יִסָּתֵם אֶחָד מֵהֶם, אִי אֶפְשַׁר לְהִתְקַיֵּם וְלַעֲמֹד לְפָנֶיךָ. בָּרוּךְ אַתָּה יהוה, רוֹפֵא כָל בָּשָׂר וּמַפְלִיא לַעֲשׂוֹת.

On visiting a cemetery, or seeing a Jewish grave, for the first time in thirty days:

בָּרוּךְ אַתָּה יהוה אֱלֹהֵינוּ מֶלֶךְ הָעוֹלָם, אֲשֶׁר יָצַר אֶתְכֶם בַּדִּין, וְזָן וְכִלְכֵּל אֶתְכֶם בַּדִּין, וְהֵמִית אֶתְכֶם בַּדִּין, וְיוֹדֵעַ מִסְפַּר כֻּלְּכֶם בַּדִּין, וְהוּא עָתִיד לְהַחֲיוֹתְכֶם וּלְקַיֵּם אֶתְכֶם בַּדִּין. בָּרוּךְ אַתָּה יהוה, מְחַיֵּה הַמֵּתִים.

אַתָּה גִּבּוֹר לְעוֹלָם אֲדֹנָי, מְחַיֵּה מֵתִים אַתָּה, רַב לְהוֹשִׁיעַ, מְכַלְכֵּל חַיִּים בְּחֶסֶד, מְחַיֵּה מֵתִים בְּרַחֲמִים רַבִּים, סוֹמֵךְ נוֹפְלִים, וְרוֹפֵא חוֹלִים, וּמַתִּיר אֲסוּרִים, וּמְקַיֵּם אֱמוּנָתוֹ לִישֵׁנֵי עָפָר. מִי כָמוֹךָ בַּעַל גְּבוּרוֹת וּמִי דּוֹמֶה לָּךְ, מֶלֶךְ מֵמִית וּמְחַיֶּה וּמַצְמִיחַ יְשׁוּעָה, וְנֶאֱמָן אַתָּה לְהַחֲיוֹת מֵתִים.

PRAYER IN TIMES OF URGENCY

In special cases of urgency only (see law 55), the following short form of the Amida may be said. First say the first three blessings of the Amida from "O Lord" on page 108 until "the holy God" page 114, then say:

הֲבִינֵנוּ Grant us understanding, Lord our God, to know Your ways.
Sensitize our hearts so that we may revere You,
and forgive us so that we may be redeemed.
Keep us far from suffering
and satisfy us with the pastures of Your land.
Gather our scattered people from the four quarters of the earth.
May those who go astray be judged according to Your will:
raise Your hand against the wicked.
May the righteous rejoice in the rebuilding of Your city,
the restoration of Your Temple,
the flowering of Your servant David's glory,
and the radiant light of the son of Jesse, Your anointed.
May You answer us even before we call.
Blessed are You, Lord,
who hears prayer.

Continue with the final three blessings from "Find favor" on page 126 until the end.

In extreme cases where there is no time to say the abbreviated Amida above, one may say the following. However, if prayer is then possible at a later time, one should say the complete Amida.

צָרְכֵי The needs of Your people Israel are many,
and their patience is thin.
May it be Your will, Lord our God and God of our ancestors,
to give each one of them enough to sustain him,
and to every single body, all that it lacks –
and perform what is right in Your eyes.
Blessed are You, Lord,
who listens to prayer.

תפילה לשעת הדחק

In special cases of urgency only (see law 55), the following short form of the עמידה *may be said. First say the first three* ברכות *of the* עמידה *from* אֲדֹנָי, שְׂפָתַי תִּפְתָּח *on page 109 until* הַקָּדוֹשׁ *on page 115, then say:*

הֲבִינֵנוּ יהוה אֱלֹהֵינוּ לָדַעַת דְּרָכֶיךָ
וּמוֹל אֶת לְבָבֵנוּ לְיִרְאָתֶךָ
וְתִסְלַח לָנוּ לִהְיוֹת גְּאוּלִים
וְרַחֲקֵנוּ מִמַּכְאוֹב
וְדַשְּׁנֵנוּ בִּנְאוֹת אַרְצֶךָ
וּנְפוּצוֹתֵינוּ מֵאַרְבַּע תְּקַבֵּץ
וְהַתּוֹעִים עַל דַּעְתְּךָ יִשָּׁפֵטוּ
וְעַל הָרְשָׁעִים תָּנִיף יָדֶךָ
וְיִשְׂמְחוּ צַדִּיקִים בְּבִנְיַן עִירֶךָ וּבְתִקּוּן הֵיכָלֶךָ
וּבִצְמִיחַת קֶרֶן לְדָוִד עַבְדֶּךָ
וּבַעֲרִיכַת נֵר לְבֶן יִשַׁי מְשִׁיחֶךָ, טֶרֶם נִקְרָא אַתָּה תַעֲנֶה.
בָּרוּךְ אַתָּה יהוה, שׁוֹמֵעַ תְּפִלָּה.

Continue with the final three ברכות*, from* רְצֵה *on page 127 until the end.*

In extreme cases where there is no time to say the abbreviated עמידה *above, one may say the following. However, if prayer is then possible at a later time, one should say the complete* עמידה*.*

צָרְכֵי עַמְּךָ יִשְׂרָאֵל מְרֻבִּים וְדַעְתָּם קְצָרָה.
יְהִי רָצוֹן מִלְּפָנֶיךָ יהוה אֱלֹהֵינוּ וֵאלֹהֵי אֲבוֹתֵינוּ
שֶׁתִּתֵּן לְכָל אֶחָד וְאֶחָד כְּדֵי פַרְנָסָתוֹ
וּלְכָל גְּוִיָּה וּגְוִיָּה דֵּי מַחְסוֹרָהּ
וְהַטּוֹב בְּעֵינֶיךָ עֲשֵׂה.
בָּרוּךְ אַתָּה יהוה, שׁוֹמֵעַ תְּפִלָּה.

SERVICE AT THE CONSECRATION OF A HOUSE

מִזְמוֹר A psalm of David. A song for the dedication of the House. I will exalt You, LORD, for You have lifted me up, and not let my enemies rejoice over me. LORD, my God, I cried to You for help and You healed me. LORD, You lifted my soul from the grave; You spared me from going down to the pit. Sing to the LORD, you His devoted ones, and give thanks to His holy name. For His anger is for a moment, but His favor for a lifetime. At night there may be weeping, but in the morning there is joy. When I felt secure, I said, "I shall never be shaken." LORD, when You favored me, You made me stand firm as a mountain, but when You hid Your face, I was terrified. To You, LORD, I called; I pleaded with my LORD: "What gain would there be if I died and went down to the grave? Can dust thank You? Can it declare Your truth? Hear, LORD, and be gracious to me; LORD, be my help." You have turned my sorrow into dancing. You have removed my sackcloth and clothed me with joy, so that my soul may sing to You and not be silent. LORD my God, for ever will I thank You. *Ps. 30*

מִזְמוֹר A Psalm of David. LORD, who may dwell in Your tent? Who may live on Your holy mountain? One who walks in integrity, does what is right, and speaks the truth from his heart; who has no malice on his tongue, does no wrong to his fellow, nor casts a slur on his neighbor; who scorns those who are vile, but honors those who fear the LORD; who keeps his oath even when it hurts; who does not demand interest on his loans and never takes a bribe against the innocent. One who does these things will never be shaken. *Ps. 15*

Solomon Hirschell; another was compiled by Chief Rabbi Dr. Hermann Adler, which is the basis of the present text.

Where appropriate, the ceremony should begin with the fixing of mezuzot with the appropriate blessing, together with *Sheheḥeyanu* (page 541 and 535).

Psalm 30 is then recited because of its superscription, "A song for the dedication of the House." Psalm 15 speaks of the qualities required for "dwelling in the tent" of God – "tent" being understood by the sages (as in "How beautiful are your tents, Jacob") as a metaphor for the Jewish home.

סדר חנוכת הבית

מִזְמוֹר שִׁיר־חֲנֻכַּת הַבַּיִת לְדָוִד: אֲרוֹמִמְךָ יהוה כִּי דִלִּיתָנִי, וְלֹא־ תהלים ל
שִׂמַּחְתָּ אֹיְבַי לִי: יהוה אֱלֹהָי, שִׁוַּעְתִּי אֵלֶיךָ וַתִּרְפָּאֵנִי: יהוה,
הֶעֱלִיתָ מִן־שְׁאוֹל נַפְשִׁי, חִיִּיתַנִי מִיָּרְדִי־בוֹר: זַמְּרוּ לַיהוה חֲסִידָיו,
וְהוֹדוּ לְזֵכֶר קָדְשׁוֹ: כִּי רֶגַע בְּאַפּוֹ, חַיִּים בִּרְצוֹנוֹ, בָּעֶרֶב יָלִין בֶּכִי
וְלַבֹּקֶר רִנָּה: וַאֲנִי אָמַרְתִּי בְשַׁלְוִי, בַּל־אֶמּוֹט לְעוֹלָם: יהוה, בִּרְצוֹנְךָ
הֶעֱמַדְתָּה לְהַרְרִי עֹז, הִסְתַּרְתָּ פָנֶיךָ הָיִיתִי נִבְהָל: אֵלֶיךָ יהוה
אֶקְרָא, וְאֶל־אֲדֹנָי אֶתְחַנָּן: מַה־בֶּצַע בְּדָמִי, בְּרִדְתִּי אֶל שָׁחַת,
הֲיוֹדְךָ עָפָר, הֲיַגִּיד אֲמִתֶּךָ: שְׁמַע־יהוה וְחָנֵּנִי, יהוה הֱיֵה־עֹזֵר לִי:
הָפַכְתָּ מִסְפְּדִי לְמָחוֹל לִי, פִּתַּחְתָּ שַׂקִּי, וַתְּאַזְּרֵנִי שִׂמְחָה: לְמַעַן
יְזַמֶּרְךָ כָבוֹד וְלֹא יִדֹּם, יהוה אֱלֹהַי, לְעוֹלָם אוֹדֶךָּ:

מִזְמוֹר לְדָוִד, יהוה מִי־יָגוּר בְּאָהֳלֶךָ, מִי־יִשְׁכֹּן בְּהַר קָדְשֶׁךָ: הוֹלֵךְ תהלים טו
תָּמִים וּפֹעֵל צֶדֶק, וְדֹבֵר אֱמֶת בִּלְבָבוֹ: לֹא־רָגַל עַל־לְשֹׁנוֹ, לֹא־
עָשָׂה לְרֵעֵהוּ רָעָה, וְחֶרְפָּה לֹא־נָשָׂא עַל־קְרֹבוֹ: נִבְזֶה בְּעֵינָיו
נִמְאָס, וְאֶת־יִרְאֵי יהוה יְכַבֵּד, נִשְׁבַּע לְהָרַע וְלֹא יָמִר: כַּסְפּוֹ לֹא־
נָתַן בְּנֶשֶׁךְ, וְשֹׁחַד עַל־נָקִי לֹא־לָקָח, עֹשֵׂה אֵלֶּה, לֹא יִמּוֹט לְעוֹלָם:

SERVICE AT THE CONSECRATION OF A HOUSE

The Torah mentions the dedication of a house: "The officials shall say to the troops: Has anyone built a new house and not dedicated it? Let him go home, or he may die in battle and someone else may dedicate it" (Deut. 20:5). There are also descriptions of the consecration of the altar (Numbers, chapter 7) and of the Temple (1 Kings, chapter 8).

No formal ceremony for the consecration of a house is mentioned in the early rabbinic literature, other than saying *Sheheḥeyanu* ("Who has given us life, sustained us, and brought us to this day") and the blessing on fixing the mezuza. The current ceremony is a longstanding part of Anglo-Jewish custom. A service for the consecration of a house was compiled by Chief Rabbi

רִבּוֹן הָעוֹלָם Master of the Universe, look down from Your holy dwelling place, and in compassion and favor accept the prayer and plea of Your children, who are gathered here to consecrate this house, and to offer You their thanksgiving for all the kindness and truth You have shown them. Please do let not Your kindness depart, nor Your covenant of Your peace be removed from them. Shield this their home so that no evil befalls it. May illness and sadness never come near it, nor the sound of sorrow be heard within its walls. May the members of this household live together in this home in fellowship and friendship. May they love and revere You, hold fast to You, meditating in Your Torah, and living faithfully by its commandments.

Where appropriate, add the words in parentheses:

הָרֵק Bestow Your blessings on the owner of this house. LORD bless *Deut. 33*
his resources and find favor in the work of his hands. Keep him far from sin and transgression. May Your tender love be upon him, and establish the work of our hands. May Your kindness be with
his wife, she who watches over the affairs of her household, know- *Prov. 31*
ing that it is the God-fearing woman who deserves praise. (Bestow on their sons and daughters a spirit of wisdom and understanding.
Lead them in the path of Your commandments, so that all who *Is. 61*
see them recognise that they are children blessed by the LORD, knowing Your Torah and revering You.) Protect them from all evil; protect their lives. May this [Your promise] be fulfilled in them:
"You will be blessed when you come in, and blessed when you go *Deut. 28*
out." And as we have been able to consecrate the house, so together may we witness the consecration of the great and holy Temple in Jerusalem Your city, city of our sacred assemblies, swiftly in our days. Amen.

---

greater than receiving the Divine Presence. And it is where we create *shelom bayit*, "peace in the home," from which, we believe, flows peace to the world (See Maimonides, Laws of Ḥanukka 4:14).

רִבּוֹן הָעוֹלָם, הַשְׁקִיפָה מִמְּעוֹן קָדְשְׁךָ, וְקַבֵּל בְּרַחֲמִים וּבְרָצוֹן אֶת תְּפִלַּת בָּנֶיךָ וְתַחֲנוּנָם, אֲשֶׁר הִתְאַסְּפוּ פֹּה לַחֲנֹךְ אֶת הַבַּיִת הַזֶּה וּלְהַקְרִיב לְפָנֶיךָ אֶת תּוֹדָתָם עַל כָּל הַחֶסֶד וְהָאֱמֶת אֲשֶׁר עָשִׂיתָ אִתָּם. אָנָּא חַסְדְּךָ מֵאִתָּם אַל יָמוּשׁ, וּבְרִית שְׁלוֹמְךָ אַל תָּמוּט. הָגֵן בְּעַד בֵּית מְגוּרֵיהֶם, לֹא תְאֻנֶּה אֵלָיו רָעָה, וְנֶגַע וְצַעַר לֹא יִקְרְבוּ אֵלָיו, וְלֹא יִשָּׁמַע קוֹל צְוָחָה בְּתוֹכוֹ. זַכֵּה אֶת בְּנֵי הַבַּיִת לָשֶׁבֶת בְּמִשְׁכְּנָם בְּאַחֲוָה וְרֵעוּת, לְאַהֲבָה וּלְיִרְאָה אוֹתְךָ וּלְדָבְקָה בָךְ, לַהֲגוֹת בְּתוֹרָתְךָ וּלְקַיֵּם מִצְוֹתֶיהָ.

Where appropriate, add the words in parentheses:

הָרֵק בִּרְכוֹתֶיךָ עַל בַּעַל הַבַּיִת. בָּרֵךְ יהוה חֵילוֹ, וּפֹעַל יָדָיו דברים לג
תִּרְצֶה: הַרְחִיקֵהוּ מִידֵי עֲבֵרָה וְעָוֹן, וִיהִי נֹעַמְךָ עָלָיו, וּמַעֲשֵׂה
יָדָיו כּוֹנְנֵהוּ. יְהִי נָא חַסְדְּךָ אֶת אִשְׁתּוֹ, צוֹפִיָּה הֲלִיכוֹת בֵּיתָהּ: משלי לא
וְתֵדַע כִּי, אִשָּׁה יִרְאַת־יהוה הִיא תִתְהַלָּל: (הוֹפַע עַל בְּנֵיהֶם
וּבְנוֹתֵיהֶם רוּחַ חָכְמָה וּבִינָה, הַדְרִיכֵם בִּנְתִיב מִצְוֹתֶיךָ, וְכָל־ ישעיה סא
רֹאֵיהֶם יַכִּירוּם כִּי הֵם זֶרַע בֵּרַךְ יהוה, בְּרוּכִים בַּתּוֹרָה וּבְיִרְאַת
שָׁמַיִם.) שָׁמְרֵם מִכָּל רָע, שְׁמֹר אֶת נַפְשָׁם, וִיקֻיַּם בָּהֶם: בָּרוּךְ דברים כח
אַתָּה בְּבֹאֶךָ, וּבָרוּךְ אַתָּה בְּצֵאתֶךָ: וְכַאֲשֶׁר זָכִינוּ לַחֲנֹךְ אֶת
הַבַּיִת הַזֶּה עַתָּה, כֵּן נִזְכֶּה גַם יַחַד לִרְאוֹת חֲנֻכַּת הַבַּיִת הַגָּדוֹל
וְהַקָּדוֹשׁ בִּירוּשָׁלַיִם עִירֶךָ, קִרְיַת מוֹעֲדֵינוּ, בִּמְהֵרָה בְיָמֵינוּ, אָמֵן.

רִבּוֹן הָעוֹלָם *Master of the Universe:* A prayer of thanksgiving, followed by prayers for the welfare of those who will live in the house. The sanctity of the home is fundamental to Judaism. It is where we celebrate the love between husband and wife – which is symbolic of the love between God and Israel. It is where, with God's blessing, parents pass on their faith and teachings to their children. It is where we practice hospitality, said by the sages to be even

THE TRAVELER'S PRAYER

If one intends to return home on the same day, add the words in parentheses:

יְהִי רָצוֹן May it be Your will,
LORD our God and God of our fathers,
to lead us to peace, direct our steps to peace,
guide us to peace, and bring us to our desired destination in life,
joy and peace
(and bring us back to our home in peace).
Rescue us from any enemy or ambush on the way,
and from all afflictions that trouble the world.
Send blessing to the work of our hands,
and let us find grace, kindness and compassion
from You and from all who see us.
Hear our pleas,
for You are a God who hears prayer and pleas.
Blessed are You, LORD, who listens to prayer.

May the LORD guard your going out and your return, *Ps. 121*
from now and for all time.

Repeat three times:

וַיַּעֲקֹב And Jacob went on his way *Gen. 32*
and angels of God met him.
When he saw them, Jacob said, "This is God's camp"
and he named the place Maḥanaim [two camps].

Repeat three times:

יְבָרֶכְךָ May the LORD bless you and protect you. *Num. 6*
May the LORD make His face shine on you and be gracious to you.
May the LORD turn His face toward you and grant you peace.

שִׁיר לַמַּעֲלוֹת A song of ascents. I lift my eyes up to the hills; from where will *Ps. 121* my help come? My help comes from the LORD, Maker of heaven and earth. He will not let your foot stumble; He who guards you does not slumber. See: the Guardian of Israel neither slumbers nor sleeps. The LORD is your Guardian; the LORD is your Shade at your right hand. The sun will not strike you by day, nor the moon by night. The LORD will guard you from all harm; He will guard your life. The LORD will guard your going and coming, now and for evermore.

תפילת הדרך

If one intends to return home on the same day, add the words in parentheses:

יְהִי רָצוֹן מִלְּפָנֶיךָ, יהוה אֱלֹהֵינוּ וֵאלֹהֵי אֲבוֹתֵינוּ
שֶׁתּוֹלִיכֵנוּ לְשָׁלוֹם, וְתַצְעִידֵנוּ לְשָׁלוֹם, וְתַדְרִיכֵנוּ לְשָׁלוֹם
וְתַגִּיעֵנוּ לִמְחוֹז חֶפְצֵנוּ לְחַיִּים וּלְשִׂמְחָה וּלְשָׁלוֹם
(וְתַחֲזִירֵנוּ לְבֵיתֵנוּ לְשָׁלוֹם)
וְתַצִּילֵנוּ מִכַּף כָּל אוֹיֵב וְאוֹרֵב בַּדֶּרֶךְ
וּמִכָּל מִינֵי פֻרְעָנִיּוֹת הַמִּתְרַגְּשׁוֹת לָבוֹא לָעוֹלָם
וְתִשְׁלַח בְּרָכָה בְּמַעֲשֵׂה יָדֵינוּ
וְתִתְּנֵנוּ לְחֵן וּלְחֶסֶד וּלְרַחֲמִים בְּעֵינֶיךָ וּבְעֵינֵי כָל רוֹאֵינוּ
וְתִשְׁמַע קוֹל תַּחֲנוּנֵינוּ
כִּי אֵל שׁוֹמֵעַ תְּפִלָּה וְתַחֲנוּן אָתָּה.
בָּרוּךְ אַתָּה יהוה, שׁוֹמֵעַ תְּפִלָּה.

יהוה יִשְׁמָר־צֵאתְךָ וּבוֹאֶךָ, מֵעַתָּה וְעַד־עוֹלָם: תהלים קכא

Repeat three times:

וְיַעֲקֹב הָלַךְ לְדַרְכּוֹ, וַיִּפְגְּעוּ־בוֹ מַלְאֲכֵי אֱלֹהִים: בראשית לב
וַיֹּאמֶר יַעֲקֹב כַּאֲשֶׁר רָאָם, מַחֲנֵה אֱלֹהִים זֶה
וַיִּקְרָא שֵׁם־הַמָּקוֹם הַהוּא מַחֲנָיִם:

Repeat three times:

יְבָרֶכְךָ יהוה וְיִשְׁמְרֶךָ: במדבר ו
יָאֵר יהוה פָּנָיו אֵלֶיךָ וִיחֻנֶּךָּ:
יִשָּׂא יהוה פָּנָיו אֵלֶיךָ וְיָשֵׂם לְךָ שָׁלוֹם:

שִׁיר לַמַּעֲלוֹת, אֶשָּׂא עֵינַי אֶל־הֶהָרִים, מֵאַיִן יָבֹא עֶזְרִי: עֶזְרִי מֵעִם יהוה, תהלים קכא
עֹשֵׂה שָׁמַיִם וָאָרֶץ: אַל־יִתֵּן לַמּוֹט רַגְלֶךָ, אַל־יָנוּם שֹׁמְרֶךָ: הִנֵּה לֹא־יָנוּם
וְלֹא יִישָׁן, שׁוֹמֵר יִשְׂרָאֵל: יהוה שֹׁמְרֶךָ, יהוה צִלְּךָ עַל־יַד יְמִינֶךָ: יוֹמָם
הַשֶּׁמֶשׁ לֹא־יַכֶּכָּה, וְיָרֵחַ בַּלָּיְלָה: יהוה יִשְׁמָרְךָ מִכָּל־רָע, יִשְׁמֹר אֶת־נַפְשֶׁךָ:
יהוה יִשְׁמָר־צֵאתְךָ וּבוֹאֶךָ, מֵעַתָּה וְעַד־עוֹלָם:

מעגל החיים
THE CYCLE OF LIFE

BRIT MILA

When the baby is brought in, all stand and say:

Blessed is he who comes.

The mohel (in some congregations, all) say (in Israel omit):

וַיְדַבֵּר The Lord spoke to Moses, saying: Pinehas the son of Elazar, the *Num. 25*
son of Aaron the priest, turned back My rage from the children of Israel, when he was zealous for Me among them, and I did not annihilate the children of Israel in My own zeal. And so tell him, that I now give him My covenant for peace.

The following verses, through "Lord, please, grant us success," are only said in Israel.

Mohel: Happy are those You choose and bring near to dwell in Your courts. *Ps. 65*

All: May we be sated with the goodness of Your House,
Your holy Temple.

The father takes the baby in his hands and says quietly:

אִם אֶשְׁכָּחֵךְ If I forget you, O Jerusalem, may my right hand forget *Ps. 137*
its skill. May my tongue cling to the roof of my mouth, if I do not remember you, if I do not set Jerusalem above my highest joy.

The father says aloud, followed by the congregation:

Listen, Israel: the Lord is our God, the Lord is One. *Deut. 6*

The Mohel, followed by the congregation,
recites each of the following three phrases:

The Lord is King, the Lord was King,
the Lord shall be King for ever and all time.
Lord, please, save us. *Ps. 118*
Lord, please, grant us success.

The baby is placed on Eliyahu's seat, and the Mohel says:

This is the throne of Elijah the prophet, may he be remembered for good.

The Mohel continues:

לִישׁוּעָתְךָ For Your salvation I wait, O Lord. I await Your deliverance, *Gen. 49* *Ps. 119*
Lord, and I observe Your commandments. Elijah, angel of the covenant, behold: yours is before you. Stand at my right hand and be close to me.

סדר ברית מילה

When the baby is brought in, all stand and say:

בָּרוּךְ הַבָּא.

The מוהל *(in some congregations, all) say (in* ארץ ישראל *omit):*

וַיְדַבֵּר יהוה אֶל־מֹשֶׁה לֵּאמֹר: פִּינְחָס בֶּן־אֶלְעָזָר בֶּן־אַהֲרֹן הַכֹּהֵן במדבר כה
הֵשִׁיב אֶת־חֲמָתִי מֵעַל בְּנֵי־יִשְׂרָאֵל, בְּקַנְאוֹ אֶת־קִנְאָתִי בְּתוֹכָם,
וְלֹא־כִלִּיתִי אֶת־בְּנֵי־יִשְׂרָאֵל בְּקִנְאָתִי: לָכֵן אֱמֹר, הִנְנִי נֹתֵן לוֹ אֶת־
בְּרִיתִי שָׁלוֹם:

The following verses, through אָנָּא יהוה הַצְלִיחָה נָא *are only said in Israel.*

המוהל: אַשְׁרֵי תִּבְחַר וּתְקָרֵב, יִשְׁכֹּן חֲצֵרֶיךָ תהלים סה

הקהל: נִשְׂבְּעָה בְּטוּב בֵּיתֶךָ, קְדֹשׁ הֵיכָלֶךָ:

The father takes the baby in his hands and says quietly:

אִם־אֶשְׁכָּחֵךְ יְרוּשָׁלָםִ, תִּשְׁכַּח יְמִינִי: תִּדְבַּק לְשׁוֹנִי לְחִכִּי תהלים קלו
אִם־לֹא אֶזְכְּרֵכִי, אִם־לֹא אַעֲלֶה אֶת־יְרוּשָׁלַםִ עַל רֹאשׁ שִׂמְחָתִי:

The father says aloud, followed by the קהל*:*

שְׁמַע יִשְׂרָאֵל, יהוה אֱלֹהֵינוּ, יהוה אֶחָד: דברים ו

The מוהל*, followed by the* קהל*, repeats each of the following three phrases:*

יהוה מֶלֶךְ, יהוה מָלָךְ, יהוה יִמְלֹךְ לְעוֹלָם וָעֶד.
אָנָּא יהוה הוֹשִׁיעָה נָּא תהלים קיח
אָנָּא יהוה הַצְלִיחָה נָא:

The baby is placed on the כסא של אליהו*, and the* מוהל *says:*

זֶה הַכִּסֵּא שֶׁל אֵלִיָּהוּ הַנָּבִיא זָכוּר לַטּוֹב.

The מוהל *continues:*

לִישׁוּעָתְךָ קִוִּיתִי יהוה: שִׂבַּרְתִּי לִישׁוּעָתְךָ יהוה, וּמִצְוֹתֶיךָ עָשִׂיתִי: בראשית מט תהלים קיט
אֵלִיָּהוּ מַלְאַךְ הַבְּרִית, הִנֵּה שֶׁלְּךָ לְפָנֶיךָ, עֲמֹד עַל יְמִינִי וְסָמְכֵנִי.

I await Your deliverance, LORD. I rejoice in Your word like one who finds much spoil. Those who love Your Torah have great peace, and there is no stumbling block before them. Happy are those You choose and bring near to dwell in Your courts. *Ps. 119* *Ps. 65*

All respond:

May we be sated with the goodness of Your House, Your holy Temple.

The baby is placed on the knees of the Sandak, and the Mohel says:

בָּרוּךְ Blessed are You, LORD our God, King of the Universe,
who has made us holy through His commandments,
and has commanded us concerning circumcision.

Immediately after the circumcision, the father says:

בָּרוּךְ Blessed are You, LORD our God, King of the Universe,
who has made us holy through His commandments,
and has commanded us to bring him [our son]
into the covenant of Abraham, our father.

In Israel the father adds (some outside Israel add it as well):

בָּרוּךְ Blessed are You, LORD our God, King of the Universe,
who has given us life, sustained us, and brought us to this time.

All respond:

אָמֵן Amen. Just as he has entered into the covenant,
so may he enter into Torah, marriage and good deeds.

---

the covenant of Abraham, our father – a separate blessing, referring not to the circumcision itself, but what it is a sign of – namely entry into the life of the covenant, under the sheltering wings of the Divine Presence (*Arukh HaShulḥan, Yoreh De'ah* 365:2); (3) *Who made the beloved one [Isaac] holy from the womb* – a blessing of acknowledgment. Isaac was the first child to have a circumcision at the age of eight days. He was consecrated before birth, Abraham having been told that it would be Isaac who would continue the covenant (Gen. 17:19–21).

כְּשֵׁם שֶׁנִּכְנַס לַבְּרִית *Just as he has entered into the covenant:* Mentioned already in early rabbinic sources as the response of those present. The three phrases refer to the duties of a parent to a child: (1) to teach him Torah; (2) to ensure that he marries; and (3) to train him to do good deeds, as the Torah says in the case of Abraham: "For I have singled him out so that he may instruct his children and his posterity to keep the way of the LORD by doing what is just and right" (Gen. 18:19).

שִׂבַּרְתִּי לִישׁוּעָתְךָ יהוה: שָׂשׂ אָנֹכִי עַל־אִמְרָתֶךָ, כְּמוֹצֵא שָׁלָל רָב: תהלים קיט
שָׁלוֹם רָב לְאֹהֲבֵי תוֹרָתֶךָ, וְאֵין־לָמוֹ מִכְשׁוֹל: אַשְׁרֵי תִּבְחַר וּתְקָרֵב, תהלים סה
יִשְׁכֹּן חֲצֵרֶיךָ

All respond:

נִשְׂבְּעָה בְּטוּב בֵּיתֶךָ, קְדֹשׁ הֵיכָלֶךָ:

The baby is placed on the knees of the סנדק, *and the* מוהל *says:*

בָּרוּךְ אַתָּה יהוה אֱלֹהֵינוּ מֶלֶךְ הָעוֹלָם
אֲשֶׁר קִדְּשָׁנוּ בְּמִצְוֹתָיו וְצִוָּנוּ עַל הַמִּילָה.

Immediately after the circumcision, the father says:

בָּרוּךְ אַתָּה יהוה אֱלֹהֵינוּ מֶלֶךְ הָעוֹלָם, אֲשֶׁר קִדְּשָׁנוּ בְּמִצְוֹתָיו
וְצִוָּנוּ לְהַכְנִיסוֹ בִּבְרִיתוֹ שֶׁל אַבְרָהָם אָבִינוּ.

In ארץ ישראל *the father adds (some in* חוץ לארץ *add it as well):*

בָּרוּךְ אַתָּה יהוה אֱלֹהֵינוּ מֶלֶךְ הָעוֹלָם
שֶׁהֶחֱיָנוּ וְקִיְּמָנוּ וְהִגִּיעָנוּ לַזְּמַן הַזֶּה.

All respond:

אָמֵן. כְּשֵׁם שֶׁנִּכְנַס לַבְּרִית, כֵּן יִכָּנֵס לְתוֹרָה וּלְחֻפָּה וּלְמַעֲשִׂים טוֹבִים.

SERVICE AT A CIRCUMCISION

Since the days of Abraham (Gen. 17:4–14), circumcision has been the sign, for Jewish males, of the covenant between God and His people. Despite the fact that the law was restated by Moses (Lev. 12:3), it remains known as the "Covenant of Abraham." The ceremony – always performed on the eighth day, even on Shabbat, unless there are medical reasons for delay – marks the entry of the child into the covenant of Jewish fate and destiny. The duty of circumcision devolves, in principle, on the father of the child; in practice it is performed only by a qualified *mohel.*

בָּרוּךְ *Blessed are You:* There are three blessings to be said at a circumcision: (1) *And has commanded us concerning circumcision* – a blessing over the commandment itself, the "about" formula signaling that the *mohel* is performing the commandment on behalf of the father; (2) *To bring him* [*our son*] *into*

After the circumcision has been completed, the Mohel (or another honoree) takes a cup of wine and says:

בָּרוּךְ Blessed are You, LORD our God, King of the Universe, who creates the fruit of the vine.

בָּרוּךְ Blessed are You, LORD our God, King of the Universe, who made the beloved one [Isaac] holy from the womb, marked the decree of circumcision in his flesh, and gave his descendants the seal and sign of the holy covenant. As a reward for this, the Living God, our Portion, our Rock, did order deliverance from destruction for the beloved of our flesh, for the sake of His covenant that He set in our flesh. Blessed are You, LORD, who establishes the covenant.

אֱלֹהֵינוּ Our God and God of our fathers, preserve this child to his father and mother, and let his name be called in Israel (*baby's name* son of *father's name*). May the father rejoice in the issue of his body, and
the mother be glad with the fruit of her womb, as is written, "May your *Prov. 23*
father and mother rejoice, and she who bore you be glad." And it is said,
"Then I passed by you and saw you downtrodden in your blood, and I *Ezek. 16*
said to you: In your blood, live; and I said to you: In your blood, live."

וְנֶאֱמַר And it is said, "He remembered His covenant for ever; the *Ps. 105*
word He ordained for a thousand generations; the covenant He made with Abraham and gave on oath to Isaac, confirming it as a statute for Jacob, an everlasting covenant for Israel." And it is said,
"And Abraham circumcised his son Isaac at the age of eight days, as *Gen. 21*
God had commanded him." Thank the LORD for He is good; His *Ps. 118*
loving-kindness is for ever.

All respond:

Thank the LORD for He is good; His loving-kindness is for ever.

The Mohel (or honoree) continues:

May this child (*baby's name* son of *father's name*) become great. Just as he has entered into the covenant, so may he enter into Torah, marriage and good deeds.

The Sandak also drinks some of the wine; some drops are given to the baby. The cup is then sent to the mother, who also drinks from it.

All say Aleinu on page 184, and Mourner's Kaddish on page 186.

After the circumcision has been completed, the מוהל *(or another honoree) takes a cup of wine and says:*

בָּרוּךְ אַתָּה יהוה אֱלֹהֵינוּ מֶלֶךְ הָעוֹלָם, בּוֹרֵא פְּרִי הַגָּפֶן.

בָּרוּךְ אַתָּה יהוה אֱלֹהֵינוּ מֶלֶךְ הָעוֹלָם, אֲשֶׁר קִדֵּשׁ יְדִיד מִבֶּטֶן, וְחֹק בִּשְׁאֵרוֹ שָׂם, וְצֶאֱצָאָיו חָתַם בְּאוֹת בְּרִית קֹדֶשׁ. עַל כֵּן בִּשְׂכַר זֹאת, אֵל חַי חֶלְקֵנוּ צוּרֵנוּ צַוֵּה לְהַצִּיל יְדִידוּת שְׁאֵרֵנוּ מִשַּׁחַת, לְמַעַן בְּרִיתוֹ אֲשֶׁר שָׂם בִּבְשָׂרֵנוּ. בָּרוּךְ אַתָּה יהוה, כּוֹרֵת הַבְּרִית.

אֱלֹהֵינוּ וֵאלֹהֵי אֲבוֹתֵינוּ, קַיֵּם אֶת הַיֶּלֶד הַזֶּה לְאָבִיו וּלְאִמּוֹ, וְיִקָּרֵא שְׁמוֹ בְּיִשְׂרָאֵל (פלוני בֶּן פלוני). יִשְׂמַח הָאָב בְּיוֹצֵא חֲלָצָיו וְתָגֵל
אִמּוֹ בִּפְרִי בִטְנָהּ, כַּכָּתוּב: יִשְׂמַח־אָבִיךָ וְאִמֶּךָ, וְתָגֵל יוֹלַדְתֶּךָ: משלי כג
וְנֶאֱמַר: וָאֶעֱבֹר עָלַיִךְ וָאֶרְאֵךְ מִתְבּוֹסֶסֶת בְּדָמָיִךְ, וָאֹמַר לָךְ יחזקאל טז
בְּדָמַיִךְ חֲיִי, וָאֹמַר לָךְ בְּדָמַיִךְ חֲיִי:

וְנֶאֱמַר: זָכַר לְעוֹלָם בְּרִיתוֹ, דָּבָר צִוָּה לְאֶלֶף דּוֹר: אֲשֶׁר כָּרַת אֶת־ תהלים קה
אַבְרָהָם, וּשְׁבוּעָתוֹ לְיִשְׂחָק: וַיַּעֲמִידֶהָ לְיַעֲקֹב לְחֹק, לְיִשְׂרָאֵל
בְּרִית עוֹלָם: וְנֶאֱמַר: וַיָּמָל אַבְרָהָם אֶת־יִצְחָק בְּנוֹ בֶּן־שְׁמֹנַת בראשית כא
יָמִים, כַּאֲשֶׁר צִוָּה אֹתוֹ אֱלֹהִים: הוֹדוּ לַיהוה כִּי־טוֹב, כִּי לְעוֹלָם תהלים קיח
חַסְדּוֹ:

All respond:

הוֹדוּ לַיהוה כִּי־טוֹב, כִּי לְעוֹלָם חַסְדּוֹ:

The מוהל *(or honoree) continues:*

(פלוני בֶּן פלוני) זֶה הַקָּטָן גָּדוֹל יִהְיֶה, כְּשֵׁם שֶׁנִּכְנַס לַבְּרִית, כֵּן יִכָּנֵס לְתוֹרָה וּלְחֻפָּה וּלְמַעֲשִׂים טוֹבִים.

The סנדק *also drinks some of the wine; some drops are given to the baby. The cup is then sent to the mother, who also drinks from it.*

All say עָלֵינוּ*, on page 185, and* קדיש יתום *on page 187.*

BIRKAT HAMAZON AT A BRIT MILA

Leader Gentlemen, let us say grace.

Others May the name of the LORD be blessed from now and for ever. *Ps. 113*

Leader May the name of the LORD be blessed from now and for ever.

Leader then others We give thanks to Your name among the faithful.
Blessed are you to the LORD.

Leader With permission of the Almighty, awesome and revered,
a refuge in times of trouble,
Almighty, girded with strength –
majestic on high, the LORD.

Others We give thanks to Your name among the faithful.
Blessed are you to the LORD.

Leader With permission of the holy Torah,
pure and clear,
given to us as a heritage
by Moses the servant of the LORD.

Others We give thanks to Your name among the faithful.
Blessed are you to the LORD.

Leader With permission of the priests, the Levites,
I call upon the God of the Hebrews,
declaring His glory to the furthest isles,
and offering blessings to the LORD.

Others We give thanks to Your name among the faithful.
Blessed are you to the LORD.

---

from God, the Torah, Kohanim and Levites, and the assembled company, dating from the Middle Ages. Originally said at other festive occasions, it has come, over the course of time, to be associated specifically with the celebration of a circumcision.

ברכת המזון לברית מילה

Leader רַבּוֹתַי, נְבָרֵךְ.

Others יְהִי שֵׁם יהוה מְבֹרָךְ מֵעַתָּה וְעַד־עוֹלָם: תהלים קיג

Leader יְהִי שֵׁם יהוה מְבֹרָךְ מֵעַתָּה וְעַד־עוֹלָם:

Leader then others נוֹדֶה לְשִׁמְךָ בְּתוֹךְ אֱמוּנַי, בְּרוּכִים אַתֶּם לַיהוה.

Leader בִּרְשׁוּת אֵל אָיֹם וְנוֹרָא
מִשְׂגָּב לְעִתּוֹת בַּצָּרָה
אֵל נֶאְזָר בִּגְבוּרָה
אַדִּיר בַּמָּרוֹם יהוה.

Others נוֹדֶה לְשִׁמְךָ בְּתוֹךְ אֱמוּנַי, בְּרוּכִים אַתֶּם לַיהוה.

Leader בִּרְשׁוּת הַתּוֹרָה הַקְּדוֹשָׁה
טְהוֹרָה הִיא וְגַם פְּרוּשָׁה
צִוָּה לָנוּ מוֹרָשָׁה
מֹשֶׁה עֶבֶד יהוה.

Others נוֹדֶה לְשִׁמְךָ בְּתוֹךְ אֱמוּנַי, בְּרוּכִים אַתֶּם לַיהוה.

Leader בִּרְשׁוּת הַכֹּהֲנִים וְהַלְוִיִּם
אֶקְרָא לֵאלֹהֵי הָעִבְרִיִּים
אֲהוֹדֶנּוּ בְּכָל אִיִּים
אֲבָרְכָה אֶת יהוה.

Others נוֹדֶה לְשִׁמְךָ בְּתוֹךְ אֱמוּנַי, בְּרוּכִים אַתֶּם לַיהוה.

BIRKAT HAMAZON AT A BRIT MILA

נוֹדֶה לְשִׁמְךָ בְּתוֹךְ אֱמוּנַי *We give thanks to Your name among the faithful:* A highly stylized form of the invitation to say Grace, asking permission respectively

Leader With the permission of the rabbis, teachers and friends,
I open my lips with song,
saying from my innermost being:
"Blessed is he that comes in the name of the Lord."

Others We give thanks to Your name among the faithful.
Blessed are you to the Lord.

Leader With your permission, my masters and teachers,
let us bless (*in a minyan:* our God,) the One
from whose food we have eaten.

Others Blessed be (*in a minyan:* our God,) the One
from whose food we have eaten,
and by whose goodness we live.

Leader Blessed be (*in a minyan:* our God,) the One
from whose food we have eaten,
and by whose goodness we live.
Blessed be He, and blessed be His name.

Continue with Birkat HaMazon on page 520 until "in the eyes of God and man" on page 530. Then continue:

Someone other than the father says:

הָרַחֲמָן May the Compassionate One
bless the father and mother of this child.
May they be worthy to raise him,
educate him, and train him in wisdom.
From this eighth day onward may his blood be accepted,
and may the Lord his God be with him always.

Someone other than the Sandak says:

הָרַחֲמָן May the Compassionate One bless him [the Sandak]
who assisted in the covenant of circumcision
and rejoiced to do this pious deed.
May God doubly reward him for his deed,
exalting him ever higher.

Leader בִּרְשׁוּת מָרָנָן וְרַבָּנָן וְרַבּוֹתַי
אֶפְתְּחָה בְּשִׁיר פִּי וּשְׂפָתַי
וְתֹאמַרְנָה עַצְמוֹתַי
בָּרוּךְ הַבָּא בְּשֵׁם יהוה.

Others נוֹדֶה לְשִׁמְךָ בְּתוֹךְ אֱמוּנַי, בְּרוּכִים אַתֶּם לַיהוה.

Leader בִּרְשׁוּת מָרָנָן וְרַבָּנָן וְרַבּוֹתַי
נְבָרֵךְ (במנין: אֱלֹהֵינוּ) שֶׁאָכַלְנוּ מִשֶּׁלוֹ.

Others בָּרוּךְ (במנין: אֱלֹהֵינוּ) שֶׁאָכַלְנוּ מִשֶּׁלוֹ וּבְטוּבוֹ חָיִינוּ.

Leader בָּרוּךְ (במנין: אֱלֹהֵינוּ) שֶׁאָכַלְנוּ מִשֶּׁלוֹ וּבְטוּבוֹ חָיִינוּ.
בָּרוּךְ הוּא וּבָרוּךְ שְׁמוֹ.

Continue with ברכת המזון *on page 521 until* בְּעֵינֵי אֱלֹהִים וְאָדָם *on page 531. Then continue:*

Someone other than the father says:

הָרַחֲמָן הוּא יְבָרֵךְ אֲבִי הַיֶּלֶד וְאִמּוֹ
וְיִזְכּוּ לְגַדְּלוֹ וּלְחַנְּכוֹ וּלְחַכְּמוֹ
מִיּוֹם הַשְּׁמִינִי וָהָלְאָה יֵרָצֶה דָמוֹ
וִיהִי יהוה אֱלֹהָיו עִמּוֹ.

Someone other than the סנדק *says:*

הָרַחֲמָן הוּא יְבָרֵךְ בַּעַל בְּרִית הַמִּילָה
אֲשֶׁר שָׂשׂ לַעֲשׂוֹת צֶדֶק בְּגִילָה
וִישַׁלֵּם פָּעֳלוֹ וּמַשְׂכֻּרְתּוֹ כְּפוּלָה
וְיִתְּנֵהוּ לְמַעְלָה לְמָעְלָה.

הָרַחֲמָן *May the Compassionate One:* A series of special blessings for the parents of the child, the *Sandak*, the child, and the *mohel*. The fifth and sixth are prayers for the coming of the Messiah, and for Elijah, who is believed to be

הָרַחֲמָן May the Compassionate One
bless the tender child, circumcised on his eighth day.
May his heart and hands be firm with God,
and may he be worthy to witness the Divine Presence
three times a year.

Someone other than the Mohel says:

הָרַחֲמָן May the Compassionate One
bless him who performed the circumcision,
and fulfilled every part of the precept.
The service of the faint-hearted would not be acceptable
if he failed to perform
the three essentials of the precept.

הָרַחֲמָן May the Compassionate One
send us His anointed, blameless in life,
through the merit of this child
groomed by the blood of circumcision,
to proclaim good news and consolations
to the unique people scattered
and dispersed among the nations.

הָרַחֲמָן May the Compassionate One
send us the righteous priest,
who was taken into hiding,
until a throne, bright as the sun, radiant as a diamond,
is prepared for him;
the prophet who covered his face with his mantle
and wrapped himself in it [when God declared]:
My covenant is with him for life and peace.

Continue with "May the Compassionate One make us worthy of the Messianic Age" on page 530.

On Rosh Ḥodesh continue with "May the Compassionate One renew this month" on page 530.

הָרַחֲמָן הוּא יְבָרֵךְ רַךְ הַנִּמּוֹל לִשְׁמוֹנָה
וְיִהְיוּ יָדָיו וְלִבּוֹ לָאֵל אֱמוּנָה
וְיִזְכֶּה לִרְאוֹת פְּנֵי הַשְּׁכִינָה
שָׁלֹשׁ פְּעָמִים בַּשָּׁנָה.

Someone other than the מוהל *says:*

הָרַחֲמָן הוּא יְבָרֵךְ הַמָּל בְּשַׂר הָעָרְלָה
וּפָרַע וּמָצַץ דְּמֵי הַמִּילָה
אִישׁ הַיָּרֵא וְרַךְ הַלֵּבָב עֲבוֹדָתוֹ פְּסוּלָה
אִם שְׁלָשׁ אֵלֶּה לֹא יַעֲשֶׂה לָהּ.

הָרַחֲמָן הוּא יִשְׁלַח לָנוּ מְשִׁיחוֹ הוֹלֵךְ תָּמִים
בִּזְכוּת חֲתַן לַמּוּלוֹת דָּמִים
לְבַשֵּׂר בְּשׂוֹרוֹת טוֹבוֹת וְנִחוּמִים
לְעַם אֶחָד מְפֻזָּר וּמְפֹרָד בֵּין הָעַמִּים.

הָרַחֲמָן הוּא יִשְׁלַח לָנוּ כֹּהֵן צֶדֶק אֲשֶׁר לֻקַּח לְעֵילוֹם
עַד הוּכַן כִּסְאוֹ כַּשֶּׁמֶשׁ וְיַהֲלֹם
וַיָּלֶט פָּנָיו בְּאַדַּרְתּוֹ וַיִּגְלֹם
בְּרִיתִי הָיְתָה אִתּוֹ הַחַיִּים וְהַשָּׁלוֹם.

Continue with הָרַחֲמָן הוּא יְזַכֵּנוּ לִימוֹת הַמָּשִׁיחַ *on page 531.*
On ראש חודש *continue with* הָרַחֲמָן הוּא יְחַדֵּשׁ *on page 531.*

---

present at the circumcision. The author has left his name, Abraham, in an acrostic formed by the initial letters of the third-to-last word in the first line of the first five blessings.

REDEMPTION OF THE FIRSTBORN

A firstborn male child, must be redeemed on the 31st day of his birth – unless the father is a Kohen or Levi, or the mother is a daughter of a Kohen or a Levi. If the 31st day falls on Shabbat or Yom Tov, the ceremony is postponed to the following weekday.

The father, presenting his child to the Kohen, declares:

זֶה This is my firstborn son, the first issue of his mother's womb. The Holy One, blessed be He, has commanded us to redeem him, as is said,

"Those who are to be redeemed, you must redeem from the age of one month, at the fixed price of five shekels of silver by the sacred standard, which is twenty gerahs to the shekel." *Num. 18*

And it is also stated,

"Consecrate to Me every firstborn; the first of every womb among the people of Israel, whether of man or beast, belongs to Me." *Ex. 13*

The Kohen checks with the mother that this is her firstborn, and then asks if she has miscarried before this child. If her answer is no, he asks the father:

מַאי Which do you prefer:
to give me your firstborn son,
the first birth of his mother,
or to redeem him for five selas
as you are bound to do according to the Torah?

---

prescribes a ceremony of redemption, in which the father of the child makes a monetary offering to a Kohen, symbolically exchanging it for his son. The substance of the ceremony has not changed since biblical times, though its wording is first mentioned in the Talmud.

מַאי בָּעִית טְפֵי *Which do you prefer:* A notional question. In fact, the father has no choice but to redeem the child. The question is asked to ensure that the father understands the nature of the ceremony. The present text is in Aramaic, but it can be said in any language.

סדר פדיון הבן

A firstborn male child, must be redeemed on the 31st day of his birth – unless the father is a כהן or לוי, or the mother is a daughter of a כהן or a לוי. If the 31st day falls on שבת or יום טוב, the ceremony is postponed to the following weekday.

The father, presenting his child to the כהן, declares:

זֶה בְּנִי בְּכוֹרִי הוּא פֶּטֶר רֶחֶם לְאִמּוֹ
וְהַקָּדוֹשׁ בָּרוּךְ הוּא צִוָּה לִפְדּוֹתוֹ
שֶׁנֶּאֱמַר
במדבר יח וּפְדוּיָו מִבֶּן־חֹדֶשׁ תִּפְדֶּה, בְּעֶרְכְּךָ כֶּסֶף חֲמֵשֶׁת שְׁקָלִים
בְּשֶׁקֶל הַקֹּדֶשׁ, עֶשְׂרִים גֵּרָה הוּא:

וְנֶאֱמַר
שמות יג קַדֶּשׁ־לִי כָל־בְּכוֹר פֶּטֶר כָּל־רֶחֶם בִּבְנֵי יִשְׂרָאֵל בָּאָדָם
וּבַבְּהֵמָה, לִי הוּא:

The כהן checks with the mother that this is her firstborn, and then asks if she has miscarried before this child. If her answer is no, he asks the father:

מַאי בָּעֵית טְפֵי
לִתֵּן לִי בִּנְךָ בְּכוֹרְךָ שֶׁהוּא פֶּטֶר רֶחֶם לְאִמּוֹ
אוֹ בָּעֵית לִפְדּוֹתוֹ בְּעַד חָמֵשׁ סְלָעִים
כְּדִמְחֻיַּבְתָּ מִדְּאוֹרַיְתָא.

REDEMPTION OF THE FIRSTBORN

According to the Torah, firstborn males originally carried a special sanctity. Their lives spared during the last of the ten plagues, the firstborns were to become God's special ministers, who would dedicate themselves to His service. (The supreme biblical example is Samuel, dedicated to God by his mother Hannah, 1 Sam. 1:11.) After the sin of the golden calf, that responsibility was transferred to the Levites, the only tribe that did not take part in the sin (Num. 3:11–13). In memory of the earlier sanctity, however, the Torah

The father replies:

חָפֵץ I wish to redeem my son.
I present you with the cost of his redemption
which I am bound to give according to the Torah.

Holding the redemption money, the father says:

בָּרוּךְ Blessed are You, LORD our God, King of the Universe,
who has made us holy through His commandments,
and has commanded us concerning the redemption of a son.

בָּרוּךְ Blessed are You, LORD our God, King of the Universe,
who has given us life, sustained us, and brought us to this time.

The redemption money is given to the Kohen, who then returns the child to his father.
The Kohen takes a cup of wine and says:

בָּרוּךְ Blessed are You, LORD our God, King of the Universe,
who creates the fruit of the vine.

Placing his right hand on the head of the child, the Kohen blesses him as follows:

יְשִׂמְךָ May God make you like *Gen. 48*
Ephraim and Manasseh.
May the LORD bless you and protect you. *Num. 6*
May the LORD make His face shine on you
and be gracious to you.
May the LORD turn His face toward you
and grant you peace.
The LORD is your Guardian; *Ps. 121*
the LORD is your protection at your right hand.
The LORD will guard you against all harm.
He will guard your life.
For length of days, years of life, and peace *Prov. 3*
He will increase for you.

The father replies:

חָפֵץ אֲנִי לִפְדּוֹת אֶת בְּנִי
וְהֵילָךְ דְּמֵי פִדְיוֹנוֹ כְּדִמְחַיַּבְנָא מִדְּאוֹרַיְתָא.

Holding the redemption money, the father says:

בָּרוּךְ אַתָּה יהוה אֱלֹהֵינוּ מֶלֶךְ הָעוֹלָם
אֲשֶׁר קִדְּשָׁנוּ בְּמִצְוֹתָיו וְצִוָּנוּ עַל פִּדְיוֹן הַבֵּן.

בָּרוּךְ אַתָּה יהוה אֱלֹהֵינוּ מֶלֶךְ הָעוֹלָם
שֶׁהֶחֱיָנוּ וְקִיְּמָנוּ וְהִגִּיעָנוּ לַזְּמַן הַזֶּה.

The redemption money is given to the כהן, who then returns the child to his father.
The כהן takes a cup of wine and says:

בָּרוּךְ אַתָּה יהוה אֱלֹהֵינוּ מֶלֶךְ הָעוֹלָם, בּוֹרֵא פְּרִי הַגָּפֶן.

Placing his right hand on the head of the child, the כהן blesses him as follows:

יְשִׂמְךָ אֱלֹהִים כְּאֶפְרַיִם וְכִמְנַשֶּׁה: בראשית מח
יְבָרֶכְךָ יהוה וְיִשְׁמְרֶךָ: במדבר ו
יָאֵר יהוה פָּנָיו אֵלֶיךָ וִיחֻנֶּךָּ:
יִשָּׂא יהוה פָּנָיו אֵלֶיךָ וְיָשֵׂם לְךָ שָׁלוֹם:
יהוה שֹׁמְרֶךָ, יהוה צִלְּךָ עַל־יַד יְמִינֶךָ: תהלים קכא
יהוה יִשְׁמָרְךָ מִכָּל־רָע, יִשְׁמֹר אֶת־נַפְשֶׁךָ:
כִּי אֹרֶךְ יָמִים וּשְׁנוֹת חַיִּים וְשָׁלוֹם יוֹסִיפוּ לָךְ: משלי ג

THANKSGIVING PRAYER AFTER CHILDBIRTH

On entering the synagogue, say:

וַאֲנִי As for me, by Your great love, *Ps. 5*
I will come into Your House.
I will bow down toward Your holy Temple in awe of You.

אָהַבְתִּי I love the LORD, for He hears my voice, my pleas. *Ps. 116*
He turns His ear to me whenever I call.
The bonds of death encompassed me,
the anguish of the grave came upon me,
I was overcome by trouble and sorrow.
Then I called on the name of the LORD: "LORD, I pray, save my life."
Gracious is the LORD, and righteous; our God is full of compassion.
The LORD protects the simple hearted.
When I was brought low, He saved me.
My soul, be at peace once more,
for the LORD has been good to you.
For You have rescued me from death,
my eyes from weeping, my feet from stumbling.
I shall walk in the presence of the LORD in the land of the living.
I had faith, even when I said, "I am greatly afflicted,"
even when I said rashly, "All men are liars."

מָה־אָשִׁיב How can I repay the LORD for all His goodness to me? *Ps. 116*
To You I shall bring a thanksgiving-offering
and call on the LORD by name.
I will fulfill my vows to the LORD in the presence of all His people,
in the courts of the House of the LORD,
in your midst, Jerusalem. Halleluya!

The above prayer is composed of the following elements: (1) a prayer on entry to the synagogue; (2) verses of thanksgiving from Hallel; (3) the blessing "Who bestows good things" (*HaGomel*) together with the congregational response; and (4) prayers for recovery from the pains of birth, and for success in raising the child.

סדר תפילה ליולדת

On entering the בית כנסת*, say:*

תהלים ה וַאֲנִי בְּרֹב חַסְדְּךָ אָבוֹא בֵיתֶךָ
אֶשְׁתַּחֲוֶה אֶל־הֵיכַל־קָדְשְׁךָ בְּיִרְאָתֶךָ׃

תהלים קטז אָהַבְתִּי, כִּי־יִשְׁמַע יהוה, אֶת־קוֹלִי תַּחֲנוּנָי׃
כִּי־הִטָּה אָזְנוֹ לִי, וּבְיָמַי אֶקְרָא׃
אֲפָפוּנִי חֶבְלֵי־מָוֶת, וּמְצָרֵי שְׁאוֹל מְצָאוּנִי, צָרָה וְיָגוֹן אֶמְצָא׃
וּבְשֵׁם־יהוה אֶקְרָא, אָנָּה יהוה מַלְּטָה נַפְשִׁי׃
חַנּוּן יהוה וְצַדִּיק, וֵאלֹהֵינוּ מְרַחֵם׃
שֹׁמֵר פְּתָאיִם יהוה, דַּלּוֹתִי וְלִי יְהוֹשִׁיעַ׃
שׁוּבִי נַפְשִׁי לִמְנוּחָיְכִי, כִּי־יהוה גָּמַל עָלָיְכִי׃
כִּי חִלַּצְתָּ נַפְשִׁי מִמָּוֶת, אֶת־עֵינִי מִן־דִּמְעָה, אֶת־רַגְלִי מִדֶּחִי׃
אֶתְהַלֵּךְ לִפְנֵי יהוה, בְּאַרְצוֹת הַחַיִּים׃
הֶאֱמַנְתִּי כִּי אֲדַבֵּר, אֲנִי עָנִיתִי מְאֹד׃
אֲנִי אָמַרְתִּי בְחָפְזִי, כָּל־הָאָדָם כֹּזֵב׃

תהלים קטז מָה־אָשִׁיב לַיהוה, כָּל־תַּגְמוּלוֹהִי עָלָי׃
לְךָ־אֶזְבַּח זֶבַח תּוֹדָה, וּבְשֵׁם יהוה אֶקְרָא׃
נְדָרַי לַיהוה אֲשַׁלֵּם, נֶגְדָה־נָּא לְכָל־עַמּוֹ׃
בְּחַצְרוֹת בֵּית יהוה, בְּתוֹכֵכִי יְרוּשָׁלָםִ, הַלְלוּיָהּ׃

THANKSGIVING PRAYER AFTER CHILDBIRTH

In Temple times, mothers would offer a sacrifice after the birth of a child (Lev. 12:6–8). No record exists of a formal prayer offered on such occasions: there may have been no fixed text. Hannah's prayer after the birth of Samuel (1 Sam. 2:1–10) is, however, a powerful example of such a song of thanksgiving.

The mother says:

בָּרוּךְ Blessed are You, Lord our God, King of the Universe,
who bestows good things on the unworthy,
who has bestowed on me much good.

All respond:

אָמֵן Amen. May He who bestowed much good on you,
continue to bestow on you much good. Selah.

אָנָּא O great, mighty and revered God. By Your great love I now come into Your House, to offer You a thanksgiving-offering for all the good You have bestowed on me. Travail beset me, pains seized me. In my distress I cried to You, and from Your habitation You heard my voice and helped me. You healed all my sickness, and crowned me with kindness and compassion. Until now Your mercy has helped me. I pray to You, God, never forsake me. Bestow Your blessing upon Your handmaid. Strengthen and support me together with my husband, that we may raise

For a boy:

הַיֶּלֶד the boy that has been born to us, to revere You and serve You in truth, and to walk in the path of righteousness. Protect our tender child in all his ways. Favor him with knowledge, understanding and discernment, and let his portion be in Your Torah, so that he may sanctify Your great name, and become a comfort to us as we grow old. As for me, may my prayer come to You, Lord, at a time of favor. *Ps. 69*
O God, in Your great love, answer me with Your faithful salvation.

For a girl:

הַיַּלְדָּה the girl that has been born to us, to revere You and serve You in truth, and to walk in the path of righteousness. Protect our tender child in all her ways. Favor her with knowledge, understanding and discernment, and let her portion be in Your Torah, so that she may sanctify Your great name, and become a comfort to us as we grow old. As for me, may my prayer come to You, Lord, at a time of favor. *Ps. 69*
O God, in Your great love, answer me with Your faithful salvation.

If the baby is brought to the synagogue, the Rabbi says the following blessings over him/her:

יְבָרֶכְךָ May the Lord bless you and protect you. *Num. 6*
May the Lord make His face shine on you and be gracious to you.
May the Lord turn His face toward you and grant you peace.

The mother says:

בָּרוּךְ אַתָּה יהוה אֱלֹהֵינוּ מֶלֶךְ הָעוֹלָם
הַגּוֹמֵל לְחַיָּבִים טוֹבוֹת, שֶׁגְּמָלַנִי כָּל טוֹב.

All respond:

אָמֵן. מִי שֶׁגְּמָלֵךְ כָּל טוֹב, הוּא יִגְמְלֵךְ כָּל טוֹב, סֶלָה.

אָנָּא הָאֵל הַגָּדוֹל הַגִּבּוֹר וְהַנּוֹרָא, בְּרֹב חַסְדְּךָ אָבוֹא בֵיתֶךָ, לִזְבֹּחַ לְךָ זֶבַח
תּוֹדָה עַל כָּל הַטּוֹבוֹת אֲשֶׁר גָּמַלְתָּ עָלַי. אֲפָפוּנִי חֲבָלִים וְצִירִים אֲחָזוּנִי,
בַּצַּר לִי קָרָאתִי אֵלֶיךָ, וְשָׁמַעְתָּ מֵהֵיכָלְךָ קוֹלִי וְהָיִיתָ בְּעֶזְרִי, וְרִפֵּאתָ
לְכָל תַּחֲלוּאַי, עִטַּרְתַּנִי חֶסֶד וְרַחֲמִים, עַד הֵנָּה עֲזָרוּנִי רַחֲמֶיךָ, אָנָּא אַל
תִּטְּשֵׁנִי לָנֶצַח. הוֹאֵל אֱלוֹהַּ, וּבָרֵךְ אֶת אֲמָתֶךָ, חַזְּקֵנִי וְאַמְּצֵנִי, אוֹתִי וְאֶת
בַּעְלִי, וּנְגַדֵּל אֶת

For a boy:

הַיֶּלֶד אֲשֶׁר יֻלַּד לָנוּ, לְיִרְאָתֶךָ וּלְעָבְדְךָ בֶּאֱמֶת, וְלָלֶכֶת אֹרַח
מֵישָׁרִים. שְׁמֹר אֶת הַיֶּלֶד הָרַךְ בְּכָל דְּרָכָיו, חָנֵּהוּ דֵּעָה בִּינָה
וְהַשְׂכֵּל, וְתֵן חֶלְקוֹ בְּתוֹרָתֶךָ, וִיקַדֵּשׁ אֶת שִׁמְךָ הַגָּדוֹל, וְהָיָה לָנוּ
לְמֵשִׁיב נֶפֶשׁ בִּימֵי שֵׂיבָתֵנוּ. וַאֲנִי תְפִלָּתִי־לְךָ יהוה עֵת רָצוֹן, תהלים סט
אֱלֹהִים בְּרָב־חַסְדֶּךָ, עֲנֵנִי בֶּאֱמֶת יִשְׁעֶךָ:

For a girl:

הַיַּלְדָּה אֲשֶׁר יֻלְּדָה לָנוּ, לְיִרְאָתֶךָ וּלְעָבְדְךָ בֶּאֱמֶת, וְלָלֶכֶת אֹרַח
מֵישָׁרִים. שְׁמֹר אֶת הַיַּלְדָּה הָרַכָּה בְּכָל דְּרָכֶיהָ, חָנֶּהָ דֵּעָה בִּינָה
וְהַשְׂכֵּל, וְתֵן חֶלְקָהּ בְּתוֹרָתֶךָ, וּתְקַדֵּשׁ אֶת שִׁמְךָ הַגָּדוֹל, וְהָיְתָה
לָנוּ לִמְשִׁיבַת נֶפֶשׁ בִּימֵי שֵׂיבָתֵנוּ. וַאֲנִי תְפִלָּתִי־לְךָ יהוה עֵת רָצוֹן, תהלים סט
אֱלֹהִים בְּרָב־חַסְדֶּךָ, עֲנֵנִי בֶּאֱמֶת יִשְׁעֶךָ:

If the baby is brought to the בית כנסת, *the Rabbi says the following blessings over him/her:*

יְבָרֶכְךָ יהוה וְיִשְׁמְרֶךָ: יָאֵר יהוה פָּנָיו אֵלֶיךָ וִיחֻנֶּךָּ: במדבר ו
יִשָּׂא יהוה פָּנָיו אֵלֶיךָ, וְיָשֵׂם לְךָ שָׁלוֹם:

ZEVED HABAT

The mother or father says:

יוֹנָתִי My dove in the clefts of the rock, Song. 2
in the hiding places of the mountain side,
show me your face, let me hear your voice;
for your voice is sweet, and your face is lovely.

If this is their first daughter, they add:

אַחַת There is one alone, my dove, my perfect one, Song. 6
her mother's only child,
the favorite of the one who bore her.
Maidens see her and called her blessed;
queens and concubines praise her.

The Rabbi says:

מִי שֶׁבֵּרַךְ He who blessed our ancestors,
Abraham, Isaac and Jacob, Moses and Aaron, David and Solomon,
Sarah, Rebecca, Rachel and Leah –
may He bless (*mother's name* daughter of *her mother's name*),
who has given birth.

If the baby has already been named in the synagogue:
and her newborn daughter, (*baby's name* daughter of *father's name*),
born in favor.

If the baby has not been named in the synagogue:
and her newborn daughter, born in favor, whose name in Israel
shall be called (*baby's name* daughter of *father's name*).

Bless, we pray to You, her parents
that they may have the merit to raise her to the Torah,
to the marriage canopy and to good deeds; and let us say: Amen.

---

her life. If food is served at the ceremony, the meal has religious significance (*seudat mitzva*), and should be accompanied by words of Torah.

יוֹנָתִי *My dove in the clefts of the rock:* Song of Songs 2:14. אַחַת הִיא *There is one alone:* Song of Songs 6:9.

סדר זבד הבת

The mother or father says:

שיר השירים ב

יוֹנָתִי בְּחַגְוֵי הַסֶּלַע, בְּסֵתֶר הַמַּדְרֵגָה
הַרְאִינִי אֶת־מַרְאַיִךְ, הַשְׁמִיעִנִי אֶת־קוֹלֵךְ
כִּי־קוֹלֵךְ עָרֵב וּמַרְאֵיךְ נָאוֶה:

If this is their first daughter, they add:

שיר השירים ו

אַחַת הִיא יוֹנָתִי תַמָּתִי
אַחַת הִיא לְאִמָּהּ, בָּרָה הִיא לְיוֹלַדְתָּהּ
רָאוּהָ בָנוֹת וַיְאַשְּׁרוּהָ, מְלָכוֹת וּפִילַגְשִׁים וַיְהַלְלוּהָ:

The Rabbi says:

מִי שֶׁבֵּרַךְ אֲבוֹתֵינוּ אַבְרָהָם יִצְחָק וְיַעֲקֹב
מֹשֶׁה וְאַהֲרֹן דָּוִד וּשְׁלֹמֹה, שָׂרָה רִבְקָה רָחֵל וְלֵאָה
הוּא יְבָרֵךְ אֶת הָאִשָּׁה הַיּוֹלֶדֶת (פלונית בַּת פלונית)

If the baby has already been named in the בית כנסת:

וְאֶת בִּתָּהּ (פלונית בַּת פלוני) שֶׁנּוֹלְדָה לָהּ בְּמַזָּל טוֹב.

If the baby has not been named in the בית כנסת:

וְאֶת בִּתָּהּ שֶׁנּוֹלְדָה לָהּ בְּמַזָּל טוֹב
וְיִקָּרֵא שְׁמָהּ בְּיִשְׂרָאֵל (פלונית בַּת פלוני).

אָנָּא בָּרֵךְ אֶת אָבִיהָ וְאֶת אִמָּהּ
וְיִזְכּוּ לְגַדְּלָהּ לְתוֹרָה וּלְחֻפָּה וּלְמַעֲשִׂים טוֹבִים, וְנֹאמַר אָמֵן.

ZEVED HABAT

There has long been a custom among Sephardim – increasingly adopted by Ashkenazim – to mark the birth of a daughter with a special ceremony known as *Zeved HaBat* ("the gift of a daughter"), during which the baby is named and blessed. We give expression to our thanks to God for the miracle of a new life, and pray that His blessings should accompany her through the course of

The parents bless the child:

יְשִׂמֵךְ May God make you like Sarah, Rebecca, Rachel and Leah.
May the Lord bless you and protect you. *Num. 6*
May the Lord make His face shine on you and be gracious to you.
May the Lord turn His face toward you and grant you peace.

וִיהִי רָצוֹן May it be the will of our Father in heaven,
that He set in your heart the love and awe of Him all your days,
so that you do not come to sin.
May your desire be for the Torah and the commandments.
May your eyes look straight before you;
may your mouth speak wisdom
and your heart meditate in awe;
may your hands be occupied with the commandments
and may your feet run to do the will of your Father in heaven.

If grandparents are present, they say the following blessing:

הָאֱלֹהִים May God before whom my fathers *Gen. 48*
Abraham and Isaac walked –
God who has been my Shepherd all my life to this day,
the angel who has rescued me from all harm –
may He bless the children.
May they be called by my name
and the names of my fathers Abraham and Isaac,
and may they increase greatly on earth.

All say:

Our sister, may you grow to become thousands of myriads. *Gen. 24*

הָאֱלֹהִים אֲשֶׁר הִתְהַלְּכוּ אֲבֹתַי לְפָנָיו *May God before whom my fathers:* the blessing given by Jacob to the children of Joseph (Gen. 48:15–16), the only instance in the Torah of a grandparent blessing grandchildren. אֲחֹתֵנוּ *Our sister:* the blessing given to Rebecca by her family (Gen. 24:60).

The parents bless the child:

יְשִׂמֵךְ אֱלֹהִים כְּשָׂרָה רִבְקָה רָחֵל וְלֵאָה.
יְבָרֶכְךָ יהוה וְיִשְׁמְרֶךָ: במדבר ו
יָאֵר יהוה פָּנָיו אֵלֶיךָ וִיחֻנֶּךָּ:
יִשָּׂא יהוה פָּנָיו אֵלֶיךָ, וְיָשֵׂם לְךָ שָׁלוֹם:

וִיהִי רָצוֹן מִלִּפְנֵי אָבִינוּ שֶׁבַּשָּׁמַיִם, שֶׁיִּתֵּן בְּלִבֵּךְ אַהֲבָתוֹ וְיִרְאָתוֹ
וְתִהְיֶה יִרְאַת יהוה עַל פָּנַיִךְ כָּל יָמַיִךְ שֶׁלֹּא תֶחֱטָאִי
וִיהִי חֶשְׁקֵךְ בַּתּוֹרָה וּבַמִּצְוֹת.
עֵינַיִךְ לְנֹכַח יַבִּיטוּ, פִּיךְ יְדַבֵּר חָכְמוֹת וְלִבֵּךְ יֶהְגֶּה אֵימוֹת
יָדַיִךְ יַעַסְקוּ בְּמִצְוֹת
וְרַגְלַיִךְ יָרוּצוּ לַעֲשׂוֹת רְצוֹן אָבִיךְ שֶׁבַּשָּׁמַיִם.

If grandparents are present, they say the following blessing:

הָאֱלֹהִים אֲשֶׁר הִתְהַלְּכוּ אֲבֹתַי לְפָנָיו, אַבְרָהָם וְיִצְחָק בראשית מח
הָאֱלֹהִים הָרֹעֶה אֹתִי, מֵעוֹדִי עַד־הַיּוֹם הַזֶּה:
הַמַּלְאָךְ הַגֹּאֵל אֹתִי מִכָּל־רָע, יְבָרֵךְ אֶת־הַנְּעָרִים
וְיִקָּרֵא בָהֶם שְׁמִי, וְשֵׁם אֲבֹתַי אַבְרָהָם וְיִצְחָק
וְיִדְגּוּ לָרֹב בְּקֶרֶב הָאָרֶץ:

All say:

אֲחֹתֵנוּ, אַתְּ הֲיִי לְאַלְפֵי רְבָבָה: בראשית כד

יְשִׂמֵךְ *May God make you like:* the traditional blessing given by parents to daughters. יְבָרֶכְךָ יהוה *May the Lord bless you:* the Priestly Blessing (Num. 6:24–26).

ויהי רצון *May it be the will:* Taken from a traditional blessing given by parents to children on the eve of Yom Kippur.

MARRIAGE SERVICE

BLESSINGS OF BETROTHAL

The Rabbi performing the ceremony takes a cup of wine and says:

בָּרוּךְ Blessed are You, LORD our God, King of the Universe, who creates the fruit of the vine.

בָּרוּךְ Blessed are You, LORD our God, King of the Universe, who has made us holy through His commandments, and has commanded us concerning forbidden unions, forbidding us those who are betrothed, permitting us those who are wedded to us through the rite of the canopy and sacred covenant of marriage. Blessed are You, LORD, who sanctifies His people Israel by the rite of the canopy and sacred covenant of marriage.

The bride and bridegroom both drink from the wine. The bridegroom takes the ring and, holding it ready to be placed on the forefinger of the bride's right hand, says:

הֲרֵי Behold you are consecrated to me by this ring
in accordance with the law of Moses and of Israel.

He then places the ring on the forefinger of the bride's right hand. The Ketuba is read and the bridegroom hands it to the bride. A second cup of wine is taken, and over it, the Sheva Berakhot on the next page are said; the same person should preferably say the first two.

---

blessings said over a cup of wine, and nowadays they are separated by the reading of the marriage contract (*Ketuba*). The betrothal blessing spells out the fact that both ceremonies must be observed for the marriage to be complete.

הֲרֵי אַתְּ מְקֻדֶּשֶׁת לִי *Behold you are consecrated to me:* The declaration accompanying the giving of the ring by the groom to the bride. The use of the word "consecration" in the context of marriage signals the sacred nature of the bond between the partners. כְּדַת מֹשֶׁה וְיִשְׂרָאֵל *The law of Moses and of Israel:* the bridegroom undertakes to honor his obligations according to both biblical (Moses) and rabbinic (Israel) law.

THE MARRIAGE CONTRACT

Read in its original Aramaic, it spells out the duty of a Jewish husband to his wife, to "work for, honor, support and maintain" her, and to meet all financial obligations arising out of the marriage. The *Ketuba* dates back more than two thousand years, and was intended to secure the bride's legal rights within the marriage. It is made binding by the bridegroom raising an object, usually a handkerchief, in the presence of two witnesses. These witnesses sign the document, which is also usually signed by the bridegroom.

סדר קידושין ונישואין

ברכות האירוסין

The מסדר קידושין *takes a cup of wine and says:*

בָּרוּךְ אַתָּה יהוה אֱלֹהֵינוּ מֶלֶךְ הָעוֹלָם, בּוֹרֵא פְּרִי הַגָּפֶן.

בָּרוּךְ אַתָּה יהוה אֱלֹהֵינוּ מֶלֶךְ הָעוֹלָם, אֲשֶׁר קִדְּשָׁנוּ בְּמִצְוֹתָיו וְצִוָּנוּ עַל הָעֲרָיוֹת, וְאָסַר לָנוּ אֶת הָאֲרוּסוֹת, וְהִתִּיר לָנוּ אֶת הַנְּשׂוּאוֹת לָנוּ עַל יְדֵי חֻפָּה וְקִדּוּשִׁין. בָּרוּךְ אַתָּה יהוה, מְקַדֵּשׁ עַמּוֹ יִשְׂרָאֵל עַל יְדֵי חֻפָּה וְקִדּוּשִׁין.

The חתן *and* כלה *both drink from the wine. The* חתן *takes the ring and, holding it ready to be placed on the forefinger of the* כלה*'s right hand, says:*

הֲרֵי אַתְּ מְקֻדֶּשֶׁת לִי בְּטַבַּעַת זוֹ כְּדַת מֹשֶׁה וְיִשְׂרָאֵל.

He then places the ring on the forefinger of the כלה*'s right hand. The* כתובה *is read and the* חתן *hands it to the* כלה*. A second cup of wine is taken, and over it, the* שבע ברכות *on the next page are said; the same person should preferably say the first two.*

MARRIAGE SERVICE

"The LORD God said: It is not good for man to be alone, I will make a partner suited to him ... That is why a man leaves his father and mother and attaches himself to his wife, and they become one flesh" (Gen. 2:18, 2:24). Marriage is one of the supreme institutions of Judaism, the first mentioned in the Bible, and the one spoken of by the prophets in their deepest moments as the most compelling metaphor for God's relationship with His people. In marriage, the bridegroom and bride pledge themselves to one another in a bond of loyalty and love, each respecting the integrity of the other while joining their destinies to achieve together what neither could achieve alone. The very word *ḥayyim*, "life," in Hebrew is plural, as if to suggest that life, at its fullest, is to be shared. Marriage is the moralization of passion, love translated into a covenant of mutual responsibility through which, by sharing our vulnerabilities, we redeem our solitude and discover strength.

בָּרוּךְ *Blessed are You:* Marriage originally took the form of two distinct moments. The first, *Erusin* or *Kiddushin*, "betrothal," joined the couple in a mutual pledge. Bride and groom then returned to their respective families. A year or so later, the bride would be brought under the bridal canopy to the groom and they would begin their life together. This was called *Nissu'in*, and was accompanied by its own blessings. During the upheavals of Jewish life in the early Middle Ages, the two ceremonies were brought together. Each involves

THE SEVEN BLESSINGS OF MARRIAGE

When saying the Seven Blessings after Birkat HaMazon, begin with the second blessing. The first blessing, that over the wine, is recited at the end.

בָּרוּךְ Blessed are You, LORD our God, King of the Universe,
who creates the fruit of the vine.

בָּרוּךְ Blessed are You, LORD our God, King of the Universe,
who has created all for His glory.

בָּרוּךְ Blessed are You, LORD our God, King of the Universe,
Creator of mankind.

בָּרוּךְ Blessed are You, LORD our God, King of the Universe,
who made humanity in His image, the image of His likeness,
and out of His very self formed a building for eternity.
Blessed are You, LORD, Creator of mankind.

שׂוֹשׂ Bring great happiness and joy to one who was barren [Zion],
as her children return to her in joy.
Blessed are You, LORD, who gladdens Zion through her children.

שַׂמֵּחַ Bring great joy to these loving friends,
as You gave joy to Your creations in the Garden of Eden.
Blessed are You, LORD, who gives joy to the bridegroom and bride.

בָּרוּךְ Blessed are You, LORD our God, King of the Universe,
who created joy and gladness, bridegroom and bride,
happiness and jubilation, cheer and delight,
love, fellowship, peace and friendship.
Soon, LORD our God, may there be heard in the cities of Judah,
and in the streets of Jerusalem, the sounds of joy and gladness,
the sounds of the bridegroom and bride,
the joyous sounds of bridegrooms from their wedding canopy and of young people at their feasts of song.
Blessed are You, LORD,
who makes the bridegroom rejoice with the bride.

---

become "a building for eternity" through their descendants. The fifth movingly speaks about the Jewish people (Zion) as a whole, renewed through this marriage of her children. The sixth prays that the bride and groom should find joy together and bring joy to God. The seventh and longest brings all of these themes together, invoking the words of the prophet Jeremiah (33:10–11) that in the future there will be heard "the sounds of joy and gladness, the sounds of bridegroom and bride."

שבע ברכות הנשואין

When saying the שבע ברכות *after* ברכת המזון*, begin with the second blessing. The first blessing, that over the wine, is recited at the end.*

בָּרוּךְ אַתָּה יהוה אֱלֹהֵינוּ מֶלֶךְ הָעוֹלָם, בּוֹרֵא פְּרִי הַגָּפֶן.

בָּרוּךְ אַתָּה יהוה אֱלֹהֵינוּ מֶלֶךְ הָעוֹלָם, שֶׁהַכֹּל בָּרָא לִכְבוֹדוֹ.

בָּרוּךְ אַתָּה יהוה אֱלֹהֵינוּ מֶלֶךְ הָעוֹלָם, יוֹצֵר הָאָדָם.

בָּרוּךְ אַתָּה יהוה אֱלֹהֵינוּ מֶלֶךְ הָעוֹלָם
אֲשֶׁר יָצַר אֶת הָאָדָם בְּצַלְמוֹ, בְּצֶלֶם דְּמוּת תַּבְנִיתוֹ
וְהִתְקִין לוֹ מִמֶּנּוּ בִּנְיַן עֲדֵי עַד.
בָּרוּךְ אַתָּה יהוה, יוֹצֵר הָאָדָם.

שׂוֹשׂ תָּשִׂישׂ וְתָגֵל הָעֲקָרָה בְּקִבּוּץ בָּנֶיהָ לְתוֹכָהּ בְּשִׂמְחָה.
בָּרוּךְ אַתָּה יהוה, מְשַׂמֵּחַ צִיּוֹן בְּבָנֶיהָ.

שַׂמֵּחַ תְּשַׂמַּח רֵעִים הָאֲהוּבִים כְּשַׂמֵּחֲךָ יְצִירְךָ בְּגַן עֵדֶן מִקֶּדֶם.
בָּרוּךְ אַתָּה יהוה, מְשַׂמֵּחַ חָתָן וְכַלָּה.

בָּרוּךְ אַתָּה יהוה אֱלֹהֵינוּ מֶלֶךְ הָעוֹלָם
אֲשֶׁר בָּרָא שָׂשׂוֹן וְשִׂמְחָה, חָתָן וְכַלָּה
גִּילָה, רִנָּה, דִּיצָה וְחֶדְוָה, אַהֲבָה וְאַחֲוָה וְשָׁלוֹם וְרֵעוּת.
מְהֵרָה יהוה אֱלֹהֵינוּ
יִשָּׁמַע בְּעָרֵי יְהוּדָה וּבְחוּצוֹת יְרוּשָׁלַיִם
קוֹל שָׂשׂוֹן וְקוֹל שִׂמְחָה, קוֹל חָתָן וְקוֹל כַּלָּה
קוֹל מִצְהֲלוֹת חֲתָנִים מֵחֻפָּתָם וּנְעָרִים מִמִּשְׁתֵּה נְגִינָתָם.
בָּרוּךְ אַתָּה יהוה, מְשַׂמֵּחַ הֶחָתָן עִם הַכַּלָּה.

SHEVA BERAKHOT / THE SEVEN BLESSINGS

These blessings, accompanying the second stage of the marriage, date back to early rabbinic times. After the blessing over wine, the remaining six benedictions move sequentially from the universal to the particular. The second praises God as Creator of all. The third speaks of His creation of man. The fourth alludes to the second chapter of Genesis in which God, seeing that the man was alone, formed "out of His very self" a partner so that they could

The bride and bridegroom both drink from the wine.
The bridegroom breaks a glass in memory of the destruction of the Temple. Some say the following beforehand:

אִם־אֶשְׁכָּחֵךְ If I forget you, O Jerusalem, may my right hand forget its skill. *Ps. 137*
May my tongue cling to the roof of my mouth if I do not remember you, if I do not set Jerusalem above my highest joy.

ZIMMUN AFTER A WEDDING OR SHEVA BERAKHOT FEAST

The leader takes a cup of wine in his hand and says:

Leader Gentlemen, let us say grace.

Others May the name of the LORD be blessed from now and for ever. *Ps. 113*

Leader May the name of the LORD be blessed from now and for ever.

Banish grief and anger. Let even the mute celebrate in song.
Guide us in the paths of righteousness.
Hear the blessing of the children of Aaron.

Add the appropriate words in parentheses (see page 518):

With your permission, (my father and teacher / my mother and teacher / the Kohanim present / our teacher the Rabbi / the master of this house / the mistress of this house) my masters and teachers, let us bless our God, in whose dwelling place is joy, from whose food we have eaten.

Others Blessed be our God in whose dwelling place is joy, from whose food we have eaten, and by whose goodness we live.

Leader Blessed be our God in whose dwelling place is joy, from whose food we have eaten, and by whose goodness we live. Blessed be He, and blessed be His name.

Continue with Birkat HaMazon on page 520, at the end of which say the Sheva Berakhot (on previous page) over a cup of wine, beginning with the second blessing, "who has created all," and ending with the first blessing, that over the wine.

GRACE AFTER THE WEDDING FEAST

The special invocation, with its phrase "in whose dwelling place is joy," is mentioned in the Talmud (*Ketubot* 8a). דְּוַי הָסֵר וְגַם חָרוֹן *Banish grief and anger:* a poem written by the tenth-century linguist and poet, Dunash ben Labrat. The initial letters of the four phrases spell out his name.

The חתן *and* כלה *both drink from the wine.*

The חתן *breaks a glass in memory of the destruction of the* בית המקדש*. Some say the following beforehand:*

אִם־אֶשְׁכָּחֵךְ יְרוּשָׁלָםִ, תִּשְׁכַּח יְמִינִי: תִּדְבַּק לְשׁוֹנִי לְחִכִּי אִם־לֹא אֶזְכְּרֵכִי, תהלים קלז
אִם־לֹא אַעֲלֶה אֶת־יְרוּשָׁלַםִ עַל רֹאשׁ שִׂמְחָתִי:

זימון לסעודת שבע ברכות

The leader takes a cup of wine in his hand and says:

Leader רַבּוֹתַי, נְבָרֵךְ.

Others יְהִי שֵׁם יהוה מְבֹרָךְ מֵעַתָּה וְעַד־עוֹלָם: תהלים קיג

Leader יְהִי שֵׁם יהוה מְבֹרָךְ מֵעַתָּה וְעַד־עוֹלָם:

דְּוַי הָסֵר וְגַם חָרוֹן וְאָז אִלֵּם בְּשִׁיר יָרֹן.
נְחֵנוּ בְּמַעְגְּלֵי צֶדֶק שְׁעֵה בִּרְכַּת בְּנֵי אַהֲרֹן.

Add the appropriate words in parentheses (see page 519):

בִּרְשׁוּת (אָבִי מוֹרִי / אִמִּי מוֹרָתִי / כֹּהֲנִים / מוֹרֵנוּ הָרַב /
בַּעַל הַבַּיִת הַזֶּה / בַּעֲלַת הַבַּיִת הַזֶּה) מָרָנָן וְרַבָּנָן וְרַבּוֹתַי
נְבָרֵךְ אֱלֹהֵינוּ שֶׁהַשִּׂמְחָה בִּמְעוֹנוֹ וְשֶׁאָכַלְנוּ מִשֶּׁלוֹ.

Others בָּרוּךְ אֱלֹהֵינוּ שֶׁהַשִּׂמְחָה בִּמְעוֹנוֹ, שֶׁאָכַלְנוּ מִשֶּׁלוֹ וּבְטוּבוֹ חָיִינוּ.

Leader בָּרוּךְ אֱלֹהֵינוּ שֶׁהַשִּׂמְחָה בִּמְעוֹנוֹ, שֶׁאָכַלְנוּ מִשֶּׁלוֹ וּבְטוּבוֹ חָיִינוּ.
בָּרוּךְ הוּא וּבָרוּךְ שְׁמוֹ.

Continue with ברכת המזון *on page 521, at the end of which say the* שבע ברכות *(on previous page) over a cup of wine, beginning with the second blessing,* שֶׁהַכֹּל בָּרָא לִכְבוֹדוֹ*, and ending with the first blessing,* בּוֹרֵא פְּרִי הַגָּפֶן*.*

BREAKING THE GLASS

An ancient custom, reminding us that while the Temple remains unbuilt, our joy cannot be complete. It has become a custom to preface this by reciting the verse from Psalm 137, "If I forget you, O Jerusalem," said by the exiles in Babylon after the destruction of the First Temple.

PRAYER FOR RECOVERY FROM ILLNESS

מִזְמוֹר לְדָוִד A psalm of David. The LORD is my Shepherd, I shall not want. He makes me lie down in green pastures. He leads me beside the still waters. He refreshes my soul. He guides me in the paths of righteousness for His name's sake. Though I walk through the valley of the shadow of death, I will fear no evil, for You are with me; Your rod and Your staff, they comfort me. You set a table before me in the presence of my enemies; You anoint my head with oil; my cup is filled to overflowing. May goodness and kindness follow me all the days of my life, and may I live in the House of the LORD for evermore. *Ps. 23*

לְדָוִד By David. Bless the LORD, my soul; with all my being I bless His holy name. Bless the LORD, my soul, and forget none of His benefits. He forgives all your sins. He heals all your ills. He redeems your life from the pit. He crowns you with love and compassion. He satisfies your soul with good things, so that your youth is renewed like the eagle's. The LORD is righteous in all He does; He brings justice to all the oppressed. He made known His ways to Moses, His deeds to the people of Israel. The LORD is compassionate and gracious, slow to anger, abounding in love. He will not always accuse or nurse His anger for ever. He has not treated us as our sins deserve, or repaid us according to our misdeeds. For as high as the heavens are above the earth, so great is His love for those who fear Him. As far as the east is from the west, so far has He removed our transgressions from us. As a father has compassion on his children, so the LORD has compassion on those who fear Him. For He knows how we are formed; He remembers that we are dust. As for man, his days are like grass; like a flower of the field he flourishes. For a wind passes over it and it is gone, and its place knows it no more. But the kindness of the LORD is for all eternity to those who fear Him; His righteousness is with their children's children – with those who keep His covenant, and remember to obey His precepts. The LORD has established His throne in heaven, and His kingdom rules over all. Bless the LORD, you His angels, mighty in power, who do His bidding, who obey His word. Bless the LORD, all you His host, the ministers who do His will. Bless the LORD, all His works, everywhere in His dominion. Bless the LORD, my soul. *Ps. 103*

לַמְנַצֵּחַ For the conductor of music. A psalm of David. O LORD, You have examined me and You know me. You know when I sit and when I rise; You understand my thoughts from afar. You encompass my going out and lying down. You are familiar with all my ways. Before a word is on my tongue, You, LORD, know it all. You keep close guard behind and before me. You have laid Your hand upon me. Knowledge so wonderful is beyond me; so high, it is *Ps. 139*

תפילה לחולה

תהלים כג מזמור לדוד, יהוה רעי לא אחסר: בנאות דשא ירביצני, על־מי מנחות ינהלני: נפשי ישובב, ינחני במעגלי־צדק למען שמו: גם כי־אלך בגיא צלמות לא־אירא רע, כי־אתה עמדי, שבטך ומשענתך המה ינחמני: תערך לפני שלחן נגד צררי, דשנת בשמן ראשי, כוסי רויה: אך טוב וחסד ירדפוני כל־ימי חיי, ושבתי בבית־יהוה לארך ימים:

תהלים קג לדוד, ברכי נפשי את־יהוה, וכל־קרבי את־שם קדשו: ברכי נפשי את־יהוה, ואל־תשכחי כל־גמוליו: הסלח לכל־עונכי, הרפא לכל־תחלואיכי: הגואל משחת חייכי, המעטרכי חסד ורחמים: המשביע בטוב עדיך, תתחדש כנשר נעוריכי: עשה צדקות יהוה, ומשפטים לכל־עשוקים: יודיע דרכיו למשה, לבני ישראל עלילותיו: רחום וחנון יהוה, ארך אפים ורב־חסד: לא־לנצח יריב, ולא לעולם יטור: לא כחטאינו עשה לנו, ולא כעונתינו גמל עלינו: כי כגבה שמים על־הארץ, גבר חסדו על־יראיו: כרחק מזרח ממערב, הרחיק ממנו את־פשעינו: כרחם אב על־בנים, רחם יהוה על־יראיו: כי־הוא ידע יצרנו, זכור כי־עפר אנחנו: אנוש כחציר ימיו, כציץ השדה כן יציץ: כי רוח עברה־בו ואיננו, ולא־יכירנו עוד מקומו: וחסד יהוה מעולם ועד־עולם על־יראיו, וצדקתו לבני בנים: לשמרי בריתו, ולזכרי פקדיו לעשותם: יהוה בשמים הכין כסאו, ומלכותו בכל משלה: ברכו יהוה מלאכיו, גברי כח עשי דברו, לשמע בקול דברו: ברכו יהוה כל־צבאיו, משרתיו עשי רצונו: ברכו יהוה כל־מעשיו, בכל־מקמות ממשלתו, ברכי נפשי את־יהוה:

תהלים קלט למנצח לדוד מזמור, יהוה חקרתני ותדע: אתה ידעת שבתי וקומי, בנתה לרעי מרחוק: ארחי ורבעי זרית, וכל־דרכי הסכנתה: כי אין מלה בלשוני, הן יהוה ידעת כלה: אחור וקדם צרתני, ותשת עלי כפכה: פליאה דעת ממני, נשגבה לא־אוכל לה: אנה אלך מרוחך, ואנה מפניך אברח: אם־אסק שמים שם אתה, ואציעה שאול הנך: אשא כנפי־שחר, אשכנה באחרית ים: גם־שם ידך תנחני, ותאחזני ימינך:

above my reach. Where can I escape from Your spirit? Where can I flee from Your presence? If I climb to heaven, You are there; if I make my bed in the underworld, You are there. If I rise on the wings of the dawn, if I settle on the far side of the sea, even there Your hand will guide me, Your right hand will hold me fast. Were I to say, "Surely the darkness will hide me, and light become night around me," to You the darkness would not be dark; night is light as day; to You dark and light are one. For You created my innermost being; You knitted me together in my mother's womb. I praise You because I am awesomely, wondrously made; wonderful are Your works; I know that full well. My frame was not hidden from You when I was formed in the secret place, woven in the depths of the earth. Your eyes saw my unformed body. All the days ordained for me were written in Your book before one of them came to be. How precious to me are Your thoughts, God, how vast in number they are. Were I to count them, they would outnumber the grains of the sand. I awake and I am still with You. God, if only You would slay the wicked – away from me, you bloodthirsty men. They speak of You with evil intent; Your adversaries misuse Your name. Do I not hate those who hate You, Lord, and loathe those who rise up against You? I have nothing but hatred for them; I count them my enemies. Search me, God, and know my heart; test me and know my innermost thoughts. See if there is grief in the way I follow, and lead me in the everlasting way.

תְּפִלָּה לְעָנִי A prayer of one who is afflicted, when he is faint, and pours out his *Ps. 102*
anguish before the Lord. Lord, hear my prayer and let my cry come before You. Do not hide Your face from me in my day of distress. Turn Your ear toward me; answer me swiftly on the day I call.

אָנָּא Please, Lord, Healer of all flesh, have pity on me, and support me on my sick bed, in Your great love, for I am weak. Send relief and healing to me and to the others of Your children who are sick. Heal my pain and renew my youth as the eagle's. Grant wisdom to the physician that he may cure my illness, so that my healing may spring up swiftly. Hear my prayer, prolong my life, and let me complete my years in happiness, so that I may be able to serve You and keep Your precepts with a perfect heart. Grant me the understanding to know that this bitter trial has come upon me for my welfare. Let me not reject Your discipline or spurn Your rebuke.

---

sages consist of three psalms long associated with deliverance from harm, together with two prayers, one for healing, the other for forgiveness, since, our tradition tells us, illness is a time for self-examination and rededication.

וָאֹמַר אַךְ־חֹשֶׁךְ יְשׁוּפֵנִי, וְלַיְלָה אוֹר בַּעֲדֵנִי: גַּם־חֹשֶׁךְ לֹא־יַחְשִׁיךְ מִמֶּךָ,
וְלַיְלָה כַּיּוֹם יָאִיר, כַּחֲשֵׁיכָה כָּאוֹרָה: כִּי־אַתָּה קָנִיתָ כִלְיֹתָי, תְּסֻכֵּנִי בְּבֶטֶן
אִמִּי: אוֹדְךָ עַל כִּי נוֹרָאוֹת נִפְלֵיתִי, נִפְלָאִים מַעֲשֶׂיךָ, וְנַפְשִׁי יֹדַעַת מְאֹד:
לֹא־נִכְחַד עָצְמִי מִמֶּךָּ, אֲשֶׁר־עֻשֵּׂיתִי בַסֵּתֶר, רֻקַּמְתִּי בְּתַחְתִּיּוֹת אָרֶץ:
גָּלְמִי רָאוּ עֵינֶיךָ, וְעַל־סִפְרְךָ כֻּלָּם יִכָּתֵבוּ, יָמִים יֻצָּרוּ, וְלוֹ אֶחָד בָּהֶם: וְלִי
מַה־יָּקְרוּ רֵעֶיךָ אֵל, מֶה עָצְמוּ רָאשֵׁיהֶם: אֶסְפְּרֵם מֵחוֹל יִרְבּוּן, הֱקִיצֹתִי
וְעוֹדִי עִמָּךְ: אִם־תִּקְטֹל אֱלוֹהַּ רָשָׁע, וְאַנְשֵׁי דָמִים סוּרוּ מֶנִּי: אֲשֶׁר יֹאמְרֻךָ
לִמְזִמָּה, נָשׂוּא לַשָּׁוְא עָרֶיךָ: הֲלוֹא־מְשַׂנְאֶיךָ יהוה אֶשְׂנָא, וּבִתְקוֹמְמֶיךָ
אֶתְקוֹטָט: תַּכְלִית שִׂנְאָה שְׂנֵאתִים, לְאוֹיְבִים הָיוּ לִי: חָקְרֵנִי אֵל וְדַע לְבָבִי,
בְּחָנֵנִי וְדַע שַׂרְעַפָּי: וּרְאֵה אִם־דֶּרֶךְ־עֹצֶב בִּי, וּנְחֵנִי בְּדֶרֶךְ עוֹלָם:

תְּפִלָּה לְעָנִי כִי־יַעֲטֹף, וְלִפְנֵי יהוה יִשְׁפֹּךְ שִׂיחוֹ: יהוה שִׁמְעָה תְפִלָּתִי, תהלים קב
וְשַׁוְעָתִי אֵלֶיךָ תָבוֹא: אַל־תַּסְתֵּר פָּנֶיךָ מִמֶּנִּי בְּיוֹם צַר לִי, הַטֵּה־אֵלַי אָזְנֶךָ,
בְּיוֹם אֶקְרָא מַהֵר עֲנֵנִי:

אָנָּא יהוה רוֹפֵא כָל בָּשָׂר, רַחֵם עָלַי, וּסְעָדֵנִי בְּחַסְדְּךָ הַגָּדוֹל עַל עֶרֶשׂ דְּוָי, כִּי אֻמְלַל אָנִי. שְׁלַח לִי תְּרוּפָה וּתְעָלָה, בְּתוֹךְ שְׁאָר חוֹלֵי יִשְׂרָאֵל. רְפָא אֶת מַכְאוֹבִי, וְחַדֵּשׁ כַּנֶּשֶׁר נְעוּרָי. תֵּן בִּינָה לָרוֹפֵא, וְיִגְהֶה מִמֶּנִּי מְזוֹרִי, וַאֲרוּכָתִי מְהֵרָה תִצְמַח. שְׁמַע תְּפִלָּתִי, וְהוֹסֵף יָמִים עַל יָמַי, וַאֲכַלֶּה שְׁנוֹתַי בַּנְּעִימִים, לְמַעַן אוּכַל לַעֲבֹד אוֹתְךָ, וְלִשְׁמֹר פִּקּוּדֶיךָ בְּלֵב שָׁלֵם. הֲבִינֵנִי וְאֵדְעָה, כִּי לְשָׁלוֹם מַר לִי מָר. וְאַל אֶמְאַס אֶת מוּסָרְךָ, וּבְתוֹכַחְתְּךָ אַל אָקוּץ.

PRAYER FOR RECOVERY FROM ILLNESS

Since the birth of faith, people have turned to God "who heals the broken-hearted and binds up their wounds" for strength and recovery in times of sickness. Many of the psalms are supreme examples of such prayers. There is a deep connection, still not fully understood by medical science, between "healing of the spirit and healing of the body." Prayer, said the sages, is not a substitute for medicine, but neither is medicine a substitute for prayer: both have their part to play in the healing process. Prayer gives strength, as does the knowledge that God is close to all who call on Him in truth. The above pas-

אֱלוֹהַּ סְלִיחוֹת God of forgiveness, gracious and compassionate, slow to anger, abounding in love, I acknowledge before You with a broken and contrite heart that I have sinned and done evil in Your sight. I hereby repent of my evil and turn to You in complete repentance. Help me, God of my salvation, that I may not turn to folly again, but instead walk before You in truth and
integrity. Gladden Your servant's heart, for to You, LORD, I lift up my soul. *Ps. 86*
Heal me, LORD, and I will be healed, save me and I will be saved, for You are *Jer. 17*
my glory. Amen and Amen!

THANKSGIVING PRAYER AFTER RECOVERY FROM ILLNESS

Say Psalms 23 and 103 on page 586. Then continue with:

אָנָּא O great, mighty and awesome God: By Your great love I come before You to offer thanks for all the good You have bestowed on me. In my distress I called to You and You answered me; from my sick bed I cried to You, and You heard my voice and my pleas. You chastened me severely, LORD, but You did not hand me over to death. In Your love and compassion You lifted my soul from the grave. For Your anger is for a moment, Your favor for a lifetime.
At night there may be weeping, but in the morning there is joy. The living, *Is. 38*
only the living, praise You as I do this day. My soul which You have redeemed shall tell of Your wonders to the children of men. Blessed are You, the faithful Healer of all flesh.

אֵל רַחוּם O God, compassionate and gracious, who grants favors to the undeserving: I am not worthy of all the kindness You have shown to me until now. Purify, please, my heart that I may be worthy to walk before You in the way of the upright. Extend Your help to Your servant. Grant me the strength and resolution to overcome my weakness, and bless me with physical health. Keep sorrow and grief far from me; protect me from all harm, and guide me with Your counsel. May the sun of righteousness shine for me, bringing healing in
its wings. May the words of my mouth and the meditation of my heart find *Ps. 19*
favor before You, O LORD, my Rock and my Redeemer. Amen.

---

life-threatening, the *HaGomel* blessing (page 163) should be said on the first occasion one is able to attend the synagogue, either weekday, Shabbat or Festival.

אֱלוֹהַּ סְלִיחוֹת, חַנּוּן וְרַחוּם אֶרֶךְ אַפַּיִם וְרַב חֶסֶד, מוֹדֶה אֲנִי לְפָנֶיךָ בְּלֵב
נִשְׁבָּר וְנִדְכֶּה כִּי חָטָאתִי, וְהָרַע בְּעֵינֶיךָ עָשִׂיתִי. הִנֵּה נִחַמְתִּי עַל רָעָתִי,
וְאָשׁוּב בִּתְשׁוּבָה שְׁלֵמָה לְפָנֶיךָ. עָזְרֵנִי אֱלֹהֵי יִשְׁעִי, וְלֹא אָשׁוּב לְכִסְלָה,
וְאֶתְהַלֵּךְ לְפָנֶיךָ בֶּאֱמֶת וּבְתָמִים. שַׂמֵּחַ נֶפֶשׁ עַבְדֶּךָ, כִּי־אֵלֶיךָ אֲדֹנָי, תהלים פו
נַפְשִׁי אֶשָּׂא: רְפָאֵנִי יהוה וְאֵרָפֵא, הוֹשִׁיעֵנִי וְאִוָּשֵׁעָה, כִּי תְהִלָּתִי אָתָּה: ירמיה יז
אָמֵן וְאָמֵן.

תפילה לעומד מחליו

Say תהלים כג *and* קג *on page 587. Then continue with:*

אָנָּא הָאֵל הַגָּדוֹל הַגִּבּוֹר וְהַנּוֹרָא, בְּרֹב חַסְדְּךָ אָבוֹא לְפָנֶיךָ לְהוֹדוֹת
לְךָ עַל כָּל הַטּוֹבוֹת אֲשֶׁר גָּמַלְתָּ עָלַי. מִן הַמֵּצַר קְרָאתִיךָ וַתַּעֲנֵנִי, מֵעֶרֶשׂ
דְּוַי שִׁוַּעְתִּי אֵלֶיךָ, וַתִּשְׁמַע אֶת קוֹלִי תַּחֲנוּנָי. יַסֹּר יִסְּרַנִּי יָהּ, וְלַמָּוֶת לֹא
נְתָנָנִי. בְּאַהֲבָתְךָ וּבְחֶמְלָתְךָ הֶעֱלִיתָ מִן שְׁאוֹל נַפְשִׁי. כִּי רֶגַע בְּאַפֶּךָ,
חַיִּים בִּרְצוֹנְךָ, בָּעֶרֶב יָלִין בֶּכִי וְלַבֹּקֶר רִנָּה. חַי חַי הוּא יוֹדֶךָ, כָּמוֹנִי הַיּוֹם: ישעיה לח
וְנַפְשִׁי אֲשֶׁר פָּדִיתָ, תְּסַפֵּר נִפְלְאוֹתֶיךָ לִבְנֵי אָדָם. בָּרוּךְ אַתָּה, רוֹפֵא נֶאֱמָן
לְכָל בָּשָׂר.

אֵל רַחוּם וְחַנּוּן, הַגּוֹמֵל לְחַיָּבִים טוֹבוֹת, קָטֹנְתִּי מִכֹּל הַחֲסָדִים אֲשֶׁר
עָשִׂיתָ עִמָּדִי עַד הֵנָּה. אָנָּא טַהֵר לְבָבִי, וְזַכֵּנִי לָלֶכֶת בְּדֶרֶךְ יְשָׁרִים לְפָנֶיךָ,
וּמְשֹׁךְ עֶזְרְךָ לְעַבְדֶּךָ. חַזְּקֵנִי וְאַמְּצֵנִי מֵרִפְיוֹן, וּבְחִלּוּץ עֲצָמוֹת תְּבָרְכֵנִי.
הַרְחֵק מֵעָלַי כָּל צָרָה וְתוּגָה, שָׁמְרֵנִי מִכָּל רָע, וּבַעֲצָתְךָ תַנְחֵנִי. וְזָרְחָה לִי
שֶׁמֶשׁ צְדָקָה, וּמַרְפֵּא בִּכְנָפֶיהָ. יִהְיוּ לְרָצוֹן אִמְרֵי־פִי וְהֶגְיוֹן לִבִּי לְפָנֶיךָ, תהלים יט
יהוה צוּרִי וְגֹאֲלִי: אָמֵן.

THANKSGIVING PRAYER AFTER RECOVERY FROM ILLNESS

No less important than prayer *for* recovery is thanksgiving *after* recovery. There are many psalms which share this theme; two are suggested here, together with a thanksgiving prayer. If the illness is felt to have been potentially

CONFESSION BEFORE DEATH

The following confession is said by one near death.
He or she should be told: "Do not fear. Many confessed their sins, and then recovered. Everyone who does confess has reward in the World to Come" (Shabbat 32a).

מוֹדֶה אֲנִי I acknowledge before You, LORD my God and God of my ancestors, that my cure and my death are in Your hands. May it be Your will to send me a perfect healing. Yet if my death is fully determined by You, I accept it in love at Your hand. May my death be an atonement for all the sins, iniquities and transgressions I have committed before You. Grant me of the great happiness that is stored up for the righteous. Make known to me the path of life, in Your presence is fullness of joy; at Your right hand bliss for evermore. *Ps. 16*

אֲבִי יְתוֹמִים Father of orphans and Justice of widows, protect my cherished family, whose souls are bound with mine. Into Your hand I entrust my spirit. *Ps. 31* May You redeem me, LORD, God of truth. Amen and Amen.

When the end is approaching, the following should be said.

Repeat three times:

The LORD is King, the LORD was King,
and the LORD will be King for ever and ever.

Repeat three times:

Blessed be the name of His glorious
kingdom for ever and all time.

Repeat seven times:

The LORD, He is God.

Once:

Listen, Israel: the LORD is our God, the LORD is One. *Deut. 6*

(*Shabbat* 32a). These prayers are supreme testimonies of faith, as the human soul reaches upward to the world of souls.

וידוי שכיב מרע

The following confession is said by one near death.
He or she should be told: "Do not fear. Many confessed their sins, and then recovered.
Everyone who does confess has reward in the World to Come" (Shabbat 32a).

מוֹדֶה אֲנִי לְפָנֶיךָ, יהוה אֱלֹהַי וֵאלֹהֵי אֲבוֹתַי, שֶׁרְפוּאָתִי וּמִיתָתִי בְּיָדֶךָ. יְהִי
רָצוֹן מִלְּפָנֶיךָ, שֶׁתְּרַפְּאֵנִי רְפוּאָה שְׁלֵמָה, וְאִם אָמוּת, תְּהִי מִיתָתִי כַּפָּרָה
עַל כָּל חֲטָאִים וַעֲוֹנוֹת וּפְשָׁעִים שֶׁחָטָאתִי וְשֶׁעָוִיתִי וְשֶׁפָּשַׁעְתִּי לְפָנֶיךָ.
וְזַכֵּנִי לָעוֹלָם הַבָּא הַצָּפוּן לַצַּדִּיקִים. תּוֹדִיעֵנִי אֹרַח חַיִּים, שֹׂבַע שְׂמָחוֹת תהלים טז
אֶת־פָּנֶיךָ, נְעִימוֹת בִּימִינְךָ נֶצַח:

אֲבִי יְתוֹמִים וְדַיַּן אַלְמָנוֹת, הָגֵן בְּעַד קְרוֹבַי הַיְקָרִים, אֲשֶׁר נַפְשִׁי קְשׁוּרָה
בְּנַפְשָׁם. בְּיָדְךָ אַפְקִיד רוּחִי, פָּדִיתָה אוֹתִי יהוה אֵל אֱמֶת: אָמֵן וְאָמֵן. תהלים לא

When the end is approaching, the following should be said.

Repeat three times:

יהוה מֶלֶךְ, יהוה מָלָךְ, יהוה יִמְלֹךְ לְעוֹלָם וָעֶד.

Repeat three times:

בָּרוּךְ שֵׁם כְּבוֹד מַלְכוּתוֹ לְעוֹלָם וָעֶד.

Repeat seven times:

יהוה הוּא הָאֱלֹהִים.

Once:

שְׁמַע יִשְׂרָאֵל, יהוה אֱלֹהֵינוּ, יהוה אֶחָד: דברים ו

CONFESSION BEFORE DEATH

"One who confesses and renounces his sins finds mercy" (Prov. 28:13). "When a person is sick and close to death, he or she is told: make a confession"

FUNERAL SERVICE

עֲקַבְיָא Akavya ben Mahalalel said: Reflect on three things and you will avoid transgression: Know where you came from, where you are going, and before whom you will have to give an account and reckoning. "Where you came from" – from a putrid drop. "Where you are going" – to a place of dust, worms and maggots. "And before whom you will have to give an account and reckoning" – before the Supreme King of kings, the Holy One, blessed be He. *Mishna Avot 3:1*

While on the way to the grave, say:

יֹשֵׁב בְּסֵתֶר He who lives in the shelter of the Most High dwells in the shadow of the Almighty. I say of the LORD, my Refuge and Stronghold, my God in whom I trust, that He will save you from the fowler's snare and the deadly pestilence. With His pinions He will cover you, and beneath His wings you will find shelter; His faithfulness is an encircling shield. You need not fear terror by night, nor the arrow that flies by day; not the pestilence that stalks in darkness, nor the plague that ravages at noon. A thousand may fall at your side, ten thousand at your right hand, but it will not come near you. You will only look with your eyes and see the punishment of the wicked. Because you said "The LORD is my Refuge," taking the Most High as your shelter, no harm will befall you, no plague will come near your tent, for He will command His angels about you, to guard you in all your ways. They will lift you in their hands, lest your foot stumble on a stone. You will tread on lions and vipers, you will trample on young lions and snakes. [God says] "Because he loves Me, I will rescue him; I will protect him, because he acknowledges My name. When he calls on Me, I will answer him, I will be with him in distress, I will deliver him and bring him honor. With long life I will satisfy him, and show him My salvation. With long life I will satisfy him, and show him My salvation." *Ps. 91*

---

there is suffering and death, we reaffirm our faith, tried and tested though it may be, that there is an ultimate order and justice in the universe. הַצּוּר *The Rock:* a symbol, taken from the Song of Moses (Deut. 32) signifying the eternity of God in the face of the transience of life.

לוויית המת

עֲקַבְיָא בֶּן מַהֲלַלְאֵל אוֹמֵר: הִסְתַּכֵּל בִּשְׁלֹשָׁה דְבָרִים, וְאֵין אַתָּה בָא לִידֵי עֲבֵרָה. דַּע מֵאַיִן בָּאתָ, וּלְאָן אַתָּה הוֹלֵךְ, וְלִפְנֵי מִי אַתָּה עָתִיד לִתֵּן דִּין וְחֶשְׁבּוֹן. מֵאַיִן בָּאתָ, מִטִּפָּה סְרוּחָה. וּלְאָן אַתָּה הוֹלֵךְ, לִמְקוֹם עָפָר, רִמָּה וְתוֹלֵעָה. וְלִפְנֵי מִי אַתָּה עָתִיד לִתֵּן דִּין וְחֶשְׁבּוֹן, לִפְנֵי מֶלֶךְ מַלְכֵי הַמְּלָכִים, הַקָּדוֹשׁ בָּרוּךְ הוּא. משנה אבות ג: א

While on the way to the grave, say:

יֹשֵׁב בְּסֵתֶר עֶלְיוֹן, בְּצֵל שַׁדַּי יִתְלוֹנָן: אֹמַר לַיהוה מַחְסִי וּמְצוּדָתִי, תהלים צא
אֱלֹהַי אֶבְטַח־בּוֹ: כִּי הוּא יַצִּילְךָ מִפַּח יָקוּשׁ, מִדֶּבֶר הַוּוֹת: בְּאֶבְרָתוֹ
יָסֶךְ לָךְ, וְתַחַת־כְּנָפָיו תֶּחְסֶה, צִנָּה וְסֹחֵרָה אֲמִתּוֹ: לֹא־תִירָא מִפַּחַד
לָיְלָה, מֵחֵץ יָעוּף יוֹמָם: מִדֶּבֶר בָּאֹפֶל יַהֲלֹךְ, מִקֶּטֶב יָשׁוּד צָהֳרָיִם:
יִפֹּל מִצִּדְּךָ אֶלֶף, וּרְבָבָה מִימִינֶךָ, אֵלֶיךָ לֹא יִגָּשׁ: רַק בְּעֵינֶיךָ תַבִּיט,
וְשִׁלֻּמַת רְשָׁעִים תִּרְאֶה: כִּי־אַתָּה יהוה מַחְסִי, עֶלְיוֹן שַׂמְתָּ מְעוֹנֶךָ:
לֹא־תְאֻנֶּה אֵלֶיךָ רָעָה, וְנֶגַע לֹא־יִקְרַב בְּאָהֳלֶךָ: כִּי מַלְאָכָיו יְצַוֶּה־
לָּךְ, לִשְׁמָרְךָ בְּכָל־דְּרָכֶיךָ: עַל־כַּפַּיִם יִשָּׂאוּנְךָ, פֶּן־תִּגֹּף בָּאֶבֶן רַגְלֶךָ:
עַל־שַׁחַל וָפֶתֶן תִּדְרֹךְ, תִּרְמֹס כְּפִיר וְתַנִּין: כִּי בִי חָשַׁק וַאֲפַלְּטֵהוּ,
אֲשַׂגְּבֵהוּ כִּי־יָדַע שְׁמִי: יִקְרָאֵנִי וְאֶעֱנֵהוּ, עִמּוֹ אָנֹכִי בְצָרָה, אֲחַלְּצֵהוּ
וַאֲכַבְּדֵהוּ: אֹרֶךְ יָמִים אַשְׂבִּיעֵהוּ, וְאַרְאֵהוּ בִּישׁוּעָתִי:
אֹרֶךְ יָמִים אַשְׂבִּיעֵהוּ, וְאַרְאֵהוּ בִּישׁוּעָתִי:

Bereavement is doubly devastating. One who was part of our life is no longer there and our world threatens to fall apart. And we come face to face with mortality itself, the knowledge that all that lives, dies. At such times, prayer helps us make the transition from *aninut*, the inarticulate shock of grief, to *avelut*, the work of mourning and recovering faith in life (R. Joseph Soloveitchik). *Tzidduk HaDin*, "The Acceptance of Judgment" (on next page), is the ultimate act of humility in the face of loss. Though we cannot understand why

After the funeral, the following is said, except on days on which Taḥanun is omitted, or after nightfall. Some say the following before the funeral.

THE ACCEPTANCE OF JUDGMENT

הַצּוּר The Rock, His work is perfect, for all His ways are just; *Deut. 32*
A faithful God who does no wrong, righteous and fair is He.

The Rock, perfect in every deed:
Who can say to Him, "What have You done?"
He rules below and above. He brings death and gives life, *1 Sam. 2*
bringing down to the grave and raising up again.

The Rock, perfect in every act:
Who can say to Him, "Why do You so act?"
You who speak and act: show us kindness we do not deserve,
and in the merit of the one who was bound like a lamb, hear us and act.

Righteous in all His ways, the Rock who is perfect,
slow to anger and full of compassion,
please have pity and spare parents and children,
for Yours, Lord, are forgiveness and compassion.

You are righteous, Lord, in bringing death and giving life.
In Your hand is the safekeeping of all spirits.
Far be it from You to erase our remembrance.
May Your eyes be open to us in compassion,
for Yours, Lord, are compassion and forgiveness.

If one lives for a year or a thousand years,
what does it profit him? He shall be as if he had never been.
Blessed is the true Judge who brings death and gives life.

Blessed is He for His judgment is true, and in His sight He surveys all.
He repays man in accord with his account and just desert,
and all must render acknowledgment to His name.

We know, Lord, that Your judgment is just.
You are just when You speak and fair when You judge.
It is not for us to criticize Your manner of judgment.
You are righteous, Lord, and Your judgments are fair. *Ps. 119*

After the funeral, the following is said, except on days on which תחנון *is omitted, or after nightfall. Some say the following before the funeral.*

צדוק הדין

הַצּוּר תָּמִים פָּעֳלוֹ, כִּי כָל־דְּרָכָיו מִשְׁפָּט דברים לב
אֵל אֱמוּנָה וְאֵין עָוֶל, צַדִּיק וְיָשָׁר הוּא:

הַצּוּר תָּמִים בְּכָל פֹּעַל, מִי יֹאמַר לוֹ מַה תִּפְעַל
הַשַּׁלִּיט בְּמַטָּה וּבְמַעַל. מֵמִית וּמְחַיֶּה, מוֹרִיד שְׁאוֹל וַיָּעַל: שמואל א׳ ב

הַצּוּר תָּמִים בְּכָל מַעֲשֶׂה, מִי יֹאמַר לוֹ מַה תַּעֲשֶׂה
הָאוֹמֵר וְעוֹשֶׂה, חֶסֶד חִנָּם לָנוּ תַעֲשֶׂה
וּבִזְכוּת הַנֶּעֱקַד כְּשֶׂה, הַקְשִׁיבָה וַעֲשֵׂה.

צַדִּיק בְּכָל דְּרָכָיו הַצּוּר תָּמִים, אֶרֶךְ אַפַּיִם וּמָלֵא רַחֲמִים
חֲמָל נָא וְחוּס נָא עַל אָבוֹת וּבָנִים
כִּי לְךָ אָדוֹן הַסְּלִיחוֹת וְהָרַחֲמִים.

צַדִּיק אַתָּה יהוה לְהָמִית וּלְהַחֲיוֹת
אֲשֶׁר בְּיָדְךָ פִּקְדוֹן כָּל רוּחוֹת, חָלִילָה לְּךָ זִכְרוֹנֵנוּ לִמְחוֹת
וְיִהְיוּ נָא עֵינֶיךָ בְּרַחֲמִים עָלֵינוּ פְקוּחוֹת
כִּי לְךָ אָדוֹן הָרַחֲמִים וְהַסְּלִיחוֹת.

אָדָם אִם בֶּן שָׁנָה יִהְיֶה, אוֹ אֶלֶף שָׁנִים יִחְיֶה
מַה יִּתְרוֹן לוֹ, כְּלֹא הָיָה יִהְיֶה
בָּרוּךְ דַּיַּן הָאֱמֶת, מֵמִית וּמְחַיֶּה.

בָּרוּךְ הוּא כִּי אֱמֶת דִּינוֹ, וּמְשׁוֹטֵט הַכֹּל בְּעֵינוֹ
וּמְשַׁלֵּם לְאָדָם חֶשְׁבּוֹנוֹ וְדִינוֹ, וְהַכֹּל לִשְׁמוֹ הוֹדָיָה יִתֵּנוּ.

יָדַעְנוּ יהוה כִּי צֶדֶק מִשְׁפָּטֶךָ, תִּצְדַּק בְּדָבְרֶךָ וְתִזְכֶּה בְשָׁפְטֶךָ
וְאֵין לְהַרְהֵר אַחַר מִדַּת שָׁפְטֶךָ. צַדִּיק אַתָּה יהוה, וְיָשָׁר מִשְׁפָּטֶיךָ: תהלים קיט

True Judge, Judge of righteousness and truth:
Blessed is the true Judge for all His judgments are righteous and true.

In Your hand is the soul of every living thing. Your right hand and power are full of righteousness.
Have compassion on the remnant of the flock of those who serve You, and say to the angel [of death], "Stay your hand."

Great in counsel and mighty in deed, *Jer. 32*
Your eyes are open to all the ways of men,
giving each according to his ways and the fruit of his deeds:

to proclaim that the LORD is upright; *Ps. 92*
He is my Rock, in whom there is no wrong.

The LORD has given and the LORD has taken away: *Job 1*
blessed be the name of the LORD.

He is compassionate; He forgives iniquity and does not destroy. *Ps. 78*
Repeatedly He suppresses His anger, not rousing His full wrath.

The following Kaddish, said by the mourners, requires the presence of a minyan.

Mourner: Magnified and sanctified may His great name be,
in the world that will in future be renewed,
reviving the dead and raising them up to eternal life.
He will rebuild the city of Jerusalem
and in it reestablish His Temple.
He will remove alien worship from the earth
and restore to its place the worship of Heaven.
Then the Holy One, blessed be He,
will reign in His sovereignty and splendor.
May it be in your lifetime and in your days,
and in the lifetime of all the House of Israel,
swiftly and soon – and say: Amen.

All: May His great name be blessed for ever and all time.

---

tion of the dead. Death is not final: it is a prelude to eternal life and eventual rebirth.

דַּיַּן אֱמֶת, שׁוֹפֵט צֶדֶק וֶאֱמֶת
בָּרוּךְ דַּיַּן הָאֱמֶת, שֶׁכָּל מִשְׁפָּטָיו צֶדֶק וֶאֱמֶת.
נֶפֶשׁ כָּל חַי בְּיָדֶךָ, צֶדֶק מָלְאָה יְמִינְךָ וְיָדֶךָ
רַחֵם עַל פְּלֵטַת צֹאן עֲבָדֶיךָ, וְתֹאמַר לַמַּלְאָךְ הֶרֶף יָדֶךָ.
גְּדֹל הָעֵצָה וְרַב הָעֲלִילִיָּה ירמיה לב
אֲשֶׁר־עֵינֶיךָ פְּקֻחוֹת עַל־כָּל־דַּרְכֵי בְּנֵי אָדָם
לָתֵת לְאִישׁ כִּדְרָכָיו, וְכִפְרִי מַעֲלָלָיו:
לְהַגִּיד כִּי־יָשָׁר יהוה, צוּרִי וְלֹא־עַוְלָתָה בּוֹ: תהלים צב
יהוה נָתַן וַיהוה לָקָח, יְהִי שֵׁם יהוה מְבֹרָךְ: איוב א
וְהוּא רַחוּם, יְכַפֵּר עָוֹן וְלֹא־יַשְׁחִית תהלים עח
וְהִרְבָּה לְהָשִׁיב אַפּוֹ, וְלֹא־יָעִיר כָּל־חֲמָתוֹ:

The following קדיש*, said by the mourners, requires the presence of a* מנין*.*

אבל: יִתְגַּדַּל וְיִתְקַדַּשׁ שְׁמֵהּ רַבָּא (קהל: אָמֵן)
בְּעָלְמָא דְּהוּא עָתִיד לְאִתְחַדָּתָא
וּלְאַחֲיָאָה מֵתַיָּא, וּלְאַסָּקָא יָתְהוֹן לְחַיֵּי עָלְמָא
וּלְמִבְנֵא קַרְתָּא דִּירוּשְׁלֵם, וּלְשַׁכְלָלָא הֵיכְלֵהּ בְּגַוַּהּ
וּלְמֶעְקַר פָּלְחָנָא נֻכְרָאָה מֵאַרְעָא
וְלַאֲתָבָא פָּלְחָנָא דִּשְׁמַיָּא לְאַתְרֵהּ
וְיַמְלִיךְ קֻדְשָׁא בְּרִיךְ הוּא בְּמַלְכוּתֵהּ וִיקָרֵהּ
בְּחַיֵּיכוֹן וּבְיוֹמֵיכוֹן וּבְחַיֵּי דְכָל בֵּית יִשְׂרָאֵל
בַּעֲגָלָא וּבִזְמַן קָרִיב, וְאִמְרוּ אָמֵן. (קהל: אָמֵן)

קהל ואבל: יְהֵא שְׁמֵהּ רַבָּא מְבָרַךְ לְעָלַם וּלְעָלְמֵי עָלְמַיָּא.

The long Kaddish, said only by a mourner after the funeral and by one who completes a tractate of the Oral Law, is unique in its reference to the resurrec-

Mourner: Blessed and praised, glorified and exalted,
raised and honored, uplifted and lauded
be the name of the Holy One, blessed be He,
beyond any blessing,
song, praise and consolation
uttered in the world – and say: Amen.

May there be great peace from heaven,
and life for us and all Israel – and say: Amen.

Bow, take three steps back, as if taking leave of the Divine Presence, then bow, first left, then right, then center, while saying:

May He who makes peace in His high places,
make peace for us and all Israel – and say: Amen.

After the funeral, those present form two rows, the mourners pass between them, and the following is said to them:

May the Almighty comfort you among the
other mourners of Zion and Jerusalem.

Some conclude with:

May you have no further grief.

Some have the custom to pick blades of grass and throw them over their shoulders, saying:

May they of the city grow like the grass of the earth. *Ps. 72*

Or:

Remember that we are dust. *Ps. 103*

After leaving the cemetery, it is customary to wash one's hands and say:

He will destroy death for ever, and the LORD God will wipe away *Is. 25*
the tears from all faces and remove the reproach of His people from the whole earth, for the LORD has spoken.

הַמָּקוֹם יְנַחֵם *May the Almighty comfort you:* By comforting the mourners, we help reintegrate them into the community of the living, and into the larger hope that just as Jerusalem will be rebuilt, so will our fractured lives.

אבל: יִתְבָּרַךְ וְיִשְׁתַּבַּח וְיִתְפָּאַר
וְיִתְרוֹמַם וְיִתְנַשֵּׂא וְיִתְהַדָּר וְיִתְעַלֶּה וְיִתְהַלָּל
שְׁמֵהּ דְּקֻדְשָׁא בְּרִיךְ הוּא (קהל: בְּרִיךְ הוּא)
לְעֵלָּא מִן כָּל בִּרְכָתָא
/ בעשרת ימי תשובה: לְעֵלָּא לְעֵלָּא מִכָּל בִּרְכָתָא/
וְשִׁירָתָא, תֻּשְׁבְּחָתָא וְנֶחֱמָתָא
דַּאֲמִירָן בְּעָלְמָא, וְאִמְרוּ אָמֵן. (קהל: אָמֵן)

יְהֵא שְׁלָמָא רַבָּא מִן שְׁמַיָּא
וְחַיִּים, עָלֵינוּ וְעַל כָּל יִשְׂרָאֵל, וְאִמְרוּ אָמֵן. (קהל: אָמֵן)

Bow, take three steps back, as if taking leave of the Divine Presence, then bow, first left, then right, then center, while saying:

עֹשֶׂה שָׁלוֹם/ בעשרת ימי תשובה: הַשָּׁלוֹם/ בִּמְרוֹמָיו
הוּא יַעֲשֶׂה שָׁלוֹם, עָלֵינוּ וְעַל כָּל יִשְׂרָאֵל
וְאִמְרוּ אָמֵן. (קהל: אָמֵן)

After the funeral, those present form two rows, the mourners pass between them, and the following is said to them:

הַמָּקוֹם יְנַחֵם אוֹתְךָ/אוֹתָךְ/אֶתְכֶם
בְּתוֹךְ שְׁאָר אֲבֵלֵי צִיּוֹן וִירוּשָׁלָיִם.

Some conclude with:

וְלֹא תוֹסִיפוּ לְדַאֲבָה עוֹד.

Some have the custom to pick blades of grass and throw them over their shoulders, saying:

תהלים עב
וְיָצִיצוּ מֵעִיר כְּעֵשֶׂב הָאָרֶץ:

Or:

תהלים קג
זָכוּר כִּי־עָפָר אֲנָחְנוּ:

After leaving the cemetery, it is customary to wash one's hands and say:

ישעיה כה
בִּלַּע הַמָּוֶת לָנֶצַח, וּמָחָה אֲדֹנָי יֱהֹוִה דִּמְעָה מֵעַל כָּל־פָּנִים, וְחֶרְפַּת עַמּוֹ יָסִיר מֵעַל כָּל־הָאָרֶץ, כִּי יהוה דִּבֵּר:

PRAYER IN A HOUSE OF MOURNING

After the regular service, the following psalm is read in a house of mourning during the shiva week. On those days on which Taḥanun is not said, Psalm 16 (below) is substituted.

לַמְנַצֵּחַ For the conductor of music. Of the sons of Koraḥ. A sacred song. Hear this, all you peoples. Listen, all inhabitants of the world, low and high, rich and poor alike. My mouth will speak words of wisdom; the utterance of my heart will give understanding. I listen with care to a parable; I expound my mystery to the music of the harp. Why should I fear when evil days come, when the wickedness of my foes surrounds me, trusting in their wealth, boasting of their great riches? No man can redeem his brother or pay God the price of his release, for the ransom of a life is costly; no payment is ever enough that would let him live for ever, never seeing the grave. For all can see that wise men die, that the foolish and senseless all perish and leave their wealth to others. They think their houses will remain for ever, their dwellings for all generations; they give their names to their estates. But man, despite his splendor, does not endure; he is like the beasts that perish. Such is the fate of the foolish and their followers who approve their words, Selah. Like sheep they are destined for the grave: death will be their shepherd. The upright will rule over them in the morning. Their forms will decay in the grave, far from their mansions. But God will redeem my life from the grave; He will surely take me to Himself, Selah. Do not be overawed when a man grows rich, when the glory of his house increases, for he will take nothing with him when he dies; his wealth will not descend with him. Though while he lived he counted himself blessed – men always praise you when you prosper – he will join the generation of his ancestors who will never again see the light. A man who, despite his splendor, lacks understanding, is like the beasts that perish. *Ps. 49*

On those days on which Taḥanun is not said, substitute:

מִכְתָּם לְדָוִד A musical composition of David. Protect me, God, for in You I have found refuge. I have said to the LORD: You are my LORD: from You alone comes the good I enjoy. All my delight is in the holy ones, the mighty in the land. Those who run after other gods multiply their sorrows. I shall never offer them libations of blood, nor will their names pass my lips. The LORD *Ps. 16*

מִכְתָּם לְדָוִד *Psalm 16.* On days when *Taḥanun* is not said, we recite this psalm, quite different in mood from Psalm 49. The psalm reflects that, despite our loss, we are here, alive, and with much for which to thank God. This is a poem of reaffirmation.

תפילה בבית האבל

After the regular service, the following psalm is read in a house of mourning during the שבעה *week. On those days on which* תחנון *is not said,* תהלים טז *(below) is substituted.*

לַמְנַצֵּחַ לִבְנֵי־קֹרַח מִזְמוֹר: שִׁמְעוּ־זֹאת כָּל־הָעַמִּים, הַאֲזִינוּ כָּל־יֹשְׁבֵי חָלֶד: תהלים מט
גַּם־בְּנֵי אָדָם, גַּם־בְּנֵי־אִישׁ, יַחַד עָשִׁיר וְאֶבְיוֹן: פִּי יְדַבֵּר חָכְמוֹת, וְהָגוּת
לִבִּי תְבוּנוֹת: אַטֶּה לְמָשָׁל אָזְנִי, אֶפְתַּח בְּכִנּוֹר חִידָתִי: לָמָּה אִירָא בִּימֵי
רָע, עֲוֹן עֲקֵבַי יְסֻבֵּנִי: הַבֹּטְחִים עַל־חֵילָם, וּבְרֹב עָשְׁרָם יִתְהַלָּלוּ: אָח לֹא־
פָדֹה יִפְדֶּה אִישׁ, לֹא־יִתֵּן לֵאלֹהִים כָּפְרוֹ: וְיֵקַר פִּדְיוֹן נַפְשָׁם, וְחָדַל לְעוֹלָם:
וִיחִי־עוֹד לָנֶצַח, לֹא יִרְאֶה הַשָּׁחַת: כִּי יִרְאֶה חֲכָמִים יָמוּתוּ, יַחַד כְּסִיל
וָבַעַר יֹאבֵדוּ, וְעָזְבוּ לַאֲחֵרִים חֵילָם: קִרְבָּם בָּתֵּימוֹ לְעוֹלָם, מִשְׁכְּנֹתָם לְדוֹר
וָדֹר, קָרְאוּ בִשְׁמוֹתָם עֲלֵי אֲדָמוֹת: וְאָדָם בִּיקָר בַּל־יָלִין, נִמְשַׁל כַּבְּהֵמוֹת
נִדְמוּ: זֶה דַרְכָּם, כֵּסֶל לָמוֹ, וְאַחֲרֵיהֶם בְּפִיהֶם יִרְצוּ סֶלָה: כַּצֹּאן לִשְׁאוֹל
שַׁתּוּ, מָוֶת יִרְעֵם, וַיִּרְדּוּ בָם יְשָׁרִים לַבֹּקֶר, וְצוּרָם לְבַלּוֹת שְׁאוֹל מִזְּבֻל לוֹ:
אַךְ־אֱלֹהִים יִפְדֶּה נַפְשִׁי מִיַּד שְׁאוֹל, כִּי יִקָּחֵנִי סֶלָה: אַל־תִּירָא כִּי־יַעֲשִׁר
אִישׁ, כִּי־יִרְבֶּה כְּבוֹד בֵּיתוֹ: כִּי לֹא בְמוֹתוֹ יִקַּח הַכֹּל, לֹא־יֵרֵד אַחֲרָיו כְּבוֹדוֹ:
כִּי־נַפְשׁוֹ בְּחַיָּיו יְבָרֵךְ, וְיוֹדֻךָ כִּי־תֵיטִיב לָךְ: תָּבוֹא עַד־דּוֹר אֲבוֹתָיו, עַד־נֵצַח
לֹא יִרְאוּ־אוֹר: אָדָם בִּיקָר וְלֹא יָבִין, נִמְשַׁל כַּבְּהֵמוֹת נִדְמוּ:

On those days on which תחנון *is not said, substitute:*

מִכְתָּם לְדָוִד, שָׁמְרֵנִי אֵל כִּי־חָסִיתִי בָךְ: אָמַרְתְּ לַיהוה, אֲדֹנָי אָתָּה, טוֹבָתִי תהלים טז
בַּל־עָלֶיךָ: לִקְדוֹשִׁים אֲשֶׁר־בָּאָרֶץ הֵמָּה, וְאַדִּירֵי כָּל־חֶפְצִי־בָם: יִרְבּוּ
עַצְּבוֹתָם אַחֵר מָהָרוּ, בַּל־אַסִּיךְ נִסְכֵּיהֶם מִדָּם, וּבַל־אֶשָּׂא אֶת־שְׁמוֹתָם

PRAYER IN A HOUSE OF MOURNING

לַמְנַצֵּחַ *Psalm 49.* Repentance is part of the process of mourning (Maimonides). Confronted with an awareness of our mortality, we begin to rethink our priorities, knowing that what occupy our energies and thoughts much of the time, are often matters of relatively minor significance when weighed against the fullness of eternity and the brevity of our lives on earth. Psalm 49 is a most powerful expression of this idea. What lives on after us is not our wealth but the ideals for which we live and the good we do.

is my allotted portion and my cup: You direct my fate. The lines have fallen for me in pleasant places; I am well content with my inheritance. I will bless the LORD who has guided me; at night my innermost being admonishes me. I have set the LORD before me at all times. He is at my right hand: I shall not be shaken. Therefore my heart is glad, my spirit rejoices, and my body rests secure. For You will not abandon me to the grave, nor let Your faithful one see the pit. You will teach me the path of life. In Your presence is fullness of joy; at Your right hand, bliss for evermore.

MEMORIAL PRAYER

אָנָּא O LORD and King, full of compassion, God of the spirits of all flesh, in whose hand are the souls of the living and the dead, receive, we pray You, in Your great love the soul of

For a man, say:

(*name* son of *father's name*) who has been gathered to his people. Have mercy on him, pardon all his transgressions, for there is no one *Eccl. 7*
so righteous on earth as to have done only good and never sinned. Remember the righteousness that he did, and let his reward be with him, his recompense before him. O shelter his soul in the shadow of Your wings. Make known to him the path of life. In Your presence is fullness of joy, at Your right hand bliss for evermore. Bestow upon him the great goodness that is stored up for the righteous.

For a woman, say:

(*name* daughter of *father's name*) who has been gathered to her people. Have mercy on her, pardon all her transgressions, for there is no one *Eccl. 7*
so righteous on earth as to have done only good and never sinned. Remember the righteousness that she did, and let her reward be with her, her recompense before her. O shelter her soul in the shadow of Your wings. Make known to her the path of life. In Your presence is fullness of joy, at Your right hand bliss for evermore. Bestow upon her the great goodness that is stored up for the righteous.

For a boy, say:

(*name* son of *father's name*) who has been gathered to his people. Remember the righteousness that he did, and let his reward be with him, his recompense before him. O shelter his soul in the shadow of Your wings. Make known to him the path of life. In Your presence is fullness of joy, at Your right hand bliss for evermore. Bestow upon him the great goodness that is stored up for the righteous.

עַל־שְׂפָתָי: יהוה, מְנָת־חֶלְקִי וְכוֹסִי, אַתָּה תּוֹמִיךְ גּוֹרָלִי: חֲבָלִים נָפְלוּ־לִי בַּנְּעִמִים, אַף־נַחֲלָת שָׁפְרָה עָלָי: אֲבָרֵךְ אֶת־יהוה אֲשֶׁר יְעָצָנִי, אַף־לֵילוֹת יִסְּרוּנִי כִלְיוֹתָי: שִׁוִּיתִי יהוה לְנֶגְדִּי תָמִיד, כִּי מִימִינִי בַּל־אֶמּוֹט: לָכֵן שָׂמַח לִבִּי וַיָּגֶל כְּבוֹדִי, אַף־בְּשָׂרִי יִשְׁכֹּן לָבֶטַח: כִּי לֹא־תַעֲזֹב נַפְשִׁי לִשְׁאוֹל, לֹא־תִתֵּן חֲסִידְךָ לִרְאוֹת שָׁחַת: תּוֹדִיעֵנִי אֹרַח חַיִּים, שֹׂבַע שְׂמָחוֹת אֶת־פָּנֶיךָ, נְעִמוֹת בִּימִינְךָ נֶצַח:

אזכרה

אָנָּא יהוה מֶלֶךְ מָלֵא רַחֲמִים, אֱלֹהֵי הָרוּחוֹת לְכָל בָּשָׂר, אֲשֶׁר בְּיָדְךָ נַפְשׁוֹת הַחַיִּים וְהַמֵּתִים, אָנָּא קַבֵּל בְּחַסְדְּךָ הַגָּדוֹל אֶת נִשְׁמַת

For a man, say:

(פלוני בֶּן פלוני) אֲשֶׁר נֶאֱסַף אֶל עַמָּיו. חוּס וַחֲמֹל עָלָיו, סְלַח וּמְחַל
לְכָל פְּשָׁעָיו. כִּי אָדָם אֵין צַדִּיק בָּאָרֶץ, אֲשֶׁר יַעֲשֶׂה־טּוֹב וְלֹא קהלת ז
יֶחֱטָא: זְכֹר לוֹ צִדְקָתוֹ אֲשֶׁר עָשָׂה, וִיהִי שְׂכָרוֹ אִתּוֹ, וּפְעֻלָּתוֹ לְפָנָיו. אָנָּא הַסְתֵּר אֶת נִשְׁמָתוֹ בְּצֵל כְּנָפֶיךָ, הוֹדִיעֵהוּ אֹרַח חַיִּים, שֹׂבַע שְׂמָחוֹת אֶת פָּנֶיךָ, נְעִימוֹת בִּימִינְךָ נֶצַח, וְתַשְׁפִּיעַ לוֹ מֵרַב טוּב הַצָּפוּן לַצַּדִּיקִים.

For a woman, say:

(פלונית בַּת פלוני) אֲשֶׁר נֶאֶסְפָה אֶל עַמֶּיהָ. חוּס וַחֲמֹל עָלֶיהָ, סְלַח
וּמְחַל לְכָל פְּשָׁעֶיהָ. כִּי אָדָם אֵין צַדִּיק בָּאָרֶץ, אֲשֶׁר יַעֲשֶׂה־טּוֹב וְלֹא קהלת ז
יֶחֱטָא: זְכֹר לָהּ צִדְקָתָהּ אֲשֶׁר עָשְׂתָה, וִיהִי שְׂכָרָהּ אִתָּהּ, וּפְעֻלָּתָהּ לְפָנֶיהָ. אָנָּא הַסְתֵּר אֶת נִשְׁמָתָהּ בְּצֵל כְּנָפֶיךָ, הוֹדִיעֶהָ אֹרַח חַיִּים, שֹׂבַע שְׂמָחוֹת אֶת פָּנֶיךָ, נְעִימוֹת בִּימִינְךָ נֶצַח, וְתַשְׁפִּיעַ לָהּ מֵרַב טוּב הַצָּפוּן לַצַּדִּיקִים.

For a boy, say:

(פלוני בֶּן פלוני) אֲשֶׁר נֶאֱסַף אֶל עַמָּיו. זְכֹר לוֹ צִדְקָתוֹ אֲשֶׁר עָשָׂה, וִיהִי שְׂכָרוֹ אִתּוֹ, וּפְעֻלָּתוֹ לְפָנָיו. אָנָּא הַסְתֵּר אֶת נִשְׁמָתוֹ בְּצֵל כְּנָפֶיךָ, הוֹדִיעֵהוּ אֹרַח חַיִּים, שֹׂבַע שְׂמָחוֹת אֶת פָּנֶיךָ, נְעִימוֹת בִּימִינְךָ נֶצַח, וְתַשְׁפִּיעַ לוֹ מֵרַב טוּב הַצָּפוּן לַצַּדִּיקִים.

For a girl, say:

(*name* daughter of *father's name*) who has been gathered to her people. Remember the righteousness that she did, and let her reward be with her, her recompense before her. O shelter her soul in the shadow of Your wings. Make known to her the path of life. In Your presence is fullness of joy, at Your right hand bliss for evermore. Bestow upon her the great goodness that is stored up for the righteous.

As it is written, "How great is Your goodness which You have stored up for those who revere You, which You bestow on those that trust in You before the children of men." *Ps. 31*

אָנָּא May the Lord who heals the brokenhearted and binds up their wounds, grant consolation to the mourners.

For a young boy, add:

May the death of this boy
mark the end of all anguish and sorrow for his parents.

For a young girl, add:

May the death of this girl
mark the end of all anguish and sorrow for her parents.

If the mourners have children, add the words in parentheses:

חַזְּקֵם Strengthen and support them in the day of their sadness and grief; and remember them (and their children) for a long and good life. Put into their hearts love and reverence for You, so that they may serve You with a perfect heart; and let their end be peace. Amen.

כְּאִישׁ As a mother comforts her son, *Is. 66*
so will I comfort you;
and in Jerusalem you shall find comfort.
Your sun shall no more set, *Is. 60*
your moon shall no more withdraw itself,
for the Lord shall be your everlasting light,
and your days of mourning shall be ended.
He will destroy death for ever; *Is. 25*
and the Lord God will wipe away the tears from all faces,
and remove the reproach of His people from the whole earth;
for the Lord has spoken it.

For a girl, say:

(פלונית בַּת פלוני) אֲשֶׁר נֶאֶסְפָה אֶל עַמֶּיהָ. זְכוֹר לָהּ צִדְקָתָהּ אֲשֶׁר עָשְׂתָה, וִיהִי שְׂכָרָהּ אִתָּהּ, וּפְעֻלָּתָהּ לְפָנֶיהָ. אָנָּא הַסְתֵּר אֶת נִשְׁמָתָהּ בְּצֵל כְּנָפֶיךָ, הוֹדִיעֶהָ אֹרַח חַיִּים, שֹׂבַע שְׂמָחוֹת אֶת פָּנֶיךָ, נְעִימוֹת בִּימִינְךָ נֶצַח, וְתַשְׁפִּיעַ לָהּ מֵרֹב טוּב הַצָּפוּן לַצַּדִּיקִים.

תהלים לא
כְּמוֹ שֶׁכָּתוּב: מָה רַב טוּבְךָ אֲשֶׁר־צָפַנְתָּ לִּירֵאֶיךָ, פָּעַלְתָּ לַחוֹסִים בָּךְ נֶגֶד בְּנֵי אָדָם:

אָנָּא יהוה, הָרוֹפֵא לִשְׁבוּרֵי לֵב וּמְחַבֵּשׁ לְעַצְּבוֹתָם, שַׁלֵּם נִחוּמִים לָאֲבֵלִים.

For a young boy, add:

וּתְהִי פְּטִירַת הַיֶּלֶד הַזֶּה קֵץ לְכָל צָרָה וְצוּקָה לְאָבִיו וּלְאִמּוֹ.

For a young girl, add:

וּתְהִי פְּטִירַת הַיַּלְדָּה הַזֹּאת קֵץ לְכָל צָרָה וְצוּקָה לְאָבִיהָ וּלְאִמָּהּ.

If the mourners have children, add the words in parentheses:

חַזְּקֵם וְאַמְּצֵם בְּיוֹם אֶבְלָם וִיגוֹנָם, וְזָכְרֵם (וּזְכֹר אֶת בְּנֵי בֵיתָם) לְחַיִּים טוֹבִים וַאֲרֻכִּים. תֵּן בְּלִבָּם יִרְאָתְךָ וְאַהֲבָתְךָ לְעָבְדְךָ בְּלֵבָב שָׁלֵם, וּתְהִי אַחֲרִיתָם שָׁלוֹם, אָמֵן.

ישעיה סו
כְּאִישׁ אֲשֶׁר אִמּוֹ תְּנַחֲמֶנּוּ
כֵּן אָנֹכִי אֲנַחֶמְכֶם
וּבִירוּשָׁלַםִ תְּנֻחָמוּ:

ישעיה ס
לֹא־יָבוֹא עוֹד שִׁמְשֵׁךְ, וִירֵחֵךְ לֹא יֵאָסֵף
כִּי יהוה יִהְיֶה־לָּךְ לְאוֹר עוֹלָם
וְשָׁלְמוּ יְמֵי אֶבְלֵךְ:

ישעיה כה
בִּלַּע הַמָּוֶת לָנֶצַח
וּמָחָה אֲדֹנָי יֱהֹוִה דִּמְעָה מֵעַל כָּל־פָּנִים
וְחֶרְפַּת עַמּוֹ יָסִיר מֵעַל כָּל־הָאָרֶץ
כִּי יהוה דִּבֵּר:

MOURNER'S KADDISH

The following prayer, said by mourners, requires the presence of a minyan.
A transliteration can be found on page 699.

Mourner: יִתְגַּדַּל Magnified and sanctified
may His great name be,
in the world He created by His will.
May He establish His kingdom
in your lifetime and in your days,
and in the lifetime of all the house of Israel,
swiftly and soon –
and say: Amen.

All: May His great name be blessed
for ever and all time.

Mourner: Blessed and praised,
glorified and exalted,
raised and honored,
uplifted and lauded
be the name of the Holy One,
blessed be He,
beyond any blessing,
song, praise and consolation
uttered in the world –
and say: Amen.

May there be great peace from heaven,
and life for us and all Israel –
and say: Amen.

Bow, take three steps back, as if taking leave of the Divine Presence,
then bow, first left, then right, then center, while saying:

May He who makes peace in His high places,
make peace for us and all Israel –
and say: Amen.

קדיש יתום

The following prayer, said by mourners, requires the presence of a מנין*.*
A transliteration can be found on page 699.

אבל: יִתְגַּדַּל וְיִתְקַדַּשׁ שְׁמֵהּ רַבָּא (קהל: אָמֵן)
בְּעָלְמָא דִּי בְרָא כִרְעוּתֵהּ
וְיַמְלִיךְ מַלְכוּתֵהּ
בְּחַיֵּיכוֹן וּבְיוֹמֵיכוֹן וּבְחַיֵּי דְכָל בֵּית יִשְׂרָאֵל
בַּעֲגָלָא וּבִזְמַן קָרִיב
וְאִמְרוּ אָמֵן. (קהל: אָמֵן)

קהל ואבל: יְהֵא שְׁמֵהּ רַבָּא מְבָרַךְ לְעָלַם וּלְעָלְמֵי עָלְמַיָּא.

אבל: יִתְבָּרַךְ וְיִשְׁתַּבַּח וְיִתְפָּאַר
וְיִתְרוֹמַם וְיִתְנַשֵּׂא וְיִתְהַדָּר וְיִתְעַלֶּה וְיִתְהַלָּל
שְׁמֵהּ דְּקֻדְשָׁא בְּרִיךְ הוּא (קהל: בְּרִיךְ הוּא)
לְעֵלָּא מִן כָּל בִּרְכָתָא / בעשרת ימי תשובה: לְעֵלָּא לְעֵלָּא מִכָּל בִּרְכָתָא/
וְשִׁירָתָא, תֻּשְׁבְּחָתָא וְנֶחֱמָתָא
דַּאֲמִירָן בְּעָלְמָא
וְאִמְרוּ אָמֵן. (קהל: אָמֵן)

יְהֵא שְׁלָמָא רַבָּא מִן שְׁמַיָּא
וְחַיִּים, עָלֵינוּ וְעַל כָּל יִשְׂרָאֵל
וְאִמְרוּ אָמֵן. (קהל: אָמֵן)

Bow, take three steps back, as if taking leave of the Divine Presence, then bow, first left, then right, then center, while saying:

עֹשֶׂה שָׁלוֹם/ בעשרת ימי תשובה: הַשָּׁלוֹם/ בִּמְרוֹמָיו
הוּא יַעֲשֶׂה שָׁלוֹם עָלֵינוּ וְעַל כָּל יִשְׂרָאֵל
וְאִמְרוּ אָמֵן. (קהל: אָמֵן)

BIRKAT HAMAZON IN A HOUSE OF MOURNING

Leader Gentlemen, let us say grace.

Others May the name of the LORD be blessed from now and for ever. *Ps. 113*

Leader May the name of the LORD be blessed from now and for ever.
With your permission,
let us bless the One who comforts mourners
from whose food we have eaten.

Others Blessed be the One who comforts mourners,
from whose food we have eaten, and by whose goodness we live.

**People present who have not taken part in the meal say:*
*Blessed be the One who comforts mourners,
whose name is continually blessed for ever and all time.

Leader Blessed be the One who comforts mourners,
from whose food we have eaten, and by whose goodness we live.
Blessed be He, and blessed be His name.

Continue with Birkat HaMazon on page 520 until "And may Jerusalem" on page 526. Then say:

נַחֵם Comfort, O LORD our God, the mourners of Jerusalem and those who mourn here. Grant them consolation in their mourning and gladness in their grief, as it is said, "As a mother comforts her son, so will I comfort you, and in Jerusalem you shall find comfort." Blessed are You, LORD, who brings comfort to Zion through the rebuilding of Jerusalem. Amen. *Is. 66*

בָּרוּךְ Blessed are You, LORD our God, King of the Universe – God our Father, our King, our Sovereign, our Creator, our Redeemer, our Maker, our Holy One, the Holy One of Jacob. He is our Shepherd, Israel's Sheperd, our living King who is good and does good, the true God, the true Judge, who judges righteously and takes back souls in judgment. He rules the world according to His will, for all His ways are just, and we are His people and His servants. For everything, we are duty bound to acknowledge and bless Him. May He who repairs the breaches in Israel, repair this breach in us and grant us life and peace. May He always bestow on us grace, kindness, compassion and all good things. Of all that is good, may He never let us lack.

Continue with "May the Compassionate One reign" on page 528.

ברכת המזון בבית האבל

Leader רַבּוֹתַי, נְבָרֵךְ.

Others יְהִי שֵׁם יהוה מְבֹרָךְ מֵעַתָּה וְעַד־עוֹלָם: תהלים קיג

Leader יְהִי שֵׁם יהוה מְבֹרָךְ מֵעַתָּה וְעַד־עוֹלָם:
בִּרְשׁוּת רַבּוֹתַי, נְבָרֵךְ מְנַחֵם אֲבֵלִים שֶׁאָכַלְנוּ מִשֶּׁלּוֹ.

Others בָּרוּךְ מְנַחֵם אֲבֵלִים, שֶׁאָכַלְנוּ מִשֶּׁלּוֹ וּבְטוּבוֹ חָיִינוּ.

People present who have not taken part in the meal say:

*בָּרוּךְ מְנַחֵם אֲבֵלִים, וּמְבֹרָךְ שְׁמוֹ תָּמִיד לְעוֹלָם וָעֶד.

Leader בָּרוּךְ מְנַחֵם אֲבֵלִים, שֶׁאָכַלְנוּ מִשֶּׁלּוֹ וּבְטוּבוֹ חָיִינוּ.
בָּרוּךְ הוּא וּבָרוּךְ שְׁמוֹ.

Continue with בִּרְכַּת הַמָּזוֹן *on page 521 until* וּבְנֵה יְרוּשָׁלַיִם *on page 527. Then say:*

נַחֵם יהוה אֱלֹהֵינוּ אֶת אֲבֵלֵי יְרוּשָׁלַיִם, וְאֶת הָאֲבֵלִים הַמִּתְאַבְּלִים בָּאֵבֶל הַזֶּה. נַחֲמֵם מֵאֶבְלָם וְשַׂמְּחֵם מִיגוֹנָם, כָּאָמוּר: כְּאִישׁ אֲשֶׁר אִמּוֹ תְּנַחֲמֶנּוּ, כֵּן אָנֹכִי אֲנַחֶמְכֶם וּבִירוּשָׁלַיִם תְּנֻחָמוּ: בָּרוּךְ אַתָּה יהוה, מְנַחֵם צִיּוֹן בְּבִנְיַן יְרוּשָׁלָיִם. אָמֵן. ישעיה סו

בָּרוּךְ אַתָּה יהוה אֱלֹהֵינוּ מֶלֶךְ הָעוֹלָם, הָאֵל אָבִינוּ מַלְכֵּנוּ אַדִּירֵנוּ בּוֹרְאֵנוּ גּוֹאֲלֵנוּ יוֹצְרֵנוּ קְדוֹשֵׁנוּ קְדוֹשׁ יַעֲקֹב, רוֹעֵנוּ רוֹעֵה יִשְׂרָאֵל, הַמֶּלֶךְ הַחַי, הַטּוֹב וְהַמֵּטִיב. אֵל אֱמֶת, דַּיַּן אֱמֶת, שׁוֹפֵט צֶדֶק, לוֹקֵחַ נְפָשׁוֹת בְּמִשְׁפָּט, וְשַׁלִּיט בְּעוֹלָמוֹ לַעֲשׂוֹת בּוֹ כִּרְצוֹנוֹ, כִּי כָל דְּרָכָיו מִשְׁפָּט, וַאֲנַחְנוּ עַמּוֹ וַעֲבָדָיו, וְעַל הַכֹּל אֲנַחְנוּ חַיָּבִים לְהוֹדוֹת לוֹ וּלְבָרְכוֹ. גּוֹדֵר פִּרְצוֹת יִשְׂרָאֵל, הוּא יִגְדֹּר אֶת הַפִּרְצָה הַזֹּאת מֵעָלֵינוּ לְחַיִּים וּלְשָׁלוֹם. הוּא יִגְמְלֵנוּ לָעַד חֵן וָחֶסֶד וְרַחֲמִים וְכָל טוּב, וּמִכָּל טוּב לְעוֹלָם אַל יְחַסְּרֵנוּ.

Continue with הָרַחֲמָן הוּא יִמְלֹךְ *on page 529.*

קריאת התורה
TORAH READINGS

קריאת התורה
לימי שני וחמישי

THE READING OF THE TORAH FOR MONDAYS AND THURSDAYS

BERESHIT — בראשית

בראשית א: א–כג בְּרֵאשִׁית בָּרָא אֱלֹהִים אֵת הַשָּׁמַיִם וְאֵת הָאָרֶץ: וְהָאָרֶץ הָיְתָה תֹהוּ וָבֹהוּ
וְחֹשֶׁךְ עַל־פְּנֵי תְהוֹם וְרוּחַ אֱלֹהִים מְרַחֶפֶת עַל־פְּנֵי הַמָּיִם: וַיֹּאמֶר אֱלֹהִים
יְהִי־אוֹר וַיְהִי־אוֹר: וַיַּרְא אֱלֹהִים אֶת־הָאוֹר כִּי־טוֹב וַיַּבְדֵּל אֱלֹהִים בֵּין הָאוֹר
וּבֵין הַחֹשֶׁךְ: וַיִּקְרָא אֱלֹהִים ׀ לָאוֹר יוֹם וְלַחֹשֶׁךְ קָרָא לָיְלָה וַיְהִי־עֶרֶב וַיְהִי־
בֹקֶר יוֹם אֶחָד:

לוי וַיֹּאמֶר אֱלֹהִים יְהִי רָקִיעַ בְּתוֹךְ הַמָּיִם וִיהִי מַבְדִּיל בֵּין מַיִם לָמָיִם: וַיַּעַשׂ
אֱלֹהִים אֶת־הָרָקִיעַ וַיַּבְדֵּל בֵּין הַמַּיִם אֲשֶׁר מִתַּחַת לָרָקִיעַ וּבֵין הַמַּיִם אֲשֶׁר
מֵעַל לָרָקִיעַ וַיְהִי־כֵן: וַיִּקְרָא אֱלֹהִים לָרָקִיעַ שָׁמָיִם וַיְהִי־עֶרֶב וַיְהִי־בֹקֶר
יוֹם שֵׁנִי:

ישראל וַיֹּאמֶר אֱלֹהִים יִקָּווּ הַמַּיִם מִתַּחַת הַשָּׁמַיִם אֶל־מָקוֹם אֶחָד וְתֵרָאֶה הַיַּבָּשָׁה
וַיְהִי־כֵן: וַיִּקְרָא אֱלֹהִים ׀ לַיַּבָּשָׁה אֶרֶץ וּלְמִקְוֵה הַמַּיִם קָרָא יַמִּים וַיַּרְא
אֱלֹהִים כִּי־טוֹב: וַיֹּאמֶר אֱלֹהִים תַּדְשֵׁא הָאָרֶץ דֶּשֶׁא עֵשֶׂב מַזְרִיעַ זֶרַע עֵץ
פְּרִי עֹשֶׂה פְּרִי לְמִינוֹ אֲשֶׁר זַרְעוֹ־בוֹ עַל־הָאָרֶץ וַיְהִי־כֵן: וַתּוֹצֵא הָאָרֶץ דֶּשֶׁא
עֵשֶׂב מַזְרִיעַ זֶרַע לְמִינֵהוּ וְעֵץ עֹשֶׂה־פְּרִי אֲשֶׁר זַרְעוֹ־בוֹ לְמִינֵהוּ וַיַּרְא אֱלֹהִים
כִּי־טוֹב: וַיְהִי־עֶרֶב וַיְהִי־בֹקֶר יוֹם שְׁלִישִׁי:

Some extend the ישראל *portion on the Thursday reading:*

וַיֹּאמֶר אֱלֹהִים יְהִי מְאֹרֹת בִּרְקִיעַ הַשָּׁמַיִם לְהַבְדִּיל בֵּין הַיּוֹם וּבֵין הַלָּיְלָה
וְהָיוּ לְאֹתֹת וּלְמוֹעֲדִים וּלְיָמִים וְשָׁנִים: וְהָיוּ לִמְאוֹרֹת בִּרְקִיעַ הַשָּׁמַיִם לְהָאִיר
עַל־הָאָרֶץ וַיְהִי־כֵן: וַיַּעַשׂ אֱלֹהִים אֶת־שְׁנֵי הַמְּאֹרֹת הַגְּדֹלִים אֶת־הַמָּאוֹר
הַגָּדֹל לְמֶמְשֶׁלֶת הַיּוֹם וְאֶת־הַמָּאוֹר הַקָּטֹן לְמֶמְשֶׁלֶת הַלַּיְלָה וְאֵת הַכּוֹכָבִים:
וַיִּתֵּן אֹתָם אֱלֹהִים בִּרְקִיעַ הַשָּׁמָיִם לְהָאִיר עַל־הָאָרֶץ: וְלִמְשֹׁל בַּיּוֹם וּבַלַּיְלָה

וּלֲהַבְדִּיל בֵּין הָאוֹר וּבֵין הַחֹשֶׁךְ וַיַּרְא אֱלֹהִים כִּי־טוֹב: וַיְהִי־עֶרֶב וַיְהִי־בֹקֶר
יוֹם רְבִיעִי:
וַיֹּאמֶר אֱלֹהִים יִשְׁרְצוּ הַמַּיִם שֶׁרֶץ נֶפֶשׁ חַיָּה וְעוֹף יְעוֹפֵף עַל־הָאָרֶץ עַל־פְּנֵי
רְקִיעַ הַשָּׁמָיִם: וַיִּבְרָא אֱלֹהִים אֶת־הַתַּנִּינִם הַגְּדֹלִים וְאֵת כָּל־נֶפֶשׁ הַחַיָּה ׀
הָרֹמֶשֶׂת אֲשֶׁר שָׁרְצוּ הַמַּיִם לְמִינֵהֶם וְאֵת כָּל־עוֹף כָּנָף לְמִינֵהוּ וַיַּרְא אֱלֹהִים
כִּי־טוֹב: וַיְבָרֶךְ אֹתָם אֱלֹהִים לֵאמֹר פְּרוּ וּרְבוּ וּמִלְאוּ אֶת־הַמַּיִם בַּיַּמִּים וְהָעוֹף
יִרֶב בָּאָרֶץ: וַיְהִי־עֶרֶב וַיְהִי־בֹקֶר יוֹם חֲמִישִׁי:

NOAH נח

אֵלֶּה תּוֹלְדֹת נֹחַ נֹחַ אִישׁ צַדִּיק תָּמִים הָיָה בְּדֹרֹתָיו אֶת־הָאֱלֹהִים הִתְהַלֶּךְ־ בראשית ו: ט–כב
נֹחַ: וַיּוֹלֶד נֹחַ שְׁלֹשָׁה בָנִים אֶת־שֵׁם אֶת־חָם וְאֶת־יָפֶת: וַתִּשָּׁחֵת הָאָרֶץ
לִפְנֵי הָאֱלֹהִים וַתִּמָּלֵא הָאָרֶץ חָמָס: וַיַּרְא אֱלֹהִים אֶת־הָאָרֶץ וְהִנֵּה נִשְׁחָתָה
כִּי־הִשְׁחִית כָּל־בָּשָׂר אֶת־דַּרְכּוֹ עַל־הָאָרֶץ: וַיֹּאמֶר אֱלֹהִים
לְנֹחַ קֵץ כָּל־בָּשָׂר בָּא לְפָנַי כִּי־מָלְאָה הָאָרֶץ חָמָס מִפְּנֵיהֶם וְהִנְנִי מַשְׁחִיתָם
אֶת־הָאָרֶץ: עֲשֵׂה לְךָ תֵּבַת עֲצֵי־גֹפֶר קִנִּים תַּעֲשֶׂה אֶת־הַתֵּבָה וְכָפַרְתָּ אֹתָהּ
מִבַּיִת וּמִחוּץ בַּכֹּפֶר: וְזֶה אֲשֶׁר תַּעֲשֶׂה אֹתָהּ שְׁלֹשׁ מֵאוֹת אַמָּה אֹרֶךְ הַתֵּבָה
חֲמִשִּׁים אַמָּה רָחְבָּהּ וּשְׁלֹשִׁים אַמָּה קוֹמָתָהּ: צֹהַר ׀ תַּעֲשֶׂה לַתֵּבָה וְאֶל־אַמָּה
תְּכַלֶּנָּה מִלְמַעְלָה וּפֶתַח הַתֵּבָה בְּצִדָּהּ תָּשִׂים תַּחְתִּיִּם שְׁנִיִּם וּשְׁלִשִׁים תַּעֲשֶׂהָ:
*וַאֲנִי הִנְנִי מֵבִיא אֶת־הַמַּבּוּל מַיִם עַל־הָאָרֶץ לְשַׁחֵת כָּל־בָּשָׂר אֲשֶׁר־בּוֹ לוי
רוּחַ חַיִּים מִתַּחַת הַשָּׁמָיִם כֹּל אֲשֶׁר־בָּאָרֶץ יִגְוָע: וַהֲקִמֹתִי אֶת־בְּרִיתִי אִתָּךְ
וּבָאתָ אֶל־הַתֵּבָה אַתָּה וּבָנֶיךָ וְאִשְׁתְּךָ וּנְשֵׁי־בָנֶיךָ אִתָּךְ: וּמִכָּל־הָחַי מִכָּל־
בָּשָׂר שְׁנַיִם מִכֹּל תָּבִיא אֶל־הַתֵּבָה לְהַחֲיֹת אִתָּךְ זָכָר וּנְקֵבָה יִהְיוּ: *מֵהָעוֹף ישראל
לְמִינֵהוּ וּמִן־הַבְּהֵמָה לְמִינָהּ מִכֹּל רֶמֶשׂ הָאֲדָמָה לְמִינֵהוּ שְׁנַיִם מִכֹּל יָבֹאוּ
אֵלֶיךָ לְהַחֲיוֹת: וְאַתָּה קַח־לְךָ מִכָּל־מַאֲכָל אֲשֶׁר יֵאָכֵל וְאָסַפְתָּ אֵלֶיךָ וְהָיָה
לְךָ וְלָהֶם לְאָכְלָה: וַיַּעַשׂ נֹחַ כְּכֹל אֲשֶׁר צִוָּה אֹתוֹ אֱלֹהִים כֵּן עָשָׂה:

LEKH LEKHA לך לך

וַיֹּאמֶר יהוה אֶל־אַבְרָם לֶךְ־לְךָ מֵאַרְצְךָ וּמִמּוֹלַדְתְּךָ וּמִבֵּית אָבִיךָ אֶל־הָאָרֶץ בראשית יב: א–יג
אֲשֶׁר אַרְאֶךָּ: וְאֶעֶשְׂךָ לְגוֹי גָּדוֹל וַאֲבָרֶכְךָ וַאֲגַדְּלָה שְׁמֶךָ וֶהְיֵה בְּרָכָה: וַאֲבָרְכָה

לוי מְבָרְכֶיךָ וּמְקַלֶּלְךָ אָאֹר וְנִבְרְכוּ בְךָ כֹּל מִשְׁפְּחֹת הָאֲדָמָה: *וַיֵּלֶךְ אַבְרָם כַּאֲשֶׁר דִּבֶּר אֵלָיו יהוה וַיֵּלֶךְ אִתּוֹ לוֹט וְאַבְרָם בֶּן־חָמֵשׁ שָׁנִים וְשִׁבְעִים שָׁנָה בְּצֵאתוֹ מֵחָרָן: וַיִּקַּח אַבְרָם אֶת־שָׂרַי אִשְׁתּוֹ וְאֶת־לוֹט בֶּן־אָחִיו וְאֶת־כָּל־רְכוּשָׁם אֲשֶׁר רָכָשׁוּ וְאֶת־הַנֶּפֶשׁ אֲשֶׁר־עָשׂוּ בְחָרָן וַיֵּצְאוּ לָלֶכֶת אַרְצָה כְּנַעַן וַיָּבֹאוּ אַרְצָה כְּנָעַן: וַיַּעֲבֹר אַבְרָם בָּאָרֶץ עַד מְקוֹם שְׁכֶם עַד אֵלוֹן מוֹרֶה וְהַכְּנַעֲנִי אָז בָּאָרֶץ: וַיֵּרָא יהוה אֶל־אַבְרָם וַיֹּאמֶר לְזַרְעֲךָ אֶתֵּן אֶת־הָאָרֶץ הַזֹּאת וַיִּבֶן שָׁם מִזְבֵּחַ לַיהוה הַנִּרְאֶה אֵלָיו: וַיַּעְתֵּק מִשָּׁם הָהָרָה מִקֶּדֶם לְבֵית־אֵל וַיֵּט אָהֳלֹה בֵּית־אֵל מִיָּם וְהָעַי מִקֶּדֶם וַיִּבֶן־שָׁם מִזְבֵּחַ לַיהוה וַיִּקְרָא בְּשֵׁם יהוה: וַיִּסַּע אַבְרָם הָלוֹךְ וְנָסוֹעַ הַנֶּגְבָּה:

ישראל וַיְהִי רָעָב בָּאָרֶץ וַיֵּרֶד אַבְרָם מִצְרַיְמָה לָגוּר שָׁם כִּי־כָבֵד הָרָעָב בָּאָרֶץ: וַיְהִי כַּאֲשֶׁר הִקְרִיב לָבוֹא מִצְרָיְמָה וַיֹּאמֶר אֶל־שָׂרַי אִשְׁתּוֹ הִנֵּה־נָא יָדַעְתִּי כִּי אִשָּׁה יְפַת־מַרְאֶה אָתְּ: וְהָיָה כִּי־יִרְאוּ אֹתָךְ הַמִּצְרִים וְאָמְרוּ אִשְׁתּוֹ זֹאת וְהָרְגוּ אֹתִי וְאֹתָךְ יְחַיּוּ: אִמְרִי־נָא אֲחֹתִי אָתְּ לְמַעַן יִיטַב־לִי בַעֲבוּרֵךְ וְחָיְתָה נַפְשִׁי בִּגְלָלֵךְ:

VAYERA וירא

בראשית יח: א–יד

וַיֵּרָא אֵלָיו יהוה בְּאֵלֹנֵי מַמְרֵא וְהוּא יֹשֵׁב פֶּתַח־הָאֹהֶל כְּחֹם הַיּוֹם: וַיִּשָּׂא עֵינָיו וַיַּרְא וְהִנֵּה שְׁלֹשָׁה אֲנָשִׁים נִצָּבִים עָלָיו וַיַּרְא וַיָּרָץ לִקְרָאתָם מִפֶּתַח הָאֹהֶל וַיִּשְׁתַּחוּ אָרְצָה: וַיֹּאמַר אֲדֹנָי אִם־נָא מָצָאתִי חֵן בְּעֵינֶיךָ אַל־נָא תַעֲבֹר מֵעַל עַבְדֶּךָ: יֻקַּח־נָא מְעַט־מַיִם וְרַחֲצוּ רַגְלֵיכֶם וְהִשָּׁעֲנוּ תַּחַת הָעֵץ: וְאֶקְחָה פַת־לֶחֶם וְסַעֲדוּ לִבְּכֶם אַחַר תַּעֲבֹרוּ כִּי־עַל־כֵּן עֲבַרְתֶּם עַל־עַבְדְּכֶם

לוי וַיֹּאמְרוּ כֵּן תַּעֲשֶׂה כַּאֲשֶׁר דִּבַּרְתָּ: *וַיְמַהֵר אַבְרָהָם הָאֹהֱלָה אֶל־שָׂרָה וַיֹּאמֶר מַהֲרִי שְׁלֹשׁ סְאִים קֶמַח סֹלֶת לוּשִׁי וַעֲשִׂי עֻגוֹת: וְאֶל־הַבָּקָר רָץ אַבְרָהָם וַיִּקַּח בֶּן־בָּקָר רַךְ וָטוֹב וַיִּתֵּן אֶל־הַנַּעַר וַיְמַהֵר לַעֲשׂוֹת אֹתוֹ: וַיִּקַּח חֶמְאָה וְחָלָב וּבֶן־הַבָּקָר אֲשֶׁר עָשָׂה וַיִּתֵּן לִפְנֵיהֶם וְהוּא עֹמֵד עֲלֵיהֶם תַּחַת הָעֵץ

ישראל וַיֹּאכֵלוּ: *וַיֹּאמְרוּ אֵלָיו אַיֵּה שָׂרָה אִשְׁתֶּךָ וַיֹּאמֶר הִנֵּה בָאֹהֶל: וַיֹּאמֶר שׁוֹב אָשׁוּב אֵלֶיךָ כָּעֵת חַיָּה וְהִנֵּה־בֵן לְשָׂרָה אִשְׁתֶּךָ וְשָׂרָה שֹׁמַעַת פֶּתַח הָאֹהֶל וְהוּא אַחֲרָיו: וְאַבְרָהָם וְשָׂרָה זְקֵנִים בָּאִים בַּיָּמִים חָדַל לִהְיוֹת לְשָׂרָה אֹרַח כַּנָּשִׁים: וַתִּצְחַק שָׂרָה בְּקִרְבָּהּ לֵאמֹר אַחֲרֵי בְלֹתִי הָיְתָה־לִּי עֶדְנָה וַאדֹנִי

זקן: ויאמר יהוה אל־אברהם למה זה צחקה שרה לאמר האף אמנם אלד
ואני זקנתי: היפלא מיהוה דבר למועד אשוב אליך כעת חיה ולשרה בן:

HAYYEI SARA
חיי שרה

ויהיו חיי שרה מאה שנה ועשרים שנה ושבע שנים שני חיי שרה: ותמת בראשית כג: א–טז
שרה בקרית ארבע הוא חברון בארץ כנען ויבא אברהם לספד לשרה
ולבכתה: ויקם אברהם מעל פני מתו וידבר אל־בני־חת לאמר: גר־ותושב
אנכי עמכם תנו לי אחזת־קבר עמכם ואקברה מתי מלפני: ויענו בני־חת
את־אברהם לאמר לו: שמענו | אדני נשיא אלהים אתה בתוכנו במבחר
קברינו קבר את־מתך איש ממנו את־קברו לא־יכלה ממך מקבר מתך:
ויקם אברהם וישתחו לעם־הארץ לבני־חת: *וידבר אתם לאמר אם־יש לוי
את־נפשכם לקבר את־מתי מלפני שמעוני ופגעו־לי בעפרון בן־צחר:
ויתן־לי את־מערת המכפלה אשר־לו אשר בקצה שדהו בכסף מלא יתננה
לי בתוככם לאחזת־קבר: ועפרון ישב בתוך בני־חת ויען עפרון החתי
את־אברהם באזני בני־חת לכל באי שער־עירו לאמר: לא־אדני שמעני
השדה נתתי לך והמערה אשר־בו לך נתתיה לעיני בני־עמי נתתיה לך
קבר מתך: וישתחו אברהם לפני עם־הארץ: *וידבר אל־עפרון באזני עם־ ישראל
הארץ לאמר אך אם־אתה לו שמעני נתתי כסף השדה קח ממני ואקברה
את־מתי שמה: ויען עפרון את־אברהם לאמר לו: אדני שמעני ארץ ארבע
מאת שקל־כסף ביני ובינך מה־הוא ואת־מתך קבר: וישמע אברהם אל־
עפרון וישקל אברהם לעפרן את־הכסף אשר דבר באזני בני־חת ארבע
מאות שקל כסף עבר לסחר:

TOLEDOT
תולדות

ואלה תולדת יצחק בן־אברהם אברהם הוליד את־יצחק: ויהי יצחק בן־ בראשית
ארבעים שנה בקחתו את־רבקה בת־בתואל הארמי מפדן ארם אחות לבן כה:יט–כו:ה
הארמי לו לאשה: ויעתר יצחק ליהוה לנכח אשתו כי עקרה הוא ויעתר
לו יהוה ותהר רבקה אשתו: ויתרצצו הבנים בקרבה ותאמר אם־כן למה
זה אנכי ותלך לדרש את־יהוה: *ויאמר יהוה לה שני גיים בבטנך ושני לוי גוים

לאמים ממעיך יפרדו ולאם מלאם יאמץ ורב יעבד צעיר: וימלאו ימיה
ללדת והנה תומם בבטנה: ויצא הראשון אדמוני כלו כאדרת שער ויקראו
שמו עשו: ואחרי־כן יצא אחיו וידו אחזת בעקב עשו ויקרא שמו יעקב
ישראל ויצחק בן־ששים שנה בלדת אתם: *ויגדלו הנערים ויהי עשו איש ידע ציד
איש שדה ויעקב איש תם ישב אהלים: ויאהב יצחק את־עשו כי־ציד בפיו
ורבקה אהבת את־יעקב: ויזד יעקב נזיד ויבא עשו מן־השדה והוא עיף:
ויאמר עשו אל־יעקב הלעיטני נא מן־האדם האדם הזה כי עיף אנכי על־
כן קרא־שמו אדום: ויאמר יעקב מכרה כיום את־בכרתך לי: ויאמר עשו
הנה אנכי הולך למות ולמה־זה לי בכרה: ויאמר יעקב השבעה לי כיום
וישבע לו וימכר את־בכרתו ליעקב: ויעקב נתן לעשו לחם ונזיד עדשים
ויאכל וישת ויקם וילך ויבז עשו את־הבכרה:

ויהי רעב בארץ מלבד הרעב הראשון אשר היה בימי אברהם וילך יצחק
אל־אבימלך מלך־פלשתים גררה: וירא אליו יהוה ויאמר אל־תרד מצרימה
שכן בארץ אשר אמר אליך: גור בארץ הזאת ואהיה עמך ואברכך כי־לך
ולזרעך אתן את־כל־הארצת האל והקמתי את־השבעה אשר נשבעתי
לאברהם אביך: והרביתי את־זרעך ככוכבי השמים ונתתי לזרעך את כל־
הארצת האל והתברכו בזרעך כל גויי הארץ: עקב אשר־שמע אברהם
בקלי וישמר משמרתי מצותי חקותי ותורתי:

ויצא VAYETZEH

בראשית כח:י-כב ויצא יעקב מבאר שבע וילך חרנה: ויפגע במקום וילן שם כי־בא השמש
ויקח מאבני המקום וישם מראשתיו וישכב במקום ההוא: ויחלם והנה
סלם מצב ארצה וראשו מגיע השמימה והנה מלאכי אלהים עלים וירדים
לוי בו: *והנה יהוה נצב עליו ויאמר אני יהוה אלהי אברהם אביך ואלהי יצחק
הארץ אשר אתה שכב עליה לך אתננה ולזרעך: והיה זרעך כעפר הארץ
ופרצת ימה וקדמה וצפנה ונגבה ונברכו בך כל־משפחת האדמה ובזרעך:
והנה אנכי עמך ושמרתיך בכל אשר־תלך והשבתיך אל־האדמה הזאת כי
לא אעזבך עד אשר אם־עשיתי את אשר־דברתי לך: וייקץ יעקב משנתו

ויאמר אכן יש יהוה במקום הזה ואנכי לא ידעתי: ויירא ויאמר מה־נורא
המקום הזה אין זה כי אם־בית אלהים וזה שער השמים: *וישכם יעקב ישראל
בבקר ויקח את־האבן אשר־שם מראשתיו וישם אתה מצבה ויצק שמן
על־ראשה: ויקרא את־שם־המקום ההוא בית־אל ואולם לוז שם־העיר
לראשנה: וידר יעקב נדר לאמר אם־יהיה אלהים עמדי ושמרני בדרך הזה
אשר אנכי הולך ונתן־לי לחם לאכל ובגד ללבש: ושבתי בשלום אל־בית
אבי והיה יהוה לי לאלהים: והאבן הזאת אשר־שמתי מצבה יהיה בית
אלהים וכל אשר תתן־לי עשר אעשרנו לך:

VAYISHLAH
וישלח

וישלח יעקב מלאכים לפניו אל־עשו אחיו ארצה שעיר שדה אדום: ויצו בראשית לב:ג-יב
אתם לאמר כה תאמרון לאדני לעשו כה אמר עבדך יעקב עם־לבן גרתי
ואחר עד־עתה: ויהי־לי שור וחמור צאן ועבד ושפחה ואשלחה להגיד
לאדני למצא־חן בעיניך: *וישבו המלאכים אל־יעקב לאמר באנו אל־ לוי
אחיך אל־עשו וגם הלך לקראתך וארבע־מאות איש עמו: ויירא יעקב
מאד ויצר לו ויחץ את־העם אשר־אתו ואת־הצאן ואת־הבקר והגמלים
לשני מחנות: ויאמר אם־יבוא עשו אל־המחנה האחת והכהו והיה המחנה
הנשאר לפליטה: *ויאמר יעקב אלהי אבי אברהם ואלהי אבי יצחק יהוה ישראל
האמר אלי שוב לארצך ולמולדתך ואיטיבה עמך: קטנתי מכל החסדים
ומכל־האמת אשר עשית את־עבדך כי במקלי עברתי את־הירדן הזה
ועתה הייתי לשני מחנות: הצילני נא מיד אחי מיד עשו כי־ירא אנכי
אתו פן־יבוא והכני אם על־בנים: ואתה אמרת היטב איטיב עמך ושמתי
את־זרעך כחול הים אשר לא־יספר מרב:

VAYESHEV
וישב

וישב יעקב בארץ מגורי אביו בארץ כנען: אלה ׀ תלדות יעקב יוסף בראשית לז:א-יא
בן־שבע־עשרה שנה היה רעה את־אחיו בצאן והוא נער את־בני בלהה
ואת־בני זלפה נשי אביו ויבא יוסף את־דבתם רעה אל־אביהם: וישראל

לוי אָהַב אֶת־יוֹסֵף מִכָּל־בָּנָיו כִּי־בֶן־זְקֻנִים הוּא לוֹ וְעָשָׂה לוֹ כְּתֹנֶת פַּסִּים: *וַיִּרְאוּ
אֶחָיו כִּי־אֹתוֹ אָהַב אֲבִיהֶם מִכָּל־אֶחָיו וַיִּשְׂנְאוּ אֹתוֹ וְלֹא יָכְלוּ דַּבְּרוֹ לְשָׁלֹם:
וַיַּחֲלֹם יוֹסֵף חֲלוֹם וַיַּגֵּד לְאֶחָיו וַיּוֹסִפוּ עוֹד שְׂנֹא אֹתוֹ: וַיֹּאמֶר אֲלֵיהֶם שִׁמְעוּ־
נָא הַחֲלוֹם הַזֶּה אֲשֶׁר חָלָמְתִּי: וְהִנֵּה אֲנַחְנוּ מְאַלְּמִים אֲלֻמִּים בְּתוֹךְ הַשָּׂדֶה
וְהִנֵּה קָמָה אֲלֻמָּתִי וְגַם־נִצָּבָה וְהִנֵּה תְסֻבֶּינָה אֲלֻמֹּתֵיכֶם וַתִּשְׁתַּחֲוֶיןָ לַאֲלֻמָּתִי:
ישראל *וַיֹּאמְרוּ לוֹ אֶחָיו הֲמָלֹךְ תִּמְלֹךְ עָלֵינוּ אִם־מָשׁוֹל תִּמְשֹׁל בָּנוּ וַיּוֹסִפוּ עוֹד
שְׂנֹא אֹתוֹ עַל־חֲלֹמֹתָיו וְעַל־דְּבָרָיו: וַיַּחֲלֹם עוֹד חֲלוֹם אַחֵר וַיְסַפֵּר אֹתוֹ
לְאֶחָיו וַיֹּאמֶר הִנֵּה חָלַמְתִּי חֲלוֹם עוֹד וְהִנֵּה הַשֶּׁמֶשׁ וְהַיָּרֵחַ וְאַחַד עָשָׂר
כּוֹכָבִים מִשְׁתַּחֲוִים לִי: וַיְסַפֵּר אֶל־אָבִיו וְאֶל־אֶחָיו וַיִּגְעַר־בּוֹ אָבִיו וַיֹּאמֶר לוֹ
מָה הַחֲלוֹם הַזֶּה אֲשֶׁר חָלָמְתָּ הֲבוֹא נָבוֹא אֲנִי וְאִמְּךָ וְאַחֶיךָ לְהִשְׁתַּחֲוֹת לְךָ
אָרְצָה: וַיְקַנְאוּ־בוֹ אֶחָיו וְאָבִיו שָׁמַר אֶת־הַדָּבָר:

מקץ MIKETZ

בראשית מא:א–יד וַיְהִי מִקֵּץ שְׁנָתַיִם יָמִים וּפַרְעֹה חֹלֵם וְהִנֵּה עֹמֵד עַל־הַיְאֹר: וְהִנֵּה מִן־הַיְאֹר
עֹלֹת שֶׁבַע פָּרוֹת יְפוֹת מַרְאֶה וּבְרִיאֹת בָּשָׂר וַתִּרְעֶינָה בָּאָחוּ: וְהִנֵּה שֶׁבַע
פָּרוֹת אֲחֵרוֹת עֹלוֹת אַחֲרֵיהֶן מִן־הַיְאֹר רָעוֹת מַרְאֶה וְדַקּוֹת בָּשָׂר וַתַּעֲמֹדְנָה
אֵצֶל הַפָּרוֹת עַל־שְׂפַת הַיְאֹר: וַתֹּאכַלְנָה הַפָּרוֹת רָעוֹת הַמַּרְאֶה וְדַקֹּת הַבָּשָׂר
לוי אֵת שֶׁבַע הַפָּרוֹת יְפֹת הַמַּרְאֶה וְהַבְּרִיאֹת וַיִּיקַץ פַּרְעֹה: *וַיִּישָׁן וַיַּחֲלֹם שֵׁנִית
וְהִנֵּה ׀ שֶׁבַע שִׁבֳּלִים עֹלוֹת בְּקָנֶה אֶחָד בְּרִיאוֹת וְטֹבוֹת: וְהִנֵּה שֶׁבַע שִׁבֳּלִים
דַּקּוֹת וּשְׁדוּפֹת קָדִים צֹמְחוֹת אַחֲרֵיהֶן: וַתִּבְלַעְנָה הַשִּׁבֳּלִים הַדַּקּוֹת אֵת
ישראל שֶׁבַע הַשִּׁבֳּלִים הַבְּרִיאוֹת וְהַמְּלֵאוֹת וַיִּיקַץ פַּרְעֹה וְהִנֵּה חֲלוֹם: *וַיְהִי בַבֹּקֶר
וַתִּפָּעֶם רוּחוֹ וַיִּשְׁלַח וַיִּקְרָא אֶת־כָּל־חַרְטֻמֵּי מִצְרַיִם וְאֶת־כָּל־חֲכָמֶיהָ וַיְסַפֵּר
פַּרְעֹה לָהֶם אֶת־חֲלֹמוֹ וְאֵין־פּוֹתֵר אוֹתָם לְפַרְעֹה: וַיְדַבֵּר שַׂר הַמַּשְׁקִים אֶת־
פַּרְעֹה לֵאמֹר אֶת־חֲטָאַי אֲנִי מַזְכִּיר הַיּוֹם: פַּרְעֹה קָצַף עַל־עֲבָדָיו וַיִּתֵּן אֹתִי
בְּמִשְׁמַר בֵּית שַׂר הַטַּבָּחִים אֹתִי וְאֵת שַׂר הָאֹפִים: וַנַּחַלְמָה חֲלוֹם בְּלַיְלָה
אֶחָד אֲנִי וָהוּא אִישׁ כְּפִתְרוֹן חֲלֹמוֹ חָלָמְנוּ: וְשָׁם אִתָּנוּ נַעַר עִבְרִי עֶבֶד לְשַׂר
הַטַּבָּחִים וַנְּסַפֶּר־לוֹ וַיִּפְתָּר־לָנוּ אֶת־חֲלֹמֹתֵינוּ אִישׁ כַּחֲלֹמוֹ פָּתָר: וַיְהִי כַּאֲשֶׁר
פָּתַר־לָנוּ כֵּן הָיָה אֹתִי הֵשִׁיב עַל־כַּנִּי וְאֹתוֹ תָלָה: וַיִּשְׁלַח פַּרְעֹה וַיִּקְרָא אֶת־
יוֹסֵף וַיְרִיצֻהוּ מִן־הַבּוֹר וַיְגַלַּח וַיְחַלֵּף שִׂמְלֹתָיו וַיָּבֹא אֶל־פַּרְעֹה:

VAYIGASH

ויגש

בראשית מד:יח-ל ויגש אליו יהודה ויאמר בי אדני ידבר־נא עבדך דבר באזני אדני ואל־יחר
אפך בעבדך כי כמוך כפרעה: אדני שאל את־עבדיו לאמר היש־לכם אב
או־אח: ונאמר אל־אדני יש־לנו אב זקן וילד זקנים קטן ואחיו מת ויותר הוא
לוי לבדו לאמו ואביו אהבו: *ותאמר אל־עבדיך הורדהו אלי ואשימה עיני
עליו: ונאמר אל־אדני לא־יוכל הנער לעזב את־אביו ועזב את־אביו ומת:
ותאמר אל־עבדיך אם־לא ירד אחיכם הקטן אתכם לא תספון לראות פני:
ישראל ויהי כי עלינו אל־עבדך אבי ונגד־לו את דברי אדני: *ויאמר אבינו שבו
שברו־לנו מעט־אכל: ונאמר לא נוכל לרדת אם־יש אחינו הקטן אתנו
וירדנו כי־לא נוכל לראות פני האיש ואחינו הקטן איננו אתנו: ויאמר
עבדך אבי אלינו אתם ידעתם כי שנים ילדה־לי אשתי: ויצא האחד מאתי
ואמר אך טרף טרף ולא ראיתיו עד־הנה: ולקחתם גם־את־זה מעם פני
וקרהו אסון והורדתם את־שיבתי ברעה שאלה: ועתה כבאי אל־עבדך
אבי והנער איננו אתנו ונפשו קשורה בנפשו:

VAYHI

ויחי

בראשית מז:כח-מח:ט ויחי יעקב בארץ מצרים שבע עשרה שנה ויהי ימי־יעקב שני חייו שבע
שנים וארבעים ומאת שנה: ויקרבו ימי־ישראל למות ויקרא | לבנו ליוסף
ויאמר לו אם־נא מצאתי חן בעיניך שים־נא ידך תחת ירכי ועשית עמדי
חסד ואמת אל־נא תקברני במצרים: ושכבתי עם־אבתי ונשאתני ממצרים
וקברתני בקברתם ויאמר אנכי אעשה כדברך: ויאמר השבעה לי וישבע
לו וישתחו ישראל על־ראש המטה:
לוי ויהי אחרי הדברים האלה ויאמר ליוסף הנה אביך חלה ויקח את־שני בניו
עמו את־מנשה ואת־אפרים: ויגד ליעקב ויאמר הנה בנך יוסף בא אליך
ויתחזק ישראל וישב על־המטה: ויאמר יעקב אל־יוסף אל שדי נראה־אלי
ישראל בלוז בארץ כנען ויברך אתי: *ויאמר אלי הנני מפרך והרביתך ונתתיך
לקהל עמים ונתתי את־הארץ הזאת לזרעך אחריך אחזת עולם: ועתה
שני־בניך הנולדים לך בארץ מצרים עד־באי אליך מצרימה לי־הם אפרים
ומנשה כראובן ושמעון יהיו־לי: ומולדתך אשר־הולדת אחריהם לך יהיו

עַל שֵׁם אֲחֵיהֶם יִקָּרְאוּ בְּנַחֲלָתָם׃ וַאֲנִי ׀ בְּבֹאִי מִפַּדָּן מֵתָה עָלַי רָחֵל בְּאֶרֶץ
כְּנַעַן בַּדֶּרֶךְ בְּעוֹד כִּבְרַת־אֶרֶץ לָבֹא אֶפְרָתָה וָאֶקְבְּרֶהָ שָּׁם בְּדֶרֶךְ אֶפְרָת
הִוא בֵּית לָחֶם׃ וַיַּרְא יִשְׂרָאֵל אֶת־בְּנֵי יוֹסֵף וַיֹּאמֶר מִי־אֵלֶּה׃ וַיֹּאמֶר יוֹסֵף
אֶל־אָבִיו בָּנַי הֵם אֲשֶׁר־נָתַן־לִי אֱלֹהִים בָּזֶה וַיֹּאמַר קָחֶם־נָא אֵלַי וַאֲבָרְכֵם׃

שמות
SHEMOT

שמות א:א–ז וְאֵלֶּה שְׁמוֹת בְּנֵי יִשְׂרָאֵל הַבָּאִים מִצְרָיְמָה אֵת יַעֲקֹב אִישׁ וּבֵיתוֹ בָּאוּ׃
רְאוּבֵן שִׁמְעוֹן לֵוִי וִיהוּדָה׃ יִשָּׂשכָר זְבוּלֻן וּבִנְיָמִן׃ דָּן וְנַפְתָּלִי גָּד וְאָשֵׁר׃
וַיְהִי כָּל־נֶפֶשׁ יֹצְאֵי יֶרֶךְ־יַעֲקֹב שִׁבְעִים נָפֶשׁ וְיוֹסֵף הָיָה בְמִצְרָיִם׃ וַיָּמָת יוֹסֵף
וְכָל־אֶחָיו וְכֹל הַדּוֹר הַהוּא׃ וּבְנֵי יִשְׂרָאֵל פָּרוּ וַיִּשְׁרְצוּ וַיִּרְבּוּ וַיַּעַצְמוּ בִּמְאֹד
מְאֹד וַתִּמָּלֵא הָאָרֶץ אֹתָם׃

לוי וַיָּקָם מֶלֶךְ־חָדָשׁ עַל־מִצְרָיִם אֲשֶׁר לֹא־יָדַע אֶת־יוֹסֵף׃ וַיֹּאמֶר אֶל־עַמּוֹ הִנֵּה עַם
בְּנֵי יִשְׂרָאֵל רַב וְעָצוּם מִמֶּנּוּ׃ הָבָה נִתְחַכְּמָה לוֹ פֶּן־יִרְבֶּה וְהָיָה כִּי־תִקְרֶאנָה
מִלְחָמָה וְנוֹסַף גַּם־הוּא עַל־שֹׂנְאֵינוּ וְנִלְחַם־בָּנוּ וְעָלָה מִן־הָאָרֶץ׃ וַיָּשִׂימוּ
עָלָיו שָׂרֵי מִסִּים לְמַעַן עַנֹּתוֹ בְּסִבְלֹתָם וַיִּבֶן עָרֵי מִסְכְּנוֹת לְפַרְעֹה אֶת־פִּתֹם
וְאֶת־רַעַמְסֵס׃ וְכַאֲשֶׁר יְעַנּוּ אֹתוֹ כֵּן יִרְבֶּה וְכֵן יִפְרֹץ וַיָּקֻצוּ מִפְּנֵי בְּנֵי יִשְׂרָאֵל׃

ישראל *וַיַּעֲבִדוּ מִצְרַיִם אֶת־בְּנֵי יִשְׂרָאֵל בְּפָרֶךְ׃ וַיְמָרְרוּ אֶת־חַיֵּיהֶם בַּעֲבֹדָה קָשָׁה
בְּחֹמֶר וּבִלְבֵנִים וּבְכָל־עֲבֹדָה בַּשָּׂדֶה אֵת כָּל־עֲבֹדָתָם אֲשֶׁר־עָבְדוּ בָהֶם
בְּפָרֶךְ׃ וַיֹּאמֶר מֶלֶךְ מִצְרַיִם לַמְיַלְּדֹת הָעִבְרִיֹּת אֲשֶׁר שֵׁם הָאַחַת שִׁפְרָה וְשֵׁם
הַשֵּׁנִית פּוּעָה׃ וַיֹּאמֶר בְּיַלֶּדְכֶן אֶת־הָעִבְרִיּוֹת וּרְאִיתֶן עַל־הָאָבְנָיִם אִם־בֵּן
הוּא וַהֲמִתֶּן אֹתוֹ וְאִם־בַּת הִוא וָחָיָה׃ וַתִּירֶאןָ הַמְיַלְּדֹת אֶת־הָאֱלֹהִים וְלֹא
עָשׂוּ כַּאֲשֶׁר דִּבֶּר אֲלֵיהֶן מֶלֶךְ מִצְרָיִם וַתְּחַיֶּיןָ אֶת־הַיְלָדִים׃

וארא
VA'ERA

שמות ו:ב–יג וַיְדַבֵּר אֱלֹהִים אֶל־מֹשֶׁה וַיֹּאמֶר אֵלָיו אֲנִי יְהוָה׃ וָאֵרָא אֶל־אַבְרָהָם אֶל־יִצְחָק
וְאֶל־יַעֲקֹב בְּאֵל שַׁדָּי וּשְׁמִי יְהוָה לֹא נוֹדַעְתִּי לָהֶם׃ וְגַם הֲקִמֹתִי אֶת־בְּרִיתִי
אִתָּם לָתֵת לָהֶם אֶת־אֶרֶץ כְּנָעַן אֵת אֶרֶץ מְגֻרֵיהֶם אֲשֶׁר־גָּרוּ בָהּ׃ וְגַם ׀ אֲנִי
שָׁמַעְתִּי אֶת־נַאֲקַת בְּנֵי יִשְׂרָאֵל אֲשֶׁר מִצְרַיִם מַעֲבִדִים אֹתָם וָאֶזְכֹּר אֶת־

בְּרִיתִי: *לָכֵן אֱמֹר לִבְנֵי־יִשְׂרָאֵל אֲנִי יהוה וְהוֹצֵאתִי אֶתְכֶם מִתַּחַת סִבְלֹת לוי
מִצְרַיִם וְהִצַּלְתִּי אֶתְכֶם מֵעֲבֹדָתָם וְגָאַלְתִּי אֶתְכֶם בִּזְרוֹעַ נְטוּיָה וּבִשְׁפָטִים
גְּדֹלִים: וְלָקַחְתִּי אֶתְכֶם לִי לְעָם וְהָיִיתִי לָכֶם לֵאלֹהִים וִידַעְתֶּם כִּי אֲנִי יהוה
אֱלֹהֵיכֶם הַמּוֹצִיא אֶתְכֶם מִתַּחַת סִבְלוֹת מִצְרָיִם: וְהֵבֵאתִי אֶתְכֶם אֶל־הָאָרֶץ
אֲשֶׁר נָשָׂאתִי אֶת־יָדִי לָתֵת אֹתָהּ לְאַבְרָהָם לְיִצְחָק וּלְיַעֲקֹב וְנָתַתִּי אֹתָהּ לָכֶם
מוֹרָשָׁה אֲנִי יהוה: וַיְדַבֵּר מֹשֶׁה כֵּן אֶל־בְּנֵי יִשְׂרָאֵל וְלֹא שָׁמְעוּ אֶל־מֹשֶׁה
מִקֹּצֶר רוּחַ וּמֵעֲבֹדָה קָשָׁה:
וַיְדַבֵּר יהוה אֶל־מֹשֶׁה לֵּאמֹר: בֹּא דַבֵּר אֶל־פַּרְעֹה מֶלֶךְ מִצְרָיִם וִישַׁלַּח אֶת־ ישראל
בְּנֵי־יִשְׂרָאֵל מֵאַרְצוֹ: וַיְדַבֵּר מֹשֶׁה לִפְנֵי יהוה לֵאמֹר הֵן בְּנֵי־יִשְׂרָאֵל לֹא־שָׁמְעוּ
אֵלַי וְאֵיךְ יִשְׁמָעֵנִי פַרְעֹה וַאֲנִי עֲרַל שְׂפָתָיִם:
וַיְדַבֵּר יהוה אֶל־מֹשֶׁה וְאֶל־אַהֲרֹן וַיְצַוֵּם אֶל־בְּנֵי יִשְׂרָאֵל וְאֶל־פַּרְעֹה מֶלֶךְ
מִצְרָיִם לְהוֹצִיא אֶת־בְּנֵי־יִשְׂרָאֵל מֵאֶרֶץ מִצְרָיִם:

BO

בא

וַיֹּאמֶר יהוה אֶל־מֹשֶׁה בֹּא אֶל־פַּרְעֹה כִּי־אֲנִי הִכְבַּדְתִּי אֶת־לִבּוֹ וְאֶת־לֵב שמות י:א–יא
עֲבָדָיו לְמַעַן שִׁתִי אֹתֹתַי אֵלֶּה בְּקִרְבּוֹ: וּלְמַעַן תְּסַפֵּר בְּאָזְנֵי בִנְךָ וּבֶן־בִּנְךָ אֵת
אֲשֶׁר הִתְעַלַּלְתִּי בְּמִצְרַיִם וְאֶת־אֹתֹתַי אֲשֶׁר־שַׂמְתִּי בָם וִידַעְתֶּם כִּי־אֲנִי יהוה:
וַיָּבֹא מֹשֶׁה וְאַהֲרֹן אֶל־פַּרְעֹה וַיֹּאמְרוּ אֵלָיו כֹּה־אָמַר יהוה אֱלֹהֵי הָעִבְרִים
עַד־מָתַי מֵאַנְתָּ לֵעָנֹת מִפָּנָי שַׁלַּח עַמִּי וְיַעַבְדֻנִי: *כִּי אִם־מָאֵן אַתָּה לְשַׁלֵּחַ לוי
אֶת־עַמִּי הִנְנִי מֵבִיא מָחָר אַרְבֶּה בִּגְבֻלֶךָ: וְכִסָּה אֶת־עֵין הָאָרֶץ וְלֹא יוּכַל
לִרְאֹת אֶת־הָאָרֶץ וְאָכַל ׀ אֶת־יֶתֶר הַפְּלֵטָה הַנִּשְׁאֶרֶת לָכֶם מִן־הַבָּרָד וְאָכַל
אֶת־כָּל־הָעֵץ הַצֹּמֵחַ לָכֶם מִן־הַשָּׂדֶה: וּמָלְאוּ בָתֶּיךָ וּבָתֵּי כָל־עֲבָדֶיךָ וּבָתֵּי
כָל־מִצְרַיִם אֲשֶׁר לֹא־רָאוּ אֲבֹתֶיךָ וַאֲבוֹת אֲבֹתֶיךָ מִיּוֹם הֱיוֹתָם עַל־הָאֲדָמָה
עַד הַיּוֹם הַזֶּה וַיִּפֶן וַיֵּצֵא מֵעִם פַּרְעֹה: *וַיֹּאמְרוּ עַבְדֵי פַרְעֹה אֵלָיו עַד־מָתַי ישראל
יִהְיֶה זֶה לָנוּ לְמוֹקֵשׁ שַׁלַּח אֶת־הָאֲנָשִׁים וְיַעַבְדוּ אֶת־יהוה אֱלֹהֵיהֶם הֲטֶרֶם
תֵּדַע כִּי אָבְדָה מִצְרָיִם: וַיּוּשַׁב אֶת־מֹשֶׁה וְאֶת־אַהֲרֹן אֶל־פַּרְעֹה וַיֹּאמֶר
אֲלֵהֶם לְכוּ עִבְדוּ אֶת־יהוה אֱלֹהֵיכֶם מִי וָמִי הַהֹלְכִים: וַיֹּאמֶר מֹשֶׁה בִּנְעָרֵינוּ
וּבִזְקֵנֵינוּ נֵלֵךְ בְּבָנֵינוּ וּבִבְנוֹתֵנוּ בְּצֹאנֵנוּ וּבִבְקָרֵנוּ נֵלֵךְ כִּי חַג־יהוה לָנוּ: וַיֹּאמֶר

אלהים יהי כן יהוה עמכם כאשר אשלח אתכם ואת־טפכם ראו כי רעה
נגד פניכם: לא כן לכו־נא הגברים ועבדו את־יהוה כי אתה אתם מבקשים
ויגרש אתם מאת פני פרעה:

BESHALLAH בשלח

שמות יג:יז–יח:ח
ויהי בשלח פרעה את־העם ולא־נחם אלהים דרך ארץ פלשתים כי קרוב
הוא כי | אמר אלהים פן־ינחם העם בראתם מלחמה ושבו מצרימה: ויסב
אלהים | את־העם דרך המדבר ים־סוף וחמשים עלו בני־ישראל מארץ
מצרים: ויקח משה את־עצמות יוסף עמו כי השבע השביע את־בני ישראל
לאמר פקד יפקד אלהים אתכם והעליתם את־עצמתי מזה אתכם: ויסעו
מסכת ויחנו באתם בקצה המדבר: ויהוה הלך לפניהם יומם בעמוד ענן
לנחתם הדרך ולילה בעמוד אש להאיר להם ללכת יומם ולילה: לא־ימיש
עמוד הענן יומם ועמוד האש לילה לפני העם:

לוי
וידבר יהוה אל־משה לאמר: דבר אל־בני ישראל וישבו ויחנו לפני פי
החירת בין מגדל ובין הים לפני בעל צפן נכחו תחנו על־הים: ואמר פרעה
לבני ישראל נבכים הם בארץ סגר עליהם המדבר: וחזקתי את־לב־פרעה
ורדף אחריהם ואכבדה בפרעה ובכל־חילו וידעו מצרים כי־אני יהוה ויעשו־

ישראל
כן: *ויגד למלך מצרים כי ברח העם ויהפך לבב פרעה ועבדיו אל־העם
ויאמרו מה־זאת עשינו כי־שלחנו את־ישראל מעבדנו: ויאסר את־רכבו
ואת־עמו לקח עמו: ויקח שש־מאות רכב בחור וכל רכב מצרים ושלשם
על־כלו: ויחזק יהוה את־לב פרעה מלך מצרים וירדף אחרי בני ישראל
ובני ישראל יצאים ביד רמה:

YITRO יתרו

שמות יח:א–יב
וישמע יתרו כהן מדין חתן משה את כל־אשר עשה אלהים למשה
ולישראל עמו כי־הוציא יהוה את־ישראל ממצרים: ויקח יתרו חתן
משה את־צפרה אשת משה אחר שלוחיה: ואת שני בניה אשר שם האחד
גרשם כי אמר גר הייתי בארץ נכריה: ושם האחד אליעזר כי־אלהי אבי

בעזרי ויצלני מחרב פרעה: *ויבא יתרו חתן משה ובניו ואשתו אל־משה לוי
אל־המדבר אשר־הוא חנה שם הר האלהים: ויאמר אל־משה אני חתנך
יתרו בא אליך ואשתך ושני בניה עמה: ויצא משה לקראת חתנו וישתחו
וישק־לו וישאלו איש־לרעהו לשלום ויבאו האהלה: ויספר משה לחתנו
את כל־אשר עשה יהוה לפרעה ולמצרים על אודת ישראל את כל־התלאה
אשר מצאתם בדרך ויצלם יהוה: *ויחד יתרו על כל־הטובה אשר־עשה ישראל
יהוה לישראל אשר הצילו מיד מצרים: ויאמר יתרו ברוך יהוה אשר הציל
אתכם מיד מצרים ומיד פרעה אשר הציל את־העם מתחת יד־מצרים:
עתה ידעתי כי־גדול יהוה מכל־האלהים כי בדבר אשר זדו עליהם: ויקח
יתרו חתן משה עלה וזבחים לאלהים ויבא אהרן וכל ׀ זקני ישראל לאכל־
לחם עם־חתן משה לפני האלהים:

משפטים MISHPATIM

ואלה המשפטים אשר תשים לפניהם: כי תקנה עבד עברי שש שנים שמות כא: א–יט
יעבד ובשבעת יצא לחפשי חנם: אם־בגפו יבא בגפו יצא אם־בעל אשה
הוא ויצאה אשתו עמו: אם־אדניו יתן־לו אשה וילדה־לו בנים או בנות
האשה וילדיה תהיה לאדניה והוא יצא בגפו: ואם־אמר יאמר העבד
אהבתי את־אדני את־אשתי ואת־בני לא אצא חפשי: והגישו אדניו
אל־האלהים והגישו אל־הדלת או אל־המזוזה ורצע אדניו את־אזנו
במרצע ועבדו לעלם: *וכי־ימכר איש את־בתו לאמה לא לוי
תצא כצאת העבדים: אם־רעה בעיני אדניה אשר־לא יעדה והפדה לעם לו
נכרי לא־ימשל למכרה בבגדו־בה: ואם־לבנו ייעדנה כמשפט הבנות
יעשה־לה: אם־אחרת יקח־לו שארה כסותה וענתה לא יגרע: ואם־שלש־
אלה לא יעשה לה ויצאה חנם אין כסף: *מכה איש ומת מות ישראל
יומת: ואשר לא צדה והאלהים אנה לידו ושמתי לך מקום אשר ינוס
שמה: וכי־יזד איש על־רעהו להרגו בערמה מעם מזבחי
תקחנו למות: ומכה אביו ואמו מות יומת: וגנב
איש ומכרו ונמצא בידו מות יומת: ומקלל אביו ואמו מות

יומת: וכי־יריבן אנשים והכה־איש את־רעהו באבן או באגרף
ולא ימות ונפל למשכב: אם־יקום והתהלך בחוץ על־משענתו ונקה המכה
רק שבתו יתן ורפא ירפא:

תרומה
TERUMA

שמות כה:א–טז
וידבר יהוה אל־משה לאמר: דבר אל־בני ישראל ויקחו־לי תרומה מאת
כל־איש אשר ידבנו לבו תקחו את־תרומתי: וזאת התרומה אשר תקחו
מאתם זהב וכסף ונחשת: ותכלת וארגמן ותולעת שני ושש ועזים: וערת
לוי אילם מאדמים וערת תחשים ועצי שטים: *שמן למאר בשמים לשמן
המשחה ולקטרת הסמים: אבני־שהם ואבני מלאים לאפד ולחשן: ועשו
לי מקדש ושכנתי בתוכם: ככל אשר אני מראה אותך את תבנית המשכן
ישראל ואת תבנית כל־כליו וכן תעשו: *ועשו ארון עצי שטים אמתים
וחצי ארכו ואמה וחצי רחבו ואמה וחצי קמתו: וצפית אתו זהב טהור
מבית ומחוץ תצפנו ועשית עליו זר זהב סביב: ויצקת לו ארבע טבעת
זהב ונתתה על ארבע פעמתיו ושתי טבעת על־צלעו האחת ושתי טבעת
על־צלעו השנית: ועשית בדי עצי שטים וצפית אתם זהב: והבאת את־
הבדים בטבעת על צלעת הארן לשאת את־הארן בהם: בטבעת הארן
יהיו הבדים לא יסרו ממנו: ונתת אל־הארן את העדת אשר אתן אליך:

תצוה
TETZAVEH

שמות כז:כ– כח:יב
ואתה תצוה | את־בני ישראל ויקחו אליך שמן זית זך כתית למאור
להעלת נר תמיד: באהל מועד מחוץ לפרכת אשר על־העדת יערך
אתו אהרן ובניו מערב עד־בקר לפני יהוה חקת עולם לדרתם מאת בני
ישראל: ואתה הקרב אליך את־אהרן אחיך ואת־בניו אתו מתוך
בני ישראל לכהנו־לי אהרן נדב ואביהוא אלעזר ואיתמר בני אהרן: ועשית
בגדי־קדש לאהרן אחיך לכבוד ולתפארת: ואתה תדבר אל־כל־חכמי־לב
אשר מלאתיו רוח חכמה ועשו את־בגדי אהרן לקדשו לכהנו־לי: ואלה
הבגדים אשר יעשו חשן ואפוד ומעיל וכתנת תשבץ מצנפת ואבנט ועשו
בגדי־קדש לאהרן אחיך ולבניו לכהנו־לי: והם יקחו את־הזהב ואת־התכלת

ואת־הארגמן ואת־תולעת השני ואת־השש׃
ועשו את־האפד זהב תכלת וארגמן תולעת שני ושש משזר מעשה חשב׃ לוי
שתי כתפת חברת יהיה־לו אל־שני קצותיו וחבר׃ וחשב אפדתו אשר עליו
כמעשהו ממנו יהיה זהב תכלת וארגמן ותולעת שני ושש משזר׃ ולקחת
את־שתי אבני־שהם ופתחת עליהם שמות בני ישראל׃ *ששה משמתם על ישראל
האבן האחת ואת־שמות הששה הנותרים על־האבן השנית כתולדתם׃
מעשה חרש אבן פתוחי חתם תפתח את־שתי האבנים על־שמת בני
ישראל מסבת משבצות זהב תעשה אתם׃ ושמת את־שתי האבנים על
כתפת האפד אבני זכרן לבני ישראל ונשא אהרן את־שמותם לפני יהוה
על־שתי כתפיו לזכרן׃

כי תשא KI TISSA

וידבר יהוה אל־משה לאמר׃ כי תשא את־ראש בני־ישראל לפקדיהם שמות ל:יא–כא
ונתנו איש כפר נפשו ליהוה בפקד אתם ולא־יהיה בהם נגף בפקד אתם׃
זה | יתנו כל־העבר על־הפקדים מחצית השקל בשקל הקדש עשרים
גרה השקל מחצית השקל תרומה ליהוה׃ *כל העבר על־הפקדים מבן לוי
עשרים שנה ומעלה יתן תרומת יהוה׃ העשיר לא־ירבה והדל לא ימעיט
ממחצית השקל לתת את־תרומת יהוה לכפר על־נפשתיכם׃ ולקחת
את־כסף הכפרים מאת בני ישראל ונתת אתו על־עבדת אהל מועד והיה
לבני ישראל לזכרון לפני יהוה לכפר על־נפשתיכם׃
וידבר יהוה אל־משה לאמר׃ ועשית כיור נחשת וכנו נחשת לרחצה ונתת ישראל
אתו בין־אהל מועד ובין המזבח ונתת שמה מים׃ ורחצו אהרן ובניו ממנו
את־ידיהם ואת־רגליהם׃ בבאם אל־אהל מועד ירחצו־מים ולא ימתו או
בגשתם אל־המזבח לשרת להקטיר אשה ליהוה׃ ורחצו ידיהם ורגליהם
ולא ימתו והיתה להם חק־עולם לו ולזרעו לדרתם׃

ויקהל VAYAK-HEL

ויקהל משה את־כל־עדת בני ישראל ויאמר אלהם אלה הדברים אשר־ שמות לה:א–כ
צוה יהוה לעשת אתם׃ ששת ימים תעשה מלאכה וביום השביעי יהיה

לָכֶם קֹדֶשׁ שַׁבַּת שַׁבָּתוֹן לַיהֹוָה כָּל־הָעֹשֶׂה בוֹ מְלָאכָה יוּמָת: לֹא־תְבַעֲרוּ
אֵשׁ בְּכֹל מֹשְׁבֹתֵיכֶם בְּיוֹם הַשַּׁבָּת:

לוי וַיֹּאמֶר מֹשֶׁה אֶל־כָּל־עֲדַת בְּנֵי־יִשְׂרָאֵל לֵאמֹר זֶה הַדָּבָר אֲשֶׁר־צִוָּה יְהֹוָה
לֵאמֹר: קְחוּ מֵאִתְּכֶם תְּרוּמָה לַיהֹוָה כֹּל נְדִיב לִבּוֹ יְבִיאֶהָ אֵת תְּרוּמַת יְהֹוָה
זָהָב וָכֶסֶף וּנְחֹשֶׁת: וּתְכֵלֶת וְאַרְגָּמָן וְתוֹלַעַת שָׁנִי וְשֵׁשׁ וְעִזִּים: וְעֹרֹת אֵילִם
מְאָדָּמִים וְעֹרֹת תְּחָשִׁים וַעֲצֵי שִׁטִּים: וְשֶׁמֶן לַמָּאוֹר וּבְשָׂמִים לְשֶׁמֶן הַמִּשְׁחָה
וְלִקְטֹרֶת הַסַּמִּים: וְאַבְנֵי־שֹׁהַם וְאַבְנֵי מִלֻּאִים לָאֵפוֹד וְלַחֹשֶׁן: וְכָל־חֲכַם־לֵב
ישראל בָּכֶם יָבֹאוּ וְיַעֲשׂוּ אֵת כָּל־אֲשֶׁר צִוָּה יְהֹוָה: *אֶת־הַמִּשְׁכָּן אֶת־אָהֳלוֹ וְאֶת־
מִכְסֵהוּ אֶת־קְרָסָיו וְאֶת־קְרָשָׁיו אֶת־בְּרִיחָו אֶת־עַמֻּדָיו וְאֶת־אֲדָנָיו: אֶת־
הָאָרֹן וְאֶת־בַּדָּיו אֶת־הַכַּפֹּרֶת וְאֵת פָּרֹכֶת הַמָּסָךְ: אֶת־הַשֻּׁלְחָן וְאֶת־בַּדָּיו
וְאֶת־כָּל־כֵּלָיו וְאֵת לֶחֶם הַפָּנִים: וְאֶת־מְנֹרַת הַמָּאוֹר וְאֶת־כֵּלֶיהָ וְאֶת־נֵרֹתֶיהָ
וְאֵת שֶׁמֶן הַמָּאוֹר: וְאֶת־מִזְבַּח הַקְּטֹרֶת וְאֶת־בַּדָּיו וְאֵת שֶׁמֶן הַמִּשְׁחָה וְאֵת
קְטֹרֶת הַסַּמִּים וְאֶת־מָסַךְ הַפֶּתַח לְפֶתַח הַמִּשְׁכָּן: אֵת ׀ מִזְבַּח הָעֹלָה וְאֶת־
מִכְבַּר הַנְּחֹשֶׁת אֲשֶׁר־לוֹ אֶת־בַּדָּיו וְאֶת־כָּל־כֵּלָיו אֶת־הַכִּיֹּר וְאֶת־כַּנּוֹ: אֵת
קַלְעֵי הֶחָצֵר אֶת־עַמֻּדָיו וְאֶת־אֲדָנֶיהָ וְאֵת מָסַךְ שַׁעַר הֶחָצֵר: אֶת־יִתְדֹת
הַמִּשְׁכָּן וְאֶת־יִתְדֹת הֶחָצֵר וְאֶת־מֵיתְרֵיהֶם: אֶת־בִּגְדֵי הַשְּׂרָד לְשָׁרֵת בַּקֹּדֶשׁ
אֶת־בִּגְדֵי הַקֹּדֶשׁ לְאַהֲרֹן הַכֹּהֵן וְאֶת־בִּגְדֵי בָנָיו לְכַהֵן: וַיֵּצְאוּ כָּל־עֲדַת בְּנֵי־
יִשְׂרָאֵל מִלִּפְנֵי מֹשֶׁה:

פקודי
PEKUDEI

שמות לח:כא-לט:א אֵלֶּה פְקוּדֵי הַמִּשְׁכָּן מִשְׁכַּן הָעֵדֻת אֲשֶׁר פֻּקַּד עַל־פִּי מֹשֶׁה עֲבֹדַת הַלְוִיִּם בְּיַד
אִיתָמָר בֶּן־אַהֲרֹן הַכֹּהֵן: וּבְצַלְאֵל בֶּן־אוּרִי בֶן־חוּר לְמַטֵּה יְהוּדָה עָשָׂה אֵת
כָּל־אֲשֶׁר־צִוָּה יְהֹוָה אֶת־מֹשֶׁה: וְאִתּוֹ אָהֳלִיאָב בֶּן־אֲחִיסָמָךְ לְמַטֵּה־דָן חָרָשׁ
לוי וְחֹשֵׁב וְרֹקֵם בַּתְּכֵלֶת וּבָאַרְגָּמָן וּבְתוֹלַעַת הַשָּׁנִי וּבַשֵּׁשׁ: *כָּל־הַזָּהָב
הֶעָשׂוּי לַמְּלָאכָה בְּכֹל מְלֶאכֶת הַקֹּדֶשׁ וַיְהִי ׀ זְהַב הַתְּנוּפָה תֵּשַׁע וְעֶשְׂרִים
כִּכָּר וּשְׁבַע מֵאוֹת וּשְׁלֹשִׁים שֶׁקֶל בְּשֶׁקֶל הַקֹּדֶשׁ: וְכֶסֶף פְּקוּדֵי הָעֵדָה מְאַת
כִּכָּר וְאֶלֶף וּשְׁבַע מֵאוֹת וַחֲמִשָּׁה וְשִׁבְעִים שֶׁקֶל בְּשֶׁקֶל הַקֹּדֶשׁ: בֶּקַע לַגֻּלְגֹּלֶת
מַחֲצִית הַשֶּׁקֶל בְּשֶׁקֶל הַקֹּדֶשׁ לְכֹל הָעֹבֵר עַל־הַפְּקֻדִים מִבֶּן עֶשְׂרִים שָׁנָה

וּמַעְלָה לְשֵׁשׁ־מֵאוֹת אֶלֶף וּשְׁלֹשֶׁת אֲלָפִים וַחֲמֵשׁ מֵאוֹת וַחֲמִשִּׁים: וַיְהִי
מְאַת כִּכַּר הַכֶּסֶף לָצֶקֶת אֵת אַדְנֵי הַקֹּדֶשׁ וְאֵת אַדְנֵי הַפָּרֹכֶת מְאַת אֲדָנִים
לִמְאַת הַכִּכָּר כִּכָּר לָאָדֶן: *וְאֶת־הָאֶלֶף וּשְׁבַע הַמֵּאוֹת וַחֲמִשָּׁה וְשִׁבְעִים ישראל
עָשָׂה וָוִים לָעַמּוּדִים וְצִפָּה רָאשֵׁיהֶם וְחִשַּׁק אֹתָם: וּנְחֹשֶׁת הַתְּנוּפָה שִׁבְעִים
כִּכָּר וְאַלְפַּיִם וְאַרְבַּע־מֵאוֹת שָׁקֶל: וַיַּעַשׂ בָּהּ אֶת־אַדְנֵי פֶּתַח אֹהֶל מוֹעֵד
וְאֵת מִזְבַּח הַנְּחֹשֶׁת וְאֶת־מִכְבַּר הַנְּחֹשֶׁת אֲשֶׁר־לוֹ וְאֵת כָּל־כְּלֵי הַמִּזְבֵּחַ:
וְאֶת־אַדְנֵי הֶחָצֵר סָבִיב וְאֶת־אַדְנֵי שַׁעַר הֶחָצֵר וְאֵת כָּל־יִתְדֹת הַמִּשְׁכָּן
וְאֶת־כָּל־יִתְדֹת הֶחָצֵר סָבִיב: וּמִן־הַתְּכֵלֶת וְהָאַרְגָּמָן וְתוֹלַעַת הַשָּׁנִי עָשׂוּ
בִגְדֵי־שְׂרָד לְשָׁרֵת בַּקֹּדֶשׁ וַיַּעֲשׂוּ אֶת־בִּגְדֵי הַקֹּדֶשׁ אֲשֶׁר לְאַהֲרֹן כַּאֲשֶׁר צִוָּה
יְהוָה אֶת־מֹשֶׁה:

ויקרא VAYIKRA

וַיִּקְרָא אֶל־מֹשֶׁה וַיְדַבֵּר יְהוָה אֵלָיו מֵאֹהֶל מוֹעֵד לֵאמֹר: דַּבֵּר אֶל־בְּנֵי יִשְׂרָאֵל ויקרא א:א–יג
וְאָמַרְתָּ אֲלֵהֶם אָדָם כִּי־יַקְרִיב מִכֶּם קָרְבָּן לַיהוָה מִן־הַבְּהֵמָה מִן־הַבָּקָר
וּמִן־הַצֹּאן תַּקְרִיבוּ אֶת־קָרְבַּנְכֶם: אִם־עֹלָה קָרְבָּנוֹ מִן־הַבָּקָר זָכָר תָּמִים
יַקְרִיבֶנּוּ אֶל־פֶּתַח אֹהֶל מוֹעֵד יַקְרִיב אֹתוֹ לִרְצֹנוֹ לִפְנֵי יְהוָה: וְסָמַךְ יָדוֹ עַל
רֹאשׁ הָעֹלָה וְנִרְצָה לוֹ לְכַפֵּר עָלָיו: *וְשָׁחַט אֶת־בֶּן הַבָּקָר לִפְנֵי יְהוָה וְהִקְרִיבוּ לוי
בְּנֵי אַהֲרֹן הַכֹּהֲנִים אֶת־הַדָּם וְזָרְקוּ אֶת־הַדָּם עַל־הַמִּזְבֵּחַ סָבִיב אֲשֶׁר־פֶּתַח
אֹהֶל מוֹעֵד: וְהִפְשִׁיט אֶת־הָעֹלָה וְנִתַּח אֹתָהּ לִנְתָחֶיהָ: וְנָתְנוּ בְּנֵי אַהֲרֹן
הַכֹּהֵן אֵשׁ עַל־הַמִּזְבֵּחַ וְעָרְכוּ עֵצִים עַל־הָאֵשׁ: וְעָרְכוּ בְּנֵי אַהֲרֹן הַכֹּהֲנִים
אֵת הַנְּתָחִים אֶת־הָרֹאשׁ וְאֶת־הַפָּדֶר עַל־הָעֵצִים אֲשֶׁר עַל־הָאֵשׁ אֲשֶׁר עַל־
הַמִּזְבֵּחַ: וְקִרְבּוֹ וּכְרָעָיו יִרְחַץ בַּמָּיִם וְהִקְטִיר הַכֹּהֵן אֶת־הַכֹּל הַמִּזְבֵּחָה עֹלָה
אִשֵּׁה רֵיחַ־נִיחוֹחַ לַיהוָה: *וְאִם־מִן־הַצֹּאן קָרְבָּנוֹ מִן־הַכְּשָׂבִים ישראל
אוֹ מִן־הָעִזִּים לְעֹלָה זָכָר תָּמִים יַקְרִיבֶנּוּ: וְשָׁחַט אֹתוֹ עַל יֶרֶךְ הַמִּזְבֵּחַ צָפֹנָה
לִפְנֵי יְהוָה וְזָרְקוּ בְּנֵי אַהֲרֹן הַכֹּהֲנִים אֶת־דָּמוֹ עַל־הַמִּזְבֵּחַ סָבִיב: וְנִתַּח אֹתוֹ
לִנְתָחָיו וְאֶת־רֹאשׁוֹ וְאֶת־פִּדְרוֹ וְעָרַךְ הַכֹּהֵן אֹתָם עַל־הָעֵצִים אֲשֶׁר עַל־הָאֵשׁ
אֲשֶׁר עַל־הַמִּזְבֵּחַ: וְהַקֶּרֶב וְהַכְּרָעַיִם יִרְחַץ בַּמָּיִם וְהִקְרִיב הַכֹּהֵן אֶת־הַכֹּל
וְהִקְטִיר הַמִּזְבֵּחָה עֹלָה הוּא אִשֵּׁה רֵיחַ נִיחֹחַ לַיהוָה:

TZAV צו

ויקרא ו:א–יא וַיְדַבֵּר יְהוָה אֶל־מֹשֶׁה לֵּאמֹר: צַו אֶת־אַהֲרֹן וְאֶת־בָּנָיו לֵאמֹר זֹאת תּוֹרַת
הָעֹלָה הִוא הָעֹלָה עַל מוֹקְדָה עַל־הַמִּזְבֵּחַ כָּל־הַלַּיְלָה עַד־הַבֹּקֶר וְאֵשׁ הַמִּזְבֵּחַ
תּוּקַד בּוֹ: וְלָבַשׁ הַכֹּהֵן מִדּוֹ בַד וּמִכְנְסֵי־בַד יִלְבַּשׁ עַל־בְּשָׂרוֹ וְהֵרִים אֶת־הַדֶּשֶׁן
לוי אֲשֶׁר תֹּאכַל הָאֵשׁ אֶת־הָעֹלָה עַל־הַמִּזְבֵּחַ וְשָׂמוֹ אֵצֶל הַמִּזְבֵּחַ: *וּפָשַׁט אֶת־
בְּגָדָיו וְלָבַשׁ בְּגָדִים אֲחֵרִים וְהוֹצִיא אֶת־הַדֶּשֶׁן אֶל־מִחוּץ לַמַּחֲנֶה אֶל־מָקוֹם
טָהוֹר: וְהָאֵשׁ עַל־הַמִּזְבֵּחַ תּוּקַד־בּוֹ לֹא תִכְבֶּה וּבִעֵר עָלֶיהָ הַכֹּהֵן עֵצִים בַּבֹּקֶר
בַּבֹּקֶר וְעָרַךְ עָלֶיהָ הָעֹלָה וְהִקְטִיר עָלֶיהָ חֶלְבֵי הַשְּׁלָמִים: אֵשׁ תָּמִיד תּוּקַד
ישראל עַל־הַמִּזְבֵּחַ לֹא תִכְבֶּה: *וְזֹאת תּוֹרַת הַמִּנְחָה הַקְרֵב אֹתָהּ
בְּנֵי־אַהֲרֹן לִפְנֵי יְהוָה אֶל־פְּנֵי הַמִּזְבֵּחַ: וְהֵרִים מִמֶּנּוּ בְּקֻמְצוֹ מִסֹּלֶת הַמִּנְחָה
וּמִשַּׁמְנָהּ וְאֵת כָּל־הַלְּבֹנָה אֲשֶׁר עַל־הַמִּנְחָה וְהִקְטִיר הַמִּזְבֵּחַ רֵיחַ נִיחֹחַ
אַזְכָּרָתָהּ לַיהוָה: וְהַנּוֹתֶרֶת מִמֶּנָּה יֹאכְלוּ אַהֲרֹן וּבָנָיו מַצּוֹת תֵּאָכֵל בְּמָקוֹם
קָדֹשׁ בַּחֲצַר אֹהֶל־מוֹעֵד יֹאכְלוּהָ: לֹא תֵאָפֶה חָמֵץ חֶלְקָם נָתַתִּי אֹתָהּ מֵאִשָּׁי
קֹדֶשׁ קָדָשִׁים הִוא כַּחַטָּאת וְכָאָשָׁם: כָּל־זָכָר בִּבְנֵי אַהֲרֹן יֹאכְלֶנָּה חָק־עוֹלָם
לְדֹרֹתֵיכֶם מֵאִשֵּׁי יְהוָה כֹּל אֲשֶׁר־יִגַּע בָּהֶם יִקְדָּשׁ:

SHEMINI שמיני

ויקרא ט:א–טז וַיְהִי בַּיּוֹם הַשְּׁמִינִי קָרָא מֹשֶׁה לְאַהֲרֹן וּלְבָנָיו וּלְזִקְנֵי יִשְׂרָאֵל: וַיֹּאמֶר אֶל־אַהֲרֹן
קַח־לְךָ עֵגֶל בֶּן־בָּקָר לְחַטָּאת וְאַיִל לְעֹלָה תְּמִימִם וְהַקְרֵב לִפְנֵי יְהוָה: וְאֶל־
בְּנֵי יִשְׂרָאֵל תְּדַבֵּר לֵאמֹר קְחוּ שְׂעִיר־עִזִּים לְחַטָּאת וְעֵגֶל וָכֶבֶשׂ בְּנֵי־שָׁנָה
תְּמִימִם לְעֹלָה: וְשׁוֹר וָאַיִל לִשְׁלָמִים לִזְבֹּחַ לִפְנֵי יְהוָה וּמִנְחָה בְּלוּלָה בַשָּׁמֶן
כִּי הַיּוֹם יְהוָה נִרְאָה אֲלֵיכֶם: וַיִּקְחוּ אֵת אֲשֶׁר צִוָּה מֹשֶׁה אֶל־פְּנֵי אֹהֶל מוֹעֵד
וַיִּקְרְבוּ כָּל־הָעֵדָה וַיַּעַמְדוּ לִפְנֵי יְהוָה: וַיֹּאמֶר מֹשֶׁה זֶה הַדָּבָר אֲשֶׁר־צִוָּה יְהוָה
לוי תַּעֲשׂוּ וְיֵרָא אֲלֵיכֶם כְּבוֹד יְהוָה: *וַיֹּאמֶר מֹשֶׁה אֶל־אַהֲרֹן קְרַב אֶל־הַמִּזְבֵּחַ
וַעֲשֵׂה אֶת־חַטָּאתְךָ וְאֶת־עֹלָתֶךָ וְכַפֵּר בַּעַדְךָ וּבְעַד הָעָם וַעֲשֵׂה אֶת־קָרְבַּן
הָעָם וְכַפֵּר בַּעֲדָם כַּאֲשֶׁר צִוָּה יְהוָה: וַיִּקְרַב אַהֲרֹן אֶל־הַמִּזְבֵּחַ וַיִּשְׁחַט אֶת־
עֵגֶל הַחַטָּאת אֲשֶׁר־לוֹ: וַיַּקְרִבוּ בְּנֵי אַהֲרֹן אֶת־הַדָּם אֵלָיו וַיִּטְבֹּל אֶצְבָּעוֹ
בַּדָּם וַיִּתֵּן עַל־קַרְנוֹת הַמִּזְבֵּחַ וְאֶת־הַדָּם יָצַק אֶל־יְסוֹד הַמִּזְבֵּחַ: וְאֶת־הַחֵלֶב
וְאֶת־הַכְּלָיֹת וְאֶת־הַיֹּתֶרֶת מִן־הַכָּבֵד מִן־הַחַטָּאת הִקְטִיר הַמִּזְבֵּחָה כַּאֲשֶׁר

צִוָּה יְהֹוָה אֶת־מֹשֶׁה: *וְאֶת־הַבָּשָׂר וְאֶת־הָעוֹר שָׂרַף בָּאֵשׁ מִחוּץ לַמַּחֲנֶה: ישראל
וַיִּשְׁחַט אֶת־הָעֹלָה וַיַּמְצִאוּ בְּנֵי אַהֲרֹן אֵלָיו אֶת־הַדָּם וַיִּזְרְקֵהוּ עַל־הַמִּזְבֵּחַ
סָבִיב: וְאֶת־הָעֹלָה הִמְצִיאוּ אֵלָיו לִנְתָחֶיהָ וְאֶת־הָרֹאשׁ וַיַּקְטֵר עַל־הַמִּזְבֵּחַ:
וַיִּרְחַץ אֶת־הַקֶּרֶב וְאֶת־הַכְּרָעָיִם וַיַּקְטֵר עַל־הָעֹלָה הַמִּזְבֵּחָה: וַיַּקְרֵב אֵת קָרְבַּן
הָעָם וַיִּקַּח אֶת־שְׂעִיר הַחַטָּאת אֲשֶׁר לָעָם וַיִּשְׁחָטֵהוּ וַיְחַטְּאֵהוּ כָּרִאשׁוֹן:
וַיַּקְרֵב אֶת־הָעֹלָה וַיַּעֲשֶׂהָ כַּמִּשְׁפָּט:

TAZRIA תזריע

וַיְדַבֵּר יְהֹוָה אֶל־מֹשֶׁה לֵּאמֹר: דַּבֵּר אֶל־בְּנֵי יִשְׂרָאֵל לֵאמֹר אִשָּׁה כִּי תַזְרִיעַ ויקרא יב:א-יג:ה
וְיָלְדָה זָכָר וְטָמְאָה שִׁבְעַת יָמִים כִּימֵי נִדַּת דְּוֺתָהּ תִּטְמָא: וּבַיּוֹם הַשְּׁמִינִי
יִמּוֹל בְּשַׂר עָרְלָתוֹ: וּשְׁלֹשִׁים יוֹם וּשְׁלֹשֶׁת יָמִים תֵּשֵׁב בִּדְמֵי טָהֳרָה בְּכָל־
קֹדֶשׁ לֹא־תִגָּע וְאֶל־הַמִּקְדָּשׁ לֹא תָבֹא עַד־מְלֹאת יְמֵי טָהֳרָהּ: *וְאִם־נְקֵבָה לוי
תֵלֵד וְטָמְאָה שְׁבֻעַיִם כְּנִדָּתָהּ וְשִׁשִּׁים יוֹם וְשֵׁשֶׁת יָמִים תֵּשֵׁב עַל־דְּמֵי טָהֳרָה:
וּבִמְלֹאת | יְמֵי טָהֳרָהּ לְבֵן אוֹ לְבַת תָּבִיא כֶּבֶשׂ בֶּן־שְׁנָתוֹ לְעֹלָה וּבֶן־יוֹנָה
אוֹ־תֹר לְחַטָּאת אֶל־פֶּתַח אֹהֶל־מוֹעֵד אֶל־הַכֹּהֵן: וְהִקְרִיבוֹ לִפְנֵי יְהֹוָה וְכִפֶּר
עָלֶיהָ וְטָהֲרָה מִמְּקֹר דָּמֶיהָ זֹאת תּוֹרַת הַיֹּלֶדֶת לַזָּכָר אוֹ לַנְּקֵבָה: וְאִם־לֹא
תִמְצָא יָדָהּ דֵּי שֶׂה וְלָקְחָה שְׁתֵּי־תֹרִים אוֹ שְׁנֵי בְּנֵי יוֹנָה אֶחָד לְעֹלָה וְאֶחָד
לְחַטָּאת וְכִפֶּר עָלֶיהָ הַכֹּהֵן וְטָהֵרָה:
וַיְדַבֵּר יְהֹוָה אֶל־מֹשֶׁה וְאֶל־אַהֲרֹן לֵּאמֹר: אָדָם כִּי־יִהְיֶה בְעוֹר־בְּשָׂרוֹ שְׂאֵת ישראל
אוֹ־סַפַּחַת אוֹ בַהֶרֶת וְהָיָה בְעוֹר־בְּשָׂרוֹ לְנֶגַע צָרָעַת וְהוּבָא אֶל־אַהֲרֹן הַכֹּהֵן
אוֹ אֶל־אַחַד מִבָּנָיו הַכֹּהֲנִים: וְרָאָה הַכֹּהֵן אֶת־הַנֶּגַע בְּעוֹר־הַבָּשָׂר וְשֵׂעָר בַּנֶּגַע
הָפַךְ | לָבָן וּמַרְאֵה הַנֶּגַע עָמֹק מֵעוֹר בְּשָׂרוֹ נֶגַע צָרַעַת הוּא וְרָאָהוּ הַכֹּהֵן
וְטִמֵּא אֹתוֹ: וְאִם־בַּהֶרֶת לְבָנָה הִוא בְּעוֹר בְּשָׂרוֹ וְעָמֹק אֵין־מַרְאֶהָ מִן־הָעוֹר
וּשְׂעָרָה לֹא־הָפַךְ לָבָן וְהִסְגִּיר הַכֹּהֵן אֶת־הַנֶּגַע שִׁבְעַת יָמִים: וְרָאָהוּ הַכֹּהֵן
בַּיּוֹם הַשְּׁבִיעִי וְהִנֵּה הַנֶּגַע עָמַד בְּעֵינָיו לֹא־פָשָׂה הַנֶּגַע בָּעוֹר וְהִסְגִּירוֹ הַכֹּהֵן
שִׁבְעַת יָמִים שֵׁנִית:

METZORA מצורע

וַיְדַבֵּר יְהֹוָה אֶל־מֹשֶׁה לֵּאמֹר: זֹאת תִּהְיֶה תּוֹרַת הַמְּצֹרָע בְּיוֹם טָהֳרָתוֹ ויקרא יד:א-יב

וְהוּבָא אֶל־הַכֹּהֵן: וְיָצָא הַכֹּהֵן אֶל־מִחוּץ לַמַּחֲנֶה וְרָאָה הַכֹּהֵן וְהִנֵּה נִרְפָּא
נֶגַע־הַצָּרַעַת מִן־הַצָּרוּעַ: וְצִוָּה הַכֹּהֵן וְלָקַח לַמִּטַּהֵר שְׁתֵּי־צִפֳּרִים חַיּוֹת
טְהֹרוֹת וְעֵץ אֶרֶז וּשְׁנִי תוֹלַעַת וְאֵזֹב: וְצִוָּה הַכֹּהֵן וְשָׁחַט אֶת־הַצִּפּוֹר הָאֶחָת
לוי אֶל־כְּלִי־חֶרֶשׂ עַל־מַיִם חַיִּים: *אֶת־הַצִּפֹּר הַחַיָּה יִקַּח אֹתָהּ וְאֶת־עֵץ הָאֶרֶז
וְאֶת־שְׁנִי הַתּוֹלַעַת וְאֶת־הָאֵזֹב וְטָבַל אוֹתָם וְאֵת ׀ הַצִּפֹּר הַחַיָּה בְּדַם הַצִּפֹּר
הַשְּׁחֻטָה עַל הַמַּיִם הַחַיִּים: וְהִזָּה עַל הַמִּטַּהֵר מִן־הַצָּרַעַת שֶׁבַע פְּעָמִים
וְטִהֲרוֹ וְשִׁלַּח אֶת־הַצִּפֹּר הַחַיָּה עַל־פְּנֵי הַשָּׂדֶה: וְכִבֶּס הַמִּטַּהֵר אֶת־בְּגָדָיו
וְגִלַּח אֶת־כָּל־שְׂעָרוֹ וְרָחַץ בַּמַּיִם וְטָהֵר וְאַחַר יָבוֹא אֶל־הַמַּחֲנֶה וְיָשַׁב מִחוּץ
לְאָהֳלוֹ שִׁבְעַת יָמִים: וְהָיָה בַיּוֹם הַשְּׁבִיעִי יְגַלַּח אֶת־כָּל־שְׂעָרוֹ אֶת־רֹאשׁוֹ
וְאֶת־זְקָנוֹ וְאֵת גַּבֹּת עֵינָיו וְאֶת־כָּל־שְׂעָרוֹ יְגַלֵּחַ וְכִבֶּס אֶת־בְּגָדָיו וְרָחַץ אֶת־
ישראל בְּשָׂרוֹ בַּמַּיִם וְטָהֵר: *וּבַיּוֹם הַשְּׁמִינִי יִקַּח שְׁנֵי־כְבָשִׂים תְּמִימִם וְכַבְשָׂה אַחַת
בַּת־שְׁנָתָהּ תְּמִימָה וּשְׁלֹשָׁה עֶשְׂרֹנִים סֹלֶת מִנְחָה בְּלוּלָה בַשֶּׁמֶן וְלֹג אֶחָד
שָׁמֶן: וְהֶעֱמִיד הַכֹּהֵן הַמְטַהֵר אֵת הָאִישׁ הַמִּטַּהֵר וְאֹתָם לִפְנֵי יהוה פֶּתַח
אֹהֶל מוֹעֵד: וְלָקַח הַכֹּהֵן אֶת־הַכֶּבֶשׂ הָאֶחָד וְהִקְרִיב אֹתוֹ לְאָשָׁם וְאֶת־לֹג
הַשָּׁמֶן וְהֵנִיף אֹתָם תְּנוּפָה לִפְנֵי יהוה:

AḤAREI MOT אחרי מות

ויקרא טז:א-יז וַיְדַבֵּר יהוה אֶל־מֹשֶׁה אַחֲרֵי מוֹת שְׁנֵי בְּנֵי אַהֲרֹן בְּקָרְבָתָם לִפְנֵי־יהוה וַיָּמֻתוּ:
וַיֹּאמֶר יהוה אֶל־מֹשֶׁה דַּבֵּר אֶל־אַהֲרֹן אָחִיךָ וְאַל־יָבֹא בְכָל־עֵת אֶל־הַקֹּדֶשׁ
מִבֵּית לַפָּרֹכֶת אֶל־פְּנֵי הַכַּפֹּרֶת אֲשֶׁר עַל־הָאָרֹן וְלֹא יָמוּת כִּי בֶּעָנָן אֵרָאֶה
עַל־הַכַּפֹּרֶת: בְּזֹאת יָבֹא אַהֲרֹן אֶל־הַקֹּדֶשׁ בְּפַר בֶּן־בָּקָר לְחַטָּאת וְאַיִל
לְעֹלָה: כְּתֹנֶת־בַּד קֹדֶשׁ יִלְבָּשׁ וּמִכְנְסֵי־בַד יִהְיוּ עַל־בְּשָׂרוֹ וּבְאַבְנֵט בַּד
יַחְגֹּר וּבְמִצְנֶפֶת בַּד יִצְנֹף בִּגְדֵי־קֹדֶשׁ הֵם וְרָחַץ בַּמַּיִם אֶת־בְּשָׂרוֹ וּלְבֵשָׁם:
וּמֵאֵת עֲדַת בְּנֵי יִשְׂרָאֵל יִקַּח שְׁנֵי־שְׂעִירֵי עִזִּים לְחַטָּאת וְאַיִל אֶחָד לְעֹלָה:
לוי וְהִקְרִיב אַהֲרֹן אֶת־פַּר הַחַטָּאת אֲשֶׁר־לוֹ וְכִפֶּר בַּעֲדוֹ וּבְעַד בֵּיתוֹ: *וְלָקַח
אֶת־שְׁנֵי הַשְּׂעִירִם וְהֶעֱמִיד אֹתָם לִפְנֵי יהוה פֶּתַח אֹהֶל מוֹעֵד: וְנָתַן אַהֲרֹן
עַל־שְׁנֵי הַשְּׂעִירִם גֹּרָלוֹת גּוֹרָל אֶחָד לַיהוה וְגוֹרָל אֶחָד לַעֲזָאזֵל: וְהִקְרִיב
אַהֲרֹן אֶת־הַשָּׂעִיר אֲשֶׁר עָלָה עָלָיו הַגּוֹרָל לַיהוה וְעָשָׂהוּ חַטָּאת: וְהַשָּׂעִיר
אֲשֶׁר עָלָה עָלָיו הַגּוֹרָל לַעֲזָאזֵל יָעֳמַד־חַי לִפְנֵי יהוה לְכַפֵּר עָלָיו לְשַׁלַּח

אֹתוֹ לַעֲזָאזֵל הַמִּדְבָּרָה׃ וְהִקְרִיב אַהֲרֹן אֶת־פַּר הַחַטָּאת אֲשֶׁר־לוֹ וְכִפֶּר
בַּעֲדוֹ וּבְעַד בֵּיתוֹ וְשָׁחַט אֶת־פַּר הַחַטָּאת אֲשֶׁר־לוֹ׃ *וְלָקַח מְלֹא־הַמַּחְתָּה ישראל
גַחֲלֵי־אֵשׁ מֵעַל הַמִּזְבֵּחַ מִלִּפְנֵי יהוה וּמְלֹא חָפְנָיו קְטֹרֶת סַמִּים דַּקָּה וְהֵבִיא
מִבֵּית לַפָּרֹכֶת׃ וְנָתַן אֶת־הַקְּטֹרֶת עַל־הָאֵשׁ לִפְנֵי יהוה וְכִסָּה ׀ עֲנַן הַקְּטֹרֶת
אֶת־הַכַּפֹּרֶת אֲשֶׁר עַל־הָעֵדוּת וְלֹא יָמוּת׃ וְלָקַח מִדַּם הַפָּר וְהִזָּה בְאֶצְבָּעוֹ
עַל־פְּנֵי הַכַּפֹּרֶת קֵדְמָה וְלִפְנֵי הַכַּפֹּרֶת יַזֶּה שֶׁבַע־פְּעָמִים מִן־הַדָּם בְּאֶצְבָּעוֹ׃
וְשָׁחַט אֶת־שְׂעִיר הַחַטָּאת אֲשֶׁר לָעָם וְהֵבִיא אֶת־דָּמוֹ אֶל־מִבֵּית לַפָּרֹכֶת
וְעָשָׂה אֶת־דָּמוֹ כַּאֲשֶׁר עָשָׂה לְדַם הַפָּר וְהִזָּה אֹתוֹ עַל־הַכַּפֹּרֶת וְלִפְנֵי הַכַּפֹּרֶת׃
וְכִפֶּר עַל־הַקֹּדֶשׁ מִטֻּמְאֹת בְּנֵי יִשְׂרָאֵל וּמִפִּשְׁעֵיהֶם לְכָל־חַטֹּאתָם וְכֵן יַעֲשֶׂה
לְאֹהֶל מוֹעֵד הַשֹּׁכֵן אִתָּם בְּתוֹךְ טֻמְאֹתָם׃ וְכָל־אָדָם לֹא־יִהְיֶה ׀ בְּאֹהֶל מוֹעֵד
בְּבֹאוֹ לְכַפֵּר בַּקֹּדֶשׁ עַד־צֵאתוֹ וְכִפֶּר בַּעֲדוֹ וּבְעַד בֵּיתוֹ וּבְעַד כָּל־קְהַל יִשְׂרָאֵל׃

קדושים KEDOSHIM

וַיְדַבֵּר יהוה אֶל־מֹשֶׁה לֵּאמֹר׃ דַּבֵּר אֶל־כָּל־עֲדַת בְּנֵי־יִשְׂרָאֵל וְאָמַרְתָּ אֲלֵהֶם ויקרא יט:א-יד
קְדֹשִׁים תִּהְיוּ כִּי קָדוֹשׁ אֲנִי יהוה אֱלֹהֵיכֶם׃ אִישׁ אִמּוֹ וְאָבִיו תִּירָאוּ וְאֶת־
שַׁבְּתֹתַי תִּשְׁמֹרוּ אֲנִי יהוה אֱלֹהֵיכֶם׃ אַל־תִּפְנוּ אֶל־הָאֱלִילִם וֵאלֹהֵי מַסֵּכָה
לֹא תַעֲשׂוּ לָכֶם אֲנִי יהוה אֱלֹהֵיכֶם׃ *וְכִי תִזְבְּחוּ זֶבַח שְׁלָמִים לַיהוה לִרְצֹנְכֶם לוי
תִּזְבָּחֻהוּ׃ בְּיוֹם זִבְחֲכֶם יֵאָכֵל וּמִמָּחֳרָת וְהַנּוֹתָר עַד־יוֹם הַשְּׁלִישִׁי בָּאֵשׁ יִשָּׂרֵף׃
וְאִם הֵאָכֹל יֵאָכֵל בַּיּוֹם הַשְּׁלִישִׁי פִּגּוּל הוּא לֹא יֵרָצֶה׃ וְאֹכְלָיו עֲוֺנוֹ יִשָּׂא כִּי־
אֶת־קֹדֶשׁ יהוה חִלֵּל וְנִכְרְתָה הַנֶּפֶשׁ הַהִוא מֵעַמֶּיהָ׃ וּבְקֻצְרְכֶם אֶת־קְצִיר
אַרְצְכֶם לֹא תְכַלֶּה פְּאַת שָׂדְךָ לִקְצֹר וְלֶקֶט קְצִירְךָ לֹא תְלַקֵּט׃ וְכַרְמְךָ לֹא
תְעוֹלֵל וּפֶרֶט כַּרְמְךָ לֹא תְלַקֵּט לֶעָנִי וְלַגֵּר תַּעֲזֹב אֹתָם אֲנִי יהוה אֱלֹהֵיכֶם׃
*לֹא תִּגְנֹבוּ וְלֹא־תְכַחֲשׁוּ וְלֹא־תְשַׁקְּרוּ אִישׁ בַּעֲמִיתוֹ׃ וְלֹא־תִשָּׁבְעוּ בִשְׁמִי ישראל
לַשָּׁקֶר וְחִלַּלְתָּ אֶת־שֵׁם אֱלֹהֶיךָ אֲנִי יהוה׃ לֹא־תַעֲשֹׁק אֶת־רֵעֲךָ וְלֹא תִגְזֹל
לֹא־תָלִין פְּעֻלַּת שָׂכִיר אִתְּךָ עַד־בֹּקֶר׃ לֹא־תְקַלֵּל חֵרֵשׁ וְלִפְנֵי עִוֵּר לֹא תִתֵּן
מִכְשֹׁל וְיָרֵאתָ מֵּאֱלֹהֶיךָ אֲנִי יהוה׃

אמור EMOR

וַיֹּאמֶר יהוה אֶל־מֹשֶׁה אֱמֹר אֶל־הַכֹּהֲנִים בְּנֵי אַהֲרֹן וְאָמַרְתָּ אֲלֵהֶם לְנֶפֶשׁ ויקרא כא:א-טו

לֹא־יִטַּמָּא בְּעַמָּיו׃ כִּי אִם־לִשְׁאֵרוֹ הַקָּרֹב אֵלָיו לְאִמּוֹ וּלְאָבִיו וְלִבְנוֹ וּלְבִתּוֹ
וּלְאָחִיו׃ וְלַאֲחֹתוֹ הַבְּתוּלָה הַקְּרוֹבָה אֵלָיו אֲשֶׁר לֹא־הָיְתָה לְאִישׁ לָהּ יִטַּמָּא׃
יִקְרְחוּ לֹא יִטַּמָּא בַּעַל בְּעַמָּיו לְהֵחַלּוֹ׃ לֹא־יקרחה קָרְחָה בְּרֹאשָׁם וּפְאַת זְקָנָם
לֹא יְגַלֵּחוּ וּבִבְשָׂרָם לֹא יִשְׂרְטוּ שָׂרָטֶת׃ קְדֹשִׁים יִהְיוּ לֵאלֹהֵיהֶם וְלֹא יְחַלְּלוּ
שֵׁם אֱלֹהֵיהֶם כִּי אֶת־אִשֵּׁי יְהוָה לֶחֶם אֱלֹהֵיהֶם הֵם מַקְרִיבִם וְהָיוּ קֹדֶשׁ׃
לוי *אִשָּׁה זֹנָה וַחֲלָלָה לֹא יִקָּחוּ וְאִשָּׁה גְּרוּשָׁה מֵאִישָׁהּ לֹא יִקָּחוּ כִּי־קָדֹשׁ הוּא
לֵאלֹהָיו׃ וְקִדַּשְׁתּוֹ כִּי־אֶת־לֶחֶם אֱלֹהֶיךָ הוּא מַקְרִיב קָדֹשׁ יִהְיֶה־לָּךְ כִּי קָדוֹשׁ
אֲנִי יְהוָה מְקַדִּשְׁכֶם׃ וּבַת אִישׁ כֹּהֵן כִּי תֵחֵל לִזְנוֹת אֶת־אָבִיהָ הִיא מְחַלֶּלֶת
בָּאֵשׁ תִּשָּׂרֵף׃ וְהַכֹּהֵן הַגָּדוֹל מֵאֶחָיו אֲשֶׁר־יוּצַק עַל־רֹאשׁוֹ ׀ שֶׁמֶן
הַמִּשְׁחָה וּמִלֵּא אֶת־יָדוֹ לִלְבֹּשׁ אֶת־הַבְּגָדִים אֶת־רֹאשׁוֹ לֹא יִפְרָע וּבְגָדָיו לֹא
יִפְרֹם׃ וְעַל כָּל־נַפְשֹׁת מֵת לֹא יָבֹא לְאָבִיו וּלְאִמּוֹ לֹא יִטַּמָּא׃ וּמִן־הַמִּקְדָּשׁ
לֹא יֵצֵא וְלֹא יְחַלֵּל אֵת מִקְדַּשׁ אֱלֹהָיו כִּי נֵזֶר שֶׁמֶן מִשְׁחַת אֱלֹהָיו עָלָיו אֲנִי
ישראל יְהוָה׃ *וְהוּא אִשָּׁה בִבְתוּלֶיהָ יִקָּח׃ אַלְמָנָה וּגְרוּשָׁה וַחֲלָלָה זֹנָה אֶת־אֵלֶּה
לֹא יִקָּח כִּי אִם־בְּתוּלָה מֵעַמָּיו יִקַּח אִשָּׁה׃ וְלֹא־יְחַלֵּל זַרְעוֹ בְּעַמָּיו כִּי אֲנִי
יְהוָה מְקַדְּשׁוֹ׃

בהר BEHAR

ויקרא כה:א–יג וַיְדַבֵּר יְהוָה אֶל־מֹשֶׁה בְּהַר סִינַי לֵאמֹר׃ דַּבֵּר אֶל־בְּנֵי יִשְׂרָאֵל וְאָמַרְתָּ
אֲלֵהֶם כִּי תָבֹאוּ אֶל־הָאָרֶץ אֲשֶׁר אֲנִי נֹתֵן לָכֶם וְשָׁבְתָה הָאָרֶץ שַׁבָּת לַיהוָה׃
שֵׁשׁ שָׁנִים תִּזְרַע שָׂדֶךָ וְשֵׁשׁ שָׁנִים תִּזְמֹר כַּרְמֶךָ וְאָסַפְתָּ אֶת־תְּבוּאָתָהּ׃
לוי *וּבַשָּׁנָה הַשְּׁבִיעִת שַׁבַּת שַׁבָּתוֹן יִהְיֶה לָאָרֶץ שַׁבָּת לַיהוָה שָׂדְךָ לֹא תִזְרָע
וְכַרְמְךָ לֹא תִזְמֹר׃ אֵת סְפִיחַ קְצִירְךָ לֹא תִקְצוֹר וְאֶת־עִנְּבֵי נְזִירֶךָ לֹא תִבְצֹר
שְׁנַת שַׁבָּתוֹן יִהְיֶה לָאָרֶץ׃ וְהָיְתָה שַׁבַּת הָאָרֶץ לָכֶם לְאָכְלָה לְךָ וּלְעַבְדְּךָ
וְלַאֲמָתֶךָ וְלִשְׂכִירְךָ וּלְתוֹשָׁבְךָ הַגָּרִים עִמָּךְ׃ וְלִבְהֶמְתְּךָ וְלַחַיָּה אֲשֶׁר בְּאַרְצֶךָ
ישראל תִּהְיֶה כָל־תְּבוּאָתָהּ לֶאֱכֹל׃ *וְסָפַרְתָּ לְךָ שֶׁבַע שַׁבְּתֹת שָׁנִים
שֶׁבַע שָׁנִים שֶׁבַע פְּעָמִים וְהָיוּ לְךָ יְמֵי שֶׁבַע שַׁבְּתֹת הַשָּׁנִים תֵּשַׁע וְאַרְבָּעִים
שָׁנָה׃ וְהַעֲבַרְתָּ שׁוֹפַר תְּרוּעָה בַּחֹדֶשׁ הַשְּׁבִעִי בֶּעָשׂוֹר לַחֹדֶשׁ בְּיוֹם הַכִּפֻּרִים
תַּעֲבִירוּ שׁוֹפָר בְּכָל־אַרְצְכֶם׃ וְקִדַּשְׁתֶּם אֵת שְׁנַת הַחֲמִשִּׁים שָׁנָה וּקְרָאתֶם
דְּרוֹר בָּאָרֶץ לְכָל־יֹשְׁבֶיהָ יוֹבֵל הִוא תִּהְיֶה לָכֶם וְשַׁבְתֶּם אִישׁ אֶל־אֲחֻזָּתוֹ

וְאִישׁ אֶל־מִשְׁפַּחְתּוֹ תָּשֻׁבוּ: יוֹבֵל הִוא שְׁנַת הַחֲמִשִּׁים שָׁנָה תִּהְיֶה לָכֶם לֹא
תִזְרָעוּ וְלֹא תִקְצְרוּ אֶת־סְפִיחֶיהָ וְלֹא תִבְצְרוּ אֶת־נְזִרֶיהָ: כִּי יוֹבֵל הִוא קֹדֶשׁ
תִּהְיֶה לָכֶם מִן־הַשָּׂדֶה תֹּאכְלוּ אֶת־תְּבוּאָתָהּ: בִּשְׁנַת הַיּוֹבֵל הַזֹּאת תָּשֻׁבוּ
אִישׁ אֶל־אֲחֻזָּתוֹ:

בחוקותי BEHUKKOTAI

ויקרא כו:ג–יג אִם־בְּחֻקֹּתַי תֵּלֵכוּ וְאֶת־מִצְוֹתַי תִּשְׁמְרוּ וַעֲשִׂיתֶם אֹתָם: וְנָתַתִּי גִשְׁמֵיכֶם בְּעִתָּם
וְנָתְנָה הָאָרֶץ יְבוּלָהּ וְעֵץ הַשָּׂדֶה יִתֵּן פִּרְיוֹ: וְהִשִּׂיג לָכֶם דַּיִשׁ אֶת־בָּצִיר וּבָצִיר
לוי יַשִּׂיג אֶת־זָרַע וַאֲכַלְתֶּם לַחְמְכֶם לָשֹׂבַע וִישַׁבְתֶּם לָבֶטַח בְּאַרְצְכֶם: *וְנָתַתִּי
שָׁלוֹם בָּאָרֶץ וּשְׁכַבְתֶּם וְאֵין מַחֲרִיד וְהִשְׁבַּתִּי חַיָּה רָעָה מִן־הָאָרֶץ וְחֶרֶב
לֹא־תַעֲבֹר בְּאַרְצְכֶם: וּרְדַפְתֶּם אֶת־אֹיְבֵיכֶם וְנָפְלוּ לִפְנֵיכֶם לֶחָרֶב: וְרָדְפוּ
מִכֶּם חֲמִשָּׁה מֵאָה וּמֵאָה מִכֶּם רְבָבָה יִרְדֹּפוּ וְנָפְלוּ אֹיְבֵיכֶם לִפְנֵיכֶם לֶחָרֶב:
וּפָנִיתִי אֲלֵיכֶם וְהִפְרֵיתִי אֶתְכֶם וְהִרְבֵּיתִי אֶתְכֶם וַהֲקִימֹתִי אֶת־בְּרִיתִי אִתְּכֶם:
ישראל *וַאֲכַלְתֶּם יָשָׁן נוֹשָׁן וְיָשָׁן מִפְּנֵי חָדָשׁ תּוֹצִיאוּ: וְנָתַתִּי מִשְׁכָּנִי בְּתוֹכְכֶם וְלֹא־
תִגְעַל נַפְשִׁי אֶתְכֶם: וְהִתְהַלַּכְתִּי בְּתוֹכְכֶם וְהָיִיתִי לָכֶם לֵאלֹהִים וְאַתֶּם תִּהְיוּ־לִי
לְעָם: אֲנִי יְהוָה אֱלֹהֵיכֶם אֲשֶׁר הוֹצֵאתִי אֶתְכֶם מֵאֶרֶץ מִצְרַיִם מִהְיֹת לָהֶם
עֲבָדִים וָאֶשְׁבֹּר מֹטֹת עֻלְּכֶם וָאוֹלֵךְ אֶתְכֶם קוֹמְמִיּוּת:

במדבר BEMIDBAR

במדבר א:א–יט וַיְדַבֵּר יְהוָה אֶל־מֹשֶׁה בְּמִדְבַּר סִינַי בְּאֹהֶל מוֹעֵד בְּאֶחָד לַחֹדֶשׁ הַשֵּׁנִי בַּשָּׁנָה
הַשֵּׁנִית לְצֵאתָם מֵאֶרֶץ מִצְרַיִם לֵאמֹר: שְׂאוּ אֶת־רֹאשׁ כָּל־עֲדַת בְּנֵי־יִשְׂרָאֵל
לְמִשְׁפְּחֹתָם לְבֵית אֲבֹתָם בְּמִסְפַּר שֵׁמוֹת כָּל־זָכָר לְגֻלְגְּלֹתָם: מִבֶּן עֶשְׂרִים
שָׁנָה וָמַעְלָה כָּל־יֹצֵא צָבָא בְּיִשְׂרָאֵל תִּפְקְדוּ אֹתָם לְצִבְאֹתָם אַתָּה וְאַהֲרֹן:
לוי וְאִתְּכֶם יִהְיוּ אִישׁ אִישׁ לַמַּטֶּה אִישׁ רֹאשׁ לְבֵית־אֲבֹתָיו הוּא: *וְאֵלֶּה שְׁמוֹת
הָאֲנָשִׁים אֲשֶׁר יַעַמְדוּ אִתְּכֶם לִרְאוּבֵן אֱלִיצוּר בֶּן־שְׁדֵיאוּר: לְשִׁמְעוֹן שְׁלֻמִיאֵל
בֶּן־צוּרִישַׁדָּי: לִיהוּדָה נַחְשׁוֹן בֶּן־עַמִּינָדָב: לְיִשָּׂשכָר נְתַנְאֵל בֶּן־צוּעָר:
לִזְבוּלֻן אֱלִיאָב בֶּן־חֵלֹן: לִבְנֵי יוֹסֵף לְאֶפְרַיִם אֱלִישָׁמָע בֶּן־עַמִּיהוּד לִמְנַשֶּׁה
גַּמְלִיאֵל בֶּן־פְּדָהצוּר: לְבִנְיָמִן אֲבִידָן בֶּן־גִּדְעֹנִי: לְדָן אֲחִיעֶזֶר בֶּן־עַמִּישַׁדָּי:
לְאָשֵׁר פַּגְעִיאֵל בֶּן־עָכְרָן: לְגָד אֶלְיָסָף בֶּן־דְּעוּאֵל: לְנַפְתָּלִי אֲחִירַע בֶּן־

קרואי עֵינָן: אֵלֶּה קריאי הָעֵדָה נְשִׂיאֵי מַטּוֹת אֲבוֹתָם רָאשֵׁי אַלְפֵי יִשְׂרָאֵל הֵם:
ישראל *וַיִּקַּח מֹשֶׁה וְאַהֲרֹן אֵת הָאֲנָשִׁים הָאֵלֶּה אֲשֶׁר נִקְּבוּ בְּשֵׁמוֹת: וְאֵת כָּל־הָעֵדָה
הִקְהִילוּ בְּאֶחָד לַחֹדֶשׁ הַשֵּׁנִי וַיִּתְיַלְדוּ עַל־מִשְׁפְּחֹתָם לְבֵית אֲבֹתָם בְּמִסְפַּר
שֵׁמוֹת מִבֶּן עֶשְׂרִים שָׁנָה וָמַעְלָה לְגֻלְגְּלֹתָם: כַּאֲשֶׁר צִוָּה יהוה אֶת־מֹשֶׁה
וַיִּפְקְדֵם בְּמִדְבַּר סִינָי:

NASO נשא

במדבר ד:כא–לז וַיְדַבֵּר יהוה אֶל־מֹשֶׁה לֵּאמֹר: נָשֹׂא אֶת־רֹאשׁ בְּנֵי גֵרְשׁוֹן גַּם־הֵם לְבֵית אֲבֹתָם
לְמִשְׁפְּחֹתָם: מִבֶּן שְׁלֹשִׁים שָׁנָה וָמַעְלָה עַד בֶּן־חֲמִשִּׁים שָׁנָה תִּפְקֹד אוֹתָם
כָּל־הַבָּא לִצְבֹא צָבָא לַעֲבֹד עֲבֹדָה בְּאֹהֶל מוֹעֵד: זֹאת עֲבֹדַת מִשְׁפְּחֹת
לוי הַגֵּרְשֻׁנִּי לַעֲבֹד וּלְמַשָּׂא: *וְנָשְׂאוּ אֶת־יְרִיעֹת הַמִּשְׁכָּן וְאֶת־אֹהֶל מוֹעֵד מִכְסֵהוּ
וּמִכְסֵה הַתַּחַשׁ אֲשֶׁר־עָלָיו מִלְמָעְלָה וְאֶת־מָסַךְ פֶּתַח אֹהֶל מוֹעֵד: וְאֵת קַלְעֵי
הֶחָצֵר וְאֶת־מָסַךְ ׀ פֶּתַח ׀ שַׁעַר הֶחָצֵר אֲשֶׁר עַל־הַמִּשְׁכָּן וְעַל־הַמִּזְבֵּחַ סָבִיב
וְאֵת מֵיתְרֵיהֶם וְאֶת־כָּל־כְּלֵי עֲבֹדָתָם וְאֵת כָּל־אֲשֶׁר יֵעָשֶׂה לָהֶם וְעָבָדוּ:
עַל־פִּי אַהֲרֹן וּבָנָיו תִּהְיֶה כָּל־עֲבֹדַת בְּנֵי הַגֵּרְשֻׁנִּי לְכָל־מַשָּׂאָם וּלְכֹל עֲבֹדָתָם
וּפְקַדְתֶּם עֲלֵהֶם בְּמִשְׁמֶרֶת אֵת כָּל־מַשָּׂאָם: זֹאת עֲבֹדַת מִשְׁפְּחֹת בְּנֵי הַגֵּרְשֻׁנִּי
ישראל בְּאֹהֶל מוֹעֵד וּמִשְׁמַרְתָּם בְּיַד אִיתָמָר בֶּן־אַהֲרֹן הַכֹּהֵן: *בְּנֵי מְרָרִי
לְמִשְׁפְּחֹתָם לְבֵית־אֲבֹתָם תִּפְקֹד אֹתָם: מִבֶּן שְׁלֹשִׁים שָׁנָה וָמַעְלָה וְעַד בֶּן־
חֲמִשִּׁים שָׁנָה תִּפְקְדֵם כָּל־הַבָּא לַצָּבָא לַעֲבֹד אֶת־עֲבֹדַת אֹהֶל מוֹעֵד: וְזֹאת
מִשְׁמֶרֶת מַשָּׂאָם לְכָל־עֲבֹדָתָם בְּאֹהֶל מוֹעֵד קַרְשֵׁי הַמִּשְׁכָּן וּבְרִיחָיו וְעַמּוּדָיו
וַאֲדָנָיו: וְעַמּוּדֵי הֶחָצֵר סָבִיב וְאַדְנֵיהֶם וִיתֵדֹתָם וּמֵיתְרֵיהֶם לְכָל־כְּלֵיהֶם וּלְכֹל
עֲבֹדָתָם וּבְשֵׁמֹת תִּפְקְדוּ אֶת־כְּלֵי מִשְׁמֶרֶת מַשָּׂאָם: זֹאת עֲבֹדַת מִשְׁפְּחֹת בְּנֵי
מְרָרִי לְכָל־עֲבֹדָתָם בְּאֹהֶל מוֹעֵד בְּיַד אִיתָמָר בֶּן־אַהֲרֹן הַכֹּהֵן:

Some extend the ישראל portion:

וַיִּפְקֹד מֹשֶׁה וְאַהֲרֹן וּנְשִׂיאֵי הָעֵדָה אֶת־בְּנֵי הַקְּהָתִי לְמִשְׁפְּחֹתָם וּלְבֵית אֲבֹתָם:
מִבֶּן שְׁלֹשִׁים שָׁנָה וָמַעְלָה וְעַד בֶּן־חֲמִשִּׁים שָׁנָה כָּל־הַבָּא לַצָּבָא לַעֲבֹדָה
בְּאֹהֶל מוֹעֵד: וַיִּהְיוּ פְקֻדֵיהֶם לְמִשְׁפְּחֹתָם אַלְפַּיִם שְׁבַע מֵאוֹת וַחֲמִשִּׁים: אֵלֶּה
פְקוּדֵי מִשְׁפְּחֹת הַקְּהָתִי כָּל־הָעֹבֵד בְּאֹהֶל מוֹעֵד אֲשֶׁר פָּקַד מֹשֶׁה וְאַהֲרֹן
עַל־פִּי יהוה בְּיַד־מֹשֶׁה:

בהעלותך
BEHAʹALOTEKHA

וידבר יהוה אל־משה לאמר: דבר אל־אהרן ואמרת אליו בהעלתך את־ במדבר
הנרת אל־מול פני המנורה יאירו שבעת הנרות: ויעש כן אהרן אל־מול ח:א-יד
פני המנורה העלה נרתיה כאשר צוה יהוה את־משה: וזה מעשה המנרה
מקשה זהב עד־ירכה עד־פרחה מקשה הוא כמראה אשר הראה יהוה
את־משה כן עשה את־המנרה:
וידבר יהוה אל־משה לאמר: קח את־הלוים מתוך בני ישראל וטהרת לוי
אתם: וכה־תעשה להם לטהרם הזה עליהם מי חטאת והעבירו תער על־
כל־בשרם וכבסו בגדיהם והטהרו: ולקחו פר בן־בקר ומנחתו סלת בלולה
בשמן ופר־שני בן־בקר תקח לחטאת: והקרבת את־הלוים לפני אהל
מועד והקהלת את־כל־עדת בני ישראל: *והקרבת את־הלוים לפני יהוה ישראל
וסמכו בני־ישראל את־ידיהם על־הלוים: והניף אהרן את־הלוים תנופה
לפני יהוה מאת בני ישראל והיו לעבד את־עבדת יהוה: והלוים יסמכו
את־ידיהם על ראש הפרים ועשה את־האחד חטאת ואת־האחד עלה
ליהוה לכפר על־הלוים: והעמדת את־הלוים לפני אהרן ולפני בניו והנפת
אתם תנופה ליהוה: והבדלת את־הלוים מתוך בני ישראל והיו לי הלוים:

שלח
SHELAḤ

וידבר יהוה אל־משה לאמר: שלח־לך אנשים ויתרו את־ארץ כנען אשר־ במדבר
אני נתן לבני ישראל איש אחד איש אחד למטה אבתיו תשלחו כל נשיא יג:א-כ
בהם: וישלח אתם משה ממדבר פארן על־פי יהוה כלם אנשים ראשי
בני־ישראל המה: *ואלה שמותם למטה ראובן שמוע בן־זכור: למטה לוי
שמעון שפט בן־חורי: למטה יהודה כלב בן־יפנה: למטה יששכר יגאל
בן־יוסף: למטה אפרים הושע בן־נון: למטה בנימן פלטי בן־רפוא: למטה
זבולן גדיאל בן־סודי: למטה יוסף למטה מנשה גדי בן־סוסי: למטה דן
עמיאל בן־גמלי: למטה אשר סתור בן־מיכאל: למטה נפתלי נחבי בן־
ופסי: למטה גד גאואל בן־מכי: אלה שמות האנשים אשר־שלח משה
לתור את־הארץ ויקרא משה להושע בן־נון יהושע: *וישלח אתם משה ישראל
לתור את־ארץ כנען ויאמר אלהם עלו זה בנגב ועליתם את־ההר: וראיתם

אֶת־הָאָרֶץ מַה־הִוא וְאֶת־הָעָם הַיֹּשֵׁב עָלֶיהָ הֶחָזָק הוּא הֲרָפֶה הַמְעַט הוּא
אִם־רָב׃ וּמָה הָאָרֶץ אֲשֶׁר־הוּא יֹשֵׁב בָּהּ הֲטוֹבָה הִוא אִם־רָעָה וּמָה הֶעָרִים
אֲשֶׁר־הוּא יוֹשֵׁב בָּהֵנָּה הַבְּמַחֲנִים אִם בְּמִבְצָרִים׃ וּמָה הָאָרֶץ הַשְּׁמֵנָה הִוא
אִם־רָזָה הֲיֵשׁ־בָּהּ עֵץ אִם־אַיִן וְהִתְחַזַּקְתֶּם וּלְקַחְתֶּם מִפְּרִי הָאָרֶץ וְהַיָּמִים
יְמֵי בִּכּוּרֵי עֲנָבִים׃

KORAH קורח

במדבר טז:א–יג וַיִּקַּח קֹרַח בֶּן־יִצְהָר בֶּן־קְהָת בֶּן־לֵוִי וְדָתָן וַאֲבִירָם בְּנֵי אֱלִיאָב וְאוֹן בֶּן־
פֶּלֶת בְּנֵי רְאוּבֵן׃ וַיָּקֻמוּ לִפְנֵי מֹשֶׁה וַאֲנָשִׁים מִבְּנֵי־יִשְׂרָאֵל חֲמִשִּׁים וּמָאתָיִם
נְשִׂיאֵי עֵדָה קְרִאֵי מוֹעֵד אַנְשֵׁי־שֵׁם׃ וַיִּקָּהֲלוּ עַל־מֹשֶׁה וְעַל־אַהֲרֹן וַיֹּאמְרוּ
אֲלֵהֶם רַב־לָכֶם כִּי כָל־הָעֵדָה כֻּלָּם קְדֹשִׁים וּבְתוֹכָם יהוה וּמַדּוּעַ תִּתְנַשְּׂאוּ
לוי עַל־קְהַל יהוה׃ *וַיִּשְׁמַע מֹשֶׁה וַיִּפֹּל עַל־פָּנָיו׃ וַיְדַבֵּר אֶל־קֹרַח וְאֶל־כָּל־עֲדָתוֹ
לֵאמֹר בֹּקֶר וְיֹדַע יהוה אֶת־אֲשֶׁר־לוֹ וְאֶת־הַקָּדוֹשׁ וְהִקְרִיב אֵלָיו וְאֵת אֲשֶׁר
יִבְחַר־בּוֹ יַקְרִיב אֵלָיו׃ זֹאת עֲשׂוּ קְחוּ־לָכֶם מַחְתּוֹת קֹרַח וְכָל־עֲדָתוֹ׃ וּתְנוּ־
בָהֵן ׀ אֵשׁ וְשִׂימוּ עֲלֵיהֶן ׀ קְטֹרֶת לִפְנֵי יהוה מָחָר וְהָיָה הָאִישׁ אֲשֶׁר־יִבְחַר
ישראל יהוה הוּא הַקָּדוֹשׁ רַב־לָכֶם בְּנֵי לֵוִי׃ *וַיֹּאמֶר מֹשֶׁה אֶל־קֹרַח שִׁמְעוּ־נָא בְּנֵי
לֵוִי׃ הַמְעַט מִכֶּם כִּי־הִבְדִּיל אֱלֹהֵי יִשְׂרָאֵל אֶתְכֶם מֵעֲדַת יִשְׂרָאֵל לְהַקְרִיב
אֶתְכֶם אֵלָיו לַעֲבֹד אֶת־עֲבֹדַת מִשְׁכַּן יהוה וְלַעֲמֹד לִפְנֵי הָעֵדָה לְשָׁרְתָם׃
וַיַּקְרֵב אֹתְךָ וְאֶת־כָּל־אַחֶיךָ בְנֵי־לֵוִי אִתָּךְ וּבִקַּשְׁתֶּם גַּם־כְּהֻנָּה׃ לָכֵן אַתָּה
תְּלִינוּ וְכָל־עֲדָתְךָ הַנֹּעָדִים עַל־יהוה וְאַהֲרֹן מַה־הוּא כִּי תלונו עָלָיו׃ וַיִּשְׁלַח מֹשֶׁה
לִקְרֹא לְדָתָן וְלַאֲבִירָם בְּנֵי אֱלִיאָב וַיֹּאמְרוּ לֹא נַעֲלֶה׃ הַמְעַט כִּי הֶעֱלִיתָנוּ
מֵאֶרֶץ זָבַת חָלָב וּדְבַשׁ לַהֲמִיתֵנוּ בַּמִּדְבָּר כִּי־תִשְׂתָּרֵר עָלֵינוּ גַּם־הִשְׂתָּרֵר׃

HUKAT חוקת

במדבר יט:א–ו וַיְדַבֵּר יהוה אֶל־מֹשֶׁה וְאֶל־אַהֲרֹן לֵאמֹר׃ זֹאת חֻקַּת הַתּוֹרָה אֲשֶׁר־צִוָּה יהוה
לֵאמֹר דַּבֵּר ׀ אֶל־בְּנֵי יִשְׂרָאֵל וְיִקְחוּ אֵלֶיךָ פָרָה אֲדֻמָּה תְּמִימָה אֲשֶׁר אֵין־בָּהּ
מוּם אֲשֶׁר לֹא־עָלָה עָלֶיהָ עֹל׃ וּנְתַתֶּם אֹתָהּ אֶל־אֶלְעָזָר הַכֹּהֵן וְהוֹצִיא אֹתָהּ
אֶל־מִחוּץ לַמַּחֲנֶה וְשָׁחַט אֹתָהּ לְפָנָיו׃ וְלָקַח אֶלְעָזָר הַכֹּהֵן מִדָּמָהּ בְּאֶצְבָּעוֹ
וְהִזָּה אֶל־נֹכַח פְּנֵי אֹהֶל־מוֹעֵד מִדָּמָהּ שֶׁבַע פְּעָמִים׃ וְשָׂרַף אֶת־הַפָּרָה לְעֵינָיו

את־ערה ואת־בשרה ואת־דמה על־פרשה ישרף: ולקח הכהן עץ ארז
ואזוב ושני תולעת והשליך אל־תוך שרפת הפרה: *וכבס בגדיו הכהן לוי
ורחץ בשרו במים ואחר יבא אל־המחנה וטמא הכהן עד־הערב: והשרף
אתה יכבס בגדיו במים ורחץ בשרו במים וטמא עד־הערב: ואסף | איש
טהור את אפר הפרה והניח מחוץ למחנה במקום טהור והיתה לעדת
בני־ישראל למשמרת למי נדה חטאת הוא: *וכבס האסף את־אפר הפרה ישראל
את־בגדיו וטמא עד־הערב והיתה לבני ישראל ולגר הגר בתוכם לחקת
עולם: הנגע במת לכל־נפש אדם וטמא שבעת ימים: הוא יתחטא־בו
ביום השלישי וביום השביעי יטהר ואם־לא יתחטא ביום השלישי וביום
השביעי לא יטהר: כל־הנגע במת בנפש האדם אשר־ימות ולא יתחטא
את־משכן יהוה טמא ונכרתה הנפש ההוא מישראל כי מי נדה לא־זרק
עליו טמא יהיה עוד טמאתו בו: זאת התורה אדם כי־ימות באהל כל־
הבא אל־האהל וכל־אשר באהל יטמא שבעת ימים: וכל כלי פתוח אשר
אין־צמיד פתיל עליו טמא הוא: וכל אשר־יגע על־פני השדה בחלל־חרב
או במת או־בעצם אדם או בקבר יטמא שבעת ימים: ולקחו לטמא מעפר
שרפת החטאת ונתן עליו מים חיים אל־כלי:

בלק BALAK

וירא בלק בן־צפור את כל־אשר־עשה ישראל לאמרי: ויגר מואב מפני במדבר כב:ב–יב
העם מאד כי רב־הוא ויקץ מואב מפני בני ישראל: ויאמר מואב אל־זקני
מדין עתה ילחכו הקהל את־כל־סביבתינו כלחך השור את ירק השדה
ובלק בן־צפור מלך למואב בעת ההוא: *וישלח מלאכים אל־בלעם לוי
בן־בעור פתורה אשר על־הנהר ארץ בני־עמו לקרא־לו לאמר הנה עם
יצא ממצרים הנה כסה את־עין הארץ והוא ישב ממלי: ועתה לכה־נא
ארה־לי את־העם הזה כי־עצום הוא ממני אולי אוכל נכה־בו ואגרשנו
מן־הארץ כי ידעתי את אשר־תברך מברך ואשר תאר יואר: וילכו זקני
מואב וזקני מדין וקסמים בידם ויבאו אל־בלעם וידברו אליו דברי בלק:
*ויאמר אליהם לינו פה הלילה והשבתי אתכם דבר כאשר ידבר יהוה אלי ישראל
וישבו שרי־מואב עם־בלעם: ויבא אלהים אל־בלעם ויאמר מי האנשים

הָאֵלֶּה עִמָּךְ: וַיֹּאמֶר בִּלְעָם אֶל־הָאֱלֹהִים בָּלָק בֶּן־צִפֹּר מֶלֶךְ מוֹאָב שָׁלַח
אֵלָי: הִנֵּה הָעָם הַיֹּצֵא מִמִּצְרַיִם וַיְכַס אֶת־עֵין הָאָרֶץ עַתָּה לְכָה קָבָה־לִּי אֹתוֹ
אוּלַי אוּכַל לְהִלָּחֶם בּוֹ וְגֵרַשְׁתִּיו: וַיֹּאמֶר אֱלֹהִים אֶל־בִּלְעָם לֹא תֵלֵךְ עִמָּהֶם
לֹא תָאֹר אֶת־הָעָם כִּי בָרוּךְ הוּא:

פינחס PINEHAS

במדבר כה:י–כו:ד וַיְדַבֵּר יְהוָה אֶל־מֹשֶׁה לֵּאמֹר: פִּינְחָס בֶּן־אֶלְעָזָר בֶּן־אַהֲרֹן הַכֹּהֵן הֵשִׁיב
אֶת־חֲמָתִי מֵעַל בְּנֵי־יִשְׂרָאֵל בְּקַנְאוֹ אֶת־קִנְאָתִי בְּתוֹכָם וְלֹא־כִלִּיתִי אֶת־
לוי בְּנֵי־יִשְׂרָאֵל בְּקִנְאָתִי: לָכֵן אֱמֹר הִנְנִי נֹתֵן לוֹ אֶת־בְּרִיתִי שָׁלוֹם: *וְהָיְתָה לּוֹ
וּלְזַרְעוֹ אַחֲרָיו בְּרִית כְּהֻנַּת עוֹלָם תַּחַת אֲשֶׁר קִנֵּא לֵאלֹהָיו וַיְכַפֵּר עַל־בְּנֵי
יִשְׂרָאֵל: וְשֵׁם אִישׁ יִשְׂרָאֵל הַמֻּכֶּה אֲשֶׁר הֻכָּה אֶת־הַמִּדְיָנִית זִמְרִי בֶּן־סָלוּא
נְשִׂיא בֵית־אָב לַשִּׁמְעֹנִי: וְשֵׁם הָאִשָּׁה הַמֻּכָּה הַמִּדְיָנִית כָּזְבִּי בַת־צוּר רֹאשׁ
אֻמּוֹת בֵּית־אָב בְּמִדְיָן הוּא:
ישראל וַיְדַבֵּר יְהוָה אֶל־מֹשֶׁה לֵּאמֹר: צָרוֹר אֶת־הַמִּדְיָנִים וְהִכִּיתֶם אוֹתָם: כִּי־
צֹרְרִים הֵם לָכֶם בְּנִכְלֵיהֶם אֲשֶׁר־נִכְּלוּ לָכֶם עַל־דְּבַר פְּעוֹר וְעַל־דְּבַר כָּזְבִּי
בַת־נְשִׂיא מִדְיָן אֲחֹתָם הַמֻּכָּה בְיוֹם־הַמַּגֵּפָה עַל־דְּבַר פְּעוֹר: וַיְהִי אַחֲרֵי
הַמַּגֵּפָה
וַיֹּאמֶר יְהוָה אֶל־מֹשֶׁה וְאֶל אֶלְעָזָר בֶּן־אַהֲרֹן הַכֹּהֵן לֵאמֹר: שְׂאוּ אֶת־רֹאשׁ ׀
כָּל־עֲדַת בְּנֵי־יִשְׂרָאֵל מִבֶּן עֶשְׂרִים שָׁנָה וָמַעְלָה לְבֵית אֲבֹתָם כָּל־יֹצֵא צָבָא
בְּיִשְׂרָאֵל: וַיְדַבֵּר מֹשֶׁה וְאֶלְעָזָר הַכֹּהֵן אֹתָם בְּעַרְבֹת מוֹאָב עַל־יַרְדֵּן יְרֵחוֹ
לֵאמֹר: מִבֶּן עֶשְׂרִים שָׁנָה וָמָעְלָה כַּאֲשֶׁר צִוָּה יְהוָה אֶת־מֹשֶׁה וּבְנֵי יִשְׂרָאֵל
הַיֹּצְאִים מֵאֶרֶץ מִצְרָיִם:

מטות MATOT

במדבר ל:ב–יז וַיְדַבֵּר מֹשֶׁה אֶל־רָאשֵׁי הַמַּטּוֹת לִבְנֵי יִשְׂרָאֵל לֵאמֹר זֶה הַדָּבָר אֲשֶׁר צִוָּה
יְהוָה: אִישׁ כִּי־יִדֹּר נֶדֶר לַיהוָה אוֹ־הִשָּׁבַע שְׁבֻעָה לֶאְסֹר אִסָּר עַל־נַפְשׁוֹ
לֹא יַחֵל דְּבָרוֹ כְּכָל־הַיֹּצֵא מִפִּיו יַעֲשֶׂה: וְאִשָּׁה כִּי־תִדֹּר נֶדֶר לַיהוָה וְאָסְרָה
אִסָּר בְּבֵית אָבִיהָ בִּנְעֻרֶיהָ: וְשָׁמַע אָבִיהָ אֶת־נִדְרָהּ וֶאֱסָרָהּ אֲשֶׁר אָסְרָה
עַל־נַפְשָׁהּ וְהֶחֱרִישׁ לָהּ אָבִיהָ וְקָמוּ כָּל־נְדָרֶיהָ וְכָל־אִסָּר אֲשֶׁר־אָסְרָה

על־נפשה יקום: ואם־הניא אביה אתה ביום שמעו כל־נדריה ואסריה
אשר־אסרה על־נפשה לא יקום ויהוה יסלח־לה כי־הניא אביה אתה:
ואם־היו תהיה לאיש ונדריה עליה או מבטא שפתיה אשר אסרה על־
נפשה: ושמע אישה ביום שמעו והחריש לה וקמו נדריה ואסרה אשר־
אסרה על־נפשה יקמו: ואם ביום שמע אישה יניא אותה והפר את־נדרה
אשר עליה ואת מבטא שפתיה אשר אסרה על־נפשה ויהוה יסלח־לה:
*ונדר אלמנה וגרושה כל אשר־אסרה על־נפשה יקום עליה: ואם־בית לוי
אישה נדרה או־אסרה אסר על־נפשה בשבעה: ושמע אישה והחרש לה
לא הניא אתה וקמו כל־נדריה וכל־אסר אשר־אסרה על־נפשה יקום:
ואם־הפר יפר אתם ׀ אישה ביום שמעו כל־מוצא שפתיה לנדריה ולאסר
נפשה לא יקום אישה הפרם ויהוה יסלח־לה: *כל־נדר וכל־שבעת אסר ישראל
לענת נפש אישה יקימנו ואישה יפרנו: ואם־החרש יחריש לה אישה
מיום אל־יום והקים את־כל־נדריה או את־כל־אסריה אשר עליה הקים
אתם כי־החרש לה ביום שמעו: ואם־הפר יפר אתם אחרי שמעו ונשא
את־עונה: אלה החקים אשר צוה יהוה את־משה בין איש לאשתו בין־
אב לבתו בנעריה בית אביה:

מסעי MASEI

אלה מסעי בני־ישראל אשר יצאו מארץ מצרים לצבאתם ביד־משה במדבר לג:א–נג
ואהרן: ויכתב משה את־מוצאיהם למסעיהם על־פי יהוה ואלה מסעיהם
למוצאיהם: ויסעו מרעמסס בחדש הראשון בחמשה עשר יום לחדש
הראשון ממחרת הפסח יצאו בני־ישראל ביד רמה לעיני כל־מצרים:
*ומצרים מקברים את אשר הכה יהוה בהם כל־בכור ובאלהיהם עשה לוי
יהוה שפטים: ויסעו בני־ישראל מרעמסס ויחנו בסכת: ויסעו מסכת
ויחנו באתם אשר בקצה המדבר: *ויסעו מאתם וישב על־פי החירת אשר ישראל
על־פני בעל צפן ויחנו לפני מגדל: ויסעו מפני החירת ויעברו בתוך־הים
המדברה וילכו דרך שלשת ימים במדבר אתם ויחנו במרה: ויסעו ממרה
ויבאו אילמה ובאילם שתים עשרה עינת מים ושבעים תמרים ויחנו־שם:
ויסעו מאילם ויחנו על־ים־סוף:

Some extend the לוי portion:

וַיִּסְעוּ מִיַּם־סוּף וַיַּחֲנוּ בְּמִדְבַּר־סִין: וַיִּסְעוּ מִמִּדְבַּר־סִין וַיַּחֲנוּ בְּדָפְקָה: וַיִּסְעוּ
מִדָּפְקָה וַיַּחֲנוּ בְּאָלוּשׁ: וַיִּסְעוּ מֵאָלוּשׁ וַיַּחֲנוּ בִּרְפִידִם וְלֹא־הָיָה שָׁם מַיִם לָעָם
לִשְׁתּוֹת: וַיִּסְעוּ מֵרְפִידִם וַיַּחֲנוּ בְּמִדְבַּר סִינָי: וַיִּסְעוּ מִמִּדְבַּר סִינָי וַיַּחֲנוּ בְּקִבְרֹת
הַתַּאֲוָה: וַיִּסְעוּ מִקִּבְרֹת הַתַּאֲוָה וַיַּחֲנוּ בַּחֲצֵרֹת: וַיִּסְעוּ מֵחֲצֵרֹת וַיַּחֲנוּ בְּרִתְמָה:
וַיִּסְעוּ מֵרִתְמָה וַיַּחֲנוּ בְּרִמֹּן פָּרֶץ: וַיִּסְעוּ מֵרִמֹּן פָּרֶץ וַיַּחֲנוּ בְּלִבְנָה: וַיִּסְעוּ
מִלִּבְנָה וַיַּחֲנוּ בְּרִסָּה: וַיִּסְעוּ מֵרִסָּה וַיַּחֲנוּ בִּקְהֵלָתָה: וַיִּסְעוּ מִקְּהֵלָתָה וַיַּחֲנוּ
בְּהַר־שָׁפֶר: וַיִּסְעוּ מֵהַר־שָׁפֶר וַיַּחֲנוּ בַּחֲרָדָה: וַיִּסְעוּ מֵחֲרָדָה וַיַּחֲנוּ בְּמַקְהֵלֹת:
וַיִּסְעוּ מִמַּקְהֵלֹת וַיַּחֲנוּ בְּתָחַת: וַיִּסְעוּ מִתָּחַת וַיַּחֲנוּ בְּתָרַח: וַיִּסְעוּ מִתָּרַח וַיַּחֲנוּ
בְּמִתְקָה: וַיִּסְעוּ מִמִּתְקָה וַיַּחֲנוּ בְּחַשְׁמֹנָה: וַיִּסְעוּ מֵחַשְׁמֹנָה וַיַּחֲנוּ בְּמֹסֵרוֹת:
וַיִּסְעוּ מִמֹּסֵרוֹת וַיַּחֲנוּ בִּבְנֵי יַעֲקָן: וַיִּסְעוּ מִבְּנֵי יַעֲקָן וַיַּחֲנוּ בְּחֹר הַגִּדְגָּד: וַיִּסְעוּ
מֵחֹר הַגִּדְגָּד וַיַּחֲנוּ בְּיָטְבָתָה: וַיִּסְעוּ מִיָּטְבָתָה וַיַּחֲנוּ בְּעַבְרֹנָה: וַיִּסְעוּ מֵעַבְרֹנָה
וַיַּחֲנוּ בְּעֶצְיֹן גָּבֶר: וַיִּסְעוּ מֵעֶצְיֹן גָּבֶר וַיַּחֲנוּ בְמִדְבַּר־צִן הִוא קָדֵשׁ: וַיִּסְעוּ
מִקָּדֵשׁ וַיַּחֲנוּ בְּהֹר הָהָר בִּקְצֵה אֶרֶץ אֱדוֹם: וַיַּעַל אַהֲרֹן הַכֹּהֵן אֶל־הֹר הָהָר
עַל־פִּי יְהוָה וַיָּמָת שָׁם בִּשְׁנַת הָאַרְבָּעִים לְצֵאת בְּנֵי־יִשְׂרָאֵל מֵאֶרֶץ מִצְרַיִם
בַּחֹדֶשׁ הַחֲמִישִׁי בְּאֶחָד לַחֹדֶשׁ: וְאַהֲרֹן בֶּן־שָׁלֹשׁ וְעֶשְׂרִים וּמְאַת שָׁנָה בְּמֹתוֹ
בְּהֹר הָהָר: וַיִּשְׁמַע הַכְּנַעֲנִי מֶלֶךְ עֲרָד וְהוּא־יֹשֵׁב בַּנֶּגֶב בְּאֶרֶץ
כְּנָעַן בְּבֹא בְּנֵי יִשְׂרָאֵל: וַיִּסְעוּ מֵהֹר הָהָר וַיַּחֲנוּ בְּצַלְמֹנָה: וַיִּסְעוּ מִצַּלְמֹנָה
וַיַּחֲנוּ בְּפוּנֹן: וַיִּסְעוּ מִפּוּנֹן וַיַּחֲנוּ בְּאֹבֹת: וַיִּסְעוּ מֵאֹבֹת וַיַּחֲנוּ בְּעִיֵּי הָעֲבָרִים
בִּגְבוּל מוֹאָב: וַיִּסְעוּ מֵעִיִּים וַיַּחֲנוּ בְּדִיבֹן גָּד: וַיִּסְעוּ מִדִּיבֹן גָּד וַיַּחֲנוּ בְּעַלְמֹן
דִּבְלָתָיְמָה: וַיִּסְעוּ מֵעַלְמֹן דִּבְלָתָיְמָה וַיַּחֲנוּ בְּהָרֵי הָעֲבָרִים לִפְנֵי נְבוֹ: וַיִּסְעוּ
מֵהָרֵי הָעֲבָרִים וַיַּחֲנוּ בְּעַרְבֹת מוֹאָב עַל יַרְדֵּן יְרֵחוֹ: וַיַּחֲנוּ עַל־הַיַּרְדֵּן מִבֵּית
הַיְשִׁמֹת עַד אָבֵל הַשִּׁטִּים בְּעַרְבֹת מוֹאָב: *וַיְדַבֵּר יְהוָה אֶל־ ישראל
מֹשֶׁה בְּעַרְבֹת מוֹאָב עַל־יַרְדֵּן יְרֵחוֹ לֵאמֹר: דַּבֵּר אֶל־בְּנֵי יִשְׂרָאֵל וְאָמַרְתָּ
אֲלֵהֶם כִּי אַתֶּם עֹבְרִים אֶת־הַיַּרְדֵּן אֶל־אֶרֶץ כְּנָעַן: וְהוֹרַשְׁתֶּם אֶת־כָּל־יֹשְׁבֵי
הָאָרֶץ מִפְּנֵיכֶם וְאִבַּדְתֶּם אֵת כָּל־מַשְׂכִּיֹּתָם וְאֵת כָּל־צַלְמֵי מַסֵּכֹתָם תְּאַבֵּדוּ
וְאֵת כָּל־בָּמוֹתָם תַּשְׁמִידוּ: וְהוֹרַשְׁתֶּם אֶת־הָאָרֶץ וִישַׁבְתֶּם־בָּהּ כִּי לָכֶם נָתַתִּי
אֶת־הָאָרֶץ לָרֶשֶׁת אֹתָהּ:

דברים DEVARIM

דברים א:א–יא אֵלֶּה הַדְּבָרִים אֲשֶׁר דִּבֶּר מֹשֶׁה אֶל־כָּל־יִשְׂרָאֵל בְּעֵבֶר הַיַּרְדֵּן בַּמִּדְבָּר בָּעֲרָבָה
מוֹל סוּף בֵּין־פָּארָן וּבֵין־תֹּפֶל וְלָבָן וַחֲצֵרֹת וְדִי זָהָב׃ אַחַד עָשָׂר יוֹם מֵחֹרֵב
דֶּרֶךְ הַר־שֵׂעִיר עַד קָדֵשׁ בַּרְנֵעַ׃ וַיְהִי בְּאַרְבָּעִים שָׁנָה בְּעַשְׁתֵּי־עָשָׂר חֹדֶשׁ
בְּאֶחָד לַחֹדֶשׁ דִּבֶּר מֹשֶׁה אֶל־בְּנֵי יִשְׂרָאֵל כְּכֹל אֲשֶׁר צִוָּה יְהוָה אֹתוֹ אֲלֵהֶם׃
לוי *אַחֲרֵי הַכֹּתוֹ אֵת סִיחֹן מֶלֶךְ הָאֱמֹרִי אֲשֶׁר יוֹשֵׁב בְּחֶשְׁבּוֹן וְאֵת עוֹג מֶלֶךְ
הַבָּשָׁן אֲשֶׁר־יוֹשֵׁב בְּעַשְׁתָּרֹת בְּאֶדְרֶעִי׃ בְּעֵבֶר הַיַּרְדֵּן בְּאֶרֶץ מוֹאָב הוֹאִיל
מֹשֶׁה בֵּאֵר אֶת־הַתּוֹרָה הַזֹּאת לֵאמֹר׃ יְהוָה אֱלֹהֵינוּ דִּבֶּר אֵלֵינוּ בְּחֹרֵב לֵאמֹר
רַב־לָכֶם שֶׁבֶת בָּהָר הַזֶּה׃ פְּנוּ ׀ וּסְעוּ לָכֶם וּבֹאוּ הַר הָאֱמֹרִי וְאֶל־כָּל־שְׁכֵנָיו
בָּעֲרָבָה בָהָר וּבַשְּׁפֵלָה וּבַנֶּגֶב וּבְחוֹף הַיָּם אֶרֶץ הַכְּנַעֲנִי וְהַלְּבָנוֹן עַד־הַנָּהָר
ישראל הַגָּדֹל נְהַר־פְּרָת׃ *רְאֵה נָתַתִּי לִפְנֵיכֶם אֶת־הָאָרֶץ בֹּאוּ וּרְשׁוּ אֶת־הָאָרֶץ
אֲשֶׁר נִשְׁבַּע יְהוָה לַאֲבֹתֵיכֶם לְאַבְרָהָם לְיִצְחָק וּלְיַעֲקֹב לָתֵת לָהֶם וּלְזַרְעָם
אַחֲרֵיהֶם׃ וָאֹמַר אֲלֵכֶם בָּעֵת הַהִוא לֵאמֹר לֹא־אוּכַל לְבַדִּי שְׂאֵת אֶתְכֶם׃
יְהוָה אֱלֹהֵיכֶם הִרְבָּה אֶתְכֶם וְהִנְּכֶם הַיּוֹם כְּכוֹכְבֵי הַשָּׁמַיִם לָרֹב׃ יְהוָה אֱלֹהֵי
אֲבוֹתֵכֶם יֹסֵף עֲלֵיכֶם כָּכֶם אֶלֶף פְּעָמִים וִיבָרֵךְ אֶתְכֶם כַּאֲשֶׁר דִּבֶּר לָכֶם׃

ואתחנן VA'ET-ḤANAN

דברים ג:כג–ד:ח וָאֶתְחַנַּן אֶל־יְהוָה בָּעֵת הַהִוא לֵאמֹר׃ אֲדֹנָי יֱהוִה אַתָּה הַחִלּוֹתָ לְהַרְאוֹת
אֶת־עַבְדְּךָ אֶת־גָּדְלְךָ וְאֶת־יָדְךָ הַחֲזָקָה אֲשֶׁר מִי־אֵל בַּשָּׁמַיִם וּבָאָרֶץ אֲשֶׁר־
יַעֲשֶׂה כְמַעֲשֶׂיךָ וְכִגְבוּרֹתֶךָ׃ אֶעְבְּרָה־נָּא וְאֶרְאֶה אֶת־הָאָרֶץ הַטּוֹבָה אֲשֶׁר
לוי בְּעֵבֶר הַיַּרְדֵּן הָהָר הַטּוֹב הַזֶּה וְהַלְּבָנֹן׃ *וַיִּתְעַבֵּר יְהוָה בִּי לְמַעַנְכֶם וְלֹא
שָׁמַע אֵלָי וַיֹּאמֶר יְהוָה אֵלַי רַב־לָךְ אַל־תּוֹסֶף דַּבֵּר אֵלַי עוֹד בַּדָּבָר הַזֶּה׃
עֲלֵה ׀ רֹאשׁ הַפִּסְגָּה וְשָׂא עֵינֶיךָ יָמָּה וְצָפֹנָה וְתֵימָנָה וּמִזְרָחָה וּרְאֵה בְעֵינֶיךָ
כִּי־לֹא תַעֲבֹר אֶת־הַיַּרְדֵּן הַזֶּה׃ וְצַו אֶת־יְהוֹשֻׁעַ וְחַזְּקֵהוּ וְאַמְּצֵהוּ כִּי־הוּא
יַעֲבֹר לִפְנֵי הָעָם הַזֶּה וְהוּא יַנְחִיל אוֹתָם אֶת־הָאָרֶץ אֲשֶׁר תִּרְאֶה׃ וַנֵּשֶׁב
בַּגָּיְא מוּל בֵּית פְּעוֹר׃

וְעַתָּה יִשְׂרָאֵל שְׁמַע אֶל־הַחֻקִּים וְאֶל־הַמִּשְׁפָּטִים אֲשֶׁר אָנֹכִי מְלַמֵּד אֶתְכֶם
לַעֲשׂוֹת לְמַעַן תִּחְיוּ וּבָאתֶם וִירִשְׁתֶּם אֶת־הָאָרֶץ אֲשֶׁר יְהוָה אֱלֹהֵי אֲבֹתֵיכֶם

נֹתֵן לָכֶם: לֹא תֹסִפוּ עַל־הַדָּבָר אֲשֶׁר אָנֹכִי מְצַוֶּה אֶתְכֶם וְלֹא תִגְרְעוּ מִמֶּנּוּ
לִשְׁמֹר אֶת־מִצְוֺת יְהוָה אֱלֹהֵיכֶם אֲשֶׁר אָנֹכִי מְצַוֶּה אֶתְכֶם: עֵינֵיכֶם הָרֹאֹת
אֵת אֲשֶׁר־עָשָׂה יְהוָה בְּבַעַל פְּעוֹר כִּי כָל־הָאִישׁ אֲשֶׁר הָלַךְ אַחֲרֵי בַעַל־
פְּעוֹר הִשְׁמִידוֹ יְהוָה אֱלֹהֶיךָ מִקִּרְבֶּךָ: וְאַתֶּם הַדְּבֵקִים בַּיהוָה אֱלֹהֵיכֶם חַיִּים
ישראל כֻּלְּכֶם הַיּוֹם: *רְאֵה | לִמַּדְתִּי אֶתְכֶם חֻקִּים וּמִשְׁפָּטִים כַּאֲשֶׁר צִוַּנִי יְהוָה
אֱלֹהָי לַעֲשׂוֹת כֵּן בְּקֶרֶב הָאָרֶץ אֲשֶׁר אַתֶּם בָּאִים שָׁמָּה לְרִשְׁתָּהּ: וּשְׁמַרְתֶּם
וַעֲשִׂיתֶם כִּי הִוא חָכְמַתְכֶם וּבִינַתְכֶם לְעֵינֵי הָעַמִּים אֲשֶׁר יִשְׁמְעוּן אֵת כָּל־
הַחֻקִּים הָאֵלֶּה וְאָמְרוּ רַק עַם־חָכָם וְנָבוֹן הַגּוֹי הַגָּדוֹל הַזֶּה: כִּי מִי־גוֹי גָּדוֹל
אֲשֶׁר־לוֹ אֱלֹהִים קְרֹבִים אֵלָיו כַּיהוָה אֱלֹהֵינוּ בְּכָל־קָרְאֵנוּ אֵלָיו: וּמִי גּוֹי גָּדוֹל
אֲשֶׁר־לוֹ חֻקִּים וּמִשְׁפָּטִים צַדִּיקִם כְּכֹל הַתּוֹרָה הַזֹּאת אֲשֶׁר אָנֹכִי נֹתֵן לִפְנֵיכֶם
הַיּוֹם:

EKEV

עקב

דברים וְהָיָה | עֵקֶב תִּשְׁמְעוּן אֵת הַמִּשְׁפָּטִים הָאֵלֶּה וּשְׁמַרְתֶּם וַעֲשִׂיתֶם אֹתָם וְשָׁמַר
ז:יב–ח:י יְהוָה אֱלֹהֶיךָ לְךָ אֶת־הַבְּרִית וְאֶת־הַחֶסֶד אֲשֶׁר נִשְׁבַּע לַאֲבֹתֶיךָ: וַאֲהֵבְךָ
וּבֵרַכְךָ וְהִרְבֶּךָ וּבֵרַךְ פְּרִי־בִטְנְךָ וּפְרִי־אַדְמָתֶךָ דְּגָנְךָ וְתִירֹשְׁךָ וְיִצְהָרֶךָ שְׁגַר־
אֲלָפֶיךָ וְעַשְׁתְּרֹת צֹאנֶךָ עַל הָאֲדָמָה אֲשֶׁר־נִשְׁבַּע לַאֲבֹתֶיךָ לָתֶת לָךְ: בָּרוּךְ
תִּהְיֶה מִכָּל־הָעַמִּים לֹא־יִהְיֶה בְךָ עָקָר וַעֲקָרָה וּבִבְהֶמְתֶּךָ: וְהֵסִיר יְהוָה
מִמְּךָ כָּל־חֹלִי וְכָל־מַדְוֵי מִצְרַיִם הָרָעִים אֲשֶׁר יָדַעְתָּ לֹא יְשִׂימָם בָּךְ וּנְתָנָם
בְּכָל־שֹׂנְאֶיךָ: וְאָכַלְתָּ אֶת־כָּל־הָעַמִּים אֲשֶׁר יְהוָה אֱלֹהֶיךָ נֹתֵן לָךְ לֹא־תָחוֹס
עֵינְךָ עֲלֵיהֶם וְלֹא תַעֲבֹד אֶת־אֱלֹהֵיהֶם כִּי־מוֹקֵשׁ הוּא לָךְ: כִּי
תֹאמַר בִּלְבָבְךָ רַבִּים הַגּוֹיִם הָאֵלֶּה מִמֶּנִּי אֵיכָה אוּכַל לְהוֹרִישָׁם: לֹא תִירָא
מֵהֶם זָכֹר תִּזְכֹּר אֵת אֲשֶׁר־עָשָׂה יְהוָה אֱלֹהֶיךָ לְפַרְעֹה וּלְכָל־מִצְרָיִם: הַמַּסֹּת
הַגְּדֹלֹת אֲשֶׁר־רָאוּ עֵינֶיךָ וְהָאֹתֹת וְהַמֹּפְתִים וְהַיָּד הַחֲזָקָה וְהַזְּרֹעַ הַנְּטוּיָה
אֲשֶׁר הוֹצִאֲךָ יְהוָה אֱלֹהֶיךָ כֵּן־יַעֲשֶׂה יְהוָה אֱלֹהֶיךָ לְכָל־הָעַמִּים אֲשֶׁר־אַתָּה
יָרֵא מִפְּנֵיהֶם: וְגַם אֶת־הַצִּרְעָה יְשַׁלַּח יְהוָה אֱלֹהֶיךָ בָּם עַד־אֲבֹד הַנִּשְׁאָרִים
וְהַנִּסְתָּרִים מִפָּנֶיךָ: לֹא תַעֲרֹץ מִפְּנֵיהֶם כִּי־יְהוָה אֱלֹהֶיךָ בְּקִרְבֶּךָ אֵל גָּדוֹל
לוי וְנוֹרָא: *וְנָשַׁל יְהוָה אֱלֹהֶיךָ אֶת־הַגּוֹיִם הָאֵל מִפָּנֶיךָ מְעַט מְעָט לֹא תוּכַל
כַּלֹּתָם מַהֵר פֶּן־תִּרְבֶּה עָלֶיךָ חַיַּת הַשָּׂדֶה: וּנְתָנָם יְהוָה אֱלֹהֶיךָ לְפָנֶיךָ וְהָמָם

מְהוּמָה גְדֹלָה עַד הִשָּׁמְדָם: וְנָתַן מַלְכֵיהֶם בְּיָדֶךָ וְהַאֲבַדְתָּ אֶת־שְׁמָם מִתַּחַת
הַשָּׁמָיִם לֹא־יִתְיַצֵּב אִישׁ בְּפָנֶיךָ עַד הִשְׁמִדְךָ אֹתָם: פְּסִילֵי אֱלֹהֵיהֶם תִּשְׂרְפוּן
בָּאֵשׁ לֹא־תַחְמֹד כֶּסֶף וְזָהָב עֲלֵיהֶם וְלָקַחְתָּ לָךְ פֶּן תִּוָּקֵשׁ בּוֹ כִּי תוֹעֲבַת
יְהוָה אֱלֹהֶיךָ הוּא: וְלֹא־תָבִיא תוֹעֵבָה אֶל־בֵּיתֶךָ וְהָיִיתָ חֵרֶם כָּמֹהוּ שַׁקֵּץ ׀
תְּשַׁקְּצֶנּוּ וְתַעֵב ׀ תְּתַעֲבֶנּוּ כִּי־חֵרֶם הוּא:
כָּל־הַמִּצְוָה אֲשֶׁר אָנֹכִי מְצַוְּךָ הַיּוֹם תִּשְׁמְרוּן לַעֲשׂוֹת לְמַעַן תִּחְיוּן וּרְבִיתֶם
וּבָאתֶם וִירִשְׁתֶּם אֶת־הָאָרֶץ אֲשֶׁר־נִשְׁבַּע יְהוָה לַאֲבֹתֵיכֶם: וְזָכַרְתָּ אֶת־כָּל־
הַדֶּרֶךְ אֲשֶׁר הוֹלִיכְךָ יְהוָה אֱלֹהֶיךָ זֶה אַרְבָּעִים שָׁנָה בַּמִּדְבָּר לְמַעַן עַנֹּתְךָ
לְנַסֹּתְךָ לָדַעַת אֶת־אֲשֶׁר בִּלְבָבְךָ הֲתִשְׁמֹר מִצְוֺתָו אִם־לֹא: וַיְעַנְּךָ וַיַּרְעִבֶךָ
וַיַּאֲכִלְךָ אֶת־הַמָּן אֲשֶׁר לֹא־יָדַעְתָּ וְלֹא יָדְעוּן אֲבֹתֶיךָ לְמַעַן הוֹדִיעֲךָ כִּי
לֹא עַל־הַלֶּחֶם לְבַדּוֹ יִחְיֶה הָאָדָם כִּי עַל־כָּל־מוֹצָא פִי־יְהוָה יִחְיֶה הָאָדָם:
*שִׂמְלָתְךָ לֹא בָלְתָה מֵעָלֶיךָ וְרַגְלְךָ לֹא בָצֵקָה זֶה אַרְבָּעִים שָׁנָה: וְיָדַעְתָּ עִם־ ישראל
לְבָבֶךָ כִּי כַּאֲשֶׁר יְיַסֵּר אִישׁ אֶת־בְּנוֹ יְהוָה אֱלֹהֶיךָ מְיַסְּרֶךָּ: וְשָׁמַרְתָּ אֶת־מִצְוֺת
יְהוָה אֱלֹהֶיךָ לָלֶכֶת בִּדְרָכָיו וּלְיִרְאָה אֹתוֹ: כִּי יְהוָה אֱלֹהֶיךָ מְבִיאֲךָ אֶל־אֶרֶץ
טוֹבָה אֶרֶץ נַחֲלֵי מָיִם עֲיָנֹת וּתְהֹמֹת יֹצְאִים בַּבִּקְעָה וּבָהָר: אֶרֶץ חִטָּה
וּשְׂעֹרָה וְגֶפֶן וּתְאֵנָה וְרִמּוֹן אֶרֶץ־זֵית שֶׁמֶן וּדְבָשׁ: אֶרֶץ אֲשֶׁר לֹא בְמִסְכֵּנֻת
תֹּאכַל־בָּהּ לֶחֶם לֹא־תֶחְסַר כֹּל בָּהּ אֶרֶץ אֲשֶׁר אֲבָנֶיהָ בַרְזֶל וּמֵהֲרָרֶיהָ תַּחְצֹב
נְחֹשֶׁת: וְאָכַלְתָּ וְשָׂבָעְתָּ וּבֵרַכְתָּ אֶת־יְהוָה אֱלֹהֶיךָ עַל־הָאָרֶץ הַטֹּבָה אֲשֶׁר
נָתַן־לָךְ:

ראה RE'EH

רְאֵה אָנֹכִי נֹתֵן לִפְנֵיכֶם הַיּוֹם בְּרָכָה וּקְלָלָה: אֶת־הַבְּרָכָה אֲשֶׁר תִּשְׁמְעוּ אֶל־ דברים יא:כו–יב:י
מִצְוֺת יְהוָה אֱלֹהֵיכֶם אֲשֶׁר אָנֹכִי מְצַוֶּה אֶתְכֶם הַיּוֹם: וְהַקְּלָלָה אִם־לֹא תִשְׁמְעוּ
אֶל־מִצְוֺת יְהוָה אֱלֹהֵיכֶם וְסַרְתֶּם מִן־הַדֶּרֶךְ אֲשֶׁר אָנֹכִי מְצַוֶּה אֶתְכֶם הַיּוֹם
לָלֶכֶת אַחֲרֵי אֱלֹהִים אֲחֵרִים אֲשֶׁר לֹא־יְדַעְתֶּם: וְהָיָה כִּי יְבִיאֲךָ
יְהוָה אֱלֹהֶיךָ אֶל־הָאָרֶץ אֲשֶׁר־אַתָּה בָא־שָׁמָּה לְרִשְׁתָּהּ וְנָתַתָּה אֶת־הַבְּרָכָה
עַל־הַר גְּרִזִים וְאֶת־הַקְּלָלָה עַל־הַר עֵיבָל: הֲלֹא־הֵמָּה בְּעֵבֶר הַיַּרְדֵּן אַחֲרֵי
דֶּרֶךְ מְבוֹא הַשֶּׁמֶשׁ בְּאֶרֶץ הַכְּנַעֲנִי הַיֹּשֵׁב בָּעֲרָבָה מוּל הַגִּלְגָּל אֵצֶל אֵלוֹנֵי מֹרֶה:
כִּי אַתֶּם עֹבְרִים אֶת־הַיַּרְדֵּן לָבֹא לָרֶשֶׁת אֶת־הָאָרֶץ אֲשֶׁר־יְהוָה אֱלֹהֵיכֶם

לוי נֹתֵן לָכֶם וִירִשְׁתֶּם אֹתָהּ וִישַׁבְתֶּם־בָּהּ: *וּשְׁמַרְתֶּם לַעֲשׂוֹת אֵת כָּל־הַחֻקִּים
וְאֶת־הַמִּשְׁפָּטִים אֲשֶׁר אָנֹכִי נֹתֵן לִפְנֵיכֶם הַיּוֹם: אֵלֶּה הַחֻקִּים וְהַמִּשְׁפָּטִים
אֲשֶׁר תִּשְׁמְרוּן לַעֲשׂוֹת בָּאָרֶץ אֲשֶׁר נָתַן יְהוָה אֱלֹהֵי אֲבֹתֶיךָ לְךָ לְרִשְׁתָּהּ
כָּל־הַיָּמִים אֲשֶׁר־אַתֶּם חַיִּים עַל־הָאֲדָמָה: אַבֵּד תְּאַבְּדוּן אֶת־כָּל־הַמְּקֹמוֹת
אֲשֶׁר עָבְדוּ־שָׁם הַגּוֹיִם אֲשֶׁר אַתֶּם יֹרְשִׁים אֹתָם אֶת־אֱלֹהֵיהֶם עַל־הֶהָרִים
הָרָמִים וְעַל־הַגְּבָעוֹת וְתַחַת כָּל־עֵץ רַעֲנָן: וְנִתַּצְתֶּם אֶת־מִזְבְּחֹתָם וְשִׁבַּרְתֶּם
אֶת־מַצֵּבֹתָם וַאֲשֵׁרֵיהֶם תִּשְׂרְפוּן בָּאֵשׁ וּפְסִילֵי אֱלֹהֵיהֶם תְּגַדֵּעוּן וְאִבַּדְתֶּם
אֶת־שְׁמָם מִן־הַמָּקוֹם הַהוּא: לֹא־תַעֲשׂוּן כֵּן לַיהוָה אֱלֹהֵיכֶם: כִּי אִם־אֶל־
הַמָּקוֹם אֲשֶׁר־יִבְחַר יְהוָה אֱלֹהֵיכֶם מִכָּל־שִׁבְטֵיכֶם לָשׂוּם אֶת־שְׁמוֹ שָׁם
ישראל לְשִׁכְנוֹ תִדְרְשׁוּ וּבָאתָ שָׁמָּה: *וַהֲבֵאתֶם שָׁמָּה עֹלֹתֵיכֶם וְזִבְחֵיכֶם וְאֵת
מַעְשְׂרֹתֵיכֶם וְאֵת תְּרוּמַת יֶדְכֶם וְנִדְרֵיכֶם וְנִדְבֹתֵיכֶם וּבְכֹרֹת בְּקַרְכֶם וְצֹאנְכֶם:
וַאֲכַלְתֶּם־שָׁם לִפְנֵי יְהוָה אֱלֹהֵיכֶם וּשְׂמַחְתֶּם בְּכֹל מִשְׁלַח יֶדְכֶם אַתֶּם וּבָתֵּיכֶם
אֲשֶׁר בֵּרַכְךָ יְהוָה אֱלֹהֶיךָ: לֹא תַעֲשׂוּן כְּכֹל אֲשֶׁר אֲנַחְנוּ עֹשִׂים פֹּה הַיּוֹם
אִישׁ כָּל־הַיָּשָׁר בְּעֵינָיו: כִּי לֹא־בָאתֶם עַד־עָתָּה אֶל־הַמְּנוּחָה וְאֶל־הַנַּחֲלָה
אֲשֶׁר־יְהוָה אֱלֹהֶיךָ נֹתֵן לָךְ: וַעֲבַרְתֶּם אֶת־הַיַּרְדֵּן וִישַׁבְתֶּם בָּאָרֶץ אֲשֶׁר־
יְהוָה אֱלֹהֵיכֶם מַנְחִיל אֶתְכֶם וְהֵנִיחַ לָכֶם מִכָּל־אֹיְבֵיכֶם מִסָּבִיב וִישַׁבְתֶּם־
בֶּטַח:

שופטים SHOFETIM

דברים טז:יח–יז:יג

שֹׁפְטִים וְשֹׁטְרִים תִּתֶּן־לְךָ בְּכָל־שְׁעָרֶיךָ אֲשֶׁר יְהוָה אֱלֹהֶיךָ נֹתֵן לְךָ לִשְׁבָטֶיךָ
וְשָׁפְטוּ אֶת־הָעָם מִשְׁפַּט־צֶדֶק: לֹא־תַטֶּה מִשְׁפָּט לֹא תַכִּיר פָּנִים וְלֹא־תִקַּח
שֹׁחַד כִּי הַשֹּׁחַד יְעַוֵּר עֵינֵי חֲכָמִים וִיסַלֵּף דִּבְרֵי צַדִּיקִם: צֶדֶק צֶדֶק תִּרְדֹּף לְמַעַן
לוי תִּחְיֶה וְיָרַשְׁתָּ אֶת־הָאָרֶץ אֲשֶׁר־יְהוָה אֱלֹהֶיךָ נֹתֵן לָךְ: *לֹא־
תִטַּע לְךָ אֲשֵׁרָה כָּל־עֵץ אֵצֶל מִזְבַּח יְהוָה אֱלֹהֶיךָ אֲשֶׁר תַּעֲשֶׂה־לָּךְ: וְלֹא־
תָקִים לְךָ מַצֵּבָה אֲשֶׁר שָׂנֵא יְהוָה אֱלֹהֶיךָ: לֹא־תִזְבַּח לַיהוָה
אֱלֹהֶיךָ שׁוֹר וָשֶׂה אֲשֶׁר יִהְיֶה בוֹ מוּם כֹּל דָּבָר רָע כִּי תוֹעֲבַת יְהוָה אֱלֹהֶיךָ
הוּא: כִּי־יִמָּצֵא בְקִרְבְּךָ בְּאַחַד שְׁעָרֶיךָ אֲשֶׁר־יְהוָה אֱלֹהֶיךָ נֹתֵן
לָךְ אִישׁ אוֹ־אִשָּׁה אֲשֶׁר יַעֲשֶׂה אֶת־הָרַע בְּעֵינֵי יְהוָה־אֱלֹהֶיךָ לַעֲבֹר בְּרִיתוֹ:
וַיֵּלֶךְ וַיַּעֲבֹד אֱלֹהִים אֲחֵרִים וַיִּשְׁתַּחוּ לָהֶם וְלַשֶּׁמֶשׁ ׀ אוֹ לַיָּרֵחַ אוֹ לְכָל־צְבָא

הַשָּׁמַיִם אֲשֶׁר לֹא־צִוִּיתִי׃ וְהֻגַּד־לְךָ וְשָׁמָעְתָּ וְדָרַשְׁתָּ הֵיטֵב וְהִנֵּה אֱמֶת נָכוֹן
הַדָּבָר נֶעֶשְׂתָה הַתּוֹעֵבָה הַזֹּאת בְּיִשְׂרָאֵל׃ וְהוֹצֵאתָ אֶת־הָאִישׁ הַהוּא אוֹ
אֶת־הָאִשָּׁה הַהִוא אֲשֶׁר עָשׂוּ אֶת־הַדָּבָר הָרָע הַזֶּה אֶל־שְׁעָרֶיךָ אֶת־הָאִישׁ
אוֹ אֶת־הָאִשָּׁה וּסְקַלְתָּם בָּאֲבָנִים וָמֵתוּ׃ עַל־פִּי ׀ שְׁנַיִם עֵדִים אוֹ שְׁלֹשָׁה
עֵדִים יוּמַת הַמֵּת לֹא יוּמַת עַל־פִּי עֵד אֶחָד׃ יַד הָעֵדִים תִּהְיֶה־בּוֹ בָרִאשֹׁנָה
לַהֲמִיתוֹ וְיַד כָּל־הָעָם בָּאַחֲרֹנָה וּבִעַרְתָּ הָרָע מִקִּרְבֶּךָ׃
כִּי יִפָּלֵא מִמְּךָ דָבָר לַמִּשְׁפָּט בֵּין־דָּם ׀ לְדָם בֵּין־דִּין לְדִין וּבֵין נֶגַע לָנֶגַע דִּבְרֵי
רִיבֹת בִּשְׁעָרֶיךָ וְקַמְתָּ וְעָלִיתָ אֶל־הַמָּקוֹם אֲשֶׁר יִבְחַר יהוה אֱלֹהֶיךָ בּוֹ׃ וּבָאתָ
אֶל־הַכֹּהֲנִים הַלְוִיִּם וְאֶל־הַשֹּׁפֵט אֲשֶׁר יִהְיֶה בַּיָּמִים הָהֵם וְדָרַשְׁתָּ וְהִגִּידוּ לְךָ
אֵת דְּבַר הַמִּשְׁפָּט׃ וְעָשִׂיתָ עַל־פִּי הַדָּבָר אֲשֶׁר יַגִּידוּ לְךָ מִן־הַמָּקוֹם הַהוּא
אֲשֶׁר יִבְחַר יהוה וְשָׁמַרְתָּ לַעֲשׂוֹת כְּכֹל אֲשֶׁר יוֹרוּךָ׃ *עַל־פִּי הַתּוֹרָה אֲשֶׁר ישראל
יוֹרוּךָ וְעַל־הַמִּשְׁפָּט אֲשֶׁר־יֹאמְרוּ לְךָ תַּעֲשֶׂה לֹא תָסוּר מִן־הַדָּבָר אֲשֶׁר־יַגִּידוּ
לְךָ יָמִין וּשְׂמֹאל׃ וְהָאִישׁ אֲשֶׁר־יַעֲשֶׂה בְזָדוֹן לְבִלְתִּי שְׁמֹעַ אֶל־הַכֹּהֵן הָעֹמֵד
לְשָׁרֶת שָׁם אֶת־יהוה אֱלֹהֶיךָ אוֹ אֶל־הַשֹּׁפֵט וּמֵת הָאִישׁ הַהוּא וּבִעַרְתָּ הָרָע
מִיִּשְׂרָאֵל׃ וְכָל־הָעָם יִשְׁמְעוּ וְיִרָאוּ וְלֹא יְזִידוּן עוֹד׃

כי תצא
KI TETZEH

כִּי־תֵצֵא לַמִּלְחָמָה עַל־אֹיְבֶיךָ וּנְתָנוֹ יהוה אֱלֹהֶיךָ בְּיָדֶךָ וְשָׁבִיתָ שִׁבְיוֹ׃ וְרָאִיתָ דברים
בַּשִּׁבְיָה אֵשֶׁת יְפַת־תֹּאַר וְחָשַׁקְתָּ בָהּ וְלָקַחְתָּ לְךָ לְאִשָּׁה׃ וַהֲבֵאתָהּ אֶל־ כא:י–כא
תּוֹךְ בֵּיתֶךָ וְגִלְּחָה אֶת־רֹאשָׁהּ וְעָשְׂתָה אֶת־צִפָּרְנֶיהָ׃ וְהֵסִירָה אֶת־שִׂמְלַת
שִׁבְיָהּ מֵעָלֶיהָ וְיָשְׁבָה בְּבֵיתֶךָ וּבָכְתָה אֶת־אָבִיהָ וְאֶת־אִמָּהּ יֶרַח יָמִים
וְאַחַר כֵּן תָּבוֹא אֵלֶיהָ וּבְעַלְתָּהּ וְהָיְתָה לְךָ לְאִשָּׁה׃ וְהָיָה אִם־לֹא חָפַצְתָּ בָּהּ
וְשִׁלַּחְתָּהּ לְנַפְשָׁהּ וּמָכֹר לֹא־תִמְכְּרֶנָּה בַּכָּסֶף לֹא־תִתְעַמֵּר בָּהּ תַּחַת אֲשֶׁר
עִנִּיתָהּ׃ *כִּי־תִהְיֶיןָ לְאִישׁ שְׁתֵּי נָשִׁים הָאַחַת אֲהוּבָה וְהָאַחַת לוי
שְׂנוּאָה וְיָלְדוּ־לוֹ בָנִים הָאֲהוּבָה וְהַשְּׂנוּאָה וְהָיָה הַבֵּן הַבְּכֹר לַשְּׂנִיאָה׃ וְהָיָה
בְּיוֹם הַנְחִילוֹ אֶת־בָּנָיו אֵת אֲשֶׁר־יִהְיֶה לוֹ לֹא יוּכַל לְבַכֵּר אֶת־בֶּן־הָאֲהוּבָה
עַל־פְּנֵי בֶן־הַשְּׂנוּאָה הַבְּכֹר׃ כִּי אֶת־הַבְּכֹר בֶּן־הַשְּׂנוּאָה יַכִּיר לָתֶת לוֹ פִּי שְׁנַיִם
בְּכֹל אֲשֶׁר־יִמָּצֵא לוֹ כִּי־הוּא רֵאשִׁית אֹנוֹ לוֹ מִשְׁפַּט הַבְּכֹרָה׃ *כִּי־ ישראל
יִהְיֶה לְאִישׁ בֵּן סוֹרֵר וּמוֹרֶה אֵינֶנּוּ שֹׁמֵעַ בְּקוֹל אָבִיו וּבְקוֹל אִמּוֹ וְיִסְּרוּ אֹתוֹ

וְלֹא יִשְׁמַע אֲלֵיהֶם: וְתָפְשׂוּ בוֹ אָבִיו וְאִמּוֹ וְהוֹצִיאוּ אֹתוֹ אֶל־זִקְנֵי עִירוֹ וְאֶל־
שַׁעַר מְקֹמוֹ: וְאָמְרוּ אֶל־זִקְנֵי עִירוֹ בְּנֵנוּ זֶה סוֹרֵר וּמֹרֶה אֵינֶנּוּ שֹׁמֵעַ בְּקֹלֵנוּ
זוֹלֵל וְסֹבֵא: וּרְגָמֻהוּ כָּל־אַנְשֵׁי עִירוֹ בָאֲבָנִים וָמֵת וּבִעַרְתָּ הָרָע מִקִּרְבֶּךָ
וְכָל־יִשְׂרָאֵל יִשְׁמְעוּ וְיִרָאוּ:

KI TAVO — כי תבוא

דברים כו:א–טו וְהָיָה כִּי־תָבוֹא אֶל־הָאָרֶץ אֲשֶׁר יהוה אֱלֹהֶיךָ נֹתֵן לְךָ נַחֲלָה וִירִשְׁתָּהּ
וְיָשַׁבְתָּ בָּהּ: וְלָקַחְתָּ מֵרֵאשִׁית | כָּל־פְּרִי הָאֲדָמָה אֲשֶׁר תָּבִיא מֵאַרְצְךָ אֲשֶׁר
יהוה אֱלֹהֶיךָ נֹתֵן לָךְ וְשַׂמְתָּ בַטֶּנֶא וְהָלַכְתָּ אֶל־הַמָּקוֹם אֲשֶׁר יִבְחַר יהוה
אֱלֹהֶיךָ לְשַׁכֵּן שְׁמוֹ שָׁם: וּבָאתָ אֶל־הַכֹּהֵן אֲשֶׁר יִהְיֶה בַּיָּמִים הָהֵם וְאָמַרְתָּ
אֵלָיו הִגַּדְתִּי הַיּוֹם לַיהוה אֱלֹהֶיךָ כִּי־בָאתִי אֶל־הָאָרֶץ אֲשֶׁר נִשְׁבַּע יהוה
לוי לַאֲבֹתֵינוּ לָתֶת לָנוּ: *וְלָקַח הַכֹּהֵן הַטֶּנֶא מִיָּדֶךָ וְהִנִּיחוֹ לִפְנֵי מִזְבַּח יהוה
אֱלֹהֶיךָ: וְעָנִיתָ וְאָמַרְתָּ לִפְנֵי | יהוה אֱלֹהֶיךָ אֲרַמִּי אֹבֵד אָבִי וַיֵּרֶד מִצְרַיְמָה
וַיָּגָר שָׁם בִּמְתֵי מְעָט וַיְהִי־שָׁם לְגוֹי גָּדוֹל עָצוּם וָרָב: וַיָּרֵעוּ אֹתָנוּ הַמִּצְרִים
וַיְעַנּוּנוּ וַיִּתְּנוּ עָלֵינוּ עֲבֹדָה קָשָׁה: וַנִּצְעַק אֶל־יהוה אֱלֹהֵי אֲבֹתֵינוּ וַיִּשְׁמַע
יהוה אֶת־קֹלֵנוּ וַיַּרְא אֶת־עָנְיֵנוּ וְאֶת־עֲמָלֵנוּ וְאֶת־לַחֲצֵנוּ: וַיּוֹצִאֵנוּ יהוה
מִמִּצְרַיִם בְּיָד חֲזָקָה וּבִזְרֹעַ נְטוּיָה וּבְמֹרָא גָּדֹל וּבְאֹתוֹת וּבְמֹפְתִים: וַיְבִאֵנוּ
אֶל־הַמָּקוֹם הַזֶּה וַיִּתֶּן־לָנוּ אֶת־הָאָרֶץ הַזֹּאת אֶרֶץ זָבַת חָלָב וּדְבָשׁ: וְעַתָּה
הִנֵּה הֵבֵאתִי אֶת־רֵאשִׁית פְּרִי הָאֲדָמָה אֲשֶׁר־נָתַתָּה לִּי יהוה וְהִנַּחְתּוֹ לִפְנֵי
יהוה אֱלֹהֶיךָ וְהִשְׁתַּחֲוִיתָ לִפְנֵי יהוה אֱלֹהֶיךָ: וְשָׂמַחְתָּ בְכָל־הַטּוֹב אֲשֶׁר נָתַן־
ישראל לְךָ יהוה אֱלֹהֶיךָ וּלְבֵיתֶךָ אַתָּה וְהַלֵּוִי וְהַגֵּר אֲשֶׁר בְּקִרְבֶּךָ: *כִּי
תְכַלֶּה לַעְשֵׂר אֶת־כָּל־מַעְשַׂר תְּבוּאָתְךָ בַּשָּׁנָה הַשְּׁלִישִׁת שְׁנַת הַמַּעֲשֵׂר
וְנָתַתָּה לַלֵּוִי לַגֵּר לַיָּתוֹם וְלָאַלְמָנָה וְאָכְלוּ בִשְׁעָרֶיךָ וְשָׂבֵעוּ: וְאָמַרְתָּ לִפְנֵי
יהוה אֱלֹהֶיךָ בִּעַרְתִּי הַקֹּדֶשׁ מִן־הַבַּיִת וְגַם נְתַתִּיו לַלֵּוִי וְלַגֵּר לַיָּתוֹם וְלָאַלְמָנָה
כְּכָל־מִצְוָתְךָ אֲשֶׁר צִוִּיתָנִי לֹא־עָבַרְתִּי מִמִּצְוֺתֶיךָ וְלֹא שָׁכָחְתִּי: לֹא־אָכַלְתִּי
בְאֹנִי מִמֶּנּוּ וְלֹא־בִעַרְתִּי מִמֶּנּוּ בְּטָמֵא וְלֹא־נָתַתִּי מִמֶּנּוּ לְמֵת שָׁמַעְתִּי בְּקוֹל
יהוה אֱלֹהָי עָשִׂיתִי כְּכֹל אֲשֶׁר צִוִּיתָנִי: הַשְׁקִיפָה מִמְּעוֹן קָדְשְׁךָ מִן־הַשָּׁמַיִם
וּבָרֵךְ אֶת־עַמְּךָ אֶת־יִשְׂרָאֵל וְאֵת הָאֲדָמָה אֲשֶׁר נָתַתָּה לָנוּ כַּאֲשֶׁר נִשְׁבַּעְתָּ
לַאֲבֹתֵינוּ אֶרֶץ זָבַת חָלָב וּדְבָשׁ:

NITZAVIM נצבים

אַתֶּ֨ם נִצָּבִ֤ים הַיּוֹם֙ כֻּלְּכֶ֔ם לִפְנֵ֖י יְהוָ֣ה אֱלֹהֵיכֶ֑ם רָאשֵׁיכֶ֣ם שִׁבְטֵיכֶ֗ם זִקְנֵיכֶם֙ דברים
וְשֹׁ֣טְרֵיכֶ֔ם כֹּ֖ל אִ֥ישׁ יִשְׂרָאֵֽל׃ טַפְּכֶ֣ם נְשֵׁיכֶ֔ם וְגֵ֣רְךָ֔ אֲשֶׁ֖ר בְּקֶ֣רֶב מַחֲנֶ֑יךָ מֵחֹטֵ֣ב כט:ט-כח
עֵצֶ֔יךָ עַ֖ד שֹׁאֵ֥ב מֵימֶֽיךָ׃ לְעָבְרְךָ֗ בִּבְרִ֛ית יְהוָ֥ה אֱלֹהֶ֖יךָ וּבְאָלָת֑וֹ אֲשֶׁר֙ יְהוָ֣ה
אֱלֹהֶ֔יךָ כֹּרֵ֥ת עִמְּךָ֖ הַיּֽוֹם׃ *לְמַ֣עַן הָקִֽים־אֹתְךָ֩ הַיּ֨וֹם ׀ ל֜וֹ לְעָ֗ם וְה֤וּא יִֽהְיֶה־לְּךָ֙ לוי
לֵֽאלֹהִ֔ים כַּאֲשֶׁ֖ר דִּבֶּר־לָ֑ךְ וְכַאֲשֶׁ֤ר נִשְׁבַּע֙ לַאֲבֹתֶ֔יךָ לְאַבְרָהָ֥ם לְיִצְחָ֖ק וּֽלְיַעֲקֹֽב׃
וְלֹ֥א אִתְּכֶ֖ם לְבַדְּכֶ֑ם אָנֹכִ֗י כֹּרֵת֙ אֶת־הַבְּרִ֣ית הַזֹּ֔את וְאֶת־הָאָלָ֖ה הַזֹּֽאת׃ כִּי֩
אֶת־אֲשֶׁ֨ר יֶשְׁנ֜וֹ פֹּ֗ה עִמָּ֙נוּ֙ עֹמֵ֣ד הַיּ֔וֹם לִפְנֵ֖י יְהוָ֣ה אֱלֹהֵ֑ינוּ וְאֵ֨ת אֲשֶׁ֥ר אֵינֶ֛נּוּ פֹּ֖ה
עִמָּ֥נוּ הַיּֽוֹם׃ *כִּֽי־אַתֶּ֣ם יְדַעְתֶּ֔ם אֵ֥ת אֲשֶׁר־יָשַׁ֖בְנוּ בְּאֶ֣רֶץ מִצְרָ֑יִם וְאֵ֧ת אֲשֶׁר־ ישראל
עָבַ֛רְנוּ בְּקֶ֥רֶב הַגּוֹיִ֖ם אֲשֶׁ֥ר עֲבַרְתֶּֽם׃ וַתִּרְאוּ֙ אֶת־שִׁקּ֣וּצֵיהֶ֔ם וְאֵ֖ת גִּלֻּלֵיהֶ֑ם
עֵ֣ץ וָאֶ֔בֶן כֶּ֥סֶף וְזָהָ֖ב אֲשֶׁ֥ר עִמָּהֶֽם׃ פֶּן־יֵ֣שׁ בָּ֠כֶם אִ֣ישׁ אוֹ־אִשָּׁ֞ה א֧וֹ מִשְׁפָּחָ֣ה
אוֹ־שֵׁ֗בֶט אֲשֶׁר֩ לְבָב֨וֹ פֹנֶ֤ה הַיּוֹם֙ מֵעִם֙ יְהוָ֣ה אֱלֹהֵ֔ינוּ לָלֶ֣כֶת לַעֲבֹ֔ד אֶת־אֱלֹהֵ֖י
הַגּוֹיִ֣ם הָהֵ֑ם פֶּן־יֵ֣שׁ בָּכֶ֗ם שֹׁ֛רֶשׁ פֹּרֶ֥ה רֹ֖אשׁ וְלַעֲנָֽה׃ וְהָיָ֡ה בְּשָׁמְעוֹ֩ אֶת־דִּבְרֵ֨י
הָאָלָ֜ה הַזֹּ֗את וְהִתְבָּרֵ֨ךְ בִּלְבָב֤וֹ לֵאמֹר֙ שָׁל֣וֹם יִֽהְיֶה־לִּ֔י כִּ֛י בִּשְׁרִר֥וּת לִבִּ֖י אֵלֵ֑ךְ
לְמַ֛עַן סְפ֥וֹת הָרָוָ֖ה אֶת־הַצְּמֵאָֽה׃ לֹֽא־יֹאבֶ֣ה יְהוָה֮ סְלֹ֣חַ לוֹ֒ כִּ֣י אָז֩ יֶעְשַׁ֨ן אַף־
יְהוָ֤ה וְקִנְאָתוֹ֙ בָּאִ֣ישׁ הַה֔וּא וְרָ֤בְצָה בּוֹ֙ כָּל־הָ֣אָלָ֔ה הַכְּתוּבָ֖ה בַּסֵּ֣פֶר הַזֶּ֑ה וּמָחָ֤ה
יְהוָה֙ אֶת־שְׁמ֔וֹ מִתַּ֖חַת הַשָּׁמָֽיִם׃ וְהִבְדִּיל֤וֹ יְהוָה֙ לְרָעָ֔ה מִכֹּ֖ל שִׁבְטֵ֣י יִשְׂרָאֵ֑ל
כְּכֹל֙ אָל֣וֹת הַבְּרִ֔ית הַכְּתוּבָ֕ה בְּסֵ֥פֶר הַתּוֹרָ֖ה הַזֶּֽה׃ וְאָמַ֞ר הַדּ֣וֹר הָאַחֲר֗וֹן בְּנֵיכֶם֙
אֲשֶׁ֤ר יָק֙וּמוּ֙ מֵאַ֣חֲרֵיכֶ֔ם וְהַ֨נָּכְרִ֔י אֲשֶׁ֥ר יָבֹ֖א מֵאֶ֣רֶץ רְחוֹקָ֑ה וְ֠רָאוּ אֶת־מַכּ֞וֹת
הָאָ֤רֶץ הַהִוא֙ וְאֶת־תַּ֣חֲלֻאֶ֔יהָ אֲשֶׁר־חִלָּ֥ה יְהוָ֖ה בָּֽהּ׃ גָּפְרִ֣ית וָמֶלַח֮ שְׂרֵפָ֣ה כָל־
אַרְצָהּ֒ לֹ֤א תִזָּרַע֙ וְלֹ֣א תַצְמִ֔חַ וְלֹא־יַעֲלֶ֥ה בָ֖הּ כָּל־עֵ֑שֶׂב כְּֽמַהְפֵּכַ֞ת סְדֹ֤ם וַעֲמֹרָה֙
אַדְמָ֣ה וצביים אֲשֶׁר֙ הָפַ֣ךְ יְהוָ֔ה בְּאַפּ֖וֹ וּבַחֲמָתֽוֹ׃ וְאָֽמְרוּ֙ כָּל־הַגּוֹיִ֔ם עַל־מֶ֨ה וּצְבוֹיִ֔ם
עָשָׂ֧ה יְהוָ֛ה כָּ֖כָה לָאָ֣רֶץ הַזֹּ֑את מֶ֥ה חֳרִ֛י הָאַ֥ף הַגָּד֖וֹל הַזֶּֽה׃ וְאָ֣מְר֔וּ עַ֚ל אֲשֶׁ֣ר
עָֽזְב֔וּ אֶת־בְּרִ֥ית יְהוָ֖ה אֱלֹהֵ֣י אֲבֹתָ֑ם אֲשֶׁר֙ כָּרַ֣ת עִמָּ֔ם בְּהוֹצִיא֥וֹ אֹתָ֖ם מֵאֶ֥רֶץ
מִצְרָֽיִם׃ וַיֵּלְכ֗וּ וַיַּֽעַבְדוּ֙ אֱלֹהִ֣ים אֲחֵרִ֔ים וַיִּֽשְׁתַּחֲו֖וּ לָהֶ֑ם אֱלֹהִים֙ אֲשֶׁ֣ר לֹֽא־יְדָע֔וּם
וְלֹ֥א חָלַ֖ק לָהֶֽם׃ וַיִּֽחַר־אַ֥ף יְהוָ֖ה בָּאָ֣רֶץ הַהִ֑וא לְהָבִ֤יא עָלֶ֙יהָ֙ אֶת־כָּל־הַקְּלָלָ֔ה
הַכְּתוּבָ֖ה בַּסֵּ֥פֶר הַזֶּֽה׃ וַיִּתְּשֵׁ֤ם יְהוָה֙ מֵעַ֣ל אַדְמָתָ֔ם בְּאַ֥ף וּבְחֵמָ֖ה וּבְקֶ֣צֶף גָּד֑וֹל
וַיַּשְׁלִכֵ֛ם אֶל־אֶ֥רֶץ אַחֶ֖רֶת כַּיּ֥וֹם הַזֶּֽה׃ הַנִּ֨סְתָּרֹ֔ת לַיהוָ֖ה אֱלֹהֵ֑ינוּ וְהַנִּגְלֹ֞ת ׀ לָ֣נוּ
וּלְבָנֵ֙ינוּ֙ עַד־עוֹלָ֔ם לַעֲשׂ֕וֹת אֶת־כָּל־דִּבְרֵ֖י הַתּוֹרָ֥ה הַזֹּֽאת׃

VAYELEKH וילך

דברים לא:א–יג
וילך משה וידבר את־הדברים האלה אל־כל־ישראל: ויאמר אלהם בן־
מאה ועשרים שנה אנכי היום לא־אוכל עוד לצאת ולבוא ויהוה אמר אלי
לא תעבר את־הירדן הזה: יהוה אלהיך הוא ׀ עבר לפניך הוא־ישמיד
את־הגוים האלה מלפניך וירשתם יהושע הוא עבר לפניך כאשר דבר
לוי
יהוה: *ועשה יהוה להם כאשר עשה לסיחון ולעוג מלכי האמרי ולארצם
אשר השמיד אתם: ונתנם יהוה לפניכם ועשיתם להם ככל־המצוה
אשר צויתי אתכם: חזקו ואמצו אל־תיראו ואל־תערצו מפניהם כי ׀
ישראל
יהוה אלהיך הוא ההלך עמך לא ירפך ולא יעזבך: *ויקרא
משה ליהושע ויאמר אליו לעיני כל־ישראל חזק ואמץ כי אתה תבוא
את־העם הזה אל־הארץ אשר נשבע יהוה לאבתם לתת להם ואתה
תנחילנה אותם: ויהוה הוא ׀ ההלך לפניך הוא יהיה עמך לא ירפך
ולא יעזבך לא תירא ולא תחת: ויכתב משה את־התורה הזאת ויתנה
אל־הכהנים בני לוי הנשאים את־ארון ברית יהוה ואל־כל־זקני ישראל:
ויצו משה אותם לאמר מקץ ׀ שבע שנים במעד שנת השמטה בחג
הסכות: בבוא כל־ישראל לראות את־פני יהוה אלהיך במקום אשר
יבחר תקרא את־התורה הזאת נגד כל־ישראל באזניהם: הקהל את־
העם האנשים והנשים והטף וגרך אשר בשעריך למען ישמעו ולמען
ילמדו ויראו את־יהוה אלהיכם ושמרו לעשות את־כל־דברי התורה
הזאת: ובניהם אשר לא־ידעו ישמעו ולמדו ליראה את־יהוה אלהיכם
כל־הימים אשר אתם חיים על־האדמה אשר אתם עברים את־הירדן שמה
לרשתה:

HAAZINU האזינו

דברים לב:א–יח

האזינו השמים ואדברה ותשמע הארץ אמרי־פי:
יערף כמטר לקחי תזל כטל אמרתי
כשעירם עלי־דשא וכרביבים עלי־עשב:
כי שם יהוה אקרא הבו גדל לאלהינו:

*הַצּוּר תָּמִים פָּעֳלוֹ   כִּי כָל־דְּרָכָיו מִשְׁפָּט   לוי
אֵל אֱמוּנָה וְאֵין עָוֶל   צַדִּיק וְיָשָׁר הוּא׃
שִׁחֵת לוֹ לֹא בָּנָיו מוּמָם   דּוֹר עִקֵּשׁ וּפְתַלְתֹּל׃
הַ לְיהוָה תִּגְמְלוּ־זֹאת   עַם נָבָל וְלֹא חָכָם
הֲלוֹא־הוּא אָבִיךָ קָּנֶךָ   הוּא עָשְׂךָ וַיְכֹנְנֶךָ׃

Some start the לוי *portion here:*

*זְכֹר יְמוֹת עוֹלָם   בִּינוּ שְׁנוֹת דֹּר־וָדֹר   ישראל
שְׁאַל אָבִיךָ וְיַגֵּדְךָ   זְקֵנֶיךָ וְיֹאמְרוּ לָךְ׃
בְּהַנְחֵל עֶלְיוֹן גּוֹיִם   בְּהַפְרִידוֹ בְּנֵי אָדָם
יַצֵּב גְּבֻלֹת עַמִּים   לְמִסְפַּר בְּנֵי יִשְׂרָאֵל׃
כִּי חֵלֶק יְהוָה עַמּוֹ   יַעֲקֹב חֶבֶל נַחֲלָתוֹ׃
יִמְצָאֵהוּ בְּאֶרֶץ מִדְבָּר   וּבְתֹהוּ יְלֵל יְשִׁמֹן
יְסֹבְבֶנְהוּ יְבוֹנְנֵהוּ   יִצְּרֶנְהוּ כְּאִישׁוֹן עֵינוֹ׃
כְּנֶשֶׁר יָעִיר קִנּוֹ   עַל־גּוֹזָלָיו יְרַחֵף
יִפְרֹשׂ כְּנָפָיו יִקָּחֵהוּ   יִשָּׂאֵהוּ עַל־אֶבְרָתוֹ׃
יְהוָה בָּדָד יַנְחֶנּוּ   וְאֵין עִמּוֹ אֵל נֵכָר׃

Most finish here; some start the ישראל *portion here:*

*יַרְכִּבֵהוּ עַל־בָּמוֹתֵי אָרֶץ   וַיֹּאכַל תְּנוּבֹת שָׂדָי   בָּמֳתֵי
וַיֵּנִקֵהוּ דְבַשׁ מִסֶּלַע   וְשֶׁמֶן מֵחַלְמִישׁ צוּר׃
חֶמְאַת בָּקָר וַחֲלֵב צֹאן   עִם־חֵלֶב כָּרִים
וְאֵילִים בְּנֵי־בָשָׁן וְעַתּוּדִים   עִם־חֵלֶב כִּלְיוֹת חִטָּה
וְדַם־עֵנָב תִּשְׁתֶּה־חָמֶר׃   וַיִּשְׁמַן יְשֻׁרוּן וַיִּבְעָט
שָׁמַנְתָּ עָבִיתָ כָּשִׂיתָ   וַיִּטֹּשׁ אֱלוֹהַ עָשָׂהוּ
וַיְנַבֵּל צוּר יְשֻׁעָתוֹ׃   יַקְנִאֻהוּ בְּזָרִים
בְּתוֹעֵבֹת יַכְעִיסֻהוּ׃   יִזְבְּחוּ לַשֵּׁדִים לֹא אֱלֹהַ
אֱלֹהִים לֹא יְדָעוּם   חֲדָשִׁים מִקָּרֹב בָּאוּ
לֹא שְׂעָרוּם אֲבֹתֵיכֶם׃   צוּר יְלָדְךָ תֶּשִׁי
וַתִּשְׁכַּח אֵל מְחֹלְלֶךָ׃

VEZOT HABERAKHA וזאת הברכה

דברים לג:א–יז וְזֹאת הַבְּרָכָה אֲשֶׁר בֵּרַךְ מֹשֶׁה אִישׁ הָאֱלֹהִים אֶת־בְּנֵי יִשְׂרָאֵל לִפְנֵי מוֹתוֹ׃
וַיֹּאמַר יהוה מִסִּינַי בָּא וְזָרַח מִשֵּׂעִיר לָמוֹ הוֹפִיעַ מֵהַר פָּארָן וְאָתָה מֵרִבְבֹת
אֵשׁ דָּת קֹדֶשׁ מִימִינוֹ אשדת לָמוֹ׃ אַף חֹבֵב עַמִּים כָּל־קְדֹשָׁיו בְּיָדֶךָ וְהֵם תֻּכּוּ לְרַגְלֶךָ
יִשָּׂא מִדַּבְּרֹתֶיךָ׃ תּוֹרָה צִוָּה־לָנוּ מֹשֶׁה מוֹרָשָׁה קְהִלַּת יַעֲקֹב׃ וַיְהִי בִישֻׁרוּן
מֶלֶךְ בְּהִתְאַסֵּף רָאשֵׁי עָם יַחַד שִׁבְטֵי יִשְׂרָאֵל׃ יְחִי רְאוּבֵן וְאַל־יָמֹת וִיהִי מְתָיו
מִסְפָּר׃ וְזֹאת לִיהוּדָה וַיֹּאמַר שְׁמַע יהוה קוֹל יְהוּדָה וְאֶל־עַמּוֹ
תְּבִיאֶנּוּ יָדָיו רָב לוֹ וְעֵזֶר מִצָּרָיו תִּהְיֶה׃
לוי וּלְלֵוִי אָמַר תֻּמֶּיךָ וְאוּרֶיךָ לְאִישׁ חֲסִידֶךָ אֲשֶׁר נִסִּיתוֹ בְּמַסָּה תְּרִיבֵהוּ עַל־מֵי
מְרִיבָה׃ הָאֹמֵר לְאָבִיו וּלְאִמּוֹ לֹא רְאִיתִיו וְאֶת־אֶחָיו לֹא הִכִּיר וְאֶת־בָּנָו לֹא
יָדָע כִּי שָׁמְרוּ אִמְרָתֶךָ וּבְרִיתְךָ יִנְצֹרוּ׃ יוֹרוּ מִשְׁפָּטֶיךָ לְיַעֲקֹב וְתוֹרָתְךָ לְיִשְׂרָאֵל
יָשִׂימוּ קְטוֹרָה בְּאַפֶּךָ וְכָלִיל עַל־מִזְבְּחֶךָ׃ בָּרֵךְ יהוה חֵילוֹ וּפֹעַל יָדָיו תִּרְצֶה
מְחַץ מָתְנַיִם קָמָיו וּמְשַׂנְאָיו מִן־יְקוּמוּן׃ לְבִנְיָמִן אָמַר יְדִיד יהוה
ישראל יִשְׁכֹּן לָבֶטַח עָלָיו חֹפֵף עָלָיו כָּל־הַיּוֹם וּבֵין כְּתֵפָיו שָׁכֵן׃ *וּלְיוֹסֵף
אָמַר מְבֹרֶכֶת יהוה אַרְצוֹ מִמֶּגֶד שָׁמַיִם מִטָּל וּמִתְּהוֹם רֹבֶצֶת תָּחַת׃ וּמִמֶּגֶד
תְּבוּאֹת שָׁמֶשׁ וּמִמֶּגֶד גֶּרֶשׁ יְרָחִים׃ וּמֵרֹאשׁ הַרְרֵי־קֶדֶם וּמִמֶּגֶד גִּבְעוֹת עוֹלָם׃
וּמִמֶּגֶד אֶרֶץ וּמְלֹאָהּ וּרְצוֹן שֹׁכְנִי סְנֶה תָּבוֹאתָה לְרֹאשׁ יוֹסֵף וּלְקָדְקֹד נְזִיר
אֶחָיו׃ בְּכוֹר שׁוֹרוֹ הָדָר לוֹ וְקַרְנֵי רְאֵם קַרְנָיו בָּהֶם עַמִּים יְנַגַּח יַחְדָּו אַפְסֵי־
אָרֶץ וְהֵם רִבְבוֹת אֶפְרַיִם וְהֵם אַלְפֵי מְנַשֶּׁה׃

קריאת התורה לראש חודש, לתעניות ציבור, לחנוכה ולפורים

THE READING OF THE TORAH FOR ROSH ḤODESH, FAST DAYS, ḤANUKKA AND PURIM

READING FOR ROSH ḤODESH קריאה לראש חודש

For the כהן, the first three verses are read up to עֹלָה תָּמִיד. For the לוי, the third verse is repeated and starts with וְאָמַרְתָּ לָהֶם. For שלישי, continue from עֹלַת תָּמִיד up to וְנִסְכָּהּ. For רביעי, read from וּבְרָאשֵׁי חָדְשֵׁיכֶם until the end. In ארץ ישראל, some read as follows: For the כהן read until רְבִיעִת הַהִין, for the לוי read from אֶת־הַכֶּבֶשׂ until רֵיחַ נִיחֹחַ לַה׳, for שלישי, the last verse is repeated and starts at עֹלַת תָּמִיד up to וְנִסְכָּהּ, and for רביעי, from וּבְרָאשֵׁי חָדְשֵׁיכֶם until the end. On ראש חודש טבת, the כהן reads until רְבִיעִת הַהִין, the לוי reads the portion for שלישי and the שלישי the portion of רביעי; the fourth עולה reads the appropriate day of חנוכה on page 658.

במדבר כח:א–טו וַיְדַבֵּר יְהוָה אֶל־מֹשֶׁה לֵּאמֹר: צַו אֶת־בְּנֵי יִשְׂרָאֵל וְאָמַרְתָּ אֲלֵהֶם אֶת־
לוי קָרְבָּנִי לַחְמִי לְאִשַּׁי רֵיחַ נִיחֹחִי תִּשְׁמְרוּ לְהַקְרִיב לִי בְּמוֹעֲדוֹ: *וְאָמַרְתָּ
לָהֶם זֶה הָאִשֶּׁה אֲשֶׁר תַּקְרִיבוּ לַיהוָה כְּבָשִׂים בְּנֵי־שָׁנָה תְמִימִם שְׁנַיִם לַיּוֹם
עד כאן לכהן עֹלָה תָמִיד:* אֶת־הַכֶּבֶשׂ אֶחָד תַּעֲשֶׂה בַבֹּקֶר וְאֵת הַכֶּבֶשׂ הַשֵּׁנִי תַּעֲשֶׂה
בֵּין הָעַרְבָּיִם: וַעֲשִׂירִית הָאֵיפָה סֹלֶת לְמִנְחָה בְּלוּלָה בְּשֶׁמֶן כָּתִית רְבִיעִת
שלישי הַהִין: *עֹלַת תָּמִיד הָעֲשֻׂיָה בְּהַר סִינַי לְרֵיחַ נִיחֹחַ אִשֶּׁה לַיהוָה: וְנִסְכּוֹ
רְבִיעִת הַהִין לַכֶּבֶשׂ הָאֶחָד בַּקֹּדֶשׁ הַסֵּךְ נֶסֶךְ שֵׁכָר לַיהוָה: וְאֵת הַכֶּבֶשׂ
הַשֵּׁנִי תַּעֲשֶׂה בֵּין הָעַרְבָּיִם כְּמִנְחַת הַבֹּקֶר וּכְנִסְכּוֹ תַּעֲשֶׂה אִשֵּׁה רֵיחַ נִיחֹחַ
לַיהוָה:

וּבְיוֹם הַשַּׁבָּת שְׁנֵי־כְבָשִׂים בְּנֵי־שָׁנָה תְּמִימִם וּשְׁנֵי עֶשְׂרֹנִים סֹלֶת מִנְחָה בְּלוּלָה
בַשֶּׁמֶן וְנִסְכּוֹ: עֹלַת שַׁבַּת בְּשַׁבַּתּוֹ עַל־עֹלַת הַתָּמִיד וְנִסְכָּהּ:

רביעי וּבְרָאשֵׁי חָדְשֵׁיכֶם תַּקְרִיבוּ עֹלָה לַיהוָה פָּרִים בְּנֵי־בָקָר שְׁנַיִם וְאַיִל אֶחָד
כְּבָשִׂים בְּנֵי־שָׁנָה שִׁבְעָה תְּמִימִם: וּשְׁלֹשָׁה עֶשְׂרֹנִים סֹלֶת מִנְחָה בְּלוּלָה
בַשֶּׁמֶן לַפָּר הָאֶחָד וּשְׁנֵי עֶשְׂרֹנִים סֹלֶת מִנְחָה בְּלוּלָה בַשֶּׁמֶן לָאַיִל הָאֶחָד:
וְעִשָּׂרֹן עִשָּׂרוֹן סֹלֶת מִנְחָה בְּלוּלָה בַשֶּׁמֶן לַכֶּבֶשׂ הָאֶחָד עֹלָה רֵיחַ נִיחֹחַ
אִשֶּׁה לַיהוָה: וְנִסְכֵּיהֶם חֲצִי הַהִין יִהְיֶה לַפָּר וּשְׁלִישִׁת הַהִין לָאַיִל וּרְבִיעִת
הַהִין לַכֶּבֶשׂ יָיִן זֹאת עֹלַת חֹדֶשׁ בְּחָדְשׁוֹ לְחָדְשֵׁי הַשָּׁנָה: וּשְׂעִיר עִזִּים אֶחָד
לְחַטָּאת לַיהוָה עַל־עֹלַת הַתָּמִיד יֵעָשֶׂה וְנִסְכּוֹ:

READING FOR FAST DAYS קריאה לתענית ציבור

The following is read on a תענית ציבור (*except* תשעה באב) *in both* שחרית *and* מנחה.
At מנחה, *the person called up for* שלישי *also reads the* הפטרה.

It is customary for the קהל *to say aloud the passages marked by arrows, followed by the* קורא (*see law 113*).

שמות לב: יא–יד
וַיְחַל מֹשֶׁה אֶת־פְּנֵי יהוה אֱלֹהָיו וַיֹּאמֶר לָמָה יהוה יֶחֱרֶה אַפְּךָ בְּעַמֶּךָ
אֲשֶׁר הוֹצֵאתָ מֵאֶרֶץ מִצְרַיִם בְּכֹחַ גָּדוֹל וּבְיָד חֲזָקָה: לָמָּה יֹאמְרוּ מִצְרַיִם
לֵאמֹר בְּרָעָה הוֹצִיאָם לַהֲרֹג אֹתָם בֶּהָרִים וּלְכַלֹּתָם מֵעַל פְּנֵי הָאֲדָמָה ◂ שׁוּב
מֵחֲרוֹן אַפֶּךָ וְהִנָּחֵם עַל־הָרָעָה לְעַמֶּךָ: ◂ זְכֹר לְאַבְרָהָם לְיִצְחָק וּלְיִשְׂרָאֵל
עֲבָדֶיךָ אֲשֶׁר נִשְׁבַּעְתָּ לָהֶם בָּךְ וַתְּדַבֵּר אֲלֵהֶם אַרְבֶּה אֶת־זַרְעֲכֶם כְּכוֹכְבֵי
הַשָּׁמָיִם וְכָל־הָאָרֶץ הַזֹּאת אֲשֶׁר אָמַרְתִּי אֶתֵּן לְזַרְעֲכֶם וְנָחֲלוּ לְעֹלָם: וַיִּנָּחֶם
יהוה עַל־הָרָעָה אֲשֶׁר דִּבֶּר לַעֲשׂוֹת לְעַמּוֹ:

שמות לד:א–י
לוי
וַיֹּאמֶר יהוה אֶל־מֹשֶׁה פְּסָל־לְךָ שְׁנֵי־לֻחֹת אֲבָנִים כָּרִאשֹׁנִים וְכָתַבְתִּי עַל־
הַלֻּחֹת אֶת־הַדְּבָרִים אֲשֶׁר הָיוּ עַל־הַלֻּחֹת הָרִאשֹׁנִים אֲשֶׁר שִׁבַּרְתָּ: וֶהְיֵה
נָכוֹן לַבֹּקֶר וְעָלִיתָ בַבֹּקֶר אֶל־הַר סִינַי וְנִצַּבְתָּ לִי שָׁם עַל־רֹאשׁ הָהָר: וְאִישׁ
לֹא־יַעֲלֶה עִמָּךְ וְגַם־אִישׁ אַל־יֵרָא בְּכָל־הָהָר גַּם־הַצֹּאן וְהַבָּקָר אַל־יִרְעוּ
ישראל אֶל־מוּל הָהָר הַהוּא: *וַיִּפְסֹל שְׁנֵי־לֻחֹת אֲבָנִים כָּרִאשֹׁנִים וַיַּשְׁכֵּם מֹשֶׁה בַבֹּקֶר
וַיַּעַל אֶל־הַר סִינַי כַּאֲשֶׁר צִוָּה יהוה אֹתוֹ וַיִּקַּח בְּיָדוֹ שְׁנֵי לֻחֹת אֲבָנִים: וַיֵּרֶד
יהוה בֶּעָנָן וַיִּתְיַצֵּב עִמּוֹ שָׁם וַיִּקְרָא בְשֵׁם יהוה: וַיַּעֲבֹר יהוה ׀ עַל־פָּנָיו וַיִּקְרָא
◂ יהוה ׀ יהוה אֵל רַחוּם וְחַנּוּן אֶרֶךְ אַפַּיִם וְרַב־חֶסֶד וֶאֱמֶת: נֹצֵר חֶסֶד לָאֲלָפִים
נֹשֵׂא עָוֺן וָפֶשַׁע וְחַטָּאָה וְנַקֵּה ◂ לֹא יְנַקֶּה פֹּקֵד ׀ עֲוֺן אָבוֹת עַל־בָּנִים וְעַל־בְּנֵי
בָנִים עַל־שִׁלֵּשִׁים וְעַל־רִבֵּעִים: וַיְמַהֵר מֹשֶׁה וַיִּקֹּד אַרְצָה וַיִּשְׁתָּחוּ: וַיֹּאמֶר
אִם־נָא מָצָאתִי חֵן בְּעֵינֶיךָ אֲדֹנָי יֵלֶךְ־נָא אֲדֹנָי בְּקִרְבֵּנוּ כִּי עַם־קְשֵׁה־עֹרֶף
הוּא ◂ וְסָלַחְתָּ לַעֲוֺנֵנוּ וּלְחַטָּאתֵנוּ וּנְחַלְתָּנוּ: ◂ וַיֹּאמֶר הִנֵּה אָנֹכִי כֹּרֵת בְּרִית
נֶגֶד כָּל־עַמְּךָ אֶעֱשֶׂה נִפְלָאֹת אֲשֶׁר לֹא־נִבְרְאוּ בְכָל־הָאָרֶץ וּבְכָל־הַגּוֹיִם
וְרָאָה כָל־הָעָם אֲשֶׁר־אַתָּה בְקִרְבּוֹ אֶת־מַעֲשֵׂה יהוה כִּי־נוֹרָא הוּא אֲשֶׁר
אֲנִי עֹשֶׂה עִמָּךְ:

ברכות ההפטרה

Before reading the הפטרה, *the person called up for* מפטיר *says:*

בָּרוּךְ אַתָּה יהוה אֱלֹהֵינוּ מֶלֶךְ הָעוֹלָם אֲשֶׁר בָּחַר בִּנְבִיאִים טוֹבִים, וְרָצָה

בדבריהם הנאמרים באמת. ברוך אתה יהוה, הבוחר בתורה ובמשה עבדו ובישראל עמו ובנביאי האמת וצדק.

After the הפטרה*, the person called up for* מפטיר *says the following blessings:*

ברוך אתה יהוה אלהינו מלך העולם, צור כל העולמים, צדיק בכל הדורות, האל הנאמן, האומר ועושה, המדבר ומקים, שכל דבריו אמת וצדק. נאמן אתה הוא יהוה אלהינו ונאמנים דבריך, ודבר אחד מדבריך אחור לא ישוב ריקם, כי אל מלך נאמן (ורחמן) אתה. ברוך אתה יהוה, האל הנאמן בכל דבריו.

רחם על ציון כי היא בית חיינו, ולעלובת נפש תושיע במהרה בימינו. ברוך אתה יהוה, משמח ציון בבניה.

שמחנו יהוה אלהינו באליהו הנביא עבדך, ובמלכות בית דוד משיחך, במהרה יבוא ויגל לבנו. על כסאו לא ישב זר, ולא ינחלו עוד אחרים את כבודו, כי בשם קדשך נשבעת לו שלא יכבה נרו לעולם ועד. ברוך אתה יהוה, מגן דוד.

הפטרה לתענית ציבור HAFTARA FOR FAST DAYS

דרשו יהוה בהמצאו קראהו בהיותו קרוב: יעזב רשע דרכו ואיש און ישעיה נה:ו–נו:ח
מחשבתיו וישב אל־יהוה וירחמהו ואל־אלהינו כי־ירבה לסלוח: כי לא
מחשבותי מחשבותיכם ולא דרכיכם דרכי נאם יהוה: כי־גבהו שמים
מארץ כן גבהו דרכי מדרכיכם ומחשבתי ממחשבתיכם: כי כאשר ירד
הגשם והשלג מן־השמים ושמה לא ישוב כי אם־הרוה את־הארץ והולידה
והצמיחה ונתן זרע לזרע ולחם לאכל: כן יהיה דברי אשר יצא מפי לא־
ישוב אלי ריקם כי אם־עשה את־אשר חפצתי והצליח אשר שלחתיו:
כי־בשמחה תצאו ובשלום תובלון ההרים והגבעות יפצחו לפניכם רנה
וכל־עצי השדה ימחאו־כף: תחת הנעצוץ יעלה ברוש תחת הסרפד ותחת
יעלה הדס והיה ליהוה לשם לאות עולם לא יכרת: כה אמר
יהוה שמרו משפט ועשו צדקה כי־קרובה ישועתי לבוא וצדקתי להגלות:
אשרי אנוש יעשה־זאת ובן־אדם יחזיק בה שמר שבת מחללו ושמר
ידו מעשות כל־רע: ואל־יאמר בן־הנכר הנלוה אל־יהוה לאמר הבדל
יבדילני יהוה מעל עמו ואל־יאמר הסריס הן אני עץ יבש: כי־

כֹּה ׀ אָמַר יהוה לַסָּרִיסִים אֲשֶׁר יִשְׁמְרוּ אֶת־שַׁבְּתוֹתַי וּבָחֲרוּ בַּאֲשֶׁר חָפָצְתִּי
וּמַחֲזִיקִים בִּבְרִיתִי: וְנָתַתִּי לָהֶם בְּבֵיתִי וּבְחוֹמֹתַי יָד וָשֵׁם טוֹב מִבָּנִים
וּמִבָּנוֹת שֵׁם עוֹלָם אֶתֶּן־לוֹ אֲשֶׁר לֹא יִכָּרֵת: וּבְנֵי הַנֵּכָר הַנִּלְוִים
עַל־יהוה לְשָׁרְתוֹ וּלְאַהֲבָה אֶת־שֵׁם יהוה לִהְיוֹת לוֹ לַעֲבָדִים כָּל־שֹׁמֵר
שַׁבָּת מֵחַלְּלוֹ וּמַחֲזִיקִים בִּבְרִיתִי: וַהֲבִיאוֹתִים אֶל־הַר קָדְשִׁי וְשִׂמַּחְתִּים
בְּבֵית תְּפִלָּתִי עוֹלֹתֵיהֶם וְזִבְחֵיהֶם לְרָצוֹן עַל־מִזְבְּחִי כִּי בֵיתִי בֵּית־תְּפִלָּה
יִקָּרֵא לְכָל־הָעַמִּים: נְאֻם אֲדֹנָי יֱהֹוִה מְקַבֵּץ נִדְחֵי יִשְׂרָאֵל עוֹד אֲקַבֵּץ עָלָיו
לְנִקְבָּצָיו:

READING FOR TISHA B'AV קריאה לתשעה באב

The following is read during שחרית of תשעה באב. The person called up for שלישי also reads the הפטרה. At מנחה, the קריאת התורה and הפטרה are those for regular Fast Days.

דברים ד:כה–מ
כִּי־תוֹלִיד בָּנִים וּבְנֵי בָנִים וְנוֹשַׁנְתֶּם בָּאָרֶץ וְהִשְׁחַתֶּם וַעֲשִׂיתֶם פֶּסֶל תְּמוּנַת
כֹּל וַעֲשִׂיתֶם הָרַע בְּעֵינֵי־יהוה אֱלֹהֶיךָ לְהַכְעִיסוֹ: הַעִידֹתִי בָכֶם הַיּוֹם אֶת־
הַשָּׁמַיִם וְאֶת־הָאָרֶץ כִּי־אָבֹד תֹּאבֵדוּן מַהֵר מֵעַל הָאָרֶץ אֲשֶׁר אַתֶּם עֹבְרִים
אֶת־הַיַּרְדֵּן שָׁמָּה לְרִשְׁתָּהּ לֹא־תַאֲרִיכֻן יָמִים עָלֶיהָ כִּי הִשָּׁמֵד תִּשָּׁמֵדוּן:
וְהֵפִיץ יהוה אֶתְכֶם בָּעַמִּים וְנִשְׁאַרְתֶּם מְתֵי מִסְפָּר בַּגּוֹיִם אֲשֶׁר יְנַהֵג יהוה
אֶתְכֶם שָׁמָּה: וַעֲבַדְתֶּם־שָׁם אֱלֹהִים מַעֲשֵׂה יְדֵי אָדָם עֵץ וָאֶבֶן אֲשֶׁר לֹא־
יִרְאוּן וְלֹא יִשְׁמְעוּן וְלֹא יֹאכְלוּן וְלֹא יְרִיחֻן: וּבִקַּשְׁתֶּם מִשָּׁם אֶת־יהוה אֱלֹהֶיךָ
לוי וּמָצָאתָ כִּי תִדְרְשֶׁנּוּ בְּכָל־לְבָבְךָ וּבְכָל־נַפְשֶׁךָ: *בַּצַּר לְךָ וּמְצָאוּךָ כֹּל הַדְּבָרִים
הָאֵלֶּה בְּאַחֲרִית הַיָּמִים וְשַׁבְתָּ עַד־יהוה אֱלֹהֶיךָ וְשָׁמַעְתָּ בְּקֹלוֹ: כִּי אֵל
רַחוּם יהוה אֱלֹהֶיךָ לֹא יַרְפְּךָ וְלֹא יַשְׁחִיתֶךָ וְלֹא יִשְׁכַּח אֶת־בְּרִית אֲבֹתֶיךָ
אֲשֶׁר נִשְׁבַּע לָהֶם: כִּי שְׁאַל־נָא לְיָמִים רִאשֹׁנִים אֲשֶׁר־הָיוּ לְפָנֶיךָ לְמִן־הַיּוֹם
אֲשֶׁר בָּרָא אֱלֹהִים ׀ אָדָם עַל־הָאָרֶץ וּלְמִקְצֵה הַשָּׁמַיִם וְעַד־קְצֵה הַשָּׁמָיִם
הֲנִהְיָה כַּדָּבָר הַגָּדוֹל הַזֶּה אוֹ הֲנִשְׁמַע כָּמֹהוּ: הֲשָׁמַע עָם קוֹל אֱלֹהִים מְדַבֵּר
מִתּוֹךְ־הָאֵשׁ כַּאֲשֶׁר־שָׁמַעְתָּ אַתָּה וַיֶּחִי: אוֹ ׀ הֲנִסָּה אֱלֹהִים לָבוֹא לָקַחַת לוֹ
גוֹי מִקֶּרֶב גּוֹי בְּמַסֹּת בְּאֹתֹת וּבְמוֹפְתִים וּבְמִלְחָמָה וּבְיָד חֲזָקָה וּבִזְרוֹעַ נְטוּיָה
וּבְמוֹרָאִים גְּדֹלִים כְּכֹל אֲשֶׁר־עָשָׂה לָכֶם יהוה אֱלֹהֵיכֶם בְּמִצְרַיִם לְעֵינֶיךָ:
ישראל אַתָּה הָרְאֵתָ לָדַעַת כִּי יהוה הוּא הָאֱלֹהִים אֵין עוֹד מִלְּבַדּוֹ: *מִן־הַשָּׁמַיִם

השמיעך את־קלו ליסרך ועל־הארץ הראך את־אשו הגדולה ודבריו
שמעת מתוך האש: ותחת כי אהב את־אבתיך ויבחר בזרעו אחריו
ויוצאך בפניו בכחו הגדל ממצרים: להוריש גוים גדלים ועצמים ממך
מפניך להביאך לתת־לך את־ארצם נחלה כיום הזה: וידעת היום והשבת
אל־לבבך כי יהוה הוא האלהים בשמים ממעל ועל־הארץ מתחת אין
עוד: ושמרת את־חקיו ואת־מצותיו אשר אנכי מצוך היום אשר ייטב לך
ולבניך אחריך ולמען תאריך ימים על־האדמה אשר יהוה אלהיך נתן לך
כל־הימים:

HAFTARA FOR TISHA B'AV הפטרה לתשעה באב

ירמיהו ח:יג–ט:כג

אסף אסיפם נאם־יהוה אין ענבים בגפן ואין תאנים בתאנה והעלה נבל
ואתן להם יעברום: על־מה אנחנו ישבים האספו ונבוא אל־ערי המבצר
ונדמה־שם כי יהוה אלהינו הדמנו וישקנו מי־ראש כי חטאנו ליהוה:
קוה לשלום ואין טוב לעת מרפה והנה בעתה: מדן נשמע נחרת סוסיו
מקול מצהלות אביריו רעשה כל־הארץ ויבואו ויאכלו ארץ ומלואה עיר
וישבי בה: כי הנני משלח בכם נחשים צפענים אשר אין־להם לחש ונשכו
אתכם נאם־יהוה: מבליגיתי עלי יגון עלי לבי דוי: הנה־קול
שועת בת־עמי מארץ מרחקים היהוה אין בציון אם־מלכה אין בה מדוע
הכעסוני בפסליהם בהבלי נכר: עבר קציר כלה קיץ ואנחנו לוא נושענו:
על־שבר בת־עמי השברתי קדרתי שמה החזקתני: הצרי אין בגלעד אם־
רפא אין שם כי מדוע לא עלתה ארכת בת־עמי: מי־יתן ראשי
מים ועיני מקור דמעה ואבכה יומם ולילה את חללי בת־עמי: מי־יתנני
במדבר מלון ארחים ואעזבה את־עמי ואלכה מאתם כי כלם מנאפים עצרת
בגדים: וידרכו את־לשונם קשתם שקר ולא לאמונה גברו בארץ כי מרעה
אל־רעה | יצאו ואתי לא־ידעו נאם־יהוה: איש מרעהו השמרו ועל־כל־
אח אל־תבטחו כי כל־אח עקוב יעקב וכל־רע רכיל יהלך: ואיש ברעהו
יהתלו ואמת לא ידברו למדו לשונם דבר־שקר העוה נלאו: שבתך
בתוך מרמה במרמה מאנו דעת־אותי נאם־יהוה: לכן כה
אמר יהוה צבאות הנני צורפם ובחנתים כי־איך אעשה מפני בת־עמי:

שחוט חץ שוחט לשונם מרמה דבר בפיו שלום את־רעהו ידבר ובקרבו ישים
ארבו: העל־אלה לא־אפקד־בם נאם־יהוה אם בגוי אשר־כזה לא תתנקם
נפשי: על־ההרים אשא בכי ונהי ועל־נאות מדבר קינה כי
נצתו מבלי־איש עבר ולא שמעו קול מקנה מעוף השמים ועד־בהמה
נדדו הלכו: ונתתי את־ירושלם לגלים מעון תנים ואת־ערי יהודה אתן
שממה מבלי יושב: מי־האיש החכם ויבן את־זאת ואשר
דבר פי־יהוה אליו ויגדה על־מה אבדה הארץ נצתה כמדבר מבלי
עבר: ויאמר יהוה על־עזבם את־תורתי אשר נתתי לפניהם
ולא־שמעו בקולי ולא־הלכו בה: וילכו אחרי שררות לבם ואחרי הבעלים
אשר למדום אבותם: לכן כה־אמר יהוה צבאות אלהי ישראל
הנני מאכילם את־העם הזה לענה והשקיתים מי־ראש: והפצותים בגוים
אשר לא ידעו המה ואבותם ושלחתי אחריהם את־החרב עד כלותי
אותם: כה אמר יהוה צבאות התבוננו וקראו למקוננות
ותבואינה ואל־החכמות שלחו ותבואנה: ותמהרנה ותשנה עלינו נהי
ותרדנה עינינו דמעה ועפעפינו יזלו־מים: כי קול נהי נשמע מציון איך
שדדנו בשנו מאד כי־עזבנו ארץ כי השליכו משכנותינו: כי־
שמענה נשים דבר־יהוה ותקח אזנכם דבר־פיו ולמדנה בנותיכם נהי ואשה
רעותה קינה: כי־עלה מות בחלונינו בא בארמנותינו להכרית עולל מחוץ
בחורים מרחבות: דבר כה נאם־יהוה ונפלה נבלת האדם כדמן על־פני
השדה וכעמיר מאחרי הקוצר ואין מאסף: כה ׀ אמר יהוה
אל־יתהלל חכם בחכמתו ואל־יתהלל הגבור בגבורתו אל־יתהלל עשיר
בעשרו: כי אם־בזאת יתהלל המתהלל השכל וידע אותי כי אני יהוה עשה
חסד משפט וצדקה בארץ כי־באלה חפצתי נאם־יהוה:

קריאה ליום הראשון של חנוכה — FIRST DAY OF HANUKKA

במדבר ז:א–יז ויהי ביום כלות משה להקים את־המשכן וימשח אתו ויקדש אתו ואת־
כל־כליו ואת־המזבח ואת־כל־כליו וימשחם ויקדש אתם: ויקריבו נשיאי
ישראל ראשי בית אבתם הם נשיאי המטת הם העמדים על־הפקדים:
ויביאו את־קרבנם לפני יהוה שש־עגלת צב ושני־עשר בקר עגלה על־שני

הַנְּשִׂאִים וְשׁוֹר לְאֶחָד וַיַּקְרִיבוּ אוֹתָם לִפְנֵי הַמִּשְׁכָּן: וַיֹּאמֶר יהוה אֶל־מֹשֶׁה
לֵּאמֹר: קַח מֵאִתָּם וְהָיוּ לַעֲבֹד אֶת־עֲבֹדַת אֹהֶל מוֹעֵד וְנָתַתָּה אוֹתָם אֶל־
הַלְוִיִּם אִישׁ כְּפִי עֲבֹדָתוֹ: וַיִּקַּח מֹשֶׁה אֶת־הָעֲגָלֹת וְאֶת־הַבָּקָר וַיִּתֵּן אוֹתָם
אֶל־הַלְוִיִּם: אֵת ׀ שְׁתֵּי הָעֲגָלוֹת וְאֵת אַרְבַּעַת הַבָּקָר נָתַן לִבְנֵי גֵרְשׁוֹן כְּפִי
עֲבֹדָתָם: וְאֵת ׀ אַרְבַּע הָעֲגָלֹת וְאֵת שְׁמֹנַת הַבָּקָר נָתַן לִבְנֵי מְרָרִי כְּפִי עֲבֹדָתָם
בְּיַד אִיתָמָר בֶּן־אַהֲרֹן הַכֹּהֵן: וְלִבְנֵי קְהָת לֹא נָתָן כִּי־עֲבֹדַת הַקֹּדֶשׁ עֲלֵהֶם
בַּכָּתֵף יִשָּׂאוּ: וַיַּקְרִיבוּ הַנְּשִׂאִים אֵת חֲנֻכַּת הַמִּזְבֵּחַ בְּיוֹם הִמָּשַׁח אֹתוֹ וַיַּקְרִיבוּ
הַנְּשִׂיאִם אֶת־קָרְבָּנָם לִפְנֵי הַמִּזְבֵּחַ: וַיֹּאמֶר יהוה אֶל־מֹשֶׁה נָשִׂיא אֶחָד לַיּוֹם
לוי נָשִׂיא אֶחָד לַיּוֹם יַקְרִיבוּ אֶת־קָרְבָּנָם לַחֲנֻכַּת הַמִּזְבֵּחַ: *וַיְהִי
הַמַּקְרִיב בַּיּוֹם הָרִאשׁוֹן אֶת־קָרְבָּנוֹ נַחְשׁוֹן בֶּן־עַמִּינָדָב לְמַטֵּה יְהוּדָה: וְקָרְבָּנוֹ
קַעֲרַת־כֶּסֶף אַחַת שְׁלֹשִׁים וּמֵאָה מִשְׁקָלָהּ מִזְרָק אֶחָד כֶּסֶף שִׁבְעִים שֶׁקֶל
בְּשֶׁקֶל הַקֹּדֶשׁ שְׁנֵיהֶם ׀ מְלֵאִים סֹלֶת בְּלוּלָה בַשֶּׁמֶן לְמִנְחָה: כַּף אַחַת
ישראל עֲשָׂרָה זָהָב מְלֵאָה קְטֹרֶת: *פַּר אֶחָד בֶּן־בָּקָר אַיִל אֶחָד כֶּבֶשׂ־אֶחָד בֶּן־
שְׁנָתוֹ לְעֹלָה: שְׂעִיר־עִזִּים אֶחָד לְחַטָּאת: וּלְזֶבַח הַשְּׁלָמִים בָּקָר שְׁנַיִם
אֵילִם חֲמִשָּׁה עַתֻּדִים חֲמִשָּׁה כְּבָשִׂים בְּנֵי־שָׁנָה חֲמִשָּׁה זֶה קָרְבַּן נַחְשׁוֹן
בֶּן־עַמִּינָדָב:

SECOND DAY OF ḤANUKKA — קריאה ליום השני של חנוכה

In ארץ ישראל, *for* שלישי *repeat the first paragraph:* בַּיּוֹם הַשֵּׁנִי *until* נְתַנְאֵל בֶּן־צוּעָר.

במדבר ז:יח–כט בַּיּוֹם הַשֵּׁנִי הִקְרִיב נְתַנְאֵל בֶּן־צוּעָר נְשִׂיא יִשָּׂשכָר: הִקְרִב אֶת־קָרְבָּנוֹ קַעֲרַת־
כֶּסֶף אַחַת שְׁלֹשִׁים וּמֵאָה מִשְׁקָלָהּ מִזְרָק אֶחָד כֶּסֶף שִׁבְעִים שֶׁקֶל בְּשֶׁקֶל
הַקֹּדֶשׁ שְׁנֵיהֶם ׀ מְלֵאִים סֹלֶת בְּלוּלָה בַשֶּׁמֶן לְמִנְחָה: כַּף אַחַת עֲשָׂרָה זָהָב
לוי מְלֵאָה קְטֹרֶת: *פַּר אֶחָד בֶּן־בָּקָר אַיִל אֶחָד כֶּבֶשׂ־אֶחָד בֶּן־שְׁנָתוֹ לְעֹלָה:
שְׂעִיר־עִזִּים אֶחָד לְחַטָּאת: וּלְזֶבַח הַשְּׁלָמִים בָּקָר שְׁנַיִם אֵילִם חֲמִשָּׁה עַתֻּדִים
חֲמִשָּׁה כְּבָשִׂים בְּנֵי־שָׁנָה חֲמִשָּׁה זֶה קָרְבַּן נְתַנְאֵל בֶּן־צוּעָר:
ישראל בַּיּוֹם הַשְּׁלִישִׁי נָשִׂיא לִבְנֵי זְבוּלֻן אֱלִיאָב בֶּן־חֵלֹן: קָרְבָּנוֹ קַעֲרַת־כֶּסֶף אַחַת
שְׁלֹשִׁים וּמֵאָה מִשְׁקָלָהּ מִזְרָק אֶחָד כֶּסֶף שִׁבְעִים שֶׁקֶל בְּשֶׁקֶל הַקֹּדֶשׁ שְׁנֵיהֶם ׀
מְלֵאִים סֹלֶת בְּלוּלָה בַשֶּׁמֶן לְמִנְחָה: כַּף אַחַת עֲשָׂרָה זָהָב מְלֵאָה קְטֹרֶת:
פַּר אֶחָד בֶּן־בָּקָר אַיִל אֶחָד כֶּבֶשׂ־אֶחָד בֶּן־שְׁנָתוֹ לְעֹלָה: שְׂעִיר־עִזִּים אֶחָד

לְחַטָּאת: וּלְזֶבַח הַשְּׁלָמִים בָּקָר שְׁנַיִם אֵילִם חֲמִשָּׁה עַתֻּדִים חֲמִשָּׁה כְּבָשִׂים
בְּנֵי־שָׁנָה חֲמִשָּׁה זֶה קָרְבַּן אֱלִיאָב בֶּן־חֵלֹן:

THIRD DAY OF ḤANUKKA — קריאה ליום השלישי של חנוכה

In ארץ ישראל, *for* שלישי *repeat the first paragraph:* בַּיּוֹם הַשְּׁלִישִׁי *until* אֱלִיאָב בֶּן־חֵלֹן.

במדבר ז:כד–לה בַּיּוֹם הַשְּׁלִישִׁי נָשִׂיא לִבְנֵי זְבוּלֻן אֱלִיאָב בֶּן־חֵלֹן: קָרְבָּנוֹ קַעֲרַת־כֶּסֶף אַחַת
שְׁלֹשִׁים וּמֵאָה מִשְׁקָלָהּ מִזְרָק אֶחָד כֶּסֶף שִׁבְעִים שֶׁקֶל בְּשֶׁקֶל הַקֹּדֶשׁ שְׁנֵיהֶם ׀
מְלֵאִים סֹלֶת בְּלוּלָה בַשֶּׁמֶן לְמִנְחָה: כַּף אַחַת עֲשָׂרָה זָהָב מְלֵאָה קְטֹרֶת:
לוי *פַּר אֶחָד בֶּן־בָּקָר אַיִל אֶחָד כֶּבֶשׂ־אֶחָד בֶּן־שְׁנָתוֹ לְעֹלָה: שְׂעִיר־עִזִּים אֶחָד
לְחַטָּאת: וּלְזֶבַח הַשְּׁלָמִים בָּקָר שְׁנַיִם אֵילִם חֲמִשָּׁה עַתֻּדִים חֲמִשָּׁה כְּבָשִׂים
בְּנֵי־שָׁנָה חֲמִשָּׁה זֶה קָרְבַּן אֱלִיאָב בֶּן־חֵלֹן:
ישראל בַּיּוֹם הָרְבִיעִי נָשִׂיא לִבְנֵי רְאוּבֵן אֱלִיצוּר בֶּן־שְׁדֵיאוּר: קָרְבָּנוֹ קַעֲרַת־כֶּסֶף
אַחַת שְׁלֹשִׁים וּמֵאָה מִשְׁקָלָהּ מִזְרָק אֶחָד כֶּסֶף שִׁבְעִים שֶׁקֶל בְּשֶׁקֶל הַקֹּדֶשׁ
שְׁנֵיהֶם ׀ מְלֵאִים סֹלֶת בְּלוּלָה בַשֶּׁמֶן לְמִנְחָה: כַּף אַחַת עֲשָׂרָה זָהָב מְלֵאָה
קְטֹרֶת: פַּר אֶחָד בֶּן־בָּקָר אַיִל אֶחָד כֶּבֶשׂ־אֶחָד בֶּן־שְׁנָתוֹ לְעֹלָה: שְׂעִיר־עִזִּים
אֶחָד לְחַטָּאת: וּלְזֶבַח הַשְּׁלָמִים בָּקָר שְׁנַיִם אֵילִם חֲמִשָּׁה עַתֻּדִים חֲמִשָּׁה
כְּבָשִׂים בְּנֵי־שָׁנָה חֲמִשָּׁה זֶה קָרְבַּן אֱלִיצוּר בֶּן־שְׁדֵיאוּר:

FOURTH DAY OF ḤANUKKA — קריאה ליום הרביעי של חנוכה

In ארץ ישראל, *for* שלישי *repeat the first paragraph:* בַּיּוֹם הָרְבִיעִי *until* אֱלִיצוּר בֶּן־שְׁדֵיאוּר.

במדבר ז:ל–מא בַּיּוֹם הָרְבִיעִי נָשִׂיא לִבְנֵי רְאוּבֵן אֱלִיצוּר בֶּן־שְׁדֵיאוּר: קָרְבָּנוֹ קַעֲרַת־כֶּסֶף
אַחַת שְׁלֹשִׁים וּמֵאָה מִשְׁקָלָהּ מִזְרָק אֶחָד כֶּסֶף שִׁבְעִים שֶׁקֶל בְּשֶׁקֶל הַקֹּדֶשׁ
שְׁנֵיהֶם ׀ מְלֵאִים סֹלֶת בְּלוּלָה בַשֶּׁמֶן לְמִנְחָה: כַּף אַחַת עֲשָׂרָה זָהָב מְלֵאָה
לוי קְטֹרֶת: *פַּר אֶחָד בֶּן־בָּקָר אַיִל אֶחָד כֶּבֶשׂ־אֶחָד בֶּן־שְׁנָתוֹ לְעֹלָה: שְׂעִיר־
עִזִּים אֶחָד לְחַטָּאת: וּלְזֶבַח הַשְּׁלָמִים בָּקָר שְׁנַיִם אֵילִם חֲמִשָּׁה עַתֻּדִים חֲמִשָּׁה
כְּבָשִׂים בְּנֵי־שָׁנָה חֲמִשָּׁה זֶה קָרְבַּן אֱלִיצוּר בֶּן־שְׁדֵיאוּר:
ישראל בַּיּוֹם הַחֲמִישִׁי נָשִׂיא לִבְנֵי שִׁמְעוֹן שְׁלֻמִיאֵל בֶּן־צוּרִישַׁדָּי: קָרְבָּנוֹ קַעֲרַת־כֶּסֶף
אַחַת שְׁלֹשִׁים וּמֵאָה מִשְׁקָלָהּ מִזְרָק אֶחָד כֶּסֶף שִׁבְעִים שֶׁקֶל בְּשֶׁקֶל הַקֹּדֶשׁ
שְׁנֵיהֶם ׀ מְלֵאִים סֹלֶת בְּלוּלָה בַשֶּׁמֶן לְמִנְחָה: כַּף אַחַת עֲשָׂרָה זָהָב מְלֵאָה

קְטֹרֶת: פַּר אֶחָד בֶּן־בָּקָר אַיִל אֶחָד כֶּבֶשׂ־אֶחָד בֶּן־שְׁנָתוֹ לְעֹלָה: שְׂעִיר־עִזִּים
אֶחָד לְחַטָּאת: וּלְזֶבַח הַשְּׁלָמִים בָּקָר שְׁנַיִם אֵילִם חֲמִשָּׁה עַתֻּדִים חֲמִשָּׁה
כְּבָשִׂים בְּנֵי־שָׁנָה חֲמִשָּׁה זֶה קָרְבַּן שְׁלֻמִיאֵל בֶּן־צוּרִישַׁדָּי:

FIFTH DAY OF HANUKKA קריאה ליום החמישי של חנוכה

In ארץ ישראל, *for* שלישי *repeat the first paragraph:* בַּיּוֹם הַחֲמִישִׁי *until* שְׁלֻמִיאֵל בֶּן־צוּרִישַׁדָּי.

בַּיּוֹם הַחֲמִישִׁי נָשִׂיא לִבְנֵי שִׁמְעוֹן שְׁלֻמִיאֵל בֶּן־צוּרִישַׁדָּי: קָרְבָּנוֹ קַעֲרַת־ במדבר ז:לו–מז
כֶּסֶף אַחַת שְׁלֹשִׁים וּמֵאָה מִשְׁקָלָהּ מִזְרָק אֶחָד כֶּסֶף שִׁבְעִים שֶׁקֶל בְּשֶׁקֶל
הַקֹּדֶשׁ שְׁנֵיהֶם | מְלֵאִים סֹלֶת בְּלוּלָה בַשֶּׁמֶן לְמִנְחָה: כַּף אַחַת עֲשָׂרָה זָהָב
מְלֵאָה קְטֹרֶת: *פַּר אֶחָד בֶּן־בָּקָר אַיִל אֶחָד כֶּבֶשׂ־אֶחָד בֶּן־שְׁנָתוֹ לְעֹלָה: לוי
שְׂעִיר־עִזִּים אֶחָד לְחַטָּאת: וּלְזֶבַח הַשְּׁלָמִים בָּקָר שְׁנַיִם אֵילִם חֲמִשָּׁה עַתֻּדִים
חֲמִשָּׁה כְּבָשִׂים בְּנֵי־שָׁנָה חֲמִשָּׁה זֶה קָרְבַּן שְׁלֻמִיאֵל בֶּן־צוּרִישַׁדָּי:
בַּיּוֹם הַשִּׁשִּׁי נָשִׂיא לִבְנֵי גָד אֶלְיָסָף בֶּן־דְּעוּאֵל: קָרְבָּנוֹ קַעֲרַת־כֶּסֶף אַחַת ישראל
שְׁלֹשִׁים וּמֵאָה מִשְׁקָלָהּ מִזְרָק אֶחָד כֶּסֶף שִׁבְעִים שֶׁקֶל בְּשֶׁקֶל הַקֹּדֶשׁ שְׁנֵיהֶם |
מְלֵאִים סֹלֶת בְּלוּלָה בַשֶּׁמֶן לְמִנְחָה: כַּף אַחַת עֲשָׂרָה זָהָב מְלֵאָה קְטֹרֶת:
פַּר אֶחָד בֶּן־בָּקָר אַיִל אֶחָד כֶּבֶשׂ־אֶחָד בֶּן־שְׁנָתוֹ לְעֹלָה: שְׂעִיר־עִזִּים אֶחָד
לְחַטָּאת: וּלְזֶבַח הַשְּׁלָמִים בָּקָר שְׁנַיִם אֵילִם חֲמִשָּׁה עַתֻּדִים חֲמִשָּׁה כְּבָשִׂים
בְּנֵי־שָׁנָה חֲמִשָּׁה זֶה קָרְבַּן אֶלְיָסָף בֶּן־דְּעוּאֵל:

קריאה ליום הששי של חנוכה וראש חודש

SIXTH DAY OF HANUKKA AND ROSH HODESH

The sixth day is ראש חודש טבת. *Two* ספרי תורה *are taken out of the* ארון קודש. *From the first, read the* קריאת התורה *for* ראש חודש *(page 653), from the second, read* בַּיּוֹם הַשִּׁשִּׁי.

בַּיּוֹם הַשִּׁשִּׁי נָשִׂיא לִבְנֵי גָד אֶלְיָסָף בֶּן־דְּעוּאֵל: קָרְבָּנוֹ קַעֲרַת־כֶּסֶף אַחַת במדבר ז:מב–מז
שְׁלֹשִׁים וּמֵאָה מִשְׁקָלָהּ מִזְרָק אֶחָד כֶּסֶף שִׁבְעִים שֶׁקֶל בְּשֶׁקֶל הַקֹּדֶשׁ שְׁנֵיהֶם |
מְלֵאִים סֹלֶת בְּלוּלָה בַשֶּׁמֶן לְמִנְחָה: כַּף אַחַת עֲשָׂרָה זָהָב מְלֵאָה קְטֹרֶת:
פַּר אֶחָד בֶּן־בָּקָר אַיִל אֶחָד כֶּבֶשׂ־אֶחָד בֶּן־שְׁנָתוֹ לְעֹלָה: שְׂעִיר־עִזִּים אֶחָד
לְחַטָּאת: וּלְזֶבַח הַשְּׁלָמִים בָּקָר שְׁנַיִם אֵילִם חֲמִשָּׁה עַתֻּדִים חֲמִשָּׁה כְּבָשִׂים
בְּנֵי־שָׁנָה חֲמִשָּׁה זֶה קָרְבַּן אֶלְיָסָף בֶּן־דְּעוּאֵל:

קריאה ליום השביעי של חנוכה וראש חודש

SEVENTH DAY OF ḤANUKKA AND ROSH ḤODESH

If the seventh day is also ראש חודש*, then two* ספרי תורה *are taken out of the* ארון קודש*. From the first, read the* קריאת התורה *for* ראש חודש *(page 653), from the second, read* בַּיּוֹם הַשְּׁבִיעִי*:*

בַּיּוֹם הַשְּׁבִיעִי נָשִׂיא לִבְנֵי אֶפְרָיִם אֱלִישָׁמָע בֶּן־עַמִּיהוּד: קָרְבָּנוֹ קַעֲרַת־כֶּסֶף במדבר ז:מח–נג
אַחַת שְׁלֹשִׁים וּמֵאָה מִשְׁקָלָהּ מִזְרָק אֶחָד כֶּסֶף שִׁבְעִים שֶׁקֶל בְּשֶׁקֶל הַקֹּדֶשׁ
שְׁנֵיהֶם ׀ מְלֵאִים סֹלֶת בְּלוּלָה בַשֶּׁמֶן לְמִנְחָה: כַּף אַחַת עֲשָׂרָה זָהָב מְלֵאָה
קְטֹרֶת: פַּר אֶחָד בֶּן־בָּקָר אַיִל אֶחָד כֶּבֶשׂ־אֶחָד בֶּן־שְׁנָתוֹ לְעֹלָה: שְׂעִיר־עִזִּים
אֶחָד לְחַטָּאת: וּלְזֶבַח הַשְּׁלָמִים בָּקָר שְׁנַיִם אֵילִם חֲמִשָּׁה עַתֻּדִים חֲמִשָּׁה
כְּבָשִׂים בְּנֵי־שָׁנָה חֲמִשָּׁה זֶה קָרְבַּן אֱלִישָׁמָע בֶּן־עַמִּיהוּד:

קריאה ליום השביעי של חנוכה SEVENTH DAY OF ḤANUKKA

If the seventh day is not ראש חודש*, then read as below. In* ארץ ישראל*, for* שלישי *repeat the first paragraph:* בַּיּוֹם הַשְּׁבִיעִי *until* אֱלִישָׁמָע בֶּן־עַמִּיהוּד*.*

בַּיּוֹם הַשְּׁבִיעִי נָשִׂיא לִבְנֵי אֶפְרָיִם אֱלִישָׁמָע בֶּן־עַמִּיהוּד: קָרְבָּנוֹ קַעֲרַת־כֶּסֶף במדבר ז:מח–נט
אַחַת שְׁלֹשִׁים וּמֵאָה מִשְׁקָלָהּ מִזְרָק אֶחָד כֶּסֶף שִׁבְעִים שֶׁקֶל בְּשֶׁקֶל הַקֹּדֶשׁ
שְׁנֵיהֶם ׀ מְלֵאִים סֹלֶת בְּלוּלָה בַשֶּׁמֶן לְמִנְחָה: כַּף אַחַת עֲשָׂרָה זָהָב מְלֵאָה
קְטֹרֶת: *פַּר אֶחָד בֶּן־בָּקָר אַיִל אֶחָד כֶּבֶשׂ־אֶחָד בֶּן־שְׁנָתוֹ לְעֹלָה: שְׂעִיר־ לוי
עִזִּים אֶחָד לְחַטָּאת: וּלְזֶבַח הַשְּׁלָמִים בָּקָר שְׁנַיִם אֵילִם חֲמִשָּׁה עַתֻּדִים
חֲמִשָּׁה כְּבָשִׂים בְּנֵי־שָׁנָה חֲמִשָּׁה זֶה קָרְבַּן אֱלִישָׁמָע בֶּן־עַמִּיהוּד:
בַּיּוֹם הַשְּׁמִינִי נָשִׂיא לִבְנֵי מְנַשֶּׁה גַּמְלִיאֵל בֶּן־פְּדָהצוּר: קָרְבָּנוֹ קַעֲרַת־כֶּסֶף ישראל
אַחַת שְׁלֹשִׁים וּמֵאָה מִשְׁקָלָהּ מִזְרָק אֶחָד כֶּסֶף שִׁבְעִים שֶׁקֶל בְּשֶׁקֶל הַקֹּדֶשׁ
שְׁנֵיהֶם ׀ מְלֵאִים סֹלֶת בְּלוּלָה בַשֶּׁמֶן לְמִנְחָה: כַּף אַחַת עֲשָׂרָה זָהָב מְלֵאָה
קְטֹרֶת: פַּר אֶחָד בֶּן־בָּקָר אַיִל אֶחָד כֶּבֶשׂ־אֶחָד בֶּן־שְׁנָתוֹ לְעֹלָה: שְׂעִיר־עִזִּים
אֶחָד לְחַטָּאת: וּלְזֶבַח הַשְּׁלָמִים בָּקָר שְׁנַיִם אֵילִם חֲמִשָּׁה עַתֻּדִים חֲמִשָּׁה
כְּבָשִׂים בְּנֵי־שָׁנָה חֲמִשָּׁה זֶה קָרְבַּן גַּמְלִיאֵל בֶּן־פְּדָהצוּר:

קריאה ליום השמיני של חנוכה EIGHTH DAY OF ḤANUKKA

בַּיּוֹם הַשְּׁמִינִי נָשִׂיא לִבְנֵי מְנַשֶּׁה גַּמְלִיאֵל בֶּן־פְּדָהצוּר: קָרְבָּנוֹ קַעֲרַת־כֶּסֶף במדבר ז:נד–ח:ד
אַחַת שְׁלֹשִׁים וּמֵאָה מִשְׁקָלָהּ מִזְרָק אֶחָד כֶּסֶף שִׁבְעִים שֶׁקֶל בְּשֶׁקֶל הַקֹּדֶשׁ

שְׁנֵיהֶם ׀ מְלֵאִים סֹלֶת בְּלוּלָה בַשֶּׁמֶן לְמִנְחָה: כַּף אַחַת עֲשָׂרָה זָהָב מְלֵאָה
קְטֹרֶת: *פַּר אֶחָד בֶּן־בָּקָר אַיִל אֶחָד כֶּבֶשׂ־אֶחָד בֶּן־שְׁנָתוֹ לְעֹלָה: שְׂעִיר־עִזִּים לוי
אֶחָד לְחַטָּאת: וּלְזֶבַח הַשְּׁלָמִים בָּקָר שְׁנַיִם אֵילִם חֲמִשָּׁה עַתֻּדִים חֲמִשָּׁה
כְּבָשִׂים בְּנֵי־שָׁנָה חֲמִשָּׁה זֶה קָרְבַּן גַּמְלִיאֵל בֶּן־פְּדָהצוּר:
בַּיּוֹם הַתְּשִׁיעִי נָשִׂיא לִבְנֵי בִנְיָמִן אֲבִידָן בֶּן־גִּדְעֹנִי: קָרְבָּנוֹ קַעֲרַת־כֶּסֶף אַחַת ישראל
שְׁלֹשִׁים וּמֵאָה מִשְׁקָלָהּ מִזְרָק אֶחָד כֶּסֶף שִׁבְעִים שֶׁקֶל בְּשֶׁקֶל הַקֹּדֶשׁ שְׁנֵיהֶם ׀
מְלֵאִים סֹלֶת בְּלוּלָה בַשֶּׁמֶן לְמִנְחָה: כַּף אַחַת עֲשָׂרָה זָהָב מְלֵאָה קְטֹרֶת:
פַּר אֶחָד בֶּן־בָּקָר אַיִל אֶחָד כֶּבֶשׂ־אֶחָד בֶּן־שְׁנָתוֹ לְעֹלָה: שְׂעִיר־עִזִּים אֶחָד
לְחַטָּאת: וּלְזֶבַח הַשְּׁלָמִים בָּקָר שְׁנַיִם אֵילִם חֲמִשָּׁה עַתֻּדִים חֲמִשָּׁה כְּבָשִׂים
בְּנֵי־שָׁנָה חֲמִשָּׁה זֶה קָרְבַּן אֲבִידָן בֶּן־גִּדְעֹנִי:
בַּיּוֹם הָעֲשִׂירִי נָשִׂיא לִבְנֵי דָן אֲחִיעֶזֶר בֶּן־עַמִּישַׁדָּי: קָרְבָּנוֹ קַעֲרַת־כֶּסֶף אַחַת
שְׁלֹשִׁים וּמֵאָה מִשְׁקָלָהּ מִזְרָק אֶחָד כֶּסֶף שִׁבְעִים שֶׁקֶל בְּשֶׁקֶל הַקֹּדֶשׁ שְׁנֵיהֶם ׀
מְלֵאִים סֹלֶת בְּלוּלָה בַשֶּׁמֶן לְמִנְחָה: כַּף אַחַת עֲשָׂרָה זָהָב מְלֵאָה קְטֹרֶת:
פַּר אֶחָד בֶּן־בָּקָר אַיִל אֶחָד כֶּבֶשׂ־אֶחָד בֶּן־שְׁנָתוֹ לְעֹלָה: שְׂעִיר־עִזִּים אֶחָד
לְחַטָּאת: וּלְזֶבַח הַשְּׁלָמִים בָּקָר שְׁנַיִם אֵילִם חֲמִשָּׁה עַתֻּדִים חֲמִשָּׁה כְּבָשִׂים
בְּנֵי־שָׁנָה חֲמִשָּׁה זֶה קָרְבַּן אֲחִיעֶזֶר בֶּן־עַמִּישַׁדָּי:
בְּיוֹם עַשְׁתֵּי עָשָׂר יוֹם נָשִׂיא לִבְנֵי אָשֵׁר פַּגְעִיאֵל בֶּן־עָכְרָן: קָרְבָּנוֹ קַעֲרַת־כֶּסֶף
אַחַת שְׁלֹשִׁים וּמֵאָה מִשְׁקָלָהּ מִזְרָק אֶחָד כֶּסֶף שִׁבְעִים שֶׁקֶל בְּשֶׁקֶל הַקֹּדֶשׁ
שְׁנֵיהֶם ׀ מְלֵאִים סֹלֶת בְּלוּלָה בַשֶּׁמֶן לְמִנְחָה: כַּף אַחַת עֲשָׂרָה זָהָב מְלֵאָה
קְטֹרֶת: פַּר אֶחָד בֶּן־בָּקָר אַיִל אֶחָד כֶּבֶשׂ־אֶחָד בֶּן־שְׁנָתוֹ לְעֹלָה: שְׂעִיר־עִזִּים
אֶחָד לְחַטָּאת: וּלְזֶבַח הַשְּׁלָמִים בָּקָר שְׁנַיִם אֵילִם חֲמִשָּׁה עַתֻּדִים חֲמִשָּׁה
כְּבָשִׂים בְּנֵי־שָׁנָה חֲמִשָּׁה זֶה קָרְבַּן פַּגְעִיאֵל בֶּן־עָכְרָן:
בְּיוֹם שְׁנֵים עָשָׂר יוֹם נָשִׂיא לִבְנֵי נַפְתָּלִי אֲחִירַע בֶּן־עֵינָן: קָרְבָּנוֹ קַעֲרַת־כֶּסֶף
אַחַת שְׁלֹשִׁים וּמֵאָה מִשְׁקָלָהּ מִזְרָק אֶחָד כֶּסֶף שִׁבְעִים שֶׁקֶל בְּשֶׁקֶל הַקֹּדֶשׁ
שְׁנֵיהֶם ׀ מְלֵאִים סֹלֶת בְּלוּלָה בַשֶּׁמֶן לְמִנְחָה: כַּף אַחַת עֲשָׂרָה זָהָב מְלֵאָה
קְטֹרֶת: פַּר אֶחָד בֶּן־בָּקָר אַיִל אֶחָד כֶּבֶשׂ־אֶחָד בֶּן־שְׁנָתוֹ לְעֹלָה: שְׂעִיר־עִזִּים
אֶחָד לְחַטָּאת: וּלְזֶבַח הַשְּׁלָמִים בָּקָר שְׁנַיִם אֵילִם חֲמִשָּׁה עַתֻּדִים חֲמִשָּׁה
כְּבָשִׂים בְּנֵי־שָׁנָה חֲמִשָּׁה זֶה קָרְבַּן אֲחִירַע בֶּן־עֵינָן:
זֹאת ׀ חֲנֻכַּת הַמִּזְבֵּחַ בְּיוֹם הִמָּשַׁח אֹתוֹ מֵאֵת נְשִׂיאֵי יִשְׂרָאֵל קַעֲרֹת כֶּסֶף

שְׁתֵּים עֶשְׂרֵה מִזְרְקֵי־כֶסֶף שְׁנֵים עָשָׂר כַּפּוֹת זָהָב שְׁתֵּים עֶשְׂרֵה: שְׁלֹשִׁים
וּמֵאָה הַקְּעָרָה הָאַחַת כֶּסֶף וְשִׁבְעִים הַמִּזְרָק הָאֶחָד כֹּל כֶּסֶף הַכֵּלִים אַלְפַּיִם
וְאַרְבַּע־מֵאוֹת בְּשֶׁקֶל הַקֹּדֶשׁ: כַּפּוֹת זָהָב שְׁתֵּים־עֶשְׂרֵה מְלֵאֹת קְטֹרֶת
עֲשָׂרָה עֲשָׂרָה הַכַּף בְּשֶׁקֶל הַקֹּדֶשׁ כָּל־זְהַב הַכַּפּוֹת עֶשְׂרִים וּמֵאָה: כָּל־
הַבָּקָר לָעֹלָה שְׁנֵים עָשָׂר פָּרִים אֵילִם שְׁנֵים־עָשָׂר כְּבָשִׂים בְּנֵי־שָׁנָה שְׁנֵים
עָשָׂר וּמִנְחָתָם וּשְׂעִירֵי עִזִּים שְׁנֵים עָשָׂר לְחַטָּאת: וְכֹל בְּקַר ׀ זֶבַח הַשְּׁלָמִים
עֶשְׂרִים וְאַרְבָּעָה פָּרִים אֵילִם שִׁשִּׁים עַתֻּדִים שִׁשִּׁים כְּבָשִׂים בְּנֵי־שָׁנָה שִׁשִּׁים
זֹאת חֲנֻכַּת הַמִּזְבֵּחַ אַחֲרֵי הִמָּשַׁח אֹתוֹ: וּבְבֹא מֹשֶׁה אֶל־אֹהֶל מוֹעֵד לְדַבֵּר
אִתּוֹ וַיִּשְׁמַע אֶת־הַקּוֹל מִדַּבֵּר אֵלָיו מֵעַל הַכַּפֹּרֶת אֲשֶׁר עַל־אֲרֹן הָעֵדֻת מִבֵּין
שְׁנֵי הַכְּרֻבִים וַיְדַבֵּר אֵלָיו:

וַיְדַבֵּר יהוה אֶל־מֹשֶׁה לֵּאמֹר: דַּבֵּר אֶל־אַהֲרֹן וְאָמַרְתָּ אֵלָיו בְּהַעֲלֹתְךָ אֶת־
הַנֵּרֹת אֶל־מוּל פְּנֵי הַמְּנוֹרָה יָאִירוּ שִׁבְעַת הַנֵּרוֹת: וַיַּעַשׂ כֵּן אַהֲרֹן אֶל־מוּל
פְּנֵי הַמְּנוֹרָה הֶעֱלָה נֵרֹתֶיהָ כַּאֲשֶׁר צִוָּה יהוה אֶת־מֹשֶׁה: וְזֶה מַעֲשֵׂה הַמְּנֹרָה
מִקְשָׁה זָהָב עַד־יְרֵכָהּ עַד־פִּרְחָהּ מִקְשָׁה הִוא כַּמַּרְאֶה אֲשֶׁר הֶרְאָה יהוה
אֶת־מֹשֶׁה כֵּן עָשָׂה אֶת־הַמְּנֹרָה:

קריאה לפורים PURIM

שמות יז:ח-טז
וַיָּבֹא עֲמָלֵק וַיִּלָּחֶם עִם־יִשְׂרָאֵל בִּרְפִידִם: וַיֹּאמֶר מֹשֶׁה אֶל־יְהוֹשֻׁעַ בְּחַר־
לָנוּ אֲנָשִׁים וְצֵא הִלָּחֵם בַּעֲמָלֵק מָחָר אָנֹכִי נִצָּב עַל־רֹאשׁ הַגִּבְעָה וּמַטֵּה
הָאֱלֹהִים בְּיָדִי: וַיַּעַשׂ יְהוֹשֻׁעַ כַּאֲשֶׁר אָמַר־לוֹ מֹשֶׁה לְהִלָּחֵם בַּעֲמָלֵק וּמֹשֶׁה
לוי אַהֲרֹן וְחוּר עָלוּ רֹאשׁ הַגִּבְעָה: *וְהָיָה כַּאֲשֶׁר יָרִים מֹשֶׁה יָדוֹ וְגָבַר יִשְׂרָאֵל
וְכַאֲשֶׁר יָנִיחַ יָדוֹ וְגָבַר עֲמָלֵק: וִידֵי מֹשֶׁה כְּבֵדִים וַיִּקְחוּ־אֶבֶן וַיָּשִׂימוּ תַחְתָּיו
וַיֵּשֶׁב עָלֶיהָ וְאַהֲרֹן וְחוּר תָּמְכוּ בְיָדָיו מִזֶּה אֶחָד וּמִזֶּה אֶחָד וַיְהִי יָדָיו אֱמוּנָה
עַד־בֹּא הַשָּׁמֶשׁ: וַיַּחֲלֹשׁ יְהוֹשֻׁעַ אֶת־עֲמָלֵק וְאֶת־עַמּוֹ לְפִי־חָרֶב:
ישראל וַיֹּאמֶר יהוה אֶל־מֹשֶׁה כְּתֹב זֹאת זִכָּרוֹן בַּסֵּפֶר וְשִׂים בְּאָזְנֵי יְהוֹשֻׁעַ כִּי־מָחֹה
אֶמְחֶה אֶת־זֵכֶר עֲמָלֵק מִתַּחַת הַשָּׁמָיִם: וַיִּבֶן מֹשֶׁה מִזְבֵּחַ וַיִּקְרָא שְׁמוֹ יהוה ׀
נִסִּי: וַיֹּאמֶר כִּי־יָד עַל־כֵּס יָהּ מִלְחָמָה לַיהוה בַּעֲמָלֵק מִדֹּר דֹּר:

הלכות תפילה

GATES TO PRAYER

The text (*nusaḥ*) of the siddur that we use today is based on the siddur of the Geonim, primarily *Seder Rav Amram Gaon* from the ninth century. The *nusaḥ* we call "*Nusaḥ Ashkenaz*" refers to the prayer texts and customs of Ashkenazi Jewry, which included the Jews of Germany and northern France. When Ashkenazi Jews moved eastward, they brought their practices with them to Poland and Russia, as well as Lithuania, Bohemia, Moravia, Austro-Hungary, Romania and the Balkans. Similarly, Ashkenazi Jews moved westward to Switzerland, France, Belgium, Holland, Northern Italy, England and, lastly, to Israel and America.

There is no single, authoritative version of *Nusaḥ Ashkenaz*. Certain differences in *nusaḥ* developed between the Jews of western Germany and eastern Germany (known today as *Minhag Polin*). For the most part, *Minhag Polin* is what Ashkenazi Jews follow today. But not exclusively. In the eighteenth century, Ḥasidic Jews adopted a new *nusaḥ* based on the Ari (R. Isaac Luria, 1534–1572), which strongly resembles the *nusaḥ* of Sephardi Jewry. As a result, many Jews of Ashkenazi descent now follow what is called "*Nusaḥ Sepharad*." Another variation on *Nusaḥ Ashkenaz* was developed by the Vilna Gaon (R. Eliyahu b. Shelomo, 1720–1797) and is called "*Minhag HaGra*." Students of the Vilna Gaon who moved to Israel in the nineteenth century brought *Minhag HaGra* with them, and it is the dominant Ashkenazi practice in Israel today.

In this Siddur we have tried to present *Nusaḥ Ashkenaz* as it is typically practiced in Ashkenazi congregations in the United States and Israel, with the differences noted in the instructions. Some practices referred to as "Israeli" are also followed by select congregations in the United States. In the pages below, we also note certain practices of *Nusaḥ Sepharad* which have become more common in Ashkenazi circles.

Rabbi Eli D. Clark

DAILY PRAYER

ON WAKING

1 The custom is to say מוֹדֶה אֲנִי immediately on waking, even before washing hands [משנ״ב או״ח, א:ח].

Laws of Washing Hands; בִּרְכַּת אֲשֶׁר יָצַר; אֱלֹהַי נְשָׁמָה

2 Upon waking, one is obligated to wash hands [שבת, קח:]. Some hold that one should not walk four *amot* (around six feet) prior to washing hands [משנ״ב או״ח, א:ב (בשם הזוהר)].

3 According to some authorities, there is a separate obligation to wash hands prior to prayer [ערוה״ש או״ח, ד:ה]. One who washes and says the blessing of עַל נְטִילַת יָדַיִם after waking, does not repeat the blessing when washing prior to prayer [רמ״א או״ח, ו:ב].

4 Hands should preferably be washed using a cup, but a cup is not required [שו״ע ורמ״א, או״ח: ד, ז]. The custom is to pour water from the cup onto the right hand, then the left, and repeat a total of three times [משנ״ב, שם: י]. Where water is unavailable, one may clean one's hands using any appropriate material; in that case, the blessing is changed to עַל נְקִיּוּת יָדַיִם [שו״ע או״ח, ד:כב].

5 The blessing of עַל נְטִילַת יָדַיִם may be said before drying one's hands or afterward [משנ״ב, ד:ב].

6 A number of reasons have been offered for washing hands upon waking. The Gemara states that, during the night, hands are enveloped by an "evil vapor," רוח רעה, which is removed by washing one's hands [שבת, קח:]. In addition, there is a concern that, while sleeping, one's hands may have touched an unclean part of the body [רא״ש ברכות, פ״ט: כג]. Finally, it is noted that a person who wakes is

like a newborn; therefore, one needs to sanctify oneself by washing [שו״ת רשב״א ח״א, קצא].

7 The blessing of אֲשֶׁר יָצַר should be said each time after relieving oneself. It is recommended that one should go to the bathroom immediately after washing hands, then say the blessings of עַל נְטִילַת יָדַיִם followed by אֲשֶׁר יָצַר. However, even if one does not relieve oneself, one is permitted to say אֲשֶׁר יָצַר after washing hands [רמ״א או״ח, ד: א]. One should not postpone going to the bathroom [שו״ע או״ח, ג: יז].

8 According to the Gemara, the blessing of אֱלֹהַי נְשָׁמָה should be said upon waking [ברכות, ס:]. The contemporary custom is to say אֱלֹהַי נְשָׁמָה immediately after אֲשֶׁר יָצַר [משנ״ב, שם: יב]. However, some rule that one who stays up all night should not say אֱלֹהַי נְשָׁמָה and the blessing הַמַּעֲבִיר שֵׁנָה מֵעֵינַי, and should instead hear them from others [משנ״ב, מו: כד].

9 The custom is to say the *Birkhot HaTorah* after אֲשֶׁר יָצַר, because one should not read or recite Torah verses before making the requisite blessings on Torah study [שו״ע ורמ״א, או״ח: מו, ט].

Laws of Tzitzit

10 Putting on a four-cornered garment with tzitzit attached fulfills an affirmative mitzva from the Torah. The obligation applies only during the daytime [מנחות, מג.]. Since wearing tzitzit is a time-bound mitzva, women are exempt [שו״ע או״ח, יז: ב].

11 The accepted practice is to wear a *tallit katan* all day long and to wear a *tallit gadol* during Shaḥarit [שו״ע או״ח, כד: א]. The dominant Ashkenazi custom is to begin wearing a *tallit gadol* when one marries [משנ״ב, יז: י], but Jews of German and Sephardi descent begin wearing the *tallit gadol* at an earlier age. Nevertheless, the custom is to wear a *tallit gadol* – even if unmarried – when acting as *Shaliaḥ Tzibbur,* reading from or being called up to the Torah, opening the Ark or performing *hagbaha* or *gelila.*

12 One should put on the *tallit katan* immediately upon dressing. One should first examine the strings of the tzitzit to ensure that they are not torn [שו״ע או״ח, ח: ט]. Then, while standing [שו״ע או״ח, ח: א], one should say the blessing of עַל מִצְוַת צִיצִית and immediately put on the garment [רמ״א או״ח, ח: ו]. One does not say the blessing if (a) one is about to put on a *tallit gadol,* and (b) one will have in mind the *tallit katan* when saying the blessing on the *tallit gadol.* On the other hand, if there is a substantial interruption between the time one puts on the *tallit katan* and one puts on the *tallit gadol,* one should say the separate blessing on the *tallit katan* [שו״ע או״ח, ח: יג].

13 The blessing on tzitzit may be said at daybreak, but not before [רמ״א או״ח, יח:ג].

14 Similarly with the *tallit gadol,* one should first examine the strings, then while standing, say the blessing לְהִתְעַטֵּף בַּצִּיצִית and put on the *tallit gadol.* The word לְהִתְעַטֵּף means to wrap oneself; one should initially wrap the *tallit gadol* around to cover one's head and face for a few moments, after which it is sufficient that it cover the torso [מג״א, ח:ב].

15 If one removes the *tallit gadol* for any reason, one should repeat the blessing when putting the tallit back on [שו״ע או״ח, ח:יד]. The blessing is not repeated if the *tallit gadol* is put back on soon after taking it off, and either (a) one was wearing a *tallit katan* all along, or (b) one's original intention was to put the tallit back on shortly [משנ״ב, שם:לז].

16 If one's head is otherwise covered, there is no requirement to cover one's head with the *tallit gadol* [ט״ז או״ח, ח:ג]. Some authorities nevertheless require married men to cover their heads with the *tallit gadol* throughout Shaharit, because it promotes reverence in prayer [בה״ט או״ח, ח:ג (בשם הרדב״ז)]. Others have the custom to cover their heads during the Amida only, or from *Barekhu* through the end of the Amida. Unmarried persons should not wear the *tallit gadol* over their heads [קידושין, כט:].

Laws of Tefillin

17 Putting on tefillin fulfills an affirmative mitzva from the Torah. The obligation applies only on weekdays [שו״ע או״ח, לא]. Since wearing tefillin is a time-bound mitzva, women are exempt [שו״ע או״ח, לח:ג].

18 One puts on tefillin after the tallit, because the former are more sacred, and we follow the principle of "ascending in sanctity" (מעלין בקודש) [שו״ע או״ח, כה:א].

19 The *tefillin shel yad* is worn on the weaker arm, meaning that right-handed people wear it on the left arm, and left-handed people wear it on the right arm [שו״ע או״ח, כז:ו].

20 The *tefillin shel yad* is put on first, by placing the box on the biceps near the elbow joint, angled toward the heart, and saying the blessing לְהָנִיחַ תְּפִלִּין. One then tightens the strap around the muscle and wraps the strap around the forearm seven times. Without speaking or otherwise becoming distracted [שו״ע או״ח, כה:ט–י], one places the *tefillin shel rosh* on the head above the hairline, centered over the nose, and says the blessing עַל מִצְוַת תְּפִלִּין. One then adjusts the straps, so that the knot rests at the base of the skull and the two straps hang down the front of one's chest, and says בָּרוּךְ שֵׁם כְּבוֹד מַלְכוּתוֹ לְעוֹלָם וָעֶד [רמ״א או״ח, כה:ה].

Finally, one wraps the strap of the *tefillin shel yad* around the fingers, while saying וְאֵרַשְׂתִּיךְ (See page 17).

21 The box of the *tefillin shel yad* and the *tefillin shel rosh* must rest directly on the arm and head respectively, without any barrier between them [שו״ע או״ח, כז: ד]. This rule does not apply to the straps of the tefillin [רמ״א, שם].

22 One should regularly touch first the *tefillin shel yad*, then the *tefillin shel rosh*, so as to remain conscious that one is wearing them. In particular, one should touch the appropriate tefillin when saying the relevant verses of the Shema [שו״ע או״ח, כח: א] (see law 40). It is also customary to touch them when saying the verse פּוֹתֵחַ אֶת־יָדֶךָ during *Ashrei*.

23 At a minimum, tefillin should be worn while saying the Shema and the Amida [שו״ע או״ח, כה: ד]. The custom is to keep them on until one has heard the *Kedusha* three times and Kaddish four times [רמ״א, שם: יג], which means that one should not remove the tefillin until after the Mourner's Kaddish following *Aleinu* [משנ״ב, שם: נו]. In theory, one should wear tefillin all day. The custom, however, is to take the tefillin off after praying, because it is difficult to maintain a constant awareness of the tefillin and the requisite purity of mind and body throughout the day [שו״ע או״ח, לז: ב].

24 The order in which one removes tefillin is the reverse of the order in which they were put on. Thus, one first unwinds the strap of the *tefillin shel yad* from one's fingers, then removes the *tefillin shel rosh* and wraps it in its case. One then unwinds the *tefillin shel yad* from the arm, removes the box from the muscle and wraps the tefillin in its case [שו״ע או״ח, כח: ב]. This entire process should be performed standing up [משנ״ב, כח: ו].

SERVICES

Laws of Birkhot HaShaḥar and Pesukei DeZimra

25 According to the Gemara [ברכות, ס:], *Birkhot HaShaḥar* (Morning Blessings) were originally said separately, in conjunction with the performance of the associated activity. Thus, upon dressing one would say the blessing of מַלְבִּישׁ עֲרֻמִּים, and upon standing up one would say the blessing of זוֹקֵף כְּפוּפִים. However, the custom now is to say all of the blessings together in the synagogue [שו״ע או״ח, מו: ב].

26 The insertion of the verse (or verses) of Shema after *Birkhot HaShaḥar* was not meant to satisfy the individual's obligation to say the Shema every morning [רמ״א, שם: ט]. However, as discussed in further detail in law 33, the three paragraphs of Shema must be said within the first half of the morning (measured as ¼ of the time from daybreak to nightfall). Since some congregations hold Shaḥarit services late, especially on Shabbat, and as such the communal recitation of the Shema in Shaḥarit may take place too late to fulfill the halakhic obligation, under such circumstances it is recommended to say all three paragraphs of Shema after *Birkhot HaShaḥar* [משנ״ב, שם: לא].

27 One should say the biblical verses describing the קרבן תמיד (page 45), preferably with the congregation [רמ״א או״ח, מח]. Some authorities require one to stand [משנ״ב, שם: ב].

28 The fifth chapter of מסכת זבחים and the ברייתא דרבי ישמעאל were added after the biblical passages regarding sacrifices to institutionalize the daily study of Scripture, Mishna and Gemara [שו״ע או״ח, נ: א].

29 Saying Kaddish, *Barekhu* or *Kedusha* requires the presence of a *minyan* (ten adult males) [שו״ע או״ח, נה: א].

30 One should not utter idle speech from the beginning of the words בָּרוּךְ אַתָּה יהוה in *Barukh SheAmar* until one completes the Amida [שו״ע או״ח, נא: ד]. Certain responses are permitted, as detailed in the chart on pages 695–697.

31 If one comes late to the synagogue, one may skip all, or portions, of *Pesukei DeZimra*, as follows:

- **a** If there is sufficient time, say *Barukh SheAmar*, Psalms 145–150, and *Yishtabaḥ*.
- **b** If there is less time, say *Barukh SheAmar*, Psalms 145, 148, 150, and *Yishtabaḥ*.
- **c** If there is less time, say *Barukh SheAmar*, Psalm 145, and *Yishtabaḥ*.
- **d** If there is less time, omit *Pesukei DeZimra* altogether. Complete the rest of the service with the congregation, then say *Pesukei DeZimra* privately, omitting *Barukh SheAmar* and *Yishtabaḥ* [רמ״א ושו״ע או״ח, נב].

Morning Shema – קריאת שמע של שחרית

32 Saying the three paragraphs of the Shema each morning and each night fulfills an affirmative mitzva from the Torah. Since saying the Shema is a time-bound mitzva, women are exempt [שו״ע או״ח, ע: א]. Nevertheless, women are required to say the first verse to express their acceptance of עול מלכות שמים ("the yoke of the kingdom of Heaven") [ב״ח, שם]. Women are permitted to say the Shema and its preceding and following blessings [משנ״ב, שם: ב].

33 There is a set time period every morning during which the Shema may be said. The optimal time is immediately before sunrise, when there is assumed to be sufficient light to recognize an acquaintance from a distance of four *amot* (around 6 feet). If necessary, the Shema may be said from daybreak [שו״ע או״ח, נח: ג]. After sunrise, the earlier the Shema is said, the better [שם: ב]. At the latest, the Shema must be said during the first quarter of the day (in halakhic terminology, three halakhic "hours," where each hour represents 1/12 of the day [שם: א]. After that time, one is permitted to say the Shema with the blessings during the fourth halakhic "hour," that is, until the end of the first third of the day. After that, the Shema may be said without the blessings, but this does not fulfill the mitzva [שם: ו].

34 If one says the Shema without its preceding and following blessings, one has still fulfilled the mitzva. However, one should say the blessings afterward, preferably repeating the Shema as well [שו״ע או״ח, ס: ב].

35 The Shema must be said with concentration and awe [שו״ע או״ח, סא: א]. Each word and syllable should be pronounced correctly and carefully, without slurring consonants [שו״ע או״ח, סא: טו–כא].

36 Some authorities ruled that one should say the Shema with *Ta'amei HaMikra*. Today, however, most people do not do so [שו״ע ורמ״א, שם: כד].

37 The custom is to cover the eyes with the right hand while saying the first verse, so as not look at anything that might disturb one's concentration [שו״ע או״ח, סא: ה].

38 It is customary to draw out one's pronunciation of the letters ח and ד in the word אֶחָד to emphasize God's sovereignty over creation [שו״ע או״ח, סא: ו].

39 The sentence בָּרוּךְ שֵׁם כְּבוֹד מַלְכוּתוֹ לְעוֹלָם וָעֶד is said quietly, because it does not appear in the biblical text of the Shema [שו״ע שם: יג; משנ״ב, שם: ל].

40 As discussed in law 22 above, the custom is to touch the *tefillin shel yad* when saying וּקְשַׁרְתָּם לְאוֹת עַל־יָדֶךָ and to touch the *tefillin shel rosh* when saying וְהָיוּ לְטֹטָפֹת בֵּין עֵינֶיךָ [שו״ע או״ח, כח: א].

41 If one enters the synagogue and hears the congregation about to begin saying the Shema, one is required to say the first verse of the Shema together with the congregation [שו״ע או״ח, סה: ב].

Laws of the Shaharit Amida

42 There is a set time period every morning during which the Amida may be said. In general, the Amida should be said at or after sunrise. At the latest, the Amida should be said during the first third of the day, (four halakhic "hours"). If the Amida was said between daybreak and sunrise, the mitzva has been fulfilled. If

necessary, it is permissible to say the Amida after the first third of the day, but before midday [שו״ע או״ח, פט:א].

43 One who must leave for work (or a journey) before sunrise is permitted to say the Amida from daybreak [שו״ע שם סע׳ ח]. If one did not say the Shaḥarit Amida prior to midday, one should say the Minḥa Amida twice [משנ״ב, שם:ס״ק ז].

44 One should not eat or drink before saying the Amida, although drinking water is permitted. Moreover, anyone who needs to eat or drink in order to concentrate on his prayers is permitted to do so [שו״ע או״ח, פט:ג–ד].

45 The Amida is said facing the site of the Temple in Jerusalem. Thus, outside Israel, one faces the land of Israel; inside Israel, one faces Jerusalem; and inside Jerusalem, one faces the Temple Mount [שו״ע או״ח, צד:א]. If one is praying in a synagogue, one should pray facing the Ark [משנ״ב, שם:ס״ק י].

46 The Amida is said standing with feet together in imitation of the angels who, according to tradition, present the appearance of having only one leg [ברכות, י:, רש״י, ד״ה ״ורגליהם״]. One should bow one's head and imagine one is standing in the Temple, like a servant before his master [שו״ע או״ח, צה:א–ב].

47 One who is traveling in a vehicle should, if possible, say the Amida standing; if this is not possible, one is permitted to sit [שו״ע או״ח, צד:ה].

48 When saying the Shaḥarit Amida, one may not allow any interruption or disruption between the conclusion of the blessing גָּאַל יִשְׂרָאֵל and the introductory words to the Amida [שו״ע או״ח, סו:ח; שם, קיא:א]. This includes not responding to Kaddish, *Barekhu*, *Kedusha* or *Modim* [רמ״א, שם]. One may also answer "Amen" if one hears someone else concluding the blessing גָּאַל יִשְׂרָאֵל [רמ״א או״ח, סו:ז].

Laws of מַשִּׁיב הָרְוּחַ

49 One begins saying מַשִּׁיב הָרְוּחַ in Musaf of Shemini Atzeret and continues until Musaf of the first day of Pesaḥ [שו״ע או״ח, קיד:א].

50 If one forgets to say מַשִּׁיב הָרְוּחַ in its proper place but realizes before beginning the words of the blessing מְחַיֵּה הַמֵּתִים, one should immediately say מַשִּׁיב הָרְוּחַ and continue with the rest of the blessing. If one realizes the omission immediately after completing the blessing מְחַיֵּה הַמֵּתִים, one should say מַשִּׁיב הָרְוּחַ and continue with the following blessing. If one realizes the omission after beginning the words אַתָּה קָדוֹשׁ, one must repeat the Amida from the beginning [שו״ע או״ח, קיד:ו].

51 If one forgets to say מַשִּׁיב הָרְוּחַ but says מוֹרִיד הַטָּל (as is the custom in Israel, and that of *Nusaḥ Sepharad*, in the spring and summer months), one need not repeat the Amida [שו״ע או״ח, קיד:ה]. If there is doubt whether one said מַשִּׁיב הָרְוּחַ,

the presumption is as follows: within the first thirty days from *Shemini Atzeret*, one should assume that one forgot to say מַשִּׁיב הָרְוּחַ. After thirty days, one should assume that one said מַשִּׁיב הָרְוּחַ [שו״ע או״ח, קיד:ח].

Laws of וְתֵן טַל וּמָטָר לִבְרָכָה

52 In most years, during Ma'ariv on the evening of the 4th of December, one begins to say וְתֵן טַל וּמָטָר לִבְרָכָה in the ninth blessing of the Amida. In the year preceding a civil leap year, one begins to say וְתֵן טַל וּמָטָר לִבְרָכָה one day later, on the night of the 5th of December [שו״ע או״ח, קיז:א].

53 If one forgets to say וְתֵן טַל וּמָטָר לִבְרָכָה in its proper place but realizes before saying God's name in the ninth blessing (מְבָרֵךְ הַשָּׁנִים), one should immediately say וְתֵן טַל וּמָטָר לִבְרָכָה and continue with the rest of the blessing. If one realizes the omission after completing the blessing מְבָרֵךְ הַשָּׁנִים, one should say וְתֵן טַל וּמָטָר לִבְרָכָה prior to the words כִּי אַתָּה שׁוֹמֵעַ in the sixteenth blessing (שׁוֹמֵעַ תְּפִלָּה). If one realizes the omission after beginning the seventeenth blessing (רְצֵה), one must repeat the Amida from the beginning of the ninth blessing (מְבָרֵךְ הַשָּׁנִים). If one realizes the omission after completing the Amida, one must repeat the entire Amida [שו״ע או״ח, קיז:ה].

54 If there is doubt whether one properly said וְתֵן טַל וּמָטָר לִבְרָכָה, the presumption is as follows: within the first thirty days from December 4th (or 5th), one should assume that one forgot to say וְתֵן טַל וּמָטָר לִבְרָכָה. After thirty days, one should assume that one said וְתֵן טַל וּמָטָר לִבְרָכָה.

Laws of Havinenu

55 When circumstances require, one is permitted to substitute a special paragraph (*Havinenu*, page 547) for the thirteen middle blessings of the Amida. This is only permitted in exceptional cases, such as when one is incapable of concentrating during a full-length Amida or expects interruptions. One says this abbreviated form of the Amida while standing, and one does not need to repeat the full-length Amida afterward. *Havinenu* is not said during the winter months or on Motza'ei Shabbat [שו״ע או״ח, קי:א].

Laws of חזרת הש״ץ

56 During the Repetition of the Amida, the congregation is required to listen attentively to the blessings and respond "Amen" [שו״ע או״ח, קכד:ד].

57 In order to begin the Repetition of the Amida, at least nine men are required to be listening attentively [שם].

58 Some require the congregation to stand during the Repetition of the Amida [רמ"א, שם].

59 Under extenuating circumstances, the *Shaliaḥ Tzibbur* may begin saying the Amida aloud, while the congregation says the Amida quietly along with him. The *Kedusha* is said aloud in the customary fashion and, after the *Shaliaḥ Tzibbur* finishes the blessing הָאֵל הַקָּדוֹשׁ, he and the congregation continue saying the Amida quietly [רמ"א, שם:ב].

60 At the conclusion of the Repetition of the Amida, it is recommended that the *Shaliaḥ Tzibbur* say quietly the verse יִהְיוּ לְרָצוֹן אִמְרֵי־פִי, except when Full Kaddish immediately follows the Repetition of the Amida [משנ"ב קכג:כא]. Some also say this verse during the individual's silent Amida.

Laws of Kedusha

61 There are different customs regarding what the congregation says during the *Kedusha*: (1) The congregation says only the biblical verses (קָדוֹשׁ...; בָּרוּךְ...; יִמְלֹךְ...) [שו"ע או"ח, קכה:א]; (2) The congregation says every word of the *Kedusha*, with the *Shaliaḥ Tzibbur* repeating each sentence [בה"ט, שם (בשם האר"י)]; (3) The congregation says נְקַדֵּשׁ and all the biblical verses [ערוה"ש, שם:ב].

Laws of Birkat Kohanim

62 The Kohen has an affirmative obligation from the Torah to bless the congregation, provided there are at least ten males aged 13 or over (including the Kohen himself) [שו"ע או"ח, קכח:א–ב].

63 The Kohen is required to wash his hands (without a blessing) before saying *Birkat Kohanim*. It is customary for a Levi to pour the water [שם, ו]. If there is no water, or if the Kohen did not have enough time to wash, he may say *Birkat Kohanim*, provided that: (a) he washed his hands before Shaḥarit, and (b) since washing for Shaḥarit he has not touched anything unclean, even his own shoes [משנ"ב, שם:כ].

64 Each Kohen removes his shoes before ascending to say *Birkat Kohanim* [שם, ה]. When the *Shaliaḥ Tzibbur* begins רְצֵה, the Kohanim ascend to the Ark and stand with their backs to the congregation [שם, ח:ו–י]. After the congregation answers "Amen" to the blessing הַטּוֹב שִׁמְךָ וּלְךָ נָאֶה לְהוֹדוֹת, if there is more than one Kohen, the *Shaliaḥ Tzibbur* calls out "Kohanim," and they turn around and say the blessing. If only one Kohen has ascended to the Ark, he starts the blessing without being prompted [שם:י–יא]. The *Shaliaḥ Tzibbur* does not answer "Amen" at the end of the blessing [משנ"ב, שם:עא].

65 The *Shaliaḥ Tzibbur* reads each word of *Birkat Kohanim* and the Kohanim repeat it in unison. At the end of each verse, the congregation answers "Amen" [שו״ע ורמ״א, שם: יג]. The *Shaliaḥ Tzibbur* does not answer "Amen" at the end of each verse [שו״ע, שם: יט].

66 If the *Shaliaḥ Tzibbur* is himself a Kohen, some rule that he should not say the blessing, unless no other Kohanim are in the synagogue [שו״ע, שם: יט]. However, the custom today is for the *Shaliaḥ Tzibbur* to participate in the blessing [משנ״ב, שם: עה].

67 During *Birkat Kohanim*, the congregation should stand silently with eyes lowered and concentrate on the words of the Kohanim. One should not look at the faces or hands of the Kohanim [שו״ע, שם: כג].

68 In most congregations in Israel, *Birkat Kohanim* is said every day in Shaḥarit and, where applicable, in Musaf. It is also said in Minḥa on a fast day [שו״ע או״ח, קכט: א]. *Birkat Kohanim* is not said in Shaḥarit of Tisha B'Av or in a mourner's house [משנ״ב, קכא: ו], although in Jerusalem, the custom is to say *Birkat Kohanim* even in a mourner's house [גשר החיים, כ: ה]. On those occasions and when no Kohen is present, the *Shaliaḥ Tzibbur* says אֱלֹהֵינוּ וֵאלֹהֵי אֲבוֹתֵינוּ (page 133).

69 The custom outside Israel and in certain northern Israeli congregations, is for the *Shaliaḥ Tzibbur* to say אֱלֹהֵינוּ וֵאלֹהֵי אֲבוֹתֵינוּ instead of the Kohanim saying *Birkat Kohanim*, except in Musaf of Yom Tov [רמ״א או״ח, קכח: מד].

Laws of Taḥanun

70 נפילת אפיים ("Lowering the Head," pages 153/253) is said immediately after the Shaḥarit Amida on Sundays, Tuesdays, Wednesdays and Fridays, and after the Minḥa Amida on every weekday except for Friday. In Shaḥarit on Mondays and Thursdays, *Taḥanun* begins with וְהוּא רַחוּם (page 145), and יהוה אֱלֹהֵי יִשְׂרָאֵל (page 153) is added.

71 On fast days (except on Tisha B'Av, when neither *Avinu Malkenu* nor *Taḥanun* is said) and during the *Aseret Yemei Teshuva*, *Avinu Malkenu* (page 139) is said before *Taḥanun*.

72 One should not speak between the Amida and נפילת אפיים [שו״ע או״ח, קלא: א].

73 נפילת אפיים should be said while sitting [שם: ב], with one's head lowered against one's weaker forearm. If one is wearing tefillin however, one lays one's head against the arm lacking tefillin [שו״ע ורמ״א, שם: א]. The head is lowered only where there is a Sefer Torah [רמ״א, שם: ב], except in Jerusalem, where the custom is to lower the head in any case [שו״ת אגרות משה יו״ד ח״ג, קכט (ב)].

74 For days on which *Taḥanun* is not said, see list on page 145 [שו״ע ורמ״א או״ח, קלא: ד; משנ״ב, שם: כו].

Laws of Torah Reading

75 To ensure that the Torah is read at least once every three days, Moses established the public reading of the Torah on Shabbat, Yom Tov, Ḥol HaMo'ed, Rosh Ḥodesh, and Monday and Thursday mornings. Ezra added the public reading in Shabbat Minḥa [רמב״ם הלכות תפילה פי״ב ה״א].

76 On weekdays and Shabbat Minḥa, three people are called up [שו״ע או״ח, קלה: א]. On Shabbat morning, seven are called up, though additional individuals (*hosafot*) may also be called [שו״ע או״ח, רפב: א]. On Yom Kippur morning, six are called up, five on Yom Tov, and four on Ḥol HaMo'ed and Rosh Ḥodesh.

77 If a Kohen is present, he is called up first. If a Levi is also present, he is called up second; for subsequent *aliyot*, one calls up a Yisrael [שו״ע או״ח, קלה: ג]. If a Kohen is present but a Levi is not, the same Kohen is called up for the first two *aliyot* [שם: ח]. If a Levi is present and a Kohen is not, the Levi need not be called up, but if the Levi is called up, he should be first [שו״ע ורמ״א או״ח, קלה: ו].

78 Other individuals who are given priority for an *aliya* include: a bridegroom on his wedding day; a Bar Mitzva; the father of a newborn baby; one commemorating a parent's *yahrzeit*; and a person obligated to say *Birkat HaGomel* [בה״ל, קלו: ד״ה ׳בשבת׳].

79 It is considered bad luck to call up two brothers or a father and son one after the other [שו״ע או״ח, קמא: ו]. While the custom is to avoid the practice, if one is called up after one's brother or father, one should accept the *aliya*.

80 One who is called up to the Torah should take the shortest route to the *bima* [שו״ע, שם: ז]. He should open the scroll to locate where the *aliya* begins. Still holding the handle, he should say the blessing, taking care to look away from the Torah (or close the scroll or his eyes), so as not to appear to be reading the blessing from the scroll itself [שו״ע ורמ״א או״ח, קלט: ד].

81 If, after the blessing is said, the *ba'al koreh* discovers that the blessing was said over the wrong passage of the Torah, the scroll is rolled to the correct location and the *oleh* repeats the blessing. The blessing does not need to be repeated if the correct passage was visible when the blessing was said [שו״ע או״ח, קמ: ג; משנ״ב, שם: ט].

82 The Torah is read standing [שו״ע או״ח, קמא: א]. The *oleh* is also required to stand. The rest of the congregation is not obligated to stand, but it is proper to do so [ערוה״ש, שם: ב].

83 The *oleh* should read the words quietly along with the *ba'al koreh* [שו״ע או״ח, קמא: ב].

84 If the *ba'al koreh* makes an error that affects the meaning of the words, he needs to reread the Torah portion from the location of the error [שו״ע ורמ״א או״ח, קמב: א].

85 If an error is found in the Torah scroll, the reading is stopped, a new scroll is brought out, and the reading is continued from the location of the error [שו״ע או״ח, קמג: ד]. It is not required to call up all of the *aliyot* a second time to read from the new scroll, but if the remainder of the reading can be divided into the appropriate number of *aliyot* for that day, it is preferable to do so [משנ״ב, שם: טז].

86 It is customary to say a prayer for a sick person (מִי שֶׁבֵּרַךְ, page 165) at the conclusion of the Torah reading, or between *aliyot*.

87 After completing the reading from a Torah scroll, the open scroll is raised and displayed to the entire congregation. The congregation says וְזֹאת הַתּוֹרָה (page 169) [שו״ע ורמ״א או״ח, קלד: ב].

Laws of Birkat HaGomel

88 After being saved from mortal danger, one should say *Birkat HaGomel* [שו״ע או״ח, ריט: א, ו–ט; משנ״ב, שם: לב] (see page 163). The blessing should be said no later than three days after the event [שו״ע, שם: ו]. *Birkat HaGomel* is said only in the presence of a *minyan*; the custom is to say the blessing after the Torah reading [שם: ג]. If one will not be in the presence of *minyan* within three days, one is permitted to say the blessing without a *minyan* [משנ״ב, שם: ח].

89 A husband may say *Birkat HaGomel* for his wife, or a father for his children [משנ״ב, שם: יז]. But, according to most authorities, it is preferable that a woman say *Birkat HaGomel* for herself in the presence of a *minyan*.

Laws of Mourner's Kaddish

90 The Mourner's Kaddish is generally said after specific chapters of Psalms at the beginning and end of a service. It is said by one who is either (a) in mourning for a relative, or (b) commemorating the *yahrzeit* of a relative. When no such person is present, the Mourner's Kaddish is generally omitted, except after *Aleinu* at the end of Shaḥarit [רמ״א או״ח, קלב: ב], when it is said by one whose parents have died or whose parents do not object to their child saying the Mourner's Kaddish [שם].

91 Historically, the Mourner's Kaddish was said by one individual. A set of rules developed for allocating among different mourners the various opportunities

for saying it [ביאור הלכה, שם; קונטרס מאמר קדישין, י]. Today, most congregations allow group recitation of the Mourner's Kaddish. In such cases, they should say the words in unison [סידור יעב״ץ].

Laws of the Minḥa Amida

92 There is a set time period every afternoon during which the Minḥa Amida may be said. At the earliest, one may say the Amida one half of a halakhic "hour" from midday (a halakhic hour is 1⁄12 of the day measured from daybreak to nightfall). At the latest, the Amida must be said before nightfall. It is preferable to say the Amida at least 3½ halakhic "hours" after midday [שו״ע או״ח, רלג: א].

93 One should wash hands before saying Minḥa, even if they are not dirty; but if no water is available, one need not wash [שו״ע או״ח, רלג: ב]. No blessing is said on the hand-washing.

Laws of the Evening Shema and Ma'ariv

94 There is a set time period every night during which the Shema may be said. At the earliest, one may say the Shema from nightfall [שו״ע או״ח, רלה: א]. It is preferable to say the Shema before midnight (measured from nightfall to daybreak), but one is permitted to say the Shema until daybreak [שם: ג].

95 Some congregations hold Ma'ariv services early, with the result that the communal recitation of the Shema in Ma'ariv may take place too early to fulfill the halakhic obligation. Under such circumstances, one should repeat all three paragraphs of Shema after nightfall [שו״ע, שם: א].

96 If one enters the synagogue and hears the congregation about to begin saying the Amida, one should say the Amida together with the congregation, then afterward say the Shema with its preceding and following blessings [שו״ע או״ח, רלו: ג].

97 After the blessings of the Shema, the congregation says בָּרוּךְ יהוה לְעוֹלָם (page 273), except in Israel. One who begins Ma'ariv late should omit בָּרוּךְ יהוה לְעוֹלָם in order to say the Amida with the congregation, then say בָּרוּךְ יהוה לְעוֹלָם after Ma'ariv, without the final blessing [משנ״ב, שם: יא].

Laws of Sefirat HaOmer

98 One counts the Omer for a given day after nightfall. The custom is to count standing up [שו״ע או״ח, תפט: א].

99 One who forgets to count at night may count prior to nightfall of the following day, although no blessing is said when counting during daylight hours [שם:ז].

100 One who forgets to count for an entire 24-hour period continues counting the Omer from the following day, but without the blessing [שם:ח].

Laws of the Sefirat HaOmer Period

101 During the period of counting the Omer, certain mourning rituals are observed: one does not cut one's hair, shave, listen to music, or hold weddings and other parties [שו״ע ורמ״א או״ח, תצג: א–ג]. Some permit shaving during this period. These practices commemorate a plague that killed twelve thousand pairs of students of Rabbi Akiva who, the Talmud says, did not honor one another properly. The Ashkenazi community intensified these mourning customs in the wake of the pogroms of the First Crusade, which took place in Iyar and Sivan in the year 1096 (4856).

102 Different communities observe these customs during different periods: (1) from the end of Pesaḥ to the 18th of Iyar (Lag BaOmer), (2) from the 1st of Iyar until the 3rd of Sivan, (3) during the entire period from the end of Pesaḥ until the 3rd of Sivan.

Laws of Motza'ei Shabbat

103 In some congregations, Psalms 144 and 67 (pages 315–317) are sung before Ma'ariv.

104 Ma'ariv: as for weekdays (page 263). In the fourth blessing of the Amida, אַתָּה חוֹנַנְתָּנוּ (page 281) is added [שו״ע או״ח, רצד: א]. On Rosh Ḥodesh, יַעֲלֶה וְיָבוֹא (page 289) is added in the seventeenth blessing. If one forgets either of these additions, one does not repeat the Amida [שם]. After the silent Amida, unless Yom Tov falls in the following week, the *Shaliaḥ Tzibbur* says Half Kaddish and the congregation says וִיהִי נֹעַם and וְאַתָּה קָדוֹשׁ (pages 317–319) [רמ״א או״ח, רצה: א]. The *Shaliaḥ Tzibbur* then says Full Kaddish. From the second day of Pesaḥ until Shavuot, the Omer is counted (page 305). Some have the custom to say וְיִתֶּן לְךָ (page 325) [שם]. In most congregations, the *Shaliaḥ Tzibbur* says Havdala [שו״ע, שם]. The congregation says *Aleinu*, followed by Mourner's Kaddish. From the 1st of Elul to Shemini Azeret, Psalm 27 is said (page 303).

105 After nightfall, one may not perform labor until one says Havdala or hears it said. If one says אַתָּה חוֹנַנְתָּנוּ in Ma'ariv (page 281), one may perform labor after nightfall prior to Havdala [רמ״א או״ח, רצט: י].

106 Each month, one says Kiddush Levana (page 337) on seeing the New Moon at night. Kiddush Levana may be said from the eve of the fourth day of the new month until the middle day of the month. By custom, it is said on the first Motza'ei Shabbat that falls within the time span, preferably outdoors with a *minyan*. [שו״ע ורמ״א או״ח, תכו].

107 Havdala is said at home if (a) one did not say אַתָּה חוֹנַנְתָּנוּ or hear Havdala in the synagogue; (b) one said אַתָּה חוֹנַנְתָּנוּ or heard Havdala, but intended not to fulfill one's obligation; or (c) someone at home did not yet hear Havdala [שו״ע או״ח, רצו:ג; משנ״ב, שם:לב]. Women may say Havdala for themselves [משנ״ב, שם:לה–לו]. If one forgets to say Havdala on Motza'ei Shabbat, one may say it as late as Tuesday night.

108 After Shabbat, one should eat a meal, the *Melaveh Malka*, as a way of marking the end of Shabbat [שו״ע או״ח, ש:א].

Laws of Keri'at Shema al HaMita (the Shema Before Sleep at Night)

109 *Keri'at Shema al HaMita* should be said before retiring, when one is feeling sleepy [משנ״ב או״ח, רלט:ג], after which one should not eat, drink or speak [רמ״א, שם:א].

FAST DAYS

Minor Fast days

110 On a minor fast day the fast begins at dawn [שו״ע או״ח, תקנ:ב]. One is permitted to wake before dawn to eat and drink, but only if one had the intention to do so before going to sleep [שו״ע או״ח, תקסד:א].

111 Eating and drinking are forbidden, but other activities (bathing, wearing leather shoes) are permitted [שו״ע או״ח, תקנ:ב]. Pregnant and nursing women are exempt from fasting [רמ״א, שם:א].

112 Shaḥarit: The recitation of *Seliḥot* precedes Shaḥarit for weekdays. The additions for *Aseret Yemei Teshuva* are said. During the Repetition of the Amida, the *Shaliaḥ Tzibbur* says the paragraph עֲנֵנוּ between the seventh and eighth blessings (page 117) [שו״ע או״ח, תקסו:א]. This is followed by *Avinu Malkenu* and *Taḥanun*.

113 Torah Reading (page 654): The Torah is read only if at least six people (according to some: three people) are fasting. Only people who are fasting are called up. It is customary for the congregation to say the following passages aloud: the last seven words of Ex. 32:12: שׁוּב מֵחֲרוֹן אַפֶּךָ, וְהִנָּחֵם עַל־הָרָעָה לְעַמֶּךָ, the "Thirteen Attributes of Mercy": יהוה יהוה אֵל רַחוּם וְחַנּוּן אֶרֶךְ אַפַּיִם וְרַב־חֶסֶד וֶאֱמֶת: נֹצֵר חֶסֶד לָאֲלָפִים נֹשֵׂא

עָוֹן וָפֶשַׁע וְחַטָּאָה וְנַקֵּה, and the last four words of Ex. 34:9: "וְסָלַחְתָּ לַעֲוֹנֵנוּ וּלְחַטָּאתֵנוּ וּנְחַלְתָּנוּ" [משנ״ב, שם (ג)].

114 Minḥa: After *Ashrei* and Half Kaddish, the Torah is read. The reading is the same as that of the morning. The third *oleh* reads the Haftara (page 655) [רמ״א, שם]. After the Torah is returned to the Ark, the *Shaliaḥ Tzibbur* says Half Kaddish, and Minḥa Amida for weekdays is said.

115 During the silent recitation of the Amida, those who are fasting say the paragraph עֲנֵנוּ as part of the sixteenth blessing, שׁוֹמֵעַ תְּפִלָּה (page 243); during the Repetition of the Amida, the *Shaliaḥ Tzibbur* says עֲנֵנוּ between the seventh and eighth blessings, as in the morning (page 237). After the blessing הַטּוֹב שִׁמְךָ וּלְךָ נָאֶה לְהוֹדוֹת, the *Shaliaḥ Tzibbur* says the paragraph relating to *Birkat Kohanim* (page 249). For the final blessings of the Amida, שִׂים שָׁלוֹם is said instead of שָׁלוֹם רָב. After the Amida, the congregation says *Avinu Malkenu*. This is followed by *Taḥanun*, Full Kaddish and *Aleinu*.

Tisha B'Av (9th of Av)

116 According to the Mishna (*Ta'anit* 4:6), the fast of the 9th of Av commemorates five calamities that befell the Jewish people on that date: (1) God decreed that the children of Israel would not be allowed to enter the land of Israel, (2) the First Temple was destroyed, (3) the Second Temple was destroyed, (4) Beitar was captured, and (5) Jerusalem was plowed over.

117 The fast begins at sunset. In addition to eating and drinking, one is prohibited from washing and anointing oneself and from wearing leather shoes. Marital relations are likewise forbidden. One abstains from Torah study, except for topics such as mourning laws, *Eikha*, Job, and the unhappy portions of Jeremiah [שו״ע או״ח, תקנד:א–ב]. One does not greet other people or inquire after their welfare [שם:כ].

118 Ma'ariv: for weekdays. The Amida is followed by Full Kaddish, the reading of *Eikha* and the recitation of *Kinot*. The congregation says וְאַתָּה קָדוֹשׁ (page 319), followed by Full Kaddish (omitting the line beginning תִּתְקַבַּל), *Aleinu* (page 333), and Mourner's Kaddish. When Tisha B'Av falls on Motza'ei Shabbat, וְיִתֶּן לְךָ is omitted.

119 If the fast falls (or is observed) on Motza'ei Shabbat, וִיהִי נֹעַם is omitted, and Havdala is not said. The blessing בּוֹרֵא מְאוֹרֵי הָאֵשׁ is said on a flame [שו״ע או״ח, תקנו:א].

120 Shaḥarit: Neither tallit nor tefillin is worn in the morning [שו״ע או״ח, תקנה:א]. During the Repetition of the Amida, the *Shaliaḥ Tzibbur* says עֲנֵנוּ between the seventh and eighth blessings (page 117). *Taḥanun* is omitted.

121 Torah Reading: page 656. Three men are called up. The third *oleh* reads the

Haftara: page 657 [רמ״א או״ח תקנד, ד]. Afterwards, the first three blessings following the Haftara (page 655) are said. After the Torah is returned to the Ark, *Kinot* are said. This is followed by *Ashrei*, וּבָא לְצִיּוֹן (omitting the verse וַאֲנִי זֹאת בְּרִיתִי, see page 179), Full Kaddish (omitting the line beginning תִּתְקַבַּל), *Aleinu*, and Mourner's Kaddish.

122 During Minḥa both tallit and tefillin are worn.

123 Minḥa starts with the Daily Psalm (pages 189–195), *Ashrei* and Half Kaddish. The Torah is read: page 654. Three men are called up; the third reads the Haftara: page 655. After the Torah is returned to the Ark, the *Shaliaḥ Tzibbur* says Half Kaddish.

124 During the silent recitation of the Amida (page 231), the congregation says נַחֵם as part of the fourteenth blessing (בּוֹנֵה יְרוּשָׁלָיִם), עֲנֵנוּ as part of the sixteenth blessing (שׁוֹמֵעַ תְּפִלָּה) (unless one is not fasting), and שִׂים שָׁלוֹם in place of שָׁלוֹם רָב (page 249). During the Repetition of the Amida, the *Shaliaḥ Tzibbur* says עֲנֵנוּ between the seventh (גּוֹאֵל יִשְׂרָאֵל) and eighth (רוֹפֵא חוֹלֵי עַמּוֹ יִשְׂרָאֵל) blessings, נַחֵם as part of the fourteenth blessing, the paragraph relating to *Birkat Kohanim* [שו״ע ורמ״א או״ח, תקנו: א], and שִׂים שָׁלוֹם. Minḥa ends with Full Kaddish and *Aleinu*.

125 After Ma'ariv, *Kiddush Levana* is said (page 337). When Tisha B'Av begins on Motza'ei Shabbat, Havdala is said on Sunday night, preferably over a cup of wine or grape juice; no blessing is made over spices or a flame.

126 Although the fast is broken after nightfall, it is customary to continue the other mourning customs until midday of the 10th of Av. However, if the 10th of Av falls on Friday, one is permitted to bathe and otherwise prepare for Shabbat prior to midday [רמ״א או״ח, תקנח: א].

ROSH HODESH PRAYER

127 On Rosh Ḥodesh, יַעֲלֶה וְיָבוֹא is added to the seventeenth blessing of the Amida (רְצֵה) in Ma'ariv, Shaḥarit and Minḥa [שו״ע או״ח, תכב: א], and to the third blessing of *Birkat HaMazon* (page 525) [שם, תכד: א].

128 If one forgets to say יַעֲלֶה וְיָבוֹא in its proper place in the Amida, but realizes before beginning the blessing הַמַּחֲזִיר שְׁכִינָתוֹ לְצִיּוֹן, one should immediately say יַעֲלֶה וְיָבוֹא and continue with the rest of the blessing. If one realizes the omission immediately after completing the blessing הַמַּחֲזִיר שְׁכִינָתוֹ לְצִיּוֹן, one should say יַעֲלֶה וְיָבוֹא and continue with the following blessing. If one realizes the omission after beginning the words מוֹדִים אֲנַחְנוּ לָךְ, one must repeat the Amida from the

beginning of the seventeenth blessing (from the word רְצֵה). If one realizes the omission after completing the Amida, one must repeat the Amida from the beginning [שו״ע או״ח, תכב:א].

129 If one forgets to say יַעֲלֶה וְיָבוֹא in Ma'ariv, one does not repeat the Amida [שם].

130 Shaharit: as for weekdays, although one adds special verses for Rosh Hodesh in the *Korbanot* (page 51) [שו״ע או״ח, תכא:א]. יַעֲלֶה וְיָבוֹא is added to the Amida (laws 127–128). After the Repetition of the Amida, *Tahanun* is omitted, and the congregation says Half Hallel [שו״ע או״ח, תכב:ב], followed by Full Kaddish.

131 Torah reading: page 653. Four men are called up [שו״ע או״ח, תכג:א]. Note that the second *aliya* begins by repeating the last verse of the first *aliya* [שו״ע או״ח, תכב:ג]. Half Kaddish is said before the Torah is returned to the Ark. The service continues with *Ashrei*, וּבָא לְצִיּוֹן and Half Kaddish. The tefillin are then removed [שו״ע או״ח, תכג:ד], and the congregation says Musaf for Rosh Hodesh. This is followed by *Aleinu*, Mourner's Kaddish, the Daily Psalm, Psalm 104 (בָּרְכִי נַפְשִׁי), and Mourner's Kaddish.

Laws of Hallel

132 Hallel is said standing [שו״ע או״ח, תכב:ז]. On Rosh Hodesh and the last six days of Pesah, the abridged form, Half Hallel, is said [שו״ע או״ח, תכב:ב; תצ, ד], omitting the first halves of Psalm 115 (לֹא לָנוּ) and Psalm 116 (אָהַבְתִּי, כִּי־יִשְׁמַע).

133 At the beginning of Psalm 118 (הודו לַיהוה כִּי־טוֹב, page 367), it is customary for the *Shaliah Tzibbur* to say each of the four verses out loud, and the congregation responds with הודו לַיהוה כִּי־טוֹב, כִּי לְעוֹלָם חַסְדּוֹ [משנ״ב תכב, כ]. Some advise the congregation to quietly say each verse with the *Shaliah Tzibbur*.

HANUKKA *(25th of Kislev–2nd of Tevet)*

134 On Hanukka, עַל הַנִּסִּים is added to the Amida in Ma'ariv, Shaharit and Minha, as well as the second blessing of *Birkat HaMazon*. If one forgets to say עַל הַנִּסִּים, one does not repeat the Amida or *Birkat HaMazon* [שו״ע או״ח, תרפב:א].

135 It is customary to light Hanukka lights in the synagogue, either before or after Ma'ariv of each evening of Hanukka. The procedure is identical to that of lighting in the home, as described below, except that the lights should be placed along the southern wall of the synagogue.

136 After Ma'ariv, Hanukka lights are lit in the home. On the first night, three blessings are said: (1) לְהַדְלִיק נֵר שֶׁל חֲנֻכָּה, (2) שֶׁעָשָׂה נִסִּים ("Who performed miracles")

and (3) שֶׁהֶחֱיָנוּ (page 405). On subsequent nights, only the first two blessings are said [שו״ע או״ח, תרעו: א]. When adding lights each night, the new light is always added to the left. The newest candle is lit first, and one then lights the rest of the lights from left to right.

PURIM (*14th of Adar*)

137 On Purim, על הַנִּסִּים is added to the Amida in Ma'ariv, Shaḥarit and Minḥa, as well as the second blessing of *Birkat HaMazon*. If one forgets to say על הנסים, one does not repeat the Amida or *Birkat HaMazon* [שו״ע או״ח, תרצג: ב].

138 Ma'ariv: for weekdays. After recitation of the Amida, the *Shaliaḥ Tzibbur* says the Full Kaddish. The Reader of the Megilla says three blessings: (1) עַל מִקְרָא מְגִלָּה ("about reading the Megilla"), (2) שֶׁעָשָׂה נִסִּים ("Who performed miracles") and (3) שֶׁהֶחֱיָנוּ (page 411). The Megilla is read and the concluding blessing, הָרָב אֶת רִיבֵנוּ is said. The congregation says אֲשֶׁר הֵנִיא and concludes with a joyous singing of שׁוֹשַׁנַּת יַעֲקֹב. The *Shaliaḥ Tzibbur* leads the congregation in saying וְאַתָּה קָדוֹשׁ (page 319). On Motza'ei Shabbat, this is preceded by וִיהִי נֹעַם (page 317) [שו״ע או״ח, תרצג: א]. This is followed by Full Kaddish (omitting the sentence beginning תִּתְקַבַּל), and *Aleinu* [משנ״ב, שם: א]. On Motza'ei Shabbat, however, וְיִתֶּן לְךָ (page 325) and Havdala precede *Aleinu* [ערוה״ש, שם: ג].

139 Women are obligated to hear the reading of the Megilla [שו״ע או״ח, תרפט: א].

140 Shaḥarit: for weekdays. After the Repetition of the Amida, the *Shaliaḥ Tzibbur* says Half Kaddish and the Torah is taken from the Ark. The Torah reading (page 664) is followed by Half Kaddish and returning the Torah to the Ark [שו״ע או״ח, תרצג: ד]. The Megilla reading is repeated, with the introductory blessings and the concluding blessing. אֲשֶׁר הֵנִיא is not said a second time, but שׁוֹשַׁנַּת יַעֲקֹב is. The congregation says *Ashrei* and וּבָא לְצִיּוֹן, followed by Full Kaddish, *Aleinu*, the Daily Psalm and Mourner's Kaddish.

141 On Purim day, one is commanded to fulfill the mitzvot of מתנות לאביונים (gifts to the poor – *tzedaka* given to at least two poor people) [שו״ע או״ח, תרצד: א]; משלוח מנות (sending at least two portions of food to one person) [שם, תרצה: ד]; and סעודת פורים (the Purim feast), at which one should drink "until he cannot distinguish between 'Cursed be Haman' and 'Blessed be Mordekhai'" [שם, תרצה: ב].

Shushan Purim (15th of Adar)

142 Both *Taḥanun* and לַמְנַצֵּחַ are omitted [שו״ע או״ח, תרצז: א].

YOM HAATZMA'UT (5TH OF IYAR)

143 If the 5th of Iyar falls on Friday or Shabbat, Yom HaAtzma'ut is moved back to the preceding Thursday. If the 5th of Iyar falls on a Monday, Yom HaAtzma'ut is postponed to Tuesday.

144 On Yom HaAtzma'ut, the mourning customs of *Sefirat HaOmer* are suspended. It is permissible to cut one's hair, shave, attend parties, celebrate weddings and bar/bat mitzvas, and listen to music. The custom is to permit shaving and cutting one's hair before nightfall in honor of the holiday.

145 Ma'ariv: Customs differ (see pages 419–427). The service adopted by the Israeli Chief Rabbinate is as follows: selections from Psalms and other readings precede Ma'ariv for weekdays. It is customary for the *Shaliaḥ Tzibbur* to lead Ma'ariv using melodies associated with Yom Tov. After the Amida, the *Shaliaḥ Tzibbur* says Full Kaddish. Responsive readings and Psalm 126 to the tune of "*HaTikva*" follow. The service concludes with the counting of the Omer, *Aleinu*, Mourner's Kaddish and communal singing of אֲנִי מַאֲמִין.

146 Shaharit: *Pesukei DeZimra* as for Shabbat and Yom Tov, with the addition of מִזְמוֹר לְתוֹדָה (page 441). נִשְׁמַת is not said. After יהוה מֶלֶךְ (page 455), prayers continue with Shaḥarit for weekdays (page 71). The Repetition of the Amida by the *Shaliaḥ Tzibbur* is followed by Hallel and Half Kaddish. On a Thursday (see law 143,) the Torah is taken from the Ark and the appropriate section of the Torah is read. After the Torah reading, Half Kaddish is said. Haftara is said without blessings (page 457). The Prayer for the State of Israel (page 463) is said, followed by the Memorial Prayer for fallen soldiers (page 417). Shaḥarit continues as for weekdays (page 175). At the end of the service, the congregation sings אֲנִי מַאֲמִין (page 465).

147 *Taḥanun* is omitted during Shaḥarit and Minḥa on the 5th of Iyar, even if Yom HaAtzma'ut is celebrated on a different day.

LAWS OF HAND-WASHING, HAMOTZI AND BIRKAT HAMAZON

148 Before eating bread, one is required to wash one's hands [שו"ע או"ח, קנח: א]. After washing but before drying the hands, one says the blessing עַל נְטִילַת יָדַיִם; however, if one forgot, one may say the blessing after one's hands are dry [רמ"א, שם: יא]. One should dry one's hands carefully before touching the bread [שו"ע, שם: יב].

149 Hands should be washed using a cup or other container that holds at least a *revi'it* (about 4.4 ounces) of liquid [שו"ע או"ח, קנט: א]. Holding one's hands under flowing water is not valid [שו"ע, שם: ז].

150 One should wash each hand up to the wrist, although the minimum requirement is to wash the fingers up to the knuckle furthest from the nail [שו"ע או"ח, קסא: ד]. Hands should be free of dirt or other material that one normally removes. In addition, rings should be removed before washing [שם: א-ג].

151 If the hands are clean, it is sufficient to pour water once on each hand [שו"ע או"ח, קסב: ב], but twice on each hand is preferable [מ"ב שם, כא].

152 After washing, one should take care not to allow one's wet hands to touch the unwashed hands of another. If they do so, one must dry them and wash them again [שו"ע שם, ד].

153 If one makes the blessing הַמּוֹצִיא לֶחֶם מִן הָאָרֶץ on bread, no blessing need be said on foods that are part of the meal. If one eats foods that are not eaten with bread or are not part of the meal, such as fruit eaten as dessert, they require a separate blessing [שו"ע, קעז: א].

154 If wine is served during the meal, the blessing בּוֹרֵא פְּרִי הַגָּפֶן must be said, as the blessing on bread does not cover wine [שו"ע או"ח, קעד: א]. But if wine is drunk before the meal (or as part of Kiddush), the blessing need not be repeated when drinking wine during the meal [שם: ד].

155 One should not remove bread from the table until after *Birkat HaMazon* is said [שו"ע או"ח, קפ: א].

156 Prior to saying *Birkat HaMazon*, one should wash the grime off one's fingers with *mayim aḥaronim* [שו"ע או"ח, קפא: א]. Some have the custom not to wash with *mayim aḥaronim*, because the original reasons for the practice no longer apply [שם, י; משנ"ב שם, כב], but a fastidious person who washes after a meal should wash with *mayim aḥaronim* before *Birkat HaMazon* [שו"ע שם].

157 Women are obligated to say *Birkat HaMazon* [שו"ע או"ח, קפו: א].

158 *Birkat HaMazon* should be said where one ate. If one forgot to say *Birkat*

HaMazon and went elsewhere, one should return to the site of the meal to say *Birkat HaMazon*. If one cannot return to the site of the meal, one is permitted to say *Birkat HaMazon* as soon as one remembers to do so [שו״ע ורמ״א או״ח, קפד: א; משנ״ב, שם: ז].

159 If one forgets to say *Birkat HaMazon* at the end of the meal, it must be said afterward, so long as one does not feel hungry [שו״ע או״ח, קפד: ד]. If one wants to eat again, one may wash hands and say הַמּוֹצִיא again; the subsequent *Birkat HaMazon* then covers the first meal as well [רמ״א או״ח, קעח: ב].

160 On Ḥanukka or Purim, one adds עַל הַנִּסִּים (page 523) to the second blessing. If one forgets עַל הַנִּסִּים, one is not required to repeat *Birkat HaMazon* [שו״ע או״ח, תרפב: א; שו״ע ורמ״א או״ח, תרצה: ג].

161 On Rosh Ḥodesh one adds יַעֲלֶה וְיָבוֹא (page 525) to the third blessing. If one forgets the required addition on Rosh Ḥodesh, one is not required to repeat *Birkat HaMazon* [שם: ז].

162 If one started eating while it was Rosh Ḥodesh, and continued the meal after sunset, one still says the additions to *Birkat HaMazon* [שם: י].

163 If three adult males eat a meal together, they are required to preface *Birkat HaMazon* with *zimmun* (page 519). If women are present, they are required to join in the *zimmun* as well. Three adult females may also form a *zimmun*, but are not obligated to do so. If ten or more males are present, the word אֱלֹהֵינוּ is added to the formula [שו״ע או״ח, קצב: א].

164 *Zimmun* is required if all three participants ate bread. If only two participants ate bread, but a third person either eats a *kezayit* (about 1.5 ounces) of any food, or drinks a *revi'it* (about 4.4 ounces) of any beverage (other than water), the three should say *zimmun* [שו״ע או״ח, קצז: ג; משנ״ב, שם: כב].

165 Even if the participants are not sitting together, as long as some of the participants can see each other, they can join together in a *zimmun* [שו״ע או״ח, קצה: א].

166 If one of the three participants said *Birkat HaMazon* by himself, he may still join the other two to make a *zimmun*, but if two of them (or all three) said *Birkat HaMazon* by themselves, then no *zimmun* may be said [שו״ע או״ח, קצד: א].

167 At a *Sheva Berakhot* meal, a special addition is made to the *zimmun* (page 585) [שו״ע אבה״ע, סב: יג; ערוה״ש, שם: יח], and the *Sheva Berakhot* (page 583) are said after *Birkat HaMazon* [שו״ע, שם: ז].

168 At the meal after a Brit Mila, a special *zimmun* (page 563) is said, and

a series of prayers (pages 565–567) is added before the end of *Birkat HaMazon*.

169 At a meal in a house of mourning, a special addition is made to the *zimmun*, and the third and fourth blessings are changed (page 611) [ערוה״ש יו״ד, שעט: א–ב].

PRAYER IN A HOUSE OF MOURNING

170 The following prayers are omitted when praying in a house of mourning during the days of *shiva*:

- **a** *Korbanot* (Offerings) – omitted only by the mourners themselves [משנ״ב או״ח, א: יז]
- **b** *Taḥanun* [שו״ע או״ח, קלא: ד]
- **c** Hallel, except when Rosh Ḥodesh falls on Shabbat [משנ״ב, שם: כ]. On Ḥanukka, those who are not mourning should say Hallel on returning home.
- **d** אֵל אֶרֶךְ אַפַּיִם [משנ״ב, שם: לה]
- **e** Psalm 20 (לַמְנַצֵּחַ) [שם]
- **f** *Pirkei Avot* or *Barekhi Nafshi* on Shabbat – omitted only by the mourners themselves [אשי ישראל, לו: צז]
- **g** *Birkat Kohanim* in Israel (see law 68)

171 In a house of mourning, it is customary to say Psalm 49 after the Daily Psalm; on days on which no *Taḥanun* is said, Psalm 16 is said instead (page 603).

A HALAKHIC GUIDE TO PRAYER FOR VISITORS TO ISRAEL

GENERAL RULES
PUBLIC VS. PRIVATE CONDUCT

172 For halakhic purposes, the definition of "visitor" is one who intends to return to his place of origin within one year [משנ״ב, קיז: ה]. Unmarried students may be considered visitors as long as they are supported by their parents [שו״ת אגרות משה או״ח ח״ב, קא].

173 In general, a visitor to Israel should continue to follow his or her customs in private. In public, however, one should avoid conduct that deviates from local practice [שו״ע או״ח, תסח: ד; משנ״ב, שם: יד]. Hence, a visitor to Israel should generally pray in accordance with his non-Israeli customs. This rule is limited, however, to one's private prayers.

174 If one is serving as *Shaliaḥ Tzibbur,* one is required to pray in accordance with the local Israeli custom. This includes, for example, repeating the Amida according to Israeli practice: saying מוֹרִיד הַטָּל in the summer, saying וְתֵן טַל וּמָטָר לִבְרָכָה from the 7th of Marḥeshvan onward, and saying *Ein Keloheinu* at the end of weekday Shaḥarit (page 199).

175 In Israel (and in some congregations outside Israel), *Taḥanun* is not said from *Isru Ḥag* of Simḥat Torah until Rosh Ḥodesh Marḥeshvan, and from *Isru Ḥag* of Shavuot until the 12th of Sivan.

176 Even if one is not serving as *Shaliaḥ Tzibbur,* a visitor praying with Israelis should say the following prayers, because of their public nature, following local Israeli custom:

a Many Israeli congregations (some daily, others only on Mondays and Thursdays) adopt the Sephardi custom of saying *Viduy* and the י״ג מידות (the Thirteen Attributes of Mercy) prior to *Taḥanun* in Shaḥarit (page 137). One who prays in such a congregation must say at least the י״ג מידות [שו״ת אגרות משה או״ח ח״ג, פט].

b *Birkat Kohanim* is said daily in Shaḥarit and Musaf, in Minḥa on fast days, although not in certain communities in northern Israel.

c *Barekhu* is said at the end of weekday Shaḥarit (except on Mondays and Thursdays) and at the end of Ma'ariv.

d In the Rabbis' Kaddish, the word קַדִּישָׁא is added after the words דִּי בְאַתְרָא.

Laws of וְתֵן טַל וּמָטָר לִבְרָכָה

177 If one is visiting Israel on the 7th of Marḥeshvan, when Israeli residents begin saying וְתֵן טַל וּמָטָר לִבְרָכָה, and one intends to remain in Israel until after the 4th (or 5th) of December, when nonresidents of Israel begin saying וְתֵן טַל וּמָטָר לִבְרָכָה, one should also begin to say וְתֵן טַל וּמָטָר לִבְרָכָה. If, however, one intends to leave Israel before then, there are two opinions: (a) while one remains in Israel one should say וְתֵן טַל וּמָטָר לִבְרָכָה, but upon leaving Israel one need not continue saying it [בה״ט או״ח, קיז:ד], and (b) while one remains in Israel one should add וְתֵן טַל וּמָטָר לִבְרָכָה to the blessing of שׁוֹמֵעַ תְּפִלָּה [אשי ישראל, כג:לו (בשם רש״ז אויערבאך)].

178 If, between the 7th of Marḥeshvan and the 4th (or 5th) of December, one forgets to say וְתֵן טַל וּמָטָר לִבְרָכָה, one need not repeat the Amida [שו״ת בצל החכמה ח״א, סב].

Laws of Purim

179 In Jerusalem, Purim is celebrated on the 15th of Adar (Shushan Purim). Outside Jerusalem, Purim is celebrated on the 14th of Adar. For a resident of Jerusalem, the day of Purim is an ordinary day: one performs none of the obligations relating to Purim and one says the regular weekday prayers, although one omits *Taḥanun*.

180 One is considered a resident of Jerusalem for these purposes if one is present in Jerusalem at dawn on the morning of the 15th of Adar. Similarly, one is considered a non-resident of Jerusalem for these purposes if one is outside Jerusalem at dawn on the 14th of Adar. There is, however, an opinion that the determining factor is one's intention on the preceding evening [משנ״ב, תרפח:יג].

181 As a practical matter, a person who stays overnight outside Jerusalem on Purim eve, but stays overnight in Jerusalem on Shushan Purim eve, is obligated to celebrate Purim twice – first on the 14th of Adar, along with non-residents of Jerusalem, and then on the 15th of Adar, along with residents of Jerusalem. Conversely, a person who stays overnight in Jerusalem on Purim eve but stays overnight outside Jerusalem on Shushan Purim eve would have no obligation to celebrate Purim at all.

182 Special rules apply to residents of Jerusalem when Shushan Purim falls on Shabbat, a situation known as *Purim Meshulash*. On Thursday night and Friday morning (14th Adar), the Megilla is read, as is the practice outside Jerusalem. On Friday one also performs the mitzva of מתנות לאביונים (gifts to the poor). On Shabbat one adds עַל הַנִּסִּים to both the Amida and *Birkat HaMazon*. For Maftir one reads the Torah portion for Purim (page 664). The Haftara is as for Shabbat Zakhor: 1 Sam. 15:2–34. On Sunday one performs the mitzva of משלוח מנות (sending food portions) and סעודת פורים (the Purim feast), but one does not add עַל הַנִּסִּים to the Amida or *Birkat HaMazon* [שו״ע או״ח, תרפח:ו].

JEWISH LEAP YEARS

The words וּלְכַפָּרַת פָּשַׁע *are added in the* מוסף עמידה *of* ראש חודש *during the months of* מרחשון *to* אדר שני *in Jewish leap years.*

JEWISH YEAR	CIVIL YEAR
5776	2015–2016
5779	2018–2019
5782	2021–2022
5784	2023–2024
5787	2026–2027
5790	2029–2030
5793	2032–2033
5795	2034–2035
5798	2037–2038

TEXTUAL VARIANTS

Note: The text of this Siddur reflects the accumulation of centuries of debate and deliberation on matters of meaning, syntax and grammar. Below is a table which compares, with respect to selected passages, the text of this Siddur with alternate readings that are also endorsed by practice or noted halakhic authorities.

Page	*Koren Text*	*Alternate Text*
25	הנו אדון עולם, **וְכָל נוֹצָר**... Behold He is Master of the Universe; and every creature…	הנו אדון עולם **לְכָל נוֹצָר**... Behold He is Master of the Universe; to every creature…
39	...**הַמְקַדֵּשׁ** את **שְׁמוֹ** ברבים. …who sanctifies His name among the multitudes.	...**מְקַדֵּשׁ** את **שִׁמְךָ** ברבים. ... who sanctifies Your name among the multitudes.
Kaddish	יתגַּדַּל ויתקַדַּשׁ... Magnified and sanctified… (Aramaic)	יתגַּדֵּל ויתקַדֵּשׁ... Magnified and sanctified… (Hebrew)
Kaddish	לעלא לְעלא... above and beyond…	לעלא ולעלא above and beyond…
Kaddish	עשה הַשָּׁלום... May He who makes the peace…	עשה שָׁלום... May He who makes peace…
Rabbis' Kaddish	...**יעשה ברחמיו** שלום …in His compassion make peace	...**ברחמיו יעשה** שלום …in His compassion make peace
65	...המהלל **בפִי** עמו …extolled by the mouth of His people	...המהלל **בפֶה** עמו …extolled by the mouth of His people
93	בשפה ברורה ובנעימה, **קְדֻשָּׁה** כולם כאחד …in pure speech and sweet melody. All as one proclaim His holiness…	בשפה ברורה, ובנעימה **קְדוֹשָׁה**, כולם כאחד …in pure speech and sweet and holy melody. All as one proclaim…
Amida	משיב הרוח ומוריד הגֶּשם He makes the wind blow and the rain fall.	משיב הרוח ומוריד הגָּשם He makes the wind blow and the rain fall.
Amida	...ושבענו **מטובָהּ** …and from its goodness satisfy us	...ושבענו **מטובֶךָ** …and from Your goodness satisfy us
Amida	...וכל **אוֹיְבֵי עַמְּךָ** …all Your people's enemies	...וכל **אוֹיְבֶיךָ** …all Your enemies…
Amida	ושים חלקנו עמהם, **וּלְעולם לא** נבוש... Set our lot with them, so that we may never be ashamed…	ושים חלקנו עמהם **לְעולם, וְלא** נבוש... Set our lot with them forever, so that we may not be ashamed…

Page	*Koren Text*	*Alternate Text*
Amida	והשב את העבודה לדביר ביתך, **ואשי ישראל ותפלתם** באהבה תקבל ברצון. Restore the service to Your most holy House, and accept in love and favor the fire-offerings of Israel and their prayer.	והשב את העבודה לדביר ביתך **ואשי ישראל**. **ותפלתם באהבה** תקבל ברצון. Restore the service and the fire-offerings of Israel to Your most holy House, and in love and favor accept their prayer.
Amida	על הנסים... For the miracles…	וְעל הנסים... And for the miracles…
Amida	ברכנו בברכה המשלשת **בתורה**, הכתובה... bless us with the threefold blessing in the Torah, written…	ברכנו בברכה המשלשת, **בתורה** הכתובה... bless us with the threefold blessing, written in the Torah…
139	...זכרנו **בְּזִכְרוֹן** טוב לפניך. … remember us with a memory of favorable deeds before You.	...זכרנו **בְּזִכָּרוֹן** טוב לפניך. … remember us with a favorable memory before You.
265	אל חי **וקיים תמיד**, ימלך עלינו May the living and forever enduring God rule over us…	אל חי וקיים, **תמיד ימלך** עלינו... May the living and enduring God rule over us for ever…
275	המלך **בכבודו תמיד**, ימלך עלינו... the King who in His constant glory will reign over us…	המלך בכבודו, **תמיד ימלך** עלינו... the King who in His glory will constantly reign over us…
305–313	היום ___ ימים **בָּ**עמר. Today is the ___ day of the Omer.	היום ___ ימים **לָ**עמר. Today is the ___ day of the Omer.
377	זכרון לכולם **יִהְיוּ**, **וּתְשׁוּעַת** נפשם... May it serve as a remembrance for them all, and a deliverance…	זכרון לכולם **הָיוּ**, **תְּשׁוּעַת** נפשם... It served as a remembrance for them all, and a deliverance…
413	... ברוכים כל **ישראל**. … blessed be all Israel.	...ברוכים כל **הַצַּדִּיקִים**. … blessed be all the righteous.
413	ארורים כל הרשעים, ברוכים כל ישראל. Cursed be all the wicked; blessed be all Israel.	אין Omitted
525	...כי אל רחום וחנון אתה. … because You are God, gracious and compassionate.	... כי אל **מֶלֶךְ** רחום וחנון אתה. … because You are God, gracious and compassionate King.
527	...בונה **ברחמיו** ירושלים אמן. … who in His compassion will rebuild Jerusalem.	... בונה ירושלים אמן. … who will rebuild Jerusalem.
561	אל חי... **צִוָּה** להציל ידידות שארנו משחת. the Living God… did order deliverance from destruction for the beloved of our flesh.	אל חי... **צַוֵּה** להציל ידידות שארנו משחת. the Living God… order deliverance from destruction for the beloved of our flesh.

TABLE OF PERMITTED RESPONSES

	Pesukei DeZimra (from Barukh SheAmar to Yishtabaḥ)	*Within a paragraph of the Shema or the preceding blessings*[1]	*Between the paragraphs of the Shema or the preceding blessings*	*Between concluding the blessing* גָּאַל יִשְׂרָאֵל *and beginning the Amida*[2]
אָמֵן יְהֵא שְׁמֵהּ רַבָּא; אָמֵן following דַּאֲמִירָן בְּעָלְמָא[3]	Permissible	Permissible	Permissible	Forbidden [שו"ע או"ח סו, ט; משנ"ב נא, ח]
אָמֵן following any blessing	Permissible	Forbidden	Permissible	Forbidden[4]
בָּרוּךְ הוּא וּבָרוּךְ שְׁמוֹ; בְּרִיךְ הוּא	Forbidden[5]	Forbidden	Forbidden	Forbidden
Tallit	Put on the tallit, but say the blessing between paragraphs [משנ"ב נג, ה]	Put on the tallit, but say the blessing after the Amida [שו"ע ורמ"א או"ח סו, ב]	Put on the tallit, but say the blessing after the Amida	Forbidden [שו"ע או"ח סו, ח]
Tefillin	Put on the tefillin, but say the blessings between sections [משנ"ב נג, ה]	Before the Shema: forbidden; within the Shema, put on the tefillin and say the blessing [משנ"ב סו, טו]	Permissible	Put on the tefillin, but say the blessings after the Amida [שו"ע או"ח סו, ח]

1. The paragraphs are as follows: from the blessing יוֹצֵר אוֹר to יוֹצֵר הַמְּאוֹרוֹת; from אַהֲבָה רַבָּה or אַהֲבַת עוֹלָם to Shema; from Shema to וּבִשְׁעָרֶיךָ; from וְהָיָה אִם שָׁמֹעַ to עַל־הָאָרֶץ; from וַיֹּאמֶר to גָּאַל יִשְׂרָאֵל [שו"ע או"ח סו, ה]. Responses permitted within a paragraph are also permissible within a verse, though it is preferable to respond only at the end of a thought.
2. Some rule that on Shabbat one may respond to Kaddish, *Barekhu*, *Kedusha* or *Modim* [רמ"א או"ח קיא, א]. See law 48.
3. Only these are required responses; the other responses of אָמֵן in Kaddish are only a custom [משנ"ב סו, יז].
4. One may answer אָמֵן if one hears another concluding the blessing גָּאַל יִשְׂרָאֵל [רמ"א או"ח סו, ז].
5. These responses are only a custom, as they are not mentioned in the Gemara [משנ"ב נא, ח].

	Pesukei DeZimra (from Barukh SheAmar to Yishtabaḥ)	*Within a paragraph of the Shema or the preceding blessings*[1]	*Between the paragraphs of the Shema or the preceding blessings*	*Between concluding the blessing* גָּאַל יִשְׂרָאֵל *and beginning the Amida*[2]
Barekhu[6]	Permissible	Permissible	Permissible	Forbidden
Shema	Say the first verse with the congregation [משנ״ב סה, יא]	Forbidden, except to close one's eyes and sing the melody of the Shema	Forbidden, except to close one's eyes and sing the melody of the Shema[7] [שו״ע או״ח סה, ב]	Forbidden
Kedusha	Permissible[8] [משנ״ב נא, ח]	Say only the verses beginning בָּרוּךְ and קָדוֹשׁ	Say only the verses beginning בָּרוּךְ and קָדוֹשׁ	Forbidden [משנ״ב סו, יז]
אָמֵן after הָאֵל הַקָּדוֹשׁ and שׁוֹמֵעַ תְּפִלָּה	Permissible	Permissible	Permissible	Forbidden [רמ״א או״ח סו, ג]
Modim DeRabanan	Permissible	Say only the words מוֹדִים אֲנַחְנוּ לָךְ	Say only the words מוֹדִים אֲנַחְנוּ לָךְ	Forbidden [משנ״ב סו, כ]
Being called up to the Torah[9]	Permissible	Permissible – but not in the middle of the first verse of the Shema or בָּרוּךְ שֵׁם כְּבוֹד מַלְכוּתוֹ לְעוֹלָם וָעֶד	Permissible	Forbidden [משנ״ב סו, כו]

6. Whether before the blessings of the Shema or before the Reading of the Torah. The blessings said by the עוֹלֶה are like any other blessing [משנ״ב סו, יח].
7. If the congregation is saying *Aleinu*, one should stand and bow with them [ערוה״ש או״ח סה, ו].
8. Say only the biblical verses [אשי ישראל פט״ז, לא; see law 61].
9. The Gabba'im should not call up to the Torah one who is in the middle of prayer; however, if only one Kohen is present, he may be called up. Likewise, if only one person knows how to read the Torah, he may interrupt his prayers in order to be the *ba'al koreh* [משנ״ב סו, כו].

	Pesukei DeZimra (from Barukh SheAmar to Yishtabaḥ)	*Within a paragraph of the Shema or the preceding blessings*[1]	*Between the paragraphs of the Shema or the preceding blessings*	*Between concluding the blessing* גָּאַל יִשְׂרָאֵל *and beginning the Amida*[2]
אֲשֶׁר יָצַר	Say the blessing between paragraphs [בהל, נא ד״ה צריך]	Wash one's hands, but say the blessing after the Amida	Wash one's hands, but say the blessing after the Amida	Wash one's hands, but say the blessing after the Amida [משנ״ב סו, כג]
Blessing on thunder or lightning	Permissible	Forbidden	Permissible, if the opportunity may not recur	Forbidden [משנ״ב סו, יט]

GENERAL RULES

MA'ARIV

The rules regarding responses are identical to those of Shaharit. After the blessing שׁוֹמֵר עַמּוֹ יִשְׂרָאֵל לָעַד until Half Kaddish, is considered to be between paragraphs, even in the middle of בָּרוּךְ יהוה לְעוֹלָם אָמֵן וְאָמֵן [ביאור הלכה סו ד״ה ואלו].

HALLEL

The laws regarding responses during Hallel are identical to those of the Shema [שו״ע או״ח תפח, א]. If a Lulav is brought in the middle of Hallel, one should say the blessing between paragraphs of Hallel [משנ״ב תרמד, ז].

REMOVING A CRYING CHILD

One should remove a crying child from the synagogue even while saying the Amida, in order to avoid disturbing others who are praying [אשי ישראל פל״ב, יג (בשם החזון איש)].

KADDISH DURING PESUKEI DEZIMRA

A mourner is permitted to say Kaddish during *Pesukei DeZimra,* if he will be unable to say it afterwards [אשי ישראל פט״ו הערה קט].

RABBIS' KADDISH

Mourner: Yitgadal ve-yitkadash shemeh raba. (*Cong:* Amen)
Be-alema di vera khir'uteh, ve-yamlikh malkhuteh,
be-ḥayyeikhon, uv-yomeikhon,
uv-ḥayyei de-khol beit Yisrael,
ba-agala uvi-zman kariv,
ve-imru Amen. (*Cong:* Amen)

All: Yeheh shemeh raba mevarakh le'alam ul-alemei alemaya.

Mourner: Yitbarakh ve-yishtabaḥ ve-yitpa'ar ve-yitromam ve-yitnaseh
ve-yit-hadar ve-yit'aleh ve-yit-hallal
shemeh dekudsha, berikh hu. (*Cong:* Berikh hu)
Le-ela min kol birkhata
/*Between Rosh HaShana & Yom Kippur:* Le-ela le-ela mi-kol birkhata/
ve-shirata, tushbeḥata ve-neḥemata, da-amiran be-alema,
ve-imru, Amen. (*Cong:* Amen)

Al Yisrael, ve-al rabanan,
ve-al talmideihon, ve-al kol talmidei talmideihon,
ve-al kol man de-asekin be-oraita
di be-atra (*In Israel:* kadisha) ha-dein ve-di be-khol atar va-atar,
yeheh lehon ul-khon shelama raba,
ḥina ve-ḥisda, ve-raḥamei,
ve-ḥayyei arikhei, um-zonei re-viḥei,
u-furkana min kodam avuhon di vish-maya,
ve-imru Amen. (*Cong:* Amen)

Yeheh shelama raba min shemaya
ve-ḥayyim (tovim) aleinu ve-al kol Yisrael,
ve-imru Amen. (*Cong:* Amen)

Bow, take three steps back, as if taking leave of the Divine Presence, then bow, first left, then right, then center, while saying:
Oseh shalom/*Between Rosh HaShana & Yom Kippur:* ha-shalom/
bim-romav,
hu ya'aseh ve-raḥamav shalom aleinu, ve-al kol Yisrael,
ve-imru Amen. (*Cong:* Amen)

MOURNER'S KADDISH

Mourner: Yitgadal ve-yitkadash shemeh raba. (*Cong:* Amen)
Be-alema di vera khir'uteh, ve-yamlikh malkhuteh,
be-ḥayyeikhon, uv-yomeikhon,
uv-ḥayyei de-khol beit Yisrael,
ba-agala uvi-zman kariv,
ve-imru Amen. (*Cong:* Amen)

All: Yeheh shemeh raba mevarakh le'alam ul-alemei alemaya.

Mourner: Yitbarakh ve-yishtabaḥ ve-yitpa'ar ve-yitromam ve-yitnaseh
ve-yit-hadar ve-yit'aleh ve-yit-hallal
shemeh dekudsha, berikh hu. (*Cong:* Berikh hu)
Le-ela min kol birkhata
/*Between Rosh HaShana & Yom Kippur:* Le-ela le-ela mi-kol birkhata/
ve-shirata, tushbeḥata ve-neḥemata, da-amiran be-alema,
ve-imru, Amen. (*Cong:* Amen)

Yeheh shelama raba min shemaya
ve-ḥayyim aleinu ve-al kol Yisrael,
ve-imru Amen. (*Cong:* Amen)

Bow, take three steps back, as if taking leave of the Divine Presence, then bow, first left, then right, then center, while saying:

Oseh shalom/*Between Rosh HaShana & Yom Kippur:* ha-shalom/
bim-romav,
hu ya'aseh shalom aleinu, ve-al kol Yisrael,
ve-imru Amen. (*Cong:* Amen)

קוֹרֵן ירושלים